भीष्म साहनी

सादगी का सौन्दर्यशास्त्र

भीष्म साहनी
सादगी का सौन्दर्यशास्त्र

सम्पादक

हरियश राय

वाणी प्रकाशन

वाणी प्रकाशन

4695, 21-ए, दरियागंज, नयी दिल्ली 110 002

फ़ोन : +91 11 23273167 फ़ैक्स : +91 11 23275710

शाखाएँ

अशोक राजपथ, पटना 800 004, बिहार

कॉफ़ी हाउस कैम्पस, महात्मा गांधी मार्ग, इलाहाबाद 211 001, उत्तर प्रदेश

महात्मा गांधी अन्तरराष्ट्रीय हिन्दी विश्वविद्यालय, वर्धा 442 001, महाराष्ट्र

सुल्तानिया रोड, मोतिया पार्क, भोपाल 462 001, मध्य प्रदेश

www.vaniprakashan.com
marketing@vaniprakashan.in
sales@vaniprakashan.in

BHISHM SAHANI : SADAGI KA SAUNDARYASHASTRA
Edited by Hariyash Rai

ISBN : 978-93-89012-59-0
Criticism

पेपरबैक प्रथम संस्करण 2020

मूल्य : ₹ 399

सिटी प्रेस, दिल्ली-110 095 में मुद्रित

वाणी प्रकाशन का लोगो मक़बूल फ़िदा हुसेन की कूची से

सम्पादकीय

"सत्ताकामी धार्मिक संगठन मुझे आतंकित करते हैं। संस्थागत धर्म, इन्सान को इन्सान से अलग करते है, उनमें भेदभाव पैदा करते हैं और राजनीति से जुड़ते हुए भेदभाव को वैमनस्य के स्तर तक बढ़ावा देते हैं। संस्थागत धर्म में ज्यों-ज्यों अनुयायियों की संख्या बढ़ती है, उसी अनुपात में वह सत्ता लोलुप होने लगती है। विरोध करने वालों के विरुद्ध उसमें लामबन्दी होने लगता है, सत्ता लोलुप धार्मिक संगठन और सत्ता लोलुप राजनीति में गठजोड़ होने लगती है। इस तरह संस्थागत धर्म की भूमिका, अपने चरम रूप में मानवता विरोधी होने लगती है; यह अकारण नहीं है कि ऐसे धार्मिक संगठन उन तानाशाहों के गुण गाते है जिन्होंने भारी संख्या में नरसंहार किये"

—आज का अतीत

हिन्दी कथा-साहित्य में भीष्म साहनी एक ऐसा नाम है जिसका बचपन आर्यसमाजी परिवेश में गुज़रा और जिन्होंने बड़े होकर प्रगतिशील जीवन-मूल्यों को आत्मसात किया और संस्थागत धर्म का विरोध करते हुए साहित्य में उदात्त मानव मूल्यों की वकालत करके अन्याय और शोषणयुक्त व्यवस्था से मनुष्य की मुक्ति के पक्ष में खड़े हुए। भीष्म साहनी उन कथाकारों में से रहे जिन्होंने अपने आप को तथाकथित अलगाव, अनास्था से दूर रखा और एक ऐसी जीवन पद्धति को अपनाया जिसमें सादगी, सहजता, सरलता सर्वोपरि थे।

भीष्म साहनी हमें हमारे संस्थागत धर्म की कड़वी सच्चाइयों से रू-ब-रू करवाते हैं जिन्होंने मनुष्य को अपने बाहुपाश में कस लिया है और इन सच्चाइयों से मुक्ति के लिए इन्सानी वजूद के पक्ष में खड़े होते हैं। अपने समय की गहरी पकड़, मनुष्य का अपने परिवेश के प्रति अन्यतम लगाव, चरित्रों का स्वाभाविक विकास, अपने समय को देखने-परखने की पैनी नज़र, जटिलताओं से कोसों दूर सहज और सरल भाषा, उनके साहित्य की वह ख़ूबियाँ हैं जिन पर हिन्दी साहित्य फ़ख्र कर सकता है।

भीष्म जी एक कथा-लेखक के रूप में ही नहीं बल्कि एक अदाकार, एक रंगकर्मी, एक निर्देशक, एक सक्रिय कार्यकर्ता, एक सम्पादक और प्रगतिशील लेखक संघ के महासचिव के रूप में हमारे बीच में रहे। उन्होंने जिन जीवन मूल्यों की वकालत अपने कथा-साहित्य में की, उन्हीं मूल्यों को जीवन में उतारने के लिए एक निष्ठावान, सामाजिक कार्यकर्ता के रूप में भी अपनी पहचान बनायी। अपने जीवन के शुरुआती समय में वे कांग्रेस से जुड़े और बाद में मार्क्सवादी जीवन दर्शन से प्रभावित होकर कम्युनिस्ट पार्टी की विचारधारा में अपनी आस्था के स्रोत तलाश किये। उनका मानना था कि ''मार्क्सवाद कोई रामनामी दुपट्टा नहीं है जिसे जब चाहा ओढ़ लिया या यह ऐसा कोई सूत्र भी नहीं है जिसे कण्ठस्थ करके मार्क्सवादी आलोचक बन गये। मार्क्सवाद तो एक दृष्टि है जिसका प्रयास जीवन के यथार्थ को एकांगिता में न देखकर समग्रता में व व्यापक परिप्रेक्ष्य में देखने का है।'' इसीलिए वे अपने कथा-साहित्य में अपने समय को समग्रता से व व्यापक परिप्रेक्ष्य में देखते हैं। उनके उपन्यासों, कहानियों, नाटकों में अन्याय का प्रतिकार, मानवीय समाज की स्थापना के प्रयत्न, सामन्ती मूल्यों का विरोध, सामाजिक सम्बन्धों में प्रेम और त्याग की भावना का समर्थन और धर्मनिरपेक्ष मूल्यों की स्थापना के प्रयास देखने को मिलते हैं।

भीष्म साहनी हिन्दी के उन गिने-चुने कथाकारों में से हैं जिन्होंने अपनी कहानियों से अकेलेपन, अलगाववाद को दूर रखा। वे अपने परिवेश से कटे हुए पात्रों की कथा नहीं कहते। वे उन पात्रों की कथा कहते हैं जो जीवन्त हैं, अपने परिवेश और अपने समय से निरन्तर जूझ रहे हैं और एक बेहतर भविष्य का सपना देख रहे हैं। आर्यसमाज के संस्कारों को अपनी चेतना में समाये उन्होंने प्रगतिशील आन्दोलन के दौर में समाजवादी विचारधारा को अपनाया है और प्रगतिशील जीवन आदर्श और मूल्यों के पक्ष में अपने आप को खड़ा किया। देश के विभाजन के समय हुई साम्प्रदायिक हिंसा उनकी अन्तश्चेतना में लगातार बसी रही। जिसके परिणामस्वरूप 'तमस' जैसा उपन्यास सामने आया। 'अमृतसर आ गया', 'झुटपुटा', 'पाली', 'जहूरबख्शे', 'सलमा आपा', 'अहम् ब्रह्मास्मि', 'पहला पाठ', 'नौसिखुआ', 'वीरो', 'मैं भी दीया जलाऊँगा माँ', जैसी अनेक कहानियों में विभाजन और साम्प्रदायिक दंगों की त्रासदी की अनुगूँज है। वे इन कहानियों में मानवीयता के पक्ष में खड़े हुए दिखाई देते हैं।

'तमस' विभाजन के कई वर्षों बाद प्रकाशित हुआ। विभाजन के बाद काफ़ी लम्बे अर्से तक भीष्म जी के दिमाग में विभाजन और साम्प्रदायिकता के विषय छाये रहे। भीष्म जी पर विभाजन का प्रभाव उस तरह नकारात्मक रूप से नहीं

हुआ जिस तरह से आबादी की अदला-बदली के कारण अन्य लोगों पर हुआ और इस तरह के लोगों ने ताज़िन्दगी मुसलमानों के प्रति अन्तरचेतना में एक घृणा-सी पाल ली है और जिसको हिन्दुत्ववादी संगठनों ने और अधिक हवा देकर उनकी मानसिकता को विषैला बनाया। जो कड़वाहट इन लोगों ने विभाजन के दौरान झेली, वही कड़वाहट इन लोगों ने अपनी आने वाली पीढ़ी को भी सौंपी। भीष्म जी इस मानसिकता से एकदम अलग रहे जबकि उनकी शिक्षा आर्यसमाजी परिवेश में हुई थी और आर्यसमाजी परिवेश में शिक्षा पाये अधिकांश लोग बाद में संकीर्ण और हिन्दुत्ववादी मानसिकता से ग्रस्त हो गये। भीष्म साहनी की जीवन दृष्टि के निर्माण में आर्यसमाज, भारत विभाजन और प्रगतिशील आन्दोलन के साथ सोवियत संघ में प्रवास का बड़ा योगदान रहा। गाँधी और प्रेमचन्द से वे विशेष प्रभावित रहे। वे समाजवादी विचारधारा की गहरी समझ से अपने विवेक का निर्माण करते हैं।

भीष्म जी ने अपने कथा-साहित्य में साम्प्रदायिकता के सवाल को महज़ एक सवाल के रूप में नहीं देखा वरन् एक बहुभाषिक, बहुधार्मिक, बहुजातीय समाज के मूल्यों की रक्षा करने के लिए एक जीवन मूल्य के रूप में देखा हैं। वे बहुलतावादी सामाजिक संस्कृति पर यक़ीन करते थे और इसीलिए वे कहते हैं, "दंगे तभी भड़कते हैं, जब उन्हें योजनाबद्ध ढंग से भड़काया जाये। बाहरी भड़कावे की कार्रवाई के तहत ही साम्प्रदायिक फ़साद होते हैं वरना हमारी बुनियादी लोकतान्त्रिक राजनीति इसके बहुलतावादी चरित्र, समुदायों के बीच सद्भावना और उनकी साथ-साथ शान्ति से जीने की इच्छा को इतना दूषित नहीं किया जा सका है कि वह विद्वेष और अन्धघृणा में बदल जाये।" साम्प्रदायिकता जैसी समस्या पर उन्होंने क्यों इतना ज़्यादा लिखा इस बारे में उनका कहना है कि, "साम्प्रदायिकता पर यदि मैं लिखता हूँ तो मैं इसलिए नहीं लिखता कि मैं दिखा दूँगा कि क्या हुआ। मैं इसलिए भी लिखता हूँ कि ऐसा नहीं होना चाहिए क्योंकि यह अमानवीय है।" वे अपनी कहानियों में मानवीयता के प्रबल पक्षधर हैं। उनका मानना था कि "मात्र यथार्थ की कसौटी पर सही साबित होने वाली रचना हमें आश्वस्त नहीं करती, उसमें मानवीयता तथा उससे जुड़े अन्य मूल्यों का समावेश आवश्यक होता है।"

भीष्म जी ने अपनी कहानियों में कभी कोई चमत्कार करने की कोशिश नहीं की। वह ज़िन्दगी से अपने सच्चे लगाव को व्यक्त करते हैं। उन्होंने उन पात्रों को अपने कथा-साहित्य के केन्द्र में रखा जो ग़रीब हैं, शोषित हैं, वंचित हैं। अपने

पात्रों के बारे में भीष्म जी ने लिखा है, ''मैं विश्वास के साथ तो नहीं कह सकता पर मुझे लगता है कि बाद में जो पात्र मेरे उपन्यासों, कहानियों में आये, उनमें अक्सर दो गुण थे—वे ग़रीब भी थे और निर्भीक भी। जैसे 'तमस' का जरनैल। उनके चरित्र-चित्रण के पीछे मेरी अपनी मानसिकता ही रही होगी, बहुत साल बाद जब मैं कांग्रेस में काम करने लगा तो वहाँ भी ऐसे ही लोगों के सम्पर्क में आया जो अपने तईं महत्त्वाकांक्षी नहीं थे, अपने लिए कुछ नहीं माँगते थे, न पद, न पैसा, पर जो स्वतन्त्रता संग्राम में जान की बाज़ी लगाकर उतरे हुए थे।'' ऐसे ही पात्र उनकी कहानियों के केन्द्र में रहे हैं। 'वाङ्चू' कहानी मानवीय मूल्यों के पक्ष में खड़ी एक ऐसी ही कहानी है। इस कहानी को भीष्म जी जैसा सिद्धहस्त कथाकार ही लिख सकता है जो समानता, बन्धुत्व और एकता में यक़ीन करता हो जिसके लिए मनुष्य होना राष्ट्रीयता और धार्मिकता की पहली शर्त है।

भीष्म जी ने मध्यवर्ग की आकांक्षा, उनके सपने, उनके अन्तर्विरोध, उसकी संवेदनहीनता को केन्द्र में रखकर कई कहानियाँ लिखीं। 'चीफ की दावत' उनकी सर्वाधिक चर्चित और प्रतिनिधि कहानी है। यह कहानी संवेदनहीन व्यक्ति की सोच को बहुत बारीकी से व्यक्त करने वाली एक यादगार कहानी है। भीष्म जी ने केवल शामनाथ की महत्त्वाकांक्षा को ही नहीं व्यक्त किया बल्कि अपने करियर को लेकर अत्यन्त सतर्क और जागरूक उस मध्यवर्गीय व्यक्ति की सोच को उद्घाटित किया है जो इस हद तक निर्मम है कि माँ की आँखों की परवाह किये बिना उससे अपने बॉस के लिए फुलकारी बनाने की याचना करता है।

यह सच है कि भीष्म साहनी अपने कथा-साहित्य में हिन्दू-मुस्लिम सम्बन्धों को एक समझौते के स्तर पर ले आते हैं, और कभी-कभी कहानी के अन्त को तार्किक परिणति तक नहीं पहुँचा पाते। पर साथ ही यह भी सच है कि वे मानवीय दृष्टि को आत्मसात करके मानवीय धरातल पर कहानियों को मोड़ देते हैं। धर्म आधारित संस्थागत सोच किस हद तक ख़तरनाक है यह 'अमृतसर आ गया' और 'पाली' जैसी कहानियों में देखा जा सकता है। भीष्म साहनी इस सोच के ख़िलाफ़ अपने आप को खड़ा करते हैं और अपने आप को मानवीयता के उस स्तर तक ले जाते है जहाँ भारत माता की जय नहीं है, जहाँ गौ माता की जय नहीं है और वन्देमातरम् का शोर नहीं है। वह अपने आप को उस छोर तक भी ले आते हैं जहाँ श्रमिकों, आदिवासियों, स्त्रियों के प्रति गहरी उपेक्षा और तिरस्कार है, वे असहिष्णुता, कट्टरता और हिंसा के बजाय प्रगतिशील जीवन-मूल्यों का सहारा लेते हैं।

भीष्म साहनी के कथा-साहित्य में व्यक्त सरोकारों, आस्थाओं के सभी आयामों को समेटने का प्रयास इस किताब के माध्यम से किया गया है। मुझे विश्वास है कि भीष्म साहनी और उनके समय को समझने के लिए यह किताब उपयोगी होगी।

शुभकामनाओं सहित।

—हरियश राय

मोबाइल : 9873225505

ई-मेल : hariyashrai@gmail.com

अनुक्रम

हमारे समय के भीष्म पितामह

भीष्म साहनी की कहानी कला

आज का अतीत

हमारे समय के भीष्म पितामह

होगा कोई ऐसा भी कि भीष्म को न जाने?

नामवर सिंह

उस रात 'आज के अतीत' ही पढ़ रहा था। भीष्म साहनी का आख़िरी कलाम। किताब ख़त्म की तो सुबह हो रही थी। सूरज निकला न था, लेकिन एक आभास था। उसके होने का। कहीं-न-कहीं। जल्दी-जल्दी तैयार होकर भागा लोधी रोड वाले शवदाह की ओर। चिता सजी थी। चिरी लकड़ियों की शैय्या पर भीष्म लेटे थे। पितामह साहित्य के। इधर वेद मन्त्रोच्चार और उधर पंक्तिबद्ध बौद्ध भिक्षुओं का समवेत मन्त्र पाठ। गरज कि भीष्म जी के 'वाङ्चू' भी इस मौक़े पर मौजूद थे। 'सेकुलर' सज्जनों के लिए यह सब 'पेक्यूलियर' था। कुछ-कुछ धर्मसंकट-सा। भीष्म साहनी की अन्त्येष्टि में ऐसा धार्मिक अनुष्ठान! वे भीष्म को सिर्फ़ 'तमस' उपन्यास के नाते से जानते थे लेकिन उन्हें पता न था कि यह 'तमस' शब्द आया कहाँ से है। 'तमसो मा ज्योतिर्गमय' पर उनका ध्यान शायद ही गया हो।

चिता की आग की लपटें उठ रही थीं और मेरी आँखों के सामने ताज़ा-ताज़ा पढ़े हुए 'आज के अतीत' के आख़िरी पन्ने फड़फड़ा रहे थे।

भीष्म जी लिखते हैं, ''वक़्त बीतने पर शायद प्रत्येक व्यक्ति अपने लिए एक छोटा-सा, निजी धर्म गढ़ लेता है। यह धर्म उन गिने-चुने छन्दों, मन्त्रों, दोहा-चौपाइयों आदि का समूह होता है जिन्हें वह आजीवन सँजोता रहा है, इसमें कभी कोई ऋचा, कभी कोई श्लोक, कभी कोई दोहा, शेर जुड़ते रहते हैं। यह छोटा-सा संग्रह निजी कोश होता है। जिस भाँति सिक्के इकट्ठे करने वाला, गाहे-ब.गाहे अपनी थैली खोलकर एक-एक चहेते सिक्के को निकालता है, उसे सहलाता, उलटता-पलटता रहता है, जिससे उसे सुख मिलता है, वैसे ही मेरे इस संग्रह के दोहों-उक्तियों-ऋचाओं को गुनगुनाते हुए, मुझे भी रस मिलता है, प्रेरणा मिलती है, त्राण मिलता है, जिन्हें बुदबुदाते हुए मुझे किसी चमत्कार का-सा भास

होता है, किसी छिपे हुए सत्य की झलक मिलने लगती है, मानो उसके रचयिता ने किसी गहरे रहस्य का उद्घाटन कर दिया है।''

इसी क्रम में गायत्री मन्त्र का उल्लेख करते हुए वे कहते हैं, ''इस संग्रह में गायत्री मन्त्र का स्थान सबसे ऊपर है। इसलिए नहीं कि यह मन्त्र महिमामण्डित है, इसलिए कि इसकी परिकल्पना अद्भुत है। विराट के परिप्रेक्ष्य में रचे गये इस पन्त्र में केवल एक ही चीज की माँग की गयी है, 'हमें रोशनी दो' जिस दैवी आलोक का हम ध्यान करते हैं वह हमारी बुद्धियों को उद्भासित करे।''

इन बातों से किसी को भ्रम न हो, इसलिए भीष्म जी साफ़-साफ़ कहते हैं, ''यों मैं धार्मिक वृत्ति का आदमी नहीं हूँ।'' उन्होंने संस्थागत धर्म की तो कड़ी आलोचना भी की है और कहा है कि अपने चरम रूप में उसकी भूमिका मानवता विरोधी होने लगती है। ''यह अकारण नहीं है कि ऐसे धार्मिक संगठन उन तानाशाहों के गुण गाते हैं जिन्होंने भारी संख्या में नरसंहार किये।''

भीष्म जी की दृष्टि धर्म के उस रूप पर भी गयी है जो 'रूमानी' है। हमें धर्मान्ध बनाने में इस रूमानी दृष्टि का योगदान सबसे अधिक रहा है। यह दृष्टि पौराणिक कथाओं के नायकों को भी रूमानी ढंग से देखने लगती है। पुरुष, स्त्रियाँ ही नहीं, नदियाँ, पर्वत आदि भी इस आभा से मण्डित होने लगते हैं। भीष्म जी के अनुसार यह दृष्टि हमारे देश की प्रगति में बहुत बड़ी बाधा बनी हुई है। भीष्म साहनी की यह धर्म-चर्चा पढ़ते हुए सहसा महाभारत के भीष्म आँखों में बिजली की तरह कौंध जाते हैं। भीष्म भी इसी तरह शरशैय्या पर लेटे थे। युधिष्ठिर पितामह के सामने अपनी जिज्ञासा रख रहे थे और वे धैर्य के साथ उसका समाधान कर रहे थे। इस क्रम में अनुशासन पर्व के अन्तर्गत भीष्म के मुख से यह अद्भुत श्लोक निकला—

एक एव चरेद् धर्मं, न धर्मध्वजिको भवेत्।
धर्मवाणिजका हेते ये धर्ममुपभुञ्जते।।

अर्थात् मनुष्य को चाहिए कि वह अकेला ही धर्म का आचरण करे। धर्म का दिखावा करने वाला धर्मध्वजी न बने। जो धर्म को जीविका का साधन मानते हैं, उसके नाम पर जीविका चलाते हैं, वे धर्म के व्यवसायी हैं।

महाभारत की इस परम्परा से तुलसीदास भी भली-भाँति परिचित थे। 'रामचरितमानस' के आरम्भ में उन्होंने भी 'धर्मध्वजी' लोगों को धिक्कारते हुए कहा है, 'धींग धरमध्वज धंधक धोरी।'

आज देश में धर्मध्वजी लोग जिस तरह आतंक पैदा कर रहे हैं उनका मुकाबला सच्चे धर्म के ऐसे हथियार से किया जा सकता है—ठूँठ धर्मनिरपेक्षता बेअसर हो

रही है। भीष्म जी का 'निजी धर्म' भी वही है जिसे महाभारत के भीष्म पितामह ने 'एक एव चरेद् धर्मं' में 'एक' के द्वारा परिभाषित किया है। लेकिन इसका अर्थ निपट व्यक्तिवाद नहीं है।

'आज के अतीत' में ही भीष्म जी कहते हैं कि "रोजमर्रा के जीवनयापन में भी व्यक्तियों की भागीदारी का बड़ा महत्त्व रहा है। हमारी संस्कृति में मिल-बैठना बहुत बड़ी बात थी, उसे प्रमुखता प्राप्त थी।" 'मिल-बैठना' भीष्म जी का तकिया-कलाम जैसा था। बचपन की एक घटना का ज़िक्र भी उन्होंने किया है। "हमारे घर के जुड़वाँ घर में एक अवकाशप्राप्त सूबेदार रहा करते थे सरदार आलम खान। दिन ढलने पर उनका आदमी घर के सामने पानी छिड़क देता, कुछेक मूढ़े, दो-तीन लोहे की कुर्सियाँ बिछा देता, एकाध खाट भी रख देता। और हुक्का गर्म कर देता। और वहाँ शाम का समागम होता। पर उस समागम की यह ख़ासियत होती कि कोई भी राहजाता मामूली जान-पहचान वाला व्यक्ति भी आ बैठता। सबका स्वागत था। हुक्के का दौर चलता। एक-एक, दो-दो कश लेकर प्रत्येक व्यक्ति हुक्का आगे बढ़ा देता। दीन-दुनिया की बातें होतीं, हँसी-मज़ाक़ भी चलता, और अँधेरा पड़ने पर मजलिस उठ जाती। कभी-कभी सूबेदार गुड़ का शर्बत बनवा देता और सभी एक-एक कटोरा पी लेते। पर मिलना-बैठना ही सर्वोपरि था।"

इसके बाद भीष्म जी की टिप्पणी—"हमारे देश की संस्कृति, मेल-मिलाप की ही संस्कृति रही है। गाँवों, क़स्बों में तो विशेष रूप से। दीवापली के अवसर पर तो परिवार-मिलन एक अनिवार्य शर्त होती है। सभी त्योहारों का आधार ही मेल-मिलाप है, शादी-गमी पर उपस्थित होने की अनिवार्यता पर ज़रूरत से ज़्यादा बल दिया जाता है। फिर भी, इसके सम्बन्धों से जो अपनेपन की गर्माहट, स्निग्धता मिलती है, उसका कोई मूल्य नहीं।"

कहना न होगा कि अब मिल-बैठने की वह संस्कृति क्षीण हो रही है। निराला के शब्दों में कहें तो 'बोलते हैं लोग ज्यों मुँह फेरकर।' डर है, कहीं साहित्य की दुनिया से भी भीष्म जी के साथ वह संस्कृति विदा न हो जाये! सचमुच ही वे इस संस्कृति के साक्षात् विग्रह थे।

अन्त में उनकी माँ के शब्दों में ही कहें तो—

'सौ बरियाँ दा जीवणा ते ओड़क मरना।'

अर्थात्, मर तो हम क्षण-भर में जाते हैं पर जीते सौ वर्ष तक हैं! गिनती के सौ वर्ष नहीं। अनगिनत, जीवेम शरछहं शतम् के।

(सहारा समय, 26.7.2003)

भीष्म साहनी

कृष्णा सोबती

दोस्तो, बरसों पहले हमारी मुलाक़ात हुई भीष्म साहनी से आधी रोशनी और आधे अँधेरे वाले एक सफ़ेदपोश रेस्तराँ में।

उन दिनों कनॉट प्लेस का यह रेस्तराँ दिल्ली के सफ़ेदपोश लेखकों का अड्डा था। कॉफ़ी के प्याले पर लिखने वाली किसी-न-किसी छोटी-बड़ी या असली-नक़ली शख़्सियत को यहाँ अपने-अपने मुरीदों के साथ देखा जा सकता था।

एक दिलचस्प बात इस रेस्तराँ के बारे में बता दें कि इस रेस्तराँ को एक साथ कई साहित्यिक गुटबन्दियों और इन्सानी रिश्तों को पुख़्ता और मज़बूत कर देने का फ़ख़्र हासिल है। अगर दिल्ली के बहुत-से अदबी दोस्त इसकी हलकी रोशनी के जादू में गिरफ़्तार हो धड़ाधड़ गृहस्थियाँ न जुटा बैठते तो यक़ीनन रेस्तराँ के मालिक इसे बन्द न करते।

ख़ुदा हमसे झूठ न बुलवाये, हमारे कई लिखाड़ी दोस्तों ने इसके बन्द होने पर चैन की साँस ली थी। ज़िन्दगी के ताज़े मौसम में ही इस रेस्तराँ के आधे उजाले और आधे अँधेरे का मज़ा लिया जा सकता था।

मुहब्बत और इश्क़ का नाम तो हम न लेंगे, हाँ, साहित्यिक दोस्तियाँ और मीठे सलोने लगावों को हरा बनाये रखने के बहाने यह सस्ता लगने वाला महँगा रेस्तराँ सालों-साल ख़ूब धड़ल्ले से चलता रहा।

फिर अचानक लोगों की बेख़बरी में ही रेस्तराँ के कुशन ढीले पड़ने लगे। सीटों की टेपेस्ट्री घिसने लगी। तरेर-तिरकनवाली क्रॉकरी मेज़ों पर नज़र आने लगी। शोख़ियों में लहराते अल्हड़ नौजवान जोड़े कुटुम्ब परिवारवाले ठस्से से लैस हो गये। एक बैठक में छह प्यालों की औसत कम होकर दो पर उतर आयी। हुआ वही जो होना था। नौकरी के फन्दे में, बीवी-बच्चों के धन्धों में, काले भरपूर सिर कम और नारंगी शेड ज़्यादा दिखने लगे। उधर इस रेस्तराँ के पुराने आशिक़ों के

घर आबाद हुए, इधर 'इस' पर ख़िज़ाँ उतर आयी। देखते-देखते हमेशा आबाद दिखने वाला कनॉट प्लेस का सदाबहार, गुलज़ार कोना सुनसान हो गया।

अभी हाल में हशमत उधर जा निकले तो कई भूली-बिसरी यादें ताज़ा हो आयीं। देखते क्या हैं, वहाँ पुराने रेस्तराँ की जगह एक नयी तर्ज़ का रेस्तराँ खुल गया है। हशमत ने ताक-झाँक की—कोई पुराने दोस्त नज़र आयें, दुआ-सलाम हो जाये, लेकिन देखते क्या हैं, सन् साठ वाली भीड़ अधेड़ हो चुकी है और अपने-अपने बच्चों के साथ आइसक्रीम, कॉफ़ी के कूपन ख़रीद रही है।

देखकर हशमत का दिल बैठ गया, दूसरों के चेहरों में अपना चेहरा नज़र आने लगा। आईने की ज़रूरत ही न थी। सच तो यह है, बरसों की गिनती के चक्कर बुरे। महबूबाएँ बीवियाँ बन जायें और दिलेर आशिक़ बच्चों के पपाजान, तो समझ लीजिए कैलेंडर बदल गया है। चलते-चलते बस अगला मोड़ आ गया है।

दोस्तो माफ़ी—यह ग़ैर-ज़रूरी चर्चा हमने सिर्फ़ इसलिए की कि भीष्म की बात सोचते ही हमें पुराने दिन याद आ गये। सोचा, हमारे दोस्त भी उस रेस्तराँ में गुज़री शामों की याद ताज़ा कर लें और अपनी पुरानी ज़िन्दगी की एलबम से कुछ भूले-बिसरे चेहरों को निहार लें।

एक शाम—भीष्म से हमने फ़ोन पर वक़्त तय किया और उनसे मिलने उस रेस्तराँ में जा पहुँचे। इधर-उधर निगाह मारी। मुलाक़ात क्योंकि पहली थी इसलिए किसी पत्रिका में छपी फ़ोटो का ध्यान कर हम भीष्म साहनी को पहचानने की कोशिश करने लगे। दरवाज़े पर टकटकी लगाये सोचने लगे कि अभी कोई लम्बा ऊँचा साहनी अन्दर दाख़िल होगा, तो हमें गर्मजोशी से हाथ मिलाना होगा—और पाठकों के अन्दाज़ में कहना होगा—भीष्म साहिब, आपसे मिलने की बड़ी तमन्ना थी। आज पूरी हुई। आने के लिए शुक्रिया।

इन्तज़ार करते-करते थक गये तो वेटर को याद दिलायी—ज़रा बाहर देखिए... बरामदे में कोई साहब इन्तज़ार तो नहीं कर रहे। भीष्म साहनी नाम है।

साथ वाली मेज़ से आवाज़ आयी—'तो हशमत साहब आप ही हैं। इधर आइए, मुझे भीष्म साहनी कहते हैं।'

भीष्म ने गर्मजोशी से हाथ मिलाया। हमें लैम्प के नारंगी शेड में एक ऐसा चेहरा दीखा जो भीष्म साहनी न हो, भीष्म साहनी का बेटा हो।

गोरा-चिट्टा जवान चेहरा। आँखों में तल्ख़ी 'न' के बराबर। हमने यहीं से कुछ-कुछ उनकी उम्र का हिसाब लगाया। यह कि वह ख़ुद अपने बेटे नहीं—अपने बेटे के बाप हैं।

भीष्म के आगे कॉफ़ी का प्याला और हाथ में सिगरेट। नोक-पलक तराशी हुई। चन्द ही मिनटों में हम यह भूल गये कि भीष्म वह चेहरा है जो हम-आप में से किसी का बेटा हो सकता है। किसी का भाई, किसी का भतीजा और हर किसी का दोस्त। कहने का मतलब यह है कि आप किसी भी क़बीले में भीष्म जैसे बरख़ुरदार को मज़बूती से बँधा देख सकते हैं। भीष्म जो है वह सामने है। जितनी आँख और सब्र आपके पास है उतना ही सहजपन आप भीष्म के इर्द-गिर्द देख सकते हैं, पा सकते हैं। भीष्म के पास कोई हाशिया नहीं है। कोई परदा नहीं। वह सादगी-पसन्द सादा मिज़ाज इन्सान है।

भीष्म का पूरा व्यक्तित्त्व दायें-बायें का विस्तार नहीं। उसकी शख़्सियत गहराई में बड़ी सादगी से अटी है। इसी से कई लोगों को भीष्म के लेखन की लकीर कुछ सपाट मालूम देती है। शायद इसलिए कि उनके समूचे लेखन में सहज साधारण पात्रों की बहुलता है, अनोखापन नहीं।

जीने के स्तर पर भीष्म के पास एक सुथरा, सुरक्षित, मज़बूत चौखटा है जिसने भीष्म के समूचे लेखन और काफ़ी हद तक जीवन-दृष्टि को भी प्रभावित किया है। उनकी अपनी राजनीतिक आस्थाएँ हैं, 'इंटेलेक्चुअल कमिटमेंट' हैं। मोटे तौर पर भीष्म को अपने कितने ही साथियों से कहीं ज़्यादा सुविधा और समग्रता ज़िन्दगी से मिली है। छोटी-मोटी सुविधाएँ—अच्छा घर, पढ़ी-लिखीं बीवी। किताबों से भरी शेल्फ़ें और रचनाओं को एकसार करती एक बँधी-बँधाई ज़िन्दगी। जीवन के इस सुरक्षित पैटर्न ने जहाँ भीष्म को पनपने में मदद दी है वहाँ लेखन के लिए जमने की जो ज़मीन सिर्फ़ चुनौतियों से बनती है—भीष्म के आगे से दूर कर दी है, हटा दी है। यही वजह है कि लेखन के स्तर पर भीष्म को यह लड़ाई कुछ दूसरे ढंग से लड़नी पड़ती है।

भीष्म मध्यम वर्ग की खरोंचें, ज़ख़्म, उसके दर्द और उसके ऊपरी खोल को छू-छूकर, अपने को उस भीड़ से अलग खड़ा कर लेते हैं और नये सिरे से अपनी पुरानी चिर-परिचित ज़मीन में उन्हें अंकित करने का निर्णय कर डालते हैं।

यह अकारण नहीं कि भीष्म के रचनाकार की आन्तरिक ज़मीन बाहर के उपकरणों की मोहताज नहीं।

वह अपने आसपास के अलगाव से हटकर समाज के यथार्थ से हमेशा एक कोण बनाये रखने में सफल रहे हैं। उनका ऐसा साक्षात्कार उनके अपने परे हट जाने से पैदा होता है। बुद्धिजीवी होने के नाते भीष्म के सुथरे लेखन की ख़ूबी भी यही है और कुछ आलोचकों के अनुसार कमज़ोरी भी यही है।

कुछ दोस्तों को भीष्म के साफ़-सुथरे शिल्प और शैली में उस अतिरिक्त की वह कमी खटकती है जो ख़ुद ही रचना को चमकाती-दमकाती है।

भीष्म के रहन-सहन और सलीक़े में भी आप अन्दाज़ देख सकते हैं। लेखक के व्यक्तित्त्व को रूमानी बनाने वाले चोंचले और किसी हद तक ज़रूरी साज़-सामान भीष्म के यहाँ ग़ैर हाज़िर हैं।

मिसाल के तौर पर भीष्म की साफ़-सुथरी गृहस्थी में दूर-दूर तक भीष्म की किसी असली या काल्पनिक महबूबा का नाम हवा में नहीं लहराया। दरअसल भीष्म की बीवी ही इस साँझे आसन पर विराजमान है। दोस्तों का कहना है कि भीष्म को 'एक में तीन' जैसी बेनयाज बीवी मिली हुई है। बीवी, प्रेमिका और पाठिका—थ्री इन वन। सुनते हैं भीष्म की बीवी शीला हर बार भीष्म की रचनाओं की पहली पाठिका है और आलोचक भी। हम यह जानना चाहेंगे कि पाठिका के नाते शीला ने अपना काम किस ढंग से निभाया है। बीवी और प्रेमिका के नाजुक रिश्ते की ओर हशमत ने इशारा कर कुछ जानना चाहा तो भीष्म सिर्फ़ हँस दिये। हशमत समझे तो इतना ही कि यह सवाल सुनते ही भीष्म एक लम्महे में हज़ारों रंग ज़िन्दगी के देख लिए होंगे। कौन-कौन से, यह न पूछिए।

भीष्म की तारीफ़ में यह कहना ज़रूरी है कि उसके दोस्तों का बड़ा गुच्छा उसके मिज़ाज का सबूत है। अंग्रेज़ी साहित्य पढ़ाने वालों की अमलदारी वाली ऊँची अदा भीष्म में क़तई नहीं।

भीष्म का पेशा है अंग्रेज़ी पढ़ाना और अपनी मादरी ज़बान हिन्दी में साहित्य-सृजन करना। अंग्रेज़ी साहित्य के शिक्षकों और पाठकों को हिन्दी की हवा से हो जाने वाले जुकाम से भीष्म ने अपने को आज़ाद रखा है।

ओफ़्फ़ो, किस ख़तरनाक नुक्ते को छू लिया हशमत ने! अभी भी अंग्रेज़ी पर फ़िदा दोस्तों की बहुत बड़ी क़तार है जो मानकर चलती है कि हिन्दी पिछड़ेपन की ज़बान है। इसमें कुछ लिखा भी जा सकता है—इसमें भी उन्हें शक है।

अकादमी पुरस्कार-प्राप्त 'तमस' का पहला अध्याय पढ़कर भाषा और शिल्प के स्तर पर हिन्दी न बिचारी लगती है, न पिछड़ी। हिन्दी समर्थ है, सुथरी है और जो चाहे व्यक्त कर सकती है।

लीजिए 'तमस' के विषय में कुछ दिलचस्प तथ्य पेश हैं—भीष्म ने 'तमस' को पहली बार गर्मी की छुट्टियों में तरतीब दी। दिल-पुरानी यादों में भटकता था—पुराने वतन और वतन की हवा में जीने के लिए।

जो कुछ भी ज़हन में आता रहा—आँखों के आगे घूमता रहा, भीष्म उसे पन्नों पर उतारते रहे।

अगली छुट्टियों में भीष्म इस पर जमकर बैठे। कहानी को दोहराया और काट-छाँट की।

'तमस' ज़िन्दगी की छोटी-बड़ी लड़ाइयों की कहानी नहीं। यह विभाजन जैसी ऐतिहासिक घटना का, संघर्ष का, वह महत्त्वपूर्ण दस्तावेज़ है, जिसमें एक साथ लाखों लोग अपने-अपने ठिकानों से उखड़े थे।

भीष्म खुद उस तूफ़ान की चपेट में थे जिसे बँटवारे का नाम दिया जाता है। एक पुराना पेड़ जब जड़ों से टूटता है तब उसका हर हिस्सा, छोटी-मोटी शाखाएँ, पत्ते सब उस टूटने की यातना में साझीदार होते हैं। और अपने अपने-ढंग से अपने-अपने दर्द को सहन करते हैं। बदलाव का सामना करते हैं।

भीष्म उस दर्द को देर तक अपने में समोये-सहेजे रहे हैं। यह उन्हें सालता रहा है और सच तो यह है कि 'तमस' का लेखक बरसों तक उसे पालता रहा है। 'तमस' इस बात का सबूत है कि एक ईमानदार लेखक की तरह भीष्म उस भोगे हुए दर्द को, दूरियों में से छानते चले गये होंगे। और आख़िरकार बँटवारे का यह ब्योरा पेश कर सके जो अपने सुथरे शिल्प और प्रस्तुतीकरण में महत्त्वपूर्ण और उल्लेखनीय रहेगा।

सच तो यह है कि जिनसे वतन छूटे हैं, पुराने रिश्ते टूटे हैं, वे ही इस गहरे दर्द के साक्षी हैं (इस ओर और उस ओर भी), जिसकी अभिव्यक्ति भीष्म ने 'तमस' लिखकर की है।

कई दोस्तों की यह शिकायत ग़लत नहीं है कि भीष्म की जो भी अपनी 'इंटेलेक्चुअल' जलवायु है—आस्थाएँ और राजनीतिक मूल्य हैं, उन्हीं के अनुसार 'तमस' के घटनाचक्र और परिणाम भी हैं। ये सब भीष्म की मानसिक प्रक्रिया के अभिन्न अंग हैं और उन्होंने ईमानदारी से क्योंकि इन्हें सहेजा-समेटा है—इसलिए इस पर एतराज़ करने की ज़रूरत ही महसूस नहीं होती।

'तमस' में विश्वास करने के कारण मौजूद हैं कि भीष्म ने इस ख़ौफ़नाक घटना को बड़ी बारीकी से नितारा है और फैले हुए इतिहास और उसके राजनीतिक सन्दर्भ की लीक देकर कुछ ही दिनों को ढाँचे से बाँधने की कोशिश की है। और इसमें शक नहीं यह एक बड़ी कोशिश थी। कोई भी बड़ी कोशिश महज़ कोशिश नहीं होती। उसके पीछे आस्थाएँ, संस्कार और मूल्य होते हैं जिनसे भीष्म जैसा जागरूक व्यक्ति बँधा होता है, 'कमिटेड' होता है।

विभाजन के सिलसिले में ऐसी कोई भी लीक देना बेशक बड़ी कोशिश है। बँटवारे के दरमियान नफ़रत एक ऐसे पैमाने पर पहुँच गयी थी जहाँ न सिर्फ़ ज़मीन की बाँट थी—मानवीय सम्बन्धों के टूटने, ख़त्म हो जाने की तिड़कन और टूटन भी थी।

यह सही है कि भीष्म जिस विचारधारा से जुड़े हैं, उसी ने 'तमस' के

मुख्य स्वर को बाँधे रखा है। 'तमस' की कहानी की कड़ियाँ—हादसों के रूप में क़रीब-क़रीब भीष्म की विचारधारा से मेल खाती चली जाती हैं।

राजनीति का अपना तर्क होता है जो एक से ज़्यादा विरोधाभासों को जन्म देता है। यह अकारण नहीं कि भीष्म की आँख ने विभाजन के जिस गलियारे को देखा है उसकी दोनों तरफ़ें अपने-अपने राजनीतिक विश्वासों से आक्रान्त थीं। उन्हें आत्मसात करने के लिए भीष्म उनके काफ़ी क़रीब थे। उस तूफ़ान में जिन मूल्यों और क़ीमतों को भीष्म बचाना चाहते थे, क़रीब-क़रीब छोटे-बड़े पैमाने पर दोनों तरफ़ के अवाम भी उन्हीं जज़्बातों को बचाने की भरसक कोशिश कर रहे थे। आग की लपटों में से अपने-अपने हमसायों, पड़ोसियों को बचाने की कोशिशें जारी थीं। मार-काट करने वाली भीड़ भी अपने-अपने मुहल्लों और बस्तियों में इन्सानी रिश्तों को निभा रही थी। भीष्म ने अपनी क़लम की तटस्थ सादगी से उन ख़ौफ़नाक दिल दहला देने वाले कुछ हादसों को पेश किया है जो विभाजन-साहित्य में बेजोड़ हैं।

हमलावरों के डर से गुरुद्वारे से निकलकर कुएँ में छलाँग लगाने को तैयार औरतें—इस पूरे दृश्य को जिस वैराग्य से भीष्म ने प्रस्तुत किया है यह अपने आप में 'तमस' की प्राप्ति है।

भीष्म ने दर्जनों सुथरी सेहतमन्द कहानियाँ लिखीं हैं जो लगातार उस सत्य को उजागर करती हैं जो भीष्म के निकट मूल्यवान है। भीष्म की राजनीति उसकी क्षमताओं को सिर्फ़ उकेरने वाली सहायक पूर्ति नहीं—वे मूल्य और आस्थाएँ हैं जिनसे भीष्म का पूरा का पूरा दृष्टिकोण स्थिर हुआ है।

हशमत इतना ज़रूर कहना चाहेंगे कि जिस मध्यवर्गीय खोखलेपन को भीष्म का लेखन उघाड़ता है, उसे देखने की आँख भी उसे उसी वर्ग से मिली है। 'चीफ़ की दावत' से लेकर 'भगवान के आदमी' तक की कहानियों में परिवेश के यथार्थ को भीष्म ने अपनी साहित्यिक मान्यताओं से परे नहीं जाने दिया। यही वह बिन्दु भी है जो भीष्म की रचनाओं को उसके मानसिक घनत्व से बराबर जोड़े रखता है।

इंटेलेक्चुअल तल पर दर्जा-ब-दर्जा उड़ानों या गहराइयों में खो जाने के साथ ज़िन्दगी के यथार्थ से हट जाना, प्रतिभा के बल पर अपने को विभाजित कर लेना, अपने पर खुद लीक लगाकर समाज से कट जाना—किसी भी लेखक के लिए यह विभाजन से बड़ी ट्रैजडी है। भीष्म ने इस विभाजन से अपने को बचाया है। उसकी नज़र कटी नहीं। उसका सोचना अँधेरे और उजाले में डगमगाया नहीं।

दोस्तो, इसके पहले कि हम आपसे इजाज़त लें, भीष्म के बारे में कुछ इधर-उधर की।

'तमस' के लिए अकादमी पुरस्कार के अलावा भीष्म, भाषा विभाग पंजाब से साहित्य-शिरोमणि पुरस्कार भी पा चुके हैं। यह जानकर हमें कुछ अजीब तरह की ख़ुशी हासिल हुई जो महज़ इनाम की प्राप्ति से अलग थी। हमें यक़ीन है कि आपको भी यह जानकर ख़ुशी होगी कि यही पुरस्कार भीष्म के बड़े भाई स्वर्गीय बलराज साहनी को भी मिल चुका है।

यह उनके वतन के लिए गौरव की बात है। भीष्म हिन्दुस्तानी हैं, पर उनका पुराना वतन रावलपिण्डी है। रावलपिण्डी पाकिस्तान में है लेकिन बलराज और भीष्म दोनों रावलपिण्डी के ही बेटे कहलायेंगे। उनका बचपन वहीं गुज़रा था। बचपन एक बार जिया जाता है। उसे वहाँ की मिट्टी से कौन जुदा कर सकता था! (सिर्फ़ विभाजन!)

काश, हशमत बलराज जी और भीष्म—जैसे बेटे बनाने वाले उनके स्वर्गीय माता-पिता की तस्वीरें पेश कर सकते! मौक़ा मिला तो भीष्म की एलबम में झाँकेंगे। कुछ मिल गया तो आपकी ख़िदमत में पेश करेंगे।

('हम हशमत' के पहले खण्ड का पहला संस्करण 1977 में प्रकाशित हुआ था।)

प्र.ले.सं. में भीष्म साहनी

खगेन्द्र ठाकुर

भीष्म साहनी से मेरी पहली मुलाक़ात सन् 1974 में दिल्ली में हुई। वे उन दिनों प्रगतिशील लेखक संघ के राष्ट्रीय महासचिव थे। 1972 में अल्माअता में अफ्रेशियन लेखक संघ के अधिवेशन के समय सज्जाद ज़हीर का निधन हो जाने के बाद ही लोगों का ध्यान भीष्म जी पर गया और उन्होंने प्रगतिशील लेखक संघ का दायित्व सम्हाल लिया था। तो भीष्म जी ने दिल्ली में प्रगतिशील लेखक संघ की एक राष्ट्रीय बैठक बुलाई थी। मैं उसी में भाग लेने के लिए आया, तो उनसे मिलने और उनकी बातें सुनने का प्रेरणादायी अवसर प्राप्त हुआ था। बैठक का संचालन भीष्म जी ने स्वयं किया था। वे धीमी गति से, मद्धिम आवाज़ में बोलते थे, संक्षेप में अपनी बात कह जाते थे, लेकिन अध्ययन और अनुभव के दुर्लभ सामंजस्य से वे ऐसी बातें बोलते थे कि उन्हें सुनने और उन पर विचार करने को विवश होना पड़ता था। यह विवशता इतनी स्वाभाविक थी कि मन प्रसन्न हो जाता था। उनके सौम्य चेहरे और मद्धिम आवाज़ में तो अनोखा तालमेल था ही, अनुभवसिद्ध बातों से उनका सौन्दर्य और बढ़ जाता था। हर तरह से वे लोगों को आकृष्ट करते थे, प्रभावित करते थे। मैं उन दिनों 1973 के दिसम्बर महीने से ही बिहार प्रगतिशील लेखक संघ का महासचिव था। इस नाते मुझे दिल्ली की उक्त बैठक में शामिल होना था। लेकिन भीष्म जी तो मशहूर और प्रतिष्ठित कहानीकार थे, इसलिए उनके व्यक्तित्त्व में एक अतिरिक्त आकर्षण था। लेखक और संगठनकर्ता के गुणों का अनोखा समन्वय था उनमें। कभी ऐसा नहीं महसूस होता कि वे किसी पर दबाव डाल रहे हैं। यह भी नहीं महसूस होता कि बड़ा कथाकार होने का अहसास उनमें हो। हाँ, उनकी बातें सुनकर अवश्य लगता था कि हम एक बड़े लेखक को सुन रहे हैं।

भीष्म जी 1972 से 1986 के लखनऊ में आयोजित स्वर्ण जयन्ती समारोह (9, 10 अप्रैल) तक प्रगतिशील लेखक संघ के महासचिव रहे। मैंने भीष्म जी को महासचिव के रूप में काम करते देखा है। यदि दिल्ली में कोई राष्ट्रीय सेमिनार या सम्मेलन या ऐसा ही कोई आयोजन होता था, तो उसके लिए कार्ड छपाने और बाँटने, अख़बारों में सूचना देने, हॉल का प्रबन्ध करने, बाहर से आये लेखकों के ठहरने-खाने का इन्तज़ाम करने से लेकर बाद में अख़बारों में रिपोर्ट भेजने और इकाइयों को भी जानकारी देने तक का काम वे निःसंकोच करते थे। उन्हें इन सबके लिए दौड़-धूप करते देख मुझे अक्सर याद आता कि गाँव में किसी बहुगुणी आदमी को देखकर लोग कहते—अरे यह तो जूता सिलाई से चंडीपाठ तक में पारंगत है। या फिर यह भी कहा जाता कि—यह तो छप्पर छाने से लेकर सत्यनारायण कथा तक जानता है। भीष्म जी डाक में चिट्ठी डालने से लेकर प्रतिवेदन लिखकर लेखकों का वैचारिक नेतृत्व करने तक का काम बख़ूबी करते थे। संगठन का कोई काम उनके लिए छोटा नहीं था। संगठन के कारण उनके मन में कोई महत्त्वाकांक्षा जगी हो, ऐसा मुझे नहीं महसूस हुआ। प्रगतिशील लेखक संघ का पुनर्गठन-सम्मेलन 1975 में 6 से 9 मई तक गया में हुआ। भीष्म जी ने अपनी याददाश्त से अपनी आत्मकथा 'आज के अतीत' में लिखा है, ''1976 के आसपास इसका (प्रगतिशील लेखक संघ का) पुनर्गठन हुआ, जब इसे संघ से महासंघ बनाया गया।'' (पृ. 270) लेकिन सम्मेलन '76 नहीं, '75 में हुआ था। इस सम्मेलन में भीष्म जी बाज़ाब्ता महासचिव चुने गये और बंगला के विख्यात कवि विष्णु दे अध्यक्ष बनायें गये थे। इस सम्मेलन में देश की विभिन्न भाषाओं के एक सौ से अधिक लेखक जुटे थे, अनेक प्रतिष्ठित, साथ ही नये लेखक भी थे। इस सम्मेलन में नया घोषणा-पत्र स्वीकृत किया गया था, जिसका पहला प्रारूप अली सरदार ज़ाफरी ने तैयार किया था। उसे विचार-विमर्श के लिए सम्मेलन से काफ़ी पहले ही देश-भर में वितरित किया गया था। भीष्म जी ने प्राप्त सभी सुझावों और संशोधनों के साथ घोषणा-पत्र को सम्मेलन में पेश किया था और संशोधित रूप ही स्वीकृत हुआ था। यहाँ से प्रगतिशील लेखक संघ ने एक नयी यात्रा नयी परिस्थिति में शुरू की थी। गया-सम्मेलन अचानक नहीं हुआ था। जैसे 1936 का लखनऊ सम्मेलन देश के भीतर स्वाधीनता-संग्राम और अन्तरराष्ट्रीय स्तर पर फासीवाद और विश्वयुद्ध के ख़िलाफ़ शान्ति, जनतन्त्र और मानवीय संस्कृति का पक्ष मज़बूत करने के लिए लेखकों की बेचैनी को व्यक्त करने तथा संगठित भूमिका के लिए उन्हें तैयार करने के लिए 1935 में पेरिस-सम्मेलन की

पृष्ठभूमि में हुआ था, उसी तरह सातवें दशक में राष्ट्रीय मुक्ति आन्दोलन की अभूतपूर्व सफलता और अपने देश में नये सामाजिक-राजनीतिक विकल्प की तलाश की पृष्ठभूमि में दिल्ली में 1970 में अफ्रेशियाई लेखक सम्मेलन, 1970 में ही पटना में बिहार प्रगतिशील लेखक का पुनर्गठन सम्मेलन, फिर 1973 में बिहार का राज्य सम्मेलन, 1973 में ही बाँदा में प्रगतिशील साहित्यकार-सम्मेलन आदि के बाद गया में प्रगतिशील लेखक संघ का राष्ट्रीय सम्मेलन हुआ था। उन्हीं दिनों बिहार में सम्पूर्ण क्रान्ति का आन्दोलन जयप्रकाश नारायण के नेतृत्व में चल रहा था। इस दृष्टि से गया-सम्मेलन बहुत कठिन परिस्थिति में हुआ था। भीष्म जी ने गया-सम्मेलन का ज़िक्र करते हुए 'आज के अतीत' में लिखा है, "गया-सम्मेलन के बाद हम रात की गाड़ी से लौटने वाले थे। स्टेशन पर पहुँचे तो पता चला गाड़ी दस घण्टे लेट है। अँधेरा पड़ चुका था और अब हम न अपने ठिकाने पर लौट सकते थे और न कोई वाहन मिल सकता था। हम लोग प्लेटफॉर्म पर ही लम्बे पड़ गये। ...उस रात को याद करो तो लगता है हम किसी पिकनिक पर गये हुए थे। कहीं कोई शिकवा-शिकायत नहीं थी।" (पृ. 271)

मुझे याद आ रहा है कलकत्ता से प्रकाशित साप्ताहिक 'स्वाधीनता' में गया-सम्मेलन पर जो रिपोर्ट और टिप्पणी छपी थी, उसका शीर्षक दिया गया था–'गया में प्रगतिशीलता को पिण्डदान'। लेकिन स्थिति इसके विपरीत थी। भीष्म जी ने लिखा है, "प्रगतिशील लेखक संघ एक लहर के रूप में उभरा था। आज भी उसका स्वरूप एक लहर जैसा ही है, बँधी-बँधाई संस्था का नहीं है। वह भारत की सभी भाषाओं का साझा मंच था, धर्मनिरपेक्ष, जनतन्त्रात्मक दृष्टि से प्रेरित और वामपन्थी विचारधारा से गहरे में प्रभावित जो एक ओर देश के स्वतन्त्रता-संग्राम से जुड़ता था, तो दूसरी ओर विश्वव्यापी उठने वाले घटनाचक्र के प्रति सचेत था।" ('आज के अतीत', पृ. 270) इन पंक्तियों में व्यक्त दृष्टि को देखकर ही प्रगतिशील आन्दोलन को ठीक से समझा जा सकता है। वह केवल संगठन नहीं, एक लहर है। लहर कभी तेज़ होती है, कभी शान्त, लेकिन जल-प्रवाह तो हमेशा रहता है। इस दृष्टि से नहीं देखने वाले ही स्वातन्त्र्योत्तर काल के दिनों में कुछ वर्षों तक सांगठनिक गतिविधियों की कमज़ोरी को देखते हुए अनेक वामपन्थी और प्रगतिशील लेखक भी कहने लगते हैं, बल्कि कहते रहे हैं कि प्रगतिशील लेखक संघ में विसर्जनवादी दृष्टिकोण हावी हो गया। कई मित्रों ने तो उसे विघटित तक घोषित कर दिया। स्वातन्त्र्योत्तर काल में सांगठनिक गतिविधियों के कमज़ोर पड़ने या आन्दोलन की लहर के धीमी पड़

जाने का सही कारण सन् 1948 से 1951 तक अपनाया गया अतिवादी और संकीर्णतावादी दृष्टिकोण भी था। इसके कारण अनेक लेखक प्रगतिशील लेखक संघ को छोड़ गये। उस ऐतिहासिक कट्टरता और संकीर्णता का अवशेष जिन लोगों की चेतना में आज तक मौजूद है, वे ही लगातार प्रगतिशील लेखक संघ को विघटित या विसर्जित घोषित करते रहे हैं। प्रगतिशील लेखक संघ के तरह-तरह के विरोधी उसके बारे में तरह-तरह की बातें गढ़ के फैलाते रहे हैं। एक बात यह भी फैलाई गयी कि आपात्काल के समर्थन में गया में प्रगतिशील लेखकों ने सम्मेलन किया था। यह झूठ है, क्योंकि आपात्काल 25 जून 1975 की रात में घोषित किया गया था और गया-सम्मेलन 6 मई से 9 मई तक 1975 में हुआ था। अवश्य प्रगतिशील लेखक उस समय चल रहे तथाकथित सम्पूर्ण क्रान्ति आन्दोलन के ख़िलाफ़ थे और उस आन्दोलन से कैसे-कैसे तत्त्व भारतीय राजनीति में विकसित होकर आये, इस पर ध्यान देने पर आज कोई भी, जो राजनीति में सम्प्रदायवाद, जातिवाद और अपराध-कर्म के बढ़ते प्रभाव से चिन्तित है, वह सम्पूर्ण क्रान्ति के विरोध को जायज़ करार दे रहा है।

भीष्म साहनी जैसे प्रतिष्ठित और लोकप्रिय कथाकार और नाटककार की अगुआई में उस दौर में प्रगतिशील लेखक संघ ने प्रगतिशीलता के कारवाँ को मज़बूत किया और आगे बढ़ाया। 1976 में भीष्म जी ने मुझे पत्र लिखकर सूचित किया कि "असम जा रहा हूँ प्र.ले.सं. के राज्य सम्मेलन में, उधर से लौटते हुए पटना में एक दिन रुक सकता हूँ। कृपया सूचित करें। हमारे लिए यह ख़ुशी की सूचना थी। कार्यक्रम तय किया और उनको लिख दिया। हम लोगों ने एक गोष्ठी आयोजित की।" कम समय की सूचना पर, बल्कि अख़बार में सूचना प्रकाशित करा देने से ही पटना में प्रायः सभी नये लेखक एकत्र हो गये। भीष्म जी के व्यक्तित्त्व में एक प्रकार की चुम्बकीय शक्ति थी। लेखकों-पाठकों के बीच उन्हें देखकर यह महसूस होता था। पटना की उस गोष्ठी में उन्होंने कहा, "प्रगतिशील लेखक संघ की ओर लेखक आकृष्ट हो रहे हैं। पहले मुझे भी लगता था कि प्रगतिशील लेखक संघ में लेखकों के लिए आकर्षण नहीं रह गया है। लेकिन अनुभव कुछ और ही कह रहा है। मैं जहाँ कहीं जाता हूँ बड़ी तादाद में लेखक आते हैं, ख़ास करके नये लेखक प्रगतिशील लेखक संघ में शामिल हो रहे हैं। यह सब देखकर मैं चकित हूँ और समझने की कोशिश कर रहा हूँ कि ऐसा क्यों हो रहा है। इतना तय है कि प्रगतिशील आन्दोलन में एक नयी लहर आयी है।" भीष्म जी स्वयं बहुत उत्साहित थे। इस नयी लहर को और व्यापक बनाने के लिए भीष्म जी

संगठन में भी खुलापन पसन्द करते थे। मुझे एक घटना याद आ रही है। सन् 1982 में जयपुर में इस नये दौर में प्र.ले.सं. का तीसरा सम्मेलन हो रहा था। अन्तिम दिन अन्तिम सत्र संगठन सत्र के रूप में हो रहा था। इस सत्र के प्रारम्भ में ही पटना के एक लेखक प्रतिनिधि (जो बाद में प्र.ले.सं. में नहीं रहे) ने उठकर कहा, "यहाँ अनेक लोग हैं, जो प्र.ले.सं. के प्रतिनधि नहीं हैं, उन्हें बाहर जाने को कहा जाये, तभी संगठन-सत्र हो।" इस पर भीष्म जी ने कहा, "यार, मैं तो चाहता हूँ कि जो बाहर हैं, वे भी भीतर आ जायें, आप भीतर आये हुए को बाहर करने को कह रहे हैं।" सभा-भवन में उपस्थित सभी लेखक ठठाकर हँस पड़े और संगठन-सत्र आगे बढ़ गया। संगठन और आन्दोलन में सामंजस्य कायम करने का यह सहज तरीका था। इसके साथ ही संगठन को सहज आत्मीयता के साथ चलाने और उसे व्यापक बनाने का तरीका भी। वे संगठन को चला रहे थे और कुशलता से चला रहे थे, उसे आन्दोलन का रूप भी दे रहे थे, लेकिन ध्यान देने की बात यह है कि वे संगठनवादी नहीं थे। संगठन और आन्दोलन के ध्येय को हमेशा ध्यान में रखते थे, साथ ही लेखकीय मर्यादा को भी। मैं एक प्रसंग का ज़िक्र करना चाहता हूँ। 1985 में 'नागार्जुन की राजनीति' नाम से एक लेख पटना प्रगतिशील लेखक संघ की तत्कालीन बुलेटिन में प्रकाशित किया गया। इस लेख में राजनीतिक लाइन के आधार पर नागार्जुन की आलोचना की गयी थी। इस पर तरह-तरह की प्रतिक्रियाएँ हो रही थीं। मैंने निजी तौर पर उसके लेखक और भूमिका-लेखक दोनों को बता दिया था कि यह लेख उचित नहीं है। बिहार प्रगतिशील लेखक संघ ने भी उससे अपने को अलग बताया। इस विवाद में भीष्म जी ने एक पत्र लिखा और स्पष्ट कहा कि लेखक को लिखने की आज़ादी है, लेकिन उसे प्रगतिशील लेखक संघ से नहीं छापना चाहिए था। भीष्म जी की समझ एक तरफ़ राजनीतिक लाइन को आलोचना का आधार बनाने से मना करती है, दूसरी तरफ़ संगठन को व्यक्तिगत विवाद और आक्षेप से अलग रखने की हिदायत देती है। भीष्म जी संगठन को सामूहिकता का पर्याय मानते थे। इसीलिए वे उसे व्यक्तिगत लाभ-हानि, व्यक्तिगत प्रशंसा या निन्दा अथवा आक्षेप से अलग रखने के लिए हमेशा सचेत रहते थे। इस प्रसंग में एक और घटना याद आ रही है। 1980 में जबलपुर में प्रगतिशील लेखक संघ का अधिवेशन हो रहा था। उसी समय अरुण कमल का पहला कविता-संग्रह 'अपनी केवल धार' प्रकाशित हुआ था। हिन्दी के एक आलोचक, जो उन दिनों अरुण कमल की कविताओं के 'फैन' थे और 1985 के बाद उनको खराब कवि कहने लगे,

उन्होंने जबलपुर में भीष्म जी से कहा कि अरुण कमल के कविता-संग्रह का मंच से लोकार्पण करा दीजिए। भीष्म जी असमंजस में पड़ गये। वे मेरे पास आये। उन्होंने उपर्युक्त बात का ज़िक्र करते हुए कहा–"आपकी क्या राय है!" मैं अरुण कमल की कविताओं को पसन्द करता रहा हूँ। उनका पहला संग्रह मुझे भी बहुत अच्छा लगा था। लेकिन भीष्म जी ने मेरी राय पूछी, तो मैंने एक बार उन्हें देखा और फिर कहा, 'किसी एक कवि के संग्रह का अधिवेशन के मंच से लोकार्पण मुझे उचित नहीं लग रहा है। भीष्म जी का असमंजस वाला चेहरा खिल गया। बोले, "मैं भी यही सोच रहा था। वे गये और उक्त आलोचक महोदय को प्रेमपूर्वक समझा दिया। अरुण कमल अधिवेशन में भाग ले रहे थे, लेकिन वे इस मामले से अलग और अनजान थे। उनके संग्रह का लोकार्पण अधिवेशन परिसर में एक अलग आयोजन करके किया गया, जिसमें मैं, भीष्म जी और भी बहुतेरे लोग शरीक़ हुए।

2

भीष्म जी आन्दोलन के आदमी थे। इस बात पर गौर करने की ज़रूरत है। जिस दौर में भीष्म जी ने अपने निरन्तर क्रियाशील जीवन की आख़िरी साँस जी, वह ऐसा है, जिसमें बहुत से लेखक अपने जीवन के लिए, अपने लेखन के लिए, लेखकीय व्यक्तित्त्व के विकास के लिए संगठन और आन्दोलन को ज़रूरी नहीं समझते। कुछ तो ऐसे भी हैं, जो संगठन और आन्दोलन को बाधक समझते हैं। आज के लेखन की एक बड़ी विशेषता कुछ लोग यह मानते हैं कि उस पर किसी आन्दोलन का प्रभाव नहीं है। लेकिन भीष्म जी का व्यक्तित्त्व उस तरह की बातों को, उनके पीछे छिपी समझ को एकदम गलत साबित करता है। भीष्म जी की आत्मकथा 'आज के अतीत' पढ़ने से यह साफ़-साफ़ पता चलता है कि अपने जीवन में वे पहले आन्दोलनकर्ता बने, लेखक तो बहुत बाद में हुए। इस सम्बन्ध में उनके अनुभवों पर गौर करना चाहिए। युवावस्था से ही उन्होंने कांग्रेस के माध्यम से स्वाधीनता आन्दोलन में भाग लेना शुरू किया जो एक गम्भीर राजनीतिक आन्दोलन था। उन्होंने खुद लिखा है–"पर एक बार ज़रूर भावनाओं के ज्वार से विवश होकर मैंने कदम उठाया था और कांग्रेस के दफ्तर में जा पहुँचा था और सदस्यता के लिए अपना नाम लिखवा आया था।" ('आज के अतीत', पृ. 102) फिर लिखते हैं, "कांग्रेस में नाम लिखवाया, तो मुझे लगा जैसे मैं किसी बड़े विशाल आँगन में प्रवेश

कर गया हूँ...मैं कहीं जुड़ रहा था, मैं अपने को उस देशव्यापी आन्दोलन का अंग मानने लगा था, जो उस समय सैलाब की तरह उठ रहा था। सड़क पर चलते हुए मेरा मन रहता, कोई मेरी ओर देखे और कहे कि यह आदमी भी उस विशाल आन्दोलन में शामिल है, उसका हिस्सा है।'' ('आज के अतीत', पृ. 103) अपने जीवन के इस दौर में भीष्म जी पिताजी के साथ रहकर उनके व्यापार में हाथ बँटा रहे थे। यह हाथ बँटाना उन्होंने एक निर्णय के तहत किया था और ऐसा लगा था कि यही उनका पेशा होगा। लेकिन उनकी मानसिकता व्यापार के अनुकूल नहीं थी। वे लिखते हैं, ''व्यापार में मेरी रुचि बढ़ नहीं पा रही थी। इससे मुझे आन्तरिक सुख नहीं मिलता था। ...एम.ए. तक की पढ़ाई करने के बाद दुकानदार की गद्दी पर बैठना मेरे लिए नागवार था। विलायती माल बेचने से भी मुझे चिढ़ थी और मुनाफ़े पर मैं काम करना नहीं चाहता था।" तभी एक नाटक खेलने का उपक्रम किया रावलपिण्डी में और इसी प्रसंग में अस्थायी अध्यापक नियुक्त कर लिए गये। अंग्रेज़ी में एम.ए. थे तो साहित्य पढ़ते ही थे, पढ़ाने भी लगे। फिर बंगाल में दुर्भिक्ष के दिनों में रावलपिण्डी में विनय राय के नेतृत्व में जननाट्य संघ का एक नाटक देखते हुए उससे जुड़ गये। साहित्य का माहौल कुछ-कुछ तो घर में था ही, बड़े भाई बलराज साहनी पहले साहित्य की ओर बढ़े, उनका प्रभाव भीष्म जी पर था। बचपन में ही सुदर्शन का व्याख्यान सुना था। प्रेमचन्द को थोड़ा बहुत पढ़ने का मौक़ा मिला था। उन सबने आगे बढ़ाया। भीष्म जी लिखते है, ''साहित्य-सृजन की ओर भी मैं कोई दो टूक निर्णय लेकर उन्मुख हुआ हूँ। मैं अपनी परिस्थितियों के चौखटे में ही अपनी रुचियों को फिट बिठाने की चेष्टा करता रहा हूँ।'' (पृ. 101) लेकिन एकदम ऐसा ही जीवन में नहीं होता रहा। उन्होंने अपनी समझ, अपनी ज़िद और विचारधारा से भी काम लिया, जीवन की प्रारम्भिक अवस्था में भी। अंग्रेज़ी फौज को गाली देने वाले दो सरदारों के ख़िलाफ़ गवाही देने से उन्होंने अदालत में इनकार कर दिया। गवाही देने से इनकार करने के गम्भीर नतीजे भी हो सकते थे, लेकिन उस नतीजे के बारे में उन्होंने नहीं सोचा। राजेन्द्र यादव को शिकायत है कि भीष्म के जीवन में कोई रोमांस नहीं है, कुछ उठापटक जैसा नहीं है। यों रोमांस और उठा-पटक का ही नहीं, स्वयं ज़िन्दगी का जो अर्थ राजेन्द्र यादव के लिए है, वही भीष्म जी के लिए नहीं है। अफ़सोस भीष्म जी को भी था कि उन्होंने शीला से शादी के पहले रोमांस नहीं किया। लेकिन शादी के बाद 'हनीमून' के लिए श्रीनगर पहुँचे तो एक दिन दो साइकिलों का इन्तज़ाम किया, एक तो अपना

था, एक शीला के लिए औरताना साइकिल और दोनों निकल पड़े सड़क पर। इरादा था डल झील जाने का। मन में एक हुथल (पंजाबी शब्द) आया, हिन्दी में कहें तो एक झोंका आया और चल पड़े गान्धारबल के रास्ते जो श्रीनगर से आठ किलोमीटर था। पहुँच तो गये, लेकिन थक गये, शीला ज़्यादा थकी हुई थी। छोटी जगह, खाने-पीने को कुछ नहीं। किसी तरह एक दुकान में ठण्डी पूरी और ठण्डी सब्जी मिली। तब तक एक बस मिली और साइकिलें छत पर रखकर उससे श्रीनगर लौटे। हॉकी के अच्छे खिलाड़ी थे, कालिज की टीम में चुने गये थे, लेकिन कप्तान ने अपने निर्णय से उन्हें खेलने का मौक़ा नहीं दिया, तो झोंक में आकर हॉकी को सदा के लिए 'गुडबाय' कह दिया। ऐसे अवसर उनके जीवन में कई बार आये। व्यापक अर्थ में 'रोमांस' स्त्री प्रेम से कहीं बड़ा और ऊँचा अर्थ रखता है। भीष्म जी ने बड़े और ऊँचे अर्थ में रोमांस किया। इस अर्थ में समाज और जीवन के यथार्थ को बदलने की साहसिक कल्पना भी शामिल है।

1947 में देश आज़ाद हुआ 15 अगस्त को। लेकिन भीष्म जी का परिवार तो रावलपिण्डी में था। खुद भी वहीं थे। छह जून को पाकिस्तान बनाये जाने का ऐलान हो गया। जहाँ भीष्म और उनके पिताजी थे, वहाँ तो पाकिस्तान बनने का जश्न मनाने की तैयारी होने लगी, 'कायदे आज़म जिन्ना ज़िन्दाबाद' का नारा गूँजने लगा। लेकिन इन सबसे चकित भीष्म आज़ादी का जश्न देखने, लाल किले पर तिरंगा फहरते देखने दिल्ली चले आये। दिल्ली आ गये तो महसूस हुआ कि अब लौटना सम्भव नहीं है। ज़ाहिर है, भीष्म जी ने पाकिस्तान को स्वीकार नहीं किया, तभी तो आज़ादी का जश्न देखने दिल्ली आये थे। इससे एक बात साफ़ है कि भीष्म जी ऊपर से शरणार्थी बनकर नहीं आये। पुरुषार्थ उनके साथ था। बलराज जी पहले से मुम्बई में थे। पिता पितृभूमि छोड़ने को तैयार नहीं थे, लेकिन अन्ततः उन्हें भी छोड़ना पड़ा। बिखरा हुआ परिवार दिल्ली में आकर कालक्रम में मिला। भीष्म तो दिल्ली के जश्न से सीधे मुम्बई ही चले गये थे बड़े भाई के पास और देश, समाज और परिवार को बाँटने वाली भयानक त्रासदी से लापरवाह भाई के साथ नाटक करने में लग गये। यह कोई साधारण बात तो नहीं थी और किसी निजी रोमांस से बढ़कर ऐतिहासिक रोमांस था यह। ऐसा रोमांस वही आदमी कर सकता है जो किसी बड़े आन्दोलन का अंग रहा है, जिसका एक ऐतिहासिक ध्येय रहा है और मनुष्य एवं समाज पर जिसको भरोसा रहा है। भीष्म जी ऐसे व्यक्ति थे। आन्दोलन वाले व्यक्ति की विशेषता यह होती है कि वह लगातार ऐसी

कोशिश करता रहता है कि उसका साथ देने वालों की संख्या बढ़े। ऐसा नहीं होने पर वह परेशान होता है।

भीष्म जी के व्यक्तित्त्व-निर्माण की प्रक्रिया और विशेषताओं की ऐतिहासिक समझ का वस्तुगत ज्ञान उनकी आत्मकथा से प्राप्त होता है, वह आत्मकथा नहीं, बल्कि आत्म और अनात्म यानी व्यक्ति और समाज के सम्बन्धों के विकास की कथा है। इसीलिए वह भीष्म जी के लिए आत्मकथा नहीं है। उन्होंने उसे आत्मकथा कहा भी नहीं। उनकी अपनी कथा 'आज के अतीत' की कथा है, यानी उस वर्तमान की कथा जो बीतता जा रहा है, बीतता जा रहा है, लेकिन बीतने पर भी आज की तरह ही साथ है। यह वह कथा है जिसका नायक और कोई नहीं भीष्म साहनी स्वयं हैं, जो शुरू में नायक नहीं है, लेकिन धीरे-धीरे नायक बन जाता है। ऐसा महान नायक, जो जीवन की कथा बनाता है और मामूली आदमी को उसका नायक बना देता है। स्वयं भीष्म जी जीवन की साधारण अवस्था से उठकर इतिहास निर्माण की प्रक्रिया में शामिल होकर ऐसे धीरोउदात्त नायक बन गये कि उनकी धीरता और उदात्तता की प्रशंसा निर्विकार रूप से सब लोग कर रहे हैं—नामवर सिंह, निर्मल वर्मा, राजेन्द्र यादव, अशोक वाजपेयी, विष्णुचन्द्र शर्मा आदि।

भीष्म जी के जीवन का 'अतीत' पढ़कर जननाट्य संघ, प्रगतिशील लेखक संघ, अफ्रेशियाई लेखक संघ आदि के जरिये एक ऐतिहासिक साहित्यिक-सांस्कृतिक आन्दोलन का संक्षिप्त और प्रतीकात्मक परिचय भी मिलता है। यह भी समझ में आता है कि सांस्कृतिक आन्दोलन की अगुआई कैसे की जा सकती है। इसके लिए नेता जैसा मिज़ाज होना नुकसानदेह होता है। भीष्म जी बड़े लेखक थे, लेकिन उनके साथ काम करने वाले छोटे लेखक को भी अपने बड़प्पन का बोध नहीं होने देते थे। ऐसा लगता था कि जो उनके साथ है वही बड़ा है और वे उससे छोटे। यह लेखकीय बड़प्पन और व्यक्तित्व की ऊँचाई भीष्म जी ने कैसे प्राप्त की यह जानना भी लेखकों के बीच काम करने के लिए ज़रूरी है। लेखन के लिए कोई सामग्री पाने का आभास मात्र मिलने पर उसे समग्रता में जानने की रचनात्मक बेचैनी कैसी होती है, यह भीष्म जी के जीवनानुभवों से समझ में आती है। हानूश की कथा पाने के लिए प्राग, मॉस्को से दिल्ली तक वे व्यग्रता से घूमते रहे, दौड़ते रहे। वे प्रतिकूल प्रतिक्रिया अथवा टिप्पणी से पस्त नहीं हुए और प्रशंसा पाकर असन्तुलित नहीं हुए। रचनात्मक सामग्री पाकर तुरत लिख मारने के लिए वे तत्पर नहीं हुए। यह सब समझने-बूझने के लिए आज के लेखकों को 'आज के अतीत' पढ़ना चाहिए और धैर्य से

पढ़ना चाहिए। एक लेखक के रूप में भीष्म जी कभी जल्दबाज़ी में नहीं रहे न लिखने के लिए और न ख्याति के लिए। वे किसी नये दौर का प्रवर्तक बनने या किसी नयी प्रवृत्ति का सूत्रधार बनने की आकांक्षा से परे हमेशा दिखाई पड़े और शायद व्यक्तित्त्व की निरपेक्ष सापेक्षता ने उन्हें धीरे-धीरे प्रगतिशील आन्दोलन का सूत्रधार बना ही दिया। यह मैं इसलिए नहीं कह रहा हूँ कि वे प्रगतिशील लेखक संघ के महासचिव हो गये, बल्कि इसलिए कि अपने लेखन से उन्होंने उसी तरह अपने समय के पाठकों और सहयात्री लेखकों की चेतना का नायकत्व ग्रहण कर लिया, जैसे प्रगतिशील लेखक संघ की अध्यक्षता करने के पहले ही प्रेमचन्द ने नायकत्व ग्रहण कर लिया था। भीष्म जी कहते हैं, "भले ही कोई व्यक्ति कितना ही नगण्य और निःसहाय क्यों न हो, फिर भी ज़िन्दा रह पाने के लिए उसका अहम् उसकी रक्षा करता है, उसका अवलम्ब बनता है।" ('आज के अतीत', पृ. 297) भीष्म जी ने यहाँ अहम् का उपयोग आत्मबोध के अर्थ में किया है। यह आत्मबोध ज़िन्दा रहने के लिए सहारा है, इसलिए वह अहंकार नहीं है, घमण्ड नहीं है। उपर्युक्त रचनात्मक अनुभव लेखकों का व्यावहारिक मार्गदर्शन करता है।

भीष्म जी के औपन्यासिक एवं ऐतिहासिक जीवन की यह सांस्कृतिक कथा है, जिसका उत्तरार्द्ध वैचारिक दृष्टि से, सांस्कृतिक दृष्टि से अत्यन्त समृद्ध है। कहानी, नयी कहानी, सोद्देश्यता, कहानीपन, पक्षधरता, साहित्य, साहित्य की भूमिका, मानव-मूल्य आदि के बारे में अत्यन्त सुलझे हुए विचार मिलते हैं, विचारों की उलझन को सुलझाने वाले सूत्र मिलते हैं।

इन विचारों और सूत्रों से यह भी स्पष्ट होता है कि ऊपर से नरम, विनम्र और कोमल महसूस होने वाला यह व्यक्तित्त्व, भीतर से कितना दृढ़ और मज़बूत था। यह हिन्दी में अपने ढंग का आत्मवृत्त है, अवश्य पढ़ने योग्य। यह वृत्त लेखकों और लेखकों के संगठनकर्ताओं की व्यावहारिक एवं सैद्धान्तिक मदद करता है। इसलिए मैंने यहाँ इसका ज़िक्र किया है।

3

भीष्म जी कांग्रेस में, सरगर्मी से काम कर रहे थे, लेकिन द्वितीय विश्वयुद्ध के बाद की परिस्थिति और अपने अध्ययन के सम्मिलित प्रभाव से वे वामपन्थ की ओर आकृष्ट हुए। युद्धोत्तर काल की परिस्थिति का वर्णन करते हुए भीष्म जी कहते हैं, "बड़ी संख्या में युवा पीढ़ी के लोग वाम विचारधारा की ओर

आकर्षित हुए थे। बलराज जो पहले कहा करते थे कि उनकी राजनीति में कोई दिलचस्पी नहीं है, कि वह सदा सांस्कृतिक क्षेत्र में ही काम करेंगे, अब बड़ी गर्मजोशी से वामपन्थी विचारधारा में विश्वास करने लगे थे।..."

"वामपन्थी विचारधारा का असर मुझ पर भी हुआ था। मेरे एक अध्यापक मित्र वी. डी. चोपड़ा कम्युनिस्ट पार्टी के कार्यकर्ता थे और मुझे अक्सर वाम साहित्य पढ़ने के लिए देते रहते थे–'राइज ऑफ़ नेशनल सोशिलिज्म इन यूरोप' में यूरोप में फासीवादी ताक़तों के उत्तरोत्तर बढ़ते ख़तरे पर प्रकाश डाला गया था। और बाद में उनकी पुस्तक 'इंडिया टुडे'। उन्हीं दिनों फिलिस बॉटम का उपन्यास 'द मॉर्टल स्टॉर्म' मेरे हाथ लगा था, जिसमें जर्मन परिवार के अन्दर बढ़ते फासीवादी प्रभाव का रोंगटे खड़े करने वाला चित्रण था। इससे पहले मेरा अध्ययन बर्ट्रेन्ड रसेल, एल्डस हक्स्ले तक ही सीमित रहा था, जिनमें ऊँचे पर चिन्तन तो था, जो जनतन्त्रात्मक मूल्यों तथा पद्धति पर बल देता था, पर जो इंग्लैण्ड के साम्राज्यवादी रवैये को नज़रअन्दाज कर जाता था। जिस जुझारू स्थिति में से दुनिया गुज़र रही थी, उसके प्रति एक प्रकार की अकादमिक तटस्थता उनके लेखन में पाई जाती थी।" (आज के अतीत, पृ. 125-127) यह लम्बा उद्धरण मैंने यहाँ इसलिए दिया है कि यहाँ कई बातें ध्यान देने योग्य हैं, जिनसे भीष्म जी की चेतना का विकास और चिन्तन की उनकी क्षमता स्पष्ट होती है। एक बात है जर्मन फासीवाद को पराजित करने में सोवियत संघ की निर्णायक भूमिका और उसका दुनिया तथा भारत के भी युवकों पर प्रभाव और वह प्रभाव उन्हें वामपन्थ की ओर ले जाता था। दूसरी बात है फासीवाद के ख़तरनाक चरित्र को बेपर्दा करने में मार्क्सवादी विद्वानों एवं लेखकों की वैचारिक एवं बौद्धिक भूमिका। तीसरी बात है स्वयं भीष्म जी की अपनी बौद्धिक एवं आलोचनात्मक क्षमता, जिस आधार पर वे बर्ट्रेन्ड रसेल और एल्डस हक्स्ले जैसे चिन्तकों की सीमा समझकर आगे बढ़ जाते हैं। उन सबमें देशभक्ति की भावना, जनतान्त्रिक चेतना और साम्राज्यवाद के ख़िलाफ़ संघर्ष की आवश्यकता उन्हें प्रेरणा दे रही थी। यही कारण है कि वे अकादमिक तटस्थता को पसन्द नहीं करते। इन बातों पर गौर करते हुए आसानी से समझा जा सकता है कि भीष्म जी एक प्रतिबद्ध लेखक, जनता के भवितव्य के प्रति, उसके ऐतिहासिक ध्येय और उसके मार्गदर्शक सिद्धान्त मार्क्सवाद से कैसे प्रतिबद्ध हो गये। इस प्रतिबद्धता की ऐतिहासिक पृष्ठभूमि पर ध्यान दें। राष्ट्रीय स्वाधीनता-संग्राम, मजदूर-किसान-आन्दोलन, जनतान्त्रिक सांस्कृतिक आन्दोलन आदि से आत्मीय लगाव और अन्ततः द्वितीय विश्वयुद्ध में सोवियत

संघ, सोवियत जनता और सोवियत कम्युनिस्ट पार्टी की भूमिका तथा युद्धोत्तर काल में विकसित नये शक्ति सन्तुलन का प्रभाव, इन सबने भीष्म साहनी को प्रगतिशील आन्दोलन से आन्तरिक रूप से जोड़ दिया। प्रगतिशील आन्दोलन का ध्येय उनकी चेतना का अंग बन गया। भीष्म जी की ये पंक्तियाँ ध्यान देने योग्य हैं, "कम्युनिस्ट पार्टी से मेरा सम्बन्ध मेरी सरगर्मियों के अनुरूप ही था। इप्टा, कालिज के अध्यापकों की यूनियन, तथा प्रगतिशील लेखक संघ यही तीन इदारे थे, जिनमें मैं सक्रिय रहा था। ...प्रगतिशील लेखक संघ का दौर सबसे लम्बा रहा और इस दौरान पार्टी का निर्देशन सबसे कम रहा। ...मैं किन्हीं निष्कर्षों पर पहुँचा तो अपने ही अनुभवों के आधार पर।" ('आज के अतीत', पृ. 157) ध्यान देने योग्य यही है कि भीष्म जी ने लिखा है कि गया-सम्मेलन के बाद जब-जब मैंने एच.के. व्यास को फोन किया, तो कहा जाता कि वे बाथरूम में हैं। लगा जैसे कि वे गया से सीधे बाथरूम चले गये थे। दूसरी बात यह वे कहते हैं कि लोग प्र.ले.सं. को बाहर से मदद मिलने की बात प्रचारित करते थे, लेकिन मुझे तो कभी कोई मदद नहीं मिली।

साहित्य में प्रगतिशील आन्दोलन के उद्‌भव के बाद अक्सर विचारधारा और साहित्य के सम्बन्ध पर बहस होती रही है। साहित्य में विचारधारा की भूमिका के विरोधी अक्सर प्रगतिशील आन्दोलन और मार्क्सवाद पर यह आरोप लगाते रहे हैं कि उन्होंने विचारधारा के प्रभाव में, पार्टी के निर्देश या प्रभाव में लिखकर साहित्य को संवेदनहीन और कलाहीन बना दिया। साहित्य में या रचना की प्रक्रिया में विचारधारा की भूमिका के बारे में भीष्म जी का यह कथन विचारणीय है, "कम्युनिस्ट विचारधारा से प्रभावित व्यक्ति की दृष्टि निश्चय ही सामाजिक स्तर पर अधिक स्पष्ट और सटीक होती है। वह साम्प्रदायिक नहीं होता, जातिभेद में विश्वास नहीं रखता, न रंग-भेद में। हमारे समाज में इस दृष्टि से सबसे विश्वसनीय लोग वाम विचारधारा को मानने वाले लोग रहे हैं—और आज भी हैं। उनकी मानसिकता जन-जीवन से जुड़ने की मानसिकता होती है। उनके लिए आर्थिक-सामाजिक सरगर्मियों को आँकने की मुख्यतः एक ही कसौटी होती है कि वह मेहनतकश जनता के हित में है या नहीं। उनके चिन्तन का धरातल ही जनहित होता है।" ('आज के अतीत', पृ. 157) इस तरह से जो मानसिक बनावट तैयार होती है, उसमें विचारधारा या राजनीति का दबाव अलग से महसूस नहीं होता। अतः मामला जीवन की गतिविधियों का हो या सृजनशीलता का यानी साहित्य की किसी भी विधा में चिन्तन करने का, उसमें स्वाभाविक रूप से रचनाकार की दृष्टि जीवन के

यथार्थ पर रहती है, यथार्थ की गतिशीलता पर रहती है। इन्द्रियबोध से जो अनुभव प्राप्त होता है, वह जीवन के सन्दर्भों के साथ चित्रित होकर रचना को ताज़गी और जीवन्तता प्रदान करता है। उल्लेखनीय है कि जिस दौर में भीष्म जी प्रगतिशील लेखक संघ के महासचिव थे, उसी दौर में उन्होंने 'तमस' जैसे अपने श्रेष्ठ उपन्यास की रचना की। 'तमस' की कथा-सामग्री तो सन् '46-47 के वर्षों के साम्प्रदायिक उन्माद, दंगों और देश के विभाजन के अनुभवों से जुटाई गयी है, लेकिन तात्कालिक रूप से लिखने की प्रेरणा भिवण्डी के दंगों से मिली। ज़ाहिर है कि लेखक की किसी रचना के पीछे एक बार का अनुभव नहीं बार-बार के अनुभवों से उत्पन्न उद्विग्नता या बेचैनी होती है। भीष्म जी किस तरह रचना के लिए यथार्थ के सम्पर्क से प्रेरित होते हैं और किस तरह लिखने को बेताब हो उठते हैं, यह लेखकों और पाठकों के लिए भी ध्यान देने योग्य है। वे लिखते हैं, "मुझे ठीक से याद नहीं कि कब बम्बई के निकट भिवण्डी नगर में हिन्दू-मुस्लिम दंगे हुए। पर मुझे इतना याद है कि उन दंगों के बाद मैंने 'तमस' लिखना आरम्भ किया था। बलराज जी बम्बई में रहते, मैं अक्सर उनके पास जाता रहता था। एक बार पहुँचा तो दो ही दिन पहले भिवण्डी में दंगा हुआ था और बलराज अपने कुछ साथियों—ख़्वाजा अहमद अब्बास, आई. एस. जौहर-आदि के साथ भिवण्डी का दौरा करने जा रहे थे। मोटरकार में एक जगह खाली थी, मैं उनके साथ हो लिया। भिवण्डी में दाखिल हुए तो मुझे लगा जैसे मैं उस नगर का दृश्य कहीं देख चुका हूँ। चारों ओर छायी चुप्पी, बरामदों-छतों पर खड़े इक्का-दुक्का लोग, खाली सड़कें, मानो समय की गति थम गयी हो। ...गलियाँ लाँघते हुए, अपने कदमों की आवाज़, अपनी पदचाप सुनते हुए लगने लगा जैसे मैं यह आवाज़ पहले कहीं सुन चुका हूँ। चारों ओर छाई चुप्पी को भी सुन चुका हूँ। अकुलाहट भरी इस नीरवता को भी अनुभव कर चुका हूँ। सूनी गलियाँ लाँघ चुका हूँ।" ('आज के अतीत', पृ. 225-227) जन-जीवन से प्रेम और मनुष्यता के संकट की वेदना ने भीष्म जी को भिवण्डी पहुँचाया और भिवण्डी की सूनी गलियों ने उन्हें रावलपिण्डी की गलियों में पहुँचा दिया। इतिहास को दुहराने की अमानुषिक हरकतों ने रचनाकार के संवेदनशील मन को इतना उद्वेलित कर दिया कि दिल्ली लौटने के बाद 'तमस' की रचना होने लगी। 'तमस' की रचना करते हुए भीष्म जी कहते हैं, "यह सच है। किसी उपन्यास की रचना लेखक की क़लम नहीं करती, उसका मस्तिष्क नहीं करता, उसका भाव-विह्वल दृश्य करता है। ...मेरी क़लम चल निकली। कभी एक दृश्य आँखों के सामने उभरता, कभी

दूसरा, उन्हें तरतीब देने का विचार ही उस समय मन में नहीं उठ रहा था।" (वही, पृ. 228) कहानी लेखन के बारे में भी भीष्म जी के विचार लेखकों का व्यावहारिक मार्गदर्शन करते हैं। वे कहते हैं, "मेरे लिए यही बहुत था कि कहानी में कहानीपन हो, उसमें ज़िन्दगी की सच्चाई झलके, वह विश्वसनीय हो, उसमें कुछ भी आरोपित न हो और वह वास्तविकता पर खरी उतरे।" (पृ. 210) भीष्म जी ने ज़िस सहजता से, जिस भावना से 'तमस' की रचना की, उसी सहजता और भावना से 'आज के अतीत' में इन प्रसंगों का ज़िक्र किया है। अतः अत्यन्त स्वाभाविक और विश्वसनीय ढंग से बता जाते हैं कि कोई बड़ी रचना, महान रचना कैसे रची जाती है। इस प्रक्रिया को वे नहीं समझ पाते जो हत्यारों के तरफ़दार होते हैं या जो जन और जनहित के प्रति संवेदनशील नहीं होते। 'हानूश' नाटक की वस्तु की खोज में वे किस बेचैनी से प्राग, मॉस्को और दिल्ली में दौड़ते रहे और रचना पूरी होने पर धैर्य से उस पर लोगों की प्रतिक्रिया ग्रहण करते रहे, यह देखने योग्य है।

इस प्रसंग में एक बात और कहना चाहता हूँ। 'तमस' पर धारावाहिक टेलीफ़िल्म बनी। उसका प्रसारण शुरू हुआ तो संघ परिवार के सम्प्रदायवादी रंगरूटों ने दूरदर्शन केन्द्रों पर हमले किये, कई जगह टेलीविज़न सेट तोड़ दिये और उसके प्रसारण को बन्द करने के नारे लगाये जाने लगे। सम्प्रदायवादियों को अपनी करतूतों का जीवन चित्रण और प्रसारण सह्य नहीं था। यह देखिए कि जीवन और समाज का यथार्थ साहित्य में चित्रित होकर .ज्यादा ताक़तवर और प्रभावकारी बन जाता है। यह 'तमस' की सफलता थी। लेकिन इसका दूसरा पक्ष यह है कि देश-भर में लेखक, कलाकार, संस्कृति-कर्मी, सामाजिक-राजनीतिक कार्यकर्ता जो सम्प्रदायवाद के विरोधी थे, वे एकजुट होने लगे। हमने पटना में 'तमस' के पक्ष में लेखकों और संस्कृतिकर्मियों की सभा आयोजित की। प्रगतिशील लेखक संघ ही नहीं, ऐसे अन्य संगठनों के लेखक-कलाकार और ऐसे भी जो किसी संगठन में नहीं थे, भारी संख्या में जुटे और सबने सम्प्रदायवादियों की फासीवादी हरकतों की निन्दा करते हुए 'तमस' का पक्ष लिया। भीष्म जी की कृति 'तमस' लेखकों-कलाकारों को एकजुट करने का माध्यम बन गयी। कहने की नहीं, अनुभव करने की बात है कि भीष्म जी प्रगतिशील लेखक संघ के महासचिव रूप में संगठन को सक्रिय बनाकर ही नहीं, एक संवेदनशील और अनुभवी रचनाकार के रूप में भी प्रगतिशील आन्दोलन को सम्पन्न करते हैं, और उसे शक्ति प्रदान करते हैं। आन्दोलन और रचना के बीच सन्तुलन कायम करने की ऐसी क्षमता और तत्परता हमने अपने अनुभव के दौर में बहुत

कम देखी। भीष्म जी की रचनाओं की चर्चा करके इस बात को सम्पुष्ट करना मुश्किल काम नहीं है, लेकिन उसके लिए यहाँ अवकाश और जगह की कमी है। 'चीफ़ की दावत', 'वाङ्चू मेड इन इटली', 'ओ हरामज़ादे', 'पिकनिक', 'झुटपुटा', 'अमृतसर आ गया है', 'मुर्गी की क़ीमत', 'मैं भी दीया जलाऊँगा' जैसी कहानियाँ हैं, जो राष्ट्रीय चेतना, मानवीय संवेदनशीलता, सामाजिकता जैसे मूल्यों को विभिन्न प्रसंगों में हमें महसूस कराती हैं। हमारे ये मूल्य कैसे किन शक्तियों के कारण, किन परिस्थितियों में संकट में पड़ जाते हैं, यह भी बख़ूबी भीष्म जी ने दिखाया है। इस प्रक्रिया में ऐसे-ऐसे चरित्र और व्यक्तित्त्व हमारे सामने आये हैं, जो भयानक लगते हैं, तो दूसरी ओर ऐसे चरित्र आते हैं जो मनुष्यता के प्रति, समाज की संवेदनशीलता के प्रति विश्वास पैदा करते हैं। यह एक प्रगतिशील लेखक की रचनात्मक भूमिका है। 'हानूश', 'कबिरा खड़ा बजार में', 'माधवी' और 'मुआवज़े' जैसे नाटकों के बल पर भीष्म जी ने यदि हिन्दी नाटक के इतिहास में अपनी जगह जयशंकर प्रसाद, लक्ष्मीनारायण मिश्र, मोहन राकेश की पंक्ति में सुरक्षित कर ली, तो दूसरी ओर हानूश और कबीर जैसे कारीगरों के जीवन के जरिये, माधवी के जीवन की व्यथा के ऐतिहासिक चित्रण के जरिये समाज को प्रगतिशील मूल्य और चेतना की राह दिखाई है। जीवन की असंगतियों, विसंगतियों, अन्तर्विरोधों और विडम्बनाओं के चित्रण के जरिये भीष्म जी पाठकों को इन सामाजिक, सांस्कृतिक एवं मानवीय दुर्गुणों अथवा अमानुषिक चारित्रिक विशिष्टताओं से मुक्त समाज की ओर बढ़ने का संकेत देते हैं। वे कहते हैं, "व्यवस्थाएँ स्थापित होंगी और टूटेंगी भी, पर मानव जाति का एक बेहतर न्यायसंगत व्यवस्था के लिए संघर्ष बराबर बना रहेगा-यह मानव स्वभाव का एक नैसर्गिक गुण है। मानव स्वभाव का नैसर्गिक गुण भीष्म जी के ध्यान में है। मानव-मनोविज्ञान के जरिये इस नैसर्गिक गुण का स्वरूप समझा जा सकता है। यह नैसर्गिकता है मनुष्य में मनुष्यत्व का होना, उसमें बेहतर जीवन के सपनों का होना। ऐसे सपने का सम्बन्ध यथार्थ और कल्पना दोनों से होता है। यथार्थ के बिना कल्पना नहीं हो सकती और कल्पना के बिना यथार्थ को बेहतर नहीं बनाया जा सकता। भीष्म जी के ये विचार अत्यन्त महत्त्वपूर्ण हैं, 'बेशक, वास्तविकता की जानकारी आधार का काम करेगी, पर उसके अन्दर पायी जाने वाली सच्चाई का उद्घाटन कल्पना द्वारा ही होगा। वरना आप पढ़ते रहिए, तथ्य और आँकड़े बटोरते रहिए, जितना अधिक आप किसी रचना को जानकारी के आधार पर, तथ्य-आँकड़ों की मदद से लिखेंगे उतनी ही रचना कमज़ोर होती जायेगी।" भीष्म जी के उन विचारों

की रोशनी में आज के अनेक प्रमुख कथाकारों की रचनाओं को देखेंगे, तो उनकी कमज़ोरी दिख जायेगी। भीष्म जी जीवन को ताक़त का, उत्साह का स्रोत मानते रहे। और रचना के लिए भी जीवन को ही स्रोत मानते रहे। 'आज के अतीत' के अन्त में वे मार्मिक शब्दों में कहते हैं, ''मैंने जब जन्म लिया था, तो जीने के लिए ही जन्म लिया था और आज अगर अभी भी ज़िन्दगी का दामन थामे रहना चाहता हूँ तो अपनी जन्मज़ात भूमिका ही निभा रहा हूँ। कोई भी वयोवृद्ध व्यक्ति अँधेरे बन्द कमरे में पड़े रहना नहीं चाहता।'' ('आज के अतीत', पृ. 310) 'अँधेरे बन्द कमरे' पर ध्यान दीजिए। भीष्म जी ने 'तमस' लिखा, लेकिन रोशनी में लिखा और उसके जरिये रोशनी फैलायी। वे अँधेरे में तो नहीं ही रहते, अँधेरे से प्रकाश की ओर भी नहीं जाते। जहाँ अँधेरा है, वहीं रोशनी पैदा करने के लिए संघर्ष करते रहे। वे उपर्युक्त प्रसंग में ही यह शेर उद्धृत करते हैं–

गो हाथ को जुम्बिश नहीं, आँखों में तो दम है
रहने दो अभी साग़र-ओ-मीना मिरे आगे।

एकदम अन्त में कहते हैं, ''किसी-न-किसी तरह अखाड़े में बना रहूँ। ऐसा मन करता है।" (वही, पृ. 311) यह मन जीवन-प्रवाह में शामिल होने को, अखाड़े उतरने को तड़पता रहा। पाठक अन्यथा न लें तो कहना चाहता हूँ कि भीष्म जी ने अन्तिम साँस लेने के कुछ माह पहले टेलीफ़ोन पर कहा, ''मुझसे काम लीजिए, प्रगतिशील लेखक संघ का आगे कार्यक्रम बनाइए। दिल्ली आइए तो मिलने का मौक़ा दीजिए।'' मैं दिल्ली पहुँचा ज़रूर, लेकिन अफ़सोस मौक़ा मिलकर बात करने का नहीं रहा, फूल चढ़ाने का अवसर रह गया था। वे चले गये, लेकिन लगता है, जैसे कह रहे हैं–'करवटें लेती इस ज़िन्दगी की अबाध गति थमने में नहीं आती।' भीष्म जी के रचनात्मक एवं आन्दोलन-व्यक्तित्त्व की स्मृति के रूप में उल्लेखनीय हैं–उनके प्र.ले.सं. के महासचिव रहते हुए गया-सम्मेलन के बाद हुए तीन अधिवेशन। पहला अधिवेशन 1980 में जबलपुर में हुआ। कई मामलों में यह ऐतिहासिक रूप से चिरस्मरणीय अधिवेशन था। इसमें लगभग सभी भारतीय भाषाओं के नये-पुराने रचनाकार शामिल हुए थे। पूरा विवरण यहाँ देना ज़रूरी नहीं है, लेकिन यह उल्लेख करना आज के लेखकों और पाठकों के लिए तथा प्रगतिशील-आन्दोलन के वस्तुगत इतिहास में रुचि लेने वालों के लिए उपयोगी होगा। उक्त अधिवेशन में हिन्दी के लेखकों में रमेश कुन्तल 'मेघ' आदि से लेकर अरुण कमल और राजेश जोशी तक थे। उर्दू के लेखकों में गुलाम रब्बानी ताबाँ, कैफ़ी आज़मी,

जगन्नाथ आज़ाद, कमर रईस, अजमल अजमली आदि के साथ नयी पीढ़ी के अनेक रचनाकार थे। मराठी से नारायण सुर्वे, सतीश काल्सेकर के साथ अनेक लोग। तमिल, तेलुगु आदि के भी अनेक प्रतिष्ठित लेखक थे। संक्षेप में यह कि कोई भाषा बची नहीं थी। कैफ़ी आज़मी ने गर्मजोशी से कहा था कि यह प्रगतिशील लेखक संघ ही है जो आज देश की तमाम भाषाओं के लेखकों को एक मंच पर जमा कर सकता है, और सांस्कृतिक एकता का अहसास करा सकता है। हरिशंकर परसाई अपनी शारीरिक असमर्थता के बाद भी लगातार उपस्थित रहते थे। यह कहना रोचक हो सकता है कि कार्यक्रम में दर्ज रहने के बावजूद व्यवहार में कवि-सम्मेलन या मुशायरा कर पाना सम्भव नहीं हुआ। अगली सुबह लतीफ़े की तरह कुछ लोग कह रहे थे कि कवि-सम्मेलन नहीं हो पाया, इससे रात में कहानीकारों को अच्छी नींद आयी। इस लतीफ़े पर भीष्म जी मुस्करा रहे थे।

1982 में जयपुर में प्र.ले.सं. का जो अधिवेशन हुआ वह भी उल्लेखनीय है। प्र.ले.सं. की पाँत लगातार बड़ी और लम्बी होती जा रही थी। उस समय उसके राष्ट्रीय अध्यक्ष जनाब गुलाम रब्बानी ताबाँ ने अपने वक्तव्य में कहा था कि नौजवान लेखकों को देखकर भरोसा होता है कि यह तहरीक आगे बढ़ रही है और आगे बढ़ती जायेगी। जयपुर अधिवेशन में विचारधारा और साहित्य के सम्बन्ध पर तथा प्रगतिशील साहित्य में रूप और अन्तर्वस्तु के सम्बन्ध की समस्या पर जम के विचार-विमर्श किया गया था। तत्कालीन सामाजिक-राजनीतिक यथार्थ की पृष्ठभूमि में घोषणा-पत्र भी स्वीकृत किया गया था। अधिवेशनों में भीष्म जी आमतौर से उद्घाटन सत्र का संचालन स्वयं करते थे और बाद के सत्रों का संचालन अपने सहयोगियों पर सौंप देते थे। वे प्रायः झुण्ड के झुण्ड नये लेखकों से बातें करते रहते थे। उनके लिए नये से नया लेखक उतना ही महत्त्वपूर्ण था, जितना किसी पुजारी के लिए तुलसी का छोटा से छोटा पत्ता।

1986 में 9-10 अप्रैल को लखनऊ में प्र.ले.सं. का भव्य स्वर्ण जयन्ती समारोह आयोजित किया गया। 1937 में 9-10 अप्रैल को ही प्रेमचन्द की अध्यक्षता में प्रगतिशील लेखक संघ का पहला अधिवेशन हुआ था। पचास वर्ष पूरे होने पर 1986 में उन्हीं तारीखों पर यह अधिवेशन हुआ। उल्लेखनीय है कि सन् '37 में एक तरुण लेखक के रूप में शामिल हुए अमृतलाल नागर सन् '87 में स्वागत समिति के अध्यक्ष थे। सन् '37 के एक संयोजक मुल्कराज आनन्द सन् '87 के अधिवेशन के उद्घाटनकर्ता थे। सन् '37 में शामिल हुए उर्दू के लेखक-विचारक सिब्ते हसन पाकिस्तान से आये थे। अली सरदार

जाफरी, गुलाम रब्बानी ताबाँ, कैफ़ी आज़मी, नागार्जुन, नामवर सिंह, मुहम्मद हसन, कमर रईस आदि तो थे ही। तमिल के विख्यात लेखक जयकान्तन के नेतृत्व में वहाँ से दस लेखकों का प्रतिनिधिमण्डल आया था। इंग्लैंड से भी उर्दू लेखकों का एक जत्था आया था। भीष्म जी के महासचिव काल में यह सचमुच में स्वर्णिम अधिवेशन था। प्रसिद्ध रंगकर्मी हबीब तनवीर अपनी मण्डली के साथ आये थे।

लेखकों-कलाकारों का अनोखा जुलूस जब रवीन्द्र भवन से चलकर रिफ़ाए आम (जहाँ सन् '37 का अधिवेशन हुआ था) के लिए चला तो प्रायः छह-सात किलोमीटर के लम्बे रास्ते में हज़ारों लोग दोनों तरफ़ खड़े होकर उसे देख रहे थे। सब लोग जब रिफ़ाए आम पहुँचे तो ऐसा लगा कि प्रगतिशील आन्दोलन के इतिहास की पुकार गूँज रही है। यहाँ अधिवेशन की रिपोर्ट देने की ज़रूरत नहीं है, लेकिन मैं यह अवश्य कहना चाहता हूँ कि बीसवीं सदी के आठवें-नवें दशक में भीष्म जी की अगुआई में वास्तव में प्रगतिशील आन्दोलन ने एक सांस्कृतिक जागरण को चरितार्थ किया। भीष्म जी की भूमिका इसमें एक संगठनकर्ता के रूप में ही नहीं एक लेखक के रूप में, एक विचारक के रूप में भी महत्त्वपूर्ण रही है। लखनऊ अधिवेशन में हिन्दी-उर्दू का विवाद अकारण और अनावश्यक रूप से उठ गया था। कुछ उत्तेजना भी फैली। भीष्म जी ने कुशलता से उसे सम्हाला केवल भावना जगाकर नहीं, बल्कि उन्होंने प्रस्ताव किया कि एक कमिटी बने, जो हिन्दी-उर्दू के सम्बन्धों पर, साथ ही उर्दू के अधिकारों पर भी विचार कर एक सुसंगत भाषा नीति बनाने पर रिपोर्ट दे। इस कमिटी में अन्य लोगों के साथ अली सरदार जाफ़री और नामवर सिंह भी शामिल थे। रवीन्द्र भवन के विशाल सभागार में भरे लेखकों ने हर्षध्वनि के साथ इस प्रस्ताव का समर्थन किया। हमने या किसी ने भीष्म जी को कभी गुस्से में या आवेश में नहीं देखा। लेकिन एक युवा उर्दू लेखक ने अली सरदार जाफ़री की व्यक्तिगत आलोचना की, तो भीष्म ने थोड़े आवेश के साथ तेज़ आवाज़ में कहा, "आप इस तरह व्यक्तिगत आक्षेप करके किसकी बात कर रहे हैं। किसका काम कर रहे हैं। यह सोचिए।" इतना कहने के बाद स्वयं भीष्म का आवेश शान्त हो गया।

भीष्म जी अफ्रेशियाई लेखक संघ से भी जुड़े थे। वे सज्जाद जहीर और सुभाष मुखोपाध्याय की तरह भारत के प्रगतिशील आन्दोलन को समस्त अफ्रेशियाई लेखक आन्दोलन से जोड़कर उसे एक अन्तरराष्ट्रीय स्वरूप देने की भूमिका अदा कर रहे थे। अफ्रेशियाई लेखक संघ की पत्रिका लोटस और

भारत में प्रगतिशील लेखक संघ की बुलेटिन लोटस इंडिया को मिलाकर वे चलते थे और दोनों को भारत के लेखकों तक पहुँचाने का काम करते थे।

भीष्म जी महासचिव पद से लखनऊ में ही मुक्त हो गये। वहाँ हमने उनकी सत्रहवीं सालगिरह के उपलक्ष्य में उनका अभिवादन किया। राजीव सक्सेना महासचिव चुने गये, भीष्म जी के सुझाव पर ही। इस दौर में भी भीष्म जी प्र.ले.सं. के कामकाज में सक्रिय रुचि लेते रहे। 1994 में दिल्ली में हुए अधिवेशन में मैं महासचिव चुना गया। भीष्म जी ने कहा, "जब कभी मेरी ज़रूरत आप महसूस करें, निःसंकोच कहें।" प्र.ले.सं. की कार्रवाइयों में वे और नामवर जी प्रायः बिना नागा भाग लेते। कहना तो यह चाहिए कि दिल्ली प्र.ले.सं. ही नहीं, बल्कि प्रगतिशील-जनवादी चेतना से प्रेरित होकर काम करने वाले अन्य संगठनों और कार्रवाइयों को भी भीष्म जी के व्यक्तित्त्व का और सक्रियता का लाभ मिलता रहा। वे ऐसे संगठनों को मिलाने वाले संयोजक तत्त्व की भूमिका निभाते थे।

लिटिल बुद्धा : अर्थात् बहुत-सी ख़ूबियाँ थी मरने वाले में...

राजेन्द्र यादव

पितामह नहीं, भीष्म को मैं 'पिताजी' कहता था। अपनी 'मारू' मुस्कान के साथ वह भी जवाब देता—'बोल पुतर...'। कुछ लोग बूढ़े ही पैदा होते हैं। भीष्म को देखकर यही लगता था कि वह शायद ही कभी जवान रहा हो। धीर, गम्भीर, सौम्य और शिष्ट। अंग्रेज़ी में जिसे कहते हैं 'केयरिंग'। मैंने उसे जोश और आवेश में कभी नहीं देखा। बचपन के आर्यसमाजी संस्कारों के बावजूद न वह वैसा कट्टर खण्डन-मण्डनवादी था और न लम्बे वक़्त तक कम्युनिस्ट रहते हुए या ज़िन्दगीभर वाम-विचारधारा का समर्थक होते हुए भी वह जोशीला बहसबाज़ था। मतभेद होने पर दृढ़ता से अपनी बात कहता था और मासूमियत से कन्धे उचकाकर सोचते हुए बोलता, "हो सकता है राजेन्द्र, तू ही सही हो। मगर मैं तेरी तरह से तो नहीं सोचता...।" इस तरह सारे हथियार डाल देने की अदा पर आप किसी को सिर्फ़ प्यार ही कर सकते हैं...। मैं अक्सर ही कहता, "यार पिताजी, तू अपने बड़े भाई (बलराज साहनी) से बड़ा एक्टर है। पिछले साठ-सत्तर सालों से एक सज्जन, भले आदमी की एक्टिंग किये ही चला जा रहा है। बलराज जी तो शूटिंग के बाद अपना मेकअप बदल डालते होंगे। तू सोते हुए भी भले आदमी की तरह ही सोता होगा।" हम जब भी मिलते या विदा के लिए हाथ मिलाते, तो वह अपनी उँगली से मेरी हथेली पर उसी तरह खुजाता जैसे अश्लील इशारे करने के लिए लड़के या लड़की का प्रस्ताव दिया जाता है...शायद कोई सोच भी नहीं सकता कि मैंने अपनी ज़िन्दगी के सबसे गन्दे जोक भीष्म से ही सुने थे। सुबह छह बजे ही फ़ोन आता, "सुन राजेन्द्र, एक जोक हुआ है, एक चोर चोरी करने किसी के घर पहुँचा..." या "एक पठान और हिन्दू गहरे दोस्त थे।" और वह शुरू हो जाता।

मगर भीष्म के साथ वह लफ़ंगागिरी जुड़ती नहीं है। वह श्रद्धेय और अभिजात क़िस्म का व्यक्ति था। मैं उसे 'सन्तमुखी शैतान' कहता था। उसके चेहरे और व्यवहार में एक अजीब आत्मीय ऊष्मा और विश्वास जीत लेने वाली मुस्कराहट हमेशा बनी रहती थी। हो सकता है उसकी बनावट ही ऐसी हो कि कहीं बनावट नहीं लगती थी। वह बेहद सहज आदमी होने का प्रभाव छोड़ता था। हालाँकि महज़ सहज और सज्जन ही होता तो रचनात्मक लेखक कैसे हो सकता था? विष्णुकान्त शास्त्री न बनकर रह जाता? भीष्म हरदिल अज़ीज़ आदमी और लेखक था—निहायत ग़ैर-आपत्तिजनक।

भीष्म नाराज़ होकर किसी को गाली भी दे सकता है, यह सोचा भी नहीं जा सकता था। गाली का भी वह ऐसा शुद्धिकरण कर लेता था कि प्रेम-संवाद जैसी लगे। एक बार बहुत पास आकर रहस्योद्‌घाटन की तरह धीरे से बोला, "यार राजेन्द्र, मैं और तू ही नहीं, हम सब मादरचोद हैं।" गुस्से की एक घटना ख़ुद उसने बहुत बाद में सुनायी। बात '78-80 की होगी। राजकमल की मैनेजिंग डायरेक्टर शीला सन्धु के यहाँ खाते-पीते देर हो गयी और जैसा कि ऐसी पार्टियों में अक्सर होता है, निर्मल वर्मा ने बहुत अधिक पी ली। बहुत कम लोग जानते हैं कि दो-चार पैग के बाद निर्मल कितने अनर्गल, कटु और अशिष्ट हो जाते हैं। भीतर का सारा बुग्ज़ निकलने लगता है। वे और भीष्म दोनों करोल बाग में रहते थे इसलिए भीष्म की गाड़ी में निर्मल साथ ही बैठे। अपनी आदत और कुण्ठा के अनुसार निर्मल ने सोवियत यूनियन, कम्युनिस्टों और मार्क्सवाद को धुआँधार गालियाँ देना शुरू कर दिया। शायद बीच में भीष्म ने शालीन प्रतिवाद भी किया। मगर जब बर्दाश्त से बाहर हो गया तो झटके से गाड़ी रोकी, दरवाज़ा खोला, और निहायत ठण्डे लहज़े में अंग्रेज़ी में कहा, "निर्मल, तुम ख़ुद उतरोगे या मैं मदद करूँ?" अब आप कल्पना कीजिए, रात के बारह बजे, जनवरी की ठण्ड, इंडियागेट का सुनसान और कोहरा और भीष्म जैसा परम सुसंस्कृत शरीफ़ आदमी..."यार राजेंन्द्र, बाद में मुझे सचमुच बड़ा अफ़सोस हुआ। मगर कुछ हो ही गया था।" उसी ग्लानि को देखकर लगा कि कहीं यह आत्महत्या न कर ले।

आज भी निर्मल की सूई वहीं अटकी है कि सोवियत काल में कितने अत्याचार और हत्याकाण्ड किये गये और भारतीय कम्युनिस्ट कैसे चुनी हुई चुप्पियाँ ओढ़े बैठे रहे (देखिए : आउटलुक, 28 जुलाई 2003—भीष्म के लिए श्रद्धांजलि)। ये वही निर्मल हैं जिनकी मानवीय संवेदना न बाबरी मस्जिद ध्वंस पर बोली, न गुज़रात के नरसंहार पर। जब दलितों की बस्तियाँ जलाई जाती हैं या झज्जर में उनकी ज़िन्दा खाल उतारी जाती है तो निर्मल के मुँह से भर्त्सना का एक शब्द

नहीं फूटता। हो सकता है मुगलकाल से लेकर अब तक के सरकशी मुसलमानों को सबक सिखाना वे ज़रूरी समझते हों! क्या ठीक इसी तरह हिटलर और स्टालिन नहीं सोचते होंगे? मगर इन मुद्दों पर बोलते हुए वही सन्तभाव आ जाता है, 'हिंसा हर कहीं की ग़लत है' 'न कोई मरता है, न मारता है'...ओम शान्ति, शान्ति...

मगर ऊपर से न दिखाई देने वाली भीतरी नाटकीयता भीष्म के व्यक्तित्त्व और लेखन की जान है, सिर्फ़ एक घटना और...

एक दिन टी-हाउस में हम लोग मिले तो हरिशंकर परसाई ने कहा, शाम को कुछ मिलना ज़रूरी है। उस दिन शराब बन्दी थी। कमलेश्वर भी साथ था। टी-हाउस के पीछे सरदार जी के पास गया और थोड़ी देर में हाथ हिलाता लौट आया। परसाई ने कहा कि इंडियागेट पर जोधपुर पार्क का माली व्यवस्था कर देता है। टैक्सी लेकर पहुँचे जोधपुर पार्क, अँधेरा हो गया था। बताया गया कि बेटी की शादी में माली गाँव गया है। दूसरे से खुशामद की तो उसने भी लाचारी बता दी, ''सा'ब हम यह सब नहीं करते''। मुझे याद नहीं है, कृष्ण बलदेव वैद हमारे खोजी दल में कहाँ शामिल हुआ। शायद उसी ने सुझाया कि भीष्म रूस से लौट आया है, उसके पास ज़रूर कुछ वोदका-जिन होगी। रुआँसे भाव से परसाई टैक्सी में एक तरफ़, फिर वैद और मैं, सामने कमलेश्वर। इस बीच वह मेरे विंग कमांडर चायवादी (टी-टोटलर) भाई को आफ़िसर्स मेस फोन करके निराश हो चुका था। ख़ैर हम लोग पहुँचे पटेल नगर। वैद ने कहा, राजेन्द्र, तुम जाओ मुझे तो मना कर देगा। एक पंजाबी दूसरे पंजाबी के साथ बहुत कमीना होता है। कमलेश्वर के लिए भीष्म 'जी' थे—परसाई तटस्थ। मैंने ही घण्टी बजायी। ज़रा-सा दरवाज़ा खोलकर भीष्म ने झाँका, ''आओ राजेन्द्र, और कौन है?'' मैंने कहा, ''वो छोड़, पहले बता तेरे पास दारू है? टैक्सी में परसाई, वैद, कमलेश्वर हैं...''। उसने अपनी उसी मारू मुस्कान के साथ कहा, ''है...'' मैं उत्साह से औरों को बुलाऊँ कि इससे पहले ही वह बोला, ''है, भाई के पास बम्बई में।'' ''साला हरामी!'' मैंने वापस आकर बताया तो वैद ने कहा, ''मुझे पता था। नम्बरी कंजूस है साला, होगी तो भी मना कर देगा...'' ''ख़ैर अब क्या हो।'' कमलेश्वर ने सुझाया, ''पास ही उषा प्रियंवदा रहती हैं। अभी अमरीका से आयी हैं। उनसे माँग लेते हैं। उनके पास ज़रूर होगी। कहीं बैठ जायेंगे।'' समय दस से ऊपर हो रहा था। टैक्सीवाला भी मज़ा ले रहा था। वह कुछ-न-कुछ इन्तज़ाम कर ही देता। शायद, एकाध जगह ले भी गया। मैं इस पक्ष में नहीं था कि इतनी रात को उषा जी को परेशान किया जाये। मालूम था कि मुझे ही जाना पड़ेगा,

ये ससुरे तो कार में ही बैठे रहेंगे। "हम रुकेंगे नहीं, सिर्फ़ बोतल लेकर चले आयेंगे।" जैसे-तैसे विवेक सिनेमा के पीछे पहुँचे। उषा जी के भाई-भाभी जिस सफेद घर में रहते थे उसकी हर खिड़की-दरवाज़ा बन्द था। कहीं कोई रोशनी नहीं थी, लगता था जैसे या तो सब सो चुके हैं या घर पर हैं ही नहीं। घर की दो-बार परिक्रमा करके फिर सोचने लगे। अब क्या हो? घण्टी बजाने की भी हिम्मत नहीं हुई। अचानक वैद ने कहा, चलो पास ही में मेरे एक दोस्त का घर है उसके पास ज़रूर होगी...अब हालत यह थी कि हमारे सामने एक ही लक्ष्य था—दुनिया के किसी भी सिरे पर मिले, दारू मिलनी चाहिए। वस्तु से अधिक उसकी खोज हमारे ऊपर सवार थी।

वैद के दोस्त की कोठी में अँधेरा घुप्प। बारह के आसपास का समय था। काफ़ी देर घण्टी बजाने के बाद भीतर रोशनी हुई और वैद की आवाज़ सुनकर दरवाज़ा खुला। एक सज्जन गाउन लपेटते बाहर निकले। वह शालीनता से पंजाबी में बोले, "आओ, आओ तुसी अन्दर तो आओ।" हम लोग खुश, अब मिली है मंजिल। भीतर ड्राइंगरूम में बैठे। अन्दर के दरवाजे से किसी सोई-सी महिला ने झाँका, "इतनी रात को कौन लोग आ मरे," "बोलो क्या लोगे?" उन्होंने अच्छे मेजबान की तरह खड़े-खड़े दोनों मुट्ठियाँ आपस में मसलते हुए पूछा। वैद ने सीधे ही कहा, "लेना-देना कुछ नहीं है। दारू हो तो निकालो। हम लोग शाम से हलकान हैं। ड्राइडे है न" वे पीर की तरह मुस्कराये, "दोस्त दारू तो एक बूँद नहीं बची। अभी-अभी पार्टी होकर चुकी है। लोग सब पी गये।" अब हमने ड्राइंग रूम में देखा तो चारों तरफ़ प्लेटें, नैपकिन, गिलास, खाली बोतलें फैले पड़े थे।। मन हुआ उनका या अपना सिर पीट लें। फिर शायद उन्हें दया आ गयी, "चलो, ऐसा करते हैं तुम लोग टैक्सी छोड़ दो। गाड़ी निकालते हैं। फरीदाबाद बॉर्डर पर चलते हैं। साली कहीं-न-कहीं तो मिलेगी।" फिर उन्होंने अन्दर की ओर आवाज़ लगायी, "गाड़ी की चाबियाँ देना। कुछ पैसे भी चाहिए। पेट्रोल डलवा लेंगे। यारों का साथ है, पता नहीं पलवल, गाजियाबाद कहाँ ले जायें।" फिर चाबी पैसे लेकर निकलते हुए पत्नी से कहा, "देखो, अब कब आना होता है। कहा-सुना माफ़ करना।"

अब हम टैक्सी को विदा करके उनकी फियेट में फिट हुए। शायद मीटर के सौ-सवा-सौ रुपये बने थे। सात बजे से टैक्सीवाला हमारी बेचैनी और पागलपन को देख रहा था। अफ़सोस के साथ विदा हुआ। घर फिर अँधेरा हो गया। साहब बोले, "पहले कहीं पेट्रोल भरवाते हैं। बिल्कुल ख़त्म होने वाला है," इतनी रात में कहाँ पेट्रोल-पम्प मिलता। मगर हम इस स्थिति का मज़ा ले रहे थे। दो-चार बन्द पम्पों का चक्कर लगाकर आख़िर एक जगह खुला मिला। एक चिन्ता यह

भी थी कि गाड़ी में पेट्रोल ख़त्म होने पर कहीं आधी रात में धक्के न लगाने पड़ें। धक्के तो खा ही रहे थे। ''भाई साहब, टंकी फुल कर देना। रात-भर घूमने का प्रोग्राम है।'' सोचा किधर चलें, तय हुआ कि भीष्म के यहाँ एक बार और कोशिश की जाये। नहीं मिलेगी तभी कहीं किसी बॉर्डर पर चलेंगे। इतनी परेशानी के बाद हमने एक नैतिक अधिकार अर्जित कर लिया था कि आधी रात को जाकर भीष्म का दरवाजा फिर खटखटाया जाये। उत्सुकता भी थी कि देखो, अब क्या बहाना बनाता है। शायद शीला जी कहीं बाहर थीं। इसलिए उस पर भरपूर अत्याचार किया जा सकता था। फिर हसरत भरी निगाहों से उषा जी के अँधेरे घर के सामने से गुज़रते हुए वापस भीष्म के घर हिम्मत और अधिकार से घण्टी बजाई। इस बार एक युवक ने दरवाज़ा खोला। पीछे भीष्म था। ''यार, तब से चक्कर लगाये जा रहे हैं, कहीं नहीं मिल रही। तेरे पास ज़रूर है और तू बदमाशी कर रहा है।'' भीष्म ने उसी लाचारी से हाथ झुलाकर कहा, ''तू विश्वास कर मेरी जान, एक बूँद नहीं है...'' युवक से परिचय कराया, ''ये शरत कुमार हैं मेरे भांजे, नेवी में अफ़सर है।'' कुछ दिन पहले ही शरत की नेवी-जीवन पर बहुत ख़ूबसूरत कहानी 'सारिका' में छपी थी। हमें उसकी याद थी। तारीफ़ की, तो वह झटके से खड़ा हो गया। शायद वे लोग खा-पीकर उठे ही थे। ''चलिए मैं करता हूँ इन्तज़ाम'' खुद भी सैंट्रल-विस्टा मैस में ही रहता था। वह स्कूटर पर और हम लोग फिर फ़ियेट में फिट। फौजी आदमी है। ज़रूर कोई इन्तजाम कर देगा। परसाई दुखी और मरा हुआ था। हम लोगों का उत्साह भी ठण्डा हो चुका था। दूसरी मंजिल पर हमें शरत के कमरे में छोड़कर वैद और उसका दोस्त विदा लेकर चले गये। हमने तकलीफ़ के लिए माफ़ी माँगी। शरत ने कहीं अलमारी से एक रम निकाली। जिस अनुत्साही और बुझे हुए ढंग से हम लोगों ने रम ली, मुझे अभी तक याद है...लम्बी भागदौड़, जद्दोजहद के बाद आपको अपना लक्ष्य मिलता है, तो क्या सचमुच आप इतने पस्त हो गये होते हैं कि उसका महत्त्व ही समाप्त हो चुका होता है? ख़ैर, शरत के टिफिन से हम लोगों ने खाना खाया। किस तरह बाद में अपने-अपने घर पहुँचे, आज याद नहीं है।

हम सब जानते थे कि भीष्म के पास शराब है। मगर वह 'अचानक' कुछ नहीं करता था। वह भीतर से बहुत व्यवस्थित और योजनाबद्ध व्यक्ति था। कहानी या उपन्यास पर भी बहुत ठण्डे दिमाग से सोचकर क़लम उठाता था। एक-एक घटना पहले से तय होती थी। अचानक और आवेश में, शायद उसने न ज़िन्दगी में कुछ किया न साहित्य में। बचपन में वह फ़रमाबरदार भाई था। बलराज उसके आदर्श या 'रोल मॉडल' थे—शायद वही आदेश या संकेत देते होंगे

या भीष्म आज्ञाकारी भाई की तरह उसी के अनुसार कर डालता होगा। बाद में वह फ़रमाबरदार पति बना। शीला जी ही तय करती थीं—"भीष्म जी अब सो जाओ।" उस दिन भी अगर शीला जी होतीं और वह कह देतीं या कोई ऊपरी आदेश होता, तो भीष्म ज़रूर दारू निकाल लाता। जब वह राजकमल की 'नयी कहानियाँ' का सम्पादक बना तो मैं उसे छेड़ता, "दो शीला के बीच साबुत बचा न कोय"। शीला शब्द का उच्चारण मैं इस तरह करता कि 'शिला' का अर्थ भी निकले। वह निरीह भाव से मुस्कराता, 'छेड़ ले पुत्तर, तेरे दिन हैं।' निर्मल और प्रयाग शुक्ल की तरह उसकी शुरू की कहानियों-उपन्यासों में एक बड़े भाई ज़रूर होते हैं। भीष्म निश्चय ही बचपन से अनुशासित बच्चा रहा होगा। पहले पारिवारिक मर्यादाओं और आर्य-समाज का अनुशासन। फिर मार्क्सवाद और शीला जी का अंकुश...वह ज़िन्दगी भर 'अच्छा बच्चा' बना रहा। बड़ों की निगाह बचाकर कभी किसी को मुँह बिरा दिया, मुक्का दिखा दिया, या होंठों ही होंठों में कुछ गालियाँ बोल दीं, और अपनी इस चोर-शैतानी पर ख़ुश हो लिए...बाद में शीला जी के न रहने पर वह लगभग यतीम जैसा खोया-खोया लगता था। जो किशोर इसलिए चाय नहीं पीता था कि 'महाशयों' ने बताया था—इससे वीर्य पतला हो जाता है, या हस्तमैथुन से रीढ़ की हड्डी कमज़ोर हो जाती है, वह बाद में शराब भी नाप-ठोंककर डरते-डरते ही पीता था। (शायद यह उसने सोवियत रूस के सात साल के प्रवास में सीखी)। लम्बे साथ के अभ्यस्त पति की तरह हर काम करते वक़्त उसके मन में यही आता होगा, "शीला होती तो क्या कहती...।" शीला जी उसकी हर रचना की पहली पाठिका और पीठिका दोनों थीं।

यह अनुशासनबद्धता उसके व्यक्तित्त्व और शैली दोनों में दिखाई देती है। वहाँ वह न बहुत प्रयोगधर्मी है, न नाटकीय, लगभग एकस्तरीय। व्यक्ति के खिलन्दड़ेपन और दुष्टता को वहाँ सम्पूर्ण देश निकाला है। भाषा का खिलवाड़ तो शायद भीष्म के लिए अकल्पनीय है। यहाँ वह यशपाल, अश्क, जगदीश चन्द्र और मोहन राकेश के साथ है। पंजाबी पृष्ठभूमि से आये लेखकों में सबसे अधिक भाषा-प्रयोग कृष्णा सोबती, कृष्ण बलदेव वैद और स्वदेश दीपक ने किये हैं। 'मैय्यादास की माड़ी' को छोड़कर लेखन में भी उसने बहुत प्रयोग नहीं किये। हाँ, उसके प्रयोग विषयों के चुनाव, पात्रों के व्यक्तित्त्व और कथानकों की संरचना और काल को लेकर हैं। वह अपने सर्वश्रेष्ठ रूप में संवादों में है—जो पात्रों की मानसिकता, मन्तव्य और मनःस्थितियों को अनायास ही उजागर करते चलते हैं : मुझे अक्सर लगता है कि भीष्म मूलतः नाटककार है—अपने कहानीकार और उपन्यासकार से बड़ा। उनकी परिकल्पना और प्रस्तुति वह दृश्य-खण्डों के रूप

में करता है। हाँ, परिवेश और सेट्स बदल जाते हैं। वह रेणु की तरह हर दृश्य को देखता है, निर्मल की तरह लिखता नहीं है। जिनके पास विविध अनुभवों, पात्रों की लम्बी कतार हो, कुछ कहने का दबाव हो, वैचारिक दृष्टि साफ़ हो वे लेखक प्रायः भाषा की सजावट और कला के प्रयोगों पर बहुत ध्यान नहीं देते। वे ज़िंदगी की विराटता को टुकड़ों-टुकड़ों में पकड़ते हैं। 'आलमगीर', 'कबिरा खड़ा बाजार में', 'माधवी', और 'हानूश' जैसे नाटकों में भीष्म ने अपने देश और काल बदले हैं। 'माधवी' पौराणिक नाटक है और 'हानूश' रेनेसाँकालीन योरोपीय।

बात शायद सन् 1985 की है। भीष्म ने कहा, "यार राजेन्द्र मैंने एक उपन्यास पढ़ा है। तू भी पढ़कर देख। मुझे तो अच्छा लगा है। शाम को गोष्ठी में अगर आ रहा है तो ले आऊँगा।" और गोष्ठी में सचमुच वह उपन्यास ले आया। उस लेखक का नाम न हमने पहले सुना था, न उपन्यास के बारे में कुछ जानते थे। लेखक था गाब्रियल गार्सिया मार्खेज़, उपन्यास था, 'हंड्रैड ईयर्स ऑफ़ सॉलिट्यूड' यह तब की बात है जब मार्खेज़ को नोबेल पुरस्कार नहीं मिला था। उपन्यास ने भीष्म को इतना गहरे प्रभावित किया कि 'मैय्यादास की माड़ी' के नायक की उम्र सौ साल हो गयी। वह उत्तरार्द्ध उन्नीसवीं शताब्दी के अंग्रेज़ी राज्य का चश्मदीद गवाह बनकर दो सदियों का सामन्ती और साम्राज्यवादी इतिहास जीता है। उन्हीं दिनों मृणाल पाण्डे ने भी एक उपन्यास लिखा था, 'पटरंगपुर पुराण', इसकी नायिका भी सौ साल की पहाड़ी ज़िन्दगी के बदलावों को अपनी स्मृतियों में समेटने की कोशिश करती है। मुख्य पात्रों के सौ सालों तक जीने की समानता को छोड़कर दोनों ही खाँटी अपनी धरती के उपन्यास हैं। समय को लेकर वैसी उलट-पुलट वहाँ नहीं है जो 'हंड्रैड ईयर्स' में है।

लगता है अनुभवों को जहाँ-जहाँ भीष्म ने कल्पनाशीलता दी है यानी यथार्थ वास्तविकता के आतंक से मुक्त हो पाया है, वहाँ वह अपने सर्वश्रेष्ठ रूप में है। स्वयं बताता था कि उसने सूअर मारने का कोई दृश्य कभी नहीं देखा, मगर 'तमस' का पहला अध्याय उपन्यास का सबसे स्मरणीय हिस्सा है जहाँ नत्थू बन्द कोठरी में सूअर मार रहा है। 'मैय्यादास की माड़ी' के अनेक दृश्य आज भी मुझे दिखाई देते हैं। इसी कल्पनाशीलता ने उसके 'हानूश' और 'माधवी' को झकझोर देने वाली रचना बना दिया है। भीष्म की प्रतिभा अपने सबसे प्रभावशाली रूप में वहाँ है जहाँ उसने अपने समय का अतिक्रमण किया है—हालाँकि 'आलमगीर' और 'कबिरा खड़ा बजार में' नाटक उतने सफल नहीं हैं। इमर्जेंसी के आतंकी दिनों में 'हानूश' की मंचीय प्रस्तुति और 'तमस' के सीरियल-निर्माण में राजिन्दर नाथ और गोविन्द निहलानी का निश्चय ही अपना स्वतन्त्र योगदान है। भीष्म

की विषयवस्तु के साथ अपनी कल्पनाशीलता और व्याख्या मिलाकर राजिन्दर नाथ और गोविन्द निहलानी ने उन्हें स्वतन्त्र और बेहद प्रभावशाली बना दिया है।

लगता है जहाँ भीष्म ने सिर्फ़ अनुभव और स्मृति का सहारा लिया है, वहाँ वह कमज़ोर है—क्योंकि वहाँ वास्तविक और घटित के चुनाव और प्रस्तुति में सूझ-बूझ नहीं है, अनुभव की पुनःप्रस्तुति और पुनर्सृजन में अन्तर है। एक जगह अनुभव सिर्फ़ स्मृति है, स्मृति स्वयं अनुभवों का निर्माण नहीं करती। अनुभव अपने एसेन्स (सारतत्त्व) में ही अनुभूति बनते हैं। अनुभूति, उस मदर टिंचर की तरह है जो संवेदना और कल्पना के सही मिश्रण से रचना को अपने तर्क और युक्ति विकसित करने का स्पेस देती है। परिणामतः रचना एक स्वायत्त कलाकृति के रूप में हम तक आती है।

सिर्फ़ अनुभव के सहारे की गयी रचना का अख़बारी विवरणों में तब्दील हो जाना सम्भव है और केवल स्मृति गतिहीन, दुहराव और आत्मालाप में चक्राकार घूमती है। भीष्म के अधिकांश उपन्यास स्मृति और अनुभवों के मिश्रण पर आधारित हैं, इसलिए विवरणों और ऊपरी विस्तारों में भटक जाते हैं। उपन्यास के रूप में 'तमस' विभाजन की त्रासदी और बाद की परिस्थितियों की दृष्टि से 'झूठा सच' की तुलना में कमज़ोर रचना है। विभाजन को केन्द्र में रखकर 'झूठा-सच' एक स्वतन्त्र संसार की रचना करता है। अब भी मैं बलवन्त सिंह के 'काले कोस' को विभाजन का सर्वश्रेष्ठ उपन्यास मानता हूँ। जहाँ तक मुझे याद है 'काले कोस' उसी सरदार की कहानी है जिस पर बहुत बाद में 'गदर : एक प्रेमकथा' फ़िल्म बनी। कभी-कभी आश्चर्य होता है कि बलवन्त सिंह जैसा सशक्त कथाकार क्यों किसी का ध्यान आकर्षित नहीं कर पाया? 'रात चोर और चाँद', 'दो अकाल गढ़', 'काले कोस', 'चोटी की पकड़' उपन्यासों को भुला पाना असम्भव है। यह बात अनेक बार आयी है कि 'राजनीतिक रूप से सही' होने के दबाव में 'तमस' स्थितियों की गहराइयों में नहीं जा पाता। वहाँ अगर दस हिन्दू मरे हैं तो नौ मुसलमानों की हत्या दिखाना ज़रूरी है। अंग्रेज कलक्टर जिस तरह दंगों की परिकल्पना, संचालन, फिर शान्ति स्थापित करता है तो शतरंज के ऐसे खेल का बिम्ब सामने लाता है जिसका नियम्ता अंग्रेज है। वहाँ हर स्थिति दो और दो की तरह निश्चित है। वहाँ भी सर्वश्रेष्ठ हिस्सा सूअर मारने के अलावा वह है जहाँ दंगों की भयानक सूचनाएँ सुनकर कलक्टर की पत्नी का सोफ़े पर ही पेशाब निकल जाता है।

भीष्म अपने सर्वश्रेष्ठ रूप में या तो कहानियों में है या नाटकों में। पंजाबी ज़िन्दगी पर गहरी पकड़ के लिए उपन्यासकार के रूप में मुझे जगदीश चन्द्र बेहतर

लेखक लगता है। अज्ञेय, कृष्णा सोबती, यशपाल, अश्क, भीष्म, जगदीश चन्द्र जैसे कथाकारों ने हिन्दी कथा के कलकत्ता से दिल्ली तक के सीमित मध्यवर्गीय नक्शे में पंजाब को जोड़कर देश-काल को विस्तार दिया है। 'उसने कहा था' के बाद पंजाब हिन्दी से गायब ही हो गया था।

भीष्म उन दृष्टि-सम्पन्न कथाकारों में है जहाँ निजी अनुभूतियाँ, सामाजिक सरोकारों में बदल जाती हैं। ये सामाजिक सरोकार ही उसे हमारे समय का महत्त्वपूर्ण लेखक बनाते हैं, रचना की समाज-निरपेक्ष कलात्मकता नहीं। भीष्म के लिए लेखन एक 'अनुष्ठान' (एक्ट ऑफ़ फेथ) की तरह है। यही आस्था ध्रुवतारे की तरह उसे भटकने नहीं देती। वह सच्चे वामपन्थी की तरह हर प्रदर्शन और प्रतिरोध में सबसे आगे होता था। वहीं उसके दिमाग में यह भी रहा होगा कि उसे सच्चे लेखक का आदर्श प्रस्तुत करना है। (बचपन का वही 'आदर्श-बच्चा') शायद यही कारण है कि प्रेमचन्द की तरह उसने भी कोई स्मरणीय प्रेम-कहानी नहीं लिखीं। हालाँकि स्त्री की नियति उसकी चिन्ता का केन्द्र ज़रूर है। 'माधवी' उस स्त्री के विद्रोह की कहानी है जो सिर्फ़ सन्तान जनने का माध्यम बना दी गयी है और ध्रुवस्वामिनी की तरह अपनी सामाजिक नियति को अस्वीकार करती है। 'बसन्ती' दिल्ली की झुग्गी-झोपड़ियों में रहने वाली घरेलू नौकरानी के संघर्ष और आत्मविश्वास की कथा है, जो कृष्ण बलदेव वैद के उपन्यास 'नौकरानी की डायरी' के माध्यम से बिल्कुल ही अलग हटकर फुटपाथी ज़िन्दगी से हमें रूबरू कराती है। इस दृष्टि से बेबी हालदार की 'आलो-आंधारि' घरेलू नौकरानी की सबसे प्रामाणिक आत्मकथा है। विवाह, तलाक और स्त्री के स्वतन्त्र व्यक्तित्त्व पर भीष्म का उपन्यास 'दमयन्ती' पात्रों के अन्तरंग और स्थितियों के सन्दर्भों में गहरे नहीं उतरता।

कलावादी समीक्षक भीष्म को सतही, मीडियोकर और 'औसत' का लेखक के रूप में देखते रहे हैं। नामवर सिंह, निर्मल वर्मा और अशोक वाजपेयी निश्चय ही उसे वैद्य गुरुदत्त का बेहतर संस्करण मानते होंगे, जो सिर्फ़ विचारधारा के कारण 'बड़ा लेखक' माना जाता है। प्रेमचन्द की कलाहीन और स्थूल रचनाओं पर उनके पूर्वजों के भी यही विचार रहे हैं कि सामाजिक सरोकार कला के सबसे बड़े शत्रु हैं। शायद इसका कारण यही है कि 'माधवी' नाटक और 'दमयन्ती' उपन्यास को छोड़कर पात्र स्थितियों, संस्कारों और सामाजिक मान्यताओं के ख़िलाफ़ प्रायः स्वतन्त्र निर्णय नहीं लेते। इसलिए अपने भीतर भी बहुत नहीं उतरते। जहाँ उतरे हैं वहाँ घटनाओं की तत्काल प्रतिक्रियाओं का ही वर्णन है। भाषा में भी वह लचीलापन नहीं है जो मानसिक द्वन्द्वों के विविध शेड्स पकड़ सके। जहाँ वह

जीवन में भीतर उतरा है वहाँ भी स्मृतियों से अधिक इतिहास है। 'झरोखे' और 'कड़ियाँ' उपन्यासों में एक किशोर व्यक्तित्त्व निर्माण की वे घटनाएँ हैं जो संस्कारी आर्यसमाजी परिवार के हर उभरते किशोर की होती हैं। 'आज के अतीत' उसकी आत्मकथा है वहाँ भी वह, एक भले और सज्जन व्यक्ति के आत्मवृत्त से अधिक नहीं है। वहाँ किशोर मोहनदास करमचन्द गाँधी की तरह किसी पश्चात्ताप, द्वन्द्व और भटकाव की भी जगह नहीं है।

मुझे लगता है कि भीष्म पैशन का नहीं, कम्पैशन का लेखक है। न वह आवेग, उद्वेग का लेखक है, न व्यक्ति के निजी अन्तर्द्वन्द्वों का। एक अजीब तनावहीनता उसके सारे लेखन में छायी है। यह एक ऐसे व्यक्ति की आश्वस्ति है जो जानता है कि वैचारिक दृढ़ता, मानवीय ऊष्मा और करुणा ही वे अमोघ हथियार हैं, जो सामने वाले को जीत लेते हैं। यह मुझे गाँधी से अधिक टॉलस्टॉय की मानवीयता की याद दिलाते हैं। आश्चर्य नहीं कि उसने रूसी से अधिकांश अनुवाद टाल्सटाय के ही किये हैं। उसकी कहानियाँ हमें झटका नहीं देतीं, सिर्फ़ अपनी मानवीय परिस्थितियों के ऐसे किनारे ला छोड़ती हैं कि लगता है कि हाँ, अब भी कहीं रोशनी बची है। वह बेचैनी से अधिक आस्था का लेखक है। यह आस्था ख़ुद उसे आत्मबल और प्रतिबद्ध दृढ़ता तो देती ही है, आसपास वालों को भी आस्थावान बनाती है। इसे ही अंग्रेज़ी शब्द में कहूँ तो उसकी आस्था रेडिएट करती है। वह मुझे एक ऐसे आस्तिक साधक की भी याद दिलाता है, जिसके पास अलग से कोई ईश्वर नहीं है। ईश्वर अलग-अलग पात्रों के रूप में बिखरा है और उसे वह उन्हीं में पहचानने की कोशिश कर रहा है। मगर वह ऐसे ही दूसरे सन्त लेखक विष्णु प्रभाकर की तरह सिर्फ़ उच्छ्वास और भावुक प्रतिक्रियाओं तक जाकर नहीं रुक जाता उसकी आस्था मार्क्सवाद और वैज्ञानिक प्रशिक्षण से आयी है। इसलिए सांकेतिक ढंग से वह यही कहता है कि इस मासूमियत और ईश्वर को बचाये रखने के लिए ही दुनिया को बदलना ज़रूरी है। विष्णु जी अक्सर ही नारी की करुणा, यातना और आत्मबलिदान में ईश्वर को देखते हैं—यह दोस्तोएव्स्की, शरत और जैनेन्द्र की परम्परा है। भीष्म के यहाँ स्त्री वेदना की प्रतिमूर्ति नहीं है, न अज्ञेय की तरह बौद्धिक प्रतिस्पर्धी है। वह अपनी सामाजिक नियति के ख़िलाफ़ दृढ़ता से प्रतिरोध करती यशपाल की कामरेड है। यह दूसरी बात है कि वहाँ भी वह परम्परावादी अर्थ में नैतिक और शालीन है। स्त्री को सेक्स के साथ जोड़कर उसने शायद ही कभी देखा हो। यह 'परहेज', 'माधवी', 'दमयन्ती' या 'बसन्ती' तीनों रचनाओं में तो है ही, उसकी आत्मकथा 'आज के अतीत' में भी कहीं कोई ऐसा प्रसंग याद नहीं आता जो

'आपत्तिजनक' हो। शीला जी के साथ परिचय और विवाह की बात निहायत निरुद्विग्न भाव से सुना डाली है।

भीष्म नयी कहानी का लेखक इसलिए भी है कि उसकी प्रायः सारी रचनाएँ स्वतन्त्रता के बाद आने वाले मध्यवर्ग के भीतरी और बाहरी बदलाव को लेकर हैं। मगर वह 'नयी कहानी' से बाहर इसलिए है कि स्त्री उस तरह उसकी रचनाओं के केन्द्र में नहीं है जिस तरह मेरी, मोहन राकेश, कमलेश्वर, निर्मल वर्मा, कृष्ण बलदेव वैद, शैलेश मटियानी, रेणु, उषा प्रियंवदा, मन्नू भण्डारी और कृष्णा सोबती में है। हम सभी मध्यवर्गीय परिवारों के आर्थिक और मानसिक बदलावों को स्त्री-पुरुष के बदलते समीकरणों में देख रहे थे। वहाँ अपनी अस्मिता के प्रति जागरूक होती स्त्री और इस प्रक्रिया में पुरुष के साथ बनते-बिगड़ते सम्बन्ध ही, हमारे कथ्य थे। कहानियाँ प्रायः टूटते परिवारों और हताश युवकों के आसपास ही घूमती थीं—जो अ-कहानी में और भी विकराल होकर दिखाई देने लगा था।

अगर यह संयोग है तो सचमुच विचित्र ही है कि जहाँ पत्नी ही प्रेरणा और परिधि है, अक्सर वहाँ लेखन में न कहीं आवेग है, न उद्वेग, परिवार और आपसी सम्बन्धों को लेकर भी बहुत प्रश्नाकुलता नहीं है। सुखी परिवार एक सीमा के बाद बदलाव के लिए बहुत उत्साही नहीं होता। विषय और क्षेत्र विविध होने के बावजूद स्त्री-पुरुष सम्बन्धों की तरह लेखन में भी प्रत्याशित क़िस्म की 'सहजता' (शायद कुल लोग इसे एकरसता कहना चाहें) आ जाती है। कृष्ण बलदेव वैद को कभी-कभी बड़ा 'कारीगर' या 'कलाकार' मानने की इच्छा सिर्फ़ इसलिए होती है कि दुनिया-भर की वाही-तबाही लिखते रहने के बावजूद वह चम्पाजी के साथ अक्सर सहज ही दिखाई देता है। भीष्म न 'एक था विमल' लिख सकता था, न 'नर-नारी'। यह अन्तर बचपन और युवावस्था पर लिखे वैद और भीष्म के दोनों उपन्यासों में देखा जा सकता है। वैद अधिक प्रयोगधर्मी और साहसिक है। बिना इन भटकावों के लेखन में जान नहीं आती।

सही है कि भीष्म ने न भाषा और शिल्प के बहुत प्रयोग किये, न मनुष्य के अन्तरंग निजी अँधेरी सुरंगों की यात्राएँ कीं—फिर भी अगर वह हमारे समय का बड़ा लेखक है तो इसलिए कि वह बहुत 'ह्यूमेन' (मानवीय) है। वह लेखक से बड़ा आदमी है, कह सकते हैं मार्क्सवाद का परम मानवीय संस्करण है।

पता नहीं क्यों, फ़िल्म वालों ने उसे हमेशा ही एक लाचार, प्रौढ़ और अनुभवी बूढ़े की तरह ही चुना। 'मोहन जोशी हाजिर हो' में वह एक ऐसा असहाय व्यक्ति है जिसका सब कुछ उसकी आँखों के सामने ही छिनता चला जा रहा है और वह सिर्फ़ छटपटा रहा है क्योंकि कानून महाबलियों के हाथों में है। 'तमस' में भी

उसकी भूमिका यही है। 'मिस्टर और मिसेज अय्यर' में वह शायद अपनी सबसे जटिल भूमिका में है। बस में वह सुरेखा सीकरी के साथ मुस्लिम बूढ़े पति-पत्नी के रूप में यात्रा कर रहा है। अचानक हिन्दुत्ववादियों का हमला होता है और बूढ़ा पकड़ लिया जाता है। दो बजरंगी उसे धमकाकर बाहर आने को कहते हैं। पहले तो वह सीधा, सरल, परम नमाजी बूढ़ा हक्का-बक्का होकर देखता है और समझ ही नहीं पाता कि उसे बस से बाहर आने को क्यों कहा जा रहा है? फिर जब लाचारी से जाने लगता है तो सुरेखा चिन्ता से बत्तीसी निकालकर देती है, ''इसे तो लेते जाओ''। बूढ़े के मुँह में बत्तीसी नहीं है। वह बूढ़ी के पर्स में है। बत्तीसी के साथ धकियाया जाता बूढ़ा बस से उतार लिया जाता है—दर्शक जानते हैं कि अब वह कभी नहीं आयेगा....

हाँ, वह बूढ़ा कभी नहीं आयेगा, मगर क्या हम सबके दिलों में बैठे इस 'लिटिल बुद्धा' को कभी निकाल पायेंगे? शायद एक दर्द भरी याद की तरह हम महसूस करते रहेंगे कि हाँ, अभी-अभी वह हमारे बीच ही था। हवा, पानी और बिजली की तरह, लगभग अट्ठासी वर्ष के व्यक्ति और पचास साल के लेखक के रूप में, जो अब नहीं है।

भीष्म साहनी

बलराज साहनी

इसी जून की बात है, एक ज़माने के बाद मेरे छोटे भाई भीषो का खत आया कि वह दस-पन्द्रह दिन के लिए मेरे पास रहने बम्बई आ रहा है। इस ख़बर से दिल कितना ख़ुश हुआ। मेरा एकमात्र भाई है भीष्म। मुझसे बस डेढ़-दो साल ही छोटा। बचपन ही से हमारी बहुत गहरी दोस्ती भी रही है। मुझे नहीं याद कि सारी ज़िन्दगी में हमारे मन एक-दूसरे के प्रति कभी मैले हुए हों, या हमने जानबूझकर कभी एक-दूसरे को कष्ट दिया हो। इसका यह मतलब नहीं कि हम कभी आपस में लड़े-झगड़े नहीं, या हमारा प्यार हिन्दुस्तानी फ़िल्मों में दिखाये जाने वाले दो भाइयों के प्यार जैसा है। हम एक-दूसरे को ख़ूब मारते-पीटते भी रहे हैं। भीषो की बचपन के दिनों की एक चालाकी याद आती है। मैं उससे बड़ा ही नहीं, तगड़ा भी था। कभी दिन के समय में उसे पीट देता, तो वह चुपचाप सहन कर जाता। पर वह रात का इन्तज़ार करता कि कब मैं सो जाऊँ और कब वह अचानक मुझ पर हमला करके मुझसे पूरा बदला ले ले। हम आर्यसमाजी परिवार में पल रहे थे। शिक्षा का आरम्भ पाणिनि की अष्टाध्यायी के सूत्र कण्ठस्थ करने से हुआ था। रामायण-महाभारत की कथाएँ माँ-बाप से दिन-रात सुना करते थे। मैं नाराज़गी ज़ाहिर करता कि सोये पड़े दुश्मन पर हमला करना भारतीय परम्परा के बिल्कुल विपरीत है। पर छोटा महाशय (स्कूल में हम दोनों को 'बड़ा महाशय' और 'छोटा महाशय' नाम से बुलाया जाता था। जवाब में अपनी स्कूल की पाठ्यपुस्तक का हवाला देता, जिसमें लिखा हुआ था कि सिख फौजी जर्मनों पर (पहले विश्वयुद्ध के बाद का जमाना था वह) रात के वक़्त हमला करते थे। किताब में उस हमले का चित्र भी छपा हुआ था। नींद में खायी गयी वे नाखुशगवार मारें भी अब

बड़ी मज़ेदार बन गयी हैं। पर तन-मन से एक दूसरे के इतना निकट होने पर भी क़िस्मत ने पिछले बीस-पच्चीस वर्षों से हम दोनों के बीच में दूरी की एक लम्बी खाई बनायी थी। पिछले 25 बरसों से हकीकत यह थी कि वर्षों बाद दो-चार दिन की मुलाक़ात हो गयी, बस इससे ज़्यादा नहीं। कालिज से निकलते ही मैं शान्ति निकेतन, वर्धा और फिर इंग्लैंड चला गया, वापस आया, तो बम्बई में रहने लगा। उधर देश के बँटवारे की आँधियाँ भीष्म को कहीं-से-कहीं भटकाती रहीं। आखिर वह दिल्ली में प्रोफ़ेसर हो गया। फिर सात साल के लिए रूस चला गया। यद्यपि हम दूर रहने में एक तरह की ख़ूबी भी समझते थे, बहुत दूरी से हम जैसे एक-दूसरे को अपने कारनामों से प्रभावित करना चाहते हों। अजीब सच्चाई यह है कि हम एक-दूसरे को पत्र भी बहुत कम लिखते। जो लिखते, उनमें भी बस काम-काज की ही बातें होतीं। भीष्म ने आज तक मुझे कभी अपनी किसी प्रकाशित पुस्तक या कहानी की सूचना नहीं दी, किताब भेंट करना तो दरकिनार रहा। न ही मैंने कभी उसके सामने अपने किसी फ़िल्मी कारनामे का ज़िक्र किया। हम दोनों भाई शायद एक-दूसरे से आशा करते हैं कि किसी-न-किसी इनडायरेक्ट तरीके से भाई के बारे में जानकारी प्राप्त की जाये। अगर यह मुमकिन नहीं, तो फिर भाई की प्रशंसा जनसाधारण से सुनने को मिले।

पर पिछले कुछ वर्षों से मुझे इस प्रकार बिछुड़ने से चिढ़ आने लगी थी। अनेक फ़िल्मों में मैं बड़े भाई का रोल कर चुका हूँ। हो सकता है कि इस बात का मन पर जज़्बाती असर पड़ा हो, या शायद मैं ज़िन्दगी के रेसकोर्स में दौड़-दौड़कर थक गया हूँ। इसलिए अपने भाई का आलिंगन मेरे लिए बहुत ज़रूरी हो गया है। ख़ैर, भीषो के आने की खुशख़बरी इस बात की गवाह थी कि वह भी कुछ-कुछ मेरी तरह ही महसूस करने लगा है।

फ़िल्मी व्यस्तता से एकदम छुटकारा पा लेना तो असम्भव था, फिर भी पिछले जून में हम दोनों एक साथ मद्रास गये। महाबलीपुरम और कांचीपुरम जैसे ऐतिहासिक स्थलों की तीन-चार दिन तक एक साथ सैर की। एक लम्बे अरसे के बाद हम दोनों भाइयों को दिन-रात एक साथ रहने का अवसर प्राप्त हुआ।

मद्रास से वापस आये, तो नैनीताल से 'सारिका' सम्पादक की फ़रमाइश आयी कि भीष्म को दस-पन्द्रह दिन के अन्दर अपने बारे में एक ख़ासा लम्बा लेख लिखकर देना होगा। साथ ही मुझे हुक्म हुआ कि क़रीब तीन हज़ार शब्दों में मुझे बताना होगा कि भीष्म मेरी दृष्टि में क्या है। वह सारा दिन हम सभी

कभी समुद्र के तट पर टहलते हुए और कभी डाइनिंग टेबल पर बैठे हुए इन्हीं विचारों में लीन रहे कि इस विकट परिस्थिति का सामना कैसे किया जाये? भीष्म अपने बारे में बिल्कुल नहीं लिखना चाहता था। वह कहता, "भापा, अगर तुम मेरे बारे में लिखना चाहते हो तो बताओ, उस हालत में मैं और सिर्फ़ उसी हालत मैं इस काम के लिए 'हाँ' करूँगा", और मैं कहता, "भीष्म, अगर तुम अपने बारे में लिखना चाहते हो, तो बताओ, उस हालत में और सिर्फ़ उसी हालत में मैं भी 'हाँ' करूँगा।"

इसके पहले कि हम किसी फैसले पर पहुँच सकते, 'सारिका' के फ़ोटोग्राफ़र महोदय अपने साथ तरह-तरह के कैमरे लिए हमारे यहाँ तशरीफ़ ले आये। तब हमें पता लगा कि 'हाँ' या 'ना' करने का अख़्तियार असल में हमें दिया ही नहीं गया था।

फिर इस काम में कुछ मज़ा भी आने लगा। एक साथ फ़ोटो खिंचवाये हुए ज़माना बीत गया था। हम दोनों की एक साथ खिंची हुई एक भी फ़ोटो नहीं थी मेरे पास। मैंने सोचा कि एक तो बढ़िया फ़ोटोग्राफ़र की खींची हुई फ़ोटो हो जायेगी मेरे पास, और दूसरे दुनिया को हमारे भाई-भाई होने का पता लग जायेगा।

फ़ोटोग्राफ़र ने कई बार हमारे कपड़े बदलवाये और अलग-अलग पोज़ों में हमारे प्रभावशाली फ़ोटो खींचे। पर फिर, अगले पन्द्रह दिन के अन्दर-अन्दर लेख लिखने की चिन्ता जैसे हड्डियों का रोग बन गयी। इस बारे में भीष्म की प्रतिक्रिया क्या रही, मैं कह नहीं सकता, पर मुझे धीरे-धीरे यह एक बड़ी प्यारी चुनौती महसूस होने लगी। बम्बई से हम दोनों भाई दिल्ली आये। तीन-चार दिन वहाँ बिताकर शिमला चले गये। वहाँ भी ख़ूब सैर की। फिर एक साथ कसौली गये। फिर भीष्म वहाँ से दिल्ली लौट गया और मैं कश्मीर पहुँच गया। आज श्रीनगर में बैठा हुआ ये पंक्तियाँ लिख रहा हूँ। शायद वह भी दिल्ली में बैठा हुआ अपने बारे में लिख रहा हो।

पिछले सप्ताह ही की बात है, बीयर की दो बोतलें, एक तन्दूरी मुर्ग और दो नान थैले में डाले हम दोनों भाई जाखू (शिमला) की चढ़ाई चढ़ रहे थे। इसके पहले छहं मील की सैर हम उसी सुबह कर चुके थे। सोचा था कि पहाड़ी के ऊपर थोड़ी दूर जाकर कहीं एकान्त में बैठकर खाना खायेंगे और फिर किसी देवदार की ठण्डी छाया में लेटकर सोयेंगे। अचानक हिन्दी कथा-साहित्य के बारे में बातें होने लगीं और भीष्म आवेश में आकर अपना दृष्टिकोण बताने लगा। कहानी के बारे में उसका अगाध और विस्तृत ज्ञान

देखकर मुझे आश्चर्य हुआ, जैसे हिन्दी और उर्दू का एक भी पुराना या नया लेखक उसे अपरिचित नहीं था। भारतीय भाषाओं के अलावा संसार की कितनी ही भाषाओं के नये और पुराने कहानी लेखकों के नाम उसकी बातचीत में आये। इतनी तन्मयता और अनुभूति से वह कहानी के बारे में बातचीत करता रहा और पता ही नहीं लगा कि कब हम जाखू की ऊपरी चोटी पर पहुँच गये और हिमालय की बर्फों को देखकर अवाक् रह गये।

दो बातों ने मेरे दिल को ख़ुशी भरे आश्चर्य से भर दिया। एक तो मैंने देखा कि भीष्म, जो देखने में बेशक कमज़ोर-सा लगता है, अन्दर से बहुत मज़बूत और स्वस्थ है। कालिज के दिनों में वह हाकी के सबसे बढ़िया खिलाड़ियों में से था। एक मैच के दौरान गेंद बड़े ज़ोर से आकर उसके मुँह पर लगी थी। बहुत गहरी चोट आयी थी। उस चोट ने भीष्म की नाक की हड्डी के किसी हिस्से को बाँका कर दिया था। इसलिए उसे बहुत जल्द जुकाम हो जाता है। सीली वायु में जाने से वह घबराता है। यह भी एक कारण है कि वह बम्बई में मुझसे मिलने बहुत कम आ पाता है। इसलिए मैं उसकी सेहत के बारे में चिन्तित रहता हूँ। पर छह मील सैर करने के बाद उसे भरपूर कदम उठाते, जाखू की चढ़ाई चढ़ते हुए देखकर मेरी बहुत-सी चिन्ता दूर हो गयी।

दूसरी ख़ुशी मुझे हिन्दी साहित्य के बारे में भीष्म के गहन अध्ययन और व्यापक जानकारी को देखकर हुई। मैं जानता था कि मॉस्को में बैठकर उसने सम्पूर्ण हिन्दी कथा-साहित्य का अध्ययन किया था और दिल्ली यूनिवर्सिटी से डॉक्टरेट की डिग्री प्राप्त की थी। भीष्म ने ज्ञान का कितना बड़ा खजाना अपने अन्दर जमा किया हुआ है, इसका अनुमान मुझे पहली बार उस समय ही हुआ।

कई वर्षों बाद हम दोनों बिल्कुल अकेले थे, ख़ूबसूरत सैरें कर रहे थे और लेख की माँग ने भीषो की शख़्सियत का हर पहलू से जायज़ा लेने के लिए मुझे सचेत किया हुआ था।

...दिल्ली, पटेल नगर छत के ऊपर तारों के प्रकाश के नीचे चारपाईयाँ डालकर हम दोनों लेटे हुए थे। भीषो ने कहा–"भापा, सुबह सैर के लिए चलोगे?"

"ज़रूर।"

"याद है, गाँव में टोमी बाग की ओर कैसे सैर करने जाया करते थे? यहाँ रिज रोड और सिद्धार्थ पार्क उसी तरह के बड़े सुन्दर स्थान हैं।"

"ज़रूर चलेंगे।"

सुबह जब मैं जागा, तो भीष्म का बिस्तर खाली पड़ा था। मैंने सोचा, नीचे तैयार हो रहा होगा। पर वह नीचे की मंजिल पर भी नहीं था। मैंने देखा, वह बाहर आँगन में टहल रहा है।

मैंने कहा, ''क्या बात है? ख़ुद तैयार हो गये और मुझे जगाया ही नहीं?''

उसने कहा, ''वह लड़की, जो घर का काम करने आती है, अभी तक आयी नहीं है। लगता है, अब दूध की बोतलें लाने के लिए मुझे ख़ुद ही लाइन में खड़ा होना पड़ेगा। तुम ठहरो, मैं दूध लेकर दस-पन्द्रह मिनिट तक आ जाऊँगा।''

उसने रसोई में से चार खाली बोतलें उठायीं और दूध लेने के लिए चला गया। किसी क़िस्म का संकोच उसके चेहरे पर नहीं था। मैंने अपने आपसे पूछा, 'क्या कभी मैं भी इस तरह लाइन में खड़ा होकर सौदा ख़रीदने की हिम्मत कर सकता हूँ? मैं भी साहित्यकार बनने के, जनता के जीवन से सम्पर्क जोड़ने के सपने देखता रहता हूँ। बहसों में बड़े प्रगतिशील और लोकवादी सिद्धान्तों का बखान किया करता हूँ। और मैं अकेला ही नहीं, मेरे जैसे और भी अनेक हैं, जो इसी तरह करते हैं। पर कितने हैं, जो भीष्म जैसी सरलता और सादगी से अपनी सामाजिक स्थिति से नीचे उतरकर जी सकने का सामर्थ्य रखते हैं? भीष्म के जाने के थोड़ी देर बाद उसकी पत्नी शीला रेडियो स्टेशन जाने के लिए तैयार होकर नीचे आयी। रेडियो पर वह पंजाबी में ख़बरें सुनाती है। उसने रसोई में जाकर चाय बनायी और मेज पर सजा दी। अपनी प्याली पीकर वह रेडियो स्टेशन के लिए रवाना हो गयी। भीष्म काफ़ी देर लगाकर आया। चार की जगह सिर्फ़ अढ़ाई बोतलें ही उसे मिलीं, क्योंकि वह देर से पहुँचा था और लाइन बहुत लम्बी लग चुकी थी।

''भापा, अब सैर का वक़्त तो रहा नहीं, आओ, मेरे साथ बैठकर चाय की एक और प्याली पी लो। वह लड़की तो अभी तक नहीं आयी है।''

''नहीं'', मैंने उसे बताया, ''शीला कह गयी थी कि आज वह नहीं आयेगी। आज उसकी बड़ी बहन की शादी है।''

''ओ हो, तो फिर भापा, किचन में मेरी थोड़ी मदद करो। रात के बरतन अनधुले पड़े हैं। खाना शीला को आकर ख़ुद बनाना पड़ेगा।''

उस दिन मैंने उसके साथ मिलकर प्लेटें ही नहीं धोयीं, बल्कि झटके वाली दुकान पर जाकर मांस भी ख़रीदा, कीमा भी बनता हुआ देखा। मैंने झोपड़ियों में रहने वाले मारवाड़ी-सिन्धियों की बस्ती में शादी होती हुई भी देखी, जिनकी लड़की भीषो के घर में काम किया करती है।

भीष्म और उसकी पत्नी, दोनों बाहर का काम भी करते हैं और घर का भी। और बड़े चाव और शौक से एक-दूसरे की मदद करते हैं। अपनी मोटर भी दोनों मिलकर साफ़ करते हैं। और लिखने-पढ़ने के काम में भी उसी चाव से एक-दूसरे का बोझ हलका करते हैं। यह शिक्षा शायद उन्हें रूस में रहते हुए मिली हो। वैसे वे चाहें, तो दो-चार नौकर मज़े में रख सकते हैं। झूठी शर्म और झूठी बड़ाई के बोझ को जिसके नीचे मैं आमतौर पर मध्यवर्ग के लोगों को दबे हुए देखता हूँ, उन्होंने पूरी तरह अपने सिरों से उतारकर फेंक दिया है। शायद इसीलिए वे सुखी हैं। हर क्षण वे दोनों परिस्थितियों के हाथों के खिलौने नहीं बने रहते। इसीलिए हर तरह की व्यस्तता के बावजूद, रूस से लौटने पर, डेढ़ साल के अन्दर-अन्दर भीष्म ने एक पूरा उपन्यास, तीन अंक का एक नाटक और अनेक कहानियाँ लिख ली हैं। यही नहीं, हिन्दी की कुछ अच्छी चुनी हुई कहानियों को अंग्रेज़ी में अनूदित करके उन्हें प्रमुख पत्रिकाओं में छपवाया है।

भीष्म के मिज़ाज में एक और ख़ूबी मैंने यह देखी कि उसमें जल्दबाज़ी नहीं है। वह बड़े आराम से काम करता है। सोचकर और थोड़ा बोलता है। हठधर्मी कभी नहीं करता। अपनी बात सुनाने की बजाय ज़्यादा दूसरे की सुनता है। कहानी की कथावस्तु का चुनाव भी वह बड़े धीरज से करता है। साधारण लोगों के जीवन की छोटी-छोटी बातें वह ख़ुद अपनी आँखों देखता है, उन लोगों की सामाजिक और व्यक्तिगत प्रतिक्रियाओं का अध्ययन करता है, पात्रों को कल्पना में से नहीं, जीवन में से खोजता और चुनता है। लिखते समय भी वह यथार्थ से ज़्यादा और अपनी कल्पना से कम काम लेता है। वह कहता है कि इस यथार्थ पद्म में ही कहीं रत्न-माणिक छिपा हुआ होता है, जो कलाकार या लेखक की प्यार भरी जोड़-तोड़ के कारण कभी-न-कभी नंगा होकर अपनी चमक दिखा जाता है। भीष्म न तो किसी साहित्यिक वाद-विवाद में पड़ता है, और न ही किसी सिद्धान्त के आधार पर लिखता है। वह वही कुछ लिखता है, जो उसे ख़ुद को अच्छा लगे, जो उसे ख़ुद समझ आये। न उसने लिखने का कोई समय नियत किया हुआ है, और न ही वह अपने परिवार के मुकाबले में अपने लिए किसी ख़ास सहूलियत की माँग करता है। उसे जब भी, जितना भी समय मिल जाये, लिखने के लिए बैठ जाता है। वह अपने लेखन-कार्य को भी लगभग वही महत्त्व देता है, जो छोटे-छोटे घरेलू कामों को। इसीलिए वह ऐसे वातावरण में सन्तुष्ट होकर जीता है, जहाँ कोई तनाव नहीं, कोई आडम्बर नहीं, कोई गुटबन्दी का झंझट नहीं।

भीष्म की साहित्यिक रचनाओं पर विचार करना इस लेख का उद्देश्य नहीं है। पर इतना मैं ज़रूर कहूँगा कि जो कुछ भी उसने आज तक लिखा है, ईमानदारी से लिखा है और शायद इसीलिए वह पाठक और आलोचक, दोनों की नज़र में खरा उतरा है। उसकी कुछ कहानियाँ किसी भी सर्वोत्तम कहानी-संग्रह की शान बन सकती हैं, पर अभी भी वह तूफ़ानों से ज़रा संकोच करता है। यह संकोच उसे दूर करना होगा।

भीष्म की लेखन-कला के प्रसंग में मैं जिस रचना का विशेष रूप से ज़िक्र करना चाहता हूँ, वह है टॉलस्टॉय की कहानी 'क्रेण्टजर सोनेटा' का हिन्दी अनुवाद। यह अनूदित कहानी कुछ अन्य अनूदित कहानियों के साथ एक संग्रह में मॉस्को के फॉरेन लैंग्वेजज़ पब्लिशिंग हाउस की ओर से छपी है। मैंने ऐसा सरल और सफल अनुवाद हिन्दी में पहले कभी नहीं पढ़ा। मेरे ख़याल में अनुवाद कला को भीष्म की प्रतिभा और अथक मेहनत ने अपने आप में एक ललित कला का दर्जा दे दिया है। भीष्म अनुवाद करते समय शब्द को नहीं, उसके पीछे छिपे हुए भाव को पकड़ता है। उपरोक्त कहानी मैंने अंग्रेज़ी अनुवादों में पढ़ी थी पर उससे कहीं .ज्यादा मज़ा भीष्म के हिन्दी अनुवाद को पढ़कर आया।

हमारे देश में राम-लक्ष्मण के आदर्श भ्रातृ प्रेम की परम्परा हज़ारों वर्षों से चली आ रही है और उसने हमारी संस्कृति को बड़ी सुन्दरता प्रदान की है। बहुत महान चीज है वह। पर किसी हद तक वह परम्परा छोटे भाइयों के साथ अन्याय भी करती आयी है। भीष्म बचपन से ही मुझे जैसे राम-रूप में देखता आया है। और मैं निश्चित रूप से कह सकता हूँ कि मेरे भीष्म जैसे लक्ष्मण पर राम को भी स्पर्धा हो सकती थी। पर आज के युग में बड़े भाई का खुद को राम समझ लेना उसके लिए ख़तरनाक साबित हो सकता है। लक्ष्मण बनना कहीं आसान है, राम बनना बहुत मुश्किल है। छोटा भाई जब बड़े भाई को राम तुल्य समझ बैठे तो एक ओर विनम्रता और दूसरी ओर अहंभाव का जाग उठना बहुत स्वाभाविक है। बड़े भाई को सभी गुण खुद में दिखाई देने लग जाते हैं और छोटे भाई का किसी पहलू से भी अपने से ज़्यादा गुणी होना उसकी कल्पना से बाहर की बात बन जाती है।

यही कमज़ोरी मैं अपने अन्दर देखता हूँ। कालिज में भीष्म और मैं एक साथ नाटकों में भाग लेते थे। आमतौर पर उसकी एक्टिंग की मुझसे कहीं .ज्यादा प्रशंसा हुआ करती थी। पर हम दोनों ही इस बात पर बड़े हैरान होते थे। मैं सोचता था, भला यह कैसे हो सकता है कि भीष्म, जो मुझसे छोटा

है, मुझसे अच्छी एक्टिंग करे! और भीष्म भी, चाहे कोई कुछ भी कहे, मेरे मुकाबले में खुद को दूसरे नम्बर पर ही रखता था।

रूस से लौटने पर साल-भर के अन्दर भीष्म हिन्दी साहित्य जगत पर इस तरह हावी हो जायेगा इसकी मैंने कभी कल्पना भी नहीं की थी। पर मुझे डर है, कहीं मेरे इर्द-गिर्द हो रही क्षणभंगुर फ़िल्मी हू-हा को देखकर भीष्म खुद को फिर दूसरे नम्बर पर न समझने लगे। भीष्म के संग बिताये यह पिछले पन्द्रह-बीस दिन इसलिए भी मेरी निगाह में अनमोल थे कि इस दौरान में मैं अपनी आँखों पर से रामपन की ऐनक उतारकर भीष्म को सही तौर पर देख सका। और इसलिए मैं 'सारिका' के आकस्मिक निमन्त्रण का आभारी हूँ। मैं यह कहने का अपराध नहीं करूँगा कि इस लेख को लिखने की लालसा ने किसी हद तक मेरी छुट्टी खराब नहीं की है। मैं इन शब्दों द्वारा भीष्म को इस बात की बधाई देना चाहता हूँ कि उसने साहित्य-अन्तरिक्ष में बड़ी मज़बूती से अपना राकेट-स्टेशन बना लिया है और अब उसे पूरे निश्चय और विश्वास के साथ एक नहीं, बल्कि अनेक नक्षत्रों की ओर अपनी उड़ानें भरनी होंगी।

(सारिका, अगस्त 1965 से साभार)

पत्नी के आईने में पति के अक्स

शीला साहनी

शीला जी से बातचीत शुरू ही हुई थी कि टेलीफ़ोन मैकेनिक आ गया और उन्होंने थोड़ी देर ठहर जाने की गुजारिश यह कहते हुए की कि यह काम भी मुझे ही करना है। भीतर भीष्म जी बैठे हैं। परन्तु वे एक पल के लिए भी इधर नहीं आयेंगे। फिर शीला जी टेलीफ़ोन ठीक करवाने में जुट गयीं। घर का हो या बाहर का, रत्ती से रेवा तक का काम शीला जी करती हैं। भीष्म जी रसोई के कामधाम में भले ही मदद कर दें, परन्तु ड्रांइग रूम से लेकर बाहर की दुनिया का काम-काज शीला जी ही सँभालती हैं।

टेलीफोन मैकेनिक के चले जाने के बाद बातचीत का सिलसिला फिर से शुरू हुआ। शीला जी ने बताया, "देखिए अभी आपके सामने टेलीफोन मैकेनिक पुराने टेलीफोन सेट का साठ रुपये माँग रहा था। अगर मेरी जगह भीष्म जी होते तो तुरन्त निकालकर दे देते।

उन्होंने कहा कि वो पति के रूप में तो बहुत अच्छे हैं, परन्तु व्यावहारिक बिल्कुल नहीं हैं। इनकी अच्छाई का सभी नाजायज़ लाभ उठाते हैं। मैं तो इनकी विनम्रता से परेशान हूँ। इनकी विनम्रता का लाभ दूसरे लोग उठाते हैं और उससे तकलीफ़ मुझे होती है।

वे साधु हैं, कर्मयोगी हैं, निष्काम कर्मयोगी हैं, ये सारी बातें तो बड़ी ऊँची हैं। परन्तु बीवी के लिए यह कमाल की बातें नहीं होतीं, बल्कि मुसीबत होती हैं।

शीला जी ने बताया कि भीष्म जी को हुक्म लेना ख़ूब आता है। देना नहीं आता। वे खुद मेरे साथ खाना बनाते हैं, ये कुछ भी करते हुए कभी नहीं थकते। उन्होंने कभी भी मुझे दबाया नहीं। परन्तु मेरी सुख-सुविधाओं के प्रति उनका ध्यान भी नहीं गया।

मुझे इस बात का हमेशा डर लगा रहता है कि **भीष्म** जी फिर मुझे फँसायेंगे! वे हमेशा निश्चिन्तता से अनिश्चिन्तता की ओर प्रस्थान करते हैं जैसे कि मॉस्को चले गये, वे पहले कांग्रेस में थे, फिर कम्युनिस्ट पार्टी में चले गये। उन्होंने कभी नहीं सोचा कि बाल-बच्चों का क्या होगा?

वैसे, इनके साथ रहकर मुझे साहित्य में रुचि पैदा हुई, मैं तो दर्शनशास्त्र की छात्रा थी।

भीष्म जी से पहली बार आमने-सामने होने के सन्दर्भ में बताते हुए शीला जी कहती हैं कि रावलपिण्डी में मेरे पिताजी पुलिस में थे। एक बार भीष्म जी 'भूतगाड़ी' नामक नाटक को ख़ुद रूपान्तरित और निर्देशित करके अभिनय कर रहे थे। पिताजी मुझे नाटक दिखाने ले गये। इसी नाटक में भीष्म जी को मैंने पहली बार देखा। यह नाटक मुझे काफ़ी अच्छा लगा। इसमें भीष्म जी ने अभिनय भी अच्छा किया था।

मैं रावलपिण्डी में डी.ए.वी. कालिज में बी.ए. (तृतीय वर्ष) की छात्रा थी। वहीं अंग्रेज़ी के क्लास में पढ़ाते हुए उनसे पहली मुलाक़ात हुई। उन्होंने बहुत अच्छा पढ़ाया था। अंग्रेज़ी के नाटक का पहले उन्होंने सारांश बता दिया। फिर रोचक ढंग से नाटक पढ़ाया। इससे मैं काफ़ी प्रभावित हुई थी।

उन दिनों में कालिज साइकिल से जाती थी और भीष्म जी बहुत सीधे-सादे, बहुत चुप और गम्भीर रहने वाले प्राध्यापक थे, जबकि मैं काफ़ी चंचल थी।

1944 में मैं बीस बरस की थी और भीष्म जी 28 बरस के थे। एम.ए. की परीक्षा देने के पाँच दिनों के बाद मेरी शादी हुई। हालाँकि भीष्म जी की सगाई उनके माता-पिता ने बचपन में ही किसी और लड़की के साथ तय कर रखी थी। वह लड़की काफ़ी मोटी-तगड़ी थी। वह पढ़ी-लिखीं नहीं थी। भीष्म जी ने मुझे पसन्द किया था।

(प्रस्तुति : सामबे, सारिका, अगस्त '90 से साभार)

हमारे समय में भीष्म साहनी...और हम

विनीत तिवारी

किसी महान हो चुके साथी के बारे में याद करते हुए हम अक्सर एक गलती करते हैं कि उसे बचपन से ही महान मानने लगते हैं। जो महान हो गया वो ज़रूर बचपन से ही महान हुआ होगा। ऐसा हो भी सकता है लेकिन मुझे ऐसा लगता है कि भीष्म साहनी ने ऐसा अपने जीवन के अन्दर नहीं देखा। बहुत शुरुआती दिनों तक बड़ा ऐसा कोई कारनामा नहीं किया था। शरीक होते थे जुलूसों में, जलसों में। वो आज़ादी के आन्दोलन में शरीक थे तो उस समय एक राजनीतिक चेतना चारों तरफ़ थी ही कि कोई शरीक हुए बिना नहीं रह सकता था। आप किसी एक व्यक्ति का नाम बताइये जो शरीक नहीं हुआ। अज्ञेय तक फौज में रहे हैं जबकि वो पूरी तरह कलावादी रहे। तो वो एक दौर ऐसा था, वो पीढ़ी ऐसी थी जिसके भीतर आपका और समाज का एक नजदीकी रिश्ता होता था।

भीष्म साहनी कैसे भीष्म साहनी बने, यह बलराज साहनी को जाने बग़ैर हम समझ नहीं सकते। बलराज साहनी शादी होने के बाद पहले रवीन्द्रनाथ ठाकुर के पास गये और वहाँ से वो फिर इंग्लैंड चले गये। बीबीसी में नौकरी की। वहाँ बिना बलराज साहनी को बताये उनकी पत्नी दमयन्ती कम्युनिस्ट पार्टी की सदस्य बन गयीं। धीरे-धीरे बलराज साहनी पार्टी के सम्पर्क में आये और उन्हें यह सही निर्णय लगा। पत्नी से और विचारधारा से प्रभावित होकर वे भी कम्युनिस्ट पार्टी के सदस्य बने और उन्होंने तय किया कि हम हिन्दुस्तान जाकर कुछ करेंगे। तब हिन्दुस्तान आकर कम्युनिस्ट पार्टी में शामिल हुए। तब एक ही कम्युनिस्ट पार्टी थी भारत में और उसका दफ्तर मुम्बई में हुआ करता था। वहाँ जाकर वो कम्युनिस्ट पार्टी के महासचिव पी. सी. जोशी से मिले। उनसे मिलकर कहा कि हम पार्टी और इप्टा के लिए कुछ करना चाहते हैं। इप्टा यहाँ बेजान पड़ा हुआ है। थोड़े वक़्त पहले उसको एक धार मिली थी पर फिर से ठण्डा पड़ा हुआ है।

इसमें केवल एक चीज की ज़रूरत है। हम लोग कई साथियों से मिले हैं और हमने जान लिया है कि कौन-सी चीज है जो इप्टा को खड़ा कर देगी तो जोशी ने पूछा, 'क्या'? बलराज साहनी ने कहा, "इप्टा को एक होलटाइमर की ज़रूरत है जो लोगों को आपस में जोड़ने का काम करे। ऐसा आदमी चाहिए और मैं अपने आप को देने के लिए तैयार हूँ।" पी. सी. जोशी हँसे। उन्होंने सोचा होगा कि ये इंग्लैंड से लौटा बड़े घर का पढ़ा-लिखा नौजवान है, ये भला कैसे ये सब करेगा। बोले, "ये सब कैसे करोगे? बम्बई के अन्दर काम करना आसान नहीं है।" तो बलराज साहनी ने जो कहा उसे बड़ी ख़ूबसूरती से पी. सी. जोशी ने याद करते हुए एक लेख में लिखा है। कभी पढ़ने को मिले तो आप ज़रूर पढ़ें। पी. सी. जोशी ने लिखा है कि बलराज साहनी ने पंजाबी ठसक के साथ में, जैसे उसके आत्मसम्मान को ठेस लगी हो, ऐसे मुझे देखा और कहा मैंने अपनी नौकरी से कुछ पैसे जमा करके एक मोटरसाइकिल ख़रीद ली है। दमयन्ती पृथ्वीराज कपूर के स्टूडियो में नौकरी करेगी। हमने वहाँ बात कर ली है। दमयन्ती बहुत अच्छी अभिनेत्री थीं। वो बस में वहाँ जाया करती थीं और जितना उन्हें स्टूडियो से मेहनताना मिला करता था उसे पार्टी को दे देती थीं। वो नौकरी करती थीं और इप्टा के लिए काम भी। आपने अन्ना भाऊ साठे, लोकशाहीर अमर शेख और गवानकर बुआ जिन्होंने मराठी पोवाड़ा के क्षेत्र में जबरदस्त काम किया है का नाम ज़रूर सुना होगा। उनका नाम बलराज साहनी की हैसियत से कम वाला नहीं माना जाता है। ये लोग बम्बई की तंग बस्तियों में, मिलों की चालों में रहा करते थे। उन बस्तियों में जाकर वहाँ की प्रतिभा को पहचानकर देश और दुनिया के सामने लाने का बड़ा काम बलराज साहनी ने किया। उन्होंने सिर्फ़ 'वक़्त' फ़िल्म में ही अभिनय नहीं किया है।

बलराज साहनी इंग्लैंड से लौटकर यहाँ इप्टा के काम में उलझ गये तो उनके पिताजी ने भीष्म साहनी को भेजा कि जाओ और उन्हें लेकर आओ। तो भीष्म साहनी को लेने के लिए दमयन्ती पहुँचीं बम्बई के स्टेशन। दमयन्ती भीष्म जी को लेकर जिस जगह पहुँचीं और जिसे उन्होंने घर कहा, वहाँ एक कमरे के अन्दर छह लोग थे। उनमें देवानन्द के भाई गोल्डी आनन्द, उनकी पत्नी और एक सहकर्मिणी थीं, ख़्वाजा अहमद अब्बास थे। यह सभी एक कमरे में रहते थे। भीष्म साहनी को बड़ा आश्चर्य हुआ कि सब एक साथ रह रहे हैं, जबकि मियाँ-बीवी भी हैं। बलराज साहनी ने भीष्म जी को शान्त किया और कहा कि अभी एक रिहर्सल है, वो देखने चलते हैं। उस समय ख़्वाजा अहमद अब्बास ने ज़ुबैदा लिखा था और बलराज साहनी को इसे निर्देशित करने की ज़िम्मेदारी दी गयी थी। बलराज

भीष्म जी को भी रिहर्सल में ले गये और एक रोल भीष्म साहनी को भी पकड़ा दिया। वो आये तो थे भाई को समझा-बुझा के वापिस ले जाने के लिए और पड़ गये नाटक के चक्कर में। पहले भी उनका मन तो रहा करता था कि नाटक वग़ैरह करें, खैर! उसके बाद भीष्म साहनी तो लौट गये और बलराज साहनी ने बहुत लम्बा काम किया। जब नाविक विद्रोह हुआ, उस दौर में बलराज साहनी ने अनेक कामरेडों के बराबर काम किया।

इन बातों का ज़िक्र इसलिए कि बलराज साहनी जिस तरह के काम कर रहे थे उसका असर भीष्म साहनी पर निश्चित पड़ रहा होगा। आज़ादी आयी। दमयन्ती की बहुत कम उम्र में मृत्यु हो गयी थी। दो छोटे बच्चे थे बलराज जी के। चूँकि कम्युनिस्ट पार्टी पर प्रतिबन्ध लग गया था तो इन्हें किसी जगह काम नहीं मिलता था। परीक्षित साहनी और बलराज साहनी की जो बेटी थी, उनको लेकर बलराज साहनी घूमा करते थे स्टूडियो-स्टूडियो कि बच्चों को बाल-कलाकार के रूप में काम मिल जाये। उनके मिले मेहनताने पर इन्हें जीवित रहने का संघर्ष करना पड़ा। इप्टा को ख़त्म कर दिया गया था। बड़ा संकट था कम्युनिस्ट पार्टी की सदस्यता की बात थी एक लाख की सदस्य संख्या घटकर दस हज़ार पर आ गयी थी इतना ज़्यादा दमन हो रहा था जैसे एक साथी ने तेलंगाना संघर्ष का ज़िक्र किया। इतने जबरदस्त दमन के भीतर बलराज साहनी ने जिस तरह का संघर्ष किया, उसके सामने भीष्म साहनी का संघर्ष किनारे का संघर्ष था। वो बेशक संघर्षों में शरीक थे और उनमें बहुत सारी गहरी सोच भी थी लेकिन उनसे भी कड़े संघर्ष उनके बड़े भाई और उनके समकालीन कर रहे थे। कैफ़ी आज़मी का ज़िक्र हुआ। वो ऑटो और ताँगेवालों की यूनियन भी चलाते थे। आज लोग उन्हें सिर्फ़ जानते हैं एक बड़े शायर और शबाना आज़मी के पिता के रूप में लेकिन कैफ़ी आज़मी की लेखनी में जो ताब थी वो उस जगह से आती थी जिनकी लड़ाइयाँ वो जाकर लड़ा करते थे, वो ज़िन्दाबाद, मुर्दाबाद, डण्डे खाने और काले झण्डे उठाने से आती थी। फ़ैज अहमद फ़ैज सालों जेल में रहे। सज्जाद ज़हीर जिनको पाकिस्तान की जेल से छुड़वाने के लिए सारी दुनिया के लोगों ने लाखों चिट्ठियाँ लिखीं, तब जाकर उनको छोड़ा गया। भीष्म साहनी उस दौर के भीतर थे जिसमें इतने बड़े-बड़े लेखक थे। और केवल एक मुल्क हिन्दुस्तान में ही नहीं, नाज़िम हिकमत तुर्की में क़रीब 25 वर्ष जेल में रहे। वह दौर इतने बड़े संघर्षशील लेखकों का दौर था कि भीष्म जी को अपना क़द कभी भी बड़ा नहीं लगा। ये गर्व करने की प्रवृत्ति उनके भीतर कभी नहीं पनप पायी।

पहले के वक़्त तो ऐसे भले लोग थे ही जिनमें भीष्म जी भी एक थे जो कांग्रेस को एक प्रगतिशील ताक़त मानते थे और आज की तुलना में देखें तो वो सच में थी भी। आज भी अनेक लोग हैं जो यही मानते हैं हालाँकि आज कांग्रेस ही अपनी पुरानी कांग्रेस की दुश्मन भी नज़र आती है। आज साफ़ है कि कांग्रेस या अपने-अपने इलाकों में जातिवाद या क्षेत्रीयता के आधार पर जो दल बने हैं, वे साम्प्रदायिकता के सामने कोई बड़ी चुनौती खड़ी नहीं कर पायेंगे। जिस बात की तरफ़ मैं इशारा कर रहा हूँ उसकी तरफ़ तमस के भीतर भी इशारा है, लेकिन हलका इशारा ही है। वहाँ शायद तमस कमज़ोर है। लेकिन इससे उसकी अहमियत कम नहीं होती। अब ये हमारी ज़िम्मेदारी है कि हम अपने दौर की चुनौती को पहचानें और अपने वक़्त की तमस लिखने की कोशिश करें। उन्होंने अपनी भूमिका बख़ूबी निभा दी। अब नया लिखा जाये। ऐसा क्या है कि हम सब कुछ की उम्मीद भीष्म साहनी से ही करेंगे।

इसकी तरफ़ अगर हम लोग ध्यान दे सकें तो शायद हम तमस लिख पायें या न लिख पायें लेकिन भीष्म साहनी को हमारी बहुत सच्ची श्रद्धांजलि होगी।

रहूँगा तो सब के साथ : भीष्म साहनी

दिविक रमेश

कहानी के क्षेत्र में, भीष्म साहनी के नाम से पूर्व मैं जिन लेखकों से परिचित हो चुका था, वे थे कमलेश्वर, मोहन राकेश आदि। सच कहूँ तो भीष्म जी की तब दिल्ली में, इन लेखकों के समकक्ष चर्चा भी नहीं थी। यह बात 70 के दशक की कह रहा हूँ। लेकिन धीरे-धीरे उनका नाम और लेखन ज़ोर पकड़ता चला गया। उनकी कहानियों को पढ़ने की मेरी उत्सुकता भी हुई। बाद में चलकर तो जब उनकी 'चीफ की दावत' और 'अमृतसर आ गया है' जैसी कहानियाँ पढ़ने का सौभाग्य प्राप्त हुआ तो लगा कि इनसे बेहतर कहानियाँ किसी ने नहीं लिखीं। मुझे याद है कि मैं इतना अभिभूत था कि अपने द्वारा सम्पादित पुस्तक 'हिन्दी कहानी का समकालीन परिवेश' को उनकी एक कहानी 'धरोहर' से प्रभावित होकर लिखा था। इसी पुस्तक के लिए मैंने बहुत आग्रह करके भीष्म जी की कहानियों पर डॉ. नित्यानन्द तिवारी जी से एक लेख लिखवाया था। इस लेख में आया अधिकांश आकलन मेरे मन का था, जैसे—"यह दुखद सत्य है कि नयी कहानी के दौर के महत्त्वपूर्ण कथाकारों में से कुछ ने तो लिखना छोड़ दिया, कुछ दुहराते रहे, और कुछ कहानी के सिद्धान्तकार और सम्पादक बन गये। भीष्म साहनी भी उसी दौर के कथाकार हैं। ...यह बहुत महत्त्वपूर्ण तथ्य है कि उन्होंने शायद ही कहीं दुहराया हो और शायद ही सैद्धान्तिक और वैचारिक ढाँचा उनके कथानुभव की विश्वसनीयता और सक्रियता के आड़े आया हो।" यह वह समय था जब स्वयं मेरा झुकाव वाम और मार्क्सवाद की ओर हो चुका था और मैं भी विचारधारा को दृष्टि के रूप में इस्तेमाल करने का पक्षधर था, निष्कर्ष और ढाँचे के रूप में नहीं। यही बात मुझे मेरे पहले कविता-संग्रह 'रास्ते के बीच' के लिए कविताओं के चयनकर्ता शमशेर बहादुर सिंह में लगी थी। यद्यपि मेरे लेखन की शुरुआत कहानी से हुई थी लेकिन मेरी विधा कविता बन चुकी थी। तो भी

कहानी पढ़ने के प्रति मेरी रुचि बनी हुई थी। यही कारण था कि भीष्म जी आदि की कहानियाँ मैं कविताओं के साथ लगातार पढ़ रहा था। यह अलग बात है कि जाने मैं क्यों मानता था कि जो निरे कहानीकार हैं वे कविता नहीं पढ़ते।

1970 से मैं दिल्ली विश्वविद्यालय के एक कॉलेज में पढ़ाने लगा था। संयोग था कि जिस कॉलेज से मैंने बी.ए. की पढ़ाई की थी उसी में भीष्म साहनी जी अंग्रेज़ी के प्राध्यापक थे, लेकिन तब उनसे मेरा कोई ख़ास परिचय नहीं हो सका था। संयोग तो यह भी था कि उन दिनों दिल्ली के देवनगर में रहता था और भीष्म जी भी बहुत ही पास के इलाके पटेल नगर के अपने मकान में रहते थे। इस कारण उनसे मिलने के अवसर मेरे पास थे। लेकिन अधिक अवसर उन्हें दिल्ली के कनॉट प्लेस के कॉफ़ी हाउस में देखने और मिलने के थे जहाँ वे बराबर आते थे। वहाँ बराबर आने का एक कारण शायद यह भी रहा हो कि उसी क्षेत्र में उनकी पत्नी शीला जी भी कार्यरत थीं। विशेष रूप से, सर्दियों में एक चौड़ा और लम्बा-सा चोगानुमा कोट पहने, होंठों पर बहुत ही प्यारी और भली-सी मुस्कान लिए, अजातशत्रु से एक शख़्स के रूप भीष्म साहनी की छवि आज भी मेरे आँखों के सामने है। उनके घर बहुत बार जाने का मौक़ा तो नहीं मिला था लेकिन जितनी बार गया एक-न-एक प्रेरणादायी अनुभव लेकर ही लौटा। एक ऐसा अनुभव भी जो मेरे अपने घर-परिवार की दृष्टि से सर्वथा भिन्न था। जिस दिन गया था वह छुट्टी का दिन था। भीष्म जी और उनकी पत्नी शीला जी दोनों ही घर पर थे। भीष्म जी की चिरपरिचित निरामिष-निश्छल मुस्कुराहट मेरे सामने थी। शीला जी किसी काम में व्यस्त थीं। चाय का प्रसंग आया तो मेरे लिए एक नया अनुभव प्रस्तुत हुआ। भीष्म जी, शीला जी के होते हुए खुद चाय बनाने रसोई में चले गये थे। उनके लिए कुछ भी असहज नहीं था जबकि मेरे लिए इसलिए असहज था कि मैंने अपने घर में औरतों को ही चाय बनाते और परोसते हुए देखा था। इतना ही नहीं, गजब तो तब हुआ जब मैंने शीला जी के द्वारा भीष्म जी को सम्बोधित करते सुना। शीला जी ने सीधे-सीधे 'भीष्म' कहकर पुकारा था और वह भी क्रियापद आदि की दृष्टि से शुद्ध एकवचन में। और भीष्म जी को कहीं से भी अटपटा नहीं लगा था। बल्कि वे तो एक दोस्त की तरह पेश आ रहे थे। शीला जी ने भीष्म जी को किसी समारोह में साथ चलने के लिए पूछा था और भीष्म जी ने जिस उत्साह और लपक के साथ उत्तर दिया था, वह संवाद भी, मेरे तब तक के घरेलू संवाद की दृष्टि से अनोखा ही था। बाद में चलकर समझ में आया कि पति-पत्नी के बीच का दोस्ताना, साथियाना और सच्ची-अनौपचारिक बराबरी की भावना का सच्चा आशय क्या होता है। ख़ैर।

भीष्म जी के अधिक निकट आने का अवसर तब आया जब वे प्रगतिशील लेखक संघ के महासचिव बने। पहले मैं इस संघ का सदस्य था और बाद में राष्ट्रीय कार्यकारिणी का सदस्य भी बनाया गया। उस समय मध्य प्रदेश, राजस्थान और बिहार की इकाइयाँ भी सर्वाधिक सक्रिय थीं। दिल्ली में यूँ तो पहले भी दिल्ली-इकाई के कार्यक्रम होते रहते थे लेकिन भीष्म जी के महासचिव बनने के बाद वे नियमित रूप से होने लगे थे। कविता और कहानियों की गोष्ठियों के अतिरिक्त चर्चा-गोष्ठियाँ भी होती थीं जिनमें दिल्ली और आसपास रहने वाले रचनाकार शौक से भाग लेते थे। ये गोष्ठियाँ कनॉट प्लेस (दिल्ली) स्थित इस्कस के एक कमरे के कार्यालय में प्रायः शाम के समय होती थीं। एक कवि-गोष्ठी में भीष्म जी भी मौजूद थे जो मेरे लिए ऐतिहासिक तो सिद्ध हुई ही, भीष्म जी के कविता-प्रेम को भी उजागर कर गयी। मैंने अपनी कविताओं में अपनी एक कविता 'चिड़िया का ब्याह' भी सुनाई थी। वह मेरे दूसरे कविता-संग्रह में संकलित हुई थी और जितनी आज चर्चित हो चुकी है उतनी चर्चित नहीं थी। बाद में तो इसी कविता के शीर्षक से मेरी कविताओं के, सुविख्यात महिला कवि किम यांग-शिक के द्वारा कोरियाई अनुवादों की पुस्तक का शीर्षक भी रखा गया क्योंकि अनुवादक को यह कविता बहुत ही अच्छी लगी थी। बहरहाल। गोष्ठी में जब मैंने इस कविता को सुनाया तो लगा कि श्रोताओं को वह कुछ-न-कुछ पसन्द आयी थी। गोष्ठी के बाद प्रायः सभी लेखक मोहन प्लेस स्थित कॉफ़ी हाउस में गप्प लगाने आया करते थे—विशेष रूप से शनिवार हो तो। उस दिन भीष्म जी सहित हम में से बहुत से कॉफ़ी हाउस गये। वहाँ भीष्म जी ने, मुझे लगभग चौंकाते हुए, मेरी कविता 'चिड़िया का ब्याह' की प्रशंसा की। पहले तो मैंने समझा कि वे कथाकार हैं, कविता लिखते भी नहीं, इसलिए शायद प्रोत्साहन के लिए वह प्रशंसा कर रहे थे। लेकिन जब उन्होंने उस कविता को लेकर अपने घर आने का न्योता दिया तो समझ गया कि वे गम्भीर थे। सो नियत दिन और समय पर मैं अपनी कविता लेकर उनके घर पहुँच गया। मेरे एक कवि-मित्र अरुण सेदवाल ने इस कविता का अंग्रेज़ी में अनुवाद भी किया था। मैं अनुवाद को भी साथ ले गया। भीष्म जी अंग्रेज़ी पढ़ाते थे, यह मैं जानता ही था। अनुवाद देखकर भीष्म जी की आँखों में अतिरिक्त चमक देखी थी। सन्तोष भी। उन्होंने मूल और अनुवाद को एक फिर पढ़ा और कहा कि यह कविता इतनी अच्छी और महत्त्वपूर्ण है कि इसे विश्व मंच मिलना चाहिए। ऐसी भी प्रशंसा हो सकती है इसकी तो मैं कल्पना भी नहीं कर सकता था, और वह भी एक कथाकार ही नहीं एक बड़े लेखक संगठन के महासचिव से। यूँ भी त्रिलोचन की प्रहार पर प्रहार

सहने वाली तथा लेखकों की सूचियों में नाम न होने वाली परम्परा में था जो कमोबेश आज भी चल रहा है। भीष्म जी की प्रतिक्रिया से मनोबल बहुत बढ़ा था। कोई रचना पसन्द आने पर मुक्त कण्ठ से कैसे प्रशंसा की जाती है यह सीखने की प्रेरणा भी उनसे मिली थी। उन्होंने मुझे अपने एक सन्देश के साथ करतार सिंह दुग्गल से तुरन्त मिलने को कहा और यह भी कहा कि मैं अपनी कविता मूल और अनुवाद में साथ ही ले जाऊँ। मैं तो अगले दिन ही दुग्गल जी के पास पहुँच गया। वे मुझसे बहुत ही स्नेह के साथ मिले—शायद भीष्म जी के सन्देश का असर रहा हो क्योंकि उनसे मेरा कोई परिचय नहीं था। उन्होंने कविता रख ली। और अब वह ऐतिहासिक चमत्कार होने वाला था। जल्दी ही पता चला कि वह कविता एफ्रो-एशियन राइटर्स एसोसिएशन की फ़ैज अहमद फ़ैज द्वारा सम्पादित विश्व प्रसिद्ध पत्रिका 'लोटस' के लिए ली गयी थी। जब कविता नं. 56-1985 में प्रकाशित होकर आयी और वह भी कविता भाग की सूची में प्रथम स्थान पर तो, झूठ नहीं कहूँगा, कुछ-कुछ अहंकारनुमा गर्व हो आया था जिस पर यूँ जल्दी ही काबू पा लिया था।

भीष्म जी के प्रति जो भाव जगे थे उनका अनुमान तो कोई भी लगा सकता है। मेरे लिए क्या यह कम गौरव की बात थी कि मुझे सुभाष मुखर्जी, नवकान्त बरुआ, अमृता प्रीतम, रघुवीर सहाय जैसे अनेक कवियों के साथ स्थान मिला था।

भीष्म जी के व्यक्तित्त्व के एक अन्य अति विशिष्ट और प्रेरणादायी आयाम से मेरा परिचय तब हुआ जब मुझे उनके साथ मध्य प्रदेश के जबलपुर शहर में आयोजित प्रगतिशील लेखक संघ के राष्ट्रीय सम्मेलन में भाग लेने का मौक़ा मिला। देश के प्रायः सभी भागों के लेखकों को उसमें भाग लेने के लिए आमन्त्रित किया गया था। मैं दिल्ली के प्रतिनिधि मण्डल का सदस्य था। लेखकों से मिलने के अवसर का लालच तो था ही, साथ में जबलपुर के पास की एक बहुत ही खूबसूरत जगह भेड़ाघाट को भी देखने का मन था। यह तो भेड़ाघाट जाकर ही जाना कि वहाँ अलग-अलग रंगों की कितनी ही ख़ूबसूरत चट्टानें हैं, और वे भी नदी के दोनों ओर बहुत ही ऊँचे-ऊँचे आकार लिए। सचमुच अचरज में डाल देने वाली। चाँद की बिखरती चाँदनी में, ख़ूब गहरे पानी पर ऊँची-ऊँची विशाल चट्टानों के बीच नौकाविहार करना एक अद्वितीय अनुभव से समृद्ध कर गया था। याद आ रहा है कि 'भेड़ाघाट' से एक कविता ही लिखीं गयी थी जिसमें नदी की गहराई, नाव और विशाल चट्टानों के साथ-साथ बौंगा, कोलों, भीलों आदि का जीवन और मण्डला बालाघाट, शहडोल आदि की साँवली बस्तियाँ भी कोदो, कुटकी और महुआ को लिए आ मिली थीं। कविता मेरे कविता संग्रह

'बाँचो लिखीं इबारत' में संकलित है। बात भीष्म जी की चल रही थी। कहीं ऐसा तो नहीं, उनके व्यक्तित्त्व को समझने के लिए ही भेड़ाघाट के उस अनुभव की स्मृति सहचर बन चली आयी।

दिल्ली के लेखकों ने रेलयात्रा के लिए एक ही दिन का टिकट निकाल लिया था। यात्रा में, भीष्म जी भी हमारे साथ ही थे। वे महासचिव तो थे ही और बहुत ही आदरणीय और प्यारे लेखक भी। हाँ, यह भी बताता चलूँ कि सब लेखक अपने-अपने ख़र्चे पर जा रहे थे, लेकिन ख़ुशी-ख़ुशी। यात्रा भी दूसरे दर्जे में कर रहे थे। जबलपुर स्टेशन पर हमारे स्वागत के लिए वहाँ के लेखक-आयोजक जुटे हुए थे। हमारे रहने की व्यवस्था एक कालिज के भवन में की गयी थी। अलग-अलग जगहों से आये लेखकों को अलग-अलग कमरों में ठहराया गया था। सो, दिल्ली से आये लेखकों को भी एक अलग कमरा मिला था। सोने का प्रबन्ध ज़मीन पर ही किया गया था। बड़ी-बड़ी दरियाँ बिछी हुई थीं। भीष्म जी सहित दिल्ली से आये हम सब लेखकों ने दरियों पर अपना-अपना स्थान निर्धारित कर सामान सजा लिया था। हम सब तैयार होने लगे थे क्योंकि कुछ ही घण्टों में सम्मेलन का उद्घाटन होना था।

इसी बीच स्थानीय आयोजक आये। हमसे थोड़ी-बहुत बात करने के बाद उन्होंने महासचिव होने के नाते भीष्म जी से विशेष बातें कीं। कुछ ही देर बाद हमने अचरज से देखा कि आयोजक भीष्म जी का सामान समेटने लगे। भीष्म जी ना-नुकुर करते रहे, लेकिन वे उन्हें उनके सामान सहित न जाने कहाँ ले गये। यह तो बाद में जाकर पता चला कि बड़े लेखक और महासचिव होने के नाते भीष्म जी का प्रबन्ध शहर के अधिक सुविधाजनक होटल में किया गया था और आयोजक उन्हें वहीं ले गये थे।

समारोह के बाद, थोड़ा-बहुत इधर-उधर घूमघाम कर, हममें से बहुत से लेखक कमरे में आ गये थे। आराम करने के लिए लेटे ही थे कि हमने फटी हुई आँखों से देखा कि भीष्म जी अपना सामान ख़ुद उठाये चले आ रहे थे। चेहरे पर वही चिरपरिचित सहज मुस्कान थी लेकिन थोड़ी जेल से छूटने के भाव से लिपटी। अपना सामान रखते हुए और अपनी जगह बनाते हुए उन्होंने राहत की साँस लेकर कहा कि पता नहीं स्थानीय आयोजक उन्हें दूसरी जगह ठहराने के लिए क्यों ले गये थे। उन्होंने ज़ोर देकर कहा था कि वे तो सबके बीच, सबके साथ रहना चाहते थे। ठीक उसी हालात में जिसमें सब साथी लेखकों की व्यवस्था

की गयी थी। जब उन्होंने बताया कि वे सुविधाजनक स्थान छोड़कर चुपके से खिसक आये थे तो हमें सहज ही हँसी भी आयी थी और साथ ही उनके उस कामरेडी भाव के प्रति गर्व भी हो आया था। उनका कहना था कि अब वे उस स्थान पर किसी भी हालत में नहीं जायेंगे। उन्हें दुख था कि उन्हें बाकी साथियों से अलग अर्थात विशिष्ट समझा गया। मैं तो भीष्म जी के व्यक्तित्त्व के उस आयाम से अभिभूत था। हमें से कितने होंगे जो अतिरिक्त सुविधा के लालच को छोड़ सकने की सामर्थ्य रखते होंगे।

हमारे समय के भीष्म पितामह : भीष्म साहनी

डॉ. हरिसुमन बिष्ट

कोई भी भाषा संवाद का माध्यम नहीं होती, किसी व्यक्ति और समूह की सांस्कृतिक पहचान भी सुनिश्चित करती है, भाषा कई तरह से जीवन को छूती है, प्रभावित करती है, उसे हम कई तरह से सीखते हैं। परन्तु, मुख्य रूप से भाषा को दो तरह से अपनाते हैं—एक दूध बोली (यानी माँ के दूध के साथ) के रूप में बोलकर, सुनकर—जिसमें उस क्षेत्र विशेष की हवा-पानी और मिट्टी की गन्ध की तासीर होती है, जो व्यक्ति या समूह की सांस्कृतिक पहचान के लिए आधार भूमि का काम करती है, जिससे समूह/समाज का सांस्कृतिक पक्ष मज़बूत होता है—वह समाज उतना ही खुला, सुदृढ़ और दूर दृष्टि वाला होता है। दूसरा जिसे शिक्षण-प्रशिक्षण के स्तर पर सीखते हैं। वह भाषा व्यक्तित्त्व विकास में सहायक तो होती है, किन्तु, उसमें से भाषा/बोली की मौलिकता व स्थानीयता की मिठास गायब हो जाती है।

मैं यह भूमिका 'भीष्म साहनी का उपन्यास साहित्य : सृजन और सन्दर्भ' विषय से जोड़ने के लिए कह रहा हूँ। भीष्म साहनी जिस परिवेश में पले-बढ़े, वह एक शुद्ध सुदृढ़ आर्यसमाजी परिवार था। जिसमें सामाजिक कट्टरता और समाज-सुधार—दोनों का जबरदस्त दबाव था। पारिवारिक माहौल के साथ-साथ हिन्दी, पंजाबी और उर्दू की मिली-जुली साँझी विरासत उन्हें मिली। जिसमें उन्होंने स्वयं को अधिक सहज और अनुकूल पाया होगा। मुझे लगता है, यह उर्वरा भूमि ही उनमें प्रगतिशीलता के बीज प्रस्फुटन का माध्यम बनी। ऐसे भीतर-बाहर के विचलन से या ऐसे आत्मद्वन्द्व से बचना हर कोई चाहता है। ऐसे माहौल में उन्होंने मौन रखना सीखा और जीवनपर्यन्त साधना करते रहे। हर व्यक्ति चाहता है कि उसके जीवन में शान्ति आये। शान्ति के माहौल में ही व्यक्ति सृजन करने में सफल होता है। यहीं से उन्होंने रचनात्मक क्षेत्र में कदम रखा। स्वयं को सिद्ध

करने के लिए उन्होंने अपने आप को आर्यसमाजी रूढ़ियों, पाबन्दियों का विरोध कर खुली हवा में साँस लेने को तैयार किया।

सम्भवतः भीष्म साहनी की भीष्म बनने की प्रतिज्ञा की कहानी यहीं से शुरू होती है। वैदिक साहित्य में बहुचर्चित राजा शान्तनु के पुत्र—देवव्रत अपने मन-वचन और कर्म से भीष्म बने यानी भीष्म पितामह। जबकि भीष्म साहनी एक साधारण मध्यवर्गीय परिवार से आते हैं। क़द-काठी, आचार-व्यवहार, समय-काल, अवधि एवं परिवेश भिन्न होने के बावजूद दोनों में अद्भुत साम्य है। यहाँ मेरा उद्देश्य दोनों की तुलना करना नहीं, बल्कि यह बताना है कि एक साधारण व्यक्ति भी कैसे भीष्म पितामह बनने में सफल होता है। भीष्म पितामह राजसत्ता और मर्यादाओं से बँधे रहे जीवन-भर, तो भीष्म साहनी उन सभी मर्यादाओं को तोड़ते प्रतीत होते हैं, जो सामान्य जन के सर्वांगीण विकास की धारा को अवरुद्ध करते हैं। दोनों की प्रकृति मौन है। दोनों अपार सयंमित हैं, दोनों अन्तर्मुखी हैं। दोनों सुदृढ़ गणतान्त्रिक व्यवस्था के प्रति प्रतिबद्ध हैं। दैहिक रूप में दोनों आज हमारे मध्य नहीं—फिर भी, भीष्म पितामह देहावसान के हज़ारों वर्ष पश्चात आज भी भारतीय जनमानस में जीवित हैं, उसी पथ पर अग्रसर हुए हैं—भीष्म साहनी। यह दोनों की जनमानस में पैठ का ही प्रतिफल है। आज यहाँ, इस अवसर पर हम बहुआयामी व्यक्तित्त्व के धनी भीष्म साहनी की हिन्दी साहित्य में बहती लोक कल्याण की अविरल धारा, जो भारतीय साहित्य को भी हमेशा सींचती रहेगी, इस पर ही केन्द्रित रखने का प्रयास करेंगे।

और एक साम्य देखिए—दोनों जीवन का लम्बा अनुभव रखते हैं। बचपन से लेकर जवानी तक और उसके उपरान्त भी। एक भीष्म जीवन से विदग्ध, विरक्त और एक तरह से अपनी संवदेनशीलता को कुचल-कुचल कर ख़त्म करते प्रतीत होते हैं—और ऐसी कठिन प्रतिज्ञा कर बैठते हैं—जिसके परिणामस्वरूप वे विध्वंस का पर्यायवाची अर्थात भारत में महाभारत के प्रत्यक्ष मूकदर्शक बनते हैं। यहाँ तक कि स्वयं विध्वंस के रचाव के केन्द्र में भी आ जाते हैं। जबकि भीष्म साहनी का अति संवेदनशील मन भारत-पाकिस्तान बँटवारे से आहत होता है।

कोई भी मनुष्य जन्म से विचारवान नहीं होता—वह विचारशून्य होता है। वह साम्प्रदायिक भी नहीं होता। वह जिस परिवेश में पलता-बढ़ता है—वहीं से विचार ग्रहण करता है, वे विचार उसे विकसित होने के लिए हवा-पानी एवं खाद की भाँति ताक़त देते हैं और व्यक्ति को किसी विशेष दिशा की तरफ़ ले जाते हैं। जैसाकि आज के समय में धार्मिक और राजनीतिक लोग उसे ख़ास दिशा में बढ़ने के लिए प्रोत्साहित करते हैं। विभाजन के उपरान्त उपजी परिस्थितियों ने

भीष्म के अन्तर्मन को बहुत गहरे तक कचोटा है। उनके अति संवेदनशील मन को भीतर तक छुआ है। इसीलिए वह अपनी ज़मीन पर खड़े होकर एक मौन युद्ध का आगाज़ करते हैं। वे आजीवन साम्प्रदायिकता के विरुद्ध लड़ते रहते हैं। लोगों के बीच परस्पर स्नेह, भाईचारा और साहचर्य का सन्धान करते रहते हैं। उन्होंने स्वयं स्वीकार किया है कि कोई भी लेखक अपने लिए या अपनी रचनात्मकता के लिए किसी नपे-तुले लक्ष्य को सामने रखकर लिखता हो ऐसा नहीं है। वह अपनी किसी आन्तरिक छटपटाहट के तहत अपने को व्यक्त कर पाने, ज़िन्दगी की किसी सच्चाई को उद्घाटित कर पाने का प्रयास करता है। इसी में उसे आन्तरिक सन्तोष की प्राप्ति होती है। ('आज के अतीत', पृ. 299)

समकालीन भारतीय साहित्य में सबसे बड़े यथार्थवादी कथाकार के रूप में भीष्म साहनी हमारे सामने आते हैं। वह प्रमुख रूप से कहानी और उपन्यास लिखते रहे। वह बहुभाषाविद्, कुशल अंग्रेज़ी प्राध्यापक, कुशल अनुवादक, अभिनेता, नाटककार के साथ-साथ साहित्य की तमाम विधाओं को साधने में भी नहीं चूके—सफल रहे। भीष्म जी को मैंने काफ़ी निकट से देखा है। मैं निःसंकोच कह सकता हूँ—एक सफल पति के रूप में भी हम उन्हें पाते हैं। अपनी जीवन यात्रा की कहानी में उन्होंने इसे स्वयं स्वीकारा भी है—"शीला ने जीवन-भर मेरे लेखन कार्य को ठोस रफ्तार देने के लिए अपनी रुचियों, भावनाओं और अपनी प्रतिभा का बलिदान कर दिया—मैं ज़िन्दगी में उसे कुछ नहीं दे पाया, पर उससे जो मिला वह मेरे लिए अमूल्य था। हमारा बहुत लम्बा साथ रहा। अब मैं जैसे वीराने में आ गया हूँ।"

अमूमन भीष्म जी से दिल्ली में कनॉट प्लेस स्थित मोहन सिंह प्लेस के कॉफ़ी हाउस या फिर साहित्यिक-सांस्कृतिक कार्यक्रमों के आयोजन में बराबर मिलना होता था। शीला साहनी हमेशा शाम को उनके साथ होती थीं—एक तरह से वह भी कॉफ़ी हाउस नियमित आने वालों में थीं। उन दोनों के जीवन में गजब की कैमिस्ट्री थी। दोनों के व्यवहार में नाटकीय तत्त्व अद्भुत थे—जो भीष्म साहनी के कथा—साहित्य में, नाटकों में परिलक्षित होते हैं। यह अलग बात है कि उनके उपन्यासों में स्त्री पात्र मुखर होकर नहीं आते, फिर भी—जैसा कि भीष्म स्वीकार करते हैं—"कोई भी रचनाकार निरपेक्ष नहीं रह सकता।"—जिसे उन्होंने अपने अनुभव, अपने संस्मरण और अपनी स्मृतियों में सँजोया 'आज के अतीत' के माध्यम से वे कहते हैं, "मेरी जीवन यात्रा ऐसी गुज़री जिसमें अनेकों पड़ाव आये। घटनाएँ घटीं, मार्ग अवरुद्ध हुए, फिर भी, मैं यहाँ तक पहुँचा। यह यात्रा बहुत रोमांचकारी, सुखद, दुखद, विस्मयकारी, संघर्षमयी और अन्त में उल्लास भरी रही।"

ऐसा कौन हो सकता है—एक सफल अध्यापक, पति, सफल पिता, नाटककार, अभिनेता या एक सफल रचनाकार—जो अपनी अद्भुत कृतियों में स्वयं को दर्ज करने में माहिर है। यदि किसी संवेदनशील व्यक्ति का चित्त शान्त, सुखी व उल्लासपूर्ण हो तो समझ लेना चाहिए कि वह व्यक्ति भीष्म साहनी हो सकता है, जो तमस जैसी कृति का सृजन कर रहा है। भीष्म जी की विशेषता यह है कि चाहे वह कहानी लिख रहे हों या फिर उपन्यास या फिर साहित्य की किसी दूसरी विधा में हाथ आजमा रहे हों। उनका स्वर कभी भी आरोह-अवरोह के अनुशासन में नहीं बँधता, वह कभी भी 'लाउड' या 'एग्रेसिव' नहीं होते। वह बड़ी सावधानी से अपनी बात कहकर आगे बढ़ जाते हैं। वह हमेशा 'लो पिच' पर कार्य करते रहे। जो कि एक शान्तिमय जीवन के लिए ज़रूरी है। यह विशेषता बहुत कम लेखकों में होती है। भीष्म चाहते तो अपनी समाजवादी प्रगतिशील इंटलेक्चुअल कमिटमेंट की विचारधारा की प्रतिबद्धता को भुना सकते थे। अमूमन जैसा कि हिन्दी साहित्य में होता आया है—या कहूँ आज भी चल रहा है। एक चलन के रूप में देख रहे हैं। परन्तु, भीष्म जी ने ऐसा नहीं किया। वे न तो स्वामी दयानन्द सरस्वती के प्रभाव में पूरी तरह बँधकर रहे और न गाँधी के पदचिह्नों का उन्होंने अनुसरण किया। उन्होंने स्वयं को किसी भी धार्मिक, सामाजिक, आर्थिक, राजनीतिक जड़ता की कसौटी से मुक्त रखा। उनके लिए मनुष्य में उसके अन्तर्विरोधों और अन्तःसम्बन्धों की टकराहट में मनुष्यत्व को बचाने, लोक कल्याण की भावना को प्रोत्साहित करना था। वह स्वयं स्वीकार करते हैं, "लेखक का व्यक्तित्त्व स्वतन्त्र व्यक्तित्त्व होता है। वह किन्हीं नियमों-अधिनियमों से बँधा नहीं होता। यदि उनका मार्गदर्शन करते हैं तो मानवीय मूल्य ही करते हैं जिनकी आधारशिला पर वह अपनी रचनाओं का निर्माण करता है और ऐसी उदात्त भावनाओं पर जो इन्सान को इन्सान से जोड़ती हैं।" ('आज के अतीत', पृ. 298)

हिन्दी साहित्य को समृद्ध करने में समय-समय पर हुए आन्दोलनों का महत्त्वपूर्ण योगदान रहा है। प्रगतिशील आन्दोलन 1936 में प्रारम्भ हुआ। इस आन्दोलन ने यथार्थवादी कथा-साहित्य को जन्म दिया। इस आन्दोलन के माध्यम से मार्क्सवादी विचारधारा को जनसामान्य के बीच लाने का अद्भुत प्रयास किया गया—जो कि सफल रहा। इस आन्दोलन के सफल होने के कारणों की पड़ताल की जाये तो एक कारण यह भी है कि हमारे देश में साहित्य लेखन के क्षेत्र में समाजोन्मुखता की हवा प्रगतिशील आन्दोलन के पहले से चल रही थी। प्रगतिशील आन्दोलन

ने सिर्फ़ उसे आगे बढ़ाने में या उसके विस्तार को गति दी थी। भीष्म साहनी प्रगतिशील लेखक संघ के महासचिव थे—वह स्वयं इस समाजोन्मुखता के प्रभाव से मुक्त नहीं थे। बल्कि भीष्म जी ने मार्क्सवादी आन्दोलन को एक नये परिप्रेक्ष्य में आगे बढ़ाने में महत्त्वपूर्ण भूमिका निभायी थी। इसीलिए उन्हें जनवादी चेतना का कथाकार माना जाता है।

भीष्म साहनी का रचना संसार अविभाजित भारत, विभाजन की त्रासदी, विस्थापन दंगे और पुनर्स्थापना के साथ-साथ उसके बाद लम्बे मोहभंग और उसके दुःस्वप्न की कहानी है। जिससे आज तक पूरा देश जूझ रहा है। चाहे कश्मीर में अलगाववाद हो या दादरी में अखलाक के परिवार की कहानी। फल-फूल रहे आसाराम बापू, राधे माँ, जाकिर नाईक, बुलन्दशहर की रेप की घटनाएँ हों या फिर लव जेहाद और खाप पंचायतों का हुक्मनामा। हम आज इन सबकी कहानियाँ सुन-सुनाकर मानवता और मानवीय मूल्यों से ध्यान हटाकर उन्हें समूल नष्ट करने का उपक्रम कर रहे हैं।

सन् 1947 में देश विभाजन की त्रासदी के भीष्म भुगतभोगी थे, उनका परिवार रावलपिण्डी से विस्थापित होकर भारत आया था। इसीलिए उनके साहित्य में मानवता की पीड़ा, मूल्य एवं नैतिकता, साम्प्रदायिकता और विस्थापन की पीड़ा, धार्मिक उन्माद और रौंदे गये मानवीय सम्बन्धों की चीख सुनाई देती है। परन्तु, उन्होंने अपनी रचनाओं में एक जैसी घटना से रसहीनता या मोहभंग की स्थिति से स्वयं को बचाकर रखा और मानवीय मूल्यों की प्रतिष्ठा में यक़ीन करते रहे। जीवन मूल्यों को बचा लेने के संकल्प को दोहराते रहे, अपनी रचनात्मक विषयवस्तु से भीष्म साहनी ने हिन्दी गद्य की परम्परावादी सोच को हिलाकर रख दिया और हिन्दी कथा लेखन के क्षेत्र में एक अलग पंक्ति में खड़े हो गये। उसी का प्रतिफल है कि उन्होंने 'तमस' जैसी कृति हिन्दी साहित्य को दी। इस कृति ने उन्हें प्रसिद्धि के चरम पर पहुँचाया। विभाजन की त्रासदी पर लिखा यह उपन्यास उनकी पीढ़ी की भोगी हुई, सबसे बड़ी एवं भयानक त्रासदी की कहानी है।

भीष्म को समझने के लिए—भीष्म का लेखकीय रूप, उनकी अलग-अलग रचनाओं में देखना होगा—मैं यहाँ सीधे-सीधे 'मय्यादास की माड़ी' उपन्यास की बात को लेता हूँ। इस उपन्यास की कहानी एक पंजाबी किसान परिवार के इर्द-गिर्द घूमती है। जिसमें भारतीय किसानों की दुर्दशा का चित्रण किया गया है, जिसमें आमजन की चीख, साम्प्रदायिकता, बदहाली के लिए अंग्रेज़ी राज व्यवस्था को दोषी ठहराया गया है, जबकि ऐसा रचनात्मक प्रयास भीष्म साहनी के पूर्ववर्ती रचनाकार कर चुके थे। फिर भी, भीष्म साहनी ने उपन्यास की रचना

की और किसानों तथा आमजन को एक अलग तरह से आवाज़ दी। वह हमेशा परिवेश से अलग हटकर यथार्थ के विस्तृत फलक पर एक नया दृष्टिकोण बनाने में सफल हुए और सही मायने में वह प्रगतिवादी कथाकार सिद्ध होते हैं। यह उपन्यास घटना मात्र पर केन्द्रित नहीं है। इसकी कहानी समाज के विकास के साथ-साथ व्यक्तियों की सोच में आमूल-चूल परिर्वतन की कहानी भी कहती है। सामन्ती समाज के पूँजीवादी समाज में रूपान्तरित होने की कहानी भी बताती है। बसन्ती, माधवी, दमयन्ती, कुन्तो, झरोखे, कड़ियाँ उपन्यासों में उन्होंने महिलाओं के जीवन को केन्द्र में रखा है।

भीष्म ने साम्प्रदायिक दंगों के विनाशकारी परिणामों को जिस तरह अपने कथा-साहित्य में स्थान दिया उसकी एक-एक घटना उन्हें जीवन-भर काँटे की तरह चुभती रही। उसके भी कारण थे—उन्हें ऐसी विरासत मिली थी—जिसे हिन्दू और मुसलमान साँझा करते थे—सही मायने में भीष्म साँझी विरासत के उत्तराधिकारी थे—आज़ादी के बाद उसे अक्षुण्ण रखने की गारंटी हमारे संविधान ने भी दे दी थी। भीष्म साहनी इसी गारंटी को सहेजने के लिए हमेशा प्रतिबद्ध रहे।

साम्प्रदायिक दंगों पर केन्द्रित उनकी रचनाओं का विशाल भण्डार आज हमारे सामने है। जिसमें इन्सानियत से लबरेज शब्द भीष्म होने के मायने बताते हैं। असाधारण प्रतिभावान व्यक्ति होने के बावजूद उन्होंने विशिष्ट बनने का प्रयास कभी नहीं किया। साधारण मनुष्य बने रहने पर ही वह मानवीय मूल्यों की रक्षा करने में सफल रहे। जबकि साम्प्रदायिकता की जड़ में राजनीति और धन पशुओं के होने अथवा उनका आशीर्वाद प्राप्त होने की सम्भावनाएँ अधिक होती हैं। 'तमस' का विरोध हुआ, हैदराबाद में दंगे हुए। फिर भी, यह तो स्वीकार किया जा सकता है कि एक साधारण से दिखने वाले व्यक्ति ने राजनीतिज्ञों को सच का आईना दिखाकर असाधारण कार्य तो किया ही है। भीष्म यदि हमारे बीच होते तो लव जेहाद, अखलाक की कहानी, मुज़फ़्फ़र नगर काँड पर चुप नहीं रहते। शीला साहनी को उनसे कहना पड़ता—'ओए भीष्म, अपनी ही बात कहेगा कि औरों की गल सुनेगा।'

जब शीला जी बोलती थीं तो भीष्म चुप हो जायेंगे, अपनी सिगरेट निकालेंगे, सुलगयेंगे और एक कश खींचकर धूम्रवलय आसमान की तरफ़ उड़ा देंगे। इस समय भीष्म सिगरेट बढ़ाकर नहीं कहेंगे 'लो, शीला...'।

ऐसा नहीं भीष्म झेंप गये हों बल्कि एक नये तर्क के लिए स्वयं को तैयार करने लगते हैं। एकटक सुनने की सामर्थ्य भी उनमें गजब की थी। वह मुस्कराते हुए कहेंगे, 'शीला कह रही हैं तो मुझे...।'

उनकी साम्प्रदायिकता पर रची कहानियाँ पढ़िए या फिर उपन्यास 'तमस' हर रचना के बाद उड़ता हुआ एक धूम्रवलय—जिसे हमें सिर्फ़ उड़ता-फैलता और ऊँचा उड़ता देखते हैं।

कथा-साहित्य में एक के बाद दूसरी रचना का धूम्रवलय रचने में दक्षता भीष्म ही रखते थे। कभी-कभी कई ऐसे अनगढ़ सवाल भी खड़े होते रहे हैं, जैसे कथा लेखन क्या भीष्म को विरासत में मिला? उनके बड़े भाई बलराज साहनी तो ऐसे ही मँझे हुए कथाकार थे। अगला सवाल—क्या वह भी भीष्म की तरह लिखते थे—नहीं। ऐसा सोचना-कहना भी उचित नहीं। तो क्या भीष्म साहनी प्रेमचन्द परम्परा के कथाकार हैं—इसका उत्तर भी नकारात्मक ही होगा। भीष्म प्रेमचन्द की परम्परा के कथाकार नहीं हैं। प्रेमचन्द ने अपने समकाल को समझा और उसके यथार्थ से परिचित कराते रहे। समाज की विसंगतियों का आईना दिखाकर एक बेहतर समाज बनाने के लिए पाठकों को प्रेरित करते रहे। यह प्रेमचन्द की विशेषता है और एक तरह का नवजागरण भी। इस पर भीष्म जी का मानना है—"प्रेमचन्द का लेखन उनकी सृजनात्मक संवेदना की देन है। मात्र उनकी मान्यताओं की देन नहीं। विचारधारा हमें नज़रिया देती है, पर हमें कलाकार नहीं बनाती।"

भीष्म साहनी ने प्रेमचन्द की इस विशेषता को वहीं पर विराम दे दिया और वह स्वयं जन-सरोकारों के पक्ष में खड़े होते रहे हैं। वह प्रेमचन्द की भाँति सिर्फ़ यथार्थपरक लेखन नहीं करते, वह सिर्फ़ घटनाओं का वर्णन नहीं करते घटनाओं पर गहरी चोट भी करते हैं। भीष्म स्वभाव से जितने सरल-सहज प्रतीत होते हैं—वैसे हैं नहीं। वह सरल-सुबोध भाषा में संवाद अवश्य करते हैं, यह बात सही है। वे इस मायने में प्रेमचन्द से भिन्न नहीं हैं। फिर भी, अपने समकालीन कथाकारों से वह भिन्न हैं। वह किसी विचार या आन्दोलन की भाषा नहीं बोलते। और न ही किसी विचारधारा के चौखटे पर कसकर अपनी रचनाएँ करते हैं। वह इस स्तर पर भी हमेशा अन्य प्रगतिशील रचनाकारों से एकदम अलग दिखते हैं।

और एक दिन हम लोग मोहन सिंह प्लेस के कॉफ़ी हाउस में बैठे थे—यह बात तब की है जब दूरदर्शन पर सीरियल बनने की बात चल रही थी। भीष्म साहनी चुपचाप एक पत्रिका को उलट-पलट रहे थे। उनकी रुचि सीरियल बनने की बातों पर कम उस पत्रिका में अधिक थी। मैंने एक वरिष्ठ लेखक से पूछा, "आज भीष्म जी पत्रिका को बार-बार उलट-पलट रहे हैं।"

"हाँ, मैं भी देख रहा हूँ"।

हम दोनों बड़ी देर तक उन्हें देखते रहे, इसका आभास उन्हें हो गया। वह मुस्कराकर बोले, "अच्छी पत्रिका है। इसमें कहानी छपी है–"

"आपकी– ।"

इस समय भीष्म जी ने कुछ नहीं कहा। एक स्निग्ध मुस्कान उनके चेहरे पर दौड़ गयी। यह पहला अवसर नहीं था, जब भीष्म जी कहानी प्रकाशित होने पर ख़ुश हो रहे थे। उनमें प्रकाशन की छपास जरा भी नहीं थी। जब भी उनकी कहानी छपती तो वह बहुत ख़ुश होते थे–कई बार कह भी देते थे, न मालूम कैसी बन पड़ी है। कहानी है भी या नहीं। कहानी लिखना तो जैसे मैं भूल गया हूँ–ऐसा कहते समय उनके शब्दों में सादगी होती थी–सादगी भरे जीवन से ओतप्रोत। उनके शब्दों में भले ही आग न हो लेकिन शब्दों में तपिश तो होती ही थी। उनके उपन्यासों में वे ही शब्द हैं–शब्द जो उनकी अपनी आवाज़ हैं। भीष्म भले ही यह मानते थे, "विचारधारा की भूमिका, लेखन के क्षेत्र में बड़ी महत्त्वपूर्ण है, पर निर्णायक नहीं होती। निर्णायक जीवन की वास्तविकता होती है, और लेखन का लेखकीय व्यक्तित्त्व तभी बनता है–जब उसकी विचारधारा उसके सृजनात्मक संवेदना का अभिन्न अंग बन जाये।" (आज के अतीत, पृ. 266)

बौद्धिक वर्ग और भीष्म साहनी

अजय तिवारी

एक रचनाकार जब कहता है—'बौद्धिक वर्ग है क्रीतदास', तब वह शत्रु की तरह हमला नहीं करता, मित्र की तरह क्षोभ व्यक्त करता है। यह क्षोभ नकारात्मक नहीं है। उसे बौद्धिक वर्ग से कुछ आशा होती है। आशा पूरी न होने पर शिकायत जन्म लेती है। बौद्धिक वर्ग यदि क्रीतदास है तो कोई उसे क्रय करने वाला यानी ख़रीदने वाला होगा। ख़रीदने-बेचने का सम्बन्ध बाजार की वस्तुओं में होता है। वह मनुष्यों में लागू होने लगे तो मनुष्य भी वस्तु में बदल जाता है। मनुष्य भी बिकाऊ माल बन जाता है। उत्तर-आधुनिकतावाद ने बिकाऊ-माल की संस्कृति को गौरवमण्डित किया है। जिस बौद्धिक वर्ग को इस प्रक्रिया का विरोध करना चाहिए, वह स्वयं एक बिकाऊ माल बन जाय तो मनुष्यता का संघर्ष करने की चेतना कौन दे? इसलिए 'इतिहास के अन्त' की बात की जाती है।

क्या बौद्धिक वर्ग हमेशा क्रीतदास होता है? क्या समूचा बौद्धिक वर्ग क्रीतदास बन जाता है? कवि का काम अतिरंजना से चल सकता है। कथाकार की शक्ति यथार्थ से उसके चरित्र, समस्या, घटना आदि के सादृश्य में होती है। निस्सन्देह, वह भी 'यथार्थ' का पुनरावतरण नहीं करता। लेकिन कवि जैसी अतिरंजना उसकी कला के अनुकूल नहीं होती। यदि मुक्तिबोध को बौद्धिक वर्ग क्रीतदास लगता था तो इसमें कुछ सच्चाई अवश्य होगी। यदि सच्चाई थी तो उनके सहवर्ती भीष्म साहनी की कहानियों में उसकी झलक किस रूप में मिलती है? क्या वे भी समस्त बौद्धिक वर्ग से आशा खो चुके थे?

भीष्म साहनी का दृष्टिकोण अपेक्षाकृत व्यापक है। वे बुद्धिजीवी समुदाय को समाज के अन्तर्विरोधपूर्ण ढाँचे का एक अंग मानकर देखते हैं। इसलिए उसकी अनेक भूमिकाएँ पहचानते हैं। ये भूमिकाएँ भिन्न-भिन्न हैं। परस्पर-विपरीत भी। यह सही है कि किसी रचना में वे बौद्धिक समुदाय की विभिन्न भूमिकाओं का

एक साथ चित्रण नहीं करते। उनकी रचना-वस्तु बौद्धिक समुदाय नहीं बल्कि समाज की सम्बन्ध-व्यवस्था है, जिसमें बुद्धिजीवियों की भूमिका परिस्थिति-सापेक्ष है। इसलिए अलग-अलग प्रसंगों में अलग-अलग भूमिकाएँ परिलक्षित होती हैं। स्वभावतः किसी एक तरह के प्रतिरूप या टाइप नहीं, जाने-पहचाने अनेक प्रकार के बुद्धिजीवी और उनके विकल्प भी हमें यहाँ देखने को मिलते हैं।

मध्यम मार्ग का तिलिस्म

भारत में हो या किसी अन्य देश में, बुद्धिजीवी मुख्यतः मध्यवर्ग से आते हैं। मध्यवर्ग अपनी सामाजिक भूमिका स्वयं तय नहीं करता। समाज की विभिन्न शक्तियों की गतिविधि और उसमें अपनी स्थिति से मध्यवर्ग अपनी भूमिका निर्धारित करता है। यह काम कभी सचेत रूप में करता है, कभी अचेत रूप में। अपने उन्नतिकाल में मध्यवर्ग समाज की संघर्षशील शक्तियों से सहानुभूति रखता है। तब उसकी विचारधारा भी प्रगति के अनुरूप, न्याय-चेतना के विकास में मददगार होती है। सामाजिक हैसियत प्राप्त कर लेने के बाद उसके हित स्थापित व्यवस्था से जुड़ जाते हैं। तब वह श्रमिक और संघर्षशील जनता के साथ अपनापन नहीं अनुभव करता। वह स्वयं निर्धन वर्ग की सेवाओं का उपभोग करता है। स्वभावतः उसका दृष्टिकोण स्वामियों-जैसा ढलने लगता है। तब वह प्रगति, परिवर्तन और विद्रोह के विरुद्ध खड़ा होता है। किन्तु शिक्षा और विचारधारा यान्त्रिक रूप में कार्य नहीं करते। इसलिए इन नियमों के अपवाद भी परिलक्षित होते हैं। इस पर चर्चा यथाप्रसंग।

'नया मकान' कहानी के नायक, भूतपूर्व क्रान्तिकारी, गिरिजा बाबू की पत्नी विमला बताती हैं कि उनके पिताजी ने उन्हें समझाया, "खाते-पीते घरों के लड़के ज़्यादा दूर नहीं जाते।" ('पटरियाँ', 1973; राजकमल, द्वितीय संस्करण 1978, पृ. 51) एक समय रोमानी विद्रोह, दूसरे समय सांसारिक सफलता—यह मध्यवर्ग का विशेष चरित्र है। गृहस्थ बन जाने के बाद भी विद्रोही अतीत की स्मृतियाँ बनी रहती हैं, किन्तु सफलता की दौड़ में आगे बढ़ते हुए एक अपराध बोध भी घेरता है। इस दुविधा का परिणाम होता है आदर्शवादी कथनी और समझौतावादी करनी के बीच आत्मविभाजन। भीष्म जी के कथानक में हम अक्सर उन्हीं बुद्धिजीवियों को देखते हैं जो सद्‌गृहस्थ बन चुके हैं। इसके सबसे बेहतर उदाहरण 'कुन्तो' उपन्यास में दिखाई देते हैं।

प्रेम और विवाह की समस्या के इर्द-गिर्द खड़े इस उपन्यास के ढाँचे में मुख्य प्रश्न परिवार के स्वरूप का है। लेकिन यह नये उभरते शिक्षित मध्यवर्ग का

परिवार है। नयी कहानी के अन्य कथाकारों के लिए पति-पत्नी के सम्बन्धों का तनाव ही कथानक होता था। भीष्म जी इस तनाव को भी परिवार की पृष्ठभूमि में परखते हैं। 'कुन्तो' उपन्यास का वाचक प्रोफ़ेसर, उसका सिंगापुर से डॉक्टरी पढ़कर लौटा भाई धनराज, प्रोफ़ेसर की बहन कुन्तो, उसका पति और प्रोफ़ेसर का शिष्य जयदेव, जयदेव की मौसेरी बहन और प्रेमिका सुषमा, उसका पति गिरीश, सभी नये बुद्धिजीवी समुदाय का प्रतिनिधित्व करते हैं। सब-के-सब अपने प्रति इतने संवेदनशील हैं कि बाकी चीजों के प्रति कहीं क्रूर और कहीं उदासीन दिखाई देते हैं। लेकिन भीष्म जी के लेखन की यह विशेषता है कि वे किसी चरित्र का न दैवीकरण करते हैं, न दानवीकरण। उन्हें अपनी परिस्थितियों में सहज व्यवहार करते देखते हैं। इसलिए वे अधिक विश्वसनीय हैं।

धनराज को मकान गिरवी रखकर पिताजी ने सिंगापुर पढ़ने भेजा था। ('कुन्तो', राजकमल, 1993, पृ. 130) उसकी पत्नी थुलथुल यहीं रही। पिताजी ने उसकी शादी लड़की देखकर नहीं, परिवार देखकर की थी। संयुक्त परिवार में आमदनी का स्रोत घर का मुखिया होता है, घर के निर्णयों का अधिकार भी उसी को होता है। वापस आने पर धनराज को अपनी डॉक्टर सहपाठी मोना याद आती है। थुलथुल में उसकी रुचि नहीं है। संयुक्त परिवार में होने की वजह से थुलथुल का गुज़ारा हो रहा है। उसके अलावा बड़ी भाभी हैं। उनका पति, प्रोफ़ेसर का सबसे बड़ा भाई, कनाडा से वापस ही नहीं लौटा। फिर भी उनका गुज़ारा होता है। यद्यपि उनकी वही प्रतिष्ठा नहीं रहती।

एक तरफ़ संयुक्त परिवार के सम्बन्ध, दूसरी तरफ़ नयी रोशनी का आकर्षण—धनराज अपने परिवेश से उचाट होने लगा।

जिस सांस्कृतिक परिवेश में उसका बचपन बीता था, उसके पुराने लगने का कारण था सिंगापुर का आधुनिक जीवन, "धनराज जबसे सिंगापुर से लौटा था, यहाँ पर उसे कुछ भी रास नहीं आ रहा था। ...घर के रहन-सहन में कुछ भी तो नहीं बदला था। दिन-भर घर में शोर मचा रहता था और इस शोर को ही ये लोग अपने साँझे पारिवारिक जीवन का अमूल्य अंग मानते थे। जिस किसी का मन चाहता, जब भी मन चाहता, दूसरे के कमरे में आ धमकता, यहाँ पर कोई 'प्राइवेसी' नहीं थी। ...थाली परोसने का अभी भी चलन था, और इस पंजाबी घर में, खाते समय, चपाती दोनों हाथ से तोड़ी जाती थी। सभी खाना खाते समय उँगलियाँ चाटते थे। ...पर सबसे बड़ी बात, यहाँ पर मोना नहीं थी, वही जिसकी फ्रेम में मढ़ी तस्वीर उसने अपने कमरे में गोल तिपाई पर रख छोड़ी थी।" (128-129)

इस तरह, एक पूरे परिवेश से अलगाव का दृश्य सामने आता है। धनराज इस जीवन के पुरानेपन से ऊब रहा है। उसका वकील भाई अब भी पुराने जीवन में रचा-बसा है। जिसे वह सिंगापुर की आधुनिकता में सराबोर होने के कारण पुरानापन समझने लगा है, वह अनौपचारिकता, ज़िन्दादिली और आपसदारी पंजाबी संस्कृति की विशेषता है। इसी को 'ओ हरामज़ादे' कहानी का अनिवासी भारतीय इंजीनियर लाल अपनी आत्मिक पहचान मानता है। अमरीका से एक बार भारत घूमने आये लाल को पंजाब में भी अमरीकी समाज का-सा अलगाव और स्वार्थपरता दिखाई देती है, अपनापन बिल्कुल नहीं मिलता। लेकिन जब बचपन का दोस्त तिलकराज 'ओ हरामज़ादे' कहकर पुकारता है, तब जालन्धर अपना-सा लगता है। ('वाङ्चू', 1978, राजकमल, 1982, पृ. 18-20) यह बेतकल्लुफी वह अमरीका में नहीं पाता, भारत में भी उसका ह्रास होता जा रहा है। तब से लगभग आधी शताब्दी बीत जाने पर यह स्थिति और भयावह हो गयी है। भीष्म साहनी इसी पंजाबियत के कथाकार हैं। उनकी ख़ूबी यह है कि वे अपनी भावना में रँगकर चरित्रों को विकृत नहीं करते। एक तटस्थ दृष्टा की भाँति वे स्थितियों को और चरित्रों को प्रस्तुत कर देते हैं। लेकिन इसी वस्तुगत चित्रण में से उनका अभिप्राय सम्प्रेषित हो जाता है। इसलिए उनकी तटस्थता मूल्यहीन नहीं है।

धनराज, वकील और लाल से पृथक हैं प्रोफ़ेसर। पिताजी के बाद वे घर के मुखिया हैं। उनका दृष्टिकोण मध्यमार्ग का अनुसरण करता है। धनराज की अरुचि अपनी पत्नी में देखकर प्रोफ़ेसर भाई समझाते हैं, "मैं अपनी इच्छाओं को दबाने में विश्वास नहीं रखता, पर मैं अपनी ज़िन्दगी की लगाम इच्छाओं के हाथ में सौंप भी नहीं सकता।" ('कुन्तो', पृ. 131) प्रकटतः यह विचार सही है। लेकिन इसमें पुराने जीवन और नये संस्कार के बीच गहरे तनाव को सुलझाने की योग्यता नहीं है। कोई भी विचार, चाहे जितना आदर्श हो, वास्तविकता से विभिन्न होने पर, केवल 'मनभुलावा' बनकर रह जाता है, जैसा प्रोफ़ेसर का मज़ाक़ बनाते हुए रामनाथ कहता है। इसीलिए सारी सद्भावना के बावजूद प्रोफ़ेसर निरन्तर असफल होता है, कोई समस्या सुलझती नहीं, उसे अपनी असफलता का त्रासद अनुभव भी होता है, "जिस लीक को मैं मध्यम मार्ग का नाम देता हूँ, वास्तव में वह परम्परा की ही लीक है!" (पृ. 281)

मध्यम मार्ग, परम्परा की लीक—वास्तव में यथास्थितिवाद का यह दूसरा नाम है। यह बात एक अन्य प्रोफ़ेसर से पुष्ट होती है। ये हैं 'प्रोफ़ेसर' कहानी के प्रो. वीरेन्द्र। ग्यारहवीं कक्षा के छात्र कृष्णलाल की चित्रकला से प्रसन्न होकर वे उसके बाकी चित्र मँगाते हैं। वह रंगों से चित्र कम बनाता है क्योंकि उसके पास

रंग हैं ही नहीं। उसका टैगोर वाला चित्र प्रोफ़ेसर रख लेते हैं और प्रतिभा की परिभाषा बताते हैं, "निन्यानबे प्रतिशत श्रम और एक प्रतिशत प्रेरणा।" ('भटकती राख', 1953, राजकमल, 1997, पृ. 159) साधन न होते हुए भी कृष्णलाल प्रोफ़ेसर की 'प्रेरणा' से चित्रकला में लग जाता है। श्रम वह करता ही था, अब और करता है। प्रो. वीरेन्द्र साहित्य पढ़ाते हैं। कक्षा में प्रेम की महिमा गाते हैं, प्रेम करने वाले युवकों का ऐब भी निकालते हैं! (पृ. 164) चित्रकारी करने के लिए कृष्णलाल के घरवाले उसे पीटते हैं। लेकिन उसके मामा प्रोफ़ेसर से मिलकर कृष्णलाल की घरेलू स्थिति के बारे में बताते हैं, तब वे उसे जीवन-व्यवहार की सीख भी देते हैं। आखिर कृष्णलाल चित्रकारी की कॉपी फाड़कर उछालता हुआ घर की राह लेता है। (पृ. 167) इस तरह, श्रम और प्रतिभा को छोड़कर वह कृष्णलाल को समझौते के रास्ते पर डाल देते हैं।

'कुन्तो' के प्रोफ़ेसर और 'प्रोफ़ेसर' कहानी के वीरेन्द्र के एक सगोत्र हैं 'विकल्प' कहानी के मौसाजी। लेकिन इन दोनों से कम हास्यास्पद। परिस्थितियाँ उन्हें हास्यास्पद बना देती हैं। लेकिन हैं वे भी मध्यमार्गी। वे आधुनिकता और परम्परा के बीच 'नाजुक-सा सन्तुलन' बनाये रखते हैं। ('निशाचर', 1983, राजकमल, पृ. 130) लेकिन परिवर्तन की तेज़ गति के आगे सन्तुलन बनाये रखना कठिनतर होता जाता है। मुन्नी 'साउथ दिल्ली' में रहती है और रिश्ते में उसके मौसाजी 'दिल्ली' में। दिल्ली और साउथ दिल्ली में दो उपग्रहों जैसा फासला है। (पृ. 137-138) मुन्नी के घर में जैसे-जैसे समृद्धि बढ़ती है, ज़िन्दगी वैसे-वैसे दूभर होती जाती है। मुन्नी को उसका पति और प्रेमिका मिलकर समझाते हैं कि इसी घर में पार्टिशन कर लेते हैं; एक ओर बच्चों को लेकर मुन्नी रहेगी, दूसरी ओर पति और उसकी प्रेमिका।

मौसाजी इस अपमानजनक सुझाव को अस्वीकार करते हैं। वे मुन्नी से अपने घर चलकर रहने को कहते हैं। मुन्नी हैरत में पड़ जाती है, "आपके घर, मौसाजी! करोल बाग में?...अपना-अपना रहने का स्टैंडर्ड हो जाता है मौसाजी! मैं क्या करूँ, अब मैं गलियों में तो नहीं रह सकती ना!" (पृ. 140-41) आखिर, साउथ दिल्ली की सुविधाओं में रहने की आदी मुन्नी सारा अपमान भूलकर पति के सुझाव पर राजी हो जाती है। मौसाजी के लिए यह बिल्कुल अप्रत्याशित सुझाव था। उन्हें गुसलखाने के रास्ते भागना पड़ता है, कहीं मुन्नी का पति देख न ले कि वह मौसाजी से राय लेती है।

प्रोफ़ेसर, वीरेन्द्र, मौसाजी, कोई भी अन्याय का पक्ष नहीं लेता लेकिन परिस्थितियों के आगे वे निस्सहाय, अव्यावहारिक, हास्यास्पद बन जाते हैं। भीष्म जी इसका दोष चरित्रों पर नहीं मढ़ते। एक तरफ़ स्वीकृत नैतिक आदर्श, दूसरी

तरफ़ बदली हुई परिस्थितियाँ; एक तरफ़ सामान्य मानवीय व्यवहार, दूसरी तरफ़ विभिन्न वर्गों की जीवन-शैली—इनके बीच तनाव के चलते चरित्रों की परिणति उनकी इच्छा के प्रतिकूल होती है। इसलिए भीष्म जी किसी चरित्र को खलनायक नहीं बनाते। उनके पात्र निश्चित मानव-सम्बन्धों में, ठेठ भारतीय पारिवारिक सम्बन्धों में, अपनी भूमिका निभाते हैं।

यहाँ यह उल्लेखनीय है कि भीष्म जी को संयुक्त परिवार से कोई लगाव नहीं है, जैसा प्रेमचन्द को था। लेकिन वे संयुक्त परिवार को भावुक आदर्शवाद की नज़र से देखते हैं, न उसके विकल्प को। इसलिए किसी चरित्र के प्रति सहानुभूति या विद्वेष का रुख़ नहीं अपनाते। प्रोफ़ेसर, वीरेन्द्र या मौसाजी, जो भी बुद्धिजीवी हैं, वे पुराने संस्थागत मूल्यों की ओर झुके हुए हैं। बदलते समय को वे देखते हैं लेकिन उसके अनुरूप अपने विचार और मूल्यों को परिवर्तित करने में अक्षम हैं। इसलिए वे असफल होते हैं। नये मूल्य हमेशा स्वस्थ हों, यह आवश्यक नहीं है।

इस मध्यमार्ग की असफलता और अमानवीयता का भरा-पूरा वृत्तान्त 'कुन्तो' में ही है। धनराज की उपेक्षा सहते हुए आखिर थुलथुल आग लगाकर जल मरती है। अपने शिष्य जयदेव से प्रोफ़ेसर कहता है, "...क्या फ़र्क़ पड़ता है। वह पहले ही तिल-तिलकर जल रही थी।" (पृ. 264) न संयुक्त परिवार की मर्यादा उसकी रक्षा कर सकी, न प्रोफ़ेसर का आदर्शवाद। इन प्रोफ़ेसर साहब की बहन है कुन्तो। उसकी शादी वह अपने शिष्य जयदेव से करते हैं। हालाँकि उन्हें पता था कि जयदेव अपनी मौसेरी बहन सुषमा से प्रेम करता है। (पृ. 29,17) जयदेव की माँ उससे पूछ चुकी थीं कि मन है तो वे सुषमा से शादी करवा देंगी। (पृ. 244) लेकिन पुराने नैतिक आदर्श बाधा बनते हैं।

भीष्म जी जिस दौर के अनुभव की कथा कहते हैं, वह आज के भूमण्डलीय बाजारवाद का समय नहीं है। वह मुख्यतः 1940 से 1970 के बीच का दौर है। यद्यपि 'कुन्तो' में वर्णित कथा आज़ादी से पहले की है। उस दौर में नये बौद्धिक व्यक्ति के लिए इन पुराने आदर्शों और निजी भावनात्मक अनुरोधों के बीच गहरा तनाव है। इस तनाव के कारण व्यक्तिगत जीवन भी दुखमय होता है, पारिवारिक सम्बन्ध भी टूटते हैं। यह स्थिति कमोवेश अब भी कायम है। भीष्म जी इस संघर्ष का बड़ा सजीव चित्र आँकते हैं। धनराज थुलथुल के साथ रहते हुए भी सिंगापुर वाली मोना को नहीं भूल पाता, जयदेव कुन्तो से विवाह करके भी सुषमा को नहीं भूल पाता।

जयदेव जब कहता है कि—"मैं उसे भूल ही नहीं पाता, मैं क्या करूँ?"—तब प्रोफ़ेसर साहब उसे आश्वस्त करते हैं कि तुम अपने मन की बात मुझसे कह देते

हो, मुझे तुम पर गर्व है। आगे चलकर समस्या उलझती जाती है। तब जयदेव सोचता है, "समस्याओं को हल करने का प्रोफेस्साब का अपना विशेष तरीका था। प्रोफेस्साब भली-भाँति जानते थे कि प्रशंसा बड़े-से-बड़े कवच को भी भेद डालती है। ...प्रोफेस्साब मूलतः भीरू स्वभाव के व्यक्ति थे, कलह से दूर रहना चाहते थे, इसलिए उनके क्रियाकलाप में प्रतिरोध के लिए कोई स्थान नहीं था, न ही दो-टूक शब्दावली के लिए। ...अगर प्रोफेस्साब चाहते तो खलनायक की भूमिका बड़ी सुगमता से निभा सकते थे,...वह खलनायक नहीं बने तो इसलिए कि खलनायक में अधिक दृढ़ता होती है और वह भावुक नहीं होता। यहाँ विडम्बना यह थी कि प्रोफेस्साब में दोनों ही गुण नहीं थे।"(पृ. 151-152) यह प्रायः सभी मध्यवर्गीय बुद्धिजीवियों का स्वभाव होता है।

अहं का विस्फोट

इन सबसे बड़ा बुद्धिजीवी है गिरीश। अपनी बनक में वह अज्ञेय की याद दिलाता है, "वह सारा वक़्त गम्भीर मुद्रा बनाये रहता। उसके अन्दर कभी वलवले उठते भी हों तो भी वह संजीदा बना रहता ताकि आसपास के लोगों पर उसके असाधारण व्यक्तित्त्व का प्रभाव बना रहे।" वह भी स्वच्छन्दतावादी साहित्य का, रवीन्द्रनाथ का, विरोधी है। उस साहित्य में उसे 'लिजलिजी भावुकता' मालूम होती है। वह बुद्धिजीवियों में भी विशेष बौद्धिक है। कुन्तो के साथ मसूरी जाते समय जयदेव सुषमा को भी लाया है, वहीं उसने गिरीश को भी बुला लिया है। पहले वह सुषमा की सगाई तुड़वा चुका है, अब गिरीश से उसका ब्याह कराता है। लेकिन सुषमा का व्यक्तित्त्व जितना सहज है, गिरीश का उतना ही जटिल। दोनों का सम्बन्ध-निर्वाह आसान नहीं है।

सुषमा की सहजता का स्वरूप यह है कि गिरीश से मिलने के बाद—"सुषमा गौरवान्वित महसूस कर रही थी कि एक जाना-माना युवा लेखक उनके बीच बैठा है। गिरीश के यहाँ आने का सुषमा पर तत्काल असर तो यह हुआ कि उसने स्वयं भी बुद्धिजीवी की मुद्रा अपना ली। ...सुषमा मन-ही-मन गिरीश के बारे में तूमार-सा बाँध रही थी। लेखक अनोखा जीव होता ही है। गिरीश मुसकराता है तो लगता है उसका अन्तस खिल उठा है। हँसकर बोलता है तो जैसे जीवन के समूचे व्यापार का अट्टहास कर रहा है। चुपचाप नीचे खड्ड की ओर देखता है तो जैसे आकाश-पाताल की कल्पना में उतर गया है और वह अब जो कुछ लिखेगा, वह विलक्षण ही होगा।" (पृ. 170)

अपनी सरलता के बावजूद सुषमा को गिरीश के व्यक्तित्त्व की जटिलता का कुछ अहसास होता है। गिरीश उसे अपना लिखा कुछ भी पढ़ने नहीं देता। यदि वह कभी अधिकार-भाव से पढ़ लेती है तो गिरीश मुँह से कुछ न बोलकर पाण्डुलिपि फाड़ डालता है। वह सिहर उठती है लेकिन उसकी मन्त्रमुग्धता कम नहीं होती। वह अनुभव करती कि "गिरीश बोलता है तो प्रेमी की भाँति, भावनाएँ व्यक्त करता है तो कवि की भाँति और जो अपने में लौट आता है तो योगी की भाँति"। लेकिन ऐसा हर अहसास उसे गिरीश के प्रति अधिक आकर्षित करता है। लगभग सम्मोहित। वह स्वयं को पूर्णतः समर्पित करती जाती है। यह प्रेम नहीं था, दान था, जिसे अहं की भाषा में प्रतिदान कहा जाता है, "यहाँ पर जो गिरीश दे, जितना दे, सुषमा को वही ग्रहण करना था, स्वीकार करना था।" प्रेम का अर्थ है 'दोनों के व्यक्तित्त्व का एक-दूसरे में घुल-मिल जाना'। लेकिन सुषमा का अनुभव था, "मैं तो इसकी हो गयी, यह मेरा क्यों नहीं हुआ, कब होगा?"

इस बौद्धिकता का अर्थ है अलगाव। प्रोफ़ेसर की बौद्धिकता समझौतावादी मध्यमार्ग अपनाती है लेकिन वह सम्बन्धों में धँसी हुई है। यह बौद्धिकता सम्बन्ध को नहीं मानती। वह परम आत्मकेन्द्रित है। दम्भी न भी कहें तो असंवेदनशील अवश्य कहेंगे। एक जगह संवेदनशीलता का आभास है, जैसा प्रोफ़ेसर में है; दूसरी जगह उसका अभाव है, जैसा गिरीश में है। ऐसा एक ही चरित्र भीष्म जी के साहित्य में मिलता है। अपनी चुप्पी से वह अपने को आरोपित करता है। सुषमा पर वह हावी होता जाता है। "एक तो सुषमा का अपना व्यक्तित्त्व था, सहज, सरल, भीरु स्वभाव। इस पर एक दूसरा व्यक्तित्त्व था जिसे वह अपने ऊपर ओढ़ती रही थी"।

लेकिन इस क्रम में वह अपना आत्मविश्वास खोती जा रही थी। वह रेडियो सुनती है तो गिरीश रेडियो को लात मारकर तिपाई से नीचे गिरा देता है। इस तरह के क्रियाकलापों से सुषमा के व्यक्तित्त्व में विघटन शुरू होता है। "व्यक्तित्त्व का यह विघटन विवाह के बाद बढ़ता गया था।" गिरीश सुषमा को ठुकराकर अपनी मौसेरी बहन के यहाँ मीरपुर चला जाता है। सुषमा विक्षिप्त-सी हो जाती है।

विडम्बना देखिए। जयदेव सुषमा का हाल जानने आया। वह देखता है कि गिरीश के जाने के बाद भी सुषमा गिरीश के प्रेम में डूबी है। जयदेव को लगता है कि विवाह के बाद वह दूर हो रही है। सुषमा को डर है कि गिरीश दूर हो रहा है। कुन्तो सोचती है कि वह जयदेव को पाकर खो रही है, सुषमा सोचती है कि वह गिरीश को पाकर खो रही है। कुन्तो, सुषमा, मीरपुर की दीदी, किसी का विवाह उनकी इच्छा से नहीं हुआ। विवाह का आधार प्रेम नहीं है। विवाह पुरुष

की स्वतन्त्रता पर अंकुश नहीं लगाता, स्त्री की स्वतन्त्रता का हरण अवश्य कर लेता है। संयोग नहीं है कि धनराज पत्नी थुलथुल के अलावा मोना से, जयदेव कुन्तो के अलावा सुषमा से और गिरीश सुषमा के अलावा मीरपुर वाली मौसेरी बहन से प्रेम करते हैं, लेकिन स्त्री का हस्तक्षेप सहन नहीं करते। स्वयं जयदेव सुषमा को लेकर कुन्तो का मज़ाक़ भी सहन नहीं कर पाता। इसलिए वह जयदेव के जीवन से निकल जाने का निर्णय करती है।

सुषमा की स्थिति पर जयदेव को प्रोफ़ेसर का यह वाक्य याद आता है, ''जो लोग इस बात की दुहाई देते हैं कि स्त्री अपनी ही स्थिति को पहचाने, वे समाज-सुधार के उत्साह में प्रेम के तत्त्व को भूल जाते हैं।" प्रेम का यह सिद्धान्त स्त्री की हीनदशा को गौण बनाकर उसके उत्पीड़न का प्रच्छन्न समर्थन करता है। इसीलिए थुलथुल की आत्महत्या को भी उचित ठहराता है। प्रोफ़ेसर की बात पर जयदेव सोचता है, ''यह कितनी असंगत-सी माँग है कि वह (स्त्री) प्रेम भी करे और स्त्री के नाते अपने अधिकारों के लिए लड़े भी।" इसीलिए प्रोफ़ेसर के विचार असंगतियों का भण्डार बनकर रह जाते हैं।

सत्ता का मायाजाल

दो नावों पर सवारी करने वाले प्रोफ़ेसर जैसे बुद्धिजीवियों से अलग प्रकार के वे लोग हैं, जो बिना किसी लिहाज के, नीति और मर्यादा को अपने पक्ष में मोड़ते हुए, हर परिस्थिति का लाभ उठाने में दक्ष हैं। इन्हें हम गिरीश का ही भाई-बन्धु समझ सकते हैं। ऐसे 'बुद्धिजीवी' अतीत में भी थे, वर्तमान में भी हैं। उनके रंग अलग-अलग हो सकते हैं। पर हैं वे एक स्वतन्त्र कोटि के प्राणी। भीष्म जी की ख़ूबी यह है कि वे इनका चित्रण करते हुए ऐसी सामान्य विशेषताएँ रेखांकित कर देते हैं जिसके आधार पर आप उनकी लीक को आसानी से पहचान सकते हैं। अतीत में ऐसा चरित्र है गालव, जिसका चित्रण 'माधवी' नाटक में है; वर्तमान में ऐसा चरित्र है प्रोफ़ेसर, पुनः प्रोफ़ेसर, जिसे आप 'तमस' में देखते हैं।

'तमस' का प्रोफ़ेसर भी समझौतावादी बुद्धिजीवियों का ही एक प्रतिनिधि है। लेकिन 'कुन्तो' के प्रोफ़ेसर से भिन्न है। शहर में साम्प्रदायिक तनाव बढ़ता जा रहा है। एक प्रतिनिधिमण्डल अंग्रेज अफसर रिचर्ड से मिलने गया है। उसमें प्रोफ़ेसर भी हैं—

अन्य सदस्य चिन्तित थे पर बख्शीजी की तरह उत्तेजित नहीं थे।

तभी प्रोफ़ेसर और रिचर्ड की नज़रें मिलीं। प्रोफ़ेसर ही एक ऐसा हिन्दुस्तानी था जिसके साथ रिचर्ड का थोड़ा-बहुत उठना-बैठना था, दोनों को अंग्रेजी साहित्य

और भारतीय इतिहास में रुचि थी और रिचर्ड को वह सदा ही एक सुशिक्षित व्यक्ति लगा करता था। आँखों-आँखों में ही दोनों मुस्करा दिये। मानो कह रहे हों, ''ये लोग दुनियावी कामों में हमें भी घसीट लाये हैं वरना हमारी दुनिया ही दूसरी है।'' ('तमस', 1973, राजकमल पेपरबैक्स, चतुर्थ संस्करण, 1988, पृ. 76)

यह उन बुद्धिजीवियों का प्रतिनिधि है जो पराधीनता से ऊपर शासकों से मेल-जोल को मानते हैं। अपने समाज के सरोकारों को सांसारिकता का दर्जा देकर बड़ी आसानी से उच्चवर्ग के साथ तादात्म्य स्थापित करते हैं।

इनसे पृथक, 'माधवी' पौराणिक चरित्र है। महाभारत में उसकी कथा है। भीष्म जी ने मूल कथा में अधिक फेरबदल नहीं किया है। इस लिहाज से उनके नाटक का कथानक पुराणकथा के मूल ढाँचे को खण्डित किये बिना अपनी बात कहता है। उसकी संवेदना नयी है। इस नाटक पर अधिक ध्यान नहीं दिया गया है, लेकिन यह 'हानूश' के बाद उनका सबसे महत्त्वपूर्ण नाटक है। इस नाटक के तीन पात्र—ययाति, विश्वामित्र और गालव—अपने मूलरूप के निकट हैं। तीन राजा—अयोध्या नरेश हर्यश्च, काशी नरेश दिवोदास और भोजराज उशीनर—भी महाभारत के अनुरूप हैं लेकिन माधवी की आन्तरिक छवि आधुनिक है। ऊपर से पारम्परिक होते हुए भी।

गालव के सामने प्रश्न है विश्वामित्र द्वारा गुरुदक्षिणा में माँगे गये 800 अश्वमेधी घोड़े देने का। किसी एक राजा के पास इतने अश्वमेधी घोड़े मिलेंगे नहीं। वह महादानी ययाति के पास सहायता के लिए जाता है। वह गालव को अपनी पुत्री माधवी दान में देता है। माधवी को वरदान प्राप्त है कि वह चक्रवर्ती पुत्र को जन्म देगी किन्तु उसका यौवन अक्षत रहेगा। गालव क्रमशः हर्यश्च, दिवोदास और उशीनर को माधवी भेंट करता है। माधवी हर बार चक्रवर्ती पुत्र को जन्म देती है और अपनी ममता का गला घोंटकर उस जगह से विस्थापित होती है। गालव के लिए माधवी के व्यक्तित्त्व का, उसकी नारीसुलभ भावनाओं का कोई मोल नहीं है। माधवी केवल एक साधन है, अपनी महत्त्वाकांक्षा पूरी करने का। इस तरह के बुद्धिजीवी क्या आज नहीं मिलते? क्या उन्हीं को देखकर भीष्म जी ने यह कथानक नहीं चुना होगा?

विडम्बना देखिए, विश्वामित्र को गालव का अभिमान खण्डित करना है, गालव को अपनी प्रतिज्ञा पूरी करनी है, ययाति को दानवीर की ख्याति अर्जित करनी है। उस पर, जब तीनों राजाओं से केवल 600 घोड़े ही मिलते हैं, तब शेष 200 घोड़ों के लिए माधवी को विश्वामित्र के पास रहना पड़ता है। विश्वामित्र से माधवी के चक्रवर्ती सन्तान की कथा या उसका कोई सूत्र महाभारत में नहीं

है। माधवी इन पुरुषों की महत्त्वाकांक्षा का साधन बनते हुए भी अन्तर्द्वन्द्व से ग्रस्त है। उसमें अपमान-बोध और स्त्री अस्तित्त्व की विडम्बना के प्रति सजगता के अंकुर दिखाई देते हैं। हर्यश्च, दिवोदास और उशीनर, तीनों सामन्ती शासक घोर कामुक, अभिजात और क्षुद्र हैं। गालव स्वार्थी है और विश्वामित्र दम्भी।

सामंती समाज के नियम माधवी को भोग्या बनाने पर तुले हैं, उसका मानवीय अस्तित्त्व इन नियमों के वश में रहने के कारण क्षुब्ध है। यह द्वन्द्व इतिहास और चरित्र के दोनों धरातलों पर व्यक्त होता है। इसीलिए गालव का क्षुद्र रूप और भी तीव्रता से उभरता है। उसका उद्देश्य पूरा हो जाने के बाद माधवी उसके प्रति अपने प्रेम को तिलांजलि देते हुए फटकारती है। उसकी फटकार आत्मकेन्द्रित बौद्धिक वर्ग के प्रति मध्यकालीन स्त्री के क्षोभ की अभिव्यक्ति है, जिसे महाभारतकार ने वाणी नहीं दी थी, प्रगतिशील कथाकार भीष्म साहनी ने वाणी दी है। तीनों राजाओं समेत गालव के लिए वह कहती है, "कभी-कभी मुझे लगता है मैं कोई दुःस्वप्न देख रही हूँ, और मेरे चारों ओर राक्षस और दानव घूम रहे हैं, कर्तव्यपरायण दानव... तीनों राजा मेरे बच्चों को साथ लेकर यहाँ पहुँच गये हैं। जैसे मछली पकड़ने के लिए काँटे में छोटी मछली लगा दी जाती है, वे मेरे बच्चों को मेरे सामने लाकर मुझे प्रलोभन देंगे। सभी कर्तव्य के पक्के, सभी महमानव। तुमने मेरे यौवन की आहुति देकर अपनी गुरुदक्षिणा जुटाई है।" ('माधवी', राजकमल, 1994, पृ. 93) ऐसा लगता है मानो वह बाजारवादी युग का कोई पात्र है!

गालव के प्रति माधवी का क्षोभ स्पष्ट है। अब वह गालव के साथ नहीं रह सकती। चक्रवर्ती सन्तानों को जन्म देने के वरदान के कारण गालव उसे पाने का इच्छुक है; लेकिन तीन-तीन राजाओं की सन्तानें पैदा करते-करते उसका यौवन ढलने लगा है, जिसे देखकर गालव ठिठक जाता है। गुरुदीक्षा के लिए मण्डप में बुलाये जाने पर वह माधवी से कहता है, "मैं सच्चे दिल से तुम्हारा आदर करता हूँ, माधवी। तुम्हारे प्रति कृतज्ञ हूँ।" माधवी दो-टूक उत्तर देती है, "मुझे तुम्हारा आदर नहीं चाहिए, गालव, न ही कृतज्ञता। मुझे जो चाहिए था, वह तुम्हारे पास नहीं है।" (पृ. 94)

वह है स्त्री के लिए प्रेम और सम्मान। इस दृष्टि से गालव को गिरीश का पूर्वज कहा जा सकता है। लेकिन माधवी सुषमा नहीं है। वह आत्मयन्त्रणा नहीं सहती, गालव द्वारा ठुकराये जाने की प्रतीक्षा भी नहीं करती। वह स्वयं कहती है, "तुम निश्चिन्त हो जाओ, गालव, तुम सचमुच स्वतन्त्र हो। मैं तुम्हारी पत्नी नहीं बन सकती। ...मैं तो वह माँ हूँ जिसकी गोद भरती गयी और खाली होती गयी। अब तो सन्तान धारण करने से भी मुझे डर लगता है।" (पृ. 95)

प्राचीन काल की कथा हो या आधुनिक काल की, मध्यवर्ग में गालव-गिरीश के अनेक प्रतिरूप मिलते हैं। ये प्रोफ़ेसर से भिन्न प्रकृति के बुद्धिजीवी हैं। शक्ति और सत्ता से अभिभूत, उसे पाने के लिए किसी भी करणीय-अकरणीय के लिए तत्पर। इनसे भिन्न वे आधुनिक बुद्धिजीवी हैं जो प्रतिरोध और विद्रोह के पक्ष में खड़े दिखाई देते हैं। लेकिन उनमें भी मध्यवर्गीय चरित्र अपना विलक्षण रूप अभिव्यक्त करता है।

मध्यवर्गीय अवसरवाद और वामपक्ष

आदर्श और व्यवहार की ऐसी असंगतियाँ मानव-सम्बन्धों में आने वाले परिवर्तन के कारण जन्म लेती हैं। ये परिवर्तन स्वयंस्फूर्त ढंग से आते हैं, किसी निर्धारित योजना से नहीं। दूसरे शब्दों में, इन परिवर्तनों का सम्बन्ध लक्ष्य-निर्धारित विकास से नहीं, सामाजिक शक्तियों की दिशाहीन गति से है। जिन बुद्धिजीवियों को इस बारे में दिशा-निर्देश करना चाहिए, वे स्वयं मध्यवर्गीय सीमाओं में क़ैद हैं। सामाजिक अन्तर्विरोध की तीक्ष्णता उच्च वर्ग में और निम्न वर्ग में अधिक परिलक्षित होती है। अपनी स्थिति के कारण मध्यवर्ग इनके बीच सेतु का काम करने की आकांक्षा रखता है। किन्तु वह इन दोनों से लाभ उठाने और अपनी अलग स्थिति कायम रखने के प्रयास में किसी तरफ़ नहीं हो पाता। यह स्थिति पूँजीवादी कहे जाने वाले बुद्धिजीवियों की ही नहीं, वामपक्षी बुद्धिजीवियों की भी है। एक यथार्थवादी लेखक के रूप में भीष्म जी इस बात से मुँह नहीं चुराते। मध्यवर्ग की आलोचना में वामपक्ष के मध्यवर्गीय बुद्धिजीवियों की आलोचना भी सम्मिलित है।

शुरू में 'नया मकान' के गिरिजा बाबू के बारे में उनकी पत्नी द्वारा बताया गया यह कथन उद्धृत है कि खाते-पीते घरों के लड़के ज़्यादा दूर नहीं जाते। यह बड़ी सटीक पहचान है। गिरिजा बाबू पुराने कामरेड हैं। वाचक उसका पुराना दोस्त और साथी है। गिरिजा बाबू बेहद शानदार नया मकान बनाते हैं। उनकी पत्नी विमला वाचक को मकान दिखाती हैं। पीछे की तरफ़ नौकरों के कमरे जैसा एक छोटा-सा कमरा है—"यह रहा आपके दोस्त का कमरा!" ('पटरियाँ', पृ. 46) गिरिजा को कामरेडी जीवन की याद सताती है, तब वह इसी में सोता है, चारमीनार सिगरेट पीता है, साइकिल से घूमता है, धूल-धूसरित होकर लौटता है। वाचक मज़ाक़ करता है, "धूल में कौन लोटता है विमलाजी?" गिरिजा भावुक होकर जवाब देता है कि मैं आज भी वही हूँ जो बीस साल पहले था; विमला कहती है—तुम बीस साल पहले भी वही थे जो आज हो। (पृ. 47)

व्यंग्य की यह अन्तर्धारा बहुत-सी उन परतों को खोलती है जो सामान्यतः अदृश्य रहते हैं। ऐसा व्यंग्य परसाई और अमरकान्त में दिखाई देता है। वाचक को पता नहीं था कि जीवन की दिशा बदल लेने के बाद गिरिजा को पुराने कामरेड-जीवन की याद भी आती होगी। गिरिजा के पाखण्ड को उसकी पत्नी ख़ूब उभारती है, "इधर पैसे कमाते हो, उधर झेंपते भी हो, यह क्या बात हुई?" ड्राइवर नहीं रखना, कार नहीं लेना, बढ़िया कपड़े नहीं पहनना, लेकिन बड़े-से लॉन वाला बड़ा-सा मकान बनवाना क्या पाखण्ड नहीं है? (पृ. 48) ऐसे पाखण्ड पत्नियाँ सबसे अधिक उजागर करती हैं। कारण, उनके जीवन मूल्य वही नहीं होते जो पुराने कामरेडों के होते हैं। इसलिए वह दुविधा भी उनमें नहीं होती।

शराब सेवन के दौरान गिरिजा एक पुरानी घटना याद करता है। मीटिंग के समय पुलिस से बचकर भागने की घटना। उसकी पत्नी कहती है कि इनके मामा पुलिस में हैं, ये झूठ-मूठ भागते फिरें तो कोई क्या करे? पहले उसे डर लगता था कि पकड़े गये तो क्या होगा! उसके पिता ने समझाया, "कुछ नहीं होगा। खाते-पीते घरों के लड़के ज़्यादा दूर नहीं जाते।" (पृ. 51) मध्यवर्गीय क्रान्तिकारिता की यह सटीक परिभाषा है। यह आज अत्यन्त प्रासंगिक है। गिरिजा का नशा बढ़ता है और क्रान्तिकारी दिनों की याद भी बढ़ती है। वाचक नज़्म की फरमाइश करता है। गिरिजा ज्यों ही शुरू करता है—मुझसे पहली-सी मुहब्बत मेरे महबूब न माँग, विमला कहती है, "बड़ी घिसी-पिटी नज़्म है...इस नज़्म से कामरेड लोग पितरों की पूजा आरम्भ करते हैं!" (पृ. 53) नशा और बढ़ता है। गिरिजा बार-बार एक ही बात दोहराने लगता है—"मैं क्रान्ति के लिए बना हूँ; तुम मेरे बच्चों की माँ हो...!" (पृ. 55)

यह है मध्यवर्गीय क्रान्तिकारिता की परिणति! भारत में वामपक्ष की असफलता के पीछे एक कारण यह भी है। समस्या यह नहीं है कि पुराने कामरेड इस तरह का व्यवहार करते हैं। समस्या यह है कि क्रान्तिकारी पार्टी में इस तरह के लोग भरे हुए हैं। जो पार्टी से बाहर नहीं गये, उनका चरित्र गिरिजा से अलग नहीं है। भीष्म जी ने उस तरह के चरित्र नहीं आँके। लेकिन भूतपूर्व क्रान्तिकारियों के माध्यम से यह तो स्पष्ट कर ही दिया कि इस तरह के लोग शामिल होते हैं। वे बीस साल पहले भी वही होते हैं जो आज हो गये हैं। समस्या इस तरह के लोगों के आने और जाने की नहीं है। समस्या यह है कि पार्टियाँ भी बाहर जाकर सफलता पाने वाले ऐसे लोगों को ज़्यादा महत्त्व देती हैं। इसका चित्रण 'गलमुच्छे' कहानी में है।

'गलमुच्छे' का वाचक पार्टी कामरेड है। पुराने दोस्तों से मिलना उसे अच्छा नहीं लगता। पुरानी मोहक स्मृतियाँ टूट जाती हैं। आज वह जिससे मिलने जा

रहा है, उसके साथ एक ही यूनियन में काम कर चुका है। साथ में नाटक भी खेले हैं। उससे मिलने में उत्साह है। मित्र बीती बातें करते हुए भावुक होता है। वाचक उसी जीवन में है इसलिए भावुक नहीं होता। ('वाङ्चू', पृ. 74) मित्र इस बात का उल्लेख करता है कि पार्टी में सही आदमी को सही काम देने की ज़रूरत है। वाचक गणित में एम.ए. है लेकिन उसे दरी बिछाने, पर्चा बाँटने का काम दिया जाता है। (पृ. 76)

मित्र अब सफल व्यक्ति है। पार्टी से बाहर आकर उसने एक संस्था बनायी है। उसका डाइयक्टर है। वाचक पार्टी में रह गया है इसलिए कार्यकर्ता है। सफल होने वाला पुराना साथी पार्टी के लिए भी महत्त्वपूर्ण है। उसे पार्टी के एक कार्यक्रम में मुख्य अतिथि बनाया गया है। उसी का निमन्त्रण देने कार्यकर्ता साथी (वाचक) आया है। यह कहानी सत्तर के दशक की है। तब नये भविष्य का सपना जीवित था। लेकिन भीष्म जी ने वामपन्थी पार्टियों में पनपते अवसरवाद को रेखांकित किया था। कार्यकर्ताओं से सम्बन्धित पार्टियों की नीति की भी आलोचना की थी। आज बाजारवादी दौर में इस तरह की प्रवृत्तियाँ अधिक मज़बूत हुई हैं। यह आलोचना एक मित्र लेखक की है। शत्रु की नहीं।

इन कहानियों में मध्यवर्गीय वामपन्थियों के कायाकल्प और पार्टियों में व्यवहार की आलोचना है। उन्हें सीमित अर्थ में बुद्धिजीवी कहा जा सकता है। 'मालिक का बन्दा' कहानी जनवादी रचनाकारों के अवसरवादी व्यवहार की तीव्र आलोचना करती है।

नागदा से उज्जैन जाने के लिए ट्रेन स्टेशन पर खड़ी है। उज्जैन में 'जनवादी कवि सम्मेलन' हो रहा है। ('वाङ्चू', पृ. 62) एक डिब्बे में कवि सम्मेलन में जाने वाले कवि बैठे हैं। रेलवे हवलदार रतनसिंह उस डिब्बे में किसी को घुसने नहीं दे रहा है। कवि धीरे-धीरे इकट्ठा हो रहे हैं। हवलदार रेल कर्मचारी को चाय लाने के लिए कहता है। कर्मचारी देखता है कि पैसे कौन देगा, कोई देगा भी या नहीं। (58) लेकिन कवियों को इससे कोई मतलब नहीं। वे मज़े से चाय पीते हैं। ग़रीब चायवाला मन मसोसकर रह जाता है। हवलदार के डर से कुछ बोलता नहीं। यह हवलदार रेलवे गोदाम से सीमेंट, सरिया वग़ैरह चुराकर मन्दिर बनवाता है। अपनी हिम्मत की कहानी कवियों को सुनाता है। बात-बात पर कहता है, सब 'उस मालिक ने' कराया है; 'भगवान साहस दे' तो सब हो जाता है!(पृ. 60) इसलिए वह 'मालिक का बन्दा' है।

इन सब बातों से भी 'जनवादी' कवियों को कोई विरक्ति नहीं होती। वे मुफ्त में मिलने वाली सुविधा छोड़ने को तैयार नहीं हैं। पराकाष्ठा तब होती है

जब एक पढ़े-लिखे सज्जन इस अनारक्षित डिब्बे में जगह देखकर बैठने की ज़िद करते हैं। हवलदार उन्हें ज़ोर का धक्का मारता है। इस तरह एक मुसाफिर को मुजरिम बना देता है। (पृ. 67) पर कवि कुछ नहीं बोलते। कवियों के पास टिकट नहीं है। वे मुफ्त की यात्रा करते हैं, मुफ्त की चाय पीते हैं, अनीति होते हुए चुपचाप देखते हैं। यह सुविधाभोगी मध्यवर्गीय चरित्र का लगभग वैसा ही विश्लेषण है जैसा परसाई करते हैं। यहाँ भीष्म जी की वर्णन-शैली भी परसाई जैसी है। इन 'बुद्धिजीवियों' से यह आशा नहीं की जा सकती कि वे संघर्षशील समुदायों को क्रान्तिकारी रास्ता दिखायें।

संघर्षशील बुद्धिजीवी

जयदेव और कुन्तो एक बार नये सिरे से जीवन शुरू करने के लिए बम्बई चले जाते हैं। वहाँ नाटक में काम करते हैं। साथ काम के दौरान प्रेम बढ़ता था, घर आने के बाद अन्दर की दाह में सम्बन्ध जलता था। ख़र्च चलाने के लिए जयदेव तरह-तरह के काम करता है। उसे अनुवाद का थोड़ा-सा काम मिलता है। कुन्तो पूछती है कि कुछ पेशगी मिली? वह बताता है, "मुझसे एक अनुवादक कह रहा था, 'अनुवाद से पैसा कमाना उँगलियों के नाखूनों से कुआँ खोदने के बराबर होता है'।" (पृ. 310) यह बौद्धिक वर्ग का एक अलग स्तर है। खाते-पीते घरों से भिन्न, संघर्षशील बुद्धिजीवियों का स्तर। ऐसे चरित्र भीष्म जी के यहाँ कम ही हैं लेकिन 'दिवास्वप्न' कहानी का वाचक देवव्रत ऐसा ही एक दूसरा उदाहरण है।

देवव्रत प्रोफ़ेसर की तरह सुरक्षित जीवन नहीं जीता, न गिरीश की तरह पहचान बना पाता है। घर का पुश्तैनी व्यापार छोड़कर स्कूल की मामूली नौकरी करता है, एक प्रकाशक के प्रूफ देखता है, हर सप्ताह दो मील चलकर दस रुपये वसूलने पैदल जाता है। उसी प्रकाशक ने उसका पहला कहानी संग्रह भी छापा है। उसकी स्थिति निम्न मध्यवर्ग की है। निरन्तर आर्थिक कष्ट में रहने की। पत्नी की उमंगें उसकी महत्त्वाकांक्षा में डूब गयीं। वह समझता है कि "हम लेखक लोग, जो लोगों को यथार्थ का बोध कराते फिरते हैं, स्वयं दिवास्वप्नों में जीते हैं। यथार्थ से तो मेरी पत्नी जूझ रही थी, मैं तो अपने जुनून में खोया था।" ('निशाचर', राजकमल, 1983, पृ. 107) यह आत्मव्यंग्य संघर्षशील मनुष्यों में ही हो सकता है। भीष्म जी की अचूक दृष्टि इस तथ्य को बख़ूबी प्रकट करती है।

देवव्रत के सहोदर हैं जहूर बख़्श। अधेड़ उम्र के। हिन्दी के लेखक और अनुवादक। शेख सादी के 'गुलिस्ताँ' और 'बोस्ताँ' का अनुवाद उन्होंने ही किया था। किसी झोंपड़पट्टी या निर्धन बस्ती में रहते थे। लोग सम्मान करते थे। उन्हें

भरोसा था कि साम्प्रदायिक दंगों में उनके घर हमला नहीं होगा। तभी दरवाज़े पर कुल्हाड़ी का प्रहार शुरू होता है। ('निशाचर', पृ. 123) दंगाई घर में घुसते हैं। सामान की लूट के लिए छीना-झपटी होती है। किताबों को कोई नहीं पूछता। वे बाद में जलायी गयीं। जो बच गयीं, वे भागते लोगों की ठोकरों से नष्ट होती गयीं—अभिज्ञान शाकुन्तलम, गोदान...! (पृ. 121) वह किताबों-पाण्डुलिपियों को बचाने की कोशिश करता है, जैसे जीते-जागते इन्सानों को बचा रहा हो। पाण्डुलिपियों को नष्ट होते देखकर उसे लग रहा था मानो ख़ुद अपनी मौत देख रहा हो। लेकिन दंगे में बस्ती जली, उसका घर भी जला, किताबें और पान्डुलिपियाँ भी जलीं। उसके बाद वह विक्षिप्त की तरह भटकता था। निर्धन वर्ग के इस बुद्धिजीवी की नियति प्रोफ़ेसरों और गिरीशों से भिन्न, साधारण नागरिकों जैसी है। बस, उनसे अधिक संवेदनशील होने के नाते परिस्थितियों की प्रतिक्रिया अधिक तीव्र रूप में ग्रहण करते हुए!

जैसे गिरीश का पूर्वज गालव था, वैसे ही जहूर बख्श का पूर्वज हानूश है। उसकी पृष्ठभूमि यूरोप के ज्ञानोदय-काल की परिस्थितियाँ हैं। यह युग आविष्कारों का युग है। हानूश भी सत्रह साल की मेहनत से घड़ी का आविष्कार करता है। नये आविष्कारों के पुरोधा अपने समय के उत्कृष्ट बुद्धिजीवी थे। लेकिन रूढ़िवादी चर्च और उभरती व्यापारिक शक्तियों के बीच अन्तःसंघर्ष में सामन्ती सत्ता अपनी श्रेष्ठता स्थापित करती है। इसके लिए राजा हानूश की आँखें निकलवा लेता है। तर्क यह है कि दूसरी ऐसी घड़ी न बन सके। नाटक का एक पात्र ऐमिल हानूश की पत्नी कात्या से कहता है, ''हानूश को अन्धा ही इसलिए किया गया कि महाराज सौदागरों और गिरिजेवालों के बीच अपनी ताक़त को बनाये रखें।" ('हानूश', 1977, राजकमल पेपरबैक्स, 1986, पृ. 91) सत्रह साल के अपने प्रयत्न में हानूश की लगन, उसकी पत्नी कात्या का संघर्ष, उसके पादरी भाई और लोहार आदि की सहायता जैसी अनेक बातें यह ज़ाहिर करती हैं कि भीष्म जी व्यक्ति-पूजा का दृष्टिकोण नहीं रखते। व्यक्तिगत प्रतिभाएँ ऐतिहासिक परिस्थितियों और सामाजिक शक्तियों के सन्दर्भ में ही साकार होती हैं।

यह ज़रूर कहा जाना चाहिए कि पूँजीवादी बुद्धिजीवियों से भिन्न भीष्म जी का नज़रिया इन प्रतिभाओं को किसी वर्ग से यान्त्रिक रूप में बाँध देने वाला नहीं है। हानूश इसका उदाहरण है। वह न सामन्ती सत्ता का चाकर है, न व्यापारी वर्ग का सेवक। उसका अपना अस्तित्त्व है। सामाजिक शक्तियों के द्वन्द्व में बुद्धिजीवी वर्ग के लिए अनुकूल परिस्थितियाँ मिलती हैं, वह नये निर्माण के अवसर पाता है, यह एक बात है। लेकिन वह इनमें से किसी एक का अंग नहीं होता। महाराजा यदि क्रूर और दम्भी हैं तो सौदागर भी अपने जन्मकाल

से ही खुदगर्ज हैं। शेबचेक नगरपालिका पर घड़ी लगाकर बादशाह के स्वागत द्वारा उसे खुश करना चाहता है ताकि दरबार में व्यापारियों का प्रतिनिधि भेजा जा सके। टाबर की दिलचस्पी इस बात में है कि यूरोप में घड़ी की माँग पूरी करके मुनाफ़ा कमाया जाय और पालिका पर घड़ी लगने के बाद यात्रियों की जो भीड़ आयेगी, उन पर टैक्स लगाकर आमदनी बढ़ाई जा सकेगी। इनमें से किसी की रुचि हानूश में नहीं है। उसके लिए इनमें से कोई नहीं बोलता। वह समाज का अंग है, महाराज और व्यापारी समाज के शासक और लुटेरे। स्वभावतः समाज का अर्थ श्रमिक, शासक, मध्यवर्गीय नागरिक हैं। इनसे अभिन्न होने पर बुद्धिजीवी अपनी सार्थकता पाता है, भले ही उसे कुर्बानी देनी पड़े।

अवसरवाद और समझौतावाद से अलग बुद्धिजीवियों की इस शृंखला में 'मय्यादास की माड़ी' के उस अंग्रेज अध्यापक को नहीं भुलाया जा सकता जो 'इंडिया हाउस' की मीटिंग में ब्रिटिश सरकार और व्यापारियों के प्रतिनिधियों को असुविधा में डालता है। वह उन्नीसवीं शताब्दी के उन ब्रिटिश बुद्धिजीवियों का प्रतिनिधित्व करता है जो अभिजात वर्ग से जुड़े हैं लेकिन उनके अन्याय और शोषण का विरोध करते हैं। उनके लिए समृद्धि ही सब कुछ नहीं है। वे न्याय के आदर्श को व्यवहार में ढालने का समर्थन करते हैं। शेली-बायरन जैसे अँग्रेजी कवि इसी प्रवृत्ति से सम्बद्ध थे। वे ब्रिटिश राष्ट्रवाद का अर्थ भारत जैसे उपनिवेशों की खुली लूट नहीं समझते थे।

इस मीटिंग में ब्रिटिश मन्त्री के अलावा भारत में निवेश करने वाले व्यापारी भी शामिल हैं। सत्ता ईस्ट इंडिया कम्पनी से महारानी के हाथ में आ चुकी है। उसके मन्त्री भारत में रेल निर्माण के लिए पैसा लगाने वाले हिस्सेदारों का डर दूर करने का प्रयत्न कर रहे हैं। वे बताते है कि "जितना सस्ता मज़दूर हिन्दुस्तान में मिलता है, उतना सस्ता अफ्रीका में भी नहीं मिलता...ज़रा सोचिए, भारत में चलने वाली रेलगाड़ियों से भारत को तो लाभ होगा ही, वे ब्रिटेन को भी मालामाल कर देंगी। कपास और कॉफ़ी और चाय और गरम मसाले—ये सब बुवायेंगे भी हम, उनके दाम भी हम निर्धारित करेंगे, उन्हें ख़रीदेंगे भी हम, और वहाँ से निर्यात भी हम करेंगे...। ...और मैं भेद की भी एक बात बता दूँ। ...आपने जो पूँजी भारतीय रेलवे में लगाई है, वह आपने भारत को क़र्ज़ दिया है। इसका मतलब यह है कि आपके दिये हुए क़र्ज़ पर आपको सूद भी मिलेगा, और शेयरों पर जो मुनाफ़ा होगा, वह अलग रहा।" ('मय्यादास की माड़ी', राजकमल 1988, पृ. 163)

मन्त्री महोदय 1813 से 1844 तक के आँकड़े देते हुए भारत की लूट से होने वाली आमदनी का दृश्य पेश करते हैं। यहाँ भीष्म जी 'अँग्रेजी राज की

प्रगतिशीलता' वाले वामपन्थी बुद्धिजीवियों से बिल्कुल अलग खड़े दिखाई देते हैं। ये मन्त्री यह भी बताते हैं कि "जितनी ज़्यादा कपास भारत से आती है, उतनी ही बड़ी मण्डी भारत में हमारे बुने हुए कपड़ों के लिए खुल रही है।" (पृ. 165) एक अध्यापक ने किसी के कहने से कुछ शेयर ख़रीद लिए थे। वह भी सभा में उपस्थित है। इस प्रवचन के बीच वह सवाल करता है कि "अगर मैं भूल नहीं करता तो भारत में पहले से बहुत कपड़ा बनाया जाता है, और तरह-तरह का बहुत बढ़िया कपड़ा बनाया जाता है। वहाँ हमारा कपड़ा बिकने के लिए जाय, इसमें क्या तुक है?" मन्त्री महोदय समझाते हैं कि "व्यापार के अतिरिक्त हमारा एक दायित्व भी है। पुरातनपन्थी भारत को खींचकर आधुनिक युग में लाना है। ...और फिर यह मत भूलिए कि भारत एक पिछड़ा हुआ कृषिप्रधान देश है..." इत्यादि। इस पर अध्यापक फिर बोल पड़ता है, "यह गलत है कि भारत कृषिप्रधान देश है। वह एक ऊँचे दर्जे का औद्योगिक देश भी है। दुनिया-भर में उसकी चीजें पहुँचती रही हैं। आप उसे मात्र कृषिक्षेत्र बनाये रखना चाहते हैं, यह अन्याय है।" (पृ. 166) मानो वह रामविलास शर्मा से तथ्य लेकर गया हो! बहस आगे बढ़ती है। वह मुर्शिदाबाद के बुनकरों के अँगूठे काटे जाने की बात उठाता है, जिससे मैनचेस्टर के कपड़े को मण्डी मिले। इस पर उसे 'देशद्रोही' कहा जाता है। मानो आज की भारत सरकार ने इसी से सीख ली हो!

मन्त्री और व्यापारी इस बात पर एकमत हैं कि साम्राज्य स्थापित करने का काम एक महान राष्ट्रीय ध्येय है, जिसके लिए कोई भी कुर्बानी दी जाय, कम है। यह कुर्बानी भारतीय कारीगर और किसान दे रहे थे, उस पर साम्राज्य की स्थापना ब्रिटिश व्यापारी और ज़मींदार कर रहे थे। कपास के अलावा ऊन, अनाज आदि का निर्यात भी भारत से जबरदस्ती किया गया। यहाँ के लोगों को भुखमरी में झोंककर। अध्यापक ने 'देशद्रोह' का जवाब दिया, "देशप्रेम के अतिरिक्त मेरी दिलचस्पी न्याय में भी है, नैतिक मूल्यों में भी है। हमारा देश इसका भी दम भरता है।" (पृ. 168) मानो वह शेली के राजनीतिक परचे पढ़कर आया था!

पाखण्ड व्यक्ति का ही नहीं होता, राष्ट्र का भी होता है। न्याय और देशप्रेम में टकराव होने पर सच्चा बुद्धिजीवी न्याय का पक्ष लेता है, भीष्म जी ने यह सन्देश देकर राष्ट्रोन्माद के दिनों के लिए मार्गदर्शक का काम किया है। उनकी प्रासंगिकता और सन्दर्भवत्ता के लिए इन सूत्रों पर ध्यान देना आवश्यक है। क्रीतदास बुद्धिजीवियों से अलग न्यायचेता बुद्धिजीवियों के सक्रिय होने पर ही हमारे समाज का मानवीय भविष्य निर्भर है। भीष्म जी ने सभी तरह के बुद्धिजीवियों का चित्रण करके एक राह बनाने की कोशिश की है, यह उनकी सजगता और प्रतिबद्धता का द्योतक है।

उन्माद के बीच भीष्म साहनी

विभूतिनारायण राय

किसी रचनाकार को उसके जन्मशती के अवसर पर क्यों याद किया जाना चाहिए? ख़ासतौर से तब जब उसे इस दुनिया से गये भी वर्षों हो गये हों? राजनीति ही नहीं साहित्य, कला, और संस्कृति से जुड़े व्यक्ति का मूल्यांकन करते समय भी यह देखना दिलचस्प होगा कि अपने समय के साथ उसके कैसे रिश्ते थे? व्यक्ति अपने समय की निर्मिति होता है पर बड़े व्यक्ति अपने समय का अतिक्रमण तो करते ही हैं, उसे समझने में हमारी मदद करते हैं, साथ ही उससे मुठभेड़ भी करते हैं और एक तरह से उसकी सामूहिक चेतना को विकसित करने का काम करते हैं। भीष्म साहनी को भी अगर उनकी मृत्यु के एक दशक बाद हम याद कर रहे हैं तो स्वाभाविक ही है कि अपने समय में उनके हस्तक्षेप को लेकर ही यह विमर्श खड़ा होगा।

भीष्म एक वामपन्थी बुद्धिजीवी थे। कम्युनिस्ट नेताओं से उनके रागात्मक सम्बन्ध थे और पार्टी से जुड़े प्रगतिशील लेखक संघ के वे वर्षों तक सक्रिय सदस्य और पदाधिकारी रहे। यह याद रखना इसलिए भी आवश्यक है कि उनके साहित्य का मूल्यांकन बिना इस जानकारी को केन्द्र में रखे अधूरा ही रहेगा। वे स्वांतः सुखाय नही लिखते थे और प्रेम तथा घृणा जैसी मूल मानवीय प्रवृत्तियाँ भी उनके यहाँ समाज सापेक्ष थीं।

लेखक से पहले भीष्म साहनी राजनीतिक कार्यकर्ता बने। जवानी की शुरुआत स्वतन्त्रता आन्दोलन में भागीदारी से हुई। छिटपुट कहानियाँ ज़रूर लिखते रहे पर लोगों का ध्यान 'अमृतसर आ गया है' के बाद ही गया। पहले इप्टा, फिर सोवियत रूस में पूर्णकालिक अनुवाद कार्य और लौटकर प्रगतिशील लेखक संघ की सांगठनिक ज़िम्मेदारियाँ जैसी बहुत सारी गतिविधियाँ थीं जो उन्हें पूर्णकालिक गम्भीर लेखक बनने या उस रूप में लिए जाने से रोक रही थीं।

जब उनका कालजयी उपन्यास 'तमस' छपा वे साठ साल के होने ही वाले थे। उसके पहले उनके दो उपन्यास 'झरोखे' और 'कड़ियाँ' छप चुके थे पर उन्हें कोई विशेष नोटिस नहीं किया गया था। 1974 में तमस के छपते ही साहित्य जगत में ख़ास तरह की हलचल मची और यह स्वाभाविक ही था उसे अगले ही साल का साहित्य अकादमी सम्मान भी मिला। इसके बाद उनके चार और उपन्यास बसन्ती (1979), मय्यादास की माड़ी (1987), कुन्तो (1993) और नीलू, नीलिमा और नीलोफर (2000) आये। उनके उपन्यासों में मुझे सबसे अच्छा 'मय्यादास की माड़ी' लगता है और सबसे कमज़ोर नीलू, नीलिमा और नीलोफर। यह लेख मुख्य रूप से साम्प्रदायिकता से जुड़े उनके लेखन को लेकर है इसलिए अपनी पसन्द-नापसन्द के कारणों पर नहीं जाऊँगा।

व्यक्ति, लेखक और राजनीतिक कार्यकर्ता के रूप में भीष्म साहनी की निर्मिति जिस परिवेश में हो रही थी उसमें स्वाभाविक ही था कि साम्प्रदायिकता उनके यहाँ इतने विकराल रूप से दिखती है। 1920-40 का समय भारतीय समाज के लिए भयानक उथल-पुथल का था। स्वतन्त्रता आन्दोलन और साम्प्रदायिक हिंसा—दोनों चरम पर थे। पहला महायुद्ध ख़त्म हो चुका था और दूसरा इसी दौरान शुरू हुआ। दोनों महायुद्धों में ब्रिटिश या मित्र राष्ट्रों के हितों के लिए लाखों भारतीयों ने अपनी कुर्बानी दी। यह भी हुआ कि युद्धों की विरासत में मिली भयानक आर्थिक मन्दी तथा जीवन और सम्पत्ति के भीषण विनाश ने ब्रिटिश साम्राज्यवाद को अच्छी तरह से समझा दिया कि उनके चलाचली की बेला आ गयी है। ऐसे कठिन वक़्त में गौरांग महाप्रभुओं ने इस जटिल परिस्थिति को और जटिल बनाने का ही काम किया।

यह एक सरलीकृत स्थापना होगी कि हिन्दू-मुस्लिम सम्बन्धों में बिगाड़ सिर्फ़ साम्राज्यवाद की देन है। दोनों धर्मावलम्बियों के मध्य रिश्तों में बिगाड़ के पीछे बहुत से सामाजिक, आर्थिक और राजनीतिक कारण थे। इस छोटे से लेख में विस्तार से जाने का समय नहीं है पर उस बुनियादी समझ का ज़िक्र आवश्यक होगा जिसके आधार पर भीष्म जैसे गाँधी के नेतृत्व में पुख़्ता यक़ीन रखने वाले कांग्रेसी कार्यकर्ता स्वतन्त्रता आन्दोलन में भागीदारी कर रहे थे। गाँधी भीतर तक धार्मिक थे और अपने राजनीतिक कार्यक्रमों में भी धार्मिक प्रतीकों का भरपूर प्रयोग करते थे। रामराज्य की उनकी कामना और प्रार्थना सभाओं में कार्यकर्ताओं से राजनीतिक मुद्दों पर संवाद उनकी सारी सदिच्छओं के बावजूद कहीं-न-कहीं मुस्लिम समुदाय के बड़े हिस्से में उनको लेकर अविश्वास पैदा करता था और मुस्लिम लीग के इस तर्क को मज़बूत करता था कि कांग्रेस मूलतः हिन्दुओं की

पार्टी है और देश के मुसलमानों का प्रतिनिधित्व तो सिर्फ़ मुस्लिम लीग ही कर सकती है। दूसरी तरफ़ गाँधी मुसलमानों के उस नेतृत्व से संवाद में अधिक सुविधा महसूस करते थे जो उनकी तरह गहरे धार्मिक थे। यह अलग बात है कि धार्मिक गाँधी कहीं से साम्प्रदायिक नहीं थे पर मौलाना आज़ाद जैसे अपवादों को छोड़ दें तो उनके सम्पर्क में आने वाला ज़्यादातर इस्लामी नेतृत्व कट्टरपन्थी और अनुदार था और हिन्दू-मुस्लिम एकता की बातें उसके लिए रणनीतिक या टैक्टिकल अधिक थीं। पाकिस्तान के प्रगतिशील इतिहासकार डॉ. मुबारक अली अपनी पुस्तक 'पाकिस्तान इन सर्च आफ आइडेंटिटी' में दक्षिण एशिया में मुस्लिम धार्मिक कट्टरता की जड़ें ख़िलाफ़त आन्दोलन (1919-1922) में पाते हैं। राजनीति शास्त्र के पन्डित और प्रोफ़ेसर खालिद बिन सईद की पुस्तक 'पाकिस्तान : द फार्मेटिव इयर्स' (1968) के अनुसार इस आन्दोलन ने न सिर्फ़ क्षेत्र के मुसलमानों को धार्मिक आधार पर संगठित किया बल्कि हिन्दुओं ने भी इसके बाद धार्मिक पहचान पर ज़ोर देना शुरू कर दिया। प्रथम विश्वयुद्ध के दौरान 1919 में ब्रिटिश नेतृत्व वाली सेनाओं के हाथों तुर्की की हार के बाद खलीफा को हटाये जाने की सम्भावना से चिन्तित मुस्लिम जनता का नेतृत्व करने मदरसों और मस्जिदों से बड़ी संख्या में उलेमा निकले। इस भू-भाग में पहली बार किसी राजनैतिक कार्यवाही को धार्मिक नेतृत्व मिला था। इस्लाम के कट्टरपन्थी व्याख्याकारों ने भारत को भी दारुल हरब यानी मुसलमानों के न रहने लायक जगह घोषित कर दिया और उनके इस मूर्खतापूर्ण आह्वान पर बहुत से परिवार अपनी सम्पत्ति बेचकर अफगानिस्तान चले गये। यह अलग बात है कि तुर्की में अँग्रेजों ने नहीं कमाल अता तफ़र्क ने खलीफा को हटाया और अफगानिस्तान गये मुस्लिम परिवारों को वापस खदेड़ दिया गया। इस तरह गाँधी और उलेमा के नेतृत्व में चला ख़िलाफ़त आन्दोलन अपनी मौत मर गया, पर उसका जो दूरगामी असर भारतीय समाज पर पड़ा उसका असर आज तक दिखता है।

गाँधी के विराट व्यक्तित्त्व के कारण अक्सर कांग्रेस के कार्यक्रम उनकी एकल ज़िद पर तय कर लिए जाते थे और कांग्रेसी कार्यकर्ता स्वतन्त्रता हासिल करने के लिए एक ज़रूरी उपाय की तरह उसमें कूद पड़ता था। ख़िलाफ़त आन्दोलन के साथ भी यही हुआ। मुस्लिम लीग के नेता जिन्ना की तरह बहुत से कांग्रेसी नेता भी इसके ख़िलाफ़ थे पर उनकी एक न चली। अपने हिन्दू प्रतीकों की तरह गाँधी ने ख़िलाफ़त जैसे साम्प्रदायिक आन्दोलन को भी हिन्दू-मुस्लिम भाईचारे का माध्यम समझा और इन के बीच एकता के लिए धर्म को अलग रखकर भूमि सुधारों, साहूकारों की लूट या रोजगार के लिए दोनों साझा आन्दोलन कर सकते

हैं इस पर उनका ध्यान कम गया। देश के एक बड़े समुदाय की समझ इसी तरह से विकसित हुई। भीष्म भी उनमें से एक थे। साम्प्रदायिकता को लेकर उनके लेखन में यह समझ साफ़ दिखती है।

यह भी एक आम समझ थी कि ब्रिटिश दोनों को आपस में लड़ाकर लम्बे समय तक शासन करना चाहते हैं। कुछ हद तक यह सही भी थी पर उपनिवेशवादियों के अलावा भारतीय नेतृत्व, कांग्रेसी और मुस्लिम लीग दोनों, भी इसके लिए कुछ हद तक जिम्मेदार हैं। 'तमस' में कई दिनों तक हिन्दू-सिखों और मुसलमानों के बीच चल रहा संघर्ष बड़े नाटकीय ढंग से ख़त्म हो जाता है। गुरुद्वारे में छिपे बचे-खुचे सिख जब अन्तिम लड़ाई के लिए तैयार हो रहे हैं और एक मुसलमान बलवाई गुरुद्वारे की खिड़कियों में आग लगाने ही वाला है ऊपर आसमान में एक जहाज मँडराने लगता है। जहाज ब्रिटिश सरकार का प्रतीक है। बलवाई हाथ की तीली नीचे फेंक देता है और सिख घोषित कर देते हैं कि अब फ़साद ख़त्म हो गया क्योंकि अब सरकार बहादुर की नज़र उन पर पड़ गयी है। दंगे शुरू होने के पहले जब सूअर का मांस मस्जिद में मिलने के बाद कांग्रेसी प्रतिनिधिमण्डल कलक्टर रिचर्ड से मिलने जाता है तो उसके मन में यह विश्वास है कि सरकार प्रयास कर के हिंसा नहीं होने देगी। "छावनी भी ब्रिटिश सरकार की है और हुकूमत भी..." इस तर्क का कलेक्टर पर कोई असर नहीं पड़ता। उसकी पत्नी लीज़ा के मन में तो यहाँ तक संशय है कि वह हिन्द-मुसलमानों को आपस में लड़ने से रोकना चाहता भी या नहीं पर कांग्रेसी समझ यही है कि सरकार दंगे रोक देगी। ज़ाहिर है कि यह समझ सत्ता की नीयत और अन्तर्विरोधों को सही परिप्रेक्ष्य में न पकड़ पाने से उत्पन्न हुई है।

'तमस' 1974 में लिखा गया। पृष्ठभूमि में भिवण्डी के भयानक दंगे थे। यह भारतीय समाज का कटु यथार्थ है कि संविधान मे देंश को धर्मनिरपेक्ष बनाने की सारी कोशिशों के बावजूद 1961 में जबलपुर में हुए आज़ादी के बाद के पहले बड़े साम्प्रदायिक दंगों के पश्चात लगभग हर दो-तीन साल के अन्तराल पर हिन्दू-मुस्लिम दंगे होते रहे हैं और भिवण्डी उसी शृंखला की एक कड़ी थी। इनमें हर बार एक ही कहानी दोहराई जाती रही है। हर बार मुस्लिम अल्पसंख्यकों को लगता है कि भारतीय राज्य ने उनके साथ न्यायपूर्ण व्यवहार नहीं किया है, हर बार उन्हें लगता है कि भारतीय राज्य ने दंगों के दौरान वह सब नहीं किया जो उसे करना चाहिए या उसने वह सब किया जो उसे नहीं करना चाहिए था। एक फ़र्क़ यह आया था कि विभाजन पूर्व के कांग्रेसी भीष्म तब तक कम्युनिस्ट बन चुके थे। शायद इसीलिए 'तमस' में कुछ समझदार कम्युनिस्ट पात्र हैं जो

कांग्रेसी और मुस्लिम लीगी नेताओं को एक साथ बैठाकर दंगे रुकवाना चाहते हैं। पर यहाँ भी उस राजनीतिक समझ का अभाव है जो इन सबके पीछे काम कर रही साम्राज्यवादी और साम्प्रदायिक शक्तियों के गठजोड़ को समझ सके। भीष्म साहनी उस गाँधीवादी सरलीकृत समझ के शिकार हैं जो धार्मिक प्रतीकों के आधार पर हिन्दू-मुस्लिम एकता की कल्पना करती है।

यदि उपरोक्त कमज़ोरियों को नज़रअन्दाज़ कर दिया जाय तो भीष्म जी साम्प्रदायिक हिंसा के भँवर में डूबे मनुष्य मन के कुशल चितेरे के रूप में दिखते हैं। उनका रचनाकार यह जानता है कि हिंसा के दौरान हमला करने वाला भी बुरी तरह डरा हुआ होता है। लगभग युद्ध जैसी स्थिति होती है जब एक सिपाही परिस्थितियों में घिरकर 'शत्रु' पर हमला करता है। पूरी यात्रा-भर डरा-सिमटा बैठा 'अमृतसर आ गया है' का मरियल सरदार सुरक्षित क्षेत्र में पहुँचते ही अपने से हट्टे-कट्टे मुसलमान के सर पर डण्डा बजा देता है। पहले शिकार पर भेजा गया, किंकर्तव्यविमूढ़ता से जूझता हुआ, तन और मन दोनों से कोमल किशोर मुसलमान फेरीवाले के शरीर में छुरा घोंपता है। इन्हीं की तरह कुछ ऐसे अविस्मरणीय चरित्र भी हैं जो मानवीयता की मशाल बन कर उभरते हैं। 'निमित्त' का ड्राइवर शेर सिंह, 'शोभायात्रा' की सरदारनी या 'तमस' का फतेहदीन ऐसे ही चरित्र हैं जो हिंसा के चरम पर भी अपना विवेक नहीं खोते और दूसरे धर्मावलम्बी को उन्मादी भीड़ से बचाकर सुरक्षित स्थान पर पहुँचा देते हैं। भीष्म जी के यहाँ एक से अधिक खोये-बिछुड़े बच्चे हैं जिनकी परवरिश 'दूसरों' द्वारा होती है और मनुष्य स्वभाव और अनुभव संसार की अद्‌भुत दुनिया में हमें ले जाते हैं।

उर्दू के मुकाबले हिन्दी में विभाजन पर कम लिखा गया है। भीष्म साहनी सम्भवतः इस विषय पर गुणवत्ता और मात्रा दोनों लिहाज से हिन्दी के श्रेष्ठतम रचनाकार हैं। हालाँकि उनका सही मूल्यांकन सिर्फ़ इन्हीं रचनाओं के बल पर नहीं किया जा सकता। इनसे इतर उनकी कई श्रेष्ठ रचनाएँ हैं और उन सब को ध्यान में रखकर ही उन पर कोई राय बनाई जानी चाहिए।

भीष्म साहनी के उपन्यास

इतिहास के आईने में 'तमस' : जनसाहित्य की धरोहर

नमिता सिंह

1947 में हुआ भारत विभाजन बीसवीं सदी की एक भयानक त्रासदी के रूप में विश्व के इतिहास में दर्ज है। धर्म, नस्ल-जाति के आधार पर फैलाई जाने वाली घृणा ऐसी ही मानव विरोधी त्रासदियों का कारण बनती है। बीसवीं सदी के इस कालखण्ड के इतिहास का अध्ययन आने वाली पीढ़ियों के लिए बहुत महत्त्वपूर्ण है। दो विश्वयुद्ध झेल चुकी इस सदी ने रूस जैसे उपमहाद्वीप में दबी-कुचली असहाय दिखने वाली जनता का मुक्ति संघर्ष देखा तो जर्मनी के निरंकुश हिटलर का पराभव भी देखा जिसने अपनी सत्ता और शक्ति के लिए नस्लवादी घृणा का भरपूर इस्तेमाल किया और साठ लाख यहूदी अमानवीय यन्त्रणा झेलते हुए मौत का शिकार हुए। यही राजनीति-जनित साम्प्रदायिक घृणा इस भारतीय उपमहाद्वीप में विभाजन का कारण बनी जिसमें लगभग छह लाख लोग नृशंसतापूर्वक मारे गये। लगभग एक लाख औरतें अमानवीय क्रूरता का शिकार हुईं और क़रीब एक करोड़ लोग अपने वतन से उखड़कर विस्थापित हुए जो अपने-आप में अभूतपूर्व था। इस हिंसा ने दोनों ही देशों के सामाजिक ताने-बाने को विकृत किया और परस्पर अविश्वास का ऐसा वातावरण निर्मित किया जिसने इक्कीसवीं सदी तक आते-आते दोनों देशों की राजनीति को लगातार जटिल से जटिलतर बनाया है। विभाजन और उससे उपजी साम्प्रदायिक घृणा का विष दोनों ओर की राजनीति की जड़ों में समा गया है। इस त्रासदी के जनक ब्रिटिश उपनिवेशवाद की नीतियाँ उनकी कूटनीति में कोहिनूर की तरह आज भी सुशोभित हैं। ब्रिटिश उपनिवेशवाद अपनी नीतियों में पूर्णतया सफल रहा।

भारत विभाजन को आधार बनाकर हिन्दी, उर्दू और पंजाबी के अलावा अंग्रेज़ी, बंगला, गुज़राती, सिन्धी में भी विपुल साहित्य लिखा गया है। उर्दू में अब्दुला हुसैन का उपन्यास 'उदास नस्लें', कुर्रतुल-एन-हैदर का 'आग का दरिया',

शौकत सिद्दीकी का 'खुदा की बस्ती' उल्लेखनीय हैं। उर्दू में राजिन्दर सिंह बेदी (लाजवन्ती), ख़्वाजा अहमद अब्बास (सरदार जी) के अलावा पाकिस्तान के अशफ़ाक़ अहमद की गड़रिया तथा अहमद नदीम कासमी की 'बड़े सरकार' समेत अनेक कहानियाँ बेहद चर्चित हुईं। मंटो ने तो इस विभाजन को जिस तरह अपने मन पर झेला उसने उनकी आत्मा को इस कदर घायल किया कि 1948 में पाकिस्तान चले जाने के बाद भी उनकी क़लम मरते दम तक लहूलुहान रही। यूँ सरहद के इस पार और उस पार की उनकी ढेरों कहानियाँ इस मौज़ूँ पर हैं लेकिन अगर सिर्फ़ टोबा टेकसिंह, सहाय, खोलदो, खुदा की कसम, मोज़ेल, गुरमुखसिंह की वसीयत, सियाह हाशियें और ठण्डा गोश्त जैसी कहानियों को ही ध्यान में रखा जाय तो साम्प्रदायिकता की राजनीति से लेकर अँधेरे-उजाले के बीच डोलती इन्सानियत और घृणा की दास्तान पूरा इतिहास बन जाती है। सर सिरिल रेडक्लिफ़ जिसने हिन्दुस्तान के मानचित्र पर बंगाल और पंजाब के क्षेत्र में लाल स्याही से लाइन खींची थी उसकी नज़रों में यह मात्र ''भूमि का विभाजन था दो समुदायों के लिए जिनका खानपान, पूजा पद्धति नितान्त भिन्न थे।'' रेडक्लिफ की मदद के लिए दो हिन्दू, एक मुसलमान और एक सिख सलाहकार भी थे ''लेकिन वे सिर्फ़ हर बिन्दु पर आपस में लड़ते ही रहे।'' (इंडिया आफ्टर गाँधी, रामचन्द्र गुहा, पृ. 13)

हिन्दी में विभाजन की त्रासदी और उससे निर्मित साम्प्रदायिकता के विविध रूपों पर आधारित कहानियों की लम्बी फेहरिस्त है। कुछ उल्लेखनीय कहानियों के रूप में शरणदाता (अज्ञेय), सिक्का बदल गया (कृष्णा सोबती), ख़ुदा-ख़ुदा की लड़ाई (यशपाल), खन्ने का कुआँ (चन्द्रगुप्त विद्यालंकार) के नाम लिए जा सकते हैं। दरअसल, विभाजन पर महत्त्वपूर्ण साहित्य चाहे वह पंजाबी, उर्दू, हिन्दी अथवा अंग्रेज़ी में लिखा गया हो उनके सभी लेखक पंजाबी थे। उनकी कृतियों में पंजाब का जनजीवन और संस्कृति जिसे पंजाबियत कहते हैं, उन्हें विशिष्ट बनाती है। ये बात हिन्दुस्तान और पाकिस्तान दोनों ओर के लेखकों पर लागू होती है। वास्तव में त्रासदी के शिकार तो दोनों ही ओर के लोग समान रूप से रहे। इसलिए भाषा के आधार पर भेद करना भी मुश्किल हो जाता है। अमृता प्रीतम की 'पिंजर' (पंजाबी), कृश्न चन्दर की 'पेशावर एक्सप्रेस' (उर्दू), अनवर अली की 'गुड़ दी भेली' (पंजाबी), इलियास घुमन की 'हलक्का' (पंजाबी), गुरुदेव सिंह रूपाना की 'शीशा' (पंजाबी), खुशवन्त सिंह की 'ट्रेन टू पाकिस्तान' (अंग्रेज़ी) के अलावा मोहन राकेश की कहानी 'मलबे का मालिक' (हिन्दी) में उल्लेखनीय हैं। लगभग इसी थीम पर मोहिन्दर सिंह जोशी की कहानी 'तरबेनी'

(पंजाबी) भी एक संवेदनशील कहानी है। 'तमस' और 'झूठा सच' के लेखक भी उसी पंजाब के बाशिन्दे हैं।

उपन्यास साहित्य में रामानन्द सागर का 'और इन्सान मर गया' हिन्दी-उर्दू दोनों के खाते में शुमार होता है। यूँ आज मंटो जैसा लेखक भी हिन्दी और उर्दू की साझी विरासत है। हिन्दी के उपन्यासों में यशपाल का 'झूठा सच', बदीउज्जमाँ की कहानी 'छाको की वापिसी' और कमलेश्वर का 'लौटे हुए मुसाफिर' के अलावा राही मासूम रज़ा का उपन्यास 'आधा गाँव' और भीष्म साहनी का 'तमस' विभाजन के वातावरण में निर्मित साम्प्रदायिकता के कारणों के साथ-साथ इन्सानी रिश्तों की पड़ताल भी करते हैं। 'झूठा-सच', 'आधा गाँव' और 'तमस'—ये तीनों उपन्यास बीसवीं सदी के हिन्दी कथा-साहित्य की महत्त्वपूर्ण कृतियाँ हैं। झूठा सच (प्रथम खण्ड—वतन और देश) 1958 में प्रकाशित हुआ, यानी विभाजन के ग्यारह वर्ष बाद। 1966 'आधा गाँव' और 1972 'तमस' का प्रकाशन वर्ष है। विभाजन के लगभग 25 वर्ष बाद भीष्म साहनी ने 'तमस' लिखा। 'आधा गाँव' के बारे में यदि हम बात करें तो वह पूर्वी उत्तर प्रदेश के गाज़ीपुर जिले के गाँव गंगौली की कहानी है जहाँ पुरानी ज़मींदारी के खँडहर हैं। आपसी तनातनी के दाँव-पेचों में मुब्तिला यह ऊँचे खानदानी शिया परिवारों का गाँव है जहाँ भोजपुरी उर्दू बोली जाती है। पारिवारिक घटनाओं के बीच विभाजन का दौर आता है। नये लड़के-लड़कियाँ अलीगढ़ मुस्लिम यूनिवर्सिटी में भी पढ़ रहे हैं। उनमें कुछ मुस्लिम लीगी विचारधारा के समर्थक हैं, जिन्ना के समर्थक हैं और वे भी मुसलमानों की उन्नति के रूप में पाकिस्तान की स्थापना को देख रहे हैं। विभाजन का विभिन्न समाजों पर जो असर हुआ और विभाजन पश्चात भारत की राजनीति में जो बदलाव आये, नये जाति समीकरण बने, समाजों में विभाजन की जो रेखाएँ गहरी हुई और साम्प्रदायिकता सत्ता के साथ बगलगीर हुई, 'आधा गाँव' उसकी गाथा है।

देश विभाजन से पहले पंजाब की सामाजिक स्थितियाँ और जनजीवन का विशद चित्रण यशपाल 'झूठा सच' में करते हैं। धीरे-धीरे राजनीतिक माहौल में होने वाली गतिविधियाँ स्वाभाविक रूप से कथानक का हिस्सा बनती हैं जिसमें कांग्रेसी हैं, आक्रामक मुस्लिम लीग के लोग हैं, कम्युनिस्ट विचारधारा के लोग, विद्यार्थियों में वामपन्थी स्टूडेंट फेडरेशन के लोग हैं। इस परिदृश्य में मास्टर तारा सिंह की सिख सभा के लोग हैं तो रतन और उनके सहयोगी हिन्दू संगठन के प्रतिनिधि पात्र हैं जो लगातार साम्प्रदायिक हिंसा में शामिल हैं। दूसरी ओर ज्ञानदेवी और ईश्वर कौर जैसी महिलाएँ हिन्दू रक्षक लड़ाकू महिला संगठन का प्रचार करती दिखाई देती हैं। पत्रकार, अध्यापक, बुद्धिजीवी अपनी-अपनी भूमिकाओं में हैं।

'तमस' भी कमोबेश इसी पृष्ठभूमि में विभाजन के समय के पंजाब की कहानी है लेकिन राजनीतिक माहौल, सामाजिक वातावरण की निर्मिति 'झूठा सच' से इस रूप में थोड़ा अलग हो जाती है कि यहाँ उपन्यास की कथावस्तु में अगस्त 1947 के विभाजन से पहले का वातावरण है। पूरा उपन्यास पाँच दिन की साम्प्रदायिक हिंसा और मारकाट के माहौल से उपजा है। पाँच दिन की यह विशद गाथा विभाजन की पूरी तस्वीर पाठकों के सामने रख देती है।

आज़ादी से पहले बीसवीं सदी के चौथे दशक से कांग्रेस के अति महत्त्वाकांक्षी नेता, इंग्लैण्ड में पढ़े, बैरिस्टर और आकर्षक व्यक्तित्त्व वाले प्रखर वक़्ता मुहम्मद अली जिन्ना कांग्रेस से अलग होकर मुस्लिम लीग के शीर्ष नेता बन गये। यूँ ब्रिटिश राज के प्रोत्साहन से 1906 में ही मुस्लिम लीग बन चुकी थी। मार्ले-मिंटो सुधार के अन्तर्गत 1909 में पृथक मुस्लिम निर्वाचन क्षेत्र की नीति बनी जो ज़ाहिराना तौर पर मुस्लिम समुदाय के लिए ब्रिटिश राज के आशीर्वाद के रूप में थी। इसने उत्प्रेरक का काम किया और आर्यसमाज के नेताओं के द्वारा 1909 में पहली पंजाब हिन्दू सभा बनी जिसका उद्देश्य हिन्दू समाज के हितों की रक्षा करना था। लाला लाजपतराय और पं. मदनमोहन मालवीय जैसी हस्तियाँ भी इससे जुड़ीं। इसके 1915 में हरिद्वार के कुम्भ मेले में होने वाले अधिवेशन में स्वामी श्रद्धानन्द के साथ गाँधी जी भी उपस्थित थे। सम्भवतः इसी तरह के कारण थे कि मुस्लिम लीग के नेता कांग्रेस को हिन्दू ब्राह्मण-बनियों की पार्टी कहते थे। 1920 के बाद हिन्दू महासभा की नेतृत्वकारी भूमिका में सावरकर कांग्रेस के सबसे बड़े विरोधी के रूप में उभरे जिसका मुख्य कारण कांग्रेस द्वारा मुस्लिम समुदाय को मुख्यधारा की राजनीति में लाने की नीति थी। दिलचस्प है कि अंग्रेज़ी राज का विरोध मुस्लिम लीग और हिन्दू महासभा दोनों के एजेंडा में नहीं था और दोनों ही उनके कृपाकांक्षी थे। यही थी ब्रिटिश राज की सफलता। भारतीय जनता के प्रतिरोध स्वरूप 1857 की जनक्रान्ति से सबक लेते हुए सर्वप्रथम उन्नीसवीं सदी के अन्तिम दशक में 'सेफ्टी वॉल्व' के रूप में विशिष्ट भारतीय वर्ग के द्वारा इंडियन नेशनल कांग्रेस का गठन। फिर अंग्रेज़ी राज को कभी स्वीकार न करने वाले मुस्लिम समुदाय पर ब्रिटिश सरकार का वरदहस्त। तत्पश्चात दूसरे छोर पर हिन्दू महासभा। यह मन्तव्य पहले भी बंगाल के बड़े लेखक बंकिमचन्द्र अपने उपन्यास 'आनन्दमठ' में व्यक्त कर चुके थे जहाँ हिन्दू प्रतिरोध का मुख्य लक्ष्य अंग्रेज नहीं बल्कि 'म्लेच्छ' थे। सितम्बर 1925 में महासभा से अलग होकर केशव बलिराम हेडगेवार ने राष्ट्रीय स्वयंसेवक संघ की स्थापना की जो प्रत्यक्षतः राजनीतिक दल न होकर हिन्दू धर्मार्थ सांस्कृतिक संगठन के रूप में तेज़ी से विस्तारित हुआ।

1937 में प्रान्तीय चुनावों में कांग्रेस को हिन्दू महासभा और मुस्लिम लीग के मुकाबले भारी जीत मिली। लेकिन 1939 में कांग्रेसी मन्त्रिमण्डलों ने वायसराय लॉर्ड लिनलिथगो के उस निर्णय के विरुद्ध इस्तीफ़े दे दिये जब हिन्दुस्तानी फ़ौज को एकतरफ़ा निर्णय के द्वारा दूसरे विश्वयुद्ध में झोंक दिया गया। उस समय हिन्दू महासभा और लीग दोनों ने अंग्रेज़ी राज का समर्थन किया और मिलकर मंत्रिमण्डल बनाये। सिन्ध, उत्तर पश्चिम सीमान्त प्रान्त और बंगाल में ऐसी सरकारें बनीं। एक और दिलचस्प तथ्य है कि 1943 में सिन्ध प्रान्त की मुस्लिम लीग के गुलाम हुसैन हिदायतुल्लाह के नेतृत्व वाली इस मिली-जुली सरकार ने पहली बार आधिकारिक रूप से मुस्लिमों के लिए एक अलग देश 'पाकिस्तान' के पक्ष में प्रस्ताव पारित किया। हिन्दू महासभा के किसी मन्त्री ने इस पर मन्त्रिमण्डल से त्याग-पत्र नहीं दिया। वे मात्र जवाबी विरोध करके रह गये। इसी तरह कांग्रेस ने जब 'भारत छोड़ो' का नारा दिया जिससे पूरा देश आज़ादी की भावना से ओत-प्रोत हो उठा, उसका सबसे मुखर विरोध हिन्दू महासभा और लीग ने किया। सभा के बंगाल के नेता श्यामा प्रसाद मुखर्जी ने तो इस सम्बन्ध में आन्दोलन से निबटने के लिए अंग्रेज सरकार को पत्र भी लिखा। सभा और राष्ट्रीय स्वयंसेवक संघ विचारधारा और अपनी नीतियों में समान थे। दोनों ही कांग्रेस की सेक्यूलर विचारधारा और धर्मनिरपेक्ष राष्ट्र की अवधारणा के विरोधी थे। वे केवल अपनी कार्यप्रणाली में ही भिन्न थे।

मुस्लिम लीग बीसवीं सदी के पाँचवे दशक से राजनीतिक और सामाजिक पटल पर लगातार दबाव बना रही थी और अपने तीव्र से तीव्रतर होते जा रहे कांग्रेस विरोध तथा साम्प्रदायिक एजेंडे के माध्यम से ब्रिटिश हुकूमत पर यह ज़ाहिर कर रही थी कि हिन्दू-मुसलमान दो अलग कौमें हैं, उनके हित अलग हैं और उनके बीच सह-अस्तित्त्व सम्भव नहीं। हर हिन्दू-मुस्लिम दंगा इस अवधारणा को और मज़बूत करता। दूसरी ओर हिन्दू रक्षक दल के रूप में हिन्दू महासभा, राष्ट्रीय स्वयंसेवक संघ और उनसे जुड़े अन्य अनुषांगिक संगठन अपनी आक्रामकता के साथ पूरे मुकाबले को तैयार हो रहे थे। इसी पृष्ठभूमि के साथ स्वतन्त्रता पूर्व होने वाले साम्प्रदायिक दंगों को देखा जा सकता है। बंगाल में तीसरे दशक में भी दोनों समुदायों में बेहद हिंसक दंगे हो चुके थे। ये दंगे बिहार तक पहुँचे और उनकी अनुगूँज पंजाब में भी सुनाई देने लगी थी।

बंगाल की हिन्दू जनता पूर्व के अनुभवों के कारण सचेत और चौकन्नी थी जहाँ धार्मिक आधार पर संघर्ष का इतिहास रहा है लेकिन पंजाब में आमतौर पर दोनों समुदायों के बीच संघर्ष और झगड़े का पूर्व इतिहास नहीं था। वहाँ

मिला-जुला समाज रहा है। पंजाब में सिख समुदाय अन्त तक, पूर्व में घटी कुछेक हिंसक घटनाओं के बावजूद इस उम्मीद में था कि अन्त में सब ठीक हो जायेगा और उन्हें वतन छोड़कर नहीं जाना पड़ेगा। इसका एक कारण और था। बंगाल की परिस्थितियों के विपरीत पंजाब में हिन्दू-सिख समुदाय के अधिकतर लोग सम्पन्न व्यापारी और महाजन थे। अनाज की मण्डी और कपड़े का व्यापार भी उनके हाथों में था। गाँवों में वे धनी किसान थे और अपने कामगारों के साथ जो अधिकतर मुसलमान थे, उनका निकट का सम्बन्ध था। सिख किसान-ज़मींदार अन्त तक अपनी ज़मीनों से चिपके रहे। दरअसल बीसवीं सदी की शुरुआत में अंग्रेजों ने पश्चिमी पंजाब को नवनिर्मित नहरों के जरिये बेहद उपजाऊ बना दिया था। नये सिंचाई के साधनों से सिंचित भूमि पर बड़ी संख्या में पूर्वी पंजाब से सिख किसान परिवार पश्चिम में बसाये गये। उनकी कड़ी मेहनत रंग लायी और वह क्षेत्र उनकी सम्पन्नता का परिणाम बना। फिर उनका पवित्र 'ननकाना साहब' भी उसी क्षेत्र में था। विभाजन पूर्व होने वाली अशान्ति और दंगों के बावजूद वे सिख दुबारा अपनी बसाई धरती से उखड़ने को तैयार नहीं थे और आखिर तक उनकी यह इच्छा बनी रही कि जल्दी ही सब ठीक हो जायेगा।

इस परिदृश्य को ध्यान में रखते हुए जब हम 'तमस' के कथानक का अध्ययन करते हैं तो यह स्पष्ट होता है कि तमस में घटनाओं का ताना-बाना बेहद इतिहास सम्मत है। उपन्यास के मुख्य ऐतिहासिक घटनाक्रम में बेहद संजीदगी और वस्तुगत दृष्टि के साथ समुदायों के विभिन्न वर्गों और राजनीतिक दलों के चरित्र और कार्यविधि को चित्रित किया है। इसका सहज-स्वाभाविक कारण लेखक का स्वयं उस वातावरण का एक हिस्सा होना रहा है। रावलपिण्डी से लाहौर तक उनका बचपन और युवावस्था बीती। वहीं पढ़े-लिखे। राजनीतिक गतिविधियों से जुड़े रहे। साहित्यिक-सांस्कृतिक संगठनों का तथा शिक्षकों की यूनियन का हिस्सा रहे। सबसे अहम बात कि पच्चीस साल के अन्तराल में भावनाओं की वह उत्तेजना, बड़ी उथल-पुथल और संकट से पैदा होने वाली प्रतिक्रिया की उग्रता तिरोहित हो चुकी थी। अब दृष्टि में अधिक स्पष्टता थी और विचारों में सन्तुलन के साथ विश्लेषण की तार्किकता थी, इतिहास-बोध था। इसीलिए उपन्यास अपने परिदृश्य संयोजन तथा पात्रों के चरित्र-चित्रण में बेहद प्रामाणिक है।

उपन्यास का पहला अध्याय ही आगे के कथानक की ज़मीन तैयार कर देता है। ज़ाहिर है मुरादअली जैसे दंगे के एजेंट हमेशा-हमेशा से ऐसी ही भूमिका निभाते रहे हैं। मुस्लिम लीग जानती थी कि हर दंगा समुदायों के बीच होने वाले ध्रुवीकरण को तथा पाकिस्तान के निर्माण के पक्ष में उनकी दावेदारी

को और मज़बूत करता है। दिलचस्प बात यह है कि बीती शताब्दी से लेकर आज इक्कीसवीं शताब्दी तक हिन्दू-मुसलमानों के बीच वैमनस्य पैदा करने के वही तरीक़े चल रहे हैं। यानी सुअर और गाय को मारकर धर्मस्थलों में फेंक देना। इससे किसका हित साधन होगा यह तर्क कोई नहीं समझना चाहेगा। यह भी कि हम लोगों के ईश्वर या खुदा इतने शक्तिहीन क्यों हैं? वे आसानी से क्यों अपमानित हो जाते हैं कि उनकी रक्षा उनके बन्दों, भक्तों को करनी पड़ती है। नत्थू चमार द्वारा मुरादअली के कहने पर सूअर को मारे जाने वाला प्रकरण निश्चित रूप से कल्पना के सहारे गढ़ा गया है। इसका पुनर्पाठ करते हुए डॉ. तुलसीराम का 'मुर्दहिया' याद आने लगा जहाँ सुअर को मारने के, बलि देने के कई प्रसंग हैं और जो उनकी आपबीती का हिस्सा हैं। लेकिन लेखकीय कौशल और कलात्मकता इस प्रसंग में भी प्रामाणिकता का अहसास कराती है। यह जो प्रभाव उत्पन्न करता है वह दरअसल कथावस्तु का प्रवेश द्वार है। इस प्रसंग की विलक्षण प्रभावोत्पादकता पाठक को उस ऐतिहासिक वातावरण के अँधेरे का साक्षात्कार करने के लिए तैयार कर देती है।

'तमस' मेरी दृष्टि में 'जनता का साहित्य' कही जाने वाली श्रेणी की एक उत्कृष्ट कृति है। जैसा यशपाल ने अपने उपन्यास 'दिव्या' की भूमिका में कहा, 'इतिहास विश्वास की नहीं, विश्लेषण की वस्तु है' और वर्तमान में सन्दर्भों में इसके कुछ अनिवार्य पाठ हो सकते हैं। भीष्म जी ने भी अपनी आत्मकथा 'आज के अतीत' में कहा है, ''मुझे ठीक से याद नहीं कि कब बम्बई के निकट भिवण्डी नगर में हिन्दू-मुस्लिम दंगे हुए। पर मुझे इतना याद है कि उन दंगों के बाद मैंने 'तमस' लिखना आरम्भ किया था।'' भिवण्डी की घटनाओं ने सिर्फ़ उनकी लाहौर, रावलपिण्डी की और 15 अगस्त 1947 से पहले वहाँ होने वाले दंगों की स्मृतियों को ही ताज़ा नहीं किया बल्कि उनके सामने इन दंगों के पीछे की अन्तर्कथाओं को, सियासत के खेल और राजनीतिक पार्टियों की भूमिका को तथा शासन और व्यवस्था की संवेदनहीनता और मन्तव्यों को उजागर करने का दायित्व भी दिया। कहना न होगा कि भीष्म जी अपने इस उपन्यास के माध्यम से अपने अलग-अलग वर्ग के पाठकों की अपेक्षाओं को सफलतापूर्वक पूरा करते हैं।

1972 में छपे इस उपन्यास का औसतन हर वर्ष में एक संस्करण प्रकाशित हो रहा है। प्रेमचन्द के कथा-साहित्य के अलावा यह लोकप्रियता शायद ही हिन्दी कथा-साहित्य में किसी अन्य कृति को मिली हो।

उपन्यास आरम्भ होते ही सीधे-सीधे दंगे के माहौल से जा टकराता है जिसकी भूमिका का निर्माण मुरादअली और नत्थू के द्वारा मारा गया सूअर कर चुके हैं।

रॉल्फ फॉक्स अपनी पुस्तक 'द नॉवेल एंड दी पीपल' में कहते हैं कि यथार्थ को जानने-समझने के लिए सत्य से जुड़ा सैद्धान्तिक ज्ञान ज़रूरी है। लेकिन यह सत्य केवल व्यावहारिक सक्रियता से ही प्राप्त हो सकता है। भीष्म जी की वैचारिकता और तथ्यात्मकता एक लम्बे अन्तराल के बाद न केवल राजनीतिक बल्कि सामाजिक और मनोवैज्ञानिक धरातल पर भी परिस्थितियों का विश्लेषण करती है और मानवीय सम्बन्धों के ताने-बाने को कलात्मक अभिव्यक्ति देती है।

उपन्यास का राजनीतिक परिदृश्य भी आज जैसा ही है। कांग्रेस में बुजुर्ग बख़्शी जी हैं जिन्होंने सोलह साल जेल में बिताये हैं और सचमुच वे इन हिंसक घटनाओं से चिन्तित हैं। लाला लक्ष्मीनारायण जैसे व्यापारी हैं जो हिन्दू संगठन को भी आर्थिक मदद करते हैं । जरनैल सिंह जैसा फटेहाल आज़ादी का दीवाना है। दूसरे व्यवसायिक धन्धों में लगे मेहता जी, मास्टर रामदास, शंकर हैं और साथ ही कम्युनिस्ट कहलाने वाले अज़ीज़, हकीम साहब और देवदत्त हैं। मुस्लिम लीगी महमूद जैसे लोग अज़ीज़ और हकीम साहब को, यहाँ तक कि मौलाना अबुल कलाम आज़ाद को भी हिन्दुओं का कुत्ता कहकर पुकारते हैं। यूँ आमने-सामने होने पर लीगी और कांग्रेसी दोस्ताना व्यवहार भी करते हैं मानो विरोध तो केवल राजनीति के अखाड़े में ही है।

मस्जिद की सीढ़ियों पर मरे सूअर को देखकर प्रभातफेरी निकालने वाले कांग्रेसी दल के लोग ही उसे उठाकर बाहर फेंकते हैं और सीढ़ियाँ धोकर साफ़ करते हैं लेकिन मुरादअली का मन्तव्य पूरा हो चुका है। एक गाय भी कहीं मारी जा चुकी है। पूरा माहौल उबाल पर है। ऐसे में देवदत्त और अज़ीज़ जैसे लोग ही जान जोखिम में डालकर ऑल पार्टी मीटिंग की कोशिशें कर रहे हैं। इस तनावपूर्ण माहौल में कम्युनिस्ट कहलाये जाने वाले कुछ साथी भी हिन्दू-मुसलमान हो रहे हैं जिससे देवदत्त जैसे लोगों की चिन्ता वाजिब है। देवदत्त बहुत मुश्किल से मुस्लिम लीगी हयात बख़्श के घर ऑल पार्टी मीटिंग कराने में सफल होता है और शान्ति की अपील करने की बात होती है। कम्युनिस्ट जगदीश मुसलमान मज़दूरों के बीच उनको मानसिक सम्बल देने जाता है। देवदत्त हिंसात्मक वातावरण को देख कामरेड अज़ीज़ को जगदीश के पास भेजता है। लेकिन आज़ादी का दीवाना फटेहाल जरनैल सिंह शान्ति की अपील करता हुआ मारा जाता है। देवदत्त और अज़ीज़ जैसे संगठनकर्ता और जान हथेली पर रखकर ऊँचे सामाजिक और राजनीतिक मूल्यों के लिए संघर्ष करने वाली अनेकों शख़्सियतें उस दौरान हुआ करती थीं। आज राजनीति में मात्र अवसरवाद दिखाई देता है। देवदत्त और अज़ीज़ जैसे कामरेड आज समय के साथ थक चुके हैं और वोट की राजनीति के माहौल में उनसे आगे

की पीढ़ी भी निष्क्रिय हो चुकी है। अवसरवादिता प्रखर राजनीतिक दलों को सिद्धान्तहीन ही नहीं बनाती बल्कि घुन की तरह लगकर खोखला कर देती है।

उस दौर की अवसरवादी राजनीति के चरित्रों को भी भीष्म जी ने ख़ूब पहचाना है और उनके पाखण्ड को उजागर किया है। कांग्रेसी लक्ष्मीनारायण का बड़ा व्यापार है। वो भीतर से घोर हिन्दूवादी है और हिन्दू संगठन के अगुआ वानप्रस्थी जी के यहाँ युवकदल के लिए लाठियाँ ख़रीदने हेतु चन्दा देता है। "जो एक मुर्गी को नहीं मार सकता वह दुश्मन को क्या मारेगा"–अखाड़ा संचालक मास्टर देवव्रत के आदेश पर अन्ततः लक्ष्मीनारायण का किशोर बेटा रणवीर मुर्गियाँ काटकर दीक्षा लेता है और हमेशा 'म्लेच्छ' शिकार ढूँढ़ता रहता है ताकि शौर्य प्रदर्शन कर सके। अन्त में निरीह बूढ़ा इत्रफरोश ही मिलता है, उसे जो उसका शिकार बनता है। अखाड़ा संचालक देवव्रत की खाकी नेकर, काले रंग के डबल बूट में सजी वेशभूषा है। उसके अनुसार, "वेदों में सब कुछ लिखा है...कि म्लेच्छ गन्दे होते हैं" (पृ. 78)।

रावलपिण्डी, लाहौर जैसे पश्चिमी पंजाब के शहरों में हिन्दू अधिकतर बड़े व्यापारी थे। कपड़ा और अनाज का व्यापार मुख्यतः उनके हाथों में था और जूतों व मोटर लारियों का काम मुसलमान करते थे। इसीलिए जैसे ही दंगा भड़कता है, सबसे पहले अनाज मन्डी में आग लगती है। कपड़ों की दुकानें जलती हैं। शेख नूरइलाही ने दंगे के दौरान अपने दोस्त लक्ष्मीनारायण की कपड़े की गाँठें जलने से बचा लीं। दोनों भीतर से कट्टरपन्थी हैं लेकिन दोस्त भी हैं। बचपन से उनका साथ है। दोनों साथ पढ़े और खेले हैं। ये सामाजिक अन्तर्विरोध भी बड़ी सच्चाई है और हम अक्सर अपने व्यवहार जगत में उनसे रू-ब-रू होते रहते हैं।

पाँच दिन बाद स्थिति सामान्य होने पर हिन्दू-मुस्लिम आबादी अपने-अपने इलाकों में सुरक्षित ठिकाना ढूँढ़ने लगती है। इसी के साथ मकानों की ख़रीद-फरोख्त का व्यापार भी तेज़ हो जाता है। ऐसा आज भी होता है। हर दंगे-फ़साद के बाद हिन्दू और मुसलमान अपने-अपने मुहल्लों में सिमटने लगते हैं और घेटोइज़्म की प्रक्रिया तेज़ होने लगती है। हमारे अलीगढ़ में ऐसे कई अलीगढ़ बसते हैं जिनका अक्सर ज़िक्र मैंने किया है।

इसी तरह अस्वाभाविक सामाजिक परिस्थितियों में मानव मनोविज्ञान के आधार पर ही सम्पन्न, कुलीन और व्यापक प्रभाव रखने वाले व्यापारी शाहनवाज़ का व्यवहार समझा जा सकता है। उसका अपने जिगरी दोस्त रघुनाथ और उनके परिवार के साथ लुक्मा तोड़ने जैसा बहुत क़रीबी का रिश्ता है। लाला लक्ष्मीनारायण के समधी भी शाहनवाज़ के बहुत क़रीबी हैं। शाहनवाज़ की पहुँच

डिप्टी कमिश्नर तक है। अनाज की मन्डी में आग लगने के बाद लक्ष्मीनारायण द्वारा अपने समधी को सूचित करने पर शाहनवाज़ उनके परिवार को एक सुरक्षित मुहल्ले में पहुँचाता है। रघुनाथ और उनके परिवार को वह पहले ही सुरक्षित क्षेत्र में पहुँचा चुका है और रोज वहाँ कुशलक्षेम पूछने जाता है। इसके कारण दंगे के दौरान अपने समुदाय के मौलादाद, हयात बख्श और फीरोज़ खालवाला जैसे अनेकों लोगों के ताने भी सुनता है लेकिन वह अपने हिन्दू मित्रों की सुरक्षा के लिए सचमुच चिन्तित है। रघुनाथ की पत्नी के कहने पर उनके खाली घर में से वह ज़ेवरों का डिब्बा लेने जाता है जहाँ रघुनाथ के परिवार का नौकर मिलखी घर की रखवाली के लिए छोड़ दिया गया है। सब कुछ सामान्य चल रहा है। चाबियों से कमरे खुल जाते हैं। पेटी में ज़ेवरों का डिब्बा भी मिल जाता है। तभी पिछवाड़े की खिड़की से मस्जिद के आँगन का दृश्य दिखाई देता है जहाँ एक मुसलमान की मैयत रखी है। इस जनाज़े का दृश्य जब वह रघुनाथ के घर आ रहा था, तब भी दिखा था। मस्जिद में लोगों की भीड़ को देखकर अचानक वह घृणा से भर उठा। तभी उसकी नज़र (हिन्दू) मिलखी पर, उसकी सिर की चुटिया पर पड़ी। "पिछले तीन दिन से जो कुछ वह देखता-सुनता आया था, वह विष की तरह उसके अन्दर घुलता रहा था। शाहनवाज़ ने सहसा ही बढ़कर मिलखी की पीठ में ज़ोर की लात जमायी। मिलखी लुढ़कता हुआ गिरा और सीढ़ियों के मोड़ पर सीधा दीवार से जा टकराया" (पृ. 159)। ज़ाहिर है मिलखी मर चुका है या मरणासन्न है। अपने निकट के, मित्र मण्डली के लोगों के बीच ऐसी ही तनावपूर्ण असामान्य परिस्थितियों में हमने लोगों को अप्रत्याशित रूप से, अस्वाभाविक रूप से व्यवहार करते देखा है जो अन्यथा सामान्य हालात में एकदम भिन्न व्यक्तित्त्व वाले होते हैं और उनकी सदाशयता पर प्रश्नचिह्न भी नहीं लगाया जा सकता। भीष्म जी में मानव मनोविज्ञान की गहरी समझ है। विषम द्वन्द्वपूर्ण परिस्थितियों में मनुष्य का व्यवहार सीधी लकीरों से या ऊपरी सतह पर जो दिख रहा है, उससे नहीं समझाया जा सकता। वह विश्लेषण की माँग करता है। यह विश्लेषण केवल अनुभवजन्य ज्ञानात्मक चेतना के अलावा गहरी मानवीय संवेदना के आधार पर ही सम्भव है।

साम्प्रदायिकता के साथ ही धार्मिकता का प्रश्न भी जुड़ा हुआ है। धर्म का कल्याणकारी मानवीय पक्ष कट्टरवाद के सामने तिरोहित हो जाता है। धार्मिक कट्टरवाद मनुष्य को असहिष्णु, हिंसक और अमानवीय बनाता है। इतिहास बताता है कि दुनिया में धर्म के नाम पर जो युद्ध लड़े गये और मानवता की जितनी क्षति हुई उतनी शायद इतर कारणों से नहीं हुई। क्या अपने देश में या अपने पड़ोसी

देशों में धर्म लगातार सत्ता और राजनीति में वर्चस्व का हथियार बन रहा है। कट्टरवाद का दर्शन सभी को एक ही धरातल पर ला खड़ा करता है—एक जैसा चोला सबको पहना देता है। केवल रंग अलग-अलग हो जाते हैं। हिन्दू संगठन के वानप्रस्थी जी मन्दिर में सत्संग के बाद गुप्त बैठक करते हैं और प्रवचन करते हैं—"फैलाये घोर पाप यहाँ मुसलमीन ने/नेअमत फलक ने छीन ली, दौलत ज़मीन ने।" और मुकाबले की तैयारियों पर चर्चा करते हैं। उधर मुस्लिम लीग घृणा और अलगाव की राजनीति कर रही है। उनके धर्मगुरु पीर साहब भी ऐसे ही धार्मिक हैं। गोलड़ा शरीफ़ के पीर जिनके "चेहरे पर (कितना) जलाल है, पेशानी से नूर बरसता है।" पीर साहब के हाथ में बड़ी शफ़ा है लेकिन वह "क़ाफिरों से नफ़रत करते हैं...वह किसी काफ़िर को नज़दीक नहीं आने देते" (पृ. 119)।

यही स्थिति सैयदपुर के गुरुद्वारे के भीतर है। ग्रन्थी तेज़सिंह का ओजपूर्ण भाषण—"आज फिर खालसा पन्थ को गुरु के सिंहों से ख़ून की ज़रूरत है...महाराज का इस वक़्त एक ही हुकुम है—कुरबानी! कुरबानी! कुरबानी!!" (पृ. 213)। पूरी संगत क्या महिला-क्या पुरुष कुरबानी की भावना से, दुश्मन को मारकर मरने की भावना से ओत-प्रोत है।

भीष्म जी ने इस उपन्यास में न केवल रावलपिण्डी के शहरी जनजीवन के बीच का बल्कि राजनीति जनित हिंसा के ग्रामीण जीवन पर प्रभाव को भी चित्रित किया है। छोटे से गाँव ढोक इलाहीबख्श में वृद्ध हरनाम सिंह का अकेला ग़ैर-मुस्लिम का घर है। बसअड्डे पर उसकी चाय की दुकान है। स्थितियाँ खराब होने पर पड़ोसी करीमबख्श आगाह करता है और हरनाम सिंह तथा उनकी पत्नी बन्तो घर छोड़कर भागते हैं। बेटा मीरपुर गाँव में है। बेटी जसवीर कौर की ससुराल सैयदपुर में है। उन्हें इत्मीनान है कि वह ज़रूर वहाँ गुरुद्वारे में सुरक्षित होगी।

लेकिन गुरुद्वारा भी तो रणस्थल बना है। उनकी तैयारियाँ देख "गुरुद्वारे के पिछवाड़े दो गलियाँ छोड़कर शेख गुलाम रसूल का दोमंजिला मकान था और मुखबिरों की सूचना के मुताबिक मुसलमानों ने उसी को अपना किला बना रखा था" (पृ. 211)। दोनों जगह असले हैं। दोनों ओर के मुखबिर सक्रिय हैं। दोनों ओर से अफवाहें तेज़ हैं और इसी के साथ तैयारियाँ भी हो रही हैं। सोहन सिंह जैसे समझदार नौजवान यहाँ भी हैं जो सियासत का खेल समझ रहे हैं। सोहन सिंह सिख संगत को समझाना चाहता है कि ख़ूनखराबा आत्मघाती होगा। इसलिए गाँव के मुसलमानों से, शेख रसूल से बात करनी चाहिए। लेकिन कोई सुनने को तैयार नहीं। गुरुद्वारे में सिख संगत के लोग और दूसरी ओर के मुसलमान, कोई यह समझने को तैयार नहीं है कि इस सियासत के पीछे अंग्रेज हैं। वह दोनों

समुदाय के लोगों को लड़ाना चाहता है। एक स्थिति यह आती है कि संगत के लोग सोहन सिंह को ही मार देना चाहते हैं।

भीष्म जी अब इसका दूसरा पहलू दिखाते हैं। उधर गाँव की मुस्लिम बस्ती में मीरदाद शेख गुलाम रसूल की ओर जाकर युद्ध के लिए आमादा लोगों को समझाना चाहता है कि अंग्रेज हाकिमों की क्या भूमिका है। वह पढ़ा-लिखा है। गाँव में स्कूल खोलना चाहता है लेकिन उसकी भी जान यहाँ सांसत में है। वह और सोहन सिंह स्थितियों को समझते हैं और इत्तेहाद चाहते हैं। लेकिन अन्त में सोहन सिंह मारा जाता है और मीरदाद खामोश हो जाता है।

कैसे परस्पर घृणा और हिंसा के माहौल में आदमी अपने साये से ही डरने लगता है इसका बेहद सटीक चित्रण हुआ है। गुरुद्वारे से मुखबिर गोपाल सिंह छिपता-छिपाता कसाइयों वाली गली में है। गली में—एक पोपले मुँह वाला बूढ़ा अपनी कमीज उठाकर और अपना अज़ारबन्द खोलकर नाली में बैठने ही वाला था कि गोपाल सिंह से टकराया। गोपाल सिंह ने समझा कि वह अपनी कमीज़ उठाकर तमंचा निकाल रहा है तो वह भागा। बूढ़ा नूरखान गली में गिर पड़ा और सरदार को देखकर चिल्लाया—"मारी दित्ता ओ मारी दित्ता"। उसकी आवाज़ सुनकर कसाइयों की दुकानों पर से दो आदमी बर्छे उठाये एक साथ लपक पड़े। अशरफ़ कसाई तो सीधा भागते आदमी के पीछे भागा और ज़ोर से अपनी लाठी फेंकी। लाठी मुखबिर के नहीं लगी पर उसके क़रीब ही गिरने पर उसका साहस टूट गया और वह चिल्ला उठा—"बचाओ, बचाओ...मार डाला" (पृ. 219)।

कहना न होगा कि युद्ध की शुरुआत हो चुकी थी। गुरुद्वारे का हर रणबांकुरा इतिहास को याद कर रहा है...'तुर्क आ गये' के घोष के साथ इतिहास को जीते हुए सब युद्ध के लिए तैयार हैं। साथ ही जसवीर कौर सहित औरतें अपने बच्चों के साथ गुरुद्वारे के कुएँ में छलांग लगा रही हैं। यह पूरा प्रसंग जलियाँवाला बाग के काण्ड की याद दिलाता है जहाँ अंग्रेजों ने निहत्थे लोगों पर गोलियाँ चलवाई थीं। इस प्रसंग में औपनिवेशिक सत्ता की कूटनीति की गोलियाँ चलती हैं। जीवन नष्ट होता है, प्रकृति नष्ट होती है। बेहद ख़ूबसूरत, हरा-भरा, फलों के वृक्षों, बहते झरने वाला सैयदपुर तबाह हो जाता है। इस मारकाट से पहले दुबला-पतला बदलेव सिंह तलवार लेकर गुरुद्वारे से निकल भागा था। उसे घर पर अकेली बैठी अपनी माँ की याद आयी। उसे विश्वास हो गया था कि इस माहौल में उसकी माँ अब ज़िन्दा नहीं होगी। वह अपनी इस कल्पना को साकार जीते हुए एक बूढ़े लुहार करीमबख्श की हत्या करके लौटता है। खून का बदला खून...जैसे दर्शन का उसने पूरी निष्ठा से निबाह किया। यह है साधारण मनुष्य

के अमानवीय बनने की प्रक्रिया जिससे हम लोग भी जो ऐसे माहौल के साक्षी रहे हैं, बख़ूबी परिचित हैं।

लेकिन मानवता इतनी आसानी से हार नहीं मानती। सदियों पुराने भाईचारे के रिश्ते ऐसी परिस्थितियों में घायल हो जाते हैं लेकिन जीवित रहते हैं। भीष्म जी ने जिस तरह कठिन परिस्थितियों से जूझते हरनाम सिंह और बन्तो को आश्रय देने वाली राजो और उसके परिवार के बीच की घटनाओं को सँजोया है वह इन्सानियत की डोर को मज़बूत करता है। राजो दुश्मन समझे जाने वालों के द्वारा पनाह माँगने पर इनकार नहीं कर पाती है। उसका पति एहसान अली और उग्र बेटा रमज़ान उन्हीं के घर से बक्सा लूटकर लाये हैं। पता चल जाने पर कि राजो और एहसान अली ने बूढ़े सरदार हरनाम सिंह और उसकी पत्नी को छिपा रखा है, बेटा रमज़ान उन्हें मारना चाहता है। "दो-तीन बार रमज़ान ने कुल्हाड़ी उठाने की कोशिश की पर कुल्हाड़ी हाथ में रहते हुए भी उसे उठा नहीं पाया। काफ़िर को मारना और बात है, अपने घर के अन्दर जान-पहचान के पनाहगज़ीन को मारना दूसरी बात...मज़हबी जुनून और नफ़रत के इस माहौल में एक पतली-सी लकीर कहीं पर अभी भी खिंची थी जिसे पार करना बहुत ही मुश्किल था" (पृ. 240)।

इसी तरह लूटे हुए बक्से से उनके सोने के गहने राजो ने छिपाकर रख लिए। उनको गाँव की सीमा पार कराते हुए उसने वे गहने बन्तो को सौंप दिये, "यह लो, यह तुम्हारी चीज़ है...तुम्हारे आगे कठिन समय है, पास में दो गहने हुए तो सहारा होगा।" (पृ. 242)

तनाव भरी परिस्थितियों के बीच प्रकृति भी कुछ कह रही है। इसे भी लेखक अनदेखा नहीं करता। प्रकृति इस माहौल का पूरा प्रतीकात्मक बिम्ब बनाती है। "वही ऊबड़-खाबड़, बालू और गोल-गोल पत्थरों से अटा रास्ता था। ऊपर चाँद चमक रहा था, जिससे सारा मैदान काले और सफेद चित्रों में बँटा पड़ा था। कहीं अन्धकार का पुंज था तो कहीं पारे-सी चमकती चाँदनी थी" (पृ. 242)।

यह लेखक के दिल की गहराइयों से निकली भाषा है कि उपन्यास का शिल्पगत कौशल शुरू से आखिर तक दम साधकर बैठे पाठक को बाँधकर रखता है। धुआँ-आगजनी, हिंसा और घृणा के बीच प्रकृति और मानव के बीच सम्बन्धों के सूत्र इसे पठनीय बनाते हैं और अन्ततः मानव जीवन की गरिमा को भी बनाये रखते हैं। इस उपन्यास की विषयवस्तु और निर्वाह में पूरी सम्भावना लेखक के भावनाओं में बहने की हो सकती थी लेकिन महज़ बौद्धिक विमर्श से बचकर प्रत्यक्ष अनुभव के साथ इतिहास-बोध और विश्लेषण ने इसे एक अनुपम कृति का

स्वरूप प्रदान किया है। इसीलिए यह उपन्यास हर स्तर पर पाठक को शिक्षित भी करता है। इसी क्रम में इस उपन्यास का सबसे महत्त्वपूर्ण उद्देश्य अंग्रेज डिप्टी कमिश्नर रिचर्ड और उसकी पत्नी लीज़ा के माध्यम से ब्रिटिश औपनिवेशिक कूटनीति को सहज रूप में पाठक के सामने प्रस्तुत करना है।

रिचर्ड ब्रिटिश साम्राज्य का प्रतिनिधि पात्र है। वह बेहद अध्ययनशील, सुसंस्कृत है। भारतीय इतिहास, संस्कृति और पुरातत्त्व का प्रेमी है। उसके बँगले के "बड़े कमरे में चारों ओर दीवारों के साथ लगी अल्मारियों में किताबें ठसाठस भरी थीं। उनके बीच जगह-जगह दीवार के साथ लकड़ी के ऊँचे आधार रखे थे, जिन पर बुद्ध तथा बोधिसत्व के अनेक ऊर्ध्वकाय बुत रखे थे" (पृ. 47)। इसके अलावा भारतीय चित्रकला के अनेक चित्र, ताम्रपत्र पर लिखा ग्रन्थ, शिलालेख का एक बड़ा-सा टुकड़ा..." सभी कमरे में सुसज्जित हैं। उसका सौन्दर्य-बोध भी अद्भुत है। बुद्ध की मूर्तियों पर विशेष कोण से रोशनी डालकर वह ऐसा प्रभाव उत्पन्न करता है कि लगता है "बुद्ध के चेहरे पर मुस्कान सहसा खिल उठी है—शान्त, स्निग्ध, तनिक व्यंग्यपूर्ण मुस्कान" (पृ. 47)। रिचर्ड भारतीय इतिहास का मर्मज्ञ, भारतीय कला का पारखी था। लेकिन हिन्दुस्तानियों के प्रति उसका हिकारत का भाव एक आम ब्रिटिश अफ़सर जैसा ही था। उसने यही लीज़ा को बताया कि—"यहाँ के लोग अपने इतिहास को नहीं जानते। वे वही कुछ जानते हैं जो हम उन्हें बताते हैं" (पृ. 43)। अफ़सर के रूप में वह बेहद सफल, ब्रिटिश नीतियों को कार्यान्वित करने वाला है। वह लीज़ा को बताता है कि ये लोग "धर्म के नाम पर आपस में लड़ते हैं, देश के नाम पर हमारे साथ लड़ते हैं" (पृ. 51)। एक अजनबी के रूप में लीजा के सामने हिन्दुस्तानियों की पहचान का विषय उसे बहुत परेशान करने वाला है। दाढ़ी, चोटी, जनेऊ, पगड़ी, पहनावा के साथ ही नामों का गोरखधन्धा उसे परेशान करता है। हमारे देश में आदमी की पहचान इन्हीं चिह्नों से निर्धारित होती है। इन प्रसंगों के माध्यम से लेखक पूरे भारतीय समाज में आदमी की पहचान जिस पर पूरी सभ्यता और सियासत टिकी है, व्यंग्य करते हैं।

इसी तरह रात में जब शहर में जगह-जगह आगजनी हो रही है और हिंसक वारदातें हो रही हैं, शहर के बीच शिवाले का घड़ियाल बज रहा है, आवाज़ें आ रही हैं, रिचर्ड अपने बँगले में शान्त है। वह लीज़ा के सवालों पर मन-ही-मन हँस रहा है और जब लीज़ा कहती है कि—"तुम्हारे रहते फ़साद हो गया है रिचर्ड", वह बहुत शान्ति से जबाव देता है—"हम इनके धार्मिक मामलों में दखल नहीं देते" (पृ. 132)। लीजा के सवाल पर—'ये लोग आपस में लड़ें, क्या यह अच्छी

बात है?'' उसका जवाब ह—''क्या यह अच्छी बात होगी कि ये लोग मिलकर मेरे ख़िलाफ़ लड़ें, मेरा ख़ून करें।'' (पृ. 132)

रिचर्ड का शासकीय रवैया उस समय भी स्पष्ट हुआ जब शुरुआत में ही दंगे-फ़साद की आशंका से घिरे बख़्शी जी के साथ नागरिकों का शिष्टमण्डल रिचर्ड से मिलने गया। अमन पसन्द सभी लोगों का ख़याल था कि अगर सरकार सख़्ती करे तो स्थिति सामान्य हो जायेगी। रिचर्ड ने देखा कि दल में गाँधी टोपी वाले बख़्शी जी, रूमी टोपी वाला मुस्लिम लीग का कारकुन हयात बख़्श, मिशन कॉलेज का अमरीकी प्रिंसिपल हरबर्ट और रिचर्ड का परिचित प्रोफ़ेसर रघुनाथ। इसके अलावा कांग्रेसी मेहता, लाला लक्ष्मीनारायण, हकीम अब्दुल गनी के अलावा सरदार बिशन सिंह। भाँति-भाँति के लोगों को देख वह आश्वस्त हुआ कि इनसे निपटना मुश्किल नहीं। पूरी मुलाक़ात में रिचर्ड बेहद शालीन और शिष्ट था। उसकी शिष्टता से सभी प्रभावित थे लेकिन वह उतना ही अगम्भीर भी था। हयात बख़्श और लक्ष्मीनारायण आपस में ही उलझ रहे थे। इसलिए वह और अधिक आश्वस्त था। उसके पास समस्या का कोई समाधान नहीं था। वह होने वाले फ़साद से चिन्तित भी नहीं था। उसने फौज को तैनात करने में असमर्थता ज़ाहिर की। उसने कर्फ़्यू लगाने से भी इनकार कर दिया। बख़्शी जी का सुझाव था कि ''एक हवाई जहाज ही अगर शहर के ऊपर से उड़ जाये तो लोगों को कान हो जायें कि सरकार बाख़बर है...फ़साद को रोकने के लिए इतना भी काफ़ी होगा।'' रिचर्ड ने फिर मुस्कराकर कहा, ''हवाई जहाजों का महकमा मेरे अधीन नहीं है'' (पृ. 91)। वह लगातार इस मीटिंग में मुस्कराता रहा लेकिन उसकी कोई दिलचस्पी इन बातों में नहीं थी। उसने उलटे मशविरा दिया कि आप लोग अमन कमेटी बनाकर शान्ति की अपील करें। अन्त में रिचर्ड ने यह भी कह दिया, ''वास्तव में आपको तो पण्डित नेहरू या डिफेंस मिनिस्टर सरदार बलदेव सिंह के पास जाना चाहिए था। सरकार की बागडोर तो उनके हाथ में है—कहते ही रिचर्ड हँस दिया।'' पांच दिन बाद जब शहर से लेकर गाँवों तक में हिंसा हो चुकी, धार्मिक उन्माद के ज्वार में बड़ी संख्या में लोग मारे गये तब ज्यों ही हवाई जहाज ऊपर से गुज़रा, सैयदपुर में गुरुद्वारे के पीछे आगजनी करने वालों के हाथ रुक गये। फिर कर्फ़्यू भी लगा। फौज भी तैनात हुई लेकिन प्रशासन का मन्तव्य पूरा हो चुका था। दिलों की खाइयाँ गहरी हुईं और विभाजन हेतु मुस्लिम लीग का दावा और मज़बूत हुआ था।

लीज़ा की समझ में आ गया कि ''मानवीय मूल्यों से शासकीय मूल्य अधिक महत्त्वपूर्ण होते हैं।'' सैयदपुर में गुरुद्वारे के कुएँ में औरतों-बच्चों ने कुर्बानी दी

थी, वहाँ रिचर्ड को दौरे पर जाना था। कुआँ साफ़ कराना था। उसने लीज़ा से भी साथ चलने को कहा। उसका प्रस्ताव था कि–"उधर से हम मोटर में टेक्सिला की ओर निकल जायेंगे। टेक्सिला का म्यूज़ियम देख लेंगे...वह सारा इलाका बहुत सुन्दर है" (पृ. 278)। रिचर्ड ने उसे यह भी बताया कि, "इस मौसम में वहाँ लार्क पक्षी मिलता है।" लीज़ा सचमुच रिचर्ड की संवेदनहीनता से आहत है लेकिन रिचर्ड का जवाब सटीक है–"सिविल सर्विस हमें तटस्थ बना देती है" (पृ. 219)। वही रिचर्ड अब रिलीफ़ कैम्प खोल रहा है–रिफ्यूजियों को सामान वितरित कर रहा है।

दरअसल विभाजन की तारीख से लगभग एक साल पहले ही जब मुस्लिम लीग ब्रिटिश राज के रवैये से आश्वस्त हो चुकी थी, ये फ़साद शुरू हो गये थे। विभाजन पूर्व के इन दंगों के बारे में उस समय पंजाब में गठित पंजाब सीमा बल (पंजाब बाउंड्री फोर्स) के मुखिया टी. डब्लू. रीस की रिपोर्ट के अनुसार मार्च 1947 से जुलाई 1947 तक पंजाब में मरने वालों की संख्या 4500 और घायलों की संख्या 2500, क़रीब थी (इंडिया आफ्टर गाँधी रामचन्द्र गुहा, पृ. 14)। ये संख्या अगस्त में कई गुना बढ़ गयी थी। बंगाल में भविष्य की अपनी वर्चस्वकारी भूमिका को देखते हुए बंगाल के हिन्दू ज़मींदार और शिक्षित लोग इस विभाजन का स्वागत कर रहे थे, वहीं पंजाब के धनी साहूकार, व्यापारी और सम्पन्न किसान अपनी ज़मीनें छोड़कर विस्थापित होने के लिए तैयार नहीं थे। यूँ भी पंजाब में विभाजन के वातावरण से पहले धार्मिक आधार पर संघर्ष का इतिहास नहीं था और वहाँ के हिन्दू जल्दी ही संकट के टल जाने पर विश्वास जमाये बैठे थे। गाँव के हिन्दू ज़मींदार और उनकी मुस्लिम प्रजा के बीच निकट के सौहार्दपूर्ण सम्बन्धों पर आधारित कृष्णा सोबती की कहानी 'सिक्का बदल गया' की याद आना स्वाभाविक है। यह मारकाट और हिंसा अगस्त-सितम्बर तक चलती रही। रिपोर्ट में यह भी है कि अधिकतर पुलिस और फौज अंग्रेज अफ़सर और उनके परिवारों की सुरक्षा में तैनात रही।

भीष्म साहनी के सामने निश्चित रूप से यह तथ्यात्मक विवरण रहे होंगे। उनकी स्वयं की आँखों ने वहाँ जो देखा, साम्प्रदायिक घृणा और हिंसा की जो विरासत भारत-पाकिस्तान विभाजन ने निर्मित की, उसके आधुनिक स्वरूप को भी उन्होंने स्वतन्त्र भारत में देखा। 'झूठा सच' भी निश्चित रूप से इस रूप में बीसवीं सदी की अति महत्त्वपूर्ण कृतियों में है लेकिन आज जब इन दोनों उपन्यासों का रचनाकाल के लम्बे अन्तराल के बाद हम पुनर्पाठ करते हैं तो दो बातें स्पष्ट होती हैं। 'झूठा सच' ने इस उपमहाद्वीप की ऐतिहासिक त्रासदी

को विषय बनाया। पंजाब यशपाल का भी उतना ही देखा-सुना निकट का था। लाहौर उनकी जन्म और कर्मस्थली रही लेकिन लगभग 1931-32 में पंजाब उनसे छूट गया। वे क्रान्तिकारी संगठन में सक्रिय रहे और फिर रिहा होने के बाद लखनऊ में रहते हुए साहित्य साधना में लीन हो गये। इसीलिए लगता है कि, ''झूठा सच' का पूरा परिदृश्य उनके सामान्य अनुभव जगत से चित्रित हुआ। 'झूठा सच' के सामाजिक परिदृश्य में राजनीति और विभाजन के बाद होने वाले दंगे मुख्य कथानक न होकर बैकड्रॉप में आते हैं। यहाँ सामाजिक और पारिवारिक स्तर पर होने वाली घटनाओं का फलक बहुत व्यापक है और यही मुख्य कथानक के रूप में आता है लेकिन विभाजन की आहट के बाद शुरू हुई राजनीति और साम्प्रदायिक हिंसा कथानक के नेपथ्य में रहते हैं और उनकी ध्वनियाँ सुनाई देती हैं जो धीरे-धीरे तेज़ होती हैं। उपन्यास के उत्तरार्ध में यह अनुपात उलट जाता है। वहाँ हिंसा है। लड़कियों का अपहरण है। जयदेव सहित पात्रों का लाहौर से हिन्दुस्तान की ओर पलायन है। वहाँ कैम्प के दृश्य हैं। बलात्कृत तारा रिलीफ़ कैम्प की जगह अपहृत हिन्दू लड़कियों को बन्धक बनाकर बेचने वाले के हाथों में पहुँचा दी जाती है। वहाँ से उसका उद्धार होता है। उसका कॉलेज का निकटतम मित्र असद उसकी मदद के लिए वहाँ पहुँचता है। हिन्दुस्तानी सरकार के प्रयासों से कौशल्या देवी जैसी स्वयं सेविकाओं के द्वारा तारा तथा अन्य लड़कियाँ हिन्दुस्तान पहुँचती हैं। रास्ते में थके-हारे पुरुष, औरतों-बच्चों के अन्तहीन काफ़िले हैं तो हिन्दुस्तान की सीमा पर नंगी मुस्लिम औरतों के जुलूस और तलवार पर लटके उनके शव भी दिखाई देते हैं। सीमा के दोनों ओर एक जैसा ही माहौल है। ऐसे अनगिनत विवरण उस समय की रिपोर्टों में दर्ज हैं। इसके विपरीत 'तमस' के कथानक के पात्र मानो लेखक के संगी-साथी हैं। पूर्व परिचित हैं। उनकी लहूलुहान आत्मा से निकली यह रचना सीधे-सीधे विषय से मुठभेड़ करती है। अपने कथ्य के शिल्प में यह उपन्यास बहुत बारीक न होते हुए भी पूरी कलात्मकता के साथ विभाजन की त्रासदी को प्रस्तुत करता है और सामान्य पाठक को शिक्षित भी करता है। हरनाम सिंह के बेटे इकबाल सिंह को जो मीरपुर में था, मारपीटकर रमज़ान और अनेक साथियों ने इकबाल अहमद बना दिया। स्कूल के चपरासी का ब्राह्मण सम्बन्धी और उसकी ब्राह्मणी परेशान थे कि दंगों के दौरान जब उन पर हमला हुआ तो उसके बाद उनकी बेटी लापता हो गयी। स्थिति सामान्य होने के बाद आँकड़े वाला बाबू जो सभी पीड़ितों का हाल तथा उनके नुकसान का विवरण लिख रहा है, वह उनसे कहता है कि कल नूरपुर बस जायेगी, साथ में हथियारबन्द पुलिस होगी। बेटी का पता

लगाने चले जाना। लेकिन रोने-पीटने वाले माँ-बाप अब बेटी की खोज-ख़बर के इच्छुक नहीं हैं। ब्राह्मणी कहती है—अब हमारे पास आकर क्या करेगी जी! बुरी वस्तु तो उसके मुँह में उन्होंने पहले से ही डाल दी होगी।" बाप का कहना है, "हमसे अपनी जान नहीं सँभाली जाती बाबूजी। दो पैसे जेब में नहीं हैं, उसे कहाँ से खिलायेंगे, ख़ुद क्या ख़ायेंगे" (पृ. 292)। दूसरी ओर फ़साद शुरू होते ही उनकी बेटी प्रकाशो को उसका पड़ोसी अल्लाहरक्खा अपने घर उठा लाया था। उसकी बहुत पहले से उस पर नज़र थी। वह उससे निकाह कर लेता है और अन्ततः प्रकाशो भी परिस्थितियों से समझौता कर लेती है।

ऐसी अनगिनत घटनाएँ और किस्से उस दौर में सुनाई दिये थे। तारा जैसी कितनी ही औरतें जिन्हें बचाकर बाद में हिन्दुस्तान लाया गया था, उनमें कुछ ही सौभाग्यशाली रहीं वर्ना 'अपवित्र' हुईं। वे औरतें ठुकराकर या तो आत्महत्या करने के लिए विवश हुईं या ठोकरें खाने के लिए छोड़ दी गयीं। ऐसे प्रकरणों पर भी ढेर सारी कहानियाँ लिखीं गयीं। भीष्म जी साम्प्रदायिकता और फ़साद के इस वातावरण से उपजे लगभग हर एक पहलू को संज्ञान में लेते हुए बानगी प्रस्तुत करते हैं और धार्मिकता के ज्वार में गुम होने वाली इन्सानियत को भी कथानक का हिस्सा बनाते हैं। विभाजन की त्रासदी पर लिखा गया यह उपन्यास बीसवीं सदी की एक महत्त्वपूर्ण और मुकम्मल साहित्यिक कृति है जिसने जन-साहित्य की परम्परा को समृद्ध किया है। इस रूप में यह पाठकों को समाज और राजनीति के द्वन्द्व से परिचित कराती है—उनके ज्ञान में वृद्धि करती है। जनता के साहित्य का यही उद्‌देश्य भी होता है।

‘तमस’ ने रोशन किया

शशांक दुबे

जब कभी साहित्यिक कृतियों पर फ़िल्में बननी शुरू होती हैं तो साहित्यकार और फ़िल्मकार इतने अच्छे मित्र बन जाते हैं कि लोगों को ‘ये दोस्ती हम नहीं तोड़ेंगे’ के जय-वीरू याद आने लगते हैं, लेकिन जैसे-जैसे फ़िल्म प्रोडक्शन, मिक्सिंग, प्रोमो जैसे विभिन्न चरण पूरे कर थिएटरों तक पहुँचती है, इन दोनों के बीच ‘मेरे अपने’ के श्याम और छेनू की तरह परस्पर मुट्ठियाँ तन जाती हैं। इस लड़ाई का तमाम दूसरे फ़िल्मकार, लेखक, मीडियाकर्मी गिलास भर-भर कर मज़ा लेते हैं और फ़िल्म रिलीज होने व हफ़्ते-भर में थिएटरों से खदेड़ दी जाने के बाद एक बार फिर अपनी दुनिया में मस्त हो जाते हैं। सिनेमा और साहित्य के बीच बरसों से से चले आ रहे इस ‘कितने पास कितने दूर’ वाले रिश्ते के बावजूद सुधी दर्शक इन दोनों को आशा और उम्मीद के साथ ताक़ते रहते हैं, क्योंकि वे जानते हैं कि भले ही रेणुजी ‘मारे गये गुलफाम’ पर बनी ‘तीसरी कसम’ से पूर्णतः सन्तुष्ट न हो पाये हों, भले ही विजयदान देथा जी ‘पहेली’ की खुलकर तारीफ़ न कर पाये हों, भले ही ‘बवण्डर’ की लेखिका ने फ़िल्म रिलीज होने से पहले बवण्डर मचा दिया हो, लेकिन कुछ साहित्यकार ऐसे भी रहे हैं जो अपनी कृति का फ़िल्मी रूपान्तरण देख न सिर्फ़ सन्तुष्ट हुए हैं, बल्कि उनकी कृतियों को सर्वत्र सराहना भी मिली है। राजेन्द्र यादव (सारा आकाश) के बाद ऐसा ही एक नाम भीष्म साहनी जी का भी है, जिनकी महान कृति ‘तमस’ पर बने धारावाहिक ‘तमस’ और बाद में उसी को सम्पादित कर उसी नाम से बनाई गयी फ़िल्म ने उन्हें समाज के उस वर्ग तक भी पहुँचा दिया, जिसका हिन्दी साहित्य से कोई सम्बन्ध नहीं था।

मूलतः साहित्यकार और रंगकर्मी होने के नाते भीष्म जी का सिनेमा की तरफ़ रुझान स्वाभाविक ही था। हालाँकि सिनेमा उनकी उच्च प्राथमिकता नहीं थी और उससे जुड़ना उनकी कोई मजबूरी भी नहीं थी, लेकिन उनके भीतर छिपा कलाकार उन्हें रुपहले पर्दे की तरफ़ भी कभी-कभी खींच लाता था। एक कलाकार या

लेखक के रूप में वे जितनी फ़िल्मों से सम्बद्ध रहे, उनकी संख्या तो दहाई में भी नहीं निकलेगी, लेकिन सिनेमा को उन्होंने जितना दिया, वह सब ठोस ही था।

'मोहन जोशी हाजिर हो' (1984) अभिनेता के रूप में उनकी पहली फ़िल्म थी। फ़िल्म का कथानक हमारी कानून व्यवस्था पर एक तीखा व्यंग्य था, जिसमें यह दर्शाया गया था कि हमारे यहाँ मुकदमें इतने लम्बे खींचे जाते हैं कि इन्सान पैसे के साथ इस व्यवस्था पर से भरोसा तक भी खो देता है। व्यवस्था की इस चरमराहट का दोष वकीलों द्वारा बुने गये जाल को दिया गया है। मोहन जोशी (भीष्म साहनी) और उनकी पत्नी (दीना पाठक) एक जीर्णशीर्ण हो रही बहुमंजिला इमारत के एक छोटे से फ्लैट में रहते हैं। मकान मालिक बहुत लालची और घाघ है, वह मकान की मरम्मत नहीं कराना चाहता। मोहन जोशी उसके ख़िलाफ़ मुकदमा दायर कर देता है। उसका मुकदमा दो घाघ वकील (नसीरुद्दीन शाह और सतीश शाह) लड़ते हैं, अमजद की वकील रोहिणी हट्टंगड़ी रहती हैं। मुकदमा सालोसाल चलता है। इधर वकील की तिज़ोरी भरती जाती है, उधर मुवक्किल की जेब फटती जाती है। अन्त में जज स्वयं वह बिल्डिंग देखने के लिए जाते हैं, लेकिन मकान मालिक दन्द-फन्द अपनाकर दिखाने के लिए बिल्डिंग को ठीक-ठाक कर देता है। जज उसके चंगुल में आने ही वाले होते हैं कि मोहन जोशी पूरी ताक़त लगाकर उस जर्जर मकान को हिला देता है। मकान का मलबा मोहन जोशी पर ही गिर जाता है और वह जीतकर भी हार जाता है। भीष्म जी ने यूँ तो चार-पाँच फ़िल्मों में काम किया है, लेकिन यह उनके करियर की सर्वश्रेष्ठ फ़िल्म है। मोहन जोशी की निराशा, उसके संघर्ष, उसके जीवट और उसकी लाचारी को भीष्म ने अपनी सूक्ष्म भावाभिव्यक्ति प्रदान की है। इस फ़िल्म को सामाजिक उद्देश्यपूर्ण फ़िल्म का राष्ट्रीय पुरस्कार मिला था।

महान रूसी लेखक एंटन चेखव की चर्चित कृति 'इन द रेवाइन' पर आधारित कुमार शाहनी की 'क़स्बा' (1991) में शत्रुघ्न सिन्हा, एम. के. रैना, मनोहर सिंह, मीता वशिष्ठ और रघुवीर यादव जैसे चर्चित कलाकारों के बीच भीष्म एक छोटी-सी भूमिका में नज़र आये। 'क़स्बा' एक क़स्बे के छोटे से उद्यमी मणिराम की कहानी है जो लोगों को सड़े-गले फल बेचकर तगड़ी कमाई करता है। मणिराम का मानसिक रूप से विक्षिप्त एक बेटा भी है जिसकी तेज़तर्रार पत्नी तेज़ो ही इस धन्धे को सँभालती है। मणिराम का बड़ा बेटा अरसे से बाहर रहता है। वह शादी करने के लिए क़स्बे में आता है। शादी की ही रात वह गायब हो जाता है। बाद में वह दिल्ली पुलिस के हत्थे चढ़ता है। पुलिस उसके अपराधों की जड़ खोजने क़स्बे तक पहुँचती है और मणिराम का भेद भी सबके सामने खुल जाता

है। किसी साहित्यिक कृति पर एक उबाऊ और रीढ़विहीन फ़िल्म कैसे बन सकती है, 'क़स्बा' इसका जीवन्त उदाहरण है। नेशनल फ़िल्म डेवलपमेंट कॉर्पोरेशन के सहयोग से बनी इस फ़िल्म को जनता ने बुरी तरह नकार दिया था लेकिन फ़िल्म को न सिर्फ़ 'फ़िल्मफेयर' का 'बेस्ट क्रिटिकली एक्लेम्ड फ़िल्म' का अवॉर्ड मिला, बल्कि आलोचकों ने इस बात की शिद्दत से पैरवी भी की कि 'क़स्बा' में कैमरे का इस्तेमाल ग़ज़ब का हुआ है। आलोचकों का मानना था कि फ़िल्म में कैमरा पात्रों के भावों को सूक्ष्मता से पकड़ता है, बल्कि धरती, आकाश और क्षितिज के क्लोज़अप के जरिये भी वह पात्रों के अन्तर्मन की व्यथा को उजागर करता है।

दूरदर्शन के गोल्डन एरा में भीष्म साहनी की कृति पर छहः एपिसोड में 'तमस' नामक धारावाहिक बनाया गया था, जिसे बाद में सम्पादित कर एक फ़िल्म के रूप में पेश किया गया। 'तमस' (1988) देश-विभाजन की त्रासदी पर बनी एक अत्यन्त संवेदनशील और मार्मिक फ़िल्म है जो यह बात शिद्दत से बयाँ करती है कि असत्य की एक छोटी-सी चिनगारी कैसे विकराल आग का रूप ले लेती है। कहानी विभाजन पूर्व के पाकिस्तान से शुरू होती है। नत्थू (ओमपुरी) का सूअर एक दिन मस्जिद के पास मृत पाया जाता है। इतनी-सी बात पर हिन्दू-मुस्लिम के बीच दंगे भड़क उठते हैं। हालात जब कुछ ज़्यादा ही खराब हो जाते हैं तो नत्थू और उसकी पत्नी भारत चले जाने का विचार करते हैं। दूसरी ओर एक बुजुर्ग सिख दम्पती भी दंगों की मार झेल रहा है। इन्हें दो मुस्लिम महिलाएँ अपने पतियों के विरोध के बावजूद पनाह देती हैं। थोड़े समय बाद नत्थू दम्पती और सिख दम्पती एक गुरुद्वारे में पनाह लेते हैं। दंगे अब भी जारी हैं। आतताइयों से मुकाबला करने के लिए दोनों पुरुष बाहर जाते हैं। जब वे लम्बे समय तक वापस नहीं लौटते तो उनकी पत्नियाँ कुएँ में कूदकर जान देने की कोशिश करती हैं। अगले दिन इलाके में शान्ति बहाल होती है। एक रिलीफ़ कैम्प में नत्थू की पत्नी को अपने पति की लाश मिलती है, जिसे देखते ही वह निढाल हो जाती है। उसके जीवन में तमस और भी गहरा हो जाता है। साम्प्रदायिकता की समस्या भारत में लम्बे समय से चली आयी है। यह एक ऐसी आग है, जिसमें निर्दोष और ग़रीब लोग तबाह होते हैं, जो न हिन्दू हैं, न मुसलमान बल्कि सिर्फ़ इन्सान हैं। आज़ादी के ठीक पहले साम्प्रदायिकता की बैसाखियाँ लगाकर पाशविकता का जो नंगा नाच इस देश में नाचा गया था, उसका अन्तरंग चित्रण इस फ़िल्म में किया गया है। भीष्म जी की क़लम और गोविन्द निहलानी के निर्देशन ने ऐसा ताना-बाना बुना है कि दर्शक सारी फ़िल्म एकटक देखने को विवश हो जाता है। 1986 में दूरदर्शन पर प्रसारण के दौरान 'तमस' को अपने संवेदनशील विषय के

चलते विभिन्न धार्मिक संगठनों के विरोध का सामना करना पड़ा। फलतः इस पर रोक लगा दी गयी। फ़िल्म के निर्देशक गोविन्द निहलानी को आठ हफ्ते तक पुलिस थाने में शरण लेनी पड़ी। बाद में इसे फ़िल्म के रूप में सम्पादित कर प्रदर्शित किया गया और इसे भरपूर सराहना मिली। 'तमस' का शुमार आज भी सर्वकालीन श्रेष्ठ कला-फ़िल्मों में किया जाता है और जब कभी किसी अन्तरराष्ट्रीय फ़िल्म महोत्सव में इसका प्रदर्शन होता है, दर्शक 'वाह-वाह' कर उठते हैं।

बर्नाडो बर्टोलुची निर्देशित 'लिटिल बुद्धा' (1993) एक इतालवी-फ्रैंच फ़िल्म थी, जिसमें भीष्म जी की सामान्य भूमिका थी। तिब्बती बौद्ध मठवासी लामा नोर्बु के नेतृत्व में एक ऐसे बच्चे की खोज में हैं, जिसने महान बौद्ध गुरु लामा दोर्ज के निधन के बाद पुनर्जन्म लिया है। इस तलाश में वे एक अमेरिकी बालक जेसी कोनार्द को ढूँढ़ निकालते हैं और उसे लामा दोर्ज का अवतार मान लेते हैं। वे जेसी का ख़ूब स्वागत-सत्कार करते हैं, लेकिन जेसी के मम्मी-पापा इस बात को कतई स्वीकार नहीं करते। एक दिन नोर्बु उस बच्चे के पिता डीन से बच्चे को अपने साथ भूटान ले जाने का आग्रह करता है। पहले तो डीन मना कर देता है, फिर वह भी बेटे के साथ भूटान चलने को तैयार हो जाता है। रास्ते में नेपाल में उन्हें दो और बच्चे राजू और गीता मिलते हैं, जिन्हें बौद्ध गुरुओं का अवतार माना गया है। तीनों बच्चे गौतम बुद्ध की कहानी सुनते हैं और बौद्धमय हो जाते हैं। अन्त में यह पाया जाता है कि तीनों बच्चे लामा दोर्ज का सम्मिलित पुनर्जन्म हैं। राजू शरीर है, गीता वाणी है और जेसी दिमाग। इसी के साथ लामा नोर्बू का अवसान हो जाता है और तीनों बच्चे उसकी अस्थियाँ प्रवाहित कर देते हैं।

भीष्म साहनी द्वारा अभिनीत फ़िल्मों में से एक और उल्लेखनीय नाम 'मिस्टर एंड मिसेज़ अय्यर' (2002) भी है। यह फ़िल्म साम्प्रदायिकता पर चोट करने के साथ धार्मिक उन्माद, कट्टरपन और रूढ़िवादिता पर भी अच्छा प्रहार करती है। मीनाक्षी अय्यर (कोंकणा सेन शर्मा) अपने छोटे से बेटे के साथ बस द्वारा मायके से अपने पति के पास लौट रही है। बस अड्डे पर मीनाक्षी का परिचय राजा चौधरी (राहुल बॉस) से होता है। राजा वाइल्डलाइफ फ़ोटोग्राफ़र है। मीनाक्षी के माता-पिता राजा से अनुरोध करते हैं कि रास्ते में वह उनकी बेटी और नाती का ख़याल रखे। बस में सारा हिन्दुस्तान समाया हुआ है। इसमें उधमपच्ची कर रहे कुछ युवा हैं, दो सिख हैं, एक वरिष्ठ मुस्लिम दम्पति इकबाल अहमद (भीष्म साहनी) और उनकी बीवी नजमा (सुरेखा सीकरी) हैं, रोमांस में मशगूल एक युवा जोड़ा है और साथ ही है मानसिक रूप से विक्षिप्त लड़का और उसकी माँ और ताश खेलते कुछ लोग। कुछ देर चलने के बाद बस रुक जाती है, आगे रास्ता

जाम है, आसपास के इलाकों में हिन्दू-मुस्लिम दंगे भड़क उठे हैं। राजा मीनाक्षी को बताता है कि वह मुस्लिम है। परम्परागत दक्षिण भारतीय ब्राह्मण मीनाक्षी यह सुनकर दंग रह जाती है। अभी थोड़ी देर पहले ही तो उसने राजा की डेलची में से पानी पिया था। वह चिल्ला पड़ती है, 'मुझे हाथ मत लगाना'। राजा बस से उतरने लगता है कि पुलिस उसे बस में यह कहकर वापस धकेल देती है कि यहाँ कर्फ्यू लगा है। पुलिस के जाने के बाद हिन्दू दंगाई बस में घुसते हैं और हरेक मुसाफिर से उसके धर्म के बारे में तफ़्तीश करते हैं। मीनाक्षी राजा का हाथ थामकर दोनों का परिचय 'मिस्टर एंड मिसेज़ अय्यर' के नाम से कराती है। वे तो बच जाते हैं, लेकिन मुस्लिम दम्पति को अपनी जान गँवानी पड़ती है।

सहमे हुए मुसाफिर सारी रात बस में बिताते हैं। सुबह मुसाफिर पास के गाँव में रुकने का ठिकाना तलाश करते हैं। राजा और मीनाक्षी को कहीं जगह नहीं मिलती, तभी एक पुलिस अधिकारी उनके रहने की व्यवस्था एक पुराने सुनसान बँगले में करता है। बँगले में सोने लायक एक ही कमरा है। मीनाक्षी राजा के साथ कमरा शेयर करने से इनकार कर देती है। राजा उसे इस रूढ़िवादिता के लिए डाँट लगाता है और बाहर सोने के लिए चला जाता है। सुबह वे नज़दीकी रेस्तराँ में नाश्ते के लिए जाते हैं। वहाँ कई युवक-युवतियाँ उनसे मिलते हैं और पूछते हैं कि आप कैसे मिस्टर एंड मिसेज़ अय्यर बने, आपकी प्रेम कहानी कैसे शुरू हुई? वग़ैरह-वग़ैरह। वे मन से कहानी गढ़ लेते हैं। बँगले में रहकर वे एक-दूसरे को और उनके धर्म को अच्छी तरह से समझते हैं। रात को अचानक भीड़ चली आती है और कुछ लोग मार दिये जाते हैं, मीनाक्षी सहम जाती है, राजा उसे सहारा देता है। अगले दिन वे सेना की मदद से रेलवे स्टेशन पहुँचते हैं। वहाँ मिसेज़ अय्यर राजा को असली मिस्टर अय्यर से मिलवाते हुए कहती है, ''ये हैं एक मुस्लिम शख़्स मिस्टर जहाँगीर चौधरी, जिन्होंने दंगों में आपकी हिन्दू बीवी को बचाया''। राजा सफर के यादगार लम्हों की रील मीनाक्षी के हवाले करते हुए विदा लेता है। अपर्णा सेन द्वारा निर्देशित यह फ़िल्म अपने संवेदनशील कथानक, भीष्म साहनी समेत तमाम कलाकारों के सघन अभिनय और तबले के बाज़ीगर उस्ताद जाकिर हुसैन के अद्भुत पार्श्व संगीत के लिए आज भी याद की जाती है।

भीष्म साहनी का साहित्य में जो अवदान है, वह परिमाणात्मक नज़रिये से फ़िल्मों में किये गये योगदान के मुकाबले काफ़ी ज़्यादा है, लेकिन जिस तरह 'उसने कहा था' के रूप में एक कहानी लिखकर गुलेरी जी हिन्दी साहित्य में अमर हो गये, उसी तरह एक 'तमस' लिखकर भीष्म साहनी का नाम भी फ़िल्म इतिहास के शिलालेखों में हमेशा के लिए अंकित हो गया है।

'तमस' के पात्र ज़िन्दा इन्सान थे

गोविन्द निहलानी

तमस बनाने से पहले भीष्म साहनी से मेरा कोई परिचय नहीं था। 'गाँधी' फ़िल्म की शूटिंग चल रही थी। दिल्ली में। मैं उस समय में सेकेंडरी डायरेक्टर और कैमरामैन था। एक दिन मैं यूँ ही श्रीराम सेंटर चला गया शाम के वक़्त। वहाँ किताबों की एक छोटी-सी दुकान थी। वैसे ही देख रहा था, ज़्यादा किताबें नहीं थीं लेकिन ऊपर एक किताब रखी थी। 'तमस' नाम अच्छा लगा, संस्कृत नाम था। सोचा जरा देखूँ, तो मैंने किताब ली, तो पता चला कि इसका बैकग्राउंड है इंडियाज़ पार्टीशन। पार्टीशन के ऊपर कुछ करने का मेरा इरादा बहुत टाइम से था। लेकिन उस वक़्त तक मैंने कोई फ़िल्म ऐसी बनाई नहीं थी, मेरी पहली फ़िल्म थी 'अक्रोश'। तो जब मैंने किताब पढ़नी शुरू की, तो पहले ही सेंटेंस में मुझे कुछ हो गया। मुझे अच्छा लगा। शुरुआत बहुत अच्छी थी। पहला ही सेंटेंस था कि आले में रखे दिये ने एक झपकी ली, तो मुझे वो विजुअल अच्छा लगा। फिर मैंने 'तमस' को पढ़ना शुरू किया। मैंने 'तमस' की भाषा को पकड़ लिया। फिर मैं लगातार पढ़ता रहा उसे और मुझे कहानी बहुत ही अच्छी लगी।

हृदयस्पर्शी थी कहानी, इसलिए अच्छी लगी। उसमें जो भी इश्यू डिवलेप किये गये थे कम्युनलिज़्म के, पॉलिटिक्स के। ख़ासकर उसमें दो-तीन इश्यू मुझे बहुत ही अच्छे लगे। एक तो यह कि वो किताब पार्टीशन होने के लगभग तीस साल बाद आयी थी। 47 में हुआ था पार्टीशन और यह किताब मैं पढ़ रहा था 1980 में 37-38 वर्ष बाद। पढ़ने के टाइम में मुझे ऐसा लगा कि राइटर जो है, उसे कोई जल्दी नहीं है जजमेंट पास करने की, कि यही लोग जिम्मेदार थे और इनकी वजह से पार्टीशन हुआ। पार्टीशन को एक मानवीय त्रासदी के रूप में देख रहा था राइटर। ऐसा मुझे लगा। वो मुझे अच्छा लगा और दूसरा जो उनका दृष्टिकोण था वह एक कॉमनमैन का दृष्टिकोण था, पॉलिटिशियन का दृष्टिकोण

नहीं था या कोई बड़े लीडर का दृष्टिकोण नहीं था। अपने देश के कॉमन आदमी का दृष्टिकोण था यह बात मुझे अच्छी लगी और तीसरी बात उसमें यह थी कि कैरेक्टर के प्रति चाहे वह हिन्दू कैरेक्टर हो या मुस्लिम कैरेक्टर हो या सिख हो, हर कैरेक्टर को एक मानवीय सहानुभूति के साथ देखा गया था। उसको टाइप्ड नहीं बनाया गया कि अगर यह मुसलमान है तो इस टाइप का होगा, हिन्दू है तो इस तरह का होगा, कम्युनिस्ट पार्टी का होगा तो इस तरह का होगा। 'तमस' के कैरेक्टर ज़िन्दा इन्सान थे। उनमें अच्छी बातें भी थीं। कमज़ोरियाँ भी थीं। सोचने में कुछ कंफ्यूजन भी था, क्लैरिटी भी थी। तो यह चीजें मुझे बहुत अच्छी लगीं और तब मैंने पूछना शुरू किया कि ये राइटर कौन हैं तो पता चला कि वह तो दिल्ली में ही हैं तो मैंने डिसाइड कर लिया कि इस पर कुछ करना है तो उनसे मिलकर परमिशन लेना ज़रूरी था। तब मैं उनसे मिला।

कोई भी पुस्तक जिसका कथानक इतिहास से जुड़ा हुआ है और पार्टीशन हमारे देश के इतिहास की एक बहुत बड़ी घटना थी, आप उसे तभी बनायेंगे जब आपको उसमें रिफ्लेक्शन दिख रहा होगा है या उसकी रिलेवेंस दिख रही होगी। तो आज मैं तमस पर फ़िल्म बनाऊँगा तो शायद कुछ अलग तरीके से बनाऊँ। मैं समझता हूँ कि मेरे लिए यह बहुत सौभाग्य की बात है कि मुझे उस वक़्त सही और अच्छे क़िस्म के एक्टर मिल गये। और भीष्म जी जैसे राइटर जिनके साथ मैं लगातार इंटरैक्ट कर सकता था। और तो और जब वही एक्टिंग करने आये तो मुझे उनसे बेहतर हरनाम सिंह तो मिल ही नहीं सकता था।

उनका अभिनय कितना प्रभावशाली है कि एक आदमी एक्टिंग कर रहा है वो तो आपको पता ही नहीं चलेगा। आपको लगता है कि वही आदमी है जिसके बारे में बात हुई है। वही आदमी कैमरे के सामने आ गया। उनमें कोई कृत्रिमता नहीं थी। किसी चीज को एक्स्ट्रा ड्रामेटाइज करने की ज़रूरत नहीं थी। बहुत ही नैचुरल और बहुत ही सहज स्वभाव से उन्होंने हर सीन को किया। बहुत ही ईमानदारी से कहना चाहिए कि कैरेक्टर के प्रति साफ़ दिल से उन्होंने काम किया। कई बार एक्टर अपनी होशियारी दिखाने के लिए कुछ कर देता है वो उनमें बिल्कुल भी नहीं था। ईमानदारी और सहजता से कैरेक्टर निभाया उन्होंने। लेकिन एक बात है अगर मैं कम्पेयर करूँ तो उस वक़्त तमस के प्रति काफ़ी उल्टा रिएक्शन हुआ और अगर आज वो पिक्चर बाहर आती तो मुझे लगता है उस पर रिएक्शन बीस गुना ज़्यादा होता। आज सहनशीलता कम है और जो माहौल है उसमें इश्यू के प्रति अलग-अलग दृष्टिकोण आते, उसके फेवर में भी और उसकी आलोचना में भी। उसके प्रति इस वक़्त सहिष्णुता थोड़ी कम लग रही है रिएक्शन भी थोड़ा डरावना होने लगा है!

तमस के टाइम पर मैंने यह महसूस किया लिटरेचर से कोई भी पुस्तक हम लेते हैं, चाहे वह शॉर्ट स्टोरी हो या नॉवेल हो, तो ऐसा लगता है कि वो अपने आप में क़ीमती हीरे-जवाहरात की एक खान है और खान में क्या होता है, जितना खोदो, अन्दर से उतना ही माल निकलता है। पुस्तक को आप जितना पढ़ोगे, जितनी बार पढ़ोगे, उसमें हमेशा नया कुछ-न-कुछ मिलता ही रहेगा और तमस के साथ ऐसा ही हुआ। मुझे जितने भी अच्छे मोमेंट मिले, वो पुस्तक से ही मिले। लास्ट मोमेंट है कि पार्टीशन के वक़्त हरनाम सिंह और उसकी पत्नी एक जगह शरण लेते हैं। जब उन्हें लस्सी ऑफर की जाती है तो हरनाम सिंह तो लस्सी का गिलास हाथ में पकड़ लेते हैं। उनकी बीवी थोड़ी हिचकिचाती है कि मुसलमान के हाथ से कैसे ले लें। लेकिन हरनाम सिंह कहते हैं, "ऐसा मत सोचो, तुम ले लो।" तब वे अपने को रोक नहीं पाते और अचानक वो इमोशनल हो जाते हैं। यह उन्होंने ख़ुद ही लिखा है और यह सीन वह ख़ुद ही कर रहे थे उस वक़्त। तो मुझे उनको समझाने की कुछ ज़रूरत ही नहीं पड़ी, मैंने कहा यह सीन है, बस कर डालो। उन्होंने अच्छा कहा। यह सीन इतना अच्छा किया उन्होंने। सीन में वो अचानक इमोशनल हो जाते हैं, आँख में आँसू आ जाते हैं उनके। आँसू इसलिए नहीं आये कि उन्होंने सब कुछ गँवा दिया था, आँसू इसलिए आये कि ऐसे माहौल में उस औरत ने मुसलमान होते हुए भी इन्सानी नज़र से उनको देखा और उनको कुछ पीने के लिए हाथ में दिया। वो कब से निकले हुए हैं, भूखे होंगे, प्यासे होंगे, किसी को कुछ पता नहीं लेकिन वो एक इन्सानी जैस्चर जो होता है, उसकी वजह से वह आदमी भावुक हो गया। बहुत ही ख़ूबसूरत मोमें है वो।

फ़िल्म में एक सीन है जिसमें औरतें कुएँ में गिरती हैं, गुरुद्वारे से निकलकर। वह पुस्तक में ही है। वहाँ पर मुझे एक एक्ट्रैस इतनी अच्छी मिली। उसका नाम था उत्तरा बावकर। एन.एस.डी. से थी और जिस तरह से उन्होंने उस कैरेक्टर को उभारा एक डिटरमिनेशन के साथ। बिना किसी हिचकिचाहट के। नाटकीयता को हटाते हुए सीधे-सादे तरीके से जैसे वो कुएँ में गिरती है, वो बहुत ही टचिंग क़िस्म का मोमेंट है जो मुझे पुस्तक से मिला। ऐसे कई छोटे-छोटे मोमेंट हैं ज़्यादातर मुझे पुस्तक से ही मिले।

एक और ख़ूबसूरत मोमेंट है वो किताब में नहीं है। हम लोगों ने लिखा था भीष्म जी से बात करके। रात को वे सो जाते हैं। बूढ़ी माँ इनके साथ है। नत्थू और करमो। बूढ़ी माँ जब सोती है तो सोते वक़्त करमो का हाथ अपने हाथ में ले लेती है। अरली मार्निंग उसकी नींद खुलती है, नत्थू की बीबी करमो रियलाइज़ करती है कि माँ ने उसका जो हाथ पकड़ा हुआ है वो खुल नहीं रहा। तब उसे

महसूस होता है कि माँ चली गयी। उसका देहान्त हो गया। तब वह अपना हाथ उनसे छुड़ाती है। तो ऐसे कई मोमेंट हैं नॉवेल में। एक बार आप नॉवेल पढ़ लो तब आप ऐसे मोमेंट को भूलते नहीं।

हमारे प्रोडयूसर थे—श्री ललित बिजलानी। सिन्धी थे वे। कम्पनी का नाम था प्लेस फ़िल्म। उन्होंने इस फ़िल्म को सपोर्ट किया। उन्होंने टेलीविज़न पर मार्केटिंग भी की थी। उन्होंने मुझे पूरी आज़ादी दी थी कि मैं जैसा चाहूँ वैसी फ़िल्म बनाऊँ। वे ऐसे प्रोडयूसर थे, जो कभी सेट पर आये ही नहीं। एक दिन की भी शूटिंग नहीं देखी उन्होंने। कहने लगे मैं कम्पलीट फ़िल्म देखूँगा। मैंने उन्हें कम्पलीट फ़िल्म दिखाई और जब फ़िल्म देखकर वे स्टूडियो से बाहर निकले, तो आँखें लाल थीं उनकी। उन्होंने मुझे बड़े प्यार से झप्पी दी और कान में कहा, ''आई एम वेरी प्राउड ऑफ़ दिस फ़िल्म।'' हर डायरेक्टर ऐसे प्रोडयूसर के बारे में सोचता रहता है कि ऐसा कोई प्रोडयूसर मिले जो ख़र्चे का हिसाब ख़ुद रखे और हमें आज़ादी दे कि मैं जिस तरह से फ़िल्म बनाना चाहता हूँ, उस तरह से फ़िल्म बनाऊँ। जब तमस बना रहा था तो मैंने टेलीविजन के बारे में तो सोचा ही नहीं, मेरे लिए तो वह फ़िल्म थी। मैं तो फ़िल्म की तरह शूट कर रहा था। पूरी फ़िल्म वीडियो टेप में नहीं हुई थी। पूरी फ़िल्म 16 मिली मीटर फ़िल्म पर हुई थी और मेरे पास एक ही कैमरा था और उस पर एक ही लैंस था। उस पर पूरी फ़िल्म शूट हुई थी।

तमस पर फ़िल्म बनाना मेरे लिए 'एक्ट ऑफ़ फेथ' था, एक पागलपन में, एक जुनून में बन गयी वह फ़िल्म। मेरे एक साथी थे जो मेरे असिस्टेंट थे श्री अशोक बांठिया। उन्हें मैं डिक्टेट करता था। एक महीने के अन्दर सब स्क्रिप्ट लिखकर पूरी कर ली और मैंने कहा कि बारिश आने वाली है और बारिश से पहले मेरी आउटडोर शूटिंग पूरी होनी चाहिए। उन्होंने पूरे शहर का सेट लगाया और वह सेट उन्होंने 15 या 18 दिन के अन्दर खड़ा कर दिया। बारिश आनी शुरू हो उससे पहले हमने शूटिंग पूरी कर लेनी है। सेट बनाने से पहले हम लोग चण्डीगढ़ गये। वहाँ पर हमारी मित्र हैं जो थिएटर करती हैं मिस नीलम मानसिंह चौधरी। थिएटर डायरेक्टर हैं। हम वहाँ गये। वहाँ पर उन्होंने डॉ. वी. एन. गोस्वामी से हमारी मुलाक़ात करवायी और उन्होंने हमें शहरों का विवरण देकर हमारी काफ़ी मदद की। हम लोग 2-3 शहरों में घूमे। पटियाला, लुधियाना की फ़ोटोग्राफ़्स लेकर वापस आये। हमारे एक आर्ट डायरेक्टर थे। हमने उन्हें फ़ोटोग्राफ़्स दे दिये और उन्होंने फ़ोटोग्राफ़्स देखकर शहर का सेट तैयार किया। लेकिन गुरुद्वारे के इंटीरियर में जो पेंटिंग है, उसके रिफरैंस के लिए गोस्वामी ने हमको एक किताब दी पंजाब के गुरुद्वारे के बारे में। हमने वहाँ से पूरे सन्दर्भ लिए। जब हमने सेट पर गुरुद्वारे का इंटीरियर बनाया, हमारे यहाँ एक बहुत मशहूर

स्टूडियो है फिल्मिस्तान स्टूडियो। वहाँ पर एक्टर तो हमारे पास थे लेकिन बैठने के लिए सिख लोगों की ज़रूरत थी। हमारे यहाँ जो जूनियर आर्टिस्ट सप्लायर होते हैं उसको मैंने बोला—'मुझे सब सिख चाहिए। हमारे पास सबके लिए पगड़ी और उनके केशों के लिए पैसे नहीं थे। मुझे रियल सिख चाहिए—बिठाना है उन्हें। उन दिनों दुबई या अलग-अलग देशों में नौकरी के लिए मुम्बई में काफ़ी सिख आते थे; तो वे सब सिख लोगों को लेकर आये, मुझे याद है पहला दिन जब वो आये, उन्होंने देखा कि गुरुद्वारे का सेट लगा हुआ है। उनको तो सचमुच का गुरुद्वारा लग रहा था जैसे ही वे लोग आये, उन्होंने अपने जूते उतारे, ऊपर गये, ऊपर गुरुग्रन्थ साहिब रखा हुआ था। सबसे पहले उन्होंने वहाँ जाकर मत्था टेका और मैंने सबको कहा कि गुरुद्वारे के सेट पर जो भी आयेगा, जूते उतारकर आयेगा और पूरी शूटिंग में कोई जूता पहनकर ऊपर नहीं आया और जो वहाँ पर आये थे, उनके चेहरे पर अगाध श्रद्धा थी। उनके लिए वह आर्टिफिशियल गुरुद्वारा तो था ही नहीं सच्चा गुरुद्वारा था।

तमस की सबसे बड़ी ख़ासियत थी तमस का थीम जो मैंने भीष्म से डिस्कस की थी। उन्होंने यही कहा कि किसी भी कम्युनिटी की धार्मिक भावनाओं को भड़काया जाता है, धर्म के नाम पर जबकि उनका असली मकसद धार्मिक नहीं होता, राजनीतिक होता है। उनका मकसद धर्म का इस्तेमाल करके लोगों को भड़काना होता है। साम्प्रदायिक तनाव होते हैं उसका वो लोग फायदा उठाते हैं और होता यह है कि हर कम्युनिटी में कुछ लोग ऐसे होते हैं जो बहुत ही कट्टर विचारों के होते हैं और वो पूरी कम्युनिटी के ऊपर अपने विचारों से हावी हो जाते हैं और वो ऐसा दिखाते हैं कि उनके जो कट्टर विचार हैं, वही पूरी कम्युनिटी के विचार हैं, जबकि ऐसा नहीं होता और कम्युनिटी कुछ बोल नहीं सकती, कुछ कर नहीं सकती, बहुत जबरदस्ती और हिंसात्मक तरीके से कम्युनिटी को दबाकर रखते हैं और अपने विचार आगे बढ़ाते हैं। ऐसी स्थिति से जो सिचुएशन पैदा होती है, नार्मली दंगे-फ़साद की स्थिति ही पैदा होती है। उसमें ज़्यादातर ग़रीब ही मारे जाते हैं। और बड़ी त्रासदी होती है। इसलिए बहुत ज़रूरी है कि हम ऐसे लोगों के तौर-तरीकों या उनके विचारों का ध्यान से विश्लेषण करें और स्थिति को इस हद तक पहुँचने से रोकें क्योंकि जब भी ऐसा हुआ एक मानवीय त्रासदी के रूप में ही उसका अन्त हुआ। हिन्दुस्तान में ही नहीं, बाहर के देश में भी आप देख लीजिए यही मानवीय त्रासदी सामने आती है। भीष्म जी के इस उपन्यास से मैं बहुत प्रभावित हुआ हूँ और मैं उनसे सहमत हूँ और तमस उनके विजन का बहुत बड़ा सबूत है।

(मुम्बई में दिनांक 25 मार्च 2016 को हरियश राय से बातचीत के आधार पर)

भीष्म साहनी : एक यथार्थवादी अभिनेता

जवरीमल्ल पारख

भीष्म साहनी हिन्दी साहित्य के प्रगतिशील आन्दोलन से जुड़ा ऐसा नाम है जिसे कभी विस्मृत नहीं किया जा सकता। फ़िल्मों से भीष्म जी के जुड़ाव की शुरुआत अभिनेता के रूप में हुई जब उन्होंने 1984 में सईद अख्तर मिर्ज़ा की फ़िल्म 'मोहन जोशी हाजिर हो' में मोहन जोशी की मुख्य भूमिका निभाई थी। उस समय उनकी उम्र लगभग 69 साल थी। इसके बाद उन्होंने कुछ और फ़िल्मों और टीवी धारावाहिकों में भी काम किया जिनमें उल्लेखनीय 'तमस', 'लिटिल बुद्धा' (1993) और 'मिस्टर एंड मिसेज अय्यर' (2002) हैं। 'लिटिल बुद्धा' अन्तरराष्ट्रीय ख्याति के फ़िल्मकार बर्नार्डो बर्टोलुची की फ़िल्म थी और 'मिस्टर एंड मिसेज अय्यर' अपर्णा सेन की फ़िल्म थी। यह भीष्म साहनी की अन्तिम फ़िल्म थी और इस फ़िल्म में काम करते समय उनकी आयु लगभग 87 साल थी। उन्होंने 'बहादुरशाह ज़फ़र' और 'राजधानी' नामक टीवी धारावाहिकों में भी काम किया था। भीष्म साहनी ने अभिनय को पेशे की तरह नहीं अपनाया था। उनके सामने ऐसी कोई मजबूरी भी नहीं थी। यही कारण है कि उन्होंने उन फ़िल्मकारों की फ़िल्मों में ही काम किया जिनके लिए फ़िल्म बनाना उनका व्यवसाय नहीं था।

नाटकों में अभिनय करने का अनुभव होने से मुमकिन है कि भीष्म साहनी के लिए फ़िल्म में काम करना उतना मुश्किल न रहा हो, लेकिन वे कई दशकों पहले ही नाटकों में अभिनय करना भी छोड़ चुके थे। जिस समय उन्होंने 'मोहन जोशी हाजिर हो' में मोहन जोशी की मुख्य भूमिका निभायी थी उस समय उनकी अवस्था लगभग वही थी जो मोहन जोशी की होनी चाहिए थी। यह फ़िल्म हमारी न्याय व्यवस्था पर एक व्यंग्य है जो बताती है कि इस न्याय व्यवस्था में ग़रीबों को कभी न्याय नहीं मिलता। मामूली-सा मुकदमा भी सालों चलता रहता है। ग़रीब आदमी इन मुकदमों के चक्कर में अपना धन, समय और चैन तीनों गँवाता

है फिर भी उसे कुछ हासिल नहीं होता। मोहन जोशी एक रिटायर्ड क्लर्क है जो अपने परिवार के साथ मुम्बई की एक जर्जर हो चुकी चाल में रहता है। उसके परिवार में उसकी पत्नी (दीना पाठक), दो बेटे, बड़े बेटे सुधीर (मोहन गोखले) की बहू (दीप्ति नवल) और उनके बच्चे रहते हैं। बेटा भी अपने पिता की तरह क्लर्क की नौकरी करता है। छोटा बेटा कुँवारा है और उसी चाल में रहने वाली एक लड़की से प्रेम करता है। उस चाल की मरम्मत कई सालों से नहीं हुई है और मोहन जोशी यही चाहता है कि कोई बड़ी दुर्घटना होने से पहले चाल की मरम्मत हो जाये लेकिन चाल का मालिक कुन्दन कपाड़िया (अमजद खान) की दिलचस्पी इस बात में नहीं है। वह चाल की जगह नयी बिल्डिंग बनाना चाहता है। लेकिन सालों से रहने वाले इन निम्न मध्यवर्ग के लोगों से चाल खाली करवाना आसान काम नहीं है इसलिए वह उसकी मरम्मत नहीं करवाता ताकि लोग अपने आप ही छोड़कर चले जायें। मोहन जोशी जो चाल का किराया बराबर देता रहा है, चाहता है कि चाल के लोग कुन्दन कपाड़िया पर दबाव डालने के लिए उसका साथ दें, लेकिन करीम नाम के एक मामूली चालवासी को छोड़कर कोई उसका साथ नहीं देता। कोई सलाह देता है कि अगर चाल की मरम्मत कराने के लिए कुन्दन कपाड़िया के ख़िलाफ़ मुकदमा दायर किया जाये तो कोर्ट के आदेश से कुन्दन कपाड़िया को मजबूर होकर चाल की मरम्मत करवानी होगी। मोहन जोशी को यह विचार ठीक लगता है और फिर वह वकील मलकानी (नसीरुद्दीन शाह) की मदद से कुन्दन कपाड़िया के विरुद्ध कोर्ट में मुकदमा दायर कर देता है। लेकिन पत्नी के अलावा इस कानूनी लड़ाई से कोई सहमत नहीं होता। यहाँ तक कि बहू और बेटा भी इसका विरोध करते हैं। जब कुन्दन कपाड़िया के गुण्डे धमकाने आते हैं तो बहू और भी ज़्यादा डर जाती है। लेकिन मोहन जोशी पीछे नहीं हटता। तारीख पर तारीख पड़ती जाती है और मुकदमा घिसटता रहता है। यहाँ तक कि कुंदन कपाड़िया उलटे मोहन जोशी पर झूठे मुकदमे दायर कर देता है। चाल में लोग मोहन जोशी का मज़ाक़ उड़ाते हैं। जब यह लगता है कि मुकदमे का फैसला मोहन जोशी के पक्ष में होने वाला है, तभी जज का तबादला हो जाता है और नया जज आता है और इस तरह कहानी फिर नये सिरे से शुरू हो जाती है। मुकदमा छह साल तक चलता रहता है। मोहन जोशी की पत्नी के सारे गहने बिक जाते हैं। यहाँ तक कि बहू भी अपने गहने बेचकर पैसे का प्रबन्ध करती है। उधर वकीलों की जेबें भरती रहती हैं। वे मालामाल होते जाते हैं। उनका हित भी इसी में है कि मुकदमा घिसटता रहे और उनकी आमदनी बढ़ती रहे। लगभग छह साल बाद भी मुकदमे का कुछ फैसला होता नज़र नहीं

आता तो जज से अनुरोध किया जाता है कि वह खुद चलकर चाल की हालत देखे और फैसला करे। जज इसके लिए तैयार हो जाता है और दस दिन बाद चाल का मुआयना करने का फैसला करता है। चाल में खुशी की लहर दौड़ जाती है। लोगों को भी उम्मीद हो जाती है कि अब ज़रूर चाल की मरम्मत हो जायेगी। मोहन जोशी जिसका अब तक मज़ाक़ उड़ाया जाता रहा था, उसकी जय-जयकार होने लगती है। लेकिन कुंदन कपाड़िया इन दस दिनों में चाल की कामचलाऊ मरम्मत करवा देता है ताकि वह जज को यह बता सके कि चाल की हालत उतनी बुरी नहीं है जितनी बताई जा रही है। जज आता है और वह असमंजस में पड़ जाता है। वह कहता है कि मैं ऐसे फैसला नहीं ले सकता, इंजीनियर ही बता सकते हैं कि चाल को मरम्मत की ज़रूरत है या नहीं। जज के इस कथन से मोहन जोशी बहुत निराश हो जाता है और जज को यह बताने के लिए कि चाल वास्तव में बहुत खराब हालत में है, वह लकड़ी के खम्भे को हिलाने लगता है जो चाल को गिरने से बचाने के लिए जगह-जगह लगाये गये हैं। खम्भा हिलने से चाल का एक हिस्सा धड़धड़ाकर गिर जाता है और मोहन जोशी उसके मलबे के नीचे दब जाते हैं। जज और दूसरे लोग भौंचक्के होकर इस दृश्य को देखते हैं। इसके साथ ही फ़िल्म ख़त्म हो जाती है।

'मोहन जोशी हाजिर हो' न्याय व्यवस्था पर तीखा व्यंग्य है। जर्जर चाल की तरह हमारी न्याय व्यवस्था भी जर्जर हो चुकी है और थोड़े से धक्के से ही धराशायी हो जाती है। एक मामूली से मामले को निपटाने में अदालतों को कई-कई साल लग जाते हैं और फिर भी न्याय मिलने की उम्मीद नहीं होती। जिसकी सच्चाई को आसानी से पहचाना जा सकता है उसे भी हमारी न्याय व्यवस्था में साबित करना नामुमकिन-सा हो जाता है। अमीरों के लिए न्याय व्यवस्था ऐसे हथियार की तरह है जिसका इस्तेमाल कर वे अपने निहित स्वार्थों को पूरा करते हैं। वकीलों के लिए हर मुकदमा ऐसी दुधारू गाय है जिसे जितना दुहा जा सकता है उसे दुहने की कोशिश करते हैं। लेकिन इससे भी ज़्यादा दुर्भाग्यपूर्ण यह है कि मोहन जोशी के न्याय की लड़ाई में चाल के वे लोग आगे नहीं आते जो मोहन जोशी की तरह उस चाल की मरम्मत न होने से उतने ही परेशान हैं जितना मोहन जोशी। लेकिन मोहन जोशी को शायद अभी भी व्यवस्था पर भरोसा है, जबकि दूसरे लोग ये भरोसा पहले ही खो चुके हैं। उन्हें यह लड़ाई व्यर्थ लगती है। इस चाल के लोग निम्न मध्यवर्ग के हैं और उनका सामूहिक रूप से लड़ाई लड़ने में यक़ीन नहीं है। फ़िल्म के एक दृश्य में मज़दूरों के जुलूस को देखकर मोहन जोशी की पत्नी यही टिप्पणी करती है कि चाल के लोग इन मज़दूरों की

तरह मिलकर लड़ें तो ज़रूर विजय हासिल हो सकती है। फ़िल्म के अन्त में चाल के लोग एकजुट होते हैं लेकिन मोहन जोशी को सच्चाई के लिए अपनी जान गँवानी पड़ती है।

भीष्म साहनी उस अर्थ में व्यावसायिक कलाकार नहीं थे, जिस अर्थ में फ़िल्म के दूसरे कलाकार थे। भीष्म साहनी को अव्यावसायिक कलाकार कहा जा सकता है। लेकिन भीष्म साहनी की भूमिका निभाते हुए यह कहीं प्रतीत नहीं होता कि उन्हें मोहन जोशी की भूमिका निभाने में किसी तरह की कठिनाई आ रही है। दरअसल, फ़िल्म में मोहन जोशी का व्यक्तित्त्व जिस ढंग से गढ़ा गया है वह भीष्म साहनी के अपने व्यक्तित्त्व से बहुत मेल खाता है। जिन लोगों को भी भीष्म जी से एकाध बार भी मिलने का अवसर मिला है, वे इस बात को जानते हैं कि भीष्म जी में वैसी ही सहजता और विनम्रता थी, जैसी मोहन जोशी के चरित्र में दिखाई देती है। उनका चेहरा बहुत ही पारदर्शी और भावपूर्ण था और वे प्रत्येक से बहुत आत्मीयता और विनम्रता से बात करते थे। फ़िल्म में भीष्म साहनी को कहीं भी अतिरंजित और नाटकीय अभिव्यक्ति करने की आवश्यकता नहीं थी। फ़िल्म में जहाँ वे गुस्सा करते हैं, या खीझते हैं या हताश होते हैं, वहाँ भी वे नाटकीय नहीं होते। उनके व्यक्तित्त्व की सहजता और सरलता बरकरार रहती है। लेकिन आवाज़ में हल्का-सा कम्पन पैदा होता है, वही उनके आन्तरिक भाव को प्रदर्शित कर देता है। सईद मिर्ज़ा वैसे भी अपनी फ़िल्मों में भिन्न-भिन्न तरह के पात्रों के लिए अलग-अलग तरह की अभिनय शैलियों का प्रयोग करते हैं। इसी फ़िल्म में वकील की भूमिका में नसीरुद्दीन शाह और सतीश शाह काफ़ी नाटकीय क़िस्म से अपने चरित्रों को निभाते हैं। इसी तरह कुन्दन कपाड़िया के साथ हर समय साये की तरह रहने वाले दोनों प्रोमोटर रोबोट की तरह होते हैं और हमेशा अपने चेहरे को भावहीन बनाये रखते हैं। भीष्म जी का सम्बन्ध अंग्रेज़ी शिक्षा प्राप्त उच्च मध्यवर्ग से था, लेकिन उनके व्यक्तित्त्व में जो भावपूर्ण सहज़ता थी, उन्हें आसानी से आमजन के नजदीक ला देती थी। शायद यही कारण है कि उन्हें फ़िल्मों में ऐसी भूमिकाएँ मिलीं जो उनके इस व्यक्तित्त्व से मेल खाती थीं। यह ज़रूर है कि 'मोहन जोशी हाजिर हो' में उन्होंने मोहन जोशी के चरित्र को बख़ूबी निभाया लेकिन कुछ जगहों पर दीना पाठक जिन्होंने उनकी पत्नी की भूमिका निभायी है और जो स्वयं एक मँजी हुई कलाकार हैं, के मुकाबले वे असहज से प्रतीत होते हैं। स्थिति के अनुकूल चेहरे पर जो भाव परिवर्तन होना चाहिए, उसमें पिछड़ते से प्रतीत होते हैं। लेकिन ऐसे कुछ अपवादों को छोड़कर पूरी फ़िल्म में उनका पहनावा, चाल-ढाल और संवाद अदायगी सभी मोहन जोशी

से इतनी एकमेक होती है कि यह अहसास ही नहीं होता कि यह एक रिटायर्ड क्लर्क नहीं बल्कि हिन्दी का बड़ा लेखक है।

भीष्म साहनी ने दो अन्य महत्त्वपूर्ण फ़िल्मों 'तमस' और 'मिस्टर एंड मिसेज अय्यर' में भी ऐसे ही सहज और साधारण मनुष्य के चरित्र निभाये हैं। 'तमस' 'मोहन जोशी हाजिर हो' के दो साल बाद बनी थी। हालाँकि इसमें उनकी भूमिका अपेक्षाकृत छोटी थी। लगभग पाँच घण्टे की फ़िल्म में उनका प्रवेश आधी फ़िल्म गुज़र जाने के बाद होता है लेकिन उसके बाद उनकी भूमिका फ़िल्म के अन्त तक बनी रहती है। 'तमस' में उन्होंने सरदार हरनाम सिंह की भूमिका निभायी है जिसकी गाँव में छोटी-सी चाय की दुकान है और जो अपनी पत्नी बन्तो के साथ रह रहा है। बन्तो की भूमिका भी इस फ़िल्म में दीना पाठक ने निभायी है। हरनाम सिंह के दो बच्चे हैं लेकिन दोनों साथ नहीं रहते। बँटवारे से पहले की स्थितियाँ हैं, जगह-जगह हिन्दुओं और मुसलमानों में दंगे हो रहे हैं जिसकी आग गाँवों तक फैल गयी है। हरनाम सिंह जिस गाँव में रहता है, वह मुसलमानों का है और पूरे गाँव में वे ही अकेले सिख हैं। इधर-उधर से आने वाली दंगों की ख़बरों के बीच गाँव का उनका हमउम्र करीमखान उन्हें ढाढस बंधाता रहता है कि चिन्ता करने की ज़रूरत नहीं है, हमारे रहते तुम्हारा कोई बाल भी बाँका नहीं कर सकता। लेकिन एक दिन करीम खान आकर उसे बताता है कि वे तत्काल गाँव छोड़कर चले जायें क्योंकि दूसरे गाँव के बलवाई कभी भी आकर हमला बोल सकते हैं। बन्तो और हरनाम सिंह को आनन-फानन में भागना पड़ता है। दूर झाड़ियों से वे देखते हैं कि उनका घर और दुकान पहले लूट ली जाती हैं और बाद में दोनों जला दिये जाते हैं। किसी तरह बचते-बचाते वे पास के गाँव में पहुँचते हैं और वहाँ वे एक मुसलमान के घर में शरण लेते हैं। घर में उस समय सिर्फ़ राजो (सुरेखा सीकरी) और उसकी बहू होती है। राजो उन्हें घर में शरण देती है। पीने को लस्सी देती है और बहू के विरोध के बावजूद उन्हें मियानी में छुपा देती है। थोड़ी देर बाद जब राजो का पति एहसान अली (इफ्तखार) लौटता है, तो हरनाम सिंह देखता है कि वह उसी के घर से चुराये ट्रंक को लेकर आया है। हरनाम सिंह एहसान अली को जानता है और वह उसके सामने आ जाता है। एहसान अली उन्हें उस ट्रंक की चाबी दे देता है। एहसान अली फिर से उसे अपने बेटे रमज़ान के डर से छुपा देता है। लेकिन लौटने पर रमज़ान को मालूम पड़ जाता है और वह उन्हें मारने के लिए कुल्हाड़ी उठा लेता है लेकिन वह भी हरनाम सिंह को पहले से जानता है इसलिए मार नहीं पाता और आखिर राजो उन्हें रात के अँधेरे में गाँव के बाहर छोड़ आती है। यही नहीं वह ट्रंक में मिले गहने की पोटली भी उन्हें लौटा देती है।

वहाँ से निकलकर भटकते-भटकाते हरनाम सिंह एक गुरुद्वारे में शरण लेता है जहाँ उसकी बेटी जसबीर (उत्तरा बावकर) भी मिल जाती है। गुरुद्वारे में आसपास रहने वाले सिख परिवार इकट्ठा हो चुके हैं। उन्होंने मुसलमानों से मुकाबला करने के लिए हथियार भी एकत्र कर लिए हैं। दोनों तरफ़ बड़ी तनावपूर्ण स्थिति है। दोनों तरफ़ से युद्ध जैसी तैयारियाँ हो रही हैं। हरनाम सिंह यह सब देखता रहता है। दोनों तरफ़ से गोलियाँ चलती हैं। हरनाम सिंह की बेटी सहित कई औरतें छोटे-छोटे बच्चों के साथ पास के कुएँ में छलांग लगाकर ख़ुदकुशी कर लेती हैं। लेकिन एक बार फिर वे किसी तरह बचकर शरणार्थी कैम्प में पहुँच जाते हैं। अब तक उन्हें अपने बेटे की कोई ख़बर नहीं है। उस हालत में भी नत्थू (ओमपुरी) की पत्नी कर्मो (दीपा शाही) की मदद करते हैं जो अपने पति को खोज रही है।

'तमस' में हरनाम सिंह एक महत्त्वपूर्ण पात्र है। वह उस समय होने वाले राजनीतिक घटनाचक्र का न तो खिलाड़ी है और न ही कोई मोहरा। वह दरअसल उन लाखों लाख लोगों की तरह एक मामूली आदमी है जो विभाजन के उस दौर में साम्प्रदायिक नफ़रत के शिकार बनते हैं। एक सामान्य मध्यवर्ग के सीधे-सादे दुकानदार के रूप में वह सामने आता है, जो अपना जीवन शान्ति से बिताना चाहता है। एक मुस्लिम बहुल गाँव में रहते हुए भी उसे कभी असुरक्षा और अलगाव का अहसास नहीं हुआ था। गाँव के सभी लोग उसके अपने थे और उन पर उसे भरोसा था। यही कारण है कि अन्त समय तक वह वहाँ से चले जाने से बचता रहता है। लेकिन जब उसका अपना ख़ास मित्र करीम खान ही उसे गाँव छोड़ने के लिए कह देता है, तो उसके नीचे से धरती खिसक जाती है। ऐसी भयावह स्थिति में एक बूढ़ा आदमी क्या कर सकता है। उसे सबसे ज़्यादा चिन्ता अपनीं बीबी की होती है जिसकी रक्षा का दायित्व भी वह अपने कमज़ोर कन्धों पर समझता है। इस स्थिति में उसे एकमात्र सहारा अपनी दुनाली बन्दूक लगती है जिसे वह घर से निकलते वक़्त कन्धे पर लटका लाया था। लेकिन किसी हमले का मुकाबला करने के इरादे से नहीं बल्कि ऐसी किसी स्थिति में अपनी बीवी और अपने आपको बलवाइयों के हाथों में पड़ने से बचने के लिए। इसीलिए वह घर से निकलते वक़्त अपनी बीवी को कहता है, "बन्तो, अगर वे लोग मारने पर उतारू हुए तो मैं पहले तुझे ख़त्म कर दूँगा, फिर अपने को ख़त्म कर दूँगा। जीते-जी मैं तुझे दूसरों के हाथ में पड़ने नहीं दूँगा"। यह बात वह अलग-अलग मौक़ों पर तीन बार दोहराता है। उसके इस कथन में न तो किसी के प्रति तल्ख़ी होती है और न ही कोई अपराध-बोध। ऐसा लगता है जैसे यही

अकेला विकल्प है जो वे कर सकते हैं। बन्तो भी इस बात को इसी रूप में ग्रहण करती है। अपने पति की इस बात पर वह शान्ति से हामी भर देती है।

हरनाम सिंह की भूमिका के लिए भीष्म साहनी ने एक बूढ़े सरदार की वेशभूषा धारण की है। इस वेशभूषा में वे इतने सहज लगते हैं कि फ़िल्म देखते हुए यह अहसास ही नहीं होता कि यह सरदार हरनाम सिंह नहीं बल्कि भीष्म साहनी हैं। हरनाम सिंह की भूमिका उन्होंने इतने सहज ढंग से निभायी है कि हमें सचमुच यही लगता है कि यह साम्प्रदायिकता के दावानल के बीच फँसा एक लाचार और बेसहारा बूढ़ा सिख है जो अपनी बीवी के साथ आसरा ढूँढ़ने के लिए दर-दर भटक रहा है। राजो के घर में जब राजो उन दोनों को लस्सी लाकर देती है और हरनाम सिंह उसे लेते हुए फफककर रो पड़ता है, तो उनके जीवन की विडम्बना जैसे साकार हो जाती है। उनकी दुनिया एक ही दिन में कितनी बदल गयी थी। कल तक अपने घर में जिस सुख-चैन की ज़िन्दगी जी रहे थे, आज वह उनसे छीन ली गयी थी और इस तरह किसी अनजान घर में दूसरे के सामने मदद के लिए हाथ फैलाना पड़ रहा था। हरनाम सिंह को अपनी असहायता और बेचारगी का जो अहसास होता है, वही उसे रोने को मजबूर कर देता है। पूरी फ़िल्म में हरनाम सिंह के आगे जो कुछ भी घटित होता है, वह असहाय की तरह उसे देखता रहता है। वह न तो उन्हें रोक सकता है और न ही कुछ कर सकता है। यहाँ तक कि उसकी अपनी बेटी उसके सामने दूसरी औरतों के साथ कुएँ में कूदकर आत्महत्या कर लेती है। 'मोहन जोशी हाजिर हो' की तरह इस फ़िल्म में भी भीष्म साहनी एक ऐसे पात्र के रूप में सामने आते हैं जो उतना ही बोलता है जितना ज़रूरी है। इस फ़िल्म में भी उन्होंने अपने अभिनय से ही उस पात्र को जिया है और जहाँ भी बोलने की ज़रूरत हुई है उनकी वाणी में उनके चेहरे जैसी तरलता नज़र आती है। इस भयावह स्थिति में भी वे अपना आपा नहीं खोते और शान्त बने रहते हैं। अन्दर जो हाहाकार मचा हुआ है, वह इतना शान्त और गहरा है कि दर्शक भी उसके स्पर्श से अपने को बचा नहीं पाता। इस हाहाकार का कुछ अहसास शरणार्थी कैम्प में होता है जब वे आँकड़ा बाबू को अपनी व्यथा-कथा सुनाता है। लेकिन वहाँ भी किसी के प्रति कोई शिकायत नहीं है। इसके विपरीत वह उन लोगों के प्रति अपना शुक्रिया अदा करते हैं जिन्होंने इस भयावह घड़ी में उनकी मदद की थी और जिनके कारण ही वे ज़िन्दा बच पाये हैं। मोहन जोशी को तो कभी-कभी गुस्सा भी आता था, लेकिन हरनाम सिंह के मन में किसी के लिए कोई नफ़रत या बैर का भाव नहीं है। ख़ास बात यह है कि 'तमस' में एक अभिनेता के रूप में उनका विश्वास कहीं नहीं डगमगाया है।

'मोहन जोशी हाजिर हो' के कुछ दृश्यों में जो कमज़ोरी कहीं-कहीं नज़र आयी थी, वह 'तमस' में दिखाई नहीं देती। भीष्म साहनी के अभिनय में और अधिक परिपक्वता दिखाई देती है।

भीष्म साहनी की अन्तिम फ़िल्म 'मिस्टर एंड मिसेज अय्यर' जुलाई 2002 में प्रदर्शित हुई थी। इसके ठीक एक साल बाद भीष्म साहनी का देहान्त हो गया था। 'मिस्टर एंड मिसेज अय्यर' अपर्णा सेन की अंग्रेज़ी फ़िल्म है, हालाँकि उसमें कुछ पात्र हिन्दी, उर्दू, बांग्ला और तमिल बोलते हैं। इस फ़िल्म की मुख्य कथा साम्प्रदायिक तनाव की पृष्ठभूमि में एक मुस्लिम युवक जहाँगीर उर्फ़ राजा चौधरी (राहुल बोस) और एक तमिल ब्राह्मण युवती मीनाक्षी अय्यर (कोंकणा सेन शर्मा) की सहयात्रा की कहानी है। इस फ़िल्म की शुरुआत बस-यात्रा से होती है जिसमें इन लोगों के अलावा भी कई अन्य यात्री हैं। इन यात्रियों में एक वयोवृद्ध मुस्लिम दम्पति भी हैं, इकबाल अहमद खान और नजमा खान। इन्हीं इकबाल अहमद की भूमिका भीष्म साहनी ने और उनकी पत्नी नजमा की भूमिका सुरेखा सीकरी ने निभायी है जो 'तमस' फ़िल्म में राजो की भूमिका में भीष्म जी के साथ काम कर चुकी थीं। 'मोहन जोशी हाजिर हो' और 'तमस' की तुलना में इसमें भीष्म साहनी की भूमिका और छोटी है। लेकिन फ़िल्म के पूरे मूड को इन दोनों की छोटी-सी भूमिका ही निर्धारित करती है।

फ़िल्म का कथानक 2001-02 की पृष्ठभूमि में गढ़ा गया है। 13 दिसम्बर, 2001 को संसद पर आतंकवादी हमला हुआ था और उसके लगभग ढाई महीने बाद गुज़रात में गोधरा काण्ड के बहाने मुसलमानों का व्यापक नरसंहार किया गया था। फ़िल्म के कथानक का सम्बन्ध भी इसी तरह के हमलों से है। यात्रा के दौरान एक जगह बस में हिन्दू साम्प्रदायिक उन्मादी चढ़ जाते हैं और यात्रियों में से ग़ैर-हिन्दुओं ख़ासकर मुसलमानों को ढूँढ़ने लगते हैं। पूरी बस में दहशत छा जाती है। इससे पहले इकबाल अहमद और उनकी पत्नी नजमा की बातचीत से यात्रियों को मालूम पड़ जाता है कि वे मुसलमान हैं। यहाँ तक कि बस में ही एक बार इकबाल अहमद नमाज भी अता करता है। इकबाल अहमद बहुत बूढ़ा और लाचार व्यक्ति है। उसके मुँह में दाँत नहीं हैं। जब भी कुछ खाना होता है तो पत्नी को डिब्बे में से बत्तीसी निकाल के देनी होती है। आँखें भी कमज़ोर हो चुकी हैं, उनमें थोड़ी-थोड़ी देर बाद दवाई डलवानी होती है। बहुत शोर-शराबा बर्दाश्त कर सकने की क्षमता नहीं है। सारे रास्ते उसकी पत्नी उसकी देखभाल करती है जो ख़ुद बूढ़ी है। उन्मादियों के पूछे जाने पर बस के कुछ यात्री यही कहते हैं कि हम सब हिन्दू हैं। लेकिन हिन्दू गुण्डे इस पर यक़ीन नहीं करते और

एक-एक का नाम पूछने लगते हैं। यहाँ तक कि एक युवक की पेंट उतरवाकर देखते हैं। मीनाक्षी अय्यर को थोड़ी देर पहले ही मालूम पड़ता है कि जिसे राजा चौधरी नाम के कारण हिन्दू समझे हुए थी, वह दरअसल जहाँगीर चौधरी है और मुसलमान है। ब्राह्मण संस्कारों के कारण यह जानकर वह ग्लानि से भर जाती है लेकिन जब गुण्डे राजा चौधरी से उसका नाम पूछते हैं तब अचानक मीनाक्षी अपना बच्चा राजा चौधरी के हाथ में देते हुए कहती है, हम मिस्टर एंड मिसेज अय्यर हैं। इस तरह वह जहाँगीर चौधरी को हिन्दू उन्मादियों के हाथों में पड़ने से बचा लेती है। बस में एक यहूदी भी होता है जो डरकर कि कहीं उसे पहचान न लिया जाये अपनी तरफ़ से ध्यान हटाने के लिए इकबाल अहमद की तरफ़ इशारा करके बताता है कि वह बूढ़ा और उसकी बीबी मुसलमान हैं। इकबाल अहमद और नजमा अब तक दहशत के मारे चुपचाप बैठे होते हैं। हिन्दू गुण्डे इकबाल अहमद की तरफ़ देखते हैं। उसका नाम पूछते हैं। इकबाल अहमद सहमी हुई आवाज़ में बोलता है, इकबाल। इस पर वही गुण्डा धमकी वाले अन्दाज़ में कहता है, इकबाल क्या? इकबाल अहमद अपना पूरा नाम बताता है। तब वह गुण्डा उसे बस से बाहर चलने के लिए कहता है। इकबाल अहमद डरी हुई आवाज़ में पूछता है कि कहाँ, हमें तो कलकत्ता जाना है। लेकिन वह उसे फिर बाहर चलने के लिए कहते हैं। वह अपनी पत्नी से अपने नकली दाँत माँगता है, फिर पत्नी उसे चश्मा भी दे देती है। नजमा उन गुण्डों से पूछती है, कहाँ ले जा रहे हो और वह प्रतिरोध करती है तो गुण्डे उसे भी ले जाते हैं।

फ़िल्म ये नहीं बताती कि इसके बाद उनके साथ क्या हुआ? इसे दर्शकों की कल्पना पर छोड़ दिया गया है। लेकिन बस में गुण्डों का आना, यात्रियों को धमकाना, उनसे पूछताछ करना और उनकी तलाशी लेना सभी यात्रियों को आतंकित कर देता है। दो बूढ़े और लाचार लोगों को इस तरह बस से उतारकर ले जाया जाना साम्प्रदायिक उन्माद से पैदा होने वाली दहशत का गहरा अहसास कराने में कामयाब हो जाता है। इस दहशत का अहसास उन हिन्दू उन्मादियों के हिंसक तेवरों और बस के यात्रियों के डरे और सहमे चेहरों से ही नहीं होता वरन् उसका चरम इकबाल अहमद और नजमा के चेहरे पर छाने वाले भय और उनकी थर्राती हुई आवाज़ है। भीष्म साहनी ने इकबाल अहमद के रूप में अपने चरित्र को जीवन्त कर दिया था। एक बूढ़ा और लाचार मुसलमान जिससे किसी को भी कोई ख़तरा नहीं हो सकता, जो किसी का कुछ नहीं बिगाड़ सकता, केवल इसलिए हिन्दू उन्मादियों की हिंसा का शिकार बनता है क्योंकि वह मुसलमान है।

जिन तीन फ़िल्मों की चर्चा की गयी है जिसमें अभिनेता के तौर पर भीष्म साहनी ने काम किया है, इन तीनों में भीष्म साहनी ने ऐसे बूढ़े निम्न मध्यवर्गीय व्यक्तियों की भूमिका निभाई है जो सीधे-सादे और सरल प्रकृति के हैं। उन्होंने एक में हिन्दू, एक में सिख और एक में मुसलमान की भूमिका निभाई है। इस तरह भीष्म साहनी ने अपनी इन तीनों भूमिकाओं के द्वारा यही साबित किया है कि व्यक्ति का धर्म नहीं बल्कि उसका स्वभाव उसकी असली पहचान होता है। तीनों जगह वह ऐसे उत्पीड़ित व्यक्ति के रूप में सामने आते हैं जिनको अकारण ही उत्पीड़न का शिकार बनना पड़ता है। 'मोहन जोशी हाजिर हो' में मोहन जोशी के रूप में वह सिर्फ़ इतना चाहते हैं कि जिस चाल में रहते हैं, उसका मालिक उसकी मरम्मत करा दे और इसी के लिए उन्हें मजबूर होकर अदालत की शरण लेनी पड़ती है, लेकिन न्याय नहीं मिलता और अन्त में उस जर्जर चाल के मलबे के नीचे मर जाते हैं। 'तमस' में सरदार हरनाम सिंह के रूप में उन्हें अपने ही गाँव से भागने के लिए मजबूर होना पड़ता है जहाँ वह सालों से रहते आये हैं। जिन पड़ोसियों के साथ वह भाई की तरह रहते आये थे वे ही अब उनके दुश्मन बन गये हैं क्योंकि वे मुसलमान हैं और हरनाम सिंह सिख। न उन्होंने हरनाम सिंह का कुछ बिगाड़ा था और न हरनाम सिंह ने उनका। फिर भी, वे अब एक-दूसरे के दुश्मन बना दिये गये थे। यही साम्प्रदायिक उन्माद की आग 'मिस्टर एंड मिसेज अय्यर' में भी सुलगती नज़र आती है जहाँ हिन्दू उन्मादी निरपराध और निरीह मुसलमानों को हमले का निशाना बना रहे हैं और जिनके उन्माद से इकबाल अहमद और नजमा जैसे बूढ़े व्यक्ति भी नहीं बच पाते। आखिर ये कैसे भूला जा सकता है कि नाथूराम गोडसे के हाथों जब गाँधी की हत्या की गयी थी, तब उनकी उम्र 78 साल की थी। 'तमस' के एक दृश्य में हिन्दू युवक इन्द्र शत्रु के वध के नाम पर इत्र-फुलेल बेचने वाले निहत्थे बूढ़े मुसलमान की हत्या कर डालता है। एक अभिनेता के तौर पर भीष्म साहनी ने साम्प्रदायिक उन्माद के शिकार निरपराध और निर्दोष लोगों की पीड़ा को जितने जीवन्त रूप में अभिव्यक्ति दी है, वह किसी मँजे हुए कलाकार के लिए भी शायद इतना आसान नहीं होता। भीष्म साहनी के अभिनय की विशेषता ही यह है कि वह कहीं से भी अभिनय नहीं लगता। ऐसा लगता है जैसे भीष्म साहनी का ही इन अलग-अलग चरित्रों में कायान्तरण हो गया है। जिस यथार्थपरक, संवेदनशील और मानवतावादी जीवन दर्शन से प्रेरित होकर उन्होंने अपना लेखन-धर्म निभाया है, वही जीवन दर्शन अभिनय करते हुए भी दिखाई देता है।

इतिहास का मर्म और देश का जीवन : 'तमस'

संजय राय

'तमस' भीष्म साहनी की केन्द्रवर्ती कथा कृति है। रचना-विधान में ही नहीं भावबोध और अनुभूति के स्तर पर भी। पाँच दिनों का गहन मानसिक सन्त्रास और परिवेश में उत्पन्न इकबाल सिंह को केवल इकबाल अहमद नहीं बना देता, भारतीय इतिहास जीवन और लेखकीय समझदारी की परीक्षा ले लेता है। इस उपन्यास की रचना-प्रक्रिया को साझा करते हुए भीष्म साहनी बताते हैं कि वह बलराज जी के पास बम्बई गये हुए थे और वहाँ दो दिनों पूर्व भिवण्डी के दंगे हो गये थे। बलराज जी ख़्वाजा अहमद अब्बास, ए.एस. जौहर आदि के साथ भिवण्डी के दौरे पर जा रहे थे। गाड़ी में एक आदमी के लिए जगह खाली थी, सो भीष्म जी भी साथ हो लिए। उन्हें दंगों के दौरान आगजनी, लूटपाट, दरिन्दगी और आतंक के जो चिह्न दिखाई दिये, वह परिचित लग रहे थे। "कुछेक दिन बम्बई में रहने के बाद मैं दिल्ली लौट आया था। भिवण्डी पीछे छूट चुका था। उसकी सूनी गलियाँ धीरे-धीरे विस्मृति में खोने लगी थीं। जिन यादों को उसने जगाया था वे फिर से मेरे अवचेतन के दरबों में जा पहुँची थीं" (भीष्म साहनी, आज के अतीत, पृ. 227)। भिवण्डी उपनगर की जली हुई दीवारें, बलवाइयों के क्रूर आक्रमण की तस्वीरें मन की तहों में जाकर अवचेतन को जाग्रत करने लगी थीं। अवचेतन की संचित तस्वीरें जो उन्होंने विभाजन के समय देखी थीं का भिवण्डी की तस्वीरों से अद्‌भुत साम्य था। भिवण्डी की पीड़ा मन को बेचैन करने लगी। इस प्रक्रिया को कृष्णा सोबती ने समझा था, वह बताती हैं, 'दिल पुरानी यादों में भटकता था। पुराने वतन और वतन की हवा में जीने के लिए।'

जो कुछ भी ज़हन में आता रहा—आँखों के आगे घूमता रहा। भीष्म उसे पन्नों पर उतारते रहे।

इस तरह 'तमस' की रचना हुई। भीष्म साहनी घटना के भोक्ता थे। उन लाखों लोगों की तरह जो अपने-अपने ठिकानों से उखड़कर अनजान जगहों पर बसने के लिए विवश हुए। वह चले तो आये हिन्दुस्तान अथवा पाकिस्तान, पर उनके जीवन का अनिवार्य तत्त्व अपने पुराने ठिकानों पर छूट गया। यह छूटा हुआ उन्हें बार-बार कोंचता रहा। इसलिए यह उखड़े हुए लोग एक स्थायी बेचैनी का व्यक्तित्त्व लेकर जीवित रहने के लिए अभिशप्त थे, जिसे इतिहास ने बरबस उनके हिस्से मढ़ दिया था। सोबती इसका रूपक निर्मित करते हुए कहती हैं, "एक बड़ा पेड़ जब जड़ों से टूटता है, तब उसका हर हिस्सा, छोटी-मोटी शाखाएँ, पत्ते सब टूटने की यातना में साझीदार होते हैं, और अपने-अपने ढंग से अपने-अपने दर्द को सहन करते हैं। बदलाव का सामना करते हैं", (कृष्णा सोबती, भीष्म साहनी व्यक्ति और रचना, पृ. 62)। स्पष्ट है कि भीष्म जी के ज़ेहन के बँटवारे की घटना ढाई दशक तक बनी रही। अवचेतन इस काल में उसे तराशता रहा और समान घटना का उद्दीपन पाकर कृति के रूप में सामने आयी।

सोबती जिस घटना में छोटी-मोटी शाखाओं और पत्तों तक की हिस्सेदारी बताती हैं। साहित्य के इतिहासकार और आलोचक उससे नज़रें बचाकर इकहरी और सरलीकृत रचना बताने पर जुटे हुए हैं। 'हिन्दी उपन्यास का इतिहास' लिखते हुए प्रो. गोपाल राय ने उसकी रचनात्मकता पर आरोप किया है, "साम्प्रदायिकता का सारा दायित्व ब्रिटिश शासन पर डालकर उपन्यासकार एक तरह के सरलीकरण का शिकार भी हो गया है, पर उपन्यास में किसी समस्या का सर्वांगीण विश्लेषण लेखक का उद्देश्य भी नहीं होता", (गोपाल राय, हिन्दी उपन्यास का इतिहास, पृ. 304)। उपन्यास की वैचारिक संरचना पर इकहरेपन और सरलीकरण का आरोप लगाकर दबी जुबान से उपन्यासकार को एक सुविधा प्रदान कर देना भीष्म साहनी जैसे लेखक को दयनीय बनाता है। इसकी शुरुआत प्रगतिशील आलोचक वीरेन्द्र यादव ने यशपाल जन्मशती के अवसर पर की थी। जब उन्होंने यशपाल के महाकाव्यात्मक विशालकाय उपन्यास 'झूठा-सच' से 'तमस' की तुलना की थी। उनकी मान्यता है कि 'तमस' का विभाजन विमर्श अंग्रेज बनाम हिन्दुस्तानी और राष्ट्रवादी बनाम साम्प्रदायिक के द्विविभाजन पर टिका है। जबकि 'झूठा सच' की मौलिकता इस तथ्य में अन्तर्निहित है कि इसका कथा-वृत्तान्त उस महाआख्यान को ही ध्वस्त करता है जो उसे महज़ अंग्रेजों की चाल और मुस्लिम लीग की मज़हबी माँग तक सीमित करता है, यादव कहते हैं, "दरअसल तमस का ताना-बाना कांग्रेस के राष्ट्रवाद, मुस्लिम लीग के अलगाववाद और अंग्रेजों की फूटपरस्ती के जिस सरलीकृत विभाजन-विमर्श पर टिका है, वहाँ उस बेबाक

पड़ताल की गुंजाइश नहीं है जो कांग्रेस की राष्ट्रवादी संरचना में सूराख़ करती है।'' (वीरेन्द्र यादव, तद्भव-9, पृ. 25) लेख में वीरेन्द्र यादव यशपाल को बड़े विजन का समाजवादी लेखक सिद्ध करने के लिए विमर्श को भारतीय समाज की आन्तरिक संरचना स्तरीकरण, जातिभेद, स्त्री-दलित पीड़ा, दलाल संस्कृति, घूसखोरी आदि पर केन्द्रित करते हैं। यह स्वाभाविक है कि एक विषय पर दो रचनाएँ आसपास मिल रही हों तो उनकी तुलना होगी।

दोनों से टिप्पणियाँ, सन्दर्भ और दृष्टिकोण ग्रहण किया जायेगा उनकी विवेचना होगी और निष्कर्ष प्रस्तावित होगा। तब भी यह निष्कर्ष बहसतलब होगा। अलग दृष्टिकोण और व्याख्या के सहारे निष्कर्ष को चुनौती देना सम्भव है। यदि यह पूरी प्रक्रिया अपनाई न गयी हो, केवल एकाध उद्धरण से निष्कर्ष तय किये गये हों तो यह अकादमिक ईमानदारी को प्रश्नांकित करता है।

2

देश को विभाजन और स्वतन्त्रता ब्रिटिश साम्राज्ञी ने एक ही अधिनियम द्वारा प्रदान की थी। स्वतन्त्रता आने के पूर्व अत्यन्त तनाव, विस्थापन, दंगे और दुख का उपहार इस महादेश में भेजकर आयी थी। स्वतन्त्रता के लिए नब्बे वर्षों का बड़ा संघर्ष भारतीयों को करना पड़ा जो भारतीय इतिहास में राष्ट्रीय आन्दोलन के नाम से जाना जाता है। यह आन्दोलन न तो एक दिशा में गतिमान था, न ही इकहरी प्रक्रिया था। दरअसल यह, ''ब्रिटिश शासन और विश्व शक्तियों के कारण तथा भारतीय समाज में उत्पन्न और विकसित अनेक भावनिष्ठ और वस्तुनिष्ठ कारकों की क्रिया-प्रतिक्रिया के फलस्वरूप ब्रिटिश काल में भारतीय राष्ट्रवाद का जन्म हुआ।'' (ए.आर. देसाई, भारतीय राष्ट्रवाद की सामाजिक पृष्ठभूमि, पृ. 4) अपनी सुदृढ़ प्राकृतिक सीमाओं में बन्द एशिया के विकसित समाजों में से एक भारत में पश्चिमी पूँजीवादी समाजों की आधुनिकता का ज्ञान ब्रिटिश साम्राज्यवादियों द्वारा हुआ। ब्रिटेन उन दिनों सभ्यता, शक्ति, उत्पादन, व्यापार और ज्ञान के शिखर पर था। उस समय कोई विचार या शक्ति इतर स्थानों पर उदित भी हुई तो वह ब्रिटिश व्यवस्था से उसी दिशा में प्रतिस्पर्धा करती हुई, अथवा प्रतिरोध में उसके विपरीत। भारतीय समाज अपनी सीमाओं में विविधता, परितृप्तता और अनेक परम्पराओं को समाये धीमी गति से चल रहा था। जिस पर ब्रिटिश उपनिवेशकों ने अधिकार और शासन किया। ''ब्रिटेन ने अपने स्वयं के हित में भारतीय समाज के आर्थिक ढाँचे का आमूल परिवर्तन किया, केन्द्रीभूत राज-व्यवस्था की स्थापना

की, आधुनिक शिक्षा पद्धति की नींव डाली। आवागमन के नये साधन और ऐसी अन्य संस्थाओं का निर्माण किया। इसके फलस्वरूप नये सामाजिक वर्गों का जन्म हुआ और अपने-आप में नयी सामाजिक शक्तियों का उन्मोचन सम्भव हो सका।'' (वही, पृ. 5)। भारतीय समाज और संस्कृति ऐसे भी बहुरंगी और विस्तृत थी, इसमें अनेक क्षेत्रों की प्रकृति, खान-पान, उत्सव और परम्पराएँ समाहित थीं। उनका परस्पर जुड़ाव अपने स्वतन्त्र अस्तित्त्व को बिना खोये हुए सम्भव था। इसे हज़ारी प्रसाद द्विवेदी काल-विधाता की कसीदाकारी कहते हैं, ''हमारे देश का सांस्कृतिक इतिहास इस मज़बूती के साथ काल विधाता के हाथों-सी दिया गया है कि प्रान्तीय सीमाओं में बाँधकर सोचा ही नहीं जा सकता। उसका एक टाँका यदि काशी में मिल गया, तो दूसरा बंगाल में, तीसरा उड़ीसा में, चौथा महाराष्ट्र में मिलेगा और यदि पाँचवा मालाबार या सीलोन में मिल जाये तो आश्चर्य करने की कोई बात नहीं है।'' (ह.प्र. द्विवेदी, कल्पलता, पृ. 198)

इस विस्तृत भूखण्ड में जहाँ अनेक जातियाँ परम्पराएँ और वेशभूषा वाले लोग रहते थे। जिनकी भाषाएँ, खान-पान, रहन-सहन की आदतें, पूजा पद्धतियाँ (ध्यातव्य है कि भारत अपनी त्वरा में आध्यात्मिक देश है, यहाँ नास्तिक भी धर्म-दर्शन की शब्दावली में उपदेश करते हैं) अलग-अलग हैं। वे सभी अपने-अपने तरीकों और स्वरूप में राष्ट्रवादी संघर्ष में संलग्न थे। उनका संघर्ष जहाँ एक ओर भारतीय राष्ट्रवाद का निर्माण करता है, वहीं उनके वर्ग हित, हक-रसूख और अस्मिता की निर्मित करता है। वह एक ओर राष्ट्र की मुक्ति के लिए सन्नद्ध थे, दूसरी ओर अपनी अस्मिता, पहचान और हिस्सेदारी के लिए भी प्रतिबद्ध थे। यह समूचे राष्ट्र में एक साथ चलने वाली प्रक्रिया थी, जो अनेक अन्तःप्रवाही वृत्तों में पूरे राष्ट्र को मथ रही थी। दुर्भाग्य से वह गुलामी के दिन थे, इसलिए यह भय भी सता रहा था कि कहीं राष्ट्रीय जीवन में हमारी अस्मिता एक गुलामी से मुक्त होकर दूसरी को अंगीकार न कर ले। किन्हीं मोर्चों पर यह चिन्ता अधिक थी किन्हीं पर कम। भीष्म साहनी इसी परिस्थिति की निर्मिति थे और इसी के व्याख्याकार भी। उनकी समूची रचनात्मकता इस महावृत्तान्त को ही अलग-अलग नैरेटिवों में पकड़ने का यत्न है। उन्हें किसी सरलीकरण अथवा पक्षधर विमर्श में समेट लेना अन्याय होगा।

3

राष्ट्रीय आन्दोलन में जिस प्रकार अनेक वर्ग, जातियाँ व समाज के लोग सक्रिय थे। उसी तरह अनेक आयामी कार्यक्रम भी एक साथ चल रहे थे। स्वतन्त्रता की कामना ने उन कार्यक्रमों के उद्देश्यों को लोगों के सामने अत्यन्त ऊर्जावान,

चमकीला और प्रेरणादायी बना दिया था। इस महान उद्देश्यों से संचालित कार्यक्रमों के इतने 'तमस' भी थे। 'तमस' में भीष्म जी ने इसे आँकने का यत्न किया है। यह सत्ता, स्वार्थ, छल, अहंकार और लालच का 'तमस' आदमी के भीतर से निकलकर राष्ट्र पर छा जाता है। इसे सभी प्रयत्नों से हटाया नहीं जा सका। बख़्शी जी का जुमला–'अब शहर पर चीलें उड़ेंगी' नयी बनती दुनिया, मानवता और देश के जीवन तक व्याप्त हो जाता है। नामवर सिंह निर्मल वर्मा के कहानी संग्रह परिन्दे की व्याख्या करते हुए लतिका के जुमले–'हम कहाँ जायेंगे' का अर्थ करते हुए लिखते हैं,–"यह सिर्फ़ एक व्यक्ति का प्रश्न नहीं है, इनका उनका सबका प्रश्न है और मानव नियति का यह विराट प्रश्न सारी कहानी पर छा जाता है।"

प्रश्न की गूँज कुछ-कुछ वैसी ही है जैसी चेखव की तमाम कहानियों में गूँजती रहती है–हम क्या करें? गोया सारा ज़माना एक साथ पूछ रहा है, क्या करें? कहाँ जायें? (नामवर सिंह, कहानी नयी कहानी, पृ. 63)। ऊपर-ऊपर स्वच्छ और प्रकाशवान दीखने वाले व्यक्तियों, समाजों और संस्थाओं का अन्तस कितने 'तमस' से भरा है और प्रकट होने के रास्ते खोज रहा है। इन 'तमस' के छोरों को पकड़कर प्रकाशवान तत्त्वों के अन्तस् की यात्रा आज भी बहुत से मार्ग खोज सकती है जो मनुष्यता का भविष्य सुरक्षित करने में मददगार हो सकते हैं।

राष्ट्रीय आन्दोलन में महात्मा गाँधी के प्रवेश से वह जन-आन्दोलन बन गया था। इसके लिए गाँधी जी ने समाज-सेवा का मार्ग चुना था। समाज सेवा भी वह जिससे समाज की आख़िरी कड़ी के व्यक्तियों के भीतर आत्मसम्मान का भाव आ सके। उनमें अपने कर्म के कारण जो हीनभावना की व्याप्ति थी उसे कम किया जा सके। साफ़-सफ़ाई इसका प्रमुख काम था। प्रभात बेला में जुलूस की शक्ल में कांग्रेसी स्वयंसेवक किसी गन्दी बस्ती में जाते और वहाँ के सार्वजनिक रास्तों, जगहों, गलियों को साफ़ करते। इसमें स्थानीय लोग भी सहयोग देते। सबके श्रमदान से मुहल्ला साफ़ हो जाता और राष्ट्रीय कार्यक्रम से जुड़ने का लोगों को अहसास भी हो जाता। राष्ट्रीय मानस को तैयार करने का यह एक उपक्रम था। यह कार्यक्रम कांग्रेस की राष्ट्रीय कमेटी और महात्मा गाँधी की ओर से तय था। जिसका पालन स्थानीय कमेटियाँ भी करती थीं पर इन कार्यक्रमों में भाग लेने वाले कुछ सदस्य केवल समाज-राष्ट्र सेवा के लिए नहीं आते थे। उनके साथ आता था उनका व्यक्तिगत हित, स्वार्थ और सामन्ती संस्कार। इस क्रम में जब मास्टर रामदास ने तामीरी के काम के लिए ढोक कुतुबुद्दीन की नालियों की सफ़ाई का कार्यक्रम बनाया तो कश्मीरी लाल गुस्से में हो गया, कहा, "वहाँ पर नालियाँ हैं ही नहीं। हैं, हैं, हैं क्यों नहीं। कच्ची नालियाँ हैं : पक्की नहीं।

कच्ची नालियाँ हैं तो वर्षों का लसलसा कीच वहाँ जमा होगा। वे नालियाँ कौन साफ़ करेगा?'' (तमस, पृ. 26)

कश्मीरी लाल के इस खौलते अहंकार वाले प्रश्न के पीछे उसका सामन्ती भावबोध, प्रदर्शन की लालसा और अकर्मण्यता तो है ही, साथ है इन ज़मीनी कार्यों और सवालों से बच निकलने का कमीनापन भी, जिसे आज तक हमारे नेता दुहराते रहते हैं। दिल्ली की साफ़ सड़कों पर, मँहगे कपड़े पहनकर झाड़ू चलाते, फ़ोटो खिंचवाते राजनेता गाँधी जी (देश की जनता) को लगातार धोखा दे रहे हैं। काश, धातु और शीशे के निर्जीव चश्मे के पीछे उनकी जीवित आँखें भी होतीं। इन्हीं में जनरैल भी है जो डपटकर कहता है, ''हम करेंगे। तुम गद्दार हो। थोड़ी देर बहस के बाद, जत्था ढोक की ओर बढ़ गया। जनरैल लेफ्ट-राइट करता आगे-आगे जा रहा था और तिरंगा कश्मीरी लाल ने उठा लिया। वहाँ पहुँचकर जो रामदास ढोक के नालियों के सफाई की पैरवी कर रहा था, कहता है ब्राह्मणों से भी झाड़ू उठवाते हो गाँधी महात्मा, जो करो थोड़ा है जी। ब्राह्मणों के हाथ में झाड़ू उठवा दिया।'' (वही, पृ. 48)

इन जन-सेवा और जन-सम्पर्क के कार्यक्रमों में अनेक परिचित-अपरिचित लोगों से मिलने के अवसर होते हैं, जो लोग इन सम्पर्कों को सीढ़ी बनाकर अपना मुकाम हासिल करने की फिराक में होते हैं। उनके लिए यह कार्यक्रम लाभ की खेती है। मेहता ऐसे ही पात्र हैं। वह जन सेवा कार्यक्रमों से उपलब्ध अपनी हैसियत को हमेशा भुना लेने की जुगत में रहते हैं। शंकर और अज़ीज़ गाहे-ब-गाहे उनकी पूँछ उठा देते हैं। प्रभात फेरी वाली सुबह अज़ीज़ उनसे चुटकी लेता हुआ कहता है, ''दूर से आप सचमुच लीडर लगते हो मेहता जी।''

मेहता जी गम्भीर भाव से मुस्कराये, फिर धीमे से अज़ीज़ के कन्धे पर हाथ रखकर बोले, ''उस दिन मोटरों के अड्डे पर खड़ा था, तो एक आदमी दूसरे से पूछने लगा, क्या वह जवाहरलाल नेहरू खड़ा है? और मेहता जी दोनों हाथों से अपनी गाँधी टोपी का जाबिया थोड़ा टेढ़ा करते हुए बोले, बहुत लोगों को मुगालता हो जाता है'' (वही, पृ. 18)। यह मुगालता भारतीय नेताओं को अब भी बना हुआ है कि कपड़े, स्टाइल और क़द-काठी से किसी बड़े नेता की बराबरी कर लेंगे। उन्होंने जेम्स फ्रीडम क्लार्क की उक्ति पर ध्यान ही नहीं दिया-ए पॉलीटीशियन थिंक्स ऑफ़ दी नेक्स्ट इलेक्शन...ए स्टेटमैन ऑफ़ दी नेक्सट जेनरेशन—नेहरू इस लिहाज़ से स्टेटमैन थे। उनकी नक़ल कमअक्ली से नहीं की जा सकती।

उसी समय शंकर चुटकी लेता हुआ कहता है, आज आप अपना बैग नहीं लाये? बैग की प्रभातफेरी में क्या ज़रूरत है?

बैग की सभी जगह ज़रूरत रह सकती है। बीमा का ग्राहक कहीं भी फँस सकता है।

मेहता जी चुप रहे। कांग्रेस का काम करने के साथ-साथ वह बीमा का काम भी करते थे।'' (वही, पृ. 20)

आश्रितों की सुरक्षा, लालच और भय दोहन के माध्यम से जनता के श्रम-शक्ति से उत्पन्न पूँजी को वित्तीय संस्थानों की ओर सरका देना ही बीमा का उद्देश्य रहा है। इस कार्य में संस्थान और बिचौलिए जितना लाभान्वित हुए सामान्य आदमी के हाथ कुछ नहीं लगा। सुरक्षा की गारंटी और सपने तो संस्थान बड़े दिखाते हैं। देखने वाले भी उसकी सामर्थ्य आज की मुद्रा में आँकते हैं और कम-से-कम बीस वर्ष बाद यदि उतना धन मिले भी तो उसका मूल्य बहुत कम हो जाता है। यह कठिन मृगतृष्णा है जो तृप्ति तक तो नहीं ही जाती।

यहीं शंकर एक और तीखा तीर मेहता जी की ओर छोड़ता है। बख़्शी जी जब मेहता जी का लिहाज करने के लिए शंकर को कहते हैं, तो कहता है, ''मैंने क्या कहा है। मैंने तो यही पूछा है ना कि बैग नहीं लाये। मैंने यह तो नहीं पूछा कि सेठी से पचास हज़ार का बीमा मिला है या नहीं।'' (वही, पृ. 20)। शंकर द्वारा मेहता जी को इस तरह नंगा किया जाना उस रहस्य से पर्दा उठाने की हिमाकत है, जो सबसे उजली खादी पहनने वाले मेहता जी ने किया है। लोगों में यह अफवाह थी कि सेठी ठेके वाले से पचास हज़ार का बीमा उन्हें मिलने वाला है और इसके बदले वह सेठी को कांग्रेस का टिकट दिलवाने वाले हैं। शंकर इस पर बड़ी जली-कटी सुनाते हुए कहता है, ''मैंने यह तो नहीं कहा मेहता जी ने टिकट का वादा किया है। टिकट देने का अख़्तियार तो प्रान्तीय कमेटी को है। और सिफारिश ज़िला कमेटी करेगी। अन्दर खाते प्रधान और मन्त्री फैसला कर लें तो अलग बात है। पर वह काम हम नहीं करने देंगे। दोनों प्रधान और मन्त्री दोनों खड़े सुन रहे हों। बड़े-बड़े ठेकेदारों को टिकट मिलने लगा तो बस कांग्रेस ख़त्म हुई समझो।'' (वही, पृ. 21) शंकर की आवाज़ में दी गयी भीष्म जी की इस चेतावनी की प्रतिध्वनियाँ क़लमाड़ी से लेकर ललित मोदी तक जाती हैं। यह राष्ट्र के आर्थिक-सामाजिक बेड़े की पेंदी में बड़ा सूराख है, न जाने इतिहासकार आलोचकों को यह क्यों न दिखा। इसी तरह शंकर ने बड़े नाटकीय अन्दाज़ में मेहता जी के आदमी कोहली का रेशमी नाड़ा दिखवाकर उनका नाम प्रदेश कमेटी से कटवा दिया। ''उस दिन से शंकर मेहता जी को फूटी आँख नहीं सुहाता था।'' (वही, पृ. 23)

मेहता जैसे लाभ-लोभ वाले चरित्र यहीं तक नहीं रुक जाते। 'हाँ जी-हाँ जी' वाली प्रवृत्ति से सबके प्रिय बनने का यत्न करते हैं, पर ईमानदार किसी के

प्रति नहीं होते। यदि संकट कहीं उन पर आने वाला हो तो वह किसी को भी पहचानने से इनकार कर देंगे। उन्हें अपनी सुरक्षा और लाभ के लिए दीन-ईमान जो भी छोड़ना पड़े, उसे छोड़ने में हिचकेंगे नहीं। मेहता ऐसा दो अवसरों पर करते हैं। पहला जब कांग्रेस के लोग ढोक कुतुबद्दीन में तामीरी के काम पर गये और वहाँ मस्जिद की सीढ़ियों पर सूअर की लाश होने की ख़बर पता चली तो ज़िला कांग्रेस कमेटी के अध्यक्ष बख्शी जी सूअर की लाश वहाँ से हटवाने का अशरार करने लगे। मोहयाल सज्जन इस बात से परेशान थे कि बख्शी अपने हाथों लाश हटाने की कह रहे हैं। मेहता का कहना था, ''हमें इस बीच में नहीं पड़ना चाहिए। इससे मामला बिगड़ सकता है।'' (वही, पृ. 57)। बख्शी जी नहीं माने और जनरैल की सहायता से सूअर की लाश को थोड़ी दूर जे जाकर फेंक दिया। मेहता वहीं गली में एक तरफ़ असमंजस में खड़े रहे। भीष्म जी टिप्पणी करते हैं, ''सुअर को वहाँ से हटाने में जोखिम तो था ही लेकिन साथ में उजले खादी के कपड़े गन्दे हो जाने का भी डर था।'' दूसरी बार जब डिप्टी कमिश्नर के बंगले पर शहर में फ़िसाद रोकने के लिए नगर की सभी संस्थाओं के लोग गये थे और नगर में फ़िसाद होने की ख़बर वहाँ पहुँच गयी। सभी लोग निकलकर नगर की ओर चलने लगे। थोड़ी दूर आगे बढ़ने पर पीछे की ओर से आता ताँगा दिखा, मेहता जी ने उसे रोकने का इशारा किया। ताँगे वाला रुका और नगर में इनके ठिकाने तक ले जाने का दो रुपये माँगने लगा। बख्शी जी ने टोका पर मेहता जी ने शहर पहुँचने की जल्दी में बिना मोल-तोल के ताँगा ले लिया। पहले कूदकर ताँगे की पीछे वाली सीट पर बैठ गये। बख्शी जी ने कहा, ''कुछ लोगों को ताँगे में बिठा लो।'' मेहता बोले, ''किसी को नहीं बैठाओ बख्शी जी। यहीं बायें हाथ की सड़क से निकल चलो। वे अपना इन्तजाम कर लेंगे।'' (वही, पृ. 79)। ताँगे में वापस लौटते हुए मेहता को अपनी सुरक्षा की चिन्ता और हिन्दू मुहल्लों में एकता की कमी सताने लगी। कांग्रेस में कर्मठता का अभाव दिखने लगा। इस पर बख्शी जी उन्हें झिड़कते हुए कहते हैं, ''दो बेड़ियों में टांग रखना अच्छा नहीं होता। तुम हमेशा यही कहते रहे हो, एक टाँग कांग्रेस में दूसरी हिन्दू महासभा में तुम समझते हो किसी को मालूम नहीं। सभी को मालूम है।'' इस पर मेहता का अविश्वास, असुरक्षा और भयभीत आत्मा एक साथ चीत्कार उठती है। ''अगर फ़िसाद हो गया तो तुम मुझे बचाने आओगे? नाले के पार का सारा इलाका मुसलमानी है और मेरा घर नाले के सिरे पर है। फ़िसाद हो गया तो उस वक़्त मुझे बचाने आओगे? या बापू जी आकर बचायेंगे। उस वक़्त तो मुझे मुहल्ले वाले हिन्दुओं का आसरा है। छुरा मारने वाला मुझसे यह तो नहीं पूछेगा

कि तुम कांग्रेस में थे या हिन्दू महासभा में।'' (वही, पृ. 81)। मेहता का भय विभिन्न जन संगठनों में सक्रिय लाभ-लोभ की आकांक्षा रखने वाले अधिसंख्यक लोगों का है जो खुद के फायदे से प्रेरित होते हैं।

डिप्टी-कमिश्नर के बँगले से निकलकर पैदल शहर की ओर वापिस आने वालों में लाला लक्ष्मीनारायण, हकीम अब्दुल गनी, सरदान और हयात बख़्श थे। लाला लक्ष्मीनारायण हिन्दू महासभा के दानवीर प्रधान थे और जब सभा को ज़रूरत होती तो दिल खोलकर चन्दा देते। जब शहर पर फ़िसाद की आशंका मडराने लगी थी तो महासभा की अन्तरंग समिति को लाठियों की कमी का अहसास हुआ। नौजवान सभा के कार्य अधूरे पड़े थे। उन्हें प्रशिक्षण देने की ज़रूरत थी। लाला जी ने सभा में बड़े गर्व से घोषणा की, ''रकम मैं दूँगा। आप आज ही दो सौ लाठियाँ मँगाकर युवकों में बाँट दीजिए।'' (वही, पृ. 61) आर्यवीर दल बनाने, हिन्दू धर्म के लोगों को एक ध्वज के नीचे लाने और आर्य धरा को मलेच्छविहीन बना देने में उनकी रुचि थी। उनका बेटा पिता की इच्छा और राष्ट्र की ज़रूरतों के हिसाब से वानप्रस्थी जी और मास्टर देवव्रत की छाया में युद्ध कला का प्रशिक्षण लेता रहा। उसके मानस में मास्टर देवव्रत ने योग के माध्यम से दैवी शक्ति के अर्जन, महासंहारक अग्नि और मेघ बाणों की विशेषता को बैठा दिया था। फ़साद के दिनों में जब रणवीर कई दिनों तक घर नहीं आया, तो घर में पति-पत्नी में तकरारें होने लगी। वह रघुनाथ के समधी थे। जिसकी दोस्ती शहर के धनी, खानदानी मुसलमान शाहनवाज़ से थी। मण्डी में अपने गोदामों की सुरक्षा, रणवीर की कुशल क्षेम के लिए अपने घर के नौकर नानकू को चिट्ठी देकर अपने समधी के घर भेजना चाहते थे। उनकी पत्नी उनसे कहती है, ''देखो जी इस ग़रीब को कहाँ भेजोगे? बाहर कहर टूट रहा है। इसे कोई जानता नहीं, पहचानता नहीं।'' लाला जी उत्तर देते हैं, ''तू हर बात में टाँग क्यों अड़ाती है? मैं नहीं चाहता कि विद्या को लेकर यहाँ पड़े रहें। कुछ भी हो सकता है। मैं समधी को खत लिख रहा हूँ कि वह अपने दोस्त शाहनवाज़ से कहकर हमें यहाँ से निकाल लें। जवान बेटी घर में है। मैं यहाँ नहीं रहना चाहता।'' पत्नी ने जब तीखा जवाब दिया कि यह कहाँ तुम्हारी चिट्ठी पहुँचायेगा, यह कुछ भी नहीं जानता तो लाला जी ने कहा, ''क्यों नहीं पहुँचायेगा? इसे रखा किसलिए है? गलियों के रास्ते दो मिनट में समधियों के घर पहुँच जायेगा। पास ही तो है।'' (वही, पृ. 119)। दूसरों के बच्चों को आर्यवीर बनाने वाले लाला जी को जब अपने परिवार और सम्पत्ति पर ख़तरा दिखा, तो दूसरे की जान जोखिम में डालकर भाग जाना बेहतर समझते हैं। यही लाला जी कमिश्नर के बँगले पर हिन्दू महासभा के प्रतिनिधि के रूप में गये थे

जब मेहता ने उन्हें ताँगे पर नहीं बैठाया तो उनका हृदय विदीर्ण हो गया। उनकी अन्तरात्मा कराह उठी—"हिन्दू-हिन्दू के साथ यही व्यवहार करेगा। प्राचीन काल से यही कुछ होता आ रहा है, वाह रे हिन्दुओ" (वही, पृ. 78)। अब शहर पहुँचने के लिए शहर के जिन हिस्सों से गुज़रना पड़ेगा वह मुसलमानी है। यह भयपूर्ण था। इससे बचाव के लिहाज से उन्होंने हयात बख्श को आवाज़ दी, "ठहरो जी ऐसी भी जल्दी क्या है?" सभी रुक गये, तो लाला जी छड़ी पटकते हयात बख्श तक चले गये और कहा, "बहुत बुरी बात होगी अगर शहर में गड़बड़ हो गयी" और हयात बख्श के साथ-साथ चलने लगे हयात बख्श लक्ष्मीनारायण का इरादा समझ गया था और इसमें हयात बख्श का अपना भी हित था, क्योंकि पुल पार करने के बाद थोड़ी दूर आगे जाने पर हिन्दुओं का मुहल्ला शुरू हो जाता था और हयात बख्श का घर उससे भी आगे था। लक्ष्मीनारायण साथ में होगा तो हिन्दुओं का मुहल्ला पार करा देगा" (वही, पृ. 79)।

लक्ष्मीनारायण और हयात बख्श जब शहर में पहुँचे तो पहले मौलादाद सड़क के किनारे खड़ा मिल गया। मौलादाद बिजली कम्पनी में क्लर्क था और मुस्लिम लीग का कारकून था। उसने हयात बख्श से पूछा, "क्या कर आये हो डिप्टी कमिश्नर से मिलने गये थे न।" हयात बख्श अभी बता रहा था कि मिलने गये थे कोई बात न बन सकी, तब तक ख़बर आयी शहर में कुछ गड़बड़ हो गयी है। इसी बीच सरदार विशन सिंह और हकीम अब्दुल गनी भी आ गये। बात करने के लिहाज से लक्ष्मीनारायण बोले, "फ़िसाद नहीं होना चाहिए...यह बहुत बुरी बात है", इस पर मौलादाद ने तीखी नज़र से लक्ष्मीनारायण को देखा, आप लोगों का वश चले तो आप फ़िसाद करवाकर ही छोड़ेंगे। हमीं लोग बरदाश्त किये जा रहे हैं। फिर उसकी नज़र हकीम जी पर पड़ी और उन्हें देखते ही मौलादाद का पारा तेज़ हो गया—"यह हिन्दुओं का कुत्ता भी आपके साथ गया था? यह किसकी नुमाइन्दगी करने गया था।" (वही, पृ. 82) इसकी प्रतिक्रिया में हकीम जी ने कहा, "देखिए मौलादाद साहिब...आपको जो मन आये मुझे कहिए पर सबसे अहम सवाल हिन्दुस्तान की आज़ादी का है। अंग्रेज से ताक़त छीनने का है। हिन्दू-मुसलमान का नहीं।" (वही)। मौलादाद ने चीखकर कहा, "चुप रह कुत्ते।" बीचबचाव कर रहे हयात बख्श ने स्थिति सँभालते हुए हकीम जी को कहा, "जाइए-जाइए हकीम जी, मगर आपके सरपरस्त तो ताँगे पर बैठकर निकल गये हैं। आपको अकेला छोड़ गये हैं" (वही)। जो मौलादाद हकीम जी जैसे बुजुर्ग को इन कड़े शब्दों में अपमानित करता है, वही उसी समय और स्थान पर बड़े आदर भाव से दिल पर हाथ रखकर लक्ष्मीनारायण से कहता, "खातिर जम रखिए

लाला जी हमारे रहते आपका कोई बाल भी बाँका नहीं करेगा'' (वही, पृ. 93)। दरअसल सभी कट्टरपन्थी विचार के लोग इस तथ्य से सहमति रखते हैं कि विरोधी उनका उतना बड़ा दुश्मन नहीं है जितने साथ के मध्यमार्गी। मौलादाद कहता है, ''मुसलमान का दुश्मन हिन्दू नहीं है। मुसलमान का दुश्मन वह मुसलमान है जो दुम हिलाता हिन्दुओं के पीछे-पीछे जाता है। उनके टुकड़ों पर पलता है।'' (वही, पृ. 82) मानव सम्बन्धवादी मध्यमार्गी तनाव को उस चरम बिन्दु तक जाने से रोकने का यत्न करते हैं, जहाँ इन चरमपन्थी संगठनों का लक्ष्य होता है। हिन्दू महासभा की बैठक में जब पता चला कि शहर से एक वफ्द कमिश्नर से मिलने गया है तो वहाँ की सबसे महत्त्वपूर्ण टिप्पणी थी, ''वह वफ्द क्या करेगा? हिन्दू सिखों को अलग से जाकर मिलना चाहिए। उसे तो यह बताना है कि देखो मुसलमान क्या कर रहे हैं, अगर मुसलमान भी साथ होंगे तो तुम डिप्टी कमिश्नर से क्या कह सकते हो? यह सारा काम कांग्रेसियों का बिगाड़ा हुआ है। उन्होंने मुसलों को सिर पर चढ़ा रखा है।'' (वही, पृ. 63)। परस्पर अच्छे सम्बन्ध रखते हुए इन धर्म-राजनीतिक संगठनों के लोगों ने सामाजिक सम्बन्ध इतना तनावग्रस्त कर दिये थे कि समाज का हर तबका भयग्रस्त हो गया था या उद्वेलित।

उद्वेलन का सबसे तीखा और त्वरित प्रकटीकरण कांग्रेस के तामीरी काम के लिए जाते वक़्त प्रभात फेरी वालों का जुलूस जब नारे लगा रहा था, कौमी नारा—वन्देमातरम्। बोलो भारत माता की जय। महात्मा गाँधी की जय।

इसके सहसा क्षण-भर की चुप्पी के बाद ही कुछ दूरी पर जहाँ एक और गली इस गली को काट गयी थी। एक और नारा उठा, पाकिस्तान ज़िन्दाबाद। कायदे आजम-ज़िन्दाबाद।

और इस जुलूस का रास्ता रोके तीन लोग खड़े थे जो कह रहे थे कि कांग्रेस हिन्दुओं की जमात है। मुसलमानों का इससे कोई वास्ता नहीं है। इसके जवाब में बख्शी जी कहते हैं कि, ''कांग्रेस सबकी जमात है'', हिन्दू-मुसलमान-सिखों की। वह देखो, सिख भी हैं, हिन्दू भी, मुसलमान भी। वह अज़ीज़ सामने खड़ा है, हकीम जी हैं। ''अज़ीज़ और हकीम हिन्दुओं के कुत्ते हैं। हमें हिन्दुओं से नफ़रत नहीं है। इनके कुत्तों से नफ़रत है।'' मौलाना आज़ाद के कांग्रेस के अध्यक्ष होने पर उनकी टिप्पणी है, ''मौलाना आज़ाद हिन्दुओं का सबसे बड़ा कुत्ता है। गाँधी के पीछे दुम हिलाता फिरता है।'' तामीरी का काम रोकने वाले यह लोग अन्तिम फैसला सुनाते हैं—''आप लोग जाना चाहें तो जाइए, लेकिन हम लोग इन कुत्तों को अपने मुहल्लों में घुसने नहीं देंगे।'' (वही, पृ. 33) यह स्वार्थ प्रेरित धर्म-राजनीतिक दृष्टि है, जबकि इसके समानान्तर सफाई करते कांग्रेस

के कार्यकर्ताओं को देखकर एक बुजुर्ग मुसलमान जो हाथ में तस्बीह लिए चले आये थे कह रहे थे–"आफ़रीन है वाह-वाह...ख़ुश रहो, वाह-वाह...क्या नेकदिल पाया है...मतलब गलियाँ साफ़ करने से नहीं, इसके पीछे जो जज्बा काम कर रहा है, वह बहुत ऊँचा है। आफरीन- सदू-आफरीन।" (वही, पृ. 51)। सामान्य धार्मिक आदमी किसी दुघर्टना के बाद भी वह व्यवहार नहीं करता जो सामान्य स्थिति में धर्म की राजनीति करने वाले करते हैं। वह मस्जिद की सीढ़ियों पर मरे सूअर को देखकर जब वापस लौट रहे थे, तो पूरे गुस्से में थे। उन्होंने कहा, "आप साहिबान यहाँ से चले जाइए। अगर अपनी ख़ैरियत चाहते हो तो यहाँ से फौरन चले जाइए...उठ जाइए यहाँ से...बस हो चुका जो आपको करना था। सुन रहे हैं आप...उनकी आवाज़ काँपने लगी खंजीर के बच्चों यहाँ से चले जाओ।" (वही, पृ. 53)।

4

जिसका डर था वही हुआ। शहर में दंगा हुआ। दंगे को परवान चढ़ाया झूठी अफवाहों और धर्म के रूमानी स्वरूप ने। निहित स्वार्थी और शरारती तत्त्वों की संख्या इतनी नहीं होती कि वह किसी बड़े फ़साद को अंजाम दे डालें। इसके लिए जन साधारण से उन नौजवानों की ज़रूरत होती है जो मरने-मारने पर उतारू हों और तर्क बुद्धि से काम न ले सकें। यह नौजवान जब भीड़ की शक्ल में जाते हैं तो तर्क बुद्धि और भी छोटी हो जाती है उत्साह और बलिदान का भाव चरम पर होता है। इस समय अफवाहें आग में घी का काम करती हैं। एक जगह से कुछ सुनने वाला अपनी कल्पना शक्ति से उसे विस्तार देता है। अरे दूसरी जगह प्रामाणिक सूचना के तौर पर उसका प्रयोग करता है। यह कहने-सुनने का क्रम विस्तृत होकर एक अद्भुत असुरक्षापूर्ण माहौल रचता है। शहर के दंगे में रात में मण्डी में आगजनी हुई। सुबह दुकानें जलकर खाक हो गयीं। तमाम जगहों पर अफवाहों का दौर जारी था–"दुकानें बन्द थीं। दूध दही की दुकानें कहीं-कहीं खुली थीं और उनके निकट दो-दो, चार-चार आदमी रात की घटनाओं के बारे में कयास लगा रहे थे। मार-काट के बारे में अफवाहें ज़्यादा थीं। गवालमन्डी वाले कहते रत्ता में दंगा हुआ है। रत्ता वाले कहते कमेटी मुहल्ले में दंगा हुआ है।" इस चर्चा के फलस्वरूप, "मुहल्लों के बीच लीकें खिंच गयी थीं। हिन्दुओं के मुहल्लों में अब मुसलमानों की जाने की हिम्मत नहीं थी और मुसलमानों के मुहल्ले में हिन्दू-सिख अब आ-जा नहीं सकते थे। आँखों में संशय और भय उतर आये थे।

गलियों के सिरों पर और गलियों के नाकों पर जगह-जगह कुछ लोग हाथों में लाठियाँ और भाले लिए और मुश्कें बाँधे छिपे बैठे थे।" (वही, पृ. 122)। इस माहौल में शाहनवाज़ को देखकर जो अपनी नीली ब्लूक मोटर गाड़ी से लगातार अपनी हमज़ोलियों में व्यस्त था, मौलादाद ने पूछा, "ख़बर क्या है खान जी, उधर पिछले मुहल्ले में काफ़िरों ने एक ग़रीब मुसलमान को मार डाला है...पाँच काफ़िर हमने भी काटे हैं। इनकी माँ की" (वही, पृ. 125)। एक हत्या का बदला पाँच से लेना काफ़ी बहादुरी और शबाब का काम है। इससे एक तरफ़ के अल्पबुद्धि युवक प्रेरित तो होते ही, इसकी प्रतिक्रिया इसी रूप में दूसरी तरफ़ भी होती है।

धर्म की रूमानी ताक़त जहाँ इस गति को तीव्र करती है, वही आत्मिक तोष भी प्रदान करती है। यदि एक के बदले अनेक मारे तो धर्म स्थापना का बड़ा कार्य किया। यदि मारे गये तो धर्म-जाति के काम आये। वीरगति को प्राप्त हुए। इस रूमानी स्वरूप की रचना एक दिन में नहीं होती। इसे जाने-अनजाने हम रोज-रोज की बातचीत, कार्य-व्यवहार और नैतिक शिक्षाओं के रूप में करते हैं। लाला लक्ष्मीनारायण का बेटा रणवीर अपने पिता एवं मास्टर देवव्रत से ऐसी ही काल्पनिक पौराणिक कथाएँ सुनता रहता है। मास्टर साहब बताते हैं कि विमान बनाने का ढंग, बम बनाने का ढंग वेद में लिखा है। उसने सुन रखा है कि हिमालय की गुफाओं में रहने वाले एक महान योगीराज साधना कर रहे थे। उन्हें सिद्धि प्राप्त थी। "एक दिन जब वह समाधि में थे तो एक मलेच्छ उनकी समाधि भंग करने के लिए वहाँ जा पहुँचा। मलेच्छ तो गधे होते हैं, मलेच्छ नहाते नहीं, पाखाना करके हाथ नहीं धोते। एक-दूसरे का जूठा खा लेते हैं। समय पर शौच नहीं जाते तो वह गन्दा मलेच्छ योगी जी के सामने खड़ा उन्हें घूरता रहा उसकी कलुषित छाया पड़ने की देर थी। योगी जी ने अपने नेत्र खोले। आँखों में से एक ऐसी दिव्य ज्योति निकली कि मलेच्छ वहीं खड़ा-खड़ा भस्म हो गया...

रणवीर की आँखों के सामने बार-बार मलेच्छ घूम जाते थे। पड़ोस में सड़क के किनारे बैठा मोची मलेच्छ है। घर के सामने ताँगा हाँकने वाला गाड़ीवान मलेच्छ है। मेरी कक्षा में पढ़ने वाला हमीद मलेच्छ है। गली में मंजीफा माँगने वाला फकीर मलेच्छ है। पड़ोस में रहने वाला परिवार मलेच्छों का है।" (वही, पृ. 66)। रणवीर ने अपने मास्टर जी से राणा प्रताप, शिवाजी आदि वीरों की शौर्य रंजित कहानियाँ सुन रखी थीं। अग्निबाण और मेघबाण की ताक़त से परिचित हो चुका था। इस मानसिक तैयारी के उपरान्त उसके गुरु ने मुर्गी कटवाकर उसे दीक्षा दी थी। इसका प्रयोग फ़साद के दौरान उसने हलवाई से कड़ाही लेने में उसे घायल करके और गली में इत्रफरोश को इंद से मरवाने में किया है।

दूसरी जगह फजलदीन नानबाई की दुकान में करीम खान बड़ा सबक अमोज किस्सा सुना रहा था। 'दास्ताने-खिजा' जिसमें मूसा खिजर का शागिर्द बनने की ख्वाहिश जताता है। कई अटपटे और हैरतअंगेज कारनामों की कुँजी जब खिजर मूसा के सामने रखता है तो निष्कर्ष निकलता है, हाकिमों के मन की थाह पाना आम आदमी के वश की बात नहीं है, "हाकिम दूर की सोचता है, उसके हर फेअल के पीछे दूरअन्देशी पायी जाती है, जो कुछ वह देखता है उसे आम इन्सान नहीं देख पाता।" (वही, पृ. 93)। इस विचार को पुनः बल देने के लिए करीम खान कुरान शरीफ का उदाहरण देता है, "कुरान शरीफ में फरमाया है कि इन्सान की खेतियाँ मेरे हुक्म से खड़ी हैं। इन्सान के सब इरादे मेरे हुक्म पर खड़े हैं। मेरा हुक्म नहीं होगा तो लहलहाती खेतियाँ झुलस जायेंगी। मेरे हुक्म पर बाढ़ आयेगी, शहरों के शहर तबाह हो जायेंगे और बूढ़े ने कहा सभी कुछ मालिक के हाथ में है। इन्सान के हाथ में कुछ भी नहीं। सब काम पाक परवरदिगार के हुक्म से होते हैं। उसका जो हुक्म होगा वही होगा।" (वही, पृ. 98)। और इस फरमान की दूरअन्देशी का वह अपने समकाल में अहसास कराता है कि अंग्रेज ऊपर वाले की इच्छा से आये हैं। वह दूरद्रष्टा और दानिशमन्द हैं, "अंग्रेज हाकिम की आँख चारों तरफ़ देखती है वरना क्या यह मुमकिन है कि मुट्ठी-भर फिरंगी सात समन्दर पार से आकर इतने बड़े मुल्क पर हुकूमत करें? अंग्रेज बहुत दानिशमन्द हैं। दूरअन्देश हैं।" (वही, पृ. 95)। इस तरह की कवायदें अंगेजी शासन को नैतिक मान्यता प्रदान कर रही थीं। यह हो रहा था धर्म की रूमानियत में। लेकिन इसका असर हो रहा था ब्रिटिश शासन के स्वीकार और स्थायित्व में।

शहर में लगी आग दो दिनों में गाँवों तक फैल गयी। गाँवों में भी वही भय, असुरक्षा, आशंका का वातावरण बन गया। मस्जिद और गुरुद्वारे लोगों के इकट्ठा होने की जगह बन गये। सुरक्षा की चिन्ता बढ़ी और यहाँ हथियार जुटाये जाने लगे। मोर्चेबन्दी बढ़ गयी। जैसे-जैसे तनाव गहराता जा रहा था, सिख परिवार अपने घरों की महिलाओं और बच्चों को गुरुद्वारे में इकट्ठा करने लगे। समूह में सुरक्षा का विश्वास अधिक होता है। पूरे गाँव के सभी सिख परिवार अपने कृपाणों और बन्दूकों के साथ गुरुद्वारे में जमा हो गये। ऐसे में धर्म का भरोसा प्रबल हो जाता है, धार्मिक भजन-कीर्तन इसे और भी तीव्र कर देते हैं। "गुरुद्व ारा खचाखच भरा था और संगत मस्ती में झूम रही थी। बस अनमोल समय था। रागी पूरी तन्मयता से आँखें बन्द किये गा रहे थे 'तुम बिन मेरे कौन गोसाईं' संगत में सबके हाथ जुड़े हुए आँखें बन्द और सिर वजद में हिलते हुए। कोई-कोई व्यक्ति हाथ पर ताल दिये जा रहा था। यह कुर्बानी की आवाज़ शताब्दियों के

फासले लाँघकर फिर से गूँज रही थी। तीन साल पहले ऐसा ही गीत दुश्मन से लोहा लेने के पहले गाया जाता था। आत्म बलिदान की भावना से ओत-प्रोत वे सब कुछ भूले हुए थे। इस विलक्षण क्षण में उनकी आत्मा उनके पुरखों की आत्मा से जा मिली थी।'' (वही, पृ. 170)। इस तरह की परिस्थिति और माहौल में रोज़मर्रा की ज़िन्दगी में अर्जित किये गये धार्मिक विश्वासों की लौ तेज़ हो जाती है। गुरुद्वारे में बैठी युवतियों में इसका प्रभाव लेखक बताता है, ''इन्हीं युवतियों में जसवीर भी बैठी थी–हरनाम सिंह चायवाले की बेटी–जो इस गाँव में ब्याही थी और जिसने अपने पिता से अटूट धार्मिक प्रेरणा जन्म घुट्टी में प्राप्त की थी...जब से संकट शुरू हुआ था उसकी आँखें तेज़ा सिंह के मुखारबिन्द पर लगी थीं। मानो उस मुखड़े से उसे दैवी सन्देश की अपेक्षा हो। पल-पल छिन-छिन वह सन्देश सुन पाने के लिए कान लगाये बैठी थी। कुछ-कुछ ऐसी ही भावना गुरुद्वारे में बैठे सभी नर-नारियों के दिलों में हिलोरें ले रही थी।'' (वही, पृ. 183)। यह तनाव बढ़कर युद्ध के स्तर तक जा पहुँचा और स्त्रियों को तुर्कों के हाथ पड़ जाने का भय उत्पन्न हुआ। तब बिना कुछ कहे सोचे जसवीर कुएँ की जगत पर गयी और 'वाहे गुरु' बोलकर कुएँ में कूद गयी। उसके पीछे तमाम स्त्रियाँ अपने बच्चों को साथ लेकर उसका अनुसरण करती गयीं। यह रूमानी धर्म भावना कितनी बड़ी त्रासदियों को जन्म देती है। इसका आलोचनात्मक आख्यान रचने का भीष्म जी ने सफल यज्ञ किया है। स्वतन्त्रता की खुशी में बँटवारे की पीड़ा जितनी बड़ी विडम्बना है, उसके समतुल्य ही यह विडम्बना भी है जो आम आदमी को आध्यात्मिक ऊँचाइयों का लालच देकर, सामान्य मानवीय गुणों से भी वंचित कर देती है।

व्यवस्था के आन्तरिक संघर्षों, तनावों और उत्पातों का औपन्यासिक संरचना में शिकार होता है हरनाम सिंह का परिवार। हरनाम सिंह जो ढोक इलाहीबख्श में चाय की दुकान चलाता था। पूरे गाँव में यही एक सिख घर था। पूरा गाँव मुसलमानों का था। बड़े कायदे से सभी से निभ रही थी। तनावों के बीच भी बार-बार करीम खान कह रहे थे कि यहीं रहो कुछ नहीं होगा। बाद के वक़्त में बिगड़ती परिस्थिति देखकर उन्होंने मशविरा दिया कि रात में घर छोड़कर निकल जाओ। गाँववालों पर तो मेरा वश चलेगा, लेकिन बाहर के बलवाइयों पर मेरा कुछ नहीं चलने वाला। राजो के घर में शरण लेते हुए बन्तो ने कहा, ''सलामत रहे करीम खान उसने हमारी जान बचा दी और सलामत रहो तुम बहन जिसने हमें आसरा दिया।'' (वही, पृ. 188) हरनाम ने सबेरा होते ही देख लिया कि उसकी दुकान का पूरा सामान लूट लिया गया है और जान-पहचान का एहसान अली उसका ट्रंक उठा लाया है। ताला तोड़कर भीतर क्या रखा है देखने की तैयारी हो

रही है। हरनाम ने उन्हें चाबी दे दी। एहसान अली को यह घटना ऐसी लगी कि वह चोरी करता पकड़ा गया हो। एहसान अली का बेटा रमज़ान लीग का कार्यकर्ता था। युवा खून, मरने-मारने पर उतारू, फिर भी राजो अपनी समझदारी, इन्सानी जज्बे तथा सख्ती से उसे समझा ले जाती है। रात के अँधेरे में हरनाम और बंतो को गाँव के बाहर विदा करते हुए उनकी बन्दूक के साथ एक छोटी-सी पोटली देते हुए कहती है, ''तुम्हारे ट्रंक में मिले यह मतेरे दो गहने हैं। मैं निकाल लायी हूँ, तुम्हारे आगे कठिन समय है। पास में दो गहने हुए तो सहारा होगा।'' (वही, 199-200) इस छोटी-सी घटना की तुलना उस बौखलाये सरदार की प्रार्थना से करने पर जिसमें वह चाहता था कि उसकी घरवाली कुएँ में गिरकर डूब गयी है। उसके हाथ में पाँच-पाँच तोले के कड़े हैं, गले में जंजीर है, मिल जायेंगे तो संकट के दिनों में सहारा बनेंगे। सरकारी नियम-कानूनों और असहयोग से यह नहीं हो पाता। यह विभाजित भारतीय जनता और औपनिवेशिक शासन की दृष्टि का तुलनात्मक सच है जो साम्राज्यवादी शासन के कल्याणकारी ढकोसले का पर्दाफ़ाश करता है।

इसके समानान्तर हरनाम सिंह का बेटा इकबाल सिंह जो मीरपुर में बजाजी की दुकान करता था, जिस रात हरनाम सिंह ने ढोक इलाहीबख्श छोड़ा था, उसी रात वह भी मीरपुर छोड़कर भाग गया था। रास्ते में रमज़ान और उसके साथियों को मिल गया। इन लोगों ने उसे घायल अवस्था में पकड़ा और क़लमा पढ़ने की शर्त पर अपना भाई घोषित किया। उसके बगलगीर हुए। माहौल सद्भावनापूर्ण हो गया एवं खेतों के रास्ते से लेकर मुरादपुर की ओर आने लगे। रास्ते में उसके साथ धक्का-मुक्की करते, दुखी करने लगे। इकबाल रमज़ान से उलाहने देता, ''रमज़ान जी मुझे यह अब भी धक्के लगा रहे हैं।'' रमज़ान ने अपने साथियों को कहा, ''धक्का नहीं दो, ओए'' और अपने साथियों की ओर देखकर मुस्करा दिया, आँख मारी, भीष्म जी की टिप्पणी है ''घृणा और द्वेष इतनी जल्दी प्रेम और सद्भावना में बदल नहीं सकते। वे इकबाल सिंह को पीट नहीं सकते थे तो कम से कम अपने क्रूर व्यंग्य का लक्ष्य तो बना ही सकते थे।'' (वही, पृ. 204) मुरादपुर लाने पर उसके मुँह में गाय का कच्चा गोश्त डाला गया, सिर के बाल मुड़वाये गये, दाढ़ी को मुसलमानी किया गया। तसबीह हाथ में लिए मुल्ला ने इकबाल सिंह से क़लमा पढ़वाया। उसके कान में कहा तेरा निकाह करायेंगे बड़ी ख़ूबसूरत औरत देंगे, कालू तेली की बेवा तेरी उम्र की है जवान गठीली। उसे देखकर तेरी रूह ख़ुश हो जायेगी। अब तू हमारा अपना है। अब तू शेख है। शेख इकबाल अहमद।'' (वही, पृ. 206-207)। मूल सत्य यही है। आसमानी और रूहानी मसले भी। दुनियावी नज़र और तरीके से हल किये जाते हैं। इस

दुनिया में सारा त्याग और तपस्या इसलिए होती कि वह स्वर्ग में अप्सराएँ एवं जन्नत में सभी भोगों के साथ हूरें उपलब्ध कराये।

5

आखिर दंगे रुके। शहर में इसे रोकने के लिए कर्फ्यू लगा दिया गया। सभी संवेदनशील स्थानों पर फौजी सिपाही तैनात कर दिये गये और देहात में एक हवाई जहाज उड़ा दिया गया। सैयपुर के गुरुद्वारे के पीछे की खिड़कियों पर कसाई के बेटे ने आग लगाने के लिए तेल छिड़क दिया था। बस माचिस जलाने भर की देर थी कि उसे घरघराहट की आवाज़ सुनाई पड़ी थी। उसने आसमान में जहाज देखा, "सभी हाथ थम गये अब और कुछ नहीं होगा। अब अंग्रेज तक फ़िसाद की ख़बर पहुँच गयी है। अब कोई आग नहीं लगायेगा। बन्दूक नहीं चलायेगा। मोटे कसाई के बेटे ने जिसने गुरुद्वारे की खिड़कियों पर तेल छिड़क दिया था और बस दियासलाई लगाने की देर थी अपने हाथ खींच लिए। लोग मुँह बाए हवाई जहाज की ओर देख रहे थे।" (वही, पृ. 216) गुरुद्वारे की छत पर खड़े किशन सिंह ने जहाज से हाथ हिलाते गोरे सिपाही को सैल्यूट किया और चिल्लाकर 'गाड सेव दि किंग' बोला। फिर कहा, "दो दिन पहले आ जाते साहब तो हमारा इतना ज़्यादा नुकसान तो नहीं होता, मगर कोई फिक्र नहीं...।" (वही, पृ. 217) शेखों के घर की ओर चुनौती देकर चिल्लाकर कहने लगा, चलाओ मुसलो अब गोली, सिखों को अंग्रेज दोस्त और रक्षक लगने लगे थे। इससे "क़स्बे का माहौल बदल चुका था। लोग बाहर आने लगे थे, लड़ाई बन्द हो गयी लाशें ठिकाने लगाई जाने लगीं, कुछ लोग अपने गहने कपड़ों की जाँच करने अपने-अपने घरों की ओर चल दिये कि बचा क्या है। क्या कुछ लूट लिया गया है। सेवादार और निहंग सिंह गुरुद्वारे को धोने साफ़ करने लग गये। उधर शेखों के हुक्म से मस्जिद भी बुहारी जाने लगी। दोनों समुदायों के लोग अपने-अपने धर्मस्थान को धो-धोकर साफ़ करने लगे थे।" (वही, पृ. 218)

शहर में अमन कमेटी और रिफ्यूजी कैम्प बन गये। जहाँ शान्ति स्थापना के प्रयास और गाँव देहात से भागकर आये लोगों की सूचना एकत्र होने लगी। लोगों के रहने-खाने का प्रबन्ध होने लगा। इनमें सरकार और कल्याणकारी प्रबन्ध संस्थाएँ सक्रिय हो गयीं। अमन कमेटी की आये दिन बैठकें होने लगीं। उनके पदाधिकारी चुने गये जो सभी सियासी दलों के लोग थे। जिन्होंने आग लगायी। जिन्होंने बुझाने का यत्न किया। या जो केवल तमाशाई बने रहे। भागीदारी सबकी

थी। यहाँ लोग समाज के काम से इकट्ठा तो होते ही अपनी गोटियाँ बिठा लेने का अवसर भी नहीं चूकते। तमाम ज़रूरतों के लिए सप्लाई ऑर्डर ठेकेदार हथियाने लगे। दंगे से डरे-सहमे लोग असुरक्षित इलाकों से अपनी ज़मीन मकान बेचकर सुरक्षित इलाकों में जहाँ उनकी जाति धर्म के लोग बहुसंख्या में हों, जाने लगे। इसका फायदा भी दलाल लोग उठाने लगे—"ठिगना ठेकेदार शेख नूरइलाही से कह रहा अगर ख़रीदने का इरादा हो तो यही वक़्त है। बाद में क़ीमतें चढ़ जायेंगी" (वही, पृ. 243) शेख की चिन्ता करने वाला ठेकेदार मुंशीराम हिन्दू हैं। जब शेख जी नहीं माने तो वह बाबू पृथ्वीचन्द के क़रीब गये। उनकी बगल का मकान उन्हें दिलवाने। दरअसल, "मुंशीराम नहीं चाहता था कि आज का दिन किसी सौदे से खाली जाये। एक जगह पर इतने धन पैसे वाले लोग एक साथ कहाँ मिलते हैं।" (वही, पृ. 244) उधर सरकते हुए शेख नूरइलाही लाला लक्ष्मीनारायण के बगलगीर हुए और चुटकी लेते हुए कहा, "फ़िसाद करवाकर ही तुमने दम लिया कराड़ा। आसपास खड़े लोग हँस दिये। इन दोनों के बीच बेतकल्लुफी थी अन्दर-अन्दर दोनों कट्टरपन्थी थे। पर खेल बड़े हुए थे इसलिए दोस्ती भी थी। मेल-मिलाप भी था। दुख-सुख में थोड़ा बहुत शरीक भी होते थे।" (वही, पृ. 244)। शेख जी ने मण्डी में लगी आग से लक्ष्मीनारायण का माल जलने से बचाया था इसलिए उनके कान में धीरे से बोले, "तेरी गाँठें मैंने गोदाम से उठवा ली थीं...पहले मैंने कहा जलने दो कराड़ का माल। फिर दिल में आया नहीं यार आखिर दोस्त है मेरा।" (वही, पृ. 244-45) लाला श्यामलाल कांग्रेस कमेटी के सदस्य आँकड़ा बाबू को ढकेलते हुए एक ओर ले जा रहे थे। "आओ इधर बैठकर बातें करते हैं। उन्होंने कांग्रेस के टिकट की जुगत भिड़ा ली है। वैसे लाला श्यामलाल का सम्बन्ध कांग्रेस से सिर्फ़ इतना था कि वह ऐसा कपड़ा पहनते थे जो दूर से खादी नज़र आता था। वहाँ लाला लक्ष्मीनारायण हयात बख़्श से किसी दवा का नाम पूछ रहे थे। दंगे के दिनों में भागते समय रणवीर को चोट आयी थी और घुटने भी छिल गये थे। इस पर हयात बख़्श उन्हें दो मशविरे देते हैं, पहला न न तेल की मालिश नहीं उसकी तासीर ठण्डी होती है। मेरे पास एक तेल है। अशरफ लाहौर से लाया है। उससे नसें ढीली पड़ेंगी। जल्दी आराम मिलेगा। यक़ीनी बात है। मैं भेज दूँगा। और दूसरा मैंने सुना है किसी दल-वल में भी हिस्सा लेता है। मेरी मानो उसे कुछ दिन के लिए बाहर भेज दो। यहाँ धर-पकड़ का डर है।" (वही, पृ. 247)। इनके मेल-मिलाप, बातचीत और परस्पर व्यवहार को देखकर कॉलेज के दो चपरासी आपस में कह रहे थे "हम जाहिल लोग लड़ते हैं, समझदार खानदानी लोग नहीं लड़ते।

यहाँ सभी आये हैं, हिन्दू भी, सिख भी, मुसलमान भी, मगर कैसे प्यार-मुहब्बत से बातें कर रहे थे।" (वही, पृ. 247-48)। खानदानी और बड़प्पन का लबादा ओढ़े यह स्वार्थी और टुच्चे लोग धर्म, जाति, रंग, व्यवसाय, भाषा और क्षेत्र के नाम पर जनता को लड़ा देते हैं। राष्ट्र और समाजों में बँटवारा करा देते हैं अपने प्रदर्शन और सार्वजनिक व्यवहार से सीधे-साधारण लोगों में एक हीनता की ग्रन्थि भी पैदा कर देते हैं। यह पापबोध निरपराध, पराजित और भकुआये समाज को बार-बार निरीह और अशक्त बनाता है। ज़रूरी नहीं कि उपनिवेशी मानसिकता का यह कर्मकाण्ड अंग्रेजों द्वारा ही सम्पन्न हो। इसे हमारे अपने खानदानी जागीरदार-पुरोहित बड़ी कुशलता से सम्पन्न करा देते हैं। अनेक बार वर्ग समानता, आर्थिक स्वार्थ और शक्ति सन्तुलन में इनकी दृष्टि और कार्य व्यवहार इतना विभेदी और विचलनकारी होता है कि प्रथम दृष्ट्या यह विश्वास नहीं होता कि दोनों व्यवहार एक ही मनुष्य द्वारा किये गये हैं। उपन्यास का शाहनवाज़ यही करता है। लाला लक्ष्मीनारायण और रघुनाथ के परिवार को उनके मुहल्लों से निकालकर सुरक्षित जगहों पर ले जाता है। इनकी पत्नियों का दुलारा देवर बना रहता है। रघुनाथ के घर से गहनों का डिब्बा निकालकर उनकी पत्नी को पहुँचाता है। वही मिल्खी के साथ भयानक विश्वासघात करता है। "मिल्खी के हाथों में चाभी का गुच्छा था और वह आगे-आगे उतर रहा था। डिब्बे को दोनों हाथों में उठाये शाहनवाज पीछे-पीछे चला आ रहा था। जब सहसा उसके अन्दर भभूका-सा उठा...शाहनवाज ने सहसा ही बढ़कर मिल्खी की पीठ में ज़ोर से लात जमायी। मिल्खी लुढ़कता हुआ गिरा और सीढ़ियों के मोड़ पर सीधा दीवार से जा टकराया। वह नीचे गिरा तो उसका माथा फूटा हुआ था और पीठ टूट चुकी थी क्योंकि जहाँ से गिरा वहाँ से उठ नहीं पाया।" (वही, पृ. 132)। एक काल परिवेश में एक ही परिवार की मज़बूत कड़ी की इतनी सुरक्षा और प्यार तथा कमज़ोर कड़ी से ऐसा दुर्व्यवहार। भीष्म साहनी इस दुष्प्रवृत्ति की पहचान पूरी निर्ममता से करा रहे थे जो आगे इस महादेश पर ग्रहण की तरह लगने वाली थी। आज अत्यन्त ऊँचे पैकेजों पर अनियत और हाईप्रोफ़ाइल ज़िन्दगी बिताने वाले कम्पनियों के मैनेजर सी.ई.ओ. डायरेक्टर आदि में यह प्रवृत्ति मुखर दीख रही है। यह हाई क्लास सोसायटी के समक्ष निरीह, अपने समकक्षों में सामान्य और निचले तबकों के प्रति क्रूरता से भरे हुए हैं। भयानक तनाव उनकी हर साँस का लेखा है एवं सहजता तथा ख़ुशी उनके जीवन से नदारद है। इस जीवन पद्धति से निकलने वाली क्रूरता और हताशा ही नयी पीढ़ी की चरम उपलब्धि है। कुछ दिन पहले अमरीकी संस्कृति चिन्तक और भाषाविद् नोम चोमस्की भारत आये

थे। यह पूछे जाने पर कि "भारत यात्रा में क्या ख़ास बात उन्हें नज़र आयी" तो उन्होंने स्वीकार किया कि "भारत की अधिकांश जनता की भयावह दरिद्रता के बीच मध्यवर्गीय नवधनाढ्य भारतीयों ने अपने लिए सब सुख-सुविधाएँ और समृद्धि के उपकरण जुटा रखे हैं। जो अमरीका जैसे समृद्ध देश में सम्पन्न और समृद्ध वर्ग को प्राप्त हैं। फिर उनमें ग़रीबों के प्रति किसी तरह की सहानुभूति और संवेदना का अभाव है। हृदयहीनता का रुख़ भी चौंकाने वाला जान पड़ा।" (अब 24, पृ. 51, परमानन्द श्रीवास्तव द्वारा उद्धृत)।

दंगों को प्रभावित करने वाले और उनसे प्रभावित होने वाले मध्यवर्ग से इतर जिसका कुछ भी दाँव पर नहीं लगा था जो सर्वाधिक प्रभावित था और दूसरा वर्ग था जिस पर कोई असर नहीं था। वह एक कटेलिटिक एजेंट की तरह सभी कार्यों को अपनी उपस्थिति से सम्पन्न करा रहा था। समूचे वातावरण से प्रभावित हुए बिना। नत्थू पहले वर्ग का प्रतिनिधि है। उसे व्यवस्था का महज़ एक पुर्जा मानकर अब तक के अध्ययनों में दरकिनार किया जाता रहा है। पर है वह एक वर्ग चरित्र। मोटे तौर पर उसके वर्ग से कोई दूसरा पात्र आया भी नहीं है। और उपन्यास खुलता भी है उसी के कृत्य से। नत्थू ऐसा पात्र है जिसका कुछ भी दाँव पर नहीं लगा है। न उसकी कोई धन-सम्पदा है न दुकान-व्यापार और न ही खेतीबाड़ी। वह हाथों से मेहनत कर आजीविका चलाने वाला व्यक्ति है। अंग्रेज़ी मुहावरे में 'हैंड टू माउथ'। उसकी ज़रूरतें हर तबके के लोगों से पड़ती हैं। जिनसे उसे काम मिल जाता है। अर्ध-सरकारी तत्त्व ऐसे लोगों के सबसे बड़े नियोक्ता और शोषक होते हैं। आवश्यकता होने पर उन्हें दिहाड़ी मजदूर की तरह काम पर बुला लेते हैं और काम पूरा होते ही रिश्ता ख़त्म। इस परिस्थिति में मजदूर थोड़ा-सा काम देने को अहसान समझता है। नत्थू का मुराद अली से रोज़ काम पड़ता है "नत्थू कैसे इनकार कर देता। जब कभी शहर में कोई घोड़ा मरता है। गाय या भैंस मरती है तो मुराद अली खाल दिलवा दिया करता था। अठन्नी-रुपया मुराद अली को भी देना पड़ता था पर खाल मिल जाती। बड़े रख-रखाव वाला आमी है मुराद अली, कमेटी का कारिन्दा होने के कारण छोटे-बड़े सभी लोगों को उससे काम पड़ता है।" (वही, पृ. 11) इसी मुराद अली ने नत्थू से अपने सालोत्तरी साहब के डॉक्टरी काम के लिए सूअर मरवाया था। इसके बदले उसे पाँच रुपये भी दिये थे। इस परिस्थिति में रात भर जागकर जैसे-तैसे नत्थू ने सुअर मारा था।

अगले दिन मस्जिद की सीढ़ियों पर मरा हुआ सूअर मिला और इसकी बाबत नगर में जब धार्मिक तनाव बढ़ने लगा तो नत्थू का मन बेचैन होने लगा। सुअर मारने की घटना नत्थू, मुराद अली और कालू छकड़े वाले भंगी के अलावा किसी

को पता न थी। न यह बात कभी दुनिया के सामने खुलने की सम्भावना थी। तब भी नत्थू मन-ही-मन बेचैन होना शुरू हुआ। नत्थू को शहर के सियासी तनाव का इहलाम तो था, लेकिन इससे एक बड़ा मजहबी तनाव पैदा होगा इसका अन्दाज़ा भी नहीं था। नत्थू शहर में फैले इस तनाव को अपने काम से जोड़कर देख रहा था अनेक बार उसने मन को समझाने का यत्न किया कि उसका सुअर नहीं होगा। उसने तो सालोत्तरी साहब के डॉक्टरी काम के लिए सूअर मारा था। पर यह आशंका कि मस्जिद की सीढ़ियों वाला सुअर उसी का मारा हुआ तो नहीं था। उसके मन की इस खुशफहमी की हवा निकाल देती। इसे जानने के लिए कि वह सुअर उसका था या नहीं। शहर में चक्कर काटता रहा। "जब से उस सुअर के दड़बे में से निकला था। कभी शहर के एक हिस्से तो कभी दूसरे हिस्से में चक्कर काट रहा था। जहाँ बैठता लोग सुअर की चर्चा करते सुनाई देते थे। राह जाते लोगों की बातें सुनते हुए उसके कान खड़े हो जाते। किसी-किसी वक़्त उसे लगता जैसे लोग किसी दूसरे सुअर की बात कर रहे हैं। वह उस सुअर की बात नहीं कर रहे हैं जिसे उसने जबह किया था। पर फिर किसी वक़्त लोगों की बातें सुनते हुए उसका दिल बैठ जाता" (वही, पृ. 95-96)। उसी समय नत्थू ने जेब को छुआ 'नोट चरमराया।' इसी की विवशता में उसने सुअर मारा था। उसे समझ में नहीं आता कि वह कहाँ जाये। कभी वह शराब पीता। कभी मोतिया रण्डी के पास जाने की सोचता। दिन भर भटकने के बाद शाम को घरवाली के पास जाने का मन बना लिया। तय किया कि उसे कुछ भी नहीं बतायेगा।

नत्थू को शाम के वक़्त घर आते समय मुराद अली दिख गया। नत्थू ने थोड़ी पी रखी थी। फिर भी नशे को काबू में करके उसके पास जा बोला 'सलाम हुजूर', मुराद अली ने न अभिवादन का उत्तर दिया न कुछ और पूछा भागकर नत्थू ने बताया कि उनका काम हो गया था। मैंने कर दिया था। नत्थू की बातों को नाज़रअन्दाज़ कर मुराद अली चला गया। नत्थू जितनी बार मुराद अली के क़रीब जाने का यत्न करता, मुराद अली क्रमशः दूर होता जाता। यह असहाय अवस्था और नत्थू के भीतर बैठा पापबोध नत्थू को इतना बेचैन करता है कि वह फ़क़ीर को देखकर डर जाता है। रात गये घर पहुँचा तो पत्नी परिवेश की गड़बड़ी को देखकर परेशान थी। नत्थू के कानों में गजरे और शराब पीने के बाद गुमसुम बने रहना उसे अच्छा नहीं लगा। शहर के बेचैन परिवेश और नत्थू की बेचैनी दोनों ने उसकी पत्नी को भी परेशान कर दिया। उसी रात शहर की मण्डी में आग लगी थी। नत्थू को कहीं से मदद नहीं मिल रही थी। वह चिलम पर चिलम फूँके जा रहा था। मन को समझा रहा था। कुछ देर के लिए मन मान भी

जाता लेकिन ज्यों ही किसी घटना की बात सुनता फिर बेचैन होने लगता "यह सब मेरे किये का फल है।" (वही, पृ. 150) यह पापबोध उसे निरन्तर मथ रहा था। अगले दिन एक अनजान आदमी को देखते हुए पत्नी से कह बैठा कि "मैं सोचता हूँ, वह बागड़ी था जिसका सुअर मैंने अन्दर खींच लिया था।" जब नत्थू ने पत्नी से यह स्वीकार किया कि "सुअर मैंने मारा था" तो पत्नी को काटो तो खून नहीं। उसने पूछा, "तूने? तूने यह बुरा काम क्यों किया था?" नत्थू ने सारा किस्सा कह सुनाया। बताया कि मैं उन बचे पैसों से तुम्हें धोती की जोड़ियाँ दिलवाना चाहता हूँ। उसकी पत्नी ने लेने से एकबारगी मना कर दिया, लेकिन नत्थू को दिलासा देने के लिए और चिन्ता के बोझ से मुक्त करने के लिए लेना स्वीकार कर लिया। यह दिलासा भी नत्थू को तनाव मुक्त न कर सका और वह दो दिनों के भीतर मर गया। भीष्म जी इसकी सूचना देते हुए अमन कमेटी की बस में बैठे शख्स की पहचान करते हैं। "लोगों ने झाँक-झाँककर बस के अन्दर देखा। कौन आदमी था जो पहले से बस में बैठकर आया था और लाउडस्पीकर पर नारे लगा रहा था। ड्राइवर की सीट के साथ वाली सीट पर एक आदमी माइक्रोफ़ोन पकड़े बैठा था। बहुत लोगों ने उसे नहीं पहचाना। कुछे ने पहचान भी लिया। नत्थू मर चुका था, वरना नत्थू यहाँ मौजूद होता तो उसे पहचानने में देर नहीं लगती। मुराद अली था।" (वही, पृ. 252) मुराद अली उस तन्त्र का जनता के बीच प्रतिनिधि है जिसे बख्शी जी कहते हैं, "फ़िसाद कराने वाला भी अंग्रेज, फ़िसाद रोकने वाला भी अंग्रेज, भूखों मारने वाला भी अंग्रेज, रोटी देने वाला भी अंग्रेज, घर से बेघर करने वाला भी अंग्रेज, घरों में बसाने वाला भी अंग्रेज...अंग्रेज फिर बाज़ी ले गया" (वही, पृ. 223) यह बाज़ी उसी समय नहीं जीता था तन्त्र, उसका असर आज तक दक्षिण-पश्चिम एशिया के देशों पर है। इन देशों के बीच परस्पर घृणा, भय और असुरक्षा रोज-ब-रोज बलवती होती जा रही है। जो उनके लिए लाभकर और हितकर है।

दूसरा पक्ष उसका भी कुछ दाँव पर नहीं लगा था और अपनी उपस्थिति मात्र से मनचाहे सभी कार्य सम्पन्न कराता हुआ, जो स्वयं थोड़ा भी प्रभावित नहीं होता साम्राज्यवादी सत्ता का प्रतीक रिचर्ड है। हज़ारी प्रसाद द्विवेदी जिसे 'नर लोक से किन्नर लोक तक एक ही रागात्मक हृदय की व्याप्ति' कहते हैं। वह रागात्मक हृदय रिचर्ड की पत्नी लीज़ा का है। स्वाभाविक आचरण की जगह अपनी प्रजा के साथ रिचर्ड के अटपटे व्यवहार उसे परेशान कर देते हैं। उसकी समस्या स्वयं की ज़रूरत और दुख की देन नहीं है। भारतीयों के साथ रिचर्ड के अमानुषिक व्यवहार से उपजी है। उससे वह स्वाभाविक सवाल पूछती है। रिचर्ड की बहानेबाज़ी पर

उसे टोकती भी है। यह हाल केवल रिचर्ड की पत्नी लीज़ा का ही नहीं है। ''अन्य अनेक अंग्रेज अधिकारियों की पत्नियाँ भी ऐसा करती हैं। जब उन्हें सन्तुष्टि न मिलती तो इस बोरियत भरे मनहूस वातावरण में तमाम मानसिक बीमारियों का शिकार हो जातीं। रिचर्ड के पहले वाले कमिश्नर की पत्नी भी बोरियत का शिकार थी और वह भी नशे में या रोते-रोते या हँसते-हँसते सोफे को गीला कर दिया करती...अन्त में उसकी पत्नी उसे छोड़कर चली गयी थी और फौज के एक युवा कप्तान से विवाह कर लिया था।'' (वही, पृ. 226)। लीज़ा भी डिप्टी कमिश्नर के छल-प्रपंचपूर्ण जीवन से त्रस्त 'नर्वस ब्रेक डाउन' का शिकार हो गयी है। इस कारण रिचर्ड को उसका ध्यान रखना पड़ता है। वह घूम-फिरकर उसके पास आ ही जाता है। दंगा शान्त होने के बाद सैयदपुर के उस कुएँ में जिसमें औरतें डूब मरी थीं डिसइंफेक्टेंट डलवाने रिचर्ड को जाना था। टैक्सिला उधर ही था वह लीज़ा को भी चलने का आमन्त्रण देता है ''तुम भी साथ क्यों नहीं चलतीं? उधर से हम मोटर से टैक्सिला की ओर निकल जायेंगे। टैक्सिला का म्यूजियम देख लेंगे। क्या कहती हो वह इलाका बड़ा सुन्दर है।'' (वही, पृ. 227)। इसके पूर्व रिचर्ड लीजा को बता चुका है कि फ़िसादों में 103 गाँव जल गये, उसे बहुत काम है। लीजा ने व्यंग्यपूर्वक पूछा, ''इतने गाँव जल गये रिचर्ड, अभी तुम्हें क्या काम है? अब तुम्हें और क्या-क्या काम है?'' प्रशासन के शीर्ष पर रहने वाले अधिकारी जिसका काम शान्ति बरकरार रखना, सुरक्षा देना, जान-माल की हिफ़ाज़त करना है, जब तुम वह न कर सके तो अब कौन-सा काम कर रहे हो। उसकी निष्ठुरता और संवेदनहीनता पर टिप्पणी करती है–''तुम कैसे जीव हो रिचर्ड, ऐसे स्थानों पर तुम नये-नये पक्षी देख सकते हो। लार्क पक्षी की आवाज़ सुन सकते हो?'' इस प्रश्न का उत्तर उपनिवेशवादी नौकरशाही के चरित्र की असलियत बता देता है। जिसे स्वतन्त्र भारत के संविधान में शब्दशः स्वीकार कर लिया गया है। ''इसमें कोई विशेष बात नहीं है लीजा, सिविल सर्विस हमें तटस्थ बना देती है। यदि हम हर घटना के प्रति भावुक होने लगें तो प्रशासन एक दिन भी नहीं चल पायेगा।'' (वही, पृ. 228)। रिचर्ड की यही सच्चाई है जिससे उसने दंगों को पहले रोकने का कोई उपाय नहीं किया। जन प्रतिनिधियों के बार-बार आग्रह का उत्तर अन्तरिम सरकार के प्रधान पं. नेहरू और डिफेंस मिनिस्टर सरदार बलदेव सिंह के पास जाने को कहता रहा। जबकि इसके उलट शान्ति बनाये रखने का कोई उपाय न करके उत्तेजनापूर्ण वातावरण में भी उसके पुलिस अफ़सर रॉबर्ट ने एक मुसलमान को जबरी बेघर कराकर आग में घी ही डाला था। यह सब कुछ जानते हुए भी वह शिष्टमण्डल के सामने दरयाफ़्त करने का आश्वासन देता है। उसे

यह पता है कि उसके थोड़े प्रयास से दंगे नहीं होंगे। वह कुछ भी नहीं करता। केवल आश्वासन देता रहा। दरअसल, "यह विचार कि हमारा आचरण हमारी मान्यताओं के अनुरूप होना चाहिए। एक ऐसा भोंडा आदर्शवाद है, जिससे सिविल सर्विस में नाम लिखाते ही अफ़सर अपना पिण्ड छुड़ा लेता है।" (वही, पृ. 41) भीष्म जी रिचर्ड को अलग से दोषी नहीं बनाते। ब्रिटिश नौकरशाही के सदस्य के रूप में साम्राज्यवादी दृष्टि से शासन चलाने का ज़िम्मेदार तो वह है ही। जिसने लन्दन में बैठे नीति निर्देशकों की मंशा के अनुसार साम्राज्यवादी शक्तियों के लिए मार्ग निर्माण करने में योग दिया न कि अपनी भारतीय प्रजा के जानमाल और हितों की सुरक्षा में। उस दौर में ब्रिटिश साम्राज्यवाद कितना आक्रामक, नृशंस और षड्यन्त्रकारी हो गया था इसे बताने के लिए भीष्म जी ने एक रेलयात्रा का वर्णन किया है। जिसमें दो सरदार बर्मा में ब्रिटिश सेना की टुकड़ी की पराजय की हँसी उड़ाते आपस में चर्चा कर रहे थे। उन पर राष्ट्रद्रोह का अभियोग लगाकर भीष्म जी को सरकारी गवाह के तौर पर बुलाया गया। उन पर कोर्ट और पुलिस सुपरिंटेंडेंट ने शासन के पक्ष में गवाही देने, सरदारों के विरुद्ध अभियोग सिद्ध कराने का बहुत दबाव डाला। जब उन्होंने सरदारों के विरुद्ध बयान न देने का रुख़ कायम रखा तो मजिस्ट्रेट ने गुस्से से गुर्राकर कहा, "वी हैव नथिंग टू डू वी दोज हू आर अगेंट दी इंटरेस्ट ऑफ़ हिज़ मैजेस्टी कोर्ट।" (आज के अतीत, पृ. 113-14) कोर्ट ने भीष्म जी का बयान नहीं लिया। सबूत और गवाही के अभाव में सरदार छूट गये। फिर भी उनके भीतर कितना भय समाया था। इसका चित्र देखिए, "दोपहर के वक़्त जब दिल्ली जाने वाली गाड़ी में मैं बैठने लगा तो दोनों सरदार प्लेटफॉर्म पर खड़े मेरी राह देख रहे थे। बड़ी उम्र के सरदार के हाथ तो अब भी जुड़े हुए थे और हलके-हलके काँप रहे थे। दोनों मेरे लिए पूरी, कचौरी और मिठाई का टोकरा लेकर आये थे।" सरकार के चरित्र पर लेखक की टिप्पणी है—"कोई सरकार इतनी निष्ठुर भी हो सकती है कि कोई साधारण नागरिक ब्रिटिश सेना की टुकड़ी को खदेड़ दिये जाने की बात करे और उस पर मुकदमा ठोंक दे। एक बड़ी उम्र के आदमी को महीनों तक जेलखाने में रखे यहाँ तक कि वह सूखकर काँटा हो जाये और उसके हाथ काँपने लगें। इस चिन्ता में कि आगे उस पर क्या बीतेगी। जब अंग्रेज बुद्धिजीवी और कुछ भारतीय बुद्धिजीवी भी ब्रिटिश राज का गुणगान करते हैं तो भूल जाते हैं कि न्यायप्रियता की दुहाई देने वाली व्यवस्था वास्तव में कितनी क्रूर और नृशंस हो सकती है।" (आज के अतीत, पृ. 114) ब्रिटिश राज की भूमिका को यदि नज़रअन्दाज़ किया जायेगा तो इतिहास के योगदान का वह स्वरूप स्पष्ट नहीं हो पायेगा जिसके कारण भारत आज तमाम

साम्प्रदायिक और साम्राज्यवादी समस्याओं से जूझ रहा है। यदि हम साम्प्रदायिक समस्या को नज़रअन्दाज़ कर उसे और अधिक बढ़ने देने की ज़िम्मेदारी से ब्रिटिश शासन को मुक्त कर देंगे तो गोधरा दंगे के लिए तत्कालीन मुख्यमन्त्री को दोषी कैसे ठहरायेगे। जिन्हें उनके ही दल के तत्कालीन प्रधानमन्त्री ने, 'राजधर्म पालन न करने' का सरेआम दोषी करार दिया था।

6

भारतीय राष्ट्र और समाज के समक्ष साम्प्रदायिकता साम्राज्यवादी लूट-खसोट, धर्म व जाति का राजनीतिक इस्तेमाल, आर्थिक लाभ के लिए संवेदनात्मक सवालों का छेड़ा जाना, वैज्ञानिक दृष्टिकोण की जगह अन्धविश्वास को स्वीकारना, रंग, विचार और सुविधाओं में अंग्रेज बन जाने का यत्न, निकट इतिहास की देन है। इसे यह देश लम्बे समय से नहीं ढो रहा है और निकट के इतिहास की निर्मिति में सबसे अधिक योग ब्रिटिश साम्राज्यवाद ने ही दिया है। उत्तर मुगल काल में यदि राजसत्ता कभी अपने धर्मविरोधी कार्यों का अनुमान करती और लगता कि उलेमा और खानदानी सामन्त बहुत नाराज़ हो गये हैं तो दिखावे का धार्मिक कार्य कर देती, लेकिन वह कार्य शासन संचालन का नियमित आधार नहीं होता। ब्रिटेन द्वारा भारत की विजय करने, साम्राज्यवाद को जन स्वीकृति दिलाने, मानवीय जीवन मूल्यों की अपेक्षा व्यक्तिगत हित और पैसे को महत्त्व देना, घूसखोरी, कहे अनुसार न करने को प्रतिष्ठा मिलना यह सब ब्रिटिश शासन की भारतीय समाज और जीवन को दी गयी भेंट है। जिसे भारतीय जन-जीवन ने स्वीकार कर लिया। अब यह बिना किसी अवरोध और असुविधा के हमारी रगों में ख़ून की तरह दौड़ रहा है।

भारतीय समाज में इन नये जीवन मूल्यों के उत्पन्न होने, इनके ग्रहण होने की प्रक्रिया को भीष्म जी ने 'मय्यादास की माड़ी' में लिया है। सिख गुरुओं द्वारा स्थापित खालसा राज का धीरे-धीरे समाप्त होना और ब्रिटिश अलमदारी का लागू होना जिस गति से हो रहा था, मध्यकालीन जीवन मूल्य जिनमें रहने का भारतीय समाज आदती था उसी गति से ख़त्म हो रहे थे और नये जीवन मूल्य जो अधिकार भावना और व्यक्तिगत पूँजी की निर्मिति थे उदित हो रहे थे। उपन्यास में दीवान मय्यादास-धनपत और हुकूमत राय उस क्रम के प्रतीक हैं जो जीवन मूल्य का वहन-स्थापन और कार्यान्वयन कर रहे थे। इनकी आख्यानात्मक समीक्षा रचते हुए भीष्म जी ने जो निर्मम तटस्थता दिखाई है, वह काबिलेतारीफ़ है। यह तय है कि आधुनिक समय में मध्यकालीन जीवन मूल्य चल नहीं सकते

उन्हें आधुनिक व्यवस्था, तन्त्र और तकनीकी के समक्ष घुटने टेकना ही था। इसके प्रतीक सिख राज्य के प्रति समर्पित दीवान मय्यादास के पतन को बिना किसी भूमिका और संवेदना के कह गुज़रते हैं—"दीवान मय्यादास चलाणा कर गये।" अंग्रेज अमलदारी में झूठ बोलकर, षड्यन्त्र रचकर सत्ता स्थापित करता धनपत, जिसने मय्यादास की विरासत को हथिया लिया। महज़ एक तथ्य है न कि मध्यकालीन जीवन मूल्यों का विकल्प। हुकूमत राय धनपत का विस्तार है, धनपत की परम्परा जब आगे बढ़ेगी तो हुकूमत राय में तब्दील होगी। इन तथ्यों पर समान 'प्रति और त्याग' की नीति का पालन करते हैं, जबकि 'हम' और 'वे' के बँटवारे की सम्भावना प्रबल है। इसमें 'हमारे' के प्रति अधिक रागात्मकता उनके प्रति घृणा का होना सहज है। भीष्म जी इससे बच जाते हैं और इसका कारण उनकी विचार सरणि और रचना प्रक्रिया में है, वह कहते हैं, "रागात्मक सम्बन्ध केवल उन्हीं पात्रों से नहीं होता, जिन्हें आप चाहते हैं, यह उनके साथ भी होता है जो उनके जीवन में विष घोलते हैं, ऐसे पात्रों को लेकर आप क्रुद्ध नहीं होते, लज्जित भी महसूस करते हैं, क्योंकि वे आपके अपने लोगों में से हैं। उनके दुर्व्यवहार की चोट आप कहीं ज़्यादा महसूस करते हैं" (आज के अतीत, पृ. 243)।

अतीत द्वारा दी गयी इन समस्याओं से मुक्ति की ओर जो कदम हो सकते हैं, उनमें समाज की संरचना में धर्म-जाति, धार्मिक कर्मकाण्ड और धर्म के नियन्त्रण को निरस्त करना महत्त्वपूर्ण है भारतीय समाज की संरचना में धर्म आधारित बँटवारा स्वतन्त्रता के आसपास से अब तक हुए मजहबी दंगों के कारण स्पष्ट रूढ़ और मज़बूत हो गया है। समाज की सामासिक संरचना की अवधारणा इससे ध्वस्त हुई है। इसके रहते न तो गंगा-जमुनी तहजीब का कोई अर्थ रह जायेगा, न ही सबसे पुरानी सभ्यता-संस्कृति के दम्भ का। यह प्रक्रिया जितनी बार दंगे होते हैं उतनी बार पुनर्नवा हो जाती है। 'तमस' का मुंशीराम इसका लाभ उठाने वाला तत्त्व है। वह पृथ्वीचन्द को समझाता है, "क्या बात करते हो बाबू जी, अब यह ख़याल ही दिमाग से निकाल दो। अब हिन्दुओं के मुहल्ले में न कोई मुसलमान रहेगा और न मुसलमानों के मुहल्ले में कोई हिन्दू। इसे पत्थर की लकीर समझो। पाकिस्तान बने या न बने अब मुहल्ले अलग-अलग होंगे। बात साफ़ है।" (तमस, पृ. 244)। पाकिस्तान बनने की प्रक्रिया यही तो है, जो अलग-अलग राष्ट्र बनाकर ही शान्त नहीं होती।

इस सवाल को भीष्म जी ने तमस में ही छोड़ नहीं दिया था। यह उनके आख़िरी उपन्यास 'नीलू-नीलिमा-नीलोफर' का केन्द्रीय विषय है। उपन्यास का केन्द्रीय विषय यही है। यह उपन्यास सुधीर द्वारा नीलू की दिल्ली-विश्वविद्यालय के कला भवन में

खोज से खुलता है। सुधीर अपनी प्रेमिका नीलोफर को जिस संजीदगी और तत्परता से ढूँढ़ रहा उसका वर्णन भीष्म जी ने अत्यन्त कुशलता से किया है। जिस तरह नत्थू के सुअर मारने के प्रसंग की अभिव्यक्ति उकताहट, विवशता और बेचैनी से हुई है उसी तरह दूर और अलग होने जा रही नीलोफर की खोज में व्याकुलता, अनिवार्यता और तत्परता द्रष्टव्य है। यदि आज नीलोफर अपने गाँव चली गयी तो क्या पता फिर मिले न मिले। उसका न मिल पाना केवल सुधीर के जीवन कथा की सम्भावनाओं का अन्त नहीं करता यह देश की जीवन स्थितियों पर भी प्रश्न-चिह्न लगा जाता है। उनका मिलन और लम्बे सम्पर्कों का शादी में तब्दील हो जाना देश को एक उम्मीद का रास्ता दिखा गया। सुधीर ने जब खुलती हुई बस से नीलोफर को उसके बैग सहित उतार लिया और वापस शहर लौटने लगे तो भीष्म जी बहुत महत्त्वपूर्ण टिप्पणी दर्ज करते हैं, "दोपहर ढल रही थी। साये लम्बे होने लगे थे। वे चल रहे थे शहर की जानी-मानी सड़क पर जिससे उनके पाँव परिचित थे, पर उन्हें जाते कोई देखता तो लगता जैसे दो पथिक, एक-दूसरे का हाथ थामे किसी लम्बी यात्रा पर निकले हों। दोनों तरुण, दोनों अकेले, पर एक-दूसरे का अवलम्बन बने, केवल अपने सपनों और प्रगाढ़ प्रेम की पूँजी लिए हुए।" (नीलू-नीलिमा-नीलोफर, पृ. 14) देश के जीवन को जो रास्ता भीष्म जी ने दिखाया था वही आज सबसे अधिक प्रासंगिक है। यह "आख़िरी जाम जो उन्होंने शीला साहनी के नाम लिया था इस राष्ट्र की अनेक समस्याओं के हल की दिशा में बढ़ाया हुआ एक कदम है। महत् आवश्यकता है भीष्म जी के साहित्य को संजीदगी से पढ़ने की।"

सन्दर्भ

1. भीष्म साहनी, *तमस,* राजकमल प्रकाशन, नयी दिल्ली, छठी आवृत्ति, 2006
2. भीष्म साहनी, *मय्यादास की माड़ी,* राजकमल प्रकाशन, नयी दिल्ली, तीसरी आवृत्ति, 2003
3. भीष्म साहनी, *नीलू-नीलिमा-नीलोफर,* राजकमल प्रकाशन, नयी दिल्ली, प्रथम सं. आवृत्ति, 2007
4. भीष्म साहनी, *आज के अतीत,* राजकमल प्रकाशन, नयी दिल्ली, पहला सं. पहली आवृत्ति, 2004
5. ए.आर. देसाई, *भारतीय राष्ट्रवाद की सामाजिक पृष्ठभूमि,* मैकमिलन इंडिया लि., द्वितीय हिन्दी संस्करण, पुनर्मुद्रित, 1991
6. नामवर सिंह, *कहानी नयी कहानी,* लोकभारती प्रकाशन, इलाहाबाद, संस्करण, 1992
7. नामवर सिंह, *दूसरी परम्परा की खोज,* राजकमल प्रकाशन, नयी दिल्ली, प्रथम पे.बै. 1985
8. गोपाल राय, *हिन्दी उपन्यास का इतिहास,* राजकमल प्रकाशन, नयी दिल्ली, प्रथम पे.बै. पा.पु.सं. 09
9. *अब 24,* सं. शंकर अभय नर्मदेश्वर-दिस. 2000-जन. 01
10. *आलोचना 17-18,* भीष्म साहनी स्मृति अंक, सं. नामवर सिंह, अप्रैल-सितम्बर; 2004
11. *तद्‌भव-09,* सं. अखिलेश, अप्रैल 2003

तमसो मा ज्योतिर्गमय

रेणु व्यास

14-15 अगस्त 1947 को हिन्दोस्तान को दो अलग-अलग सियासी मुल्कों में बँटी आज़ादी मिली, वो भी आधी रात को! इस आज़ादी की सुबह के साथ कुछ-कुछ रात भी लगी हुई आ गयी—सरहद के उस तरफ़ कुछ ज़्यादा, सरहद के इस तरफ़ कुछ कम! बरसों के संघर्ष के बाद हमें जिसका इन्तज़ार था, क्या वह रात की डसी हुई यही दाग़दार सुबह थी? फ़ैज़ अहमद फ़ैज़ इसी विडम्बना को शब्द देते हैं—

ये दाग़-दाग़ उजाला, ये शबगज़ीदा सहर
वो इन्तज़ार था जिसका, ये वो सहर तो नहीं[1]

फ़ैज़ जब कहते हैं कि 'चले चलो कि वह मंज़िल अभी नहीं आयी[2], तो रुककर सोचने का वक़्त है कि आज़ादी के लगभग सत्तर सालों बाद उस मंज़िल के हम कितना क़रीब पहुँचे हैं? भीष्म साहनी के उपन्यास 'तमस' के ज़रिये हम इसी सफ़र की सफलता को परखेंगे। 'तमस' में दर्शाये गये साम्प्रदायिकता और विभाजन (मुल्कों का, और दिलों का भी) के अँधेरे से शुरू यह यात्रा अँधेरे से उजाले की ओर थी। इस सफ़र को मंज़िल मिली या नहीं? कहीं ऐसा तो नहीं कि औपनिवेशिक अँधेरे से अपने सफ़र की शुरुआत कर हम फिर अपने ही पैदा किये खुदमुख़्तार अँधेरे तक पहुँच गये? जहाँ पिछले डेढ़ दशक में आत्महत्या करने को मजबूर हुए तीन लाख किसानों के चेहरे विकास के चौंधियाते अँधेरे में अदृश्य हो गये हैं।

'तमस' इसलिए भी महत्त्वपूर्ण है कि भीष्म साहनी ने विभाजन की त्रासदी को अपनी आँखों से देखा है। यह उनका 'भोगा हुआ यथार्थ' है। साथ ही इसकी यह विशेषता भी महत्त्वपूर्ण है कि इसे तात्कालिक भावुकता में बहकर नहीं लिखा गया, बल्कि त्रासदी के काफ़ी समय बाद, साम्प्रदायिकता की प्रवृत्तियों की पहचानकर, उसके कारणों-प्रभावों-आशंकाओं का यथार्थ विश्लेषण कर ही रचा

गया। जरिये 'तमस' हम यह भी खोजने की कोशिश करेंगे कि मज़हब को मुल्क की राष्ट्रीयता का आधार बनाने वाली, नफ़रत और डर की हिंसक राजनीति का उत्पाद 'पाकिस्तान' सरहद के उस ओर ही है या इस ओर भी? यथार्थ दुनिया और इंटरनेट की आभासी दुनिया, दोनों ही जगह, हर रंग और ढंग के कई 'पाकिस्तान' तैयार किये जा रहे हैं। डर और नफ़रत की यह सियासत, इस उप-महाद्वीप का ही मसला है या अर्थव्यवस्था के साथ यह भी ग्लोबलाइज़्ड हो गयी है?

भारत में हज़ारों सालों से धर्म जीवन का एक हिस्सा रहा है। परन्तु, साम्प्रदायिकता, यानी धर्म के नाम पर डर और नफ़रत की राजनीति, भारत के लिए एक आधुनिक घटना है। इस साम्प्रदायिकता के विकास में पहले औपनिवेशिक शासन ने माली की भूमिका अदा की। आज भी सारी साम्प्रदायिक शक्तियाँ किसी न किसी तरह के सत्ता-समर्थन या उसके सहयोग पर टिकी हैं। 'तमस' के देश-काल, यानी भारत-विभाजन के समय 'मुराद अली', 'मेहता' जैसे दोहरे चरित्र के पात्रों के बावजूद साम्प्रदायिकता और साम्प्रदायिक लोगों की पहचान आसान थी। आज यह पहचान मुश्किल हो रही है। आज साम्प्रदायिकता वेश बदलकर सामने आ रही है—कभी अल्पसंख्यक या बहुसंख्यक धर्म के वेश में, जाति, भाषा या प्रान्तवाद के वेश में, साथ ही राष्ट्रवाद और विकास के वेश में भी! मुश्किल 'धर्म' और 'साम्प्रदायिकता' के बीच अन्तर करने में तो है ही, आज जानबूझकर धर्म और राष्ट्रीयता को भी गड्डमड्ड किया जा रहा है; जबकि ऐसा करने वाला 'विचार' न धर्म है, न ही राष्ट्रीयता; बल्कि वह इनके आवरण में छिपी साम्प्रदायिकता है।

साम्प्रदायिकता आज भयानक रूप में ही नहीं, एक मोहक रूप में भी सामने आ रही है। वह संसद चला रही है, विकास के सपने दिखा रही है। वह किसी एक या दो दल-विशेष या संगठनों तक ही सीमित नहीं है। वह कुछ हद तक हम आम मध्यमवर्गीय लोगों के जीवन में भी हमारे जाने-अनजाने घुसपैठ कर चुकी है। आज भारत में मन्दिर-मस्ज़िद-ध्वंसी, चर्चों में तोड़-फोड़ करने वाली, दंगा-प्रतिभागी उग्र, आक्रामक साम्प्रदायिकता के साथ-साथ एक नव-उदारवादी साम्प्रदायिकता भी है। जब उसकी सहयोगी उग्र साम्प्रदायिकता भड़काऊ बयान देती है, तो वह नव उदारवादी साम्प्रदायिकता एक संविधानसम्मत दिखने वाली शालीनता का लबादा ओढ़े रहती है। यह एक ठण्डी, निर्विकार, तटस्थ और मौन क़िस्म की साम्प्रदायिकता है, जो अपने उग्र साथियों को शान्ति का उपदेश भी देती है और उनके ख़िलाफ़ कोई कार्रवाई भी नहीं करती, यहाँ तक कि उनकी निन्दा करने तक से परहेज़ करती है। रोक पाने की शक्ति होते हुए भी, चारों

ओर की साम्प्रदायिक हिंसा को रोकने में सचेतन रूप से निश्चेष्ट रहती है। यह नव-उदारवादी साम्प्रदायिकता फेसबुक और ट्विटर इस्तेमाल करती है, सभी को समान विकास के अवसर देने का वादा करती है, यह अलग बात है कि झुग्गी वाले के बजाय फैक्ट्री वाला इस अवसर का लाभ उठा ले जाता है।

दंगे फैलाने वाली उग्र साम्प्रदायिकता, कानून व्यवस्था की समस्या है, विदेशों में बदनामी का सबब है। मग़र यह सभ्य वेश वाली नयी साम्प्रदायिकता कॉर्पोरेटी उद्योग-धन्धों के फलने-फूलने में बाधा नहीं पहुँचाती, बल्कि यह तो उनकी बड़ी समर्थक है। यह विकासवादी साम्प्रदायिकता है। इस विकास में किसको क्या हिस्सा मिलेगा, यह तो भविष्य के गर्भ में है। विकासवाद का तो नियम ही है–'सर्वाइवल ऑफ़ द फिटेस्ट'। यह साम्प्रदायिकता सत्ता या विकास के लाभ-प्राप्तकर्ता और उससे वंचितों के बीच के अन्तर से लाभ उठाकर अपने कार्यकर्ता जुटाती है, पर साथ ही अपनी राजनीति से इस खाई को और चौड़ा भी करती रहती है। इसका विस्तार दुनिया के कई देशों में देखा जा सकता है। इस साम्प्रदायिकता का आधार धर्म या पन्थ ही नहीं, रंग, नस्ल, भाषा, राष्ट्रीयता, आप्रवासन, या स्वतन्त्रता, समानता, लोकतन्त्र कुछ भी हो सकता है। कई देशों में तो यह साम्प्रदायिकता शान्ति-सेना के वेश में पहुँचती है और उस हरे-भरे देश को खँडहरों में बदल देती है। कहीं वह, यही काम, अपने कठपुतली शासकों के जरिये बिना राजनीतिक उत्तरदायित्व ओढ़े अप्रत्यक्ष रूप से करती है। साम्प्रदायिकता का यह दूसरा रूप 'तमस' में औपनिवेशिक सत्ता के प्रतिनिधि रिचर्ड से मिलता-जुलता है। साम्प्रदायिकता का पूँजीवाद (एवं उसकी विकृति उपनिवेशवाद) से परस्पर सहकार तब भी था, आज भी है। आज साम्प्रदायिकता के पुनः प्रभावशाली होने का एक कारण पूँजीवाद से गठजोड़ और इन उग्र और ठण्डी साम्प्रदायिकताओं का उचित और कारगर मिश्रण है।

'तमस' का रिचर्ड जिले का डिप्टी कमिश्नर यानी ब्रिटिश साम्राज्य का प्रतिनिधि था। पर अपने बँगले में–भीष्म साहनी के शब्दों में–"किसी संग्रहालय का क्यूरेटर लगता था। एक काम को दूसरे काम से अलग रखना, एक भावना को दूसरी भावना से अलग रखना उसके प्रशिक्षण की, उसके स्वभाव की विशिष्टता थी।" भीष्म साहनी लिखते हैं कि प्रशासन के क्षेत्र में उसकी निजी मान्यताओं का कोई दखल नहीं था। अगर होता तो भी इन दोनों का टकराव ऊपरी ही दिखाई देता है। जब अपनी पत्नी से रिश्ते का भविष्य भी रिचर्ड नौकरी में पदोन्नति के परिप्रेक्ष्य में तय करता हो, जब बूढ़े, मरियल घोड़ों और कुत्तों पर दया करने का उपाय वह उन्हें मरवाना मानता हो, तब किसी दूसरे देश के लोगों को फ़साद में

मरते हुए देखने पर भी वह फौज-पुलिस, कर्फ्यू, हवाई गश्त, किसी भी निवारक उपाय से परहेज़ करता है, तो क्या आश्चर्य है? वास्तव में यह निरपेक्षता उसकी सोची-समझी रणनीति का हिस्सा है। वह मूलतः और अन्ततः ब्रिटिश उपनिवेशवाद-साम्राज्यवाद का नुमाइन्दा है। उसकी व्यक्तिगत रुचि बुद्ध के सन्देश में नहीं उनके बुतों में थी। और ये बुत भी साम्राज्य की विजय के प्रतीक ही तो थे।

पर क्या 'रिचर्ड' एक व्यक्ति से ज़्यादा प्रवृत्ति नहीं? क्या यह सच नहीं कि बहु-सांस्कृतिक देश-दुनिया का शासक-वर्ग आज भी एक घोषित और एक अघोषित एजेण्डा रखता है और ऐसा ही भावना-शून्य और दोहरा आचरण करता है! आज 'विकास' का क्यूरेटर देश में है, तो 'लोकतन्त्र और मानवाधिकारों' का क्यूरेटर दुनिया के सबसे ताक़तवर देश में। एक की असल दिलचस्पी ध्रुवीकरण से मिलने वाले बहुसंख्यक मतों और उसके ज़रिये मिलने वाली सत्ता में, अपने वर्चस्व में है, तो दूसरे की रुचि पेट्रो-डॉलर उगलने वाली तेल-राजनीति में। ये दोनों ही विकास-विरोधी कट्टरपन्थ और साम्प्रदायिकता को और लोकतन्त्र-विरोधी सैनिक या वंशानुगत तानाशाही को ठण्डी, तटस्थ नज़र से, निर्विकार मौन भाव से, तब तक देखते रहते हैं या उसे खुला या छिपा समर्थन देते रहते हैं, जब तक कि वे उनके एजेंडा को आगे बढ़ाने में सहायक हैं या कम से कम बाधक नहीं हैं। जनता के मतों का विभाजन और ध्रुवीकरण हो या विकासशील देशों को उन्हें अपने सामान्य हितों के लिए गोलबन्द होने से रोकना—यही इनका उद्देश्य है। 'फूट डालो और राज करो' किसी शासक की, किसी ताक़तवर देश की नीति तब भी थी और आज भी है; ताकि उनके अधीनस्थ आपस में लड़ें, उन्हें लड़ाने वाली उस ताक़तवर सत्ता के ख़िलाफ़ नहीं!

रिचर्ड जलते हुए गाँवों के दौरे के साथ-साथ, लीज़ा को आसपास के रमणीय स्थानों की सैर करवाना चाहता है; जहाँ औरतें डूब मरी हैं, वहाँ लार्क पक्षी दिखाने लीज़ा को ले जाना चाहता है। स्थितप्रज्ञ से भी आगे बढ़े इस क्रूर, अमानवीय अनुद्विग्न मानस को क्या नाम दिया जाये?

"...सिविल सर्विस हमें तटस्थ बना देती है। हम यदि हर घटना के प्रति भावुक होने लगें तो प्रशासन एक दिन भी नहीं चल पायेगा।

यदि 103 गाँव जल जाये तो भी नहीं?

तो भी नहीं, रिचर्ड ने तनिक रुककर कहा, यह मेरा देश नहीं है। न ही ये मेरे देश के लोग हैं।"

रिचर्ड की तटस्थता दंगों में मरने वालों के 'अन्य' होने से है। पर क्या वह आख़िरी शासक/प्रशासक है, जो लोगों को मरते देखकर तटस्थ है? क्या हमारे ही

देश में, अपने ही लोगों के नरसंहार के समय तटस्थ रहने के एकाधिक उदाहरण नहीं हैं? यह 'राजधर्म' चौरासी के दंगों में भी प्रश्नांकित हुआ और गुज़रात की साम्प्रदायिक हिंसा में भी।

ऊब की शिकार रिचर्ड की पत्नी 'लीज़ा', कहीं न कहीं, आज के मीडिया की भूमिका का-सा आभास कराती है। वह सदाशय है, फ़साद में मर रहे लोगों के प्रति संवेदनशील है और रिचर्ड की तटस्थ क्रूरता के प्रति उसके दिल में आक्रोश भी है। पर यह आक्रोश रिचर्ड से उसके गठबन्धन की क़ीमत पर नहीं है। लीज़ा द्वारा अपने यहाँ कार्यरत कर्मचारियों के धर्म को दाढ़ी, चोटी, पगड़ी, जनेऊ से पहचानने की कोशिश करना और उसमें बार-बार असफल होना यह संकेत देता है कि धर्म इन बाहरी पहचानों में छिपा नहीं है।

शहर की कांग्रेस कमेटी के सचिव बख़्शी जी आज की परिस्थितियों में कुछ हद तक बुद्धिजीवी वर्ग को प्रतिबिम्बित करते हैं। वे उपनिवेशवादी सत्ता की चालाकी समझते हैं, वे फ़साद नहीं चाहते, उसे रोकने की सीमित कोशिशें भी करते हैं। पर पारस्परिक घृणा के साम्प्रदायिक ज्वार के सामने उनकी आवाज़ कमज़ोर पड़ रही है। इसका एक कारण सारी शक्तियाँ सरकार-केन्द्रित होने से दंगों को रोकने के लिए उठाये जाने वाले क़दमों के लिए उनकी सरकार का मुखापेक्षी होना है। उनकी दूसरी कमी यह है कि—सफ़ाई का 'तामीरी' काम हो या दंगे रोकने की कोशिश, अपना निजी योगदान वे प्रतीकात्मक स्तर पर ही कर पाते हैं। शंकर और कश्मीरीलाल को सचमुच की सफाई करते देख बख़्शी जी की बुदबुदाहट यही सिद्ध करती है—''तामीरी काम का यह मतलब तो नहीं कि सचमुच नालियाँ साफ़ करने लग जाओ। इसका तो इतना-भर मतलब है कि लोगों का ध्यान सफाई की ओर दिलाओ। और इस देश की आज़ादी की ओर।'' आज मीडिया के लिए प्रायोजित स्वच्छता-अभियान के सन्दर्भ में भी यह टिप्पणी प्रासंगिक है।

साहब के बँगले से लौटते हुए बख़्शी जी का मेहता जी के साथ ताँगे पर जाते हुए इस बात पर अफ़सोस करना कि उन्हें बाकी लोगों के साथ इकट्ठे जाना चाहिए था, और फिर भी ताँगे में बैठे रहना उनकी इसी कमज़ोरी को दिखाता है। आज भी अधिकांश बुद्धिजीवियों में बहस इस बात पर हो रही है कि किसी सरकारी आयोजन में उन्हें भागीदारी करनी चाहिए या नहीं? आज भी वे साम्प्रदायिकता के ख़िलाफ़ लड़ाई को प्रतीकात्मक रूप से बयान देने तक ही सीमित कर रहे हैं। जबकि यह वह ख़तरनाक दौर है, जब अन्ध-श्रद्धा के विरुद्ध संघर्षरत नरेन्द्र दाभोलकर और गोविन्द पानसरे की हत्या की जा चुकी है और दंगों के आरोपी दो सांसदों को देश की सर्वोच्च ज़ेड-प्लस सुरक्षा मिली हुई है।

गाँधी जी की तरह 'पाकिस्तान मेरी लाश पर बनेगा' यह कहने और उसे अपने बलिदान से सच कर दिखाने का साहस 'तमस' में सिर्फ़ जरनैल सिंह कर पाता है, जिसे दुनिया पागल समझती है। दंगे रोकने की कोशिश में मारा जाना किसी बुद्धिमान की नज़र में पागलपन नहीं तो और क्या है? 'मैला आँचल' का 'बावनदास' और 'तमस' का 'जरनैल' साम्प्रदायिकता का विरोध करते हुए बलिदान हुए गुमनाम शहीद हैं।

मुबारक अली कांग्रेस का मेम्बर है और लीग से भी साँठ-गाँठ रखता है। मेहता जी तो कांग्रेस और हिन्दू सभा की दोहरी सदस्यता और साथ-साथ बीमा-व्यवसाय को भी साधते हैं। ऐसे उदाहरण आज के समय में ढूँढ़ना कोई मुश्किल काम नहीं। पुराने कांग्रेसी हकीमजी और अजीज अहमद जैसे राष्ट्रभक्त अपने ही समुदाय में साम्प्रदायिक लोगों द्वारा पराये और तिरस्कृत कर दिये गये हैं। हकीमजी का यह कथन आज भी प्रासंगिक है–"सबसे अहम सवाल हिन्दुस्तान की आज़ादी का है, अंग्रेज से ताक़त छीनने का है, हिन्दू-मुसलमान का नहीं है।"

आँखें लाल कर, कुत्ते के सम्बोधन के साथ बुज़ुर्ग हकीमजी पर चीखने वाला मौलादाद, नत्थू से धोखे से सुअर मरवाकर मस्जिद के सामने फिंकवाने वाला मुराद अली, भजन-कीर्तन कराते और अन्तरंग सभा में म्लेच्छों से रक्षा गरम तेल, जलते कोयले, लाठियों से करने की योजना बनाते वानप्रस्थी जी, अखाड़ा-संचालक मास्टर देवव्रत, युवक-समाज में नवदीक्षित और शस्त्रागार सजाता किशोर रणवीर आज भी समाज में, हर धर्म-सम्प्रदाय में, उसका परचम उठाये, हमारे आस-पास ही मिल जायेंगे। ये ही भय और घृणा की राजनीति का हरावल दस्ता हैं। धर्म-परिवर्तन, घर-वापसी, लव-जिहाद जैसे नारों की आद्य झलक भी 'तमस' में देखी जा सकती है।

एक ग़रीब, दलित युवक नत्थू का इस्तेमाल पाँच रुपये पेशगी देकर सुअर मरवाने में, उसे धोखे में रखते हुए मुराद अली करता है। नत्थू और उसकी पत्नी अपनी मजबूरी और आत्मग्लानि के द्वन्द्व में फँसे रहते हैं। नत्थू तो फ़साद में मारा भी जाता है। क्या उसे भेद खुलने के डर से मुराद अली ने ही मरवाया? इसका खुलासा लेखक उपन्यास में नहीं करते। यह महत्त्वपूर्ण भी नहीं कि नत्थू के शरीर को किसने मारा? उससे मरवाये गये सुअर को मस्जिद में फिंकवाये जाने की घटना ने उसकी आत्मा को बेचैन कर दिया था और उस पर उस पाप का बोझ डाल दिया था, जो उसने किया ही नहीं! आज भी हर दंगे में सबसे ग़रीब आदमी ही मारा जाता है और वही छोटे-छोटे प्रलोभनों के बदले इस्तेमाल भी होता है। आश्चर्य यह भी कि इस आत्मग्लानि का नामोनिशान भी उस ग़रीब

आदमी को इस्तेमाल करने वाले साम्प्रदायिक राजनेताओं की आत्मा पर नहीं होता! या हो सकता है कि उनके पास आत्मा ही न होती हो!

'तमस' में ज़िन्दगी के सोलह साल जेल में बिताने वाले, तत्कालीन कांग्रेस, यानी आज़ादी के आन्दोलन के नुमाइन्दे—बख़्शी जी से उनके राजनीतिक विरोधियों द्वारा बार-बार यह मनवाने की कोशिश की जाती है कि वे केवल हिन्दुओं की नुमाइन्दगी करते हैं। वे और उनका दल यह मानने को तैयार नहीं होते। 'तमस' के लीगी नेता पहले मुसलमानों को कांग्रेस में जाने से रोकते हैं। इस प्रयास में सफल न होने पर कांग्रेस में शामिल मुसलमानों को 'हिन्दुओं के कुत्ते' शब्द से सम्बोधित कर उन्हें अपमानित, तिरस्कृत और बहिष्कृत करते हैं। इसके बाद बख़्शी जी कांग्रेस पर आरोप लगाते हैं कि कांग्रेस हिन्दुओं की पार्टी है। सिर्फ़ आरोप ही नहीं लगाते, बल्कि उनसे जबरन यह मनवाने की कोशिश भी करते हैं। क्योंकि जब तक बख़्शी जी की कांग्रेस, केवल हिन्दुओं की पार्टी सिद्ध न होकर, हिन्दुओं और मुसलमानों समेत सभी वर्गों की पार्टी बनी रहती है, तो लीग को मुसलमानों का एकमात्र प्रतिनिधि कैसे माना जा सकता है? राष्ट्रीय स्तर पर जिन्ना से लेकर छोटे शहरों के लीगी नेताओं तक में इसी दुराग्रह का प्रसार 'तमस' में दिखता है। मग़र आज ऐसे राजनीतिक समूह हैं, जो देश के एक तिहाई से भी कम मतों के बल पर सत्तासीन हैं, पर जो पूरे देश की जनता की नहीं, किसी एक मज़हब या क़ौम की ही नुमाइन्दगी का परचम गर्व से उठाये घूमते हैं, सच्चाई यह है कि वे उसके भी सच्चे और पूरे नुमाइन्दे कतई नहीं हैं।

वस्तुतः धर्म या सम्प्रदाय पर आधारित पृथक-पृथक लौकिक हितों का अस्तित्त्व ही नहीं होता। अतः साम्प्रदायिक शक्तियों द्वारा आर्थिक-सामाजिक कारणों से पैदा हुई असमानताओं की साम्प्रदायिक व्याख्या की जाती है, इतिहास की दुर्व्याख्या कर अतीत में हितों के ऐसे टकराव की अवधारणा गढ़ी जाती है; और उसका बदला वर्तमान में लिए जाने का आह्वान किया जाता है। 'तमस' में गुरुद्वारे में इकट्ठा लोगों की भाषा में भी इसी कारण मध्यकालीन मुहावरों का इस्तेमाल है—"कीर्तन में सभी के सिर झूम रहे थे, सभी की चेतना में वे सभी बाते थीं जो दूर अतीत में हुआ करती थीं, बलिदान की भावना, मुसलमान शत्रु, ढाल, तलवार, गुरु का प्रसाद, अखण्ड एकता—जो नहीं था तो उनकी चेतना में अंग्रेज़ नहीं था। ...अस्तित्त्व था तो तफ़र्क़ का, या खालसा का, उसके बढ़ते आ रहे लश्करों का....

तफ़र्क़ आये थे पर वे अपने ही पड़ोस वाले गाँव से आये थे। तुर्कों के ज़हन में भी यही था कि वे अपने पुराने दुश्मन सिखों पर हमला बोल रहे हैं और सिखों

के ज़हन में भी वे दो सौ साल पहले के तफ़र्क़ थे जिनके साथ खालसा लोहा लिया करता था। ...लड़ने वालों के पाँव बीसवीं सदी में थे, सिर मध्ययुग में।"

अयोध्या में बाबरी मस्जिद उर्फ़ विवादित ढाँचे को ढहाये जाने के पहले का दुष्प्रचार इतिहास की झूठी व्याख्याओं का, उसके इसी प्रकार के दुरुपयोग का उदाहरण है। आज भी कई सत्ताधारी पार्टियों और उससे जुड़े कथित सांस्कृतिक संगठन अपना पहला लक्ष्य इतिहास की सही समझ और इतिहास की पाठ्यपुस्तकों को बनाते हैं। मध्यपूर्व के देशों में आतंकवादी संगठनों द्वारा किसी धार्मिक राज्य या ख़िलाफ़त की पुनर्स्थापना की घोषणाएँ भी इतिहास की इसी गलत और झूठी समझ के आधार पर बनी पश्चगामी सोच का उदाहरण हैं; या फिर ज़्यादा ही धूर्त लोगों द्वारा अपने अनुयायियों को जानते-बूझते धोखा देने, उन्हें मूर्ख बनाने का।

'तमस' में साम्प्रदायिक कार्यशैली पर भी प्रकाश डाला गया है। देश का विभाजन वर्षों के विष-वमन का परिणाम था और आज की साम्प्रदायिकता भी समाज को लम्बे समय से दी जा रही भय और नफ़रत की ज़हरीली खुराक का परिणाम है, जो दंगों के समय ही नहीं, हर समय अपना काम करती रहती है। वास्तव में दंगे साम्प्रदायिकता के आइसबर्ग की सतह के ऊपर नज़र आने वाली नोक-मात्र हैं; असली साम्प्रदायिक आधार तो सतह के नीचे छुपा है। विचित्र बात यह है कि सूअर और गाय, मस्ज़िद के सामने से बाजे बजाते हुए जुलूस का गुज़रना या मन्दिर के सामने से ताज़ियों का, ये बातें दंगों का कारण तब भी थीं और आज भी हैं। यह और बात है कि अब इन तरीकों में फेसबुक, ट्विटर जैसे सोशल-मीडिया पर डाले भड़काने वाले बयानों को भी जोड़ दिया गया है। तब भी नत्थू जैसे ग़रीब का साम्प्रदायिक शक्तियों द्वारा इस्तेमाल किया जाता था, यही हालत आज भी है। आज भी विभिन्न समुदायों के कथित पक्षधर, अपने भाषणों में साम्प्रदायिक ज़हर उगलते हैं, वे एक ही तरह की घटिया, गाली-गलौज वाली भाषा का इस्तेमाल करते हैं और एक-दूसरे की आक्रामकता को अपने प्रत्याक्रमण से वैधता देते हैं। आश्चर्य की बात तो यह है कि इस पर भी वे ही अपनी-अपनी धार्मिक भावनाओं के आहत होने की सबसे ज़्यादा दुहाई देते हैं। यह डब्ल्यू. डब्ल्यू. एफ. की नूरा-कुश्ती का ही एक संस्करण है।

'तमस' में गुरुद्वारे के भीतर इकट्ठा सिख और उसके बाहर इकट्ठा मुसलमानों के बीच परस्पर भय-अविश्वास का वातावरण बनने का एक कारण दोनों समुदायों के बीच संवादहीनता भी है। दोनों समुदायों के कट्टर लोग सबसे अधिक आक्रामक उन्हीं लोगों के प्रति होते हैं, जो इस टूटे संवाद को जोड़ने की कोशिश

करना चाहते हैं। इस संवादहीनता और अलगाव के कारण अफवाहों-पूर्वाग्रहों को फैलाना आसान हो जाता है। 'तमस' में एक और उल्लेखनीय बात भीष्म साहनी रेखांकित करते हैं, कि साम्प्रदायिक हिंसा और लूट में भाग लेने वाले बलवाई बाहर से आते हैं। एक ही जगह, साथ-साथ रहने से आपसी भाईचारा या कम से कम आपसी लिहाज, आँख की शर्म उन्हें पड़ोसी पर हमला करने से रोकती है। रणवीर, दूसरे किशोर शम्भू को, उसकी गली में रहने वाले म्लेच्छों से परिचित होने के कारण, उसे उस गली में काम यानी चाकू से हत्या का प्रयास, की जिम्मेदारी नहीं सौंपता। हरनाम सिंह और बन्तो का पड़ोसी करीम खान पहले उन्हें सुरक्षा का आश्वासन देता है, फिर बाहरी बलवाइयों के आने की ख़बर देकर सचेत करता है और सुरक्षित जगह जाने का सुझाव देता है। हरनाम सिंह और बन्तो जिस घर में शरण लेते हैं, वहाँ उस घर की बुज़ुर्ग स्त्री अकराँ के रूप में इस हैवानियत के बीच भी मानो बची हुई मानवता के दर्शन होते हैं। उस स्त्री का पति और बेटा भी हरनाम सिंह को इसीलिए नहीं मार पाते क्योंकि वे पूर्व-परिचित हैं। अपरिचय से ही पूर्वाग्रह जन्म लेते हैं, और पूर्वाग्रहों से ही साम्प्रदायिक हिंसा की अतार्किक घटनाएँ सम्भव हो पाती हैं। शाहनवाज़ भी अपने दोस्त रघुनाथ और भाभी की तो जान पर खेलकर रक्षा करता है, पर नौकर मिलखी से उसकी चुटिया के कारण अनजानी नफ़रत से भर जाता है और उसे चोट पहुँचाता है। इसका कारण भी यही है कि रघुनाथ उसका दोस्त है और मिलखी अन्य! वानप्रस्थी म्लेच्छों के बारे में जिन पूर्वाग्रहों का प्रचार करते हैं, कमोबेश उसी तरह के भ्रामक पूर्वाग्रह आज भी इस समाज में जान-बूझकर फैलाये जा रहे हैं। 'तमस' में ज़िक्र किया गया है कि किस प्रकार हिन्दुओं और मुसलमानों की मिली-जुली बस्ती होना, साम्प्रदायिक इरादों के रास्ते में एक बाधा बनती है। आज भी बड़े-बड़े महानगरों में हाउसिंग सोसाइटीज़ में इसी साम्प्रदायिक अलगाव को जानबूझकर मज़बूती दी जा रही है। इसी 'हम' और 'अन्य' के विभाजन के चलते दक्षिण-पूर्व एशिया के एक विकासशील देश की अदालत बड़े ही शान्तिपूर्ण तरीके से ग़ैर-मुस्लिमों से 'अल्लाह' शब्द के प्रयोग का अधिकार छीन लेती है। भगवानों को बाँटने की इन्सानी कोशिशों का यह नमूना-भर है।

यह अलगाव—पूर्वाग्रहों और उनके परिणामस्वरूप ऐसी असहिष्णुता को जन्म देता है, जो किसी दूसरे धर्म के इन्सान को इन्सान समझने से इनकार कर सके। इस लोकतान्त्रिक देश में भी आज किसी व्यक्ति या दल को नापसन्द करने वाले को देशद्रोही मानकर कथित शत्रु देश भेजने की सलाह दी जाती है, टिकट तक भेज दिया जाता है। एक समुदाय-विशेष के लोगों का देश के संसाधनों पर पहला

हक़ है या नहीं, पर देश-दुनिया में हुए किसी भी अपराध में पहला शक़ उसी पर होता है। यह इसी अलगाव और उससे फैले पूर्वाग्रहों का नतीज़ा है। गुज़रात पुलिस की मॉक-ड्रिल हमारी कानून-व्यवस्था के इसी पूर्वाग्रह को दर्शाती है।

एक मासूम बच्चे को घृणा की नशीली ख़ुराक़ का आदी बनाकर कैसे हिंसक बनाया जाता है, इसका एक उदाहरण 'तमस' में दीक्षा से पहले और बाद में रणवीर के रूपान्तरण में देखा जा सकता है। एक मुर्गी की गर्दन पर छुरी चलाने में काँपने वाला किशोर कैसे कुछ ही समय में कहने लगता है– "...पर छुरा घोंपकर मार डालना आसान काम है, इसमें कोई मुश्किल नहीं।" इस पर विवाद हो सकता है कि किसी युवक समाज में मुर्गी की गर्दन काटने की परीक्षा होती है, या यह भीष्म साहनी के मस्तिष्क की उपज है। पर यह निस्सन्देह सत्य है कि बचपन से ही घृणा और हिंसा का पाठ नयी पीढ़ी को साम्प्रदायिक बना सकता है। 'तमस' में भीष्म साहनी इस बारीक संवेदना को दूसरे बच्चे इन्द्र द्वारा इत्रफरोश पर किये जानलेवा हमले के समय चित्रित करते हैं–"वह कमर में लगे ज़ख़्म से इतना नहीं मर रहा था जितना त्रास और भय से और भोले बालक द्वारा किये गये हमले से।" पूरी दुनिया में आज किशोर बड़ी संख्या में आतंकवादी बनाये जा रहे हैं, और देशी साम्प्रदायिकता का भी दंगों में काम आने वाला हरावल दस्ता मुख्यतः किशोर और युवाओं का ही है। यह सब भय, नफ़रत, हिंसा की नियमित ज़हरीली, नशीली ख़ुराक़ का फल है। यह भी उल्लेखनीय है कि 'तमस' में इस प्रशिक्षित किशोर का पहला शिकार कोई म्लेच्छ नहीं, एक हिन्दू हलवाई होता है।

'तमस' में रावी के तट पर स्वराज्य-संकल्प में पं. नेहरू के साथ खड़ा होने वाला, पागल समझा जाने वाला जरनैल, जब बार-बार गद्दार और कम्युनिस्ट शब्द का प्रयोग एक साथ करता है, तो वह द्वितीय विश्वयुद्ध में सोवियत संघ के शामिल होने के बाद 'भारत छोड़ो आन्दोलन' से कम्युनिस्ट पार्टी के अलग होने के तथ्य की ओर संकेत तो है ही; यह इस तथ्य की ओर भी इशारा है कि उस समय सभी प्रगतिशील शक्तियाँ एक साथ और संगठित नहीं थीं, जब उनके संगठित होने की बहुत अधिक आवश्यकता थी। कामरेड देवदत्त अन्त में एका स्थापित करने की कोशिश ज़रूर करता है, पर यह प्रतीकात्मक ही अधिक है, वास्तविक वैचारिक एकता कम। क्योंकि उस अमन की बस में आधे तो उस साम्प्रदायिक विद्वेष को फैलाने में सहायक व्यक्ति ही हैं। आज के देवदत्त फेसबुक पर तो साम्प्रदायिकता को कोसते मिल जायेंगे, पर ज़मीन पर उससे दो-दो हाथ करने का साहस और फुर्सत अब और भी कम हो चले हैं।

'तमस' के देशकाल—भारत-विभाजन के समय साम्प्रदायिकता फैलाने में सबसे ज़्यादा समर्थ पार्टी मुस्लिम लीग थी (हालाँकि हिन्दू महासभा समेत अन्य संगठनों की भूमिका भी विष फैलाने में कम नहीं थी)। आज साम्प्रदायिकता बहुसंख्यकवाद का सहारा लेकर और भी ताक़तवार बनकर उभरी है। हाँ, यह सच है कि कथित बहुसंख्यक-समर्थक और कथित अल्पसंख्यक-समर्थक साम्प्रदायिकताएँ परस्पर सहयोगी हैं, प्रतियोगी हैं, पर विरोधी तो हरगिज़ नहीं! आज भी बहुसंख्यकों और अल्पसंख्यकों का नाम लेकर की जाने वाली साम्प्रदायिक हिंसा और उसकी राजनीति, क्रिया-प्रतिक्रिया के सिद्धान्त को सृष्टि के आदि-नियम की तरह अनुल्लंघनीय मानकर एक-दूसरे को ही बढ़ावा या वैधता देती हैं। तभी तो दोनों खेमों से एक जैसी भाषा में बयान आते हैं, इस बाबत कि हर इन्सान हिन्दू के रूप में जन्म लेता है या मुसलमान के रूप में? अगर सब इन्सान एक ही धर्म में पैदा होते हैं, तो केवल पूजा-पद्धति बदलने, दाढ़ी रखने या न रखने, चोटी रखने या न रखने के कारण उनसे नफ़रत क्यों की जाती है? क्यों एक समूह दूसरे इन्सानी समूह का गला काटने, उसे ज़िन्दा आग में झोंकने पर उतारू हो जाता है? दरअसल दो समूहों के आपसी विद्वेष के स्थानीय सामाजिक-आर्थिक कारण होते हैं, जिन्हें वर्ग-हितों में टकराव के बजाये काल्पनिक धार्मिक हितों में टकराव की तरह देखा जाता है। डर और नफ़रत के राजनीतिक कारोबारी इसी विभेद के सहारे वोटों की फसल काटते हैं। 'तमस' में घड़ियाल का बजना फ़साद की आशंका लाता है और आज हर पाँच साल में केन्द्र में और समय-समय पर राज्यों में चुनावों का घड़ियाल बजता रहता है और मन साम्प्रदायिक ध्रुवीकरण और हिंसा की आशंका से काँपने लगता है।

विश्वगुरु भारत को उलाहना दे डाला कि यहाँ पिछले कुछ वर्षों में पनपी धार्मिक असहिष्णुता देखकर गाँधीजी स्तब्ध रह गये होते! इस देश को उसी की विरासत याद दिलाने की कोशिश से हमारे मन्त्रियों को भी भारत की सहिष्णुता का इतिहास याद आ गया। पर क्या सहिष्णुता सचमुच इतिहास की चीज़ बन गयी है? असहिष्णुता वोटों की फसल से पहले जानबूझकर फैलाई जाने वाली संक्रामक बीमारी तो है ही, पर लगभग एक शताब्दी के निरन्तर दुष्प्रचार के कारण यह हमारे दैनिक जीवन में भी अपनी जगह बना चुकी है। आतंक हमेशा बन्दूक का ही नहीं होता, वह अन्य लोकतान्त्रिक दिखाई देने वाले रूपों में भी हो सकता है।

साम्प्रदायिकता की परिभाषा और पहचान में चाहे मुश्किल हो, पर यह निर्विवाद है कि साम्प्रदायिकता का सबसे आसानी से नज़र आने वाला लक्षण असहिष्णुता है। यह असहिष्णुता केवल विरोधी विचारों के अस्वीकार तक ही

सीमित नहीं है। अपने से भिन्न हर व्यक्ति और विचार के ख़िलाफ़ आक्रामक और हिंसक कार्रवाई इस असहिष्णुता की पहचान है। कभी यह फ्रांस में किन्हीं कार्टूनिस्टों पर गोली चलाते हुए नज़र आती है, तो कभी बांग्लादेश में किसी ब्लॉगर पर चाकू का वार करते हुए। कभी पाकिस्तान में पत्रकारों को जेल भेज देती है और आतंकवादियों की जेल में भी आज़ाद शहरी की तरह आवभगत करती है। कभी यह स्कूल जाती बच्ची के सिर को निशाना बनाती है, तो कभी पूरे स्कूल पर ही अन्धाधुन्ध गोलीबारी करने लगती है। भारत में भी यह कभी अन्धश्रद्धा के ख़िलाफ़ लड़ने वाले मानवीय विवेक पर गोलियाँ दागती है, कभी एक बूढ़े लेखक को कथित शत्रु देश जाने का टिकट भेजती है, कभी किसी चित्रकार की प्रदर्शनी में तोड़-फोड़ कर, उसे देशनिकाले पर मजबूर करती है। कभी कोई स्वघोषित संस्कृति-रक्षक अपनी रूढ़ मान्यताओं के ख़िलाफ़ पड़ने वाली किताब की सभी प्रतियों को लुग्दी बनाने पर प्रकाशक को ही मज़बूर कर देता है और कभी किसी लेखक को अपनी ही लेखकीय मृत्यु की घोषणा पर! और ख़तरनाक बात यह है कि इन सभी साम्प्रदायिक शक्तियों को अपनी सरकारों का प्रत्यक्ष या अप्रत्यक्ष समर्थन हासिल रहता है। सरकारों का समर्थन इन साम्प्रदायिक शक्तियों की लाइफ-लाइन है, जिसके अभाव में समाज में सही शिक्षा और लोकतान्त्रिक मूल्यों के प्रसार से ये साम्प्रदायिक शक्तियाँ शीघ्र ही दम तोड़ देतीं। इसी कारण साम्प्रदायिक शक्तियों का भी प्राथमिक और अन्तिम उद्देश्य प्रत्यक्ष या अप्रत्यक्ष, किसी न किसी तरीके से सत्ता हासिल करना या उस पर अपना नियन्त्रण बनाये रखना होता है।

इस प्रकार असहिष्णुता का विस्तार एक वैश्विक घटना है। सभ्यताओं के संघर्ष की अवधारणा को नव-उपनिवेशवाद ने बढ़ावा दिया है। कारण वही—अन्य होना। यह असहिष्णुता धर्म, रंग, नस्ल, जाति, प्रान्त, भाषा के नाम पर फैलाई जाती है। इस असहिष्णुता और धार्मिक कट्टरपन्थी संकीर्णता से मनुष्यता एक ख़तरनाक दौर में जी रही है, जहाँ अपने ही धर्म को मानने वालों का जानवरों की तरह गला रेतना या फिर विधर्मी माँ का पेट चीरकर अजन्मे शिशु को गर्भ से निकालकर आग में झोंकना, ये इक्कीसवीं सदी के मानव की बर्बरता के उदाहरण हैं।

दैनिक जीवन में रहन-सहन के ऊपरी तौर-तरीकों या कुछ रीति-रिवाजों में अपने से भिन्न को अन्य समझना-समझाना और उससे डरना या नफ़रत करना, या एक साथ दोनों से ग्रस्त रहना, एक काल्पनिक शत्रुत्व की रचना करना, और तब भावी काल्पनिक संकट में उनसे रक्षा के लिए स्वघोषित रक्षकों का अवतरण, उनका वोटों के ज़रिये सत्ता तक पहुँचना और तब सत्ता की सुरक्षा

और उससे प्राप्त लाभों, संसाधनों का इस्तेमाल करते हुए साम्प्रदायिकता का और अधिक विस्तार करना और इस सारी प्रक्रिया में जनता को उसके वास्तविक सामाजिक-आर्थिक हितों के लिए संघर्ष करने से रोकना, उसे भटकाये रखना, हर क़िस्म की साम्प्रदायिकता की अब तक कारगर दिखाई दे रही रणनीति है। साम्प्रदायिकता एक ही देश के लोगों के बीच हिंसा-तनाव फैलाने के कारण तो ख़तरनाक है ही, वह भारत जैसे किसी विकासशील देश में शोषक और शोषित के वर्गबोध को रोककर शोषितों को अपने वास्तविक हितों के लिए संघर्ष हेतु संगठित होकर सामाजिक-आर्थिक हितों के लिए संघर्ष करने से भी रोकती है।

आज स्थिति और भी जटिल है, क्योंकि हम देख रहे हैं कि साम्प्रदायिकता मध्यकालीन मुहावरों के साथ-साथ विकास के मुहावरे का भी इस्तेमाल करती है और अपने ही दूसरे उग्र रूप से आन्तरिक सामंजस्य के साथ-साथ आन्तरिक वर्चस्व की लड़ाई भी लड़ती है। अतीत के काल्पनिक पुनराविष्कार के लिए प्रयासरत और कॉर्पोरेट-समर्थक बड़ी पूँजी से पोषित साम्प्रदायिकता अनमेल दिखते हुए भी परस्पर पूरक हैं। पक्ष और विपक्ष दोनों ही भूमिकाओं में साम्प्रदायिकता का ही विकल्प होने से उसके ख़िलाफ़ यह लड़ाई मुश्किल हो गयी है। एक साथी अपने जादू के खेल से लोगों का ध्यान भटकाता है और दूसरा उसकी पॉकेट से उसके संसाधन—जल, जंगल, ज़मीन छीन लेता है। पर आज यह विनाशकारी विकास किसी के लिए चुनावी तो क्या किसी तरह की चर्चा का भी मुद्दा नहीं बनता। साम्प्रदायिक राजनीति को पहली चुनौती राष्ट्रीय स्वाधीनता आन्दोलन ने दी। आज़ादी के बाद साम्प्रदायिकता ने रूप बदला और वह रातोरात राष्ट्रवाद की सबसे बड़ी प्रवकता बन गयी। आज़ादी के पहले का राष्ट्रवाद 'अंग्रेजों भारत छोड़ो' का नारा देता था; आज़ादी के बाद नये-नये राष्ट्रवादी बने ये लोग विधर्मियों को देश से बाहर निकालने या कम से कम किराएदार की तरह रखने के नारे देने लगे। बहुसंख्यकों के धर्म को राष्ट्रवाद का पर्याय मानने वाली, आज़ादी के बाद ताक़तवर हुई साम्प्रदायिकता की क़िस्म, आज़ादी के पहले की ताक़तवर साम्प्रदायिकता के द्वि-राष्ट्र सिद्धान्त की ही मूल अवधारणा धर्म को राष्ट्र का आधार मानने की पुष्टि करती है। स्वाधीनता आन्दोलन के पन्थनिरपेक्ष मूल्य संविधान का असंशोधनीय मूल ढाँचा बन गये हैं, जो इस साम्प्रदायिकता से लड़ने के लिए हमें शक्ति देते हैं। साथ ही हमारी साझी विरासत, हमारी सामासिक संस्कृति लगातार कमज़ोर करने की कोशिशों के बावजूद साम्प्रदायिकता के सामने हमारी जीत का आन्तरिक विश्वास है।

साम्प्रदायिकता आज इतनी बड़ी और चतुर चुनौती का रूप ले चुकी है कि सभी धर्मों की एकता घोषित करने वाले केवल समरसतावादी पारम्परिक नारों, विश्वासों से उसे मिटाया नहीं जा सकता। पर यह भी अत्यन्त आवश्यक है कि साम्प्रदायिकता और धर्म में फ़र्क करना होगा। धर्म और राष्ट्र का नाम लेकर चलने वाली साम्प्रदायिकता वास्तव में धर्म-विरोधी है और राष्ट्र-विरोधी भी है। धर्म के भीतर घुसकर यह सिद्ध करना होगा कि अस्सी साल की एक तलाकशुदा महिला को गुज़ारा-भत्ते से वंचित रखने से इस्लाम की रक्षा नहीं हो सकती! और न ही किसी गुम्बद को गिराने से हिन्दू धर्म की! धर्म, राष्ट्र और भारतीय संस्कृति से साम्प्रदायिक ताक़तों की स्वयंभू ठेकेदारी ख़त्म करनी होगी। भारतीय संस्कृति का नाम लेकर फैलाई जा रही असहिष्णुता और अलगाववाद का प्रत्युत्तर भारत की सामासिक संस्कृति की उदार और सहिष्णु परम्परा से गुज़रे बिना नहीं मिल सकता।

आज़ादी के बाद साम्प्रदायिक राजनीति के उभार को बड़ी चुनौती जातिवादी राजनीति से मिली। पर सामाजिक न्याय की लड़ाई को परिवारवाद में बदलकर इसने अपने पैरों पर कुल्हाड़ी मारी। आज साम्प्रदायिकता को एक बड़ी चुनौती बाज़ार से मिलती हुई ऊपरी तौर पर दिख रही है। वेलेंटाइन डे पर ये दोनों साफ़-साफ़ आमने-सामने नज़र आते हैं। पर यह चुनौती वास्तविक नहीं है। बाज़ार के लिए दंगे की अति तक पहुँचने वाली साम्प्रदायिकता तो चिन्ताजनक है, पर उसे उस साम्प्रदायिकता से कोई आपत्ति नहीं है, जो धीमे ज़हर के समान मनुष्य की आत्मा में प्रेम, अहिंसा, करुणा की सद्प्रवृत्तियों की जगह घृणा, हिंसा और राष्ट्रवाद के भेष में उद्धृत राष्ट्र-तोड़कर विराष्ट्रवाद को बढ़ावा दे रही है। बल्कि यह बाज़ार प्रायः उससे गठबन्धन किये रहता है, क्योंकि दोनों का सामान्य उद्देश्य निन्यानवे प्रतिशत बहुसंख्यक वंचित समाज को अपने अधिकारों के लिए एक होने से रोकना है। देश की युवा पीढ़ी के एक हिस्से का दर्शन ही जब खाओ, पियो, ऐश करो बनता जा रहा हो, अपने माता-पिता, परिवार-रिश्तेदारों से जब कोई मतलब ही न रहा हो, तब धर्म और सम्प्रदाय के नाम पर कौन लड़े, कौन मरे? कौन परेशान हो? पर उपभोक्तावाद की शिकार यह मध्यमवर्गीय युवा पीढ़ी किसी दूसरे धर्म के या अपने ही धर्म के भी पड़ोसी को ज़िन्दा जलाते देख, क्यों परेशान होगी? अब साम्प्रदायिक गोलबन्दी में भी खाते-पीते घरों के बजाय दलित, आदिवासी और अन्य ग़रीब, वंचित वर्गों के बच्चों, युवकों को शामिल करने पर ज़ोर है। विचारविहीनता के उपभोक्तावादी समय में भी, साम्प्रदायिकता से संघर्ष के लिए, विचार एक महत्त्वपूर्ण साधन है। मात्र विचारहीन सदाशयता से इस चुनौती का सामना नहीं किया जा सकता।

अतः साम्प्रदायिकता को असली चुनौती बाज़ार से तो नहीं मिल सकती। प्रश्न यह भी है कि साम्प्रदायिकता को चुनौती देने के लिए क्या हमारे पास जतिगत राजनीति का ही विकल्प बचा है? क्या एकमात्र राजनीति या सत्ता की राजनीति ही इस प्रतिरोध का कार्यक्षेत्र होगा? देश और दुनिया इतने विकल्पहीन भी नहीं हुए हैं। साम्प्रदायिकता के ख़िलाफ़ संघर्ष को किसी एक दल या गठबन्धन को सत्ता में आने से रोकने के किये जाने वाले जोड़-तोड़ से आगे बढ़ाना होगा, उसे विचारधारात्मक चुनौती, पुस्तकों से बाहर सामाजिक, व्यावहारिक जीवन में भी देनी होगी। संस्कृति और इतिहास के कुपाठ के ज़रिये लोगों के मानस में बैठाए गये साम्प्रदायिक पूर्वाग्रहों को दूर करना होगा। साम्प्रदायिक संगठनों, दलों की सत्ताकामी राजनीति का विरोध करने के साथ-साथ, उससे भी अधिक ज़रूरी यह है कि वैकल्पिक सकारात्मक मुद्दों का एजेंण्डा सभी धर्मनिरपेक्ष शक्तियों को तैयार करना होगा (केवल राजनीतिक पार्टियों को नहीं)। किसानों, मज़दूरों, दलितों, स्त्रियों, अल्पसंख्यकों समेत समाज के सभी वंचित वर्गों के वास्तविक हितों के लिए आवाज़ उठानी होगी। और इसका मुख्य कार्यक्षेत्र सामाजिक क्षेत्र होगा। सुना है कि दंगे करने-करवाने वालों का प्रशिक्षण होता है; पर सुनना चाहूँगी कि दंगे रोकने के लिए आम आदमी को कैसे प्रशिक्षित किया जाये? समाज के बदलने के साथ-साथ राजनीति को भी मज़बूरन बदलना ही पड़ेगा।

साम्प्रदायिकता से संघर्ष किस तरीक़े से किया जाये, इस पर सैद्धान्तिक विचार कर व्यावहारिक उपाय खोजे जायें! इसमें देर लग सकती है, पर यह निश्चित है कि साम्प्रदायिकता का किला अभेद्य नहीं है। चूँकि इसके आधार बहुत ही काल्पनिक, वायवीय अवधारणाएँ हैं, अतः आम लोगों के जीवन के वास्तविक मुद्दों को असरदार तरीक़े से उठाया जाये तो यह पीछे कदम धरने को बाध्य की जा सकती हैं। वास्तव में साम्प्रदायिकता विचारधारा, नहीं, विचारधाराभास है। गाँधीजी की हत्या को सर्वश्रेष्ठ वीरता और गोडसे की फाँसी को सर्वोच्च बलिदान मानने वाली शक्तियाँ भी अपने वक़्तव्यों का, औपचारिक ही सही, खण्डन क़रने, उन्हें वापस लेने पर विवश हुई हैं; यह इसी तथ्य का उदाहरण है। अगर ज़मीन पर मेहनत की जाये तो बिजली-पानी के मुद्दे भी साम्प्रदायिकता को हरा सकते हैं। वास्तव में बहुसंख्यकवाद धार्मिक-बहुसंख्यकों का ही नहीं होता। अगर देश-दुनिया के किसान, मज़दूर, महिलाएँ, दलित, आदिवासी समेत तमाम वंचित, पीड़ित लोग मिलकर एक साथ अपने यथार्थ, जायज़ हितों के लिए इकट्ठा हों तो वे न केवल अपने जल-जंगल-ज़मीन को बचा सकते हैं, बल्कि धार्मिक, नस्लीय, जातिगत, भाषायी किसी भी प्रकार की साम्प्रदायिकता का

एक असरदार प्रतिरोध रच सकते हैं। देश-दुनिया उतनी विकल्पहीन भी नहीं है, जितनी साम्प्रदायिक शक्तियों और बाज़ार की शक्तियों द्वारा जानबूझकर बनाई जा रही है, दिखाई जा रही है।

'तमस' के लेखन का उद्‌देश्य था—साम्प्रदायिकता के अँधेरे से समरस मानवता के उजाले की ओर यह देश और दुनिया आगे बढ़े। भीष्म साहनी को उनकी जन्म शताब्दी पर सबसे बड़ी श्रद्धांजलि यही होगी कि हम ऐसी ही बेहतर दुनिया बनाने की कोशिश करें, कोशिश ही नहीं, संकल्प करें! 11 सितम्बर 1893 ई. को विश्वधर्म-महासभा में स्वामी विवेकानन्द के व्याख्यान का स्मरण भी इस संकल्प को साकार करने की प्रेरणा बन सकता है—

साम्प्रदायिकता, हठधर्मिता और उनकी बीभत्स वंशधर धर्मान्धता इस सुन्दर पृथ्वी पर बहुत समय तक राज्य कर चुकी हैं। वे पृथ्वी को हिंसा से भरती रही हैं, उसको बारम्बार मानवता के रक्त से नहलाती रही हैं, सभ्यताओं को विध्वस्त करती और पूरे-पूरे देशों को निराशा के गर्त में डालती रही हैं। यदि ये बीभत्स दानवी न होतीं, तो मानव-समाज आज की अवस्था से कहीं अधिक उन्नत हो गया होता। पर अब उनका समय आ गया है, और मैं आन्तरिक रूप से आशा करता हूँ कि आज सुबह इस सभा के सम्मान में जो घण्टाध्वनि हुई है, वह समस्त धर्मान्धता का, तलवार या लेखनी के कारण होने वाले सभी उत्पीड़नों का, तथा एक ही लक्ष्य की ओर अग्रसर होनेवाले मानवों की पारस्परिक कटुताओं का मृत्यु-निनाद सिद्ध हो।[3]

सन्दर्भ

1. फ़ैज़ अहमद फ़ैज़, *सुब्हे-आज़ादी,* संकलन—*सारे सुखन हमारे,* सं. अब्दुल बिस्मिल्लाह, राजकमल प्रकाशन, नयी दिल्ली, 2012, पृ. 165
2. वही, पृ. 166
3. *विवेकानन्द साहित्य संचयन,* रामकृष्ण मठ, नागपुर, नवम संस्करण, 1997, पृ. 2
4. उपन्यास से उद्धृत सभी वाक्यांश तमस के सजिल्द संस्करण से।

'मय्यादास की माड़ी' : इतिहास

लाल्टू

"...न कोई नमकहलाल होता है, न नमकहराम। हम सब हाकिमे-वक़्त का हुक्म बजा लाते हैं, सदा से ऐसा ही चलता आया है।"

'मय्यादास की माड़ी' एक ऐतिहासिक उपन्यास है। भीष्म साहनी का जन्म पंजाब के ऐसे इलाके में हुआ था जहाँ पिछली कई सदियों से लगातार तख़्तापलट होता रहा है और आज भी लगभग यही माहौल है। ऐसे इलाके में शहरी अभिजात खानदान में पलने से उन्हें हाल की सदियों के इतिहास की जानकारी होनी स्वाभाविक थी। उनके पिता कपड़ों के खानदानी व्यापारी थे। बाद में लाहौर में कालिज की तालीम के दौरान भी इतिहास का गहन अध्ययन उन्होंने किया ही होगा। साथ ही परिवार में बुजुर्गों से सुनी कहानियों से उनको इतिहास की अच्छी समझ मिली होगी। उनका जन्म 1915 में हुआ था और उन्होंने अपने पिता और दादा की पीढ़ी से उन्नीसवीं सदी में पंजाब में हुई उथल-पुथल के बारे में बहुत कुछ सुन रखा होगा। उनकी पीढ़ी के लेखकों पर हिन्दी में प्रेमचन्द और विश्व-साहित्य में टॉलस्टॉय जैसे लेखकों का प्रभाव था। आज़ादी के पहले और तुरन्त बाद में हिन्दी में राष्ट्रवाद से प्रेरित होकर कई उपन्यास लिखे गये हैं। वृन्दावनलाल वर्मा के उपन्यासों में राष्ट्रीय गौरव को प्रतिष्ठित करने की कोशिश है। ऐसे उपन्यासों का बुनियादी स्वरूप अक्सर ऐसा होता है कि उनमें इतिहास कम और पुनरुत्थानवादी चिन्तन अधिक होता है। 'मय्यादास की माड़ी' इनसे अलग उन इन्सानी पहलुओं की पड़ताल करता है जो ऐतिहासिक संकटों में उजागर होते हैं।

उन्नीसवीं सदी की शुरुआत में सदियों की उथल-पुथल के बाद महाराजा रणजीत सिंह का सिख दरबार पंजाबी अस्मिता की पहचान बनकर प्रतिष्ठित हुआ। हालाँकि महाराजा खुद सिख धर्म के अनुयायी थे, उनके राज में हिन्दू, मुस्लिम और सिखों को बराबर अधिकार थे। दरबार में भी सभी सम्प्रदायों का प्रतिनिधित्व था। रणजीत सिंह का शासन सिख मिस्लों के सह-अस्तित्त्व पर आधारित था। ये मिस्ल

छोटे-छोटे रजवाड़े या स्थानीय जंगी सरदारों के सत्ता-केन्द्र थे, जैसे पटियाला शाही, नाभा आदि। रणजीत सिंह के जीवित रहने तक सिख दरबार समृद्ध होता रहा। उनकी मृत्यु के बाद केन्द्रीय शासन कमज़ोर पड़ता गया और मिस्लों में फूट बढ़ती गयी। इस फूट का फायदा उठाते हुए अंग्रेजों ने आखिरकार दस ही सालों में सिखों को हराकर अपना शासन कायम कर लिया। 'मय्यादास की माड़ी' उन्नीसवीं सदी के इन्हीं दस सालों से लेकर 1858 के बाद भारत के ब्रिटेन साम्राज्य का हिस्सा बन जाने के कुछ समय बाद तक के दौरान लाहौर और पंजाब के क़स्बाई जीवन पर आधारित है। इसमें इतिहास है, समाजशास्त्र है, साझी विरासत को दिखलाते हुए फिरकापरस्ती के ख़िलाफ़ बुनियाद है और इस सबके बीच घरेलू स्त्रियाँ हैं, प्रेम-मुहब्बत है, रूढ़ियों के ख़िलाफ़ संघर्ष है। निजी दायरे से आगे, परिवार से लेकर सामुदायिक सम्बन्धों तक को सहजता से कहने में भीष्म जी की महारत अव्वल दर्जे की थी। 'मय्यादास की माड़ी' में इसका बेहतरीन नमूना हम देखते हैं।

इन्सानी ड्रामे के आरोह-अवरोह में एक ओर कला और सृजन के आयाम हैं, तो दूसरी ओर इतिहास का कैसा पाठ पढ़ा जा रहा है, यह अहम सवाल है। यह कहना सही नहीं होगा कि 'मय्यादास की माड़ी' में कोई फॉर्मूला नहीं है, यह सिर्फ़ प्लॉट तक सीमित है। इतिहास को देखने का लेखक का खुला नज़रिया है, और अपने समय के दूसरे रचनाकारों की तुलना में भीष्म साहनी का यह पक्ष आदर्श बनकर सामने आता है। उत्तर-औपनिवेशिक लेखन में आमतौर पर उन्नीसवीं सदी के इतिहास को एकांगी ढंग से देखा गया है और भारतीय समाज की सभी बुराइयों के लिए औपनिवेशिक व्यवस्थाओं पर दोष मढ़ा गया है। कुछ लोग तो बात यहाँ तक खींच ले जाते हैं कि अंग्रेज़ी शासन के पहले तक जाति-प्रथा में कोई दिक्क़त नहीं थी, उनके आने के बाद से ही सारी समस्याएँ शुरू हुई हैं। इतिहास को इस तरह विकृत कर शोषण व्यवस्थाओं के पक्ष में ज़मीन तैयार करना ब्राह्मणवादी बुद्धिजीवियों की प्रवृत्ति रही है।

हालाँकि सृजनात्मक साहित्यिक रचना और इतिहास में फ़र्क़ होता है, पर तथ्यों के बारे में ऐतिहासिक घटनाओं पर आधारित साहित्य और इतिहास लेखन पर एक जैसे मानदण्ड लागू होते हैं। इतिहास लेखन और विचारधारा के सम्बन्ध पर हावर्ड जिन का यह कथन मौज़ूँ है, "यह सच है कि हर इतिहास लेखक को कुछ तथ्यों को नज़रअंदाज़ करना पड़ता है, जैसे एक नक्शाकार को पृथ्वी की आकृति को कागज पर चपटा दिखलाना पड़ता है और फिर उस चपटे चित्र से आवश्यक भौगोलिक सूचनाएँ चुननी पड़ती हैं...चयन या सरलीकरण...पर वजन डालना गलत नहीं है। पर नक्शाकार को एक तकनीकी सीमा की वजह से नक्शे

को विकृत करना पड़ता है और इसे सभी नक्शा देखने वाले समझते हैं। इतिहास लेखकों द्वारा किया गया तोड़-मरोड़ तकनीकी कारणों से नहीं, सैद्धान्तिक कारणों से होता है। ऐसी दुनिया में, जहाँ अलग-अलग शक्तियाँ काम कर रही हों, यह तोड़-मरोड़ चाहे-अनचाहे किसी एक स्वार्थ का, आर्थिक या राजनीतिक या जाति-विशेष या लिंग-विशेष, का समर्थन करता है।...ये सैद्धान्तिक स्वार्थ, इतने खुले रूप में सामने नहीं आते, जैसे कि नक्शाकार का नक्शे को अलग ढंग से दिखलाने का तकनीकी कारण स्वतः स्पष्ट हो जाता है... ।''

सच यह है कि यूरोपी ताक़तों द्वारा उपनिवेश बनाये कई दीगर मुल्कों की तरह, भारत में भी वर्ग, जाति और लिंग पर आधारित सत्ता और सामाजिकता के मज़बूत ढाँचे थे। उन्नीसवीं सदी की शुरुआत में भारत के कुछ ही इलाकों तक ईस्ट इंडिया कम्पनी की पहुँच थी। हर इलाके में स्थानीय अस्मिता का अहसास गहरा था और राष्ट्रीय चेतना नहीं के बराबर थी। उपमहाद्वीप के एक हिस्से में बड़ी तादाद में लोगों के साथ क्या गुज़र रही है, अक्सर और इलाके के लोगों को इसकी कोई ख़बर नहीं होती थी। पहले से ही शोषण की भयंकर व्यवस्था मौजूद थी, जिसे कम्पनी के क्रूर पूँजीवाद ने और बदतर बना दिया था। पहले की व्यवस्था में धन देश में ही रहता था और अकाल जैसी स्थिति में राजा उदारता दिखलाते लोगों में अनाज बाँट सकते थे, जबकि कम्पनी सारी कमाई इकट्ठा कर ब्रिटेन भेज रही थी। सवाल उठता है कि कुछेक गोरे ऐसा भयंकर शोषण कर पाने में सफल कैसे हुए। बेशक इसमें स्थानीय समाज के ताक़तवर वर्गों की बड़ी भागीदारी थी। जाति की जटिल शृंखलाओं का पूरा फायदा उठाते हुए सामंती वर्ग ने सत्ता पर पूरी पकड़ बनाये रखी थी। हालाँकि पंजाब में सिख गुरुओं और सूफी सन्तों की कोशिशों से पुरोहित वर्ग का वर्चस्व काफ़ी हद तक कम हो गया था और 17वीं सदी की शुरुआत तक अधिकतर इलाकों में किसानों ने बहुतायत से सिख धर्म अपनाते हुए पारम्परिक सत्ता समीकरणों को कड़ी चुनौती दी थी, फिर भी सामन्ती जकड़ मज़बूत थी। सम्पन्न जातियों, वर्गों की मेहनतकश वर्गों के प्रति संवेदनहीनता बदली नहीं। आमजन के लिए वही गहरी संवेदनहीनता आज तक बनी हुई है और यह हमें यूरोपियों से नहीं मिली है, बल्कि यह हमारी अपनी विरासत है। अन्ध-राष्ट्रवादी ही यह मानते हैं कि यूरोपियों के आने के पहले जातिगत भेदभाव नहीं था। इसी तरह पूरे समाज में लिंग-आधारित भेदभाव आम था और आज भी हर जगह है। उपन्यास के कथानक में बार-बार ऐसे सन्दर्भ आते हैं, जिनसे हम इसे देख सकते हैं। क़स्बे में वानप्रस्थी का महज़ लड़कियों के लिए स्कूल खोलना उसकी 'मत्त'[1] मारी जाना है। लड़कियों का स्कूल कंजरखाना कहलाता है। बलराम साँप के डँसने

से मारा जाता है तो यह पत्नी भागसुद्धी का दोष है। भीष्म साहनी अपने समूचे लेखन में समाज में स्त्रियों की स्थिति को लेकर सचेत रहे हैं और स्त्रियों की आज़ादी के प्रबल पक्षधर रहे हैं। यहाँ भी उपन्यास में रुक्मणी का सशक्त चरित्र है, जो दकियानूसी मान्यताओं से लोहा लेकर पढ़ाई करती है और अध्यापक बन जाती है। ऐसा ही 'कुन्तो' और दूसरे उपन्यासों के बारे में कहा जा सकता है।

उन्नीसवीं सदी के वे दशक जिन पर 'मय्यादास की माड़ी' आधारित है, पूरे भारतीय उपमहाद्वीप के लिए निर्णायक दशक थे। धीरे-धीरे यूरोपीय आधुनिक टेक्नोलॉजी भारत पहुँच रही थी और इसका इस्तेमाल संसाधनों के शोषण के लिए खुलकर हो रहा था। उपन्यास में एक रोचक वाकया लन्दन के इंडिया हाउस में भारत में रेलगाड़ियों में पूँजी लगाने को लेकर हो रही एक बैठक का है। इसमें एक बर्तानवी मन्त्री का बयान है, "...रेलगाड़ियों के निर्माण का सारा ख़र्च भारत के नाम डाला जा रहा है, भारत ही मूल पूँजी भी अदा करेगा। उस पर सूद भी,...इसमें भारत का ही हित है। भारत की ही ज़मीन पर रेलों का जाल बिछाया जा रहा है। हम एक तरह से भारत की ही उन्नति का पथ प्रशस्त कर रहे हैं।" सभा में एक अध्यापक है जो किसी सम्बन्धी के कहने पर भारतीय रेलवे के कुछेक हिस्से ख़रीद बैठा था। वह मन्त्री की बातों का विरोध करता है और उन जुल्मों और शोषण की बात करता है, जो कम्पनी और बाद में ब्रिटिश सरकार ने भारतीयों पर ढाये थे।

इस वक़्त के बारे में 1853 में मार्क्स ने लन्दन में उपलब्ध काग़ज़ात पर आधारित न्यूयार्क हेराल्ड ट्रिब्यून में प्रकाशित अपने प्रसिद्ध लेख 'द ब्रिटिश रूल ऑफ़ इंडिया' में लिखा है, "बेशक हिन्दोस्तान पर बर्तानवी राज ने जो कहर बरपाया है, वह पहले की सारी पीड़ाओं से कहीं ज़्यादा गहरा और अलग है। ...अब तक के तमाम गृहयुद्ध, बाहरी हमले, क्रान्तियाँ, अकाल, एक के बाद एक तेज़ी से विनाश लाती जटिल प्रक्रियाएँ सतह से गहरी पैठ नहीं कर पायी थीं। इंग्लैंड ने भारतीय समाज का पूरा ढाँचा तोड़ डाला है, और कोई नया बनता अभी तक दिख नहीं रहा है। बिना किसी नये संसार के बने पुराने संसार के इस तरह ढह जाने से हर हिन्दू ('भारतीय' अर्थ में) पर एक ख़ास क़िस्म का सदमा गहराया है और इस तरह ब्रिटेन शासित हिन्दोस्तान अपनी सभी पुरानी परम्पराओं और अपने सारे इतिहास से अलग-थलग हो गया है।" इसके बाद औपनिवेशिक शोषण के आर्थिक पहलुओं पर विस्तार से चर्चा कर आखिर में वे कहते हैं कि इस भयंकर विनाश से जितनी भी तकलीफ होती हो, हमें यह नहीं भूलना चाहिए कि "ख़ूबसूरत और सादगी से भरे दिखते गाँव आधारित समुदाय ही पूरब के लुटेरा-राज की ठोस बुनियाद थे, जिनकी वजह से इन्सान के दिमाग

को घोर संकीर्णताओं में बाँध रखा गया, उसे अन्धविश्वासों का औजार बनाया गया, पारम्परिक कानूनों के तले गुलाम रखा गया, जिससे उसकी ताक़त और ऐतिहासिक क्षमताएँ नष्ट हो गयीं। ...हमें भूलना नहीं चाहिए कि इन छोटे-छोटे समुदायों में जातिप्रथा और दासप्रथा जैसी ख़ासियत थी और वे इन्सान को परिस्थितियों पर विजय प्राप्त करने की जगह उसे बाहरी परिस्थितियों का गुलाम बनाते रहे, और उन्होंने सामाजिक सत्ता को शाश्वत नियति बनाकर रख दिया, जिससे कुदरत की पूजा की क्रूर रुढ़ियाँ प्रतिष्ठित हो गयीं।'' मार्क्स हनुमान और गाय की पूजा का उदाहरण देकर बतलाते हैं कि भारतीय समाज कितना पिछड़ा था। आगे वे वह बात कहते हैं, जिस पर राष्ट्रवादी इतिहासकारों को घोर आपत्ति है, ''सच है कि हिन्दोस्तान में सामाजिक बदलाव लाने के पीछे इंग्लैंड के जघन्य हित थे और बड़ी बेवकूफी के साथ इन हितों को लागू किया गया। पर सवाल यह नहीं है। सवाल यह है कि क्या एशिया की सामाजिक सत्ता में बुनियादी इन्कलाब लाये बिना मानव अपनी नियति तक पहुँच पायेगा? अगर नहीं, तो इंग्लैंड ने जो भी जुर्म किये हों, उस इंकलाब को लाने में इंग्लैंड अनजाने ही इतिहास का औजार बन गया।' फिर वे इसी बात को जर्मन दार्शनिक कवि गेटे की पंक्तियाँ उद्धृत करते हुए समझाते हैं कि तमाम पीड़ाओं के बावजूद हमें समझना चाहिए कि बेहतर भविष्य के लिए यह ज़रूरी था। बेशक मार्क्स का यह कथन उस दूरी को दिखलाता है जो उनके भारतीय उपमहाद्वीप में कभी न आने से और यहाँ के लोगों के साथ नहीं जुड़ पाने की वजह से थी। पर इस बात को धरमपाल ('अ ब्यूटीफुल ट्री' की भूमिका में) एक बेचैनी मानते हैं, जो भारतीय दिमाग को पश्चिमी या यूरोपीय दिमाग बनाने की थी। इसमें शक नहीं कि मार्क्स में तरह-तरह की बेचैनी थी, पर धरमपाल का कथन महज़ राष्ट्रवादी चोंचलेबाज़ी है। अगर बेचैनी की कोई परिभाषा ढूँढ़नी ही है तो हमें इसे हर इन्सान के दिमाग को, भारतीय भी, समाजवादी दिमाग बनाने की बेचैनी कहना होगा। यूरोपीय आधुनिकता की जो आलोचना मार्क्स ने की है, उसके बौद्धिक कथ्य पर कुछ न भी कहें तो भी इतना तो कहना होगा कि उसके प्रभाव से दुनिया में बहुत कुछ बदल गया है। इसलिए उसकी बेचैनी को यूरोपकेन्द्रिक बेचैनी मान लेना नासमझी ही कहला सकती है।

उपन्यास की शुरुआत में ही हम देखते हैं कि समाज अन्धविश्वासों से भरा हुआ है। पुरोहित कहता है कि किसी का वक़्त आ गया है तो वह मर जाता है। समाज इसे मरने वाले की शारीरिक स्थिति से नहीं बल्कि पुरोहित की अधकचरी नीम-हकीमी समझ के साथ जोड़कर देखता है। यहाँ तक कि उसकी जादुई क्षमता

की कल्पना है। अगर कोई इस जादूगर से टक्कर ले सकता है तो वह या तो खुद असहाय हो चुकी वृद्धा भागसुद्धी है या कच्ची उम्र के लौंडे जो आसन्न विपदाओं से बेफिक्र किसी को भी परेशान कर सकते हैं। इन चरित्रों को पढ़ते देखते हुए एकबारगी तो हमें लगता है कि हम आज भी वहीं, उन्नीसवीं सदी की शुरुआत में ही लटके हुए हैं। सचमुच ऐसा है भी, मंगल ग्रह की उड़ान के लिए आतुर यह मुल्क आज भी अपने बुनियादी चरित्र में वैसा ही संकीर्ण और रूढ़िवादी है, जैसा सदियों पहले था। आज भी छोटी बच्चियाँ वैसे ही तक़रीबन बेच दी जाती हैं, जैसे बड़े भोलेपन के साथ हरनारायण अपनी बच्ची रुक्मणी को पुरोहित के हाथ दे देता है। आज भी दूल्हों के साथ आये बाराती लड़की वालों पर जुल्म ढाते हैं। नाच-गान शोरगुल में भी लड़की के घरवालों की धड़कनें नहीं दबतीं। शादियों के समारोह अक्सर पवित्र सम्बन्धों की शुरुआत की जगह बदतमीजी का आलम होते हैं।

सरमायेदारी के अन्तर्निहित संकट ऐसे समझौतों को साथ लाते हैं, जो विरोधाभासों को जन्म देते हैं। राष्ट्रवाद और पूँजीवाद की मिलीभगत भी ऐसा ही समझौता है, जिससे तमाम दूसरे संकट, मसलन कुदरत के विनाश के लिए विज्ञान का इस्तेमाल, स्त्री का एक वस्तु की तरह इस्तेमाल आदि पनपते हैं। भीष्म साहनी की रचनाएँ ऐसी विकृतियों के बारे में हमें सचेत करती हैं। ऐसा नहीं है कि भीष्म साहनी राष्ट्रवाद से बिल्कुल मुक्त थे, उनकी दृष्टि में भी औपनिवेशिक काल गुलामी का काल है और इसके ख़िलाफ़ लड़ाई में वे खुद शामिल रहे थे। पर उनका राष्ट्रवाद पुनरुत्थानवादी अंधभक्ति नहीं है। वे हमें अपने समाज की ओर आलोचनात्मक दृष्टि से देखने को कहते हैं। सरमाया की ताक़त से ही रुक्मणियाँ ख़रीदी जाती रही हैं। सरमाया ही है जिससे आज भी चन्द्राएँ रखैल हो सकती हैं और जब उनका शरीर बिक नहीं सकता तो वे वापस सड़क पर असहाय फेंक दी जाती हैं। चाहे वह उन्नीसवीं सदी के सामंती समाज का सरमाया हो या कि इक्कीसवीं सदी का नवउदारवादी सरमायादारी शहरी समाज हो। यह समाज ऐसी सड़न में डूबा है कि अधिकतर लोग जालिमों के साथ ही होते हैं, उनके जुल्मों को ही ठीक ठहराते हैं। इसलिए रामजवाया का यह कथन है, "...न कोई नमकहलाल होता है, न नमकहराम। हम सब हाकिमे-वक़्त का हुक्म बजा लाते हैं, सदा से ऐसा ही चलता आया है।" अपनी फूल-सी बच्ची को गलत तरीके से मिरगी के रोगी के साथ ब्याहने के ख़िलाफ़ कुछ कर पाने में असफल हरनारायण बस यह सोचने को मजबूर है, "क़स्बे की अँधेरी गलियों में जिस जीवन-परिपाटी ने जन्म लिया था, उसके अपने ही तर्क थे, अपने ही नियम थे"। यही खाप-पंचायती रवायतें आज भी जारी हैं और इन दिनों फासीवादी प्रवृत्तियाँ

इन्हें और भी सख़्ती से लागू करने को तत्पर हैं। पूँजीवाद का आना सामंती समाज के सामान्य मानवीय मूल्यों का ख़त्म होना भी है, जैसे सालों बाद लौटकर लेखराज दीवान धनपत के जुल्म देखता हुआ सोचता है, "...एक अमलदारी वह होती है जिसमें मनुष्य की अच्छी भावनाओं को बल मिलता है, प्रोत्साहन मिलता है, दर्दमन्दी को, सेवाभाव को, दिल की उदारता को, सहनशीलता को, एक-दूसरे का दर्द बाँटने की भावना को। एक अन्य प्रकार की अमलदारी होती है जिसमें नोच-खसोट, घृणा-द्वेष, धन-लोलुपता को बढ़ावा मिलता है। एक में मनुष्य की उदात्त भावनाएँ विकास पाती हैं, जिसमें आपसी सद्भावना बढ़ती है। बेशक, पाँचों उँगलियाँ एक बराबर तो नहीं होतीं, स्वार्थी लोग तो हर ज़माने में पाये जाते हैं, पर समूचे वातावरण में स्वार्थ का विष नहीं घुला रहता, जनमत लोगों की दुर्भावनाओं पर अंकुश लगाये रखता है।"

अक्सर भीष्म साहनी को प्रेमचन्द की परम्परा का लेखक कह दिया जाता है। उनकी रचनाएँ अपने समय की जीवन्त कथाएँ हैं। 'मय्यादास की माड़ी' समकालीन समाज की विसंगतियों की यथार्थपरक और मार्मिक तस्वीर दिखलाता है। उनकी दूसरी रचनाओं की तरह ही यह भी और बेहतर समाज बनाने के लिए हमें प्रेरित करता है। वे उपन्यास की विधा की पारम्परिक सीमाओं में रहते हुए शब्द-चित्रों और कलात्मक शैली में इन्सान की ज़िन्दगी की जटिलताओं को ऐसे पेश करते हैं कि पाठक शुरू से अन्त तक बँधा रहता है। इसे पढ़ते हुए तीन पीढ़ियों में बदलते मूल्यों, सामाजिक-राजनीतिक सरोकार और समाज की टूटन को हम अपने सामने घटते देखते हैं। सचमुच वे प्रेमचन्द से अलग और आगे के रचनाकार थे। न केवल भाषा के स्तर पर, बल्कि विषय, शैली और दृष्टि में वे प्रेमचन्द से काफ़ी अलग थे। उनके सरोकार जनपक्षधर थे, पर उनकी रचनाओं को पढ़कर आप यह सोचकर चैन की नींद नहीं सो सकते कि वाह, कितना यथार्थपरक लेखन है। वे गहरे चोट करती हैं। उनकी भाषा सरल थी और पाठक से ऐसे जुड़ती थी जैसे कोई किसी यात्रा में बैठे हुए साथी से बातें कर रहा हो। पंजाब की पृष्ठभूमि को अपनी रचनाओं में बड़े स्वाभाविक ढंग से पिरोते थे। अक्सर लोक कहावतें और बोलियों का इस्तेमाल करते थे। उदाहरण के लिए देखिए—लेखराज से बातें करते हुए अपनी बेटी के जबरन कल्ले के साथ ब्याहे जाने के दुख को हरनारायण यूँ बयाँ करता है, "माए पुत्तर जणेनिए, करम न देंवे बंड,/इक चढ़ेंदे घोड़ियाँ, इक टुकड़े खांदे मंग।" वे अपने समकालीन यशपाल और दूसरे कई प्रगतिशील कथाकारों से इस मायने में अलग थे कि उनके लेखन में हम विचार से पहले कहानी को पढ़ते हैं। मूलतः वे मानवतावादी थे। देश के बँटवारे

के वक़्त हुई त्रासद घटनाओं जैसे विषयों पर भी उनका लिखा सहज बनकर सामने आता है—हालाँकि 'तमस' फ़िल्म में इसे भरपूर नाटकीयता के साथ दिखलाया गया है। उनकी कई रचनाओं में ग़रीब और कमज़ोर तबकों के चरित्र प्रधान भूमिका में नज़र आते हैं। पर मुख्यतः उनका लेखन मानव नियति पर केन्द्रित था। सामाजिक प्रक्रियाओं से समूह-संस्कृतियों का बनना और ऐसे समूहों का परस्पर के प्रति हिंसा और नफ़रत में बह जाना, इसी के बीच संवेदनशील इन्सान का पलना, बचपन से लेकर पूर्ण वयस्क अनुभवों तक से गुज़रना, इन बातों को ही हम उनके लेखन में पाते हैं। इस अर्थ में उनके लेखन में संवेदनाओं की ऐसी सार्वभौमिकता है, जो उसे अनन्य बना देती है। 'मय्यादास की माड़ी' इतिहास पर अपने खुले नजरिये की वजह से हिन्दी लेखन में एक मील का पड़ाव है। भीष्म साहनी के लेखन को किसी निश्चित समाजशास्त्रीय ढाँचे में डालकर देखना सही नहीं है। वे मूलतः इन्सानी फितरत और पाखण्ड से उपजी तकलीफों को सामने लाने वाले ऐसे लेखक थे, जो हमें अपने साथ ऐसी यात्राओं पर ले जाना चाहते थे, जहाँ हम कुदरत को देख-जान सकें और परस्पर नफ़रत से निकलकर आपस में प्यार का बीज बो सकें। बेशक ख़ास ऐतिहासिक स्थितियों से अलग हटकर हम उनके लेखन को पूरी तरह नहीं पढ़ सकते, यह सामान्य तथ्य है जो किसी भी अच्छे रचनाकार के लिए लागू होता है, पर उनका फोकस ऐतिहासिकता पर नहीं, बल्कि मानविकता पर था।

उपन्यास में चरित्र निरूपण में एक बड़ी तकलीफदेह बात है। धनपत का रखैल का बेटा होने तक तो बात ठीक है, पर क्या उसी को कहानी का 'विलेन' होना ज़रूरी था? गोकुलदास के 'अच्छे' बेटे लेखराज का रस्म मुताबिक करवाई शादी से पैदा होना लाजिम था? तो क्या भीष्म साहनी की तरक्कीपसन्दी की भी अपनी हदें थीं? या पारम्परिक किस्सागोई, जिसमें हर किसी को अपने जन्म और करमों की सजा मिलनी तय है, से वे भी पूरी तरह निकल नहीं पाये थे!

बहरहाल, उपन्यास का अन्त प्रतिरोध के अनोखे जज्बे के साथ होता है, जब सत्ता के दलाल हुकूमतराय को 'आज़ाद' चुनौती देता कहता है कि कल फिर जुलूस निकलेगा और तुम लाठियाँ गोलियाँ चलवाओ, वह नहीं रुकेगा। जुलूस निकलता भी है और पूरा क़स्बा गा रहा होता है, "असाँ ते साइयाँ, साडा करम कमा दे,/साडा गुलामी कोलों देस छुड़ा दे।" अन्ततः प्रतिरोध ही इस उपन्यास का मुख्य स्वर बनकर उभरता है, वह विलेन धनपत का प्रतिरोध है, मंसाराम मलिक का है, लेखराज का है, रुक्मणी का है और आज़ाद चाचा का भी है, उस उल्लू का भी है जो सत्ता के दलाल हुकूमत राय की माड़ी की छत पर बैठा है, जिसे देखता आने वाले कल का इंकलाबी जोगा पल रहा है।

विभाजन से पूर्व एक घर की कैफ़ियत

ज्ञान प्रकाश विवेक

भीष्म साहनी उपन्यास के आरम्भ में स्पष्ट कर देते हैं कि वो ज़िन्दगी के झरोखे अपने हाथों से खोल रहे हैं। वो खोलते भी हैं। इत्मीनान के साथ। एहतियात के साथ। सादगी और सलीके के साथ।

भीष्म जी यह अहसास कराते हैं कि घर केवल भूगोल नहीं होता। वो मकान की आत्मा ही नहीं, अन्तरात्मा भी होता है। भीष्म साहनी एक घर की तहजीब को उपन्यास की शक्ल में तहरीर करते हैं और इस कदर ताबिन्दा चमक के साथ करते हैं कि विभाजन से पहले का घर अपनी धज और वैभव के साथ सामने आ खड़ा होता है।

1967 में लिखा गया 'झरोखे' उपन्यास भीष्म जी की शुरुआती रचना होगी। उपन्यास में एक आर्यसमाजी पंजाबी परिवार का रोज़नामचा इतना जीवन्त है कि जैसे वो घर के भीतर घर की कैफ़ियत पैदा कर रहा हो। उपन्यास की ख़ूबी यह है कि इसमें इतिहास की भी सरगोशी है। यानी, 1945 के आसपास का मंजरनामा तलाश करना हो, आर्यसमाज के प्रभाव को महसूस करना हो या फिर हिन्दू-मुसलमानों के बीच, फ़र्क़ के बावजूद, मेल-मिलाप की मिसालें ढूँढ़नी हों तो भीष्म जी का यह उपन्यास किसी पुख़्ता दस्तावेज़ की तरह देखा जा सकता है।

झरोखे उपन्यास अपने साधारणत्व के कारण विस्मित करती रचना है। बिल्कुल वैसे, जैसे 'मुर्गी की क़ीमत' कहानी का साधारणत्व हलाक़ करके रख देता है।

उपन्यास जिस सादगी के साथ लिखा गया है, वो सादगी इसलिए हैरान करती है कि घर केन्द्र में है लेकिन समाज का भरा-पूरा चेहरा अपनी तमाम रौनकों, रवायतों, इन्सानी कद्रों के साथ हलचल पैदा करता है।

घर! ...उपन्यास के भीतर घर है। वो एक मंज़र है। एक कैफ़ियत है। वो इतिहास है। वो दृश्य है और बिम्ब भी है।

भीष्म जी का झरोखे उपन्यास तथा तमाम अन्य रचनाएँ इसलिए हैरान करती हैं कि सादगी किसी उस्लूब (शैली) की तरह हो जाती है। यूँ भी कह सकते हैं कि उपन्यास की सादगी भी एक किरदार की हैसियत का दर्जा रखती है।

इस छोटे से उपन्यास का जो कालखण्ड है—भीष्म जी ने उसे ऐसी ज़िन्दगी अता की है कि वो बोलता, गाता, रूठता-मनाता के अतिरिक्त, हमसायापन, आपसदारी, मेल-मुरव्वत अदावत, रग़बत हरारत का शाहकार महसूस होता है।

उपन्यास अक्सर काल्पनिक होते हैं। लेकिन झरोखे उपन्यास यथार्थ की ज़मीन पर खड़ा है—ज़िन्दगी के ताने-बाने को बुनता हुआ-सा।

भीष्म साहनी जो बातें अपने घर के लिए 'आज के अतीत में' व्यक्त करते हैं, कमोबेश, वही बातें इस उपन्यास में भी हैं। झरोखे उपन्यास में जो घर है तथा घर का वातावरण है, वही 'आज के अतीत'—आत्मकथा में किसी गूँज की तरह सुनाई देता है। इस लिहाज से देखें तो यह घर भीष्म जी का अपना घर भी प्रतीत होता है।

उपन्यास का वाचक एक बालक है जो बीमार है। घर के बाकी सदस्य सेहतमन्द हैं। लेकिन उपन्यास का वाचक अस्वस्थ है। घर, यानी माँ, पिता 'बड़ा भाई' दो बहनें और नौकर।

गौरतलब है कि उपन्यास वर्तमान में लिखा गया है। वाक्यों की संरचना में प्रेजेंट टेंस है। इससे एक ख़ूबसूरत पहलू यह उभरकर आया है जैसे छोटा-सा बालक कमेंट्री सुना रहा हो। जैसे कमेंटेटर छोटी-छोटी बातें आकर्षक रूप में बयान करते हैं, उसी तरह, उपन्यास का किरदार—छोटा-सा बच्चा—जो वाचक है, घर की हर छोटी-बड़ी घटना को बड़ी कुशलता से व्यक्त करता चलता है।

ऐसा प्रतीत होता है जैसे भीष्म जी इस बात का अहसास करा रहे हों कि जीवन में (और घर के जीवन में) छोटी-छोटी बातों का दखल बहुत महत्त्वपूर्ण होता है।

घर, इतना हस्सास बश्शाश (बेहद जीवन्त) है कि वो उपन्यास की तहरीरों में ही नहीं, अल्फ़ाज़ में भी दिखाई देता है।

यह उपन्यास एक लेखक का उपन्यास है तो यह उपन्यास एक ऑबज़र्व का भी उपन्यास है। और यह ऑबज़र्व और कोई नहीं, उपन्यास का वाचक छोटा-सा बालक है। (कभी-कभी, या कई बार, उपन्यास पढ़ते हुए ऐसा भी प्रतीत होता है, वो छोटा-सा बालक जो उपन्यास का किरदार है और वाचक भी—वो ख़ुद भीष्म साहनी हैं)

ऑब्ज़र्वेशन इतना गाढ़ा कि घर में यदि पिन भी गिरता है तो उसकी आवाज़ का महसूस होना भी उपन्यास में है।

एक और बात गौरतलब है। उपन्यास में हर पात्र मसरूफ़ है और गतिशील है। कुछ न कुछ करता हुआ। (वाचक—बीमार बालक की माँ) घर के केन्द्र में है। पंजाबी के गीत गाती हुई। घर में हर वक़्त मसरूफ़ रहने वाली माँ, आर्यसमाज को मानती है तो शिवालों में श्रीमद्‌भागवत कथा सुनने भी चली जाती है। पिता आर्यसमाजी हैं—आर्यसमाज के मूल्यों को जीते हुए और उन मूल्यों को घर के वातावरण में जज़्ब कराते हुए। वो छोटे-मोटे व्यापारी हैं। चिट्ठियाँ स्वयं टाइप करते हैं—एक उँगली से। लिफ़ाफ़ा बनाकर चिट्ठियाँ डाक से रवाना करते हैं। डाक निकल जाये तो नौकर तुलसी को रेलवे स्टेशन भेजते हैं चिट्ठियाँ रवाना करने के लिए। पिता, घर के दूसरे कमरे में जिसे उन्होंने अपना दफ्तर बना रखा है—अपना काम करते रहते हैं। माँ घर के काम में व्यस्त रहती है और कभी-कभी बारहमासा की पंक्तियाँ गुनगुनाने लगती है—इस माया का माण न करिए, माया काग बनेरे दा (माया मुण्डेर पर बैठे कौवे की तरह है जो कभी भी उड़ सकता है उसका क्या अहंकार करना) लेकिन पिताजी को विराग के गीत पसन्द नहीं जिनमें मृत्यु का चिन्तन हो। संसार से जाने की बात हो।

माँ और पिता में इसके अलावा भी तकरार के बहुत सारे बिन्दु हैं। दर-हक़ीक़त, घर में दो सत्ताएँ हैं पिता की और माँ की। माँ की सत्ता कुछ कमज़ोर है, लेकिन है। माँ और पिताजी के बीच सहमतियाँ हैं और असहमतियाँ भी।

पिता का आर्यसमाजी व्यक्तित्त्व, हवन, श्लोक, गायत्री मन्त्र का ज.प। माँ के पंजाबी गीत (जिनमें जीवन के प्रति विरक्ति का भाव है) और इनके साथ बच्चों के खेल और उस खेल में जीवन के प्रति आस्था—"फूलों में हम आती हैं, आती हैं/ ठण्ठी मौसम में/ठण्डी मौसम में...। यहाँ जाने की नहीं, आने की बात है। खेल में चाँदनी है और अँधेरा है। यानी सुख और दुख। गीत में खेल है। खेल में गीत है। गीत में संघर्ष की ध्वनियाँ हैं।

मैं पात्र जो छोटा-सा बालक है वह नेरेटर है चूँकि वो बीमार है उसकी अपनी कमज़ोर-सी ज़िदें और जिज्ञासाएँ हैं। बड़ा भाई बलदेव (जो बलराज साहनी जैसा प्रतीत होता है) अपनी धमक और आत्मविश्वास के साथ रहता है। वो तीरकमान का खेल देखने रात को चला जाता है और आर्यसमाज में भी रात को जाने से उसे कोई नहीं रोक पाता।

उपन्यास में छोटी-छोटी घटनाएँ मानीख़ेज़ हैं और अहमियत रखती हैं। फ़तहदीन का हुक्के का पानी बदलना, ताँगे के बम आसमान की जानिब खड़े

होना, इन्दर का नंगी उँगलियों से बेर पकड़ना, अत्तर सिंह हलवाई का ऐन ग्यारह बजे छींकना, भिश्ती का गली में छिड़काव करना और उसकी सौंधी महक को महसूस करना।

पिता की छड़ी का गुम होना, महज़ एक घटना नहीं, एक जीवन्त अनुभूति भी है। यह वो दौर था जब छड़ी का हाथों में होना किसी बुढ़ापे की निशानी नहीं समझा जाता था। छड़ी का हाथों में होना मोतबर शख़्सियत का भी प्रतीक था।

छड़ी का घर में गुम हो जाना छोटी-सी घटना है लेकिन इससे जो माहौल में सरगर्मी पैदा हुई है, वो उपन्यास के कथानक को तपिश प्रदान करती है।

कुछ दिन बाद माँ चाबियों का गुच्छा गुम कर बैठती है। दोनों घटनाएँ एक जैसी हैं। लेकिन भीष्म साहनी दोनों घटनाओं को अलग क़िस्म की रंगत में रँग देने की तौफ़ीक पैदा करते हैं।

"हम चारों भाई-बहन अब चाबियाँ ढूँढ़ने लग गये हैं। रंगसाज़ की अलमारी में, रसोईघर की अँगीठी पर, ट्रंकोंवाली कोठरी में—जिसमें घी रखा रहता है, लैम्प के आले में, चूल्हे के पीछे, आसनों के नीचे—चाबियाँ कहीं नहीं मिलीं"।

यह है भीष्म साहनी का अन्दाज़े-बयाँ! चाबियों के ज़रिये, वो पूरे घर का 'स्कैच' तैयार करके रख देते हैं। उनकी तहरीर के साथ-साथ, पाठक भी एक-एक वस्तु को महसूस करता हुआ, एक से दूसरे, दूसरे से तीसरे कमरे में घूमता रहता है। यहाँ जो दृश्यात्मकता है वो अर्थवान है और वो घर का एक पाठ भी है।

छोटा-सा बालक जो उपन्यास में वाचक की हैसियत रखता है, ऐसा प्रतीत होता है जैसे घर के संश्लिष्ट अहसास की तशरीह कर रहा हो—

"हमारे घर के सभी लोग सन्ध्या करते हैं। सभी को सन्ध्या के मन्त्र याद हैं। माताजी छज्जे पर बैठकर सन्ध्या करती हैं और दुपट्टे से मुँह सिर ढाँप लेती हैं। पिताजी सबसे जल्दी सन्ध्या समाप्त करते हैं। फिर झुककर ऊँ शान्ति शान्ति कहते हैं और आँखें खोल देते हैं। पिताजी के लिए सन्ध्या का अर्थ केवल शुक्रगुज़ार होना है। उसे, उन सब चीज़ों के लिए धन्यवाद कहना है जो उसने दी हैं।"

आँखें खोलने के बाद पिताजी के दो शब्द गौरतलब हैं—शुक्र महाराज। शुकर तेरी दरगाह!

शुरुआत सन्ध्या के मन्त्रोच्चार से और अन्त किसी अनाम दरगाह का शुक्ररगुज़ार होना।

यहाँ उदारता है—कट्टरता का विरोध!

—बिल्कुल यहीं, भीष्म जी की आत्मकथा—'आज के अतीत' का यह अंश याद आने लगता है—"वक़्त बीतने पर शायद प्रत्येक व्यक्ति अपने लिए एक छोटा-सा

निजी धर्म गढ़ लेता है। यह धर्म उन गिने-चुने छन्दों, मन्त्रों, दोहा-चौपाइयों आदि का समूह होता है, जिन्हें वो आजीवन सँजोता है। यह छोटा-सा संग्रह निजी कोश होता है। मेरे इस संग्रह के दोहों—उक्तियों—ऋचाओं को गुनगुनाते हुए, मुझे भी रस मिलता है, प्रेरणा मिलती है तथा किसी छिपे हुए सत्य की झलक मिलने लगती है।"

लेकिन वो साथ ही साथ यह भी कहते हैं—"यों मैं धार्मिक वृत्ति का आदमी नहीं हूँ।"

दरहक़ीक़त, भीष्म साहनी किसी संस्थागत धर्म का प्रबल विरोध करते हैं तो लगता है उनका धर्म भी मीर की तरह मानवतावाद है। मीर जब कहते हैं—"मीर के दीनों-मज़हब को तुम क्या जानो हो यहाँ", मीर इस्लाम धर्म के साथ-साथ मानवतावाद के भी पक्षधर नज़र आते हैं।

आर्यसमाजी प्रभाव पूरे घर में इस कदर है कि छोटा भाई ('मैं' पात्र) जब एक दिन घर में गाली (बहनचोद) देता है जो बाहर से सुन के आया है तो माँ आक्रोश में उसे ज़मीन पर लिटाकर उसके मुँह में मिर्चें डाल देती है।

भीष्म साहनी ने किशोर होते हुए युवाओं की समस्या को (या कहें कि साइकी को) बड़ी सरलता से व्यक्त किया है। किशोर लड़कों के दो भय हैं स्वप्नदोष और हस्तमैथुन! इन जटिल बातों को भीष्म साहनी ने बड़े साहस के साथ, मैं पात्र के भय को अभिव्यक्ति दी है। मैं पात्र रात-रात जागता रहता है। साइकिल नहीं चलाता। सिनेमा नहीं देखता। किसी युवा होती लड़की को नहीं देखता।

किशोर लड़कों में यह भय और संशय पैदा ही क्यों हुए? क्योंकि स्कूलों, घरों का दकियानूसी वातावरण, इस भय और संशय को ठोस रूप देता रहा।

तुलसी घर का नौकर है। आरम्भ में उसकी उपस्थिति बेहद ज़रूरी और बाद में उतनी ग़ैर-ज़रूरी प्रतीत होती है। तुलसी घर में इतना हिल-मिल गया है कि घर का एक सदस्य प्रतीत होता है। लेकिन एक दिन इसी तुलसी को घर से बाहर कर दिया जाता है। आर्यसमाज के औषधालय में कंपाउंडर के रूप में नियुक्त होता है लेकिन वैद्यजी उसे घरेलू नौकर बना देते हैं।

मैं पात्र (वाचक) जो लाहौर में पढ़ाई कर रहा है और छुट्टियों में घर आया है, तुलसी की दयनीय अवस्था देखकर विचलित हो उठता है। तुलसी जो इस घर के मरकज़ में था, अब उपेक्षित और व्यर्थ-सा खड़ा है। मैं पात्र जब लाहौर से आया है तो ऊँचा डील-डौल हो गया है जबकि तुलसी कमज़ोर, दयनीय, सिकुड़ा सिमटा-सा पात्र!

भीष्म जी ने तुलसी की व्याकुल कर देने वाली स्थितियाँ व्यक्त की हैं। यहाँ दो वर्ग हैं अमीर और ग़रीब। ग़रीब जब व्यर्थ होता है तो उपेक्षा का दंश सबसे अधिक वही सहता है।

लेकिन हैरान करने वाली बात यह है कि वाचक जो अपनी बात मनवाने के लिए समर्थ है, तुलसी के लिए विशेष कुछ नहीं कर पाता। बड़ा भाई बलदेव दर्जी की दुकान पर तुलसी को बिठाता है। लेकिन दर्जी का काम उसे मिलता ही नहीं। वो ग़रीबी की मार से टूटता चला जाता है।

घर का क़दीमी परिवेश बदल चुका है। घर के लोग डाइनिंग टेबल पर खाना खाते हैं। बड़ा भाई बलदेव जो आत्मविश्वास से भरपूर है, उसने ऐलान कर दिया है कि वो व्यापार नहीं करेगा। कोई और काम करेगा। घर में तनाव रहता है। अन्ततः उसकी बात मान ली जाती है। वो पहले लाहौर चला जाता है। माँ उसे पिन्नियाँ बनाकर देती है।

पंजाबी परिवार का यह परिदृश्य जिसमें पिता का प्रभाव था, अब कम होने लगा है। दोनों भाई अपनी इच्छाओं को पिता के सामने रखते हैं और किसी भी क़ीमत पर पिता के व्यापार को आगे नहीं बढ़ाना चाहते। यह दृढ़ता दोनों भाइयों को नयी मंज़िलों की ओर ले जाती है।

यहाँ वाचक का वक़्तव्य उपन्यास के उपसंहार की तरह है और किसी आत्मवृत्तान्त की तरह भी है—"ज़िन्दगी की असल दौड़ कहाँ से शुरू होती है, कौन-सा मोड़ काटो तो लड़कपन पीछे छूट जाता है और जवानी शुरू हो जाती है। कौन कह सकता है कि इस मोड़ के पीछे जो कुछ था, वो धूमिल और अस्पष्ट था, महत्त्वहीन था, पर जो कुछ आगे होगा, वो बिल्कुल साफ़ होगा, महत्त्वपूर्ण होगा। क्या बचपन में धूल उड़ती रहती है तो जवानी में नहीं उड़ती?...और क्या वो मृत्युपर्यन्त नहीं उड़ती रहती? एक तरह से यह उपन्यास शिशुपन से युवा अवस्था तक की यात्रा है जिसमें घरेलू घटनाएँ घटती हैं और मनोवैज्ञानिक भय, संशय और जिज्ञासाएँ भी किशोर मन में हलचल पैदा किये रहती हैं।

उपन्यास में पंजाबियत का वातावरण है। उपन्यास बेशक हिन्दी में लिखा गया है लेकिन पंजाबियत का सौन्दर्य पूरे उपन्यास में है। बहुत सारे ऐसे कदीमी शब्द भी हैं जो भाषाई मिज़ाज और लबो-लहजे को जीवन्त बना देते हैं। बेशक वो शब्द अब पीछे छूट गये हैं यथा—सुफ़ा—जो कमरे के लिए प्रयोग किया गया है। ताकियाँ—खिड़कियों के लिए और वंडा गाय के लिए रोटी। चंगे़र—जिसमें रोटियाँ पकाकर रखी जाती थीं। संग्रांद शब्द सकरात के लिए इस्तेमाल होता

था। अँगीठी कोयले वाली होती थी और अँगीठी दीवार में बने छोटे-से स्लैब को भी कहते थे, जिसमें सजावटी सामान रखा जाता था।

झरोखे उपन्यास का सशक्त पहलू इसकी सादा बयानी है। उपन्यास की सरलता मुग्ध करती है। इस उपन्यास की रचना में सिर्फ़ घर ही नहीं, समाज है, जो उस दौर का अहवाल बयान करता है।

विभाजन से पूर्व अगर किसी सामाजिक-पारिवारिक साँस लेते मंज़र की तलाश करनी हो तो झरोखे उपन्यास यक़ीनन मददगार साबित होगा।

‘कुन्तो’ : स्त्री के उत्सर्ग का विमर्श

रश्मि रावत

सीमोन-द-बोउवार का सुपरिचित कथन है कि ‘‘स्त्री पैदा नहीं होती, बनायी जाती है’’। साहित्य में फैले अनेक स्त्री पात्रों की ज़िन्दगी को देखकर स्वाभाविक रूप से यह विचार आता है कि स्त्री मरती नहीं, मार दी जाती है। इस उपन्यास में भी केन्द्रीय चरित्र कुन्तो, उसकी भाभी थुलथुल एवं नायक जयदेव की बहन विद्या का देहान्त हो जाता है। क्या यह स्वाभाविक मौत है? यदि नहीं तो इसके पीछे भूमिका निभाने वाले कारक क्या हैं, यह प्रश्न पाठक को सोचने पर मजबूर करता है। व्यक्तित्त्व के उठान के लिए ही नहीं जीवन को बनाये रखने के लिए भी अपनी दृष्टि की आवश्यकता होती है। नामालूम से दिखने वाले रोजमर्रा के कार्यकलापों में ख़ुद को हाशिए में रखकर स्त्री महत्त्व रहित, व्यक्तित्त्व से रहित होते-होते अन्ततः अपने अस्तित्त्व को भी संकट में डाल देती है। अस्तित्त्व-बोध से स्वत्व-बोध तक की यात्रा के लिए पूरी प्रक्रिया को परत-दर-परत समझने की आवश्यकता है, इस ज़रूरत को ‘कुन्तो’ उपन्यास बख़ूबी निभाता है।

तर्क और भावना, परम्परा और प्रगति, बन्धन और स्वतन्त्रता का द्वन्द्व ‘कुन्तो’ का सार तत्त्व है। भीष्म साहनी प्रेमचन्द की परम्परा के नगरीय बोध के रचनाकार हैं। उनके साहित्य में मुख्य रूप से मध्य वर्ग की चारित्रिक दुर्बतलाओं और दोहरेपन को उभारा गया है। ‘कुन्तो’ में भी मध्य वर्ग की दास्तान है। सुखी, समृद्ध दिखते जीवन की भीतरी परतों को बड़ी कुशलता से भीष्म जी ने उकेरा है। मानवीय सम्बन्धों, संवेदनाओं, परस्पर अन्तरंगताओं के जटिल ताने-बाने बुनने के क्रम में स्त्री की वस्तु-स्थिति से उपन्यासकार ने पाठकों को संवेदित कराया है। स्त्री की वेदना को, उसकी आन्तरिक स्थिति को उद्‌घाटित करना उपन्यास का उद्देश्य है ही, पुरुष विमर्श भी रचना के भीतर से उभरता है।

प्रारम्भ में ही उपन्यास के नायक जयदेव और मुख्य पात्र प्रोफेस्साब के चरित्र, उनके परस्पर भिन्न परिप्रेक्ष्य और दृष्टि से रचनाकार ने परिचित करा दिया है। सैर के दौरान उनके बीच कुन्तो का ज़िक्र आता है जो कि प्रोफेस्साब की सबसे छोटी बहन है। कुन्तो की साक्षात उपस्थिति के बिना उसके आगामी जीवन के पृष्ठ लिख दिये जाते हैं। विद्वान भाई को कुशाग्र बुद्धि और सुदर्शन व्यक्तित्त्व वाला शिष्य जयदेव अपनी लाड़ली, हँसमुख बहन के जीवनसंगी के रूप में पसन्द है और प्रोफेस्साब के व्यक्तित्त्व से अभिभूत जयदेव उसे इस योग्य समझे जाने पर गौरवान्वित है। हाई स्कूल में पढ़ने वाली, हरदम चहकने वाली कुन्तो सुन्दर है, सुडौल है, हँसमुख है, उसके व्यक्तित्त्व के बारे में इस निर्णय के लिए इतनी जानकारियाँ पर्याप्त हैं। उपन्यास का काल बीसवीं सदी का तीसरा-चौथा दशक है और अधिकांश चरित्र मध्यवर्ग के उच्च शिक्षित, आधुनिकता के हामी प्रगतिशील कहे जाने वाले लोग हैं। किन्तु इस पहले प्रसंग से ही प्रकारान्तर में महाभारतकालीन पृष्ठभूमि पर संरचित भीष्म साहनी रचित नाटक की माधवी की नियति की झलक कुन्तो में दिखलाई पड़ती है, जो दिव्य गुणों से युक्त होने पर भी दूसरों के, विशेष रूप से पिता और प्रेमी के प्रयोजन सिद्धि की निमित्त मात्र है। निर्णायक क्षमता पर यदि अपना वश न हो तो तमाम गुण और शक्तियाँ अपने विरुद्ध ही काम करती हैं। व्यावहारिक सूझ के धनी प्रोफेस्साब की समझ में यह निर्णय उचित है और प्रोफेस्साब पर अटूट विश्वास और अगाध श्रद्धा रखने वाला जयदेव उनके परिवार के खुलेपन और रहन-सहन से भी प्रभावित है। इसलिए इस प्रस्ताव पर गौरवान्वित है। जोखिम भरी दुस्साहसिक पहलकदमियाँ करते रहने वाला जयदेव जो कि भावावेगों के दबावों पर चलने वाला जीव है, अपने और कुन्तो के जीवन का निर्णय एक तरह के गौरव बोध और समर्पण भाव के वशीभूत होकर लेता है। भविष्य के गर्भ में छिपी कुन्तो की नियति का आभास यहीं से होने लगता है।

उपन्यास में आगे कुन्तो-जयदेव के प्रेम की ऊष्मा से स्पन्दित पारस्परिक जीवन के सरस, जीवन्त चित्र हैं। अल्हड़ मस्ती से भरा-पूरा आवेगमयी जीवन वे जीते हैं पर बीतते समय के साथ दाम्पत्य जीवन का रस सूखता जाता है और कुन्तो, एक ओर तो भाई के आधुनिकता की चाशनी में लिपटे हुए पारम्परिक विचारों से प्रशिक्षित है तो दूसरी ओर जिसके प्रेम में आकण्ठ डूबी हुई है, उसी जयदेव के आग्रहों-दुराग्रहों को अपना एकमात्र कर्तव्य बना लेती है। रवीन्द्रनाथ ठाकुर की प्रसिद्ध कहानी 'दृष्टिदान' की स्त्री-पात्र कुन्तो के भीतर से झाँकती नज़र आती है जो पति और भाई के आग्रहों को तुष्ट करते हुए अपनी आँखें खो

देती हैं। पुरुष के संसर्ग में अपनी दृष्टि खोती हुईं तो यहाँ अनेक स्त्री-पात्र हैं। कुन्तो भी जयदेव के पात्र में अपने होने को ढालते-ढालते अन्त में पूरी तरह रिक्त हो जाती है। दृष्टि और व्यक्तित्त्व का यह क्रमिक विलय अन्त में उसका पूरी तरह लोप कर देता है। अन्य स्त्रियों के व्यक्तित्त्व, दृष्टि, जीवन्तता भी बन्धक है उनके पुरुष सहचरों और रक्षकों के हाथों। सब अपनी दृष्टि का दान कर चुकी हैं और यह ऐसा दान है जो दाता-पाता, दोनों का ही अहित करता है। इसलिए समाज में गहरे जड़ जमाये होने पर भी इस प्रवृत्ति की औचित्यहीनता उपन्यास के घटनाक्रम से परिलक्षित होती है।

जयदेव की मौसेरी बहन सुषमा का विवाह अतिबौद्धिक व्यक्ति और लेखक गिरीश के साथ हुआ है। विवाह पूर्व वह परिवार और भाई के विचारों का अनुगमन करती है, विवाहोपरान्त उसके व्यक्तित्त्व का इस कदर विघटन होता है कि वह पूरी तरह अपनी अस्मिता खो देती है और उसके प्रत्येक आचरण की कसौटी गिरीश हो जाता है। वह ख़ुद भी उसका मुखौटा लगाकर जीने लगती है। उनके दाम्पत्य जीवन की बागडोर गिरीश के हाथ में थी, वह जब चाहे सुषमा को क़रीब लाये, जब चाहे दूर छिटक दे। यह दूर छिटकना जब इतना अधिक बढ़ गया कि सुषमा के सम्पूर्ण समर्पण के बाद भी पास रहना सम्भव नहीं रहा तब वह दाम्पत्य के बन्धन से बाहर निकलकर शान्तिनिकेतन से संगीत की शिक्षा ग्रहण करके अपने व्यक्तित्त्व का विकास करने का निर्णय लेती है, स्वाभिमान के साथ 'स्व' का जीवन जीना चाहती है। यदि गिरीश की प्रताड़ना वह अन्तिम सीमा पार न करती तो सुषमा भी अन्य स्त्री-चरित्रों की तरह अपनी क्रमिक आहुति देते-देते वैवाहिक जीवन को खींचती जाती। किन्तु गिरीश के अस्वाभाविक, अराजक आचरण ने उसके लिए सम्बन्धों के बाहर खिड़की खोजने की अपरिहार्यता उत्पन्न कर दी। पूरे उपन्यास में एक ही स्त्री-पात्र साहस करता है, जोखिम उठाता है और वहाँ भी स्वतन्त्रता के लिए आन्तरिक संघर्ष के बजाय परिस्थितियाँ निर्णायक भूमिका में हैं। ध्यान देने की बात है कि सुषमा अपने बारे में, परिस्थिति के बारे में विचार करने का अवकाश इसलिए पा सकी कि गिरीश उसे लम्बे-लम्बे समय के लिए अकेला छोड़ देता है और गिरीश के परिवार के अन्य किसी सदस्य का ज़िक्र उपन्यास में नहीं किया गया है। यदि प्रोफेस्साब के परिवार या जयदेव के घर की स्त्रियों की तरह वह भी परिवार के भीतर रह रही होती तो सम्भवतः अपनी राह बनाने के लिए घर से निकलने के बजाय पति के दुराचरणों के बाद भी बहू, भाभी आदि किसी रिश्ते का दायित्व उठा रही होती।

पुरुष पात्रों के व्यक्तित्त्व को भी अत्यन्त सधे हुए हाथों से भीष्म जी ने गढ़ा है, साफ़ मालूम पड़ता है कि उनके बेहद देखे-जाने चरित्र हैं जिनके आचरण को बड़ी बारीकी से परखा है। जयदेव के पिता के विषय में रचनाकार की टिप्पणी है—"लालाजी न तो अपने को पुराने ख़यालों का मानते थे, न ही नयी रोशनी का, वह अपने को केवल सही मानते थे।" सहज-सरल शब्दों में प्रच्छन्न व्यंग्य की मारक रेखाएँ भीष्म के गद्य की जान हैं। इस संवाद के आगे-पीछे पति-पत्नी के तर्क-वितर्क तो लाजवाब हैं। मध्य वर्ग का कोई भी घर हो सकता है यह। लगता है जैसे अनजाने किसी घर के भीतर खड़े होकर भरे-पूरे परिवार के पति-पत्नी की बतकही सुन रहे हों। उसमें स्नेह और सरोकार की ऊष्मा भी है, उलाहने भी हैं, ताने भी हैं, रोष भी है, शिकवे भी हैं, असल मुद्दा भूलकर नहले पर दहला मारने में आनन्दित होने की सहज वृत्तियाँ भी हैं, जब इस वाद-विवाद से बतरस आने लगता है। आपसी विश्वास और सरोकार के दृढ़ धरातल पर खड़े होकर ही ये रस लेना सम्भव है। उस धरातल को, उस परस्परता को, उस प्रगाढ़ मिठास को हलकी-सी भी ठेस पहुँचाये बिना रचनाकार पुरुष की अपने को सही मानने की अनुचित हठ को रेखांकित करना चाहता है। यह वह समन्वय है जिसके आधार पर उपन्यास में शामिल मध्य वर्ग के समस्त पुरुष पात्रों को देखा-परखा जा सकता है। भिन्न अवस्था, भिन्न संस्कृति, भिन्न व्यवसायों के कारण स्वयं को सही मानने के अन्दाज सब पुरुष पात्रों के एक-दूसरे से जुदा हैं। प्रोफेस्साब अपने सही होने को विनम्रता और शिष्टाचार के आवरण में बौद्धिक वाद-विवाद के जरिये स्थापित करते हैं तो हमेशा एक्शन की मुद्रा में रहने वाला अल्हड़ तबियत का जयदेव मन में कोई विचार आते ही उसे कार्यरूप में परिणत करने के लिए सदा उद्यत रहता है, उसके संग-साथ लगे प्रियजनों के लिए उसकी पहलकदमियों में भाग लेने के अलावा कोई चारा नहीं है। जयदेव अपने आवेगों से संचालित है, उसकी स्नेह डोर में बँधा व्यक्ति भी जयदेव के आवेगों से संचालित होते रहने के लिए बाध्य है। खुले-खुले स्वच्छन्द मन के ज़िन्दादिल ऊर्जस्वित जयदेव के व्यक्तित्त्व में भी अपने अन्तरंगी के आवेगों के लिए अवकाश नहीं बन पाता। प्रत्येक युगल के पारस्परिक रिश्तों के वर्णन में इन चरित्रों को गढ़ने वाली सूक्ष्म रेखाओं को संवेदनशीलता से समझने और सुलझाने की आवश्यकता अनुभूत होती है। समाज के, संस्कृति के जो साँचे पुरुष को इस तरह गढ़ रहे हैं, उनको समझने और बदलने के मनोभाव चित्त में आते हैं और सीधे-सीधे किसी पर उँगुली भी नहीं उठाई गयी है, यह रचनाकार की संवेदनात्मक सूझ है।

कोई समाज कितना स्वस्थ और मानवीय होगा, यह स्त्री-पुरुष सम्बन्धों की स्थिति से तय होता है। दोनों के स्वस्थ, स्वतन्त्र व्यक्तित्त्व के विकास से ही सहज कल्याणकारी सम्बन्ध सम्भव है। लम्बे समय से वंचित और बद्ध जीवन जीने वाली स्त्री को समानता और स्वतन्त्रता की दरकार है और यह वह सिर्फ़ अपने संघर्ष से नहीं पा सकती। यहाँ बन्धन बाँधने वाला भी अपना प्रिय है जिसके साथ स्त्री स्वयं सहर्ष बँधना चाहती है, पर अपने ढंग से, अपने मन से, जबरन नहीं। इसलिए इस संघर्ष में दोनों पक्षों की सहभागिता और संवेदनात्मक समझ नितान्त ज़रूरी है।

प्रोफ़ेसर के लिए तर्क और भावना सपाट विभाजन है, मिडिल पाथ के गोल्डन रूल से सब समाधान उन्हें मिल जाते हैं। नायक जयदेव के मन में द्वन्द्व है। क्या इसका यह अर्थ है कि पुरानी पीढ़ी ने अपने नैतिक सवालों को जितनी आसानी से सुलझा लिया था, नयी पीढ़ी अपने प्रति उतनी प्रामाणिक नहीं है! प्रोफ़ेसर साहब के संयुक्त परिवार का हँसी-मज़ाक़ भरा जीवन्त माहौल जयदेव को बड़ा रास आता है। सतह से देखने पर लगता है कि व्यक्ति स्वातन्त्र्य के हामी आधुनिक विचारों वाले प्रोफ़ेसर के घर में भी खिलता-खुलता स्वच्छन्द जीवन है। धीरे-धीरे परतें खुलती जाती हैं और सुखी, समृद्ध दिखने वाले परिवार के भीतर की दरारें दिखने लगती हैं। चार में से दो भाई विवाह के उपरान्त पढ़ने विदेश गये तो वहीं गृहस्थी बसा ली। और उनकी पत्नियाँ उस घर में क़ैदी-सी होकर रह गयी हैं जो सिर्फ़ उस घर की प्रथाओं, परम्पराओं, प्रतिष्ठा का निर्वाह करती हुई वेदना और वंचना का जीवन जी रही हैं। एकाकी जीवन के आरम्भ में तो मिलन की उत्कण्ठा और प्रतीक्षा की बेचैनी थी। धीरे-धीरे अठखेलियाँ, लहरें ख़त्म होती गयीं और ज़िन्दगी तालाब की तरह शान्त, स्थिर, निरुद्देश्य होती गयी। मँझला भाई सात साल बाद सिंगापुर से लौटा भी तो दिलो-जान वहाँ की सहकर्मी डॉक्टर युवती को देकर। हर पल उसे याद करता और पत्नी थुलथुल से इस हद तक दुर्व्यवहार किया करता कि उसके आत्म-सम्मान को इतनी गहरी चोट पहुँची कि अपमान की आग में जलते-जलते एक दिन सचमुच ही आग में जल मरी।

समाज में स्त्री-पुरुष के लिए दोहरे मापदण्ड हैं, जिसके कारण स्त्री को व्यक्तित्त्व के सर्वांगीण विकास का मौक़ा नहीं मिलता और वे इतना सीमित क्षेत्र छेकती हैं कि जीवन की अभिव्यक्ति के लिए प्रेम, पति, परिवार के बाहर कोई मार्ग अपना नहीं पातीं। इस परनिर्भरता के कारण स्त्री-पुरुष दोनों का व्यक्तित्त्व कुण्ठित होता है। पति पत्नी से प्रेम न होते हुए भी उससे अलग नहीं हो सकता क्योंकि पत्नी के पास अपने अस्तित्त्व के लिए अन्य कोई विकल्प नहीं है। उच्च शिक्षित

प्रोफ़ेसर एवं जयदेव के परिवार में भी पुरुष सभी उच्च शिक्षित हैं किन्तु स्त्रियों का सामान्यतया पाँचवीं पास करते ही विवाह कर दिया जाता है। विवाह ही स्त्रियों के लिए एकमात्र रास्ता सुझाया गया है। इसी घर की भाभो का पति वापस आया भी तो जवानी बीत जाने पर जीवन की साँझ में और फिर भी संयुक्त परिवार के मुखिया होने, पति होने के नाते निठल्ले बैठकर सेवा-सुख लेते हुए आराम की ज़िन्दगी बसर कर सकता है जबकि चारों बहुएँ न बाहर की दुनिया से जुड़ती हैं, न हँसी-मज़ाक़, बहसों में सक्रिय होती हैं। बस घर-गृहस्थी के काम में ही उलझी रहती हैं। प्रोफ़ेसर सबसे वाद-विवाद-संवाद करते हैं पर उनकी पत्नी के साथ उनके संवाद नहीं हैं, वह उनके साथ कहीं जाती भी नहीं हैं। इनके चार बच्चों की माँ है, यही उनकी पहचान है। पति और परिवार में ही अपने व्यक्तित्त्व को घुला दिया है उन्होंने। उसी तरह जैसे पिता से विरासत में मिले प्रभुत्व के प्रतीक मोटे-मोटे, रंगीन पायों वाले ऊँचे पलंग के सामने उनकी पत्नी की खाट बौनी-सी, पघूड़ी-सी लगती थी। सुबह होने पर पत्नी की खाट पलंग के नीचे धकेल दी जाती थी।

अन्त में जब प्रोफ़ेसर का जीवन-दर्शन समाधान में विफल होने लगता है और वे मायूसी में किसी से बात करके सुकून पाना चाहते हैं तो भी उन्हें दोस्त की पत्नी याद आती है, अपनी पत्नी नहीं। प्रोफ़ेसर साहब हरदिल अज़ीज़ व्यक्ति हैं। कालिज में, घर में, समाज में, राह चलते लोग, दुकानदार, टेलर हर व्यक्ति से बात करते हैं, विनोद करते हैं किन्तु पूरी पुस्तक में अपनी पत्नी के साथ उनका एक संवाद भी नहीं है। व्यक्तित्त्व तो दूर अस्तित्त्व ही नहीं है। पति के होने में उनका होना निहित है। उनकी मौजूदगी तार्किक ढंग से निगमित तथ्य भर है? बच्चे हैं इसलिए माँ होगी या समाज में प्रोफेस्साब के ख़ुशहाल घर की प्रतिष्ठा है, जब चारों बहुएँ सज-धज के एक साथ चलती हैं, देखने वालों की आँखें जुड़ा जाती हैं, इससे ज़ाहिर है उनकी पत्नी का अस्तित्त्व होगा। मामूली से दिखने वाले ब्योरों में पितृसत्तात्मक समाज में पुरुष का दबदबा और स्त्री की व्यक्तित्त्वहीनता की स्थिति भीष्म जी ने दिखाई है। जिसे पढ़कर पाठक स्थिति के प्रति बेहद असन्तुष्ट होता है। किसी समाज के विकास के स्तर को देखने की दो कसौटियाँ महादेवी वर्मा ने बतायी थीं—'अर्थ का विभाजन और स्त्री-पुरुष सम्बन्ध'। उपन्यास में आये प्रसंग समाज की संरचना में व्याप्त शोषण के ऊपर पड़ा सभ्यता का मुखौटा सामने रख देते हैं।

जयदेव के घर पर लड़कियों को छज्जे, झरोखों से भी बाहर झाँकने की, ज़ोर से हँसने-बोलने की इजाज़त नहीं है। भीष्म जी ने स्त्री-पुरुष की अनुभूति की बड़ी सूक्ष्म अभिव्यक्ति की है। स्त्री द्वारा किये गये प्रकृति वर्णन में अक्सर खिड़की की परिधि में आने वाले आकाश का टुकड़ा होता है। स्त्रियाँ कितना

कम देश-काल घेरती हैं, उनकी अनुभूतियों में विशालता के महान बिम्ब नगण्य हैं। जयदेव की बहन विद्या भी कम उम्र में ही चार बच्चों की माँ बन चुकी है और कोख के पाँचवें बच्चे से मुक्ति पाने के अजीबोग़रीब उपक्रम के कारण ही उसकी जान चली जाती है। बच्चा पैदा स्त्री करती है, कहलाता वह पुरुष का है। सन्तान से जुड़े निर्णय यदि स्त्री के अधिकार में होते तो इस तरह क़ीमती ज़िन्दगी ज़ाया नहीं होती। महाभारत काल के परिवेश को आधार बनाकर लिखे गये नाटक 'माधवी' में इस सवाल को मिथक के आवरण में सांकेतिक ढंग से उठाया गया है। चिरकौमार्य का वरदान प्राप्त माधवी अपने प्रेमी(?) गालव का वचन निभाने के लिए तीन राजाओं के सहवास अधिकार नहीं, ममता का गला घोंटकर आगे बढ़ जाना है। हालाँकि यह स्थिति सामान्य स्त्री की स्थिति से एकदम अलग है किन्तु सन्तान पर पहला अधिकार किसका होना चाहिए और किसके नाम से उसकी पहचान बननी चाहिए। यह प्रश्न तो यहाँ उठता ही है।

भीष्म जी परम्परा से चली आ रही विवाह की जड़ परम्परा को स्वीकार न करके भावनात्मक एकता और रागात्मक अनुबन्धों को विवाह का प्रमुख आधार मानते हैं। अपने परिवेश में उन्होंने इस तरह आरोपित बद्ध जीवन जीने के परिणाम देखे हैं। परिवार में जो खुशहाली दिखाई पड़ती है, उसमें स्त्री ने ख़ुद को होम किया हुआ होता है। यह अहसास भीष्म को इतना गहरा था कि इसी कारण अपनी पत्नी शीला के साथ उन्होंने बराबरी के धरातल पर स्वस्थ, सम सम्बन्ध जिये। दोनों को हर कुछ करने की पूरी स्वतन्त्रता और अवकाश था। फिर भी उन्हें इस बात का गहरा अफ़सोस रहा कि जीवन का काँटा कहाँ घूमे, यह निर्णय स्वयं उन्हें केन्द्र में रखकर होते थे पत्नी शीला को नहीं।

उपन्यास में पत्नी की आकांक्षा का अहसास तो किसी पुरुष पात्र को नहीं ही है, अपने बनने में पत्नी की भूमिका के लिए किसी के मन में कृतज्ञता का भाव भी नहीं दिखता। ऐसा करते जाना पत्नी का दायित्व मानने व चीजों को तयशुदा मानने के कारण ही किसी युगल का वैवाहिक जीवन सुखद नहीं है। सुखविभोर भावानुभूति विवाह पूर्व या विवाहेतर जीवन में ही दिखाई गयी है। जहाँ प्रेम पाने के लिए प्रेम का पात्र बनना पड़ता है। पत्नी के प्रति प्रतिबद्धता भी अधिकांश जगह खण्डित है, क्योंकि घर के भीतर जो है उससे तो व्यक्तित्त्व और समूचा तेज़ हर लिया गया है, तो समकक्ष साथ बाहर कहीं ही मिलता है, जो पुरुष की बौद्धिकता, सौन्दर्य-बोध और उत्तेजना को तुष्ट कर सके। कम पढ़ा-लिखा निम्न वर्ग का हीरालाल ही एक ऐसा पात्र है जो 'स्व' से अधिक 'पर' की, देश की सोचता है, देश के लिए उसमें वही जुनून है जो मध्यवर्गीय व्यक्ति में अपनी

महत्त्वाकांक्षा की पूर्ति के लिए होता है। साहसी है, संघर्ष क्षमता, ज़िन्दादिली उसमें कूट-कूटकर भरी है। उसकी मरणासन्न हालत में उसकी युवा पत्नी को कुछ लोग नाजायज़ उद्देश्य के लिए उठा ले जाते हैं। तो वह पत्नी को महीना-भर पागलों की तरह खोजता है। फिर शरणार्थी लोग की सेवा-टहल में, उनके दुख-दर्द हरने में अपने दर्द को घुला देता है। पत्नी का मिलना असम्भवप्राय लगते हुए भी अन्त तक पत्नी को खोजने में लगा रहता है। ऐसी प्रतिबद्धता मध्यवर्गीय पुरुषों में अपनी पत्नी के लिए नहीं मिलती। थुलथुल को आत्मघात के लिए मजबूर करने के बावजूद उसके डॉ. पति को अपराध भाव नहीं है। पत्नी के देहान्त के उपरान्त भी अपनी नयी प्रेमिका कोकिला को ही याद करता है और जल्द उससे विवाह भी कर लेता है।

कुन्तो और जयदेव भी विवाहपूर्व और हनीमून काल में उन्मुक्त, अल्हड़, बेपरवाह, भरा-पूरा साझा गतिशील जीवन जीते हैं, जिसमें आवेग है, तत्परता है, स्फूर्ति है, स्पन्दन है, स्निग्धता है, परस्परता है। पर यह सब लम्बे समय तक नहीं चल पाता। मौसेरी बहन सुषमा के प्रति जयदेव के आकर्षण का व्यामोह उसे नैतिक समस्या से ग्रस्त करता है और इस मानसिक अहापोह जिसकी कोई निष्पत्ति नहीं हो सकती, का शिकार कुन्तो बनती है। और उनका दाम्पत्य कुम्हलाने लगता है। अन्त में जयदेव के प्रति कुन्तो का प्रेम उत्कट आग्रह में बदलने लगता है और बम्बई प्रवास के संघर्ष के दिनों में वह अपनी निजता का, औचित्य बोध का पूर्ण परित्याग कर सिर्फ़ और सिर्फ़ जयदेव के लिए, उसके संग और उसके कहे अनुसार जीने लगती है, उबकाई आने पर भी काई जमी तलैया का पानी सिर्फ़ इसलिए पी लेती है कि यह पीना जयदेव को सही लग रहा है। और यही घटना उसकी मृत्यु का निमित्त बनती है। इस प्रक्रिया में उन बारीक तन्तुओं को समझा सकता है, जिनके कारण स्त्री के स्वतन्त्र व्यक्तित्त्व का लोप हो जाता है और एक और एक मिलकर एक (मात्रपुरुष) ही रह जाते हैं। आदर्श स्थिति तो एक और एक मिलकर ग्यारह होने की होती और तब जयदेव सुनना और मानना भी जानता न कि केवल अधिकार जताना और जो उसे सही लगे वही करना, करवाना। सुषमा के प्रति वह अपने आकर्षण के बारे में अक्सर विचार करता है, पर सुषमा के उसके प्रति क्या भाव हैं, यह जानने का प्रयास उसने कभी नहीं किया । यह तो प्रेम की तानाशाही है। भीष्म के उपन्यासों में सामंजस्यपूर्ण ज़िन्दगी जीने वाले आदर्श दम्पति नहीं दिखते। अपितु किसी न किसी कारण लगभग सभी का साझा जीवन कुम्लहा-सा रहा है। विवाह के परम्परागत स्वरूप में परिवर्तन की आवश्यकता को इस तरह वह रेखांकित करते हैं।

निरीह गाय-सी सुषमा के जीवन के निर्णय दूसरे ही लिया करते हैं। पिता ने उससे बिना पूछे उसकी सगाई तय कर दी और जयदेव ने बिना बताये सगाई तुड़वा दी। इससे उत्पन्न परिणाम को लम्बे समय तक सुषमा ने झेला और जयदेव के ही प्रयास से एक युवा उभरते लेखक से उसका विवाह करवा दिया गया। बौद्धिक व्यक्ति के अपनाने और मान देने से सुषमा का संकुचित व्यक्तित्त्व निखरने लगा। आत्मविश्वास और अपनी अद्वितीयता का बोध होने लगा। किन्तु यह बोध गिरीश के स्वीकार भाव के कारण आया था, यह तोष तो ख़ुद को गिरीश की नज़रों से देखने से आया था। उसकी नज़रों से अपनी दृष्टि को ढाँपते-ढाँपते सुषमा की अपनी मौलिकता पूरी तरह कुण्ठित हो गयी और प्रेम की तानाशाही से सुषमा का व्यक्तित्त्व विघटित होता गया। असाधारणता का बाना पहनकर अनूठा आचरण करने वाले गिरीश ने अपने संवेदनहीन व्यवहार से सुषमा के मान को इतनी गहरी ठेस पहुँचायी कि एक दिन अपनी माता को लम्बा-सा पत्र लिखकर शान्तिनिकेतन चली गयी। इतना अपमान सहकर वह न गिरीश के साथ रह सकती थी न अपने मायके लौटना चाहती थी न जयदेव के पास जाना। शान्तिनिकेतन में संगीत विद्या ग्रहण करने की अपनी लालसा पूरी करना और अपना ख़ुद का स्वतन्त्र व्यक्तित्व बनाना उसे उचित लगा। निरन्तर अपमान ने उसके भीतर के 'स्व' को झिंझोड़कर जगा दिया था। कुन्तो, थुलथुल, भाभी,...सभी स्त्रियों के पास जीवन की अभिव्यक्ति का एक ही माध्यम था, वह जाना-पहचाना रास्ता चूर-चूर होने पर उसके सामने अधिक व्यापक रास्ता खुला, जो उसे स्वयं से और शेष दुनिया से जोड़ सकता है। इस खुले रास्ते पर चलने का निर्णय लेने भर से उसमें आत्मबोध और आत्माभिमान की वह दृष्टि पैदा हो गयी कि अपनी माँ को रोष में कोठरी में बैठने से बरजते हुए वह कहती है कि अपने को बन्द करना आत्म-प्रताड़ना है, अपना अपमान करना है। भविष्य में सक्षम होकर स्वतन्त्र व्यक्तित्त्व सम्पन्न स्त्री की तरह माँ को अपने पास रखकर उनकी सेवा करने की आकांक्षा पालती है। यह स्त्री का लोक में जाना है। स्वनिर्भरता को अपनाना है। भीष्म साहनी पुरुष सत्तात्मक व्यवस्था की घुटन और दमन को, जहाँ स्त्री को न खुलकर हँसने की स्वतन्त्रता है न रोने की, को बड़े कलात्मक ढंग से सामने लाते हैं। उसे हर अनुभूति, अभिव्यक्ति दबाकर मूक बने रहना है। प्रतिष्ठा पुरुष की है पर अपने 'स्व' को होम करके उसे पोसना स्त्री को है।

'झरोखे', 'कड़ियाँ', 'कुन्तो'—ये तीन उपन्यास और भीष्म साहनी की आत्मकथा 'आज के अतीत' मिलकर एक पूरा वृत्त बनता है, जो भीष्म साहनी की आत्मकथा प्रतीत होती है। 'आज के अतीत' के कथ्य को ये तीन उपन्यास

परिपूर्ण करते हैं, अन्तरालों को भरने के साथ-साथ उसमें रस भी भरते हैं। 'आज के अतीत' के नौकर तुलसी की पीड़ा और संघर्ष तथा बहनों का जोड़े में घूमना और अपने हास-परिहास की सुरसुराहट से पाबन्दियों में जकड़े जीवन में हलचल पैदा करना इत्यादि 'झरोखे' उपन्यास में विस्तार पाते हैं। सम्भवतः वास्तविकता पर आधारित होने के कारण 'कुन्तो' उपन्यास के चित्रण में प्रामाणिकता है, सजीव, वास्तविक पात्र हैं किन्तु साहित्य में यथार्थ के साथ सम्भावनाएँ प्रमुख होती हैं। जीवन के क़रीब होने के कारण पात्रों में निहित सम्भावनाओं का दोहन रचनाकार पूरी तरह नहीं कर पाया है क्योंकि भावना के वशीभूत होकर लिखे गये इस उपन्यास में यथार्थ अनुभव पर दृष्टि टिकाये होने के कारण कल्पना की नाजुक रंगतें कम उभर पायी हैं। लेखक के पर्यवेक्षण, चयन, प्रस्तुति में कल्पना शक्ति के कौशल का भरपूर उपयोग हुआ है। किन्तु यथार्थ के अतिरिक्त दवाब ने कहीं-कहीं पात्रों के भीतर सिझती सम्भाव्यताओं और आन्तरिक चेतना को कुण्ठित भी किया है। ये पात्र इतने यथार्थ लगते हैं कि ऐसा प्रतीत होता है कि लेखक ने अच्छा-ख़ासा समय इनके साथ गुज़ारा है और लम्बे समय अपने को पन्नों में साकार किये जाने की आकांक्षा लिए ये चरित्र लेखक के मानस पटल पर छाये रहे हों। मानो उन्हें जस-का-तस पन्नों में उतारकर लेखक को उनका प्रतिदान देना हो। इसलिए पात्रों के अन्तर्द्वन्द्व भली-भाँति नहीं उभरे हैं। उनमें संघर्ष की चिनगारी भी कम दिखलाई पड़ती है। भाषा सहज, सरल, प्रभावमयी है, चरित्र विश्वसनीय ही नहीं वास्तविक जान पड़ते हैं इसलिए बहुत अच्छे से उनके व्यक्तित्त्व समझ आते हैं फिर भी प्रोफ़ेसर साहब के दोगलेपन या भीरू स्वभाव, मध्यमार्ग को बार-बार वाचक एवं पात्रों के संवादों से उभारा गया है, इसकी पाठक को कोई ज़रूरत नहीं थी, इससे शिल्प की कसावट में कमी आयी है।

उपन्यास का अन्त इन पंक्तियों के साथ होता है—"सुषमा भी बहुत ठोकरें खा चुकी है। तेरा घर भी सूना हो गया है। छोटे-छोटे बच्चों के साथ कैसे ज़िन्दगी गुजार पायेगा? कुन्तो अपने छोटे-छोटे बच्चे तेरे हवाले कर गयी है। तू जो फैसला करे, मुझे मंजूर है।..." इन पंक्तियों में ऐसा लगता है जैसे प्रोफेस्साब के बोल ही माँ के कण्ठ से फूट रहे हों। सुषमा जो स्वत्व के सन्धान के लिए आत्मविश्वासपूर्वक निकली है। आत्मनिर्भर होकर अपनी पहचान बनाना और माँ की भी सेवा अपने बूते पर करना चाहती है। उसका शान्तिनिकेतन में कला की साधना करना दर-दर की ठोकर खाना है? ठोकरों से निस्तार मिलेगा कुन्तो के खाली किये हुए घर को भरकर! साथ ही छोटे-छोटे बच्चों के दायित्व पालन की व्यावहारिकता का तर्क भी। अन्तिम पन्नों में प्रोफ़ेसर के 'गोल्डन मीन' के

सिद्धान्त की धज्जियाँ उड़ा कर, उन्हें पराजित दिखाने के बाद उपन्यास समाप्त होता है उन्हीं के सिद्धान्त के माध्यम से व्यावहारिकता के तकाजे पूरे करने की माँ की सांसारिक चालाकी से। सुषमा के प्रति जयदेव के राग भाव का सीधा स्वीकार नहीं है। सुषमा की मर्जी पूछने की मंशा भी नहीं है। माँ जो समूचे उपन्यास में अपनी ममता और सूझ के बल पर उदार व्यक्तित्त्व के रूप में विकसित हुई थीं, इस अन्तिम वाक्य से उनका चरित्र भी संकुचित होता है। वह तो वर्षों पहले भी यह कहने का दम रखती थी कि "तुझे सुषमा से उन्स हो गया है तो उससे विवाह कर ले। जो भी मुश्किल आयेंगी, वह मैं सँभाल लूँगी। मेरे लिए तेरी ख़ुशी से बढ़कर कुछ भी नहीं है।" स्त्री की संवेदनशीलता एवं ममता का प्रसार उदात्त भाव में दिखाने के बजाय प्रोफ़ेसरीय तर्क के भीतर निदान खोजना क्या लेखक के भीतर बैठे मध्यवर्गीय प्रबुद्ध पुरुष का अनायास अनजाने दिख जाना है अर्थात उसकी दृष्टि की सीमा है या पाठक की संवेदना को अन्त में झटका देने का रचनात्मक उपक्रम है? यह उपन्यास स्त्री की स्थिति, पुरुष की गढ़न, विवाह के पारम्परिक स्वरूप आदि बेहद महत्त्वपूर्ण प्रश्नों को प्रभावी ढंग से उठाता है किन्तु युग को दिशा देने वाली अन्तर्दृष्टि इसके भीतर से नहीं उभरती। उपन्यास जिस टेक के साथ ख़त्म होता है, ऐसा प्रतीत होता है कि यहीं से तो शुरू हुआ था। यहाँ से इसे फिर आगे बढ़ाया जाये तो फिर वही खटराग शुरू हो जायेंगे। यही इस उपन्यास की सीमा है कि यह अपने युग की सीमा से आगे नहीं ले जाता। हालाँकि युग की समस्याओं को समझने और बदलने के लिए यह महत्त्वपूर्ण टूल्स देता है और पाठक को इस रूप में संवेदित करने में सक्षम है कि अन्त तक समझ के उस उन्नत धरातल पर वह पहुँच जाता है कि उसे बुद्धि कौशल का छलावा मंजूर नहीं है और यह बहुत बड़े महत्त्व की बात है।

स्त्री जीवन की विसंगतियों और विडम्बनाओं की 'कड़ियाँ'

प्रेम कुमार तिवारी

भीष्म साहनी ताउम्र मार्क्सवादी रचनाकार रहे। साहित्य के प्रति उनका दृष्टिकोण 'स्वान्तः सुखाय' या 'कला कला के लिए' वाला नहीं था। वे साहित्य को सामाजिक परिवर्तन की भूमिका के रूप में देखते थे, बल्कि निराला और प्रेमचन्द की तरह ही वे साहित्य को 'जलती मशाल' के रूप में देखते थे। जलती मशालें हमेशा अँधेरा दूर करने का काम तो करती ही रही हैं, लेकिन कभी-कभी ज़रूरत पड़ने पर उन्होंने जलाने का भी कम काम नहीं किया है। कबीर ने अपनी 'मशाल' से रोशनी के साथ-साथ बहुत कुछ जलाने का काम भी लिया था। जिस समाज में हम रहते हैं वहाँ भीतर और बाहर के कई दरवाजों में सदियों पुराने ऐसे 'अँधेरे' बन्द हैं, जहाँ धार्मिक-सांस्कृतिक भय व विश्वास तथा सामाजिक-नैतिक प्रथाओं, आदर्श व मान्यताओं के नाम पर नाना अमानुषिक कृत्य किये जाते हैं। जहाँ श्रमिकों, ग़रीब किसानों, निम्नवर्गीय स्त्रियों, दलितों, आदिवासियों और अल्पसंख्यकों के प्रति गहरी उपेक्षा और भयानक उत्पीड़न है। इस समाज को एक नहीं, कई-कई 'जलती मशालों' की रोशनी चाहिए जबकि आजकल 'भक्तों' के सख्त पहरे लगाये लगे हैं कि कोई मशाल जलने न पाये। आजकल हाल ये है कि कहीं रोशनी का कोई कतरा या एकदम बुझी हुयी मशाल ही दिखाई दे जाती है तो भक्तों में खलबली मच जाती है। घबराहट में वे 'भारत माता की जय', 'गौ माता की जय' और 'वन्देमातरम्' चीखते-चिल्लाते 'मशाल बुझाने' और 'अँधेरे बढ़ाने' के धार्मिक, सांस्कृतिक और राष्ट्रवादी 'अनुष्ठान' तेज़ कर देते हैं। आजकल ये 'भक्त' 'तमसो मा ज्योतिर्गमय' के विचार के पहले से अधिक कटु विरोधी हो गये हैं वर्ना नरेन्द्र डाभोलकर, कलबुर्गी और पानसरे क्यों मारे जाते? जलती मशालों को लेकर चलने वाले साहित्यकार ऐसे 'भक्तों' और 'अनुष्ठानों'

को हर युग में चुनौती देते रहे हैं। साहित्य की दुनिया में भीष्म साहनी ऐसे ही रचनाकारों में शुमार हैं।

भीष्म साहनी के साहित्य का अधिकांश ताना-बाना स्त्री-जीवन से बुना गया है बल्कि मध्यवर्गीय स्त्री-जीवन से। अपनी कहानियों, उपन्यासों और नाटकों में भीष्म जी ने स्त्री-जीवन की विडम्बनाओं और विसंगतियों को बड़े संवेदनशील और यथार्थवादी ढंग से चित्रित किया है। स्त्री मन की परतों में दबे भावों, विचारों और अनुभवों को समझाने और महसूस करने की जैसी संवेदनशीलता भीष्म जी में दिखाई देती है वैसी कुछ स्त्री-कथाकारों को छोड़कर सम्भवतः किसी कथाकार में नहीं। भीष्म जी अपनी कथाओं में जिन स्त्री चरित्रों का निर्माण करते हैं, उनके प्रति लापरवाही से भी कहीं ऐसी टिप्पणी नहीं करते जिससे स्त्री की गरिमा और आत्म-सम्मान को ठेस पहुँचती हो। इनकी कोई स्त्री चरित्र ऐसी नहीं जिन्हें चटखारे लेते हुए आप पढ़ें और उन पृष्ठों का कोना मोड़कर दूसरों को भी पढ़वायें।

भीष्म जी ने मध्यवर्गीय स्त्री-पुरुष सम्बन्धों की जो कहानियाँ लिखीं हैं उनमें स्त्री की परनिर्भरता, उसके यौन शोषण, उसके प्रति हिंसा, उपेक्षा और मानसिक यन्त्रणा का बहुत बारीक अंकन किया गया है। अपनी कथाओं में दरअसल वे किसी एक, दो या तीन स्त्रियों के जीवन की भीतरी और बाहरी दुनिया में पैठ कर उसकी 'निजता' से ही अपनी कहानी का ताना-बाना नहीं बुनते बल्कि इसके साथ समाज के उस ढाँचे की कहानी कहते हैं, जिसमें हर स्त्री एक अन्तहीन अँधेरे में फँसी हुई एक शिकार की तरह दिखाई देती है।

भीष्म साहनी के उपन्यास 'कड़ियाँ' की हर स्त्री उसी साँचे में ढली स्त्री है। 'कड़ियाँ' उपन्यास में महेन्द्र के ऑफिस में काम करने वाली प्रेमिका सुषमा हो या उसकी पत्नी प्रमिला, प्रमिला की चाची हो या पड़ोसी सरदार जी की बीवी सतवन्त, महेन्द्र के दोस्त नाटे की पत्नी हो या प्रमिला की भाभी और ननद सबके सोचने-समझने का ढंग-ढाँचा एक-सा है। सुषमा एक जगह कहती है, ''कभी-कभी मेरा इतना जी चाहता है, मैं अपने हाथ से तुम्हें खाना खिलाऊँ। तुम्हारे कपड़े तह करके रखूँ। तुम्हारी चीजों को दिन में बीसियों बार छूती रहा करूँ। सचमुच, महेन्द्र मुझे क्या हो गया है? ऐसा मैंने पहले कभी महसूस नहीं किया।'' हमारे समाज का एक बड़ा हिस्सा औरत को इसी रूप में देखने-समझने का आदि होता है। उन्हें औरत की ये बातें अटपटी नहीं लगतीं। उन्हें ऐसी ही औरतें पसन्द आती हैं।

सुषमा का प्रेम करना कितना निरीह लगता है। जिस सुषमा नाम की स्त्री से महेन्द्र प्रेम करता है कथा में आगे चलकर उसी से उसके ऑफिस के डिप्टी डायरेक्टर वर्मा जी भी प्रेम करने लगते हैं, जो महेन्द्र और सुषमा दोनों के बॉस हैं। सुषमा अविवाहित है। वह महेन्द्र का साथ चाहती है। लेकिन अपनी नौकरी पक्की कराने के लिए विवश होकर वह वर्मा के लिए भी अपने घर के दरवाजे खोल देती है। वर्मा बूढ़ा है। सुषमा को उससे घिन छूटती है लेकिन विवश है।

प्रमिला विवाहित है, दिन भर घर के सारे काम करती है, खाना बनाती है, कपड़े धोती है, बर्तन साफ़ करती है, बच्चा पालती है। उसके कपड़ों से प्याज और मसाले की गन्ध आती रहती है। रात होते-होते वह इतना थक जाती है कि बिस्तर पर पड़ते ही उसे कुछ होश नहीं रहता और सो जाती है। महेन्द्र के मन में प्रमिला के प्रति कोई संवेदनशीलता नहीं। उसकी रोजमर्रा की एकरस ऊब भरी ज़िन्दगी के प्रति कोई सहानुभूति नहीं। वह सिर्फ़ अपने सुख और आनन्द के बारे में सोचता है। महेन्द्र चाहता है कि प्रमिला अब भी लड़कियों जैसी दिखे और बर्ताव करे। वह प्रमिला से कहता है, "तुम्हें यह जानने की इच्छा तक नहीं होती कि मर्द चाहता क्या है" महेन्द्र की वासना प्रमिला से तृप्त नहीं होती। महेन्द्र के जीवन और घर से प्रमिला के चले जाने के बाद महेन्द्र सुषमा से कहता है, "प्रमिला में सेक्स नहीं था, ठण्डी थी। लाश की लाश पड़ी रहती थी।" दरअसल हमारा सामाजिक ढाँचा स्त्री को घर-बाहर के सारे काम करते हुए पुरुष की काम-वासना को तृप्त करने वाले एक ऐसे निर्जीव खिलौने के रूप में देखता है, जिसका न अपना कोई अधिकार है, न अपनी कोई इच्छा, न कामना। एक समय के बाद पुरुष को हर औरत से ऊब होने लगती है।

महेन्द्र का दोस्त नाटे शादीशुदा आदमी है। घर में बीवी है। बच्चे हैं। लेकिन वह बीवी से प्रेम नहीं करता। वह महेन्द्र से साफ़ कहता है, "अरे जो है, सो है, इसमें छिपाने की क्या बात है। हम औरत से प्रेम करते हैं, हम औरत के बिना रह नहीं सकते। हमारी अपनी घरवाली से पटती नहीं, बस, किस्सा ख़त्म।" किसी पुरुष से प्रेम करने का यही तर्क देते हुए क्या किसी शादीशुदा औरत को भी यही बात कहने का हक और साहस हमारा समाज दे सकता है? बिल्कुल नहीं। इसलिए कि हमारे समाज का जर्जर धार्मिक-सांस्कृतिक ढाँचा औरत को यह कहने का 'तर्क', 'ताक़त' और 'हक' नहीं देता। नाटा एक जगह और कहता है, "हमें सब लोग बदमाश कहते हैं, पर उन औरतों को कोई बदमाश नहीं कहता जिनके साथ हमने प्रेम किया है। पूछो क्यों? क्योंकि वे छिपाना जानती हैं, ऊपर से मुस्कराती रहती हैं, अन्दर से सभी दरवाजे बन्द रखती हैं।"

समाज में एक मर्द के बदमाश कहे जाने और एक औरत के बदमाश कहे जाने के फ़र्क़ को यहाँ अलग से बताने की आवश्यकता नहीं। एक सामंती समाज में स्त्री का अपने प्रेम को छिपाना उसकी विवशता होती है, उसका चुनाव नहीं। दरअसल स्त्री की विडम्बना ही यह है कि वह पुरुष के प्रेम को ही अपना प्रेम समझती है और इसे छिपाने की ज़िम्मेदारी भी उसी पर होती है।

नाटा महेन्द्र को समझाता है कि "भले ही बीसियों स्त्रियों के साथ सम्बन्ध रखो, पर घरवाली से छिपाये रखो। इसी में सच्ची नैतिकता है।" नाटा इसी सिद्धान्त पर चलता है और व्यभिचार में लिप्त रहता है। लेकिन महेन्द्र प्रमिला से अपने और सुषमा के बारे में सब कुछ बता देता है। वह सुषमा से सम्बन्ध भी रखना चाहता है और नैतिक भी बना रहना चाहता है। प्रमिला का मन यह नहीं सह पाता है। वह महेन्द्र को धिक्कारती है। उसका विरोध करती है। और घर से निकाल दी जाती है। अपने बेटे और पति के साथ वर्षों से रहते हुए जिस घर को वह सजाती-सँवारती अपना मानती रही थी, उसी घर को उसे हमेशा के लिए छोड़कर निकल जाने के लिए कहा जा रहा था।

स्त्री जीवन की यह कैसी विडम्बना है कि हमारे सामाजिक-सांस्कृतिक ढाँचे में जो स्त्री गृहिणी के रूप में समाहित है वही गृहविहीन है। बेघर है। 'कड़ियाँ' उपन्यास की एक ख़ास चरित्र है प्रमिला की चाची। चाची बूढ़ी है और स्त्री जीवन का उन्हें बहुत गहरा अनुभव है। उनकी बातों से लगता है जैसे स्त्री बनने की प्रक्रिया में उन्होंने स्त्री की हर साँस को बहुत संवेदनशीलता से महसूस किया है। उसे बहुत भीतर तक पहचाना है। उनके लिए स्त्री दुनिया की कोई बात नयी और आश्चर्यजनक नहीं । प्रमिला की दुख भरी कथा में भी उनके लिए कुछ नया नहीं था। चाची प्रमिला को पास बैठाकर ऐसे समझा रही थी जैसे एक दास दूसरे दास के साथ अपने मालिक के बारे में बात करता है।' चाची प्रमिला को समझाती है, "कुछ होश कर पगली, मर्द के ख़िलाफ़ औरत का बस नहीं चल सकता। ...तू बेघर हो जायेगी, सर छिपाने के लिए तुझे ठौर-ठिकाना नहीं मिलेगा। अपने छोटे-से मासूम बच्चे को लेकर कहाँ जायेगी।" चाची आगे कहती है, "सुन प्रमिला औरत के पास उसका जिस्म ही जिस्म है, और कुछ नहीं। मर्द को रिझाने के लिए औरतें कभी बाल छोटे करवाती फिरती हैं, कभी लम्बे, कभी पतलून पहनती हैं, कभी तंग सलवारें। ...यह तो मर्द की दुनिया है, यहाँ वही होगा जो मर्द चाहता है। ...बन-सँवरकर उसके सामने जाया कर। कुत्ते के मुँह में हड्डी दिये रहो तो वह भूँकता नहीं, काटता नहीं। हड्डी हटा लो तो भूँकने लगता है।' प्रमिला यह सब जान-समझकर भी अपने लिए घर में कोई जगह नहीं बना

पाती है। एक बार समझौते की कोशिश में प्रमिला-महेन्द्र रात-भर साथ-साथ रहते हैं लेकिन वहाँ महेन्द्र की दैहिक तृप्ति के अलावा कोई बात नहीं बनती। इस घटना के बाद प्रमिला अपने बूढ़े और अकेले पिता के पास चली आती है। लेकिन महेन्द्र से मिली गहरी मानसिक यन्त्रणा को वह सह नहीं पाती और विक्षिप्त हो जाती है। पागलखाने में ही वह अपने और महेन्द्र के बच्चे को जन्म देती है। जिसे महेन्द्र अपना नहीं मानता और अस्वीकार कर देता है। प्रमिला अपने नवजात के साथ एक नयी ज़िन्दगी की शुरुआत करती है। काम सीखने के लिए वह अपने पिता के किसी परिचित के मेडिकल स्टोर पर जाने लगती है ताकि पिता के घर के एक हिस्से में मेडिकल की दुकान खोल सके। और अपना तथा अपने बच्चे का भरण-पोषण कर सके। उपन्यास के अन्त में भीष्म जी प्रमिला से दुकान तो खुलवा देते हैं और उसे आर्थिक रूप से आत्मनिर्भर भी बना देते हैं लेकिन क्या स्त्री की आर्थिक आत्मनिर्भरता उसको वही सामाजिक सम्मान, अधिकार और हैसियत भी दे सकता है, जो इस समाज में पुरुषों को मिली है? नहीं। इसलिए कि सवाल सिर्फ़ आर्थिक सबलता का ही नहीं, उस सहस्रों वर्ष पुराने जर्जर सामाजिक-सांस्कृतिक ढाँचे और उसके साँचों का भी है जिसमें आज भी लड़कियाँ ढाली जा रही हैं। मूक-बधिर की तरह।

'कड़ियाँ' उपन्यास का महत्त्व यह है कि हम उस ढाँचे को बहुत नज़दीक से देख पाते हैं। इस ढाँचे को चुनौती देने और इसे उखाड़ फेंकने की इच्छाशक्ति मार्क्सवादी विचारधारा के अलावा किसी और विचारधारा में नहीं।

भीष्म साहनी के नाटक

भीष्म साहनी का नाटक 'आलमगीर'

(सांस्कृतिक उदारता पर धार्मिक कट्टरता की जीत)

मैनेजर पाण्डेय

भारतीय सामंतवाद की एक विशेषता है अतिरंजना का सर्वव्यापी विस्तार। भारतीय इतिहास के मध्यकाल से लेकर आधुनिक काल के आरम्भिक दशकों तक सामंती जीवन, संस्कृति और कलाओं में अतिरंजना मिलती है। मुगलकाल में यह अतिरंजना साहित्य और कलाओं में ही नहीं, नामों तक में दिखाई देती है। इसके प्रमाण के रूप में मुगल बादशाहों के नाम देखे जा सकते हैं। अकबर से लेकर बहादुरशाह जफर तक के नामों में अतिरंजना है। अकबर का अर्थ होता है महान। यद्यपि अकबर ने अपनी राजनीतिक सूझबूझ, सांस्कृतिक रीति-नीति और जीवन व्यवहार से अपनी महानता स्थापित की, लेकिन बाद के मुगल बादशाहों में खोखली अतिरंजना है। अकबर के बाद बादशाह बने जहाँगीर। जहाँगीर का अर्थ है विश्व-विजेता, जबकि जहाँगीर का राज सम्पूर्ण भारत पर भी नहीं था। उसके बाद बादशाह बने शाहजहाँ, जो विश्व के बादशाह तो नहीं ही थे। शाहजहाँ के बाद आये आलमगीर। आलमगीर का भी अर्थ है विश्व-विजयी, जबकि जीवन-भर युद्ध करते रहने के बाद भी वह सम्पूर्ण भारत पर विजय प्राप्त नहीं कर सका। उनके बाद के बादशाहों में एक थे शाह आलम, जिनके बारे में कहा जाता है कि उनका शासन पालम तक सीमित था। बहादुरशाह कितने बहादुर थे, यह जगज़ाहिर है। अतिरंजना की यह प्रवृत्ति भारतीय सामंतों के जीवन में अंग्रेज़ी राज में भी थी। छोटे सामंत और ज़मींदार भी स्वयं को राजाधिराज या महाराजाधिराज समझते थे।

यद्यपि भीष्म जी के नाटक 'आलमगीर' के केन्द्र में औरंगजेब का शासन और जीवन है, लेकिन उसके साथ ही दाराशिकोह का दुखान्त जीवन और उसकी शहादत भी है। औरंगजेब या दाराशिकोह पर हिन्दी, उर्दू, मराठी, तमिल

और अंग्रेज़ी में जो भी उपन्यास और नाटक लिखे गये हैं उन सबमें दारा और औरंगजेब, दोनों के बीच युद्ध, उस युद्ध में दारा की पराजय और औरंगजेब की विजय तथा औरंगजेब के हुक्म से दाराशिकोह की क्रूर हत्या का ब्योरा मौजूद है।

आलमगीर नाटक के पुरुष पात्र हैं शाहजहान, शाइस्ता ख़ान, दाराशिकोह, औरंगजेब, बाबालाल, मुरादबख़्श, जसवन्त सिंह, अलीबेग, महम्मद आजम, मलिक जीवन और शेख बुरहानुद्दीन। स्त्री पात्र केवल तीन हैं, जहाँनारा, रोशनारा और नादिरा बेगम। पुरुष पात्रों में मुख्य भूमिकाओं में दाराशिकोह और औरंगजेब हैं बाकी पुरुष पात्रों की भूमिकाएँ सीमित हैं। स्त्री पात्रों में मुख्य भूमिकाएँ जहाँनारा और रोशनारा की हैं। नादिरा बेगम दाराशिकोह की पत्नी है, उसकी भूमिका भी सीमित है।

आलमगीर नाटक में मुख्य संघर्ष औरंगजेब और दाराशिकोह के बीच होता है। इस नाटक के शेष सभी पात्र औरंगजेब या दारा में से किसी एक के पक्षधर और सहायक हैं। स्त्री पात्रों में जहाँ जहाँनारा की सहानुभूति दाराशिकोह के साथ है, वहीं रोशनारा औरंगजेब की सहायक, समर्थक, सलाहकार और औरंगजेब के लिए जासूसी करने वाली है। इस नाटक में शाइस्ता ख़ान, बाबालाल, मुरादबख़्श, जसवन्त सिंह, अलीबेग, महम्मद आजम, मलिक जीवन और शेख बुरहानुद्दीन थोड़ी-थोड़ी देर के लिए आते हैं, अपनी भूमिकाएँ निभाते हैं और फिर नाटक से गायब हो जाते हैं। शाइस्ता ख़ान शाहजहान का दरबारी और सलाहकार है। बाबालाल दाराशिकोह के दार्शनिक दोस्त और हमदर्द हैं। मुरादबख्श औरंगजेब का भाई, सत्ता के लिए युद्ध में औरंगजेब का मददगार और अन्त में औरंगजेब की धोखाधड़ी और क्रूरता का शिकार होता है। जसवन्त सिंह पहले दारा का मददगार था और बाद में औरंगजेब से मिलकर दारा को गिरफ्तार करने के अभियान में शामिल होता है। अलीबेग शाहजहान का दरबारी और औरंगजेब की क्रूरता, कट्टरता और मुगल खानदान के सर्वनाश का गवाह है। मलिक जीवन धोखेबाज और विश्वासघाती है, जो अपनी शरण में आये पराजित दारा को औरंगजेब को सौंपकर उससे इनाम पाता है लेकिन दिल्ली की जनता की घृणा का शिकार भी होता है। शेख बुरहानुद्दीन औरंगजेब के हितैषी हैं लेकिन उसको आईना भी दिखाते हैं।

जहाँनारा जहीन, मानसिकता से सूफी, स्वभाव से शायरा, दारा की हितैषी और अपने पिता शाहजहान के क़ैद के दिनों में उनकी देखभाल करने वाली उदार स्त्री है। रोशनारा औरंगजेब की हमदर्द, दारा और जहाँनारा से जलने वाली क्रूर और बेदर्द स्त्री है, जिसकी विलासिता के कारण बादशाह बनने के बहुत दिनों बाद औरंगजेब ने हत्या करवा दी।

दाराशिकोह दयालु, दूसरों पर विश्वास करने वाला सहृदय व्यक्ति था। वह विभिन्न धर्मों के बीच सुलह और संवाद का समर्थक था। प्रेमचन्द ने एक कहानी लिखीं थी, जिसका नाम है 'दाराशिकोह का दरबार'। यह कहानी सितम्बर, 1908 में छपी थी। उस कहानी के अनुसार दारा के दरबार में ईसाई धर्म मानने वालों का भी सम्मान था। यह बात सब जानते हैं कि दाराशिकोह इस्लाम और हिन्दू धर्म के बीच एकता का प्रबल पक्षधर था। उसने फारसी में सन् 1654 में एक किताब लिखीं थी, जिसका नाम है 'मज्म-उल बहरैन'। उस किताब का खुद दारा ने 1655 ई. में संस्कृत में 'समुद्र संगमः' नाम से अनुवाद किया था। इस किताब में दारा की समझ यह है कि इस्लाम और हिन्दू धर्म दो समुद्रों की तरह हैं जिनके बीच संगम होना चाहिए। इसी किताब को आधार बनाकर औरंगजेब के नियुक्त मौलवियों और मुल्लाओं ने दारा के कत्ल का फतवा जारी किया था, जिसके बाद उसकी हत्या की गयी। 'मज्म-उल-बहरैन' के बाद दारा ने 1657 ई. में बावन उपनिषदों का फारसी में अनुवाद किया था और अपने अनुवाद की किताब का नाम रखा था 'सिरै-अकबर'। इस तरह दारा इस्लाम और हिन्दू धर्म-दर्शन का गम्भीर अध्येता तथा दोनों धर्म-दर्शनों के बीच एकता का साधक था। दारा सूफी साधक और शायर भी था।

दारा के ठीक विपरीत औरंगजेब कट्टर इस्लाम-परस्त था। वह हर बात में इस्लाम धर्म और खुदा की दुहाई देता था। सामूगढ़ की लड़ाई में वह अपनी चालाकी, चालबाज़ी और युद्ध सम्बन्धी अनुभवों के कारण जीता लेकिन वह अपने आप से कहता है, "शुक्र अल्लाह ! परवरदिगार तेरा लाख-लाख शुक्र है मेरे मालिक ! तेरी रज़ा से यह दिन देखना नसीब हुआ।" (आलमगीर, पृ. 35) यही बात वह जहाँनारा से भी कहता है, "यह फ़तह जो मुझे नसीब हुई है, यह मेरी फ़तह नहीं है। यह खुदावन्दताला की मुझ पर मेहर हुई है। उन्होंने मुझे इस काबिल समझा है कि मैं मुगलिया सल्तनत की खिदमत करूँ।" (आलमगीर, पृ. 37)

औरंगजेब का राजनीतिक रुख़ और रवैया दारा से अलग ही नहीं बल्कि उलटा है। दारा अकबर की राजनीतिक और सांस्कृतिक नीति को मानने वाला था। वह 'आलमगीर' नाटक में कहता है, "हुकूमत की बागडोर हाथ में होगी तो मैं एक नये तरह के निज़ाम को फ़रोग दूँगा, शहंशाह अकबर के नक्श-ए-कदम पर चलूँगा। दिल्ली इल्म और ज़ौक का मरकज़ बनेगी।" (आलमगीर, पृ. 47)

प्रेमचन्द ने 'दाराशिकोह का दरबार' नाम की जो कहानी लिखीं थी उसमें प्रेमचन्द कहते हैं, "शहजादा दाराशिकोह अकबर का अनुयायी था। वह केवल नाम का ही अकबर द्वितीय नहीं था, उसके विचार भी वैसे ही थे और उन

विचारों को व्यावहारिकता में लाने का तरीका भी बिल्कुल मिलता हुआ नहीं बल्कि उसके विचार अधिक रुचिकर थे और उनको व्यवहार में लाने के तरीके, नियमों और सिद्धान्तों में अधिक रुचि थी। उसकी गहन चिन्तन दृष्टि ने देख लिया था कि हिन्दुस्तान में स्थायी रूप से साम्राज्य का बना रहना सम्भव नहीं जब तक कि हिन्दुओं और मुसलमानों में मेल-मिलाप और एकता स्थापित नहीं हो जाती। वह भली-भाँति जानता था कि शक्ति से साम्राज्य की जड़ नहीं जमती। साम्राज्य की स्थिरता व नित्यता के लिए यह आवश्यक है कि शासकगण लोकप्रिय सिद्धान्तों और सरल कानूनों से जनता के दिलों में घर कर लें।" (लमही, अंक : जनवरी-मार्च, 2009, पृ. 32)

अकबर के बारे में इसके ठीक विपरीत राय औरंगजेब की है। वह 'आलमगीर' नाटक में कहता है, "अकबर बादशाह ने क्या भूलें नहीं की हैं! उन्होंने ही हर मजहब के लोगों को सिर पर चढ़ा रखा था।" (आलमगीर, पृ. 14) इन्दिरा पार्थसारथी ने औरंगजेब नाम के अपने तमिल नाटक में औरंगजेब की राजनीतिक और सांस्कृतिक दृष्टि को स्पष्ट करते हुए लिखा है कि "वह एक देश, एक भाषा और एक धर्म का स्वप्न देखता था"।

'आलमगीर' नाटक के दसवें दृश्य में, जब औरंगजेब बूढ़ा हो गया है, उससे मिलने शेख़ बुरहानुद्दीन आये, जिनकी औरंगजेब बहुत कद्र करता था। उनसे औरंगजेब कहता है, "मैं बहुत अकेला पड़ता जा रहा हूँ, शेख़ साहब, बहुत-से नाते-रिश्तेदार दगा दे गये।" (आलमगीर, पृ. 76) शेख़ बुरहानुद्दीन औरंगजेब से कहते हैं कि "नाते-रिश्तेदारों की तुम्हारी नज़र में कभी कोई वुक़अत नहीं रही।" (आलमगीर, पृ. 76) उसके बाद औरंगजेब कहता है, "हक़ की लड़ाई में मैं अपने बेटे को भी कुर्बान कर दूँगा।" (आलमगीर, पृ. 76) जवाब में बुरहानुद्दीन कहते हैं, "हक़ की लड़ाई में या शक की लड़ाई में?" (आलमगीर, पृ. 76) बुरहानुद्दीन और बाकी सभी लोग जानते थे कि औरंगजेब शकी मिज़ाज का व्यक्ति था। वह सब पर शक करता था। यहाँ तक कि अपने बेटे-बेटियों पर भी। जिनको उसने जेल में डाला और तबाह किया। इस बातचीत के लगभग अन्त में शेख बुरहानुद्दीन ठीक ही कहते हैं, "तुमने दहशत का रास्ता चुना, औरंगजेब। अगर ख़ल्क की ख़िदमत का रास्ता चुनते तो तुम्हें कामयाबी मिलती। सच्ची फ़तह का रास्ता दूसरों को तबाह करने का रास्ता नहीं है।"(आलमगीर, पृ. 77)

औरंगजेब ने सत्ता हासिल करने के लिए पहले अपने भाइयों की हत्या की, अपने बूढ़े बाप को क़ैद किया और बादशाह बन जाने के बाद अपने बेटों अकबर, महम्मद और मुअज़्ज़म को तबाह और बर्बाद किया और अपनी बेटी

ज़ेबुन्निसा को क़ैद किया, जो क़ैद में ही मर गयी। यही नहीं उसने अपनी बहन रोशनारा की भी हत्या करवा दी। इन सब घटनाओं और औरंगजेब की क्रूरताओं का उल्लेख 'आलमगीर' नाटक में है। इस सबके बाद बूढ़ा औरंगजेब अकेला, एकदम अकेला रह गया। औरंगजेब जिनको तबाह और बर्बाद करना चाहता था उनको दीन का दुश्मन घोषित करता था।

औरंगजेब ने मजहब की आड़ में राजनीति की। 'रूबाइयाते सरमद' की भूमिका में मौलाना अबुल कलाम आज़ाद ने ठीक ही लिखा है कि "एशिया में हमेशा से मजहब की आड़ में राजनीति रही है और हज़ारों खूरेजियाँ जो राजनीतिक कारणों से हुई उन्हें मजहब की चादर से ढँककर छिपाया गया है।"

नाटककार भीष्म साहनी

रमेश राजहंस

भीष्म साहनी मेरे प्रिय नाटककार हैं, और हिन्दी के नाटककारों में तो मेरे प्रियतम हैं। मेरा मतलब है सबसे प्रिय नाटककार। प्रिय-प्रश्रयणी के दूसरे पायदान पर हैं डाक्टर शंकर शेष। दोनों बहुत संजीदा नाटककार थे। दोनों नाट्य लोक की जटिलता और रहस्य के आजीवन आत्मप्रशिक्षु रहे। नाटक करने की विधा है और करते-करते ही वह आती है। वैसे नाटक के जीवाणु तो शायद उनमें पैदाइशी थे। भाई बलराज साहनी के साथ अपने पारिवारिक नाटक में जो वीर राणा प्रताप की कहानी पर अलिखित रूप में खेला गया था, उन्होंने चेतक घोड़े की भूमिका निभायी थी। रंगमंच की 'कल्पित दुनिया' में यह इनका पहला कदम था।

भीष्म जी के 'सम्पूर्ण नाटक' दो खण्डों में राजकमल प्रकाशन से 2011 में आये हैं जिसकी भूमिका कल्पना साहनी ने लिखीं है। इसके साथ ही भीष्म जी के एक अंग्रेज़ी लेख 'थिएटर एंड आई' का अचला यासीन द्वारा अनुवाद भी शामिल किया गया है। इन दोनों लेखों से स्पष्ट पता चलता है कि वे इप्टा स्कूल के रंगकर्मी थे। हालाँकि उनका नाट्य संस्कार लाहौर में कॉलेज के दिनों अंग्रेज़ी नाटकों के हिन्दी अनुवाद की यथार्थवादी प्रस्तुति से शुरू हुआ था, पर इप्टा के रंगकर्मियों के समर्पण, निष्ठा, ईमानदारी और लोकाग्रही चरित्र से इस कदर प्रभावित हुए कि पुराना अंग्रेज़ी नाटकों वाला प्रभाव जाता रहा। उन दिनों 'इप्टा अलग-अलग संस्कृतियों और नज़रियों का एक ऑल इंडिया फोरम बन गया था।...पर कुछ साल की सक्रिय और फलदायी गतिविधियों के बाद इप्टा के काम को बड़ा झटका लगा। यह एक वामपन्थी संस्था थी। और जब कम्युनिस्ट पार्टी की नीतियों में बदलाव आया तो इप्टा के कामकाज पर उसका उलटा असर पड़ा। अब वह सँकरे विचार वाली और पन्थवादी संस्था बन गयी, उसका व्यापक आयाम छोटा-छोटा हो गया और वह कमज़ोर हो गयी।' 1952 में दिल्ली आ

जाने के बाद इप्टा से उनका सम्बन्ध नहीं रहा। लगभग दो दशकों के बाद वे नाटक की दुनिया में 'हानूश' के साथ नाटककार के रूप में लौट आये। दिल्ली में 60 के दशक में ही राष्ट्रीय नाट्य विद्यालय की स्थापना हुई थी और पश्चिमी नाट्य तकनीकों से सुसज्जित नाट्य प्रस्तुतियों ने वहाँ के रंगकर्मियों और लेखकों पर अपना असर डालना शुरू कर दिया था। सत्तर के दशक में 'हानूश' के साथ भीष्म साहनी नाटककार के रूप में हिन्दी रंगमंच के क्षेत्र में आते हैं। इसका पहला मंचन राजिन्दर नाथ के निर्देशन में 1977 में प्रथम नाट्य समारोह के अवसर पर हुआ था। यह समारोह श्रीराम सेंटर फॉर आर्ट एंड कल्चर द्वारा आयोजित था।

'हानूश' नाटक की पृष्ठभूमि के रूप में भीष्म जी चेकोस्लोवाकिया की राजधानी प्राग में कुछ दिनों निर्मल वर्मा के साथ रहने और वहाँ के अनुभवों को बताते हैं। वहाँ उन्हें सड़कों पर घूमते हुए निर्मल वर्मा ने एक मीनार घड़ी (टावर क्लॉक) दिखायी जिसके बारे में अनेक तरह की किंवदन्तियाँ मशहूर थीं। वर्षों बाद उसी अनुभव और किंवदन्ती कथाओं के गर्भ से 'हानूश' पैदा हुआ।

भीष्म साहनी नाटक की कथा को तीन अंकों में कहते हैं। पहले अंक में जो हानूश के घर के दृश्य हैं। पारम्परिक यूरोपीय शैली का अनुसरण करते हुए कथा, मुख्य पात्रों और बुनियादी परिस्थितियों और समस्याओं से परिचय कराते हैं। इस अंक में एक ही दृश्य है। दूसरे अंक में तीन दृश्य हैं। दूसरे अंक के पहले दृश्य की शुरुआत में हमें पता चलता है कि हानूश घड़ी बनाने में सफल हो गया है और समस्या है कि उसे लगाया कहाँ जाये। व्यापारी वर्ग उसे बाजार में लगाना चाहता है क्योंकि घड़ी देखने के लिए बड़ी संख्या में यात्री वहाँ आयेंगे जिनसे उनके व्यवसाय को लाभ होगा। पर पादरी वर्ग घड़ी को गिरजे में लगाना चाहता है। भीष्म जी तीन दृश्यों के माध्यम से हमें यह बताते हैं कि अन्त में राजा के दरबार में हानूश की पेशी होती है तो तमाम प्रशंसा के बाद उसे इस बात का दोषी ठहराया जाता है कि उसने घड़ी बनाने से पहले राजाज्ञा क्यों नहीं ली। वह छिप-छिपकर घड़ी बनाता रहा जो एक षड्यन्त्र जैसा है। फिर महाराजा उसकी आँखें लेने का आदेश देते हैं ताकि वह दूसरी घड़ी न बना सके। ऐसी नायाब घड़ी तो राज में एक ही रहनी चाहिए। इस अंक के माध्यम से भीष्म जी समाज में सत्ता वर्ग, व्यापारी वर्ग, दस्तकार वर्ग और आम आदमी के अपने-अपने हित केन्द्रित बुनियादी चरित्र की ओर संकेत करते हैं। ख़ासकर व्यवस्था के संचालक के लिए कोई भी नवोन्मेषकारी व्यक्ति ख़तरा होता है। नये विचार को ही व्यवस्था अपना दुश्मन मानती है। इसलिए उसे शुरू में ही या तो पंगु कर देती है या फिर उसे नेस्तनाबूद करने का षड्यन्त्र करती है।

तीसरे अंक की शुरुआत हानूश के घर से होती है। घर वही है पर अब सुसज्जित है और सभी सुविधाओं से लैस है। हानूश आँखें खोकर राजदरबारी हो गया है। अब वह मीनार घड़ी के घण्टे की आवाज़ के साथ जीता है। उसका सहायक जो उससे घड़ी बनाना सीख चुका था, राज्य और शहर छोड़कर एक यहूदी व्यापारी के साथ भाग गया है। अचानक घड़ी खराब होकर बन्द हो जाती है। हानूश को मरम्मत के लिए बुलाया जाता है। यह अन्तिम दृश्य है। हानूश अँधेरे में ही टटोलकर घड़ी बनाता है। यह मशीन बनाने वाला दृश्य आधुनिक मंच विधान के आधार पर संकलित है।

इस नाटक में भीष्म साहनी ने मंच पर नाटक खेलने के अपने अनुभव और अपनी मार्क्सवादी विचारधारा के वर्गवादी चिन्तनधारा के उपयोग से सुगठित नाटक रचने का प्रयास किया है और वे सफल रहे हैं। वह समय भी इसके लिए अनुकूल था। पर ये नाटक हिन्दी बेल्ट में ज़्यादा खेला नहीं गया। हिन्दी के राज्य स्तरीय शहरों में नाटक की गतिविधियाँ फैली ज़रूर हैं, पर अभी प्रबुद्ध दर्शक वर्ग के निर्माण में समय लगेगा।

1980 के दशक की शुरुआत में उनका दूसरा नाटक आया 'कबिरा खड़ा बजार में'। कबीरदास पर कई नाटक हिन्दी में आये हैं, उन सबमें भीष्म जी का यह कबीर मन, वचन, कर्म से एकनिष्ठ और एक सहज पारदर्शी आदमी बनने का द्वन्द्व और संघर्ष करते-करते अन्ततः सन्तत्त्व की स्थिति में पहुँच जाता है। यह नाटक एपिसोडिक फॉर्म जैसा है। हालाँकि इसे रचते हुए भीष्म जी की मार्क्सवादी दृष्टि का अतिवाद भी कई जगह दिखाई देता है अगर वह सन्तुलित होता तो नाटक प्रभावशाली हो जाता। प्रथम अंक के दृश्य 2 या 3 के गठन और उनके पात्रों के संवादों को गौर से देखें तो महज़ सूचनात्मक हैं और पात्रों के चरित्र के आन्तरिक गुणों-अवगुणों पर प्रकाश नहीं डालते। दृश्य दो में कायस्थ हाल ही में बनारस में पदस्थापित कोतवाल को शहर के नारे में बता रहा है। नागरिकों के संवाद भी हैं, पर सभी सूचनात्मक हैं, नाट्य स्थितियाँ बनते-बनते रह जाती हैं, नाटककार की धर्मनिरपेक्ष और धर्म को हरसम्भव उपाय से कटघरे में खड़े करने का आग्रह सीधे-सीधे कहने को बाध्य करता है कि चीजों और परिस्थितियों की जटिलता को जितना परोक्ष कहा जाये, प्रभावशाली बनता है। जैसे दूसरे अंक के दृश्य तीन में कविता की भाषा को लेकर कायस्थ और कबीर के संवाद हैं, वे बहुआयामी हैं। सन्दर्भ आधुनिक है कि सत्ता सशक्त रचनाकार को ख़रीदने के कैसे दाव-पेंच रचती है। पर दृश्य इस तरह रचा गया है कि तत्कालीन सन्दर्भ में भी विश्वसनीय लगता है। इसी तरह लोई और कबीर (अंक दो, दृश्य दो)

के संवाद इतने सहज और स्वाभाविक बन पड़े हैं कि दोनों चरित्रों का उत्कर्ष देखते ही बनता है। कबीर का 600 वर्ष पहले का जो प्रेमी रूप उभरकर आता है और लोई का जो पत्नी रूप उभरता है, वह हमारी संस्कृति में प्रेम के सर्वाधिक उदात्त रूप का दर्शन कराता है। ऐसा इसलिए हो पाता है कि यहाँ मार्क्सवादी विचारधारा का अतिरिक्त सुपरवाइजर अनुपस्थित है।

भीष्म जी ने इस नाटक की भूमिका में स्वयं लिखा है, "नाटक में उनके काल की धर्मान्धता, अनाचार, तानाशाही आदि के सामाजिक परिप्रेक्ष्य में उनके निर्भीक, सत्यान्वेषी, प्रखर व्यक्तित्त्व को दिखाने की कोशिश है। उनके अध्यात्म-पक्ष को नकारना अथवा उपेक्षा करना अपेक्षित नहीं था, उस आधार भूमि को स्थिर कर पाना ही अपेक्षित था, जिसमें उनके विराट व्यक्तित्त्व का विकास हुआ। नाटक में त्रुटियाँ और दोष तो अनेक हैं, इन्हें मैं स्वयं जानता और महसूस करता हूँ, परन्तु यदि वह तत्कालीन सामाजिक परिवेश को किसी हद तक भी स्थापित कर पाया, जिसके सन्दर्भ में कबीर सक्रिय थे, तो मैं इस प्रयास को सार्थक मानूँगा।"

यहाँ स्पष्ट है कि भीष्म जी की इस नाटक को लिखने की मंशा कबीर के बहाने 'तत्कालीन सामाजिक परिवेश को किसी हद तक भी' स्थापित करना था। मोटिव स्पष्ट है। रूस में जो 'समाजवादी यथार्थवाद' की अवधारणा का विकास हुआ और उसने रूसी साहित्य को जड़ कर दिया; उसने हमारे देश में भीष्म साहनी जैसे लेखक को भी कैसे दृष्टान्तवादी रचना लिखने के लिए मजबूर किया, यह नाटक उसका बेहतरीन नमूना है। साहित्य में रचना का द्वन्द्व अर्थात पात्र और उसके परिवेश के द्वन्द्व का चित्रण ही कलात्मक सत्य का श्रेष्ठ प्रयोजन है, जिसकी अन्तिम परिणति है विश्वसनीयता। एक सवाल और उठता है—नाटक में त्रुटियों और दोष के प्रति पूर्ण अनभिज्ञता रखते और महसूस करते हुए भी आखिर वे कौन से कारण अथवा दबाव थे कि उन्होंने अपना यह दोषपूर्ण नाटक प्रकाशित कराया। मेरी समझ में यह 'पीअर्स प्रेशर' (संगियों का दबाव) रहा होगा। लेकिन इन तमाम दबावों के बावजूद कबीर की जीवन शक्ति की तासीर ही कुछ ऐसी है कि वह दबाये नहीं दबता। तमाम बाधाओं के बीच से वह उठकर निकल ही आता है। भीष्म जी के इस नाटक में समता, स्वतन्त्रता और आत्मिक पारदर्शिता का महा आराधक उसी शान से खड़ा है जैसे वह अपने युग में रहा होगा।

'माधवी' नाटक भी पाठ्य रूप में काफ़ी चर्चित रहा, पर मंच पर खेला बहुत कम गया। मैंने भी कालखण्डों में रह-रहकर इसे कई बार पढ़ा कि शायद कुछ नया अर्थ अभवा व्यंजनात्मक संकेत खुल सके। भावनात्मक रूप से उद्वेलित करने वाली कोई बात बने, पर नहीं बन पाया। इधर जो पढ़ा तो समझ में आया इस

नाटक में शुरू से आखिर तक एक ठण्डापन है। आवेगात्मक उतार-चढ़ाव के अभाव में नाटक की गति में सपाटता है। लगता है कि कथा के बीज तत्त्व से नाटककार आवेशित तो हुआ पर इस आवेश में ऊर्जा का वह घनीभूत रूप पैदा न हो सका जो परफार्मेंस की प्राणऊर्जा का स्पन्दन और गति का लास्य होता है। हालाँकि कथ्य ताक़तवर है—पुरुष सत्ता की संरचना में स्त्री का स्थान। पौराणिक कथा रेखा के ढाँचे में आधुनिक स्त्री के जीवन मूल्यों को परखने की चेष्टा की गयी है, पर दैनन्दिन अनुभवों की जानदार स्थितियों की सृष्टि नहीं हो पाने से नाटक सूचनात्मक स्तर पर अधिकांश समय तक चलता रहता है और ऐसे नाट्यानुभव की सृजन क्षमता नहीं विकसित कर पाता है कि दर्शकों को अपनी गिरफ्त में ले ले। यह नाटक भी तीन अंकों में है और महाभारत के बहुश्रुत और पुख्ता चरित्र वाले पात्रों के बावजूद ढीलापन पूरे नाटक में छाया रहता है।

कथा सीधी-सादी है—शिष्य गालव अपनी शिक्षा की समाप्ति पर गुरु विश्वामित्र को अभीष्ट दक्षिणा देना चाहता है पर विश्वामित्र गुरुदक्षिणा नहीं लेना चाहते। गालव अड़ जाता है तो विश्वामित्र उससे एक हज़ार अश्वमेधी घोड़ों की गुरुदक्षिणा में माँग करते हैं। मुनि कुमार गालव दानवीर राजा ययाति के पास जाता है जो अब आश्रमवासी हो चुके हैं पर राजश्री ठाठ-बाट और यश का मोह गया नहीं है। उनके पास सिर्फ़ दो सौ अश्वमेधी घोड़े हैं जो वह गालव को देते हैं और शेष घोड़े जुटाने के लिए वह अपनी पुत्री माधवी को दे देते हैं जिसे अनुष्ठान द्वारा चिरयौवन का वरदान प्राप्त है। माधवी गालव के साथ जाती है। गालव उसे राजा हर्यश्च के पास एक वर्ष रखकर अश्वमेधी घोड़े प्राप्त करता है। एक अनुबन्ध के अनुसार राजा माधवी से एक गुणवान पुत्र प्राप्त कर मुक्त कर देगा। इस तरह माधवी गालव की दक्षिणा पूर्ति हेतु काशी नरेश के पास जाती है। इस बीच ये भी क्षीण संकेत मिलता है कि गालव माधवी से प्यार करता है और माधवी भी आशा करती है कि दक्षिणा पूर्ति के बाद गालव उससे विवाह कर लेगा, पर ऐसा होता नहीं। नाटक के सभी पात्र जबर्दस्त कर्तव्यपरायण हैं और कर्तव्यपरायणता ही जैसे एकमात्र उनके जीवन का उद्देश्य है, जिसके लिए वे कुछ भी करने को तैयार हैं। गालव और माधवी दो युवा साथ चलते हैं, पर उनके बीच कभी परस्पर आकर्षण, गालव द्वारा जबर्दस्ती दक्षिणा देने के हठ जैसी भूल, आदि के बारे में कोई बात नहीं होती और न ही प्रेम प्रदर्शन। सारे चरित्र एकांगी हैं और यान्त्रिकता के शिकार हैं। अन्त में गालव माधवी को उसकी बढ़ती उम्र के कारण स्वीकार नहीं करना चाहता, वह उससे बार-बार अनुष्ठान कर युवती बन जाने का आग्रह करता है, पर माधवी अपने स्वाभाविक रूप में

स्वीकृति चाहती है। पर यह सब ऐसे घटित होता है कि अविश्वास का स्थगन कभी नहीं होता। दृश्यों में सशक्त नाटकीय स्थितियाँ नहीं उभरतीं। ऐसा लगता है कि यह सब बलात हो रहा है।

भीष्म जी का एक नाटक है 'आलमगीर'। आलमगीर मुगलिया खानदान तलवार का नाम था। यह नाटक मुगल साम्राज्य के शहंशाह शाहजहाँ के अन्तिम दिनों से शुरू होता है और औरंगजेब के अन्तिम दिनों के कालखण्ड को समेटने का प्रयास करता है। इस नाटक में दाराशिकोह की महत्त्वाकांक्षा अकबर जैसा सम्राट बनने की है तो औरंगजेब का आयकन बाबर है। दाराशिकोह लेखक है—उसने दो संस्कृतियों के मिलन पर एक पुस्तक लिखी है—मज्म-उल-बहरैन। वह चाहता है कि मुगल परिवार के लोग इस पुस्तक को पढ़ें। उसकी बहन जहाँनारा उसी की तरह खुले दिमाग की है। पर औरंगजेब कट्टर इस्लाम अनुयायी है और वह क्रूरता और शक को शासन के लिए सर्वाधिक महत्त्वपूर्ण चीज मानता है। उसे किसी पर विश्वास नहीं है। वह हर आदमी पर चौकन्नी निगाह रखवाता है और जरा-सा भी मुखालफत का सन्देह होने पर मरवा डालता है। वह इसी ख़ौफ़ से अपने सभी भाइयों को मरवाता है क्योंकि वह दुश्मन को माफ करने में यक़ीन नहीं करता। ढलती उम्र में वह अपनी इन्हीं करतूतों के चलते मनोरोगी हो जाता है और उसे अपने चारों ओर वे लोग दिखाई देते रहते हैं जिनकी उसने हत्याएँ करवायी थीं। उसके सभी बेटे बागी हो गये हैं। औरंगजेब आजीवन जंग लड़ता रहा। उसे कभी चैन हासिल नहीं हुआ।

यह नाटक गठन में अच्छा है। मुगल शासन के अन्तिम उत्तराधिकारी के काल की पेचीदगियों को पकड़ने की कोशिश करता है। दाराशिकोह, मुरादबख्श, शुजा और औरंगजेब के चरित्रों को बहुत मोटे तौर पर रूपायित करता है। औरंगजेब के वैयक्तिक द्वन्द्व का एक पहलू सामने आता है कि अपने अन्त समय में वह हारा हुआ इन्सान था। लेकिन इससे आम आदमी के लिए क्या सबक मिलता है? नाटक दृश्य रूप में मोहक होगा। दाराशिकोह और औरंगजेब के तुलनात्मक खूबियों और खामियों को सामने रखेगा। अभिनेताओं के लिए आकर्षक भूमिकाएँ भी हैं। निर्देशक के लिए भी दृश्य-रचना के लिए अनन्त सम्भावनाएँ हैं पर नाटक अन्त में क्या कोई सकारात्मक प्रभाव छोड़ पायेगा, यह सन्देह से परे नहीं।

इस तरह अगर हम चारों नाटकों के माध्यम से भीष्म जी को नाटककार रूप से देखें, तो यह बात तो स्पष्ट समझ आती है कि इप्टा में उन दिनों जो फौरी नाटक लिखे जाते थे, जिनका उद्देश्य वामपन्थी नजरिये का प्रचार-प्रसार था, उसके प्रभाव से वे बाहर नहीं आ सके थे, लेकिन संघर्ष जारी था। दिल्ली

के नाट्य जगत और रंगकर्मियों में जो प्रयोगात्मक प्रवृत्ति के प्रति कुछ ज़्यादा ही रुझान है, शायद उसका भी कुछ अप्रत्यक्ष प्रभाव उन पर रहा हो, जिसके कारण उनके नाटकों का सम्बोधन मध्यवर्ग के बौद्धिक दर्शकों से है।

आधुनिक हिन्दी थिएटर का यह प्रारम्भिक काल है। हिन्दी थिएटर के सभी रंगकर्मियों का अभी एक ही लक्ष्य होना चाहिए—हिन्दीभाषियों में थिएटर देखने के प्रति जुनून की हद तक उत्कण्ठा पैदा करना। यह तभी सम्भव है जब जीवन की छोटी-छोटी समस्याओं और द्वन्द्वों को लेकर नाटक लिखा और खेला जाये। नाटककार यहाँ महत्त्वपूर्ण है। भीष्म जी के सारे नाटक बौद्धिक नाटक हैं। 'कबिरा खड़ा बाजार में' अपवाद है। यह बौद्धिक होते हुए भी आम आदमी को पूर्णतः सम्प्रेषणीय है। इप्टा की परम्परा का सुन्दर और बेहतर विकास हम हबीब तनवीर के नाटकों में पाते हैं। दिल्ली में रहते हुए भी हबीब तनवीर ऐसा कर पाये, शायद इसलिए कि लोक नाटक की प्रस्तुति शैली से आजीवन जुड़े रहे। भीष्म साहनी, यशपाल जी की तरह आधुनिक भारतीय मध्यवर्ग के चितेरे थे। पर अपने नाटकों के लिए उन्होंने, 'मुआवजे' को छोड़कर, इतिहास से कथानक और चरित्र उठाये। मैंने यहाँ 'मुआवजे' और 'रंग दे बसन्ती चोला' का ज़िक्र इसलिए नहीं किया कि उनका पाठ मैं अभी तक अच्छी तरह कर नहीं पाया हूँ।

इन सीमाओं के बावजूद भीष्म जी की लेखकीय जीवन्तता और जुझारूपन के गवाह हैं ये नाटक। भीष्म जी ने कहानीकार और उपन्यासकार के रूप में ख्याति अर्जित कर ली थी, उसके बावजूद उन्होंने नाटक की दुनिया में नाटककार के रूप में वापस कदम रखा। यह उनकी जोखिम उठाने की क्षमता और ख्याति की सुविधा से उत्पन्न सुरक्षात्मक घेरे को तोड़ने का सचेतन प्रयास और सक्रियता का प्रमाण है। इप्टा कभी लेखकों की संस्था थी, आज वह लगभग विशुद्ध परफार्मरों की संस्था बन गयी। भीष्म जी की यह पहल प्रेरणादायक रही है। इप्टा में अभिनयोन्मुख सोद्देश्य नाटक लिखने के रिवाज को इससे बल मिलेगा। बेसिरपैर के प्रयोगात्मक नाटकों के दौर में भीष्म साहनी ने ऐसे नाटक शायद इसलिए भी लिखना शुरू किया था कि वे नाटक को यथार्थ की धरती से जोड़ना चाहते थे। वे हमारे लिए प्रकाश स्तम्भ हैं और रहेंगे।

‘रंग दे बसन्ती चोला’ के रंग

प्रदीप कुमार

भीष्म साहनी के नाटकों पर जितना लिखा जाना चाहिए, नहीं लिखा गया है। कुछ क़लमकारों ने कोशिश की भी है, तो उन्होंने अपने को साहनी जी के आरम्भ के चार नाटकों तक ही सीमित रखा है। ‘रंग दे बसन्ती चोला’ और ‘आलमगीर’ पर क्यों नहीं लिखा गया? ...“आरम्भ के तीनों-चारों नाटकों में वह अपने समय, मनुष्य, शाश्वत सत्य और हिन्दी रंगमच की प्रकृति को तलाश रहे हैं। लेकिन शेष दोनों नाटकों में केवल शोध, ऐतिहासिक तथ्यों को नाटक विधा के ढाँचे और संवेदना में बस ढाल भर देते हैं और स्वयं अपने से असन्तुष्ट नाटककार दिखते हैं।”[1] एक अन्य आलोचक ने तो इन दो नाटकों में सामाजिक चेतना का अभाव बता डाला। उन्होंने इसकी प्रासंगिकता पर ही सवाल खड़े कर दिये। “सामाजिक चेतना की तुला पर भी अन्तिम दोनों की कोई प्रासंगिकता समझ में न आयी। और औरंगजेब की निरंकुशता पर ‘आलमगीर’ तथा जनरल डायर की नृशंसता पर ‘रंग दे बसन्ती चोला’ को मात्र इतिहास-निदर्शन के लिए लिखे जाने का कोई मतलब समझ में नहीं आया।”[2] जब मतलब समझ आया ही नहीं तो लगे हाथों इन्होंने यह कहने में गुरेज नहीं किया कि “‘आलमगीर’ और ‘रंग दे बसन्ती चोला’ तो क्यों लिखे गये, यही एक बड़ा सवाल है।”[3] इस तरह की राय बनने देने में भीष्म जी का भी बड़ा हाथ है। उन्होंने न जाने किस मनःस्थिति में आकर यह स्वीकार किया होगा कि “मेरे मस्तिष्क पर तथ्य इतने छाये हुए थे कि नाटक मात्र दस्तावेज़ी नाटक बनकर रह गया।”[4]

जयशंकर प्रसाद के नाटकों पर भी आरोप लगे थे। नाटक की भाषा दुरूह बताई गयी थी। दृश्य योजना पर सवाल खड़े किये गये थे। संवाद के लम्बे होने पर मायूसी जताई गयी थी। पारसी थियेटर का प्रभाव बताते हुए कहा गया था कि इनके नाटकों में हर दृश्य में शेर आते हैं, नाटकों के मंचन के वक़्त

अनगिनत शेर मारने पड़ेंगे। इसलिए लगे हाथ यह भी कहने में कोई कोताही नहीं बरती गयी कि प्रसाद के नाटक, ऐतिहासिक नाट्य मंच पर खेले नहीं जा सकते। अभिनेय नहीं है। सब कुछ हुआ था। लेकिन अन्तर सिर्फ़ इतना है कि प्रसाद ने स्वयं नहीं कहा था कि उनके नाटक ऐतिहासिक तथ्यों से बोझिल हो गये हैं। उन्होंने रंगकर्मियों के समक्ष एक चुनौती रखी कि आप सच्चे माये में रंगकर्मी हैं तो इसका मंचन करके दिखाइए। और जब बात आगे बढ़ी, तो उन्होंने इसका प्रतिकार यह लिखकर किया कि–"रंगमच के सम्बन्ध में यह भारी भ्रम है कि नाटक रंगमंच के लिए लिखे जायें। प्रयत्न तो होना चाहिए कि नाटक के लिए रंगमंच हों, जो व्यावहारिक है।"[5] क्या यह महज़ संयोग है कि प्रसाद जी के नाटकों पर जो आरोप लगे, कमोबेश वही बातें भीष्म साहनी के अन्तिम दो नाटकों के सम्बन्ध में की गयीं। दूसरा यह कि प्रसाद के नाटकों के बारे में जो कहा गया, क्या वाकई में रंगमंच के लिहाज से ठीक था।

उपर्युक्त दूसरी जिज्ञासा का शमन बी.वी. कारन्त करते हैं। उन्होंने रंगमंच सम्बन्धी अपने विचार को ऐतिहासिक क्रम में रखते हुए यह बताया कि कैसे अल्काज़ी से पहले रंगकर्म की ज़मीन उथली थी, जिसका आधार इतना भुरभुरा था कि कोई भी रंग उस पर आसानी से चढ़ नहीं सकता था। उन्होंने बहुत स्पष्ट शब्दों में लिखा है–"दरअसल अल्काज़ी से पहले तक हिन्दी क्षेत्रों में जो नाटक खेले जाते थे वे सिरे से अकुशल थे। इसमें बुरा मानने की बात नहीं है। बात को समझने की ज़रूरत है। जो निर्देशक होते थे वे रंगमंच की आधुनिक या प्रयोगधर्मी समझ न रखने के कारण लिखे हुए नाटक के आधार पर रंगकर्म की सोचते थे, कल्पना करते थे। या फिर दिल्ली या कलकत्ता जाकर जो नाटक देख आते थे उस जैसा नाटक करना चाहते थे, जैसे रिवॉल्विंग स्टेज या मंच पर ट्रेन गुज़ारने जैसा अजूबा करने की ललक। यानी रंगशिल्प की सही तमीज नहीं थी। लिखे हुए नाटक की विषयवस्तु को रंगशिल्प के विन्यास में कैसे सोचें, ऐसी सोच नहीं थी। तभी तो इन जगहों पर काम करने की ज़रूरत महसूस हुई थी। अब वे आर्तों और स्टेनिस्लाव्स्की तो पढ़ने बैठेंगे नहीं! तो जब ऐसे निर्देशक ने प्रसाद के नाटक पढ़े तो पाया कि बड़े-बड़े दृश्य हैं, युद्धों के विशाल वर्णन हैं। इन्हें मंच पर कैसे दिखाया जाय। इसके लिए हाथी, घोड़े आदि कैसे लायेंगे, मंच पर कैसे दिखायेंगे तो सबने एकमत से कह दिया कि प्रसाद के नाटक खेलने के लायक नहीं हैं। जब रंगकर्मियों ने ऐसा कह दिया तो साहित्यकारों ने भी लिख दिया। कहने का कुल अभिप्राय यह कि इस पूरे क्षेत्र में आधुनिक रंगकर्म का संस्कार ही नहीं था।"[6]

इसलिए प्रसाद को ठीक से नहीं समझ पाने की कसक बी.वी. कारन्त के मन में है। उनका एक साक्षात्कार वर्ष 2003 में 'रंग प्रसंग' में छपा है। हालाँकि, उनका यह साक्षात्कार 1985 में 'नटरंग' में छपा था, जिसे धरोहर के रूप में इस पत्रिका में जगह दी गयी। अपने साक्षात्कार में बी.वी. कारन्त ने कहा है, ''प्रसाद की एक सुनिश्चित रंगमच परिकल्पना थी, जिसे किसी ने समझने की कोशिश ही नहीं की। यह मेरा आरोप नहीं, प्रायश्चित्त है। वह बौद्धिक तथा सामान्य दोनों स्तरों का निर्वाह करती है। प्रसाद की असफलता लोगों द्वारा इस परिकल्पना को न समझ पाने की असफलता है।''[7]

'रंग दे बसन्ती चोला' के लेखनकाल के समय यह बात नहीं कही जा सकती है कि रंगकर्मियों को रंगशिल्प की सही तमीज नहीं है या कि वे आधुनिक या प्रयोगधर्मी समझ नहीं रखते हैं या कि उन्हें विषयवस्तु को रंगशिल्प के विन्यास में सोचना नहीं आता। आज सजग रंगकर्मियों की बहार है। फिर 'रंग दे बसन्ती चोला' को लेकर उपेक्षा क्यों? ऐसा भी नहीं है कि रंगकर्मियों ने इस नाटक को उलट-पलटकर नहीं देखा होगा। कृष्णा सोबती ने भीष्म जी के बारे में जो लिखा है, वह विशेष तौर पर उल्लेखनीय है—''भीष्म का पूरा व्यक्तित्त्व दायें-बाये का विस्तार नहीं। उसकी शख्सियत गहराई में बड़ी सादगी से अँटी है। इसी से कई लोगों को भीष्म के लेखन की लकीर कुछ सपाट मालूम देती है। शायद इसीलिए कि उनके समूचे लेखन में सहज साधारण पात्रों की बहुलता है, अनोखापन नहीं।''[8]

ज़ाहिर है, उनके व्यक्तित्त्व की तरह ही उनका रंगशिल्प इतना खामोश है कि थोड़ी-सी भी तेज़ आवाज़ में वह असहज हो जायेगा। इतनी सादगी है कि उनमें थोड़ी सी भी चमक-दमक की गुंजाइश नहीं। यह बात आरम्भ के चार नाटकों पर लागू तो होती ही है, 'रंग दे बसन्ती चोला' का भी रंग चटक नहीं है। भारतीय रंग परम्परा को बिना आत्मसात किये ऐसा रंग उकेरना नामुमकिन है। इसलिए यह कहना उचित जान पड़ता है कि सब कुछ समझते हुए भी उनमें शिल्प के स्तर पर जैसा संयम है, ऐसा ही संयम इस नाटक के प्रदर्शन में भी दिखना चाहिए। आज ऐसी मानसिकता आकार ले चुकी है, जिसकी आन्तरिक संरचना अतिरिक्त से पूरित है। दूसरे शब्दों में, यह कहना ज़्यादा प्रासंगिक होगा कि भीष्म जी के नाटकों में प्रयोग की बहुत गुंजाइश नहीं है। इनके नाटक रंगकर्मियों को चुनौती देते जान पड़ते हैं कि यदि आपने अपना रंगबोध अर्जित किया है, तभी हाथ लगाइए। यहाँ हड़बड़ी के लिए कोई जगह नहीं है। भीष्म जी के व्यक्तित्त्व की तरह इनके नाटकों का शिल्प इतना साफ़-सुथरा है कि आपने रचना के साथ घालमेल किया नहीं कि आपकी सीमा उजागर होने लगेगी।

इस सन्दर्भ में बादल सरकार को उद्धृत करना प्रासंगिक जान पड़ता है। उन्होंने ग्रोतोवस्की के हवाले से नाटक के शिल्प पक्ष पर गहन विचार व्यक्त किया है। उन्होंने लिखा है—"ग्रोतोवस्की के 'ग़रीब रंगमंच' का सिद्धान्त गौर करने लायक है। वे मानते हैं कि अन्य कला-विधाओं और उनकी तकनीकों से रंगमंच ने उधार लेकर अपने को 'सम्पन्न'/'धनी' बनाया है, जैसे पार्श्व-संगीत, प्रकाश व्यवस्था, मंच-उपकरण और वेशभूषा आदि, जिसे लम्बे विकासक्रम में नाटक ने अपने को जोड़कर सम्पन्न या धनी किया है। ग्रोतोवस्की का 'ग़रीब रंगमंच' इन सबको त्यागते हुए रंगमंच की जड़ों को तलाशता हुआ, 'रस्मों' (Ritual) तक पहुँचता है। इस प्रयास में वे रंगमंच को इन सभी तत्त्वों से मुक्त करते हुए, अभिनेताओं की आंगिक क्रियाओं तक अपने को केन्द्रित करते हैं।"[9]

भीष्म साहनी ने कभी नहीं कहा कि उनके नाटक 'ग़रीब रंगमंच' के पर्याय हैं। उन्होंने कभी भी प्रकाश व्यवस्था, मंच-उपकरण और वेशभूषा को त्यागने की बात नहीं की। उन्होंने इस तथ्य का भी दावा नहीं किया कि वे अपने नाटकों में अभिनेताओं को पर्याप्त जगह देने के पक्ष में हैं। लेकिन जैसे ही उनके नाटकों पर निगाह जाती है, वे इसके पक्षधर होने की तरफ़ संकेत करते हैं। आखिर क्या कारण है कि अन्य नाटकों के साथ-साथ 'रंग दे बसन्ती चोला' में भी इन नाटकीय कार्य-व्यापारों के बारे में उन्होंने विशेष उल्लेख नहीं किया है। तीन अंकों के इस नाटक में कहीं भी इन रंग तत्त्वों का रेखांकन देखने को नहीं मिलता है। निर्देशक चाहे, तो अपनी तरफ़ से इनका सन्तुलित प्रयोग कर सकता है। हाँ, अभिनेता को लेकर जगह-जगह निर्देश अवश्य दिये गये हैं। अभिनेता को हँसकर बोलना है, तो नाटककार ने ब्रैकेट में 'हँसकर' लिख दिया है या फिर अभिनेता को ऊँची आवाज़ में बात करनी है, तो ब्रैकेट में 'ऊँची आवाज़ में' लिख दिया गया है। पूरे नाटक में ऐसे निर्देश जगह-जगह दिये गये हैं।

एक नाटक को नाटक बनाने में उसमें निहित नाटकीयता की बड़ी भूमिका होती है। नाटकीयता का सम्बन्ध संवादों, दृश्यों, घटनाओं से उत्पन्न तनाव से है। तो क्या 'रंग दे बसन्ती चोला' में रंगमंचीय तनाव का अभाव है? क्या इसमें निहित घटना श्रृंखला से नाटकीयता का सृजन नहीं होता है?...होता है। साहनी जी ने इस नाटक का आरम्भ ही तनावपूर्ण स्थिति को सामने लाने से किया है। अंग्रेज़ अफसरान अमृतसर में हो रही हड़ताल, जुलूस पर बात करने के लिए एकत्रित हुए हैं। उनके मध्य बातचीत चल रही है। अमृतसर का डिप्टी कमिश्नर माइल्स इर्विंग कहता है—"क्या हमारा हुक्मनामा उन दोनों लीडरों के पास पहुँच गया है?"[10] नाटक के इस पहले वाक्य से आगे क्या होने वाला है, उसका

ठीक-ठीक अनुमान नहीं लगता है। मतलब, यहाँ संशय को प्राथमिकता दी गयी है। बातचीत जब आगे बढ़ती है, तो हुक्मनामा दिये जाने वाले लीडरों के नाम सामने तो आते हैं, लेकिन फिर इस बात पर चर्चा शुरू हो जाती है कि उन्हें जेल में डाला जाये या नहीं। इस पर विचार करते हुए यह निर्णय लिया जाता है कि ऐसा करने से लोग बेकाबू हो जायेंगे।

इस पहले अंक के पहले दृश्य में इस तथ्य की तरफ़ भी संकेत है कि कैसे पंजाब भर में गदर पार्टी या उस जैसी अन्य पार्टियों से जुड़े लोग घुसे हुए हैं जो अन्य लोगों को भड़का रहे हैं। अँग्रेज़ी हुक्मरानों के अनुसार—जिनकी वजह से एक बहुत बड़ा संकट उठ खड़ा हुआ है। इस पहले दृश्य में ऐसे लोगों को भी सामने लाया गया है जो भारतीय होते हुए भी अंग्रेजों को ख़बर पहुँचाते हैं। न सिर्फ़ ख़बर पहुँचाते हैं, बल्कि अपने-अपने क्षेत्रों की आम जनता से तानाशाही भरा व्यवहार भी करते हैं। एक पात्र है खानबहादुर। वह पंजाब के लेफ्टिनेंट गवर्नर ओ'डवायर से कहता है—"हुजूर, मैं तो गुज़राँवाला का रहने वाला हूँ। मेरा असर-रसूख तो गुंजरा वाला में है। वहाँ तो मेरी मर्जी के ख़िलाफ़ चिड़ी भी नहीं फड़क सकती।"[11] इनके लिए सबसे अधिक हास्यास्पद स्थिति यह है कि जब ये अंग्रेज़ी सरकार के मनोनुकूल बात नहीं करते हैं, तो इनके कहे को अनसुना कर दिया जाता है। सिर्फ़ अनसुना ही नहीं, बल्कि अंग्रेज अफसरों द्वारा इन पर आँखें भी तरेरी जाती हैं। स्पष्ट है कि पहले अंक के पहले दृश्य में ही ऐसी कई नाटकीय स्थितियों का संयोजन है, जो प्रदर्शन के लिहाज से चुस्त मालूम पड़ती हैं।

इस पहले तनावपूर्ण दृश्य के समाप्त होते ही, दूसरे दृश्य में दो घरों की औरतों की बातचीत को सामने लाया गया है। इनकी बातचीत तो बहुत सीधे-सरल ढंग से हो रही है, लेकिन पहले दृश्य में उत्पन्न नाटकीय तनाव की गूँज यहाँ भी मौजूद है। बातचीत के दौरान जलियाँवाला बाग, हड़ताल, जुलूस जैसे शब्द आ धमकते हैं। सिर्फ़ इतना ही नहीं, साहनी जी ने इस दृश्य में एक विशेष नाटकीय युक्ति का सहारा लिया है। किशन नामक 8-9 साल के एक छोटे से बच्चे को दृश्य में प्रवेश कराया गया है। वह अपनी जुबान में टीन बजा-बजाकर लोगों को होने वाले आम जलसा के बारे में बता रहा है। उसके संवाद हैं—"हर ख़ास-ओ-आम को मतला किया जाता है कि आज ब-रोज सोमवार, शाम के ठीक साढ़े चार बजे जलियाँवाला बाग में एक आम पब्लिक जलसे होगा, जिसमें लौटर बिल का पर्दाफाश किया जायेगा।"[12] किशन के इस संवाद को सुन आपस में बात कर रही दोनों स्त्रियाँ खिलखिलाकर हँस पड़ती हैं।

दरअसल, नाटक में भी काव्य की तरह शब्दों के चयन, संयोजन, उसकी

मितव्ययिता तथा बिम्ब, प्रतीक, व्यंजना, संकेत आदि पर विशेष ध्यान देना होता है। इनके बग़ैर नाटकीयता की कल्पना नहीं की जा सकती। इससे दृश्य के स्तर पर तीखेपन का बोध होता है। पात्रों के मध्य लक्षणा, व्यंजना शब्द-शक्तियों के आने से नाटक का सौन्दर्य खिलता है। इस सौन्दर्य का गहरा सम्बन्ध उसके प्रदर्शन से भी है। नाटक के कोख में शब्दों की अठखेलियों से निर्मित घटनाओं की, दृश्यों की लम्बी शृंखला प्रदर्शन के पाठ को सुगम बनाती है। 'रंग दे बसन्ती चोला' जब दूसरे अंक में प्रवेश करता है, तो उसके पहले दृश्य में ही उपर्युक्त शब्द-शक्तियों का सहज ही बोध किया जा सकता है। ओ'ड्वायर और इर्विंग के बीच संवाद इस तथ्य की पुष्टि करते हैं। इर्विंग जब कहता है—''जलसे-जुलूस तो निकल रहे हैं, पर शहर में कोई गड़बड़ी नहीं हुई। जलसों में कोई भड़काऊ बातें नहीं की जाती हैं। वे लोग गाँधी जी के हुक्म पर चल रहे हैं।

—(व्यंग्य से) और गाँधी का क्या हुक्म है?

—गाँधी ने कहा है कि हम रौलेट बिल का तो विरोध करेंगे, लेकिन सरकार के प्रति किसी द्वेषभाव से नहीं।

—(व्यंग्य से) गाँधी ने कहा और तुमने मान लिया!''[13]

पूरे नाटक में जगह-जगह ऐसे संवादों की शृंखला है, जो हमें इतिहास के प्रति जागरूक तो बनाते ही हैं, वर्तमान के प्रति भी सचेत करते हैं। स्पष्ट है कि यह नाटक हमें राजनीतिक रूप से संवेदनशील भी बनाता है।

एकाध बातें नाटक की प्रासंगिकता को लेकर। जलियाँवाला बाग में जलसे की कार्रवाई आरम्भ हो चुकी है। भाषण दिये जा रहे हैं। भाषणकर्ता कहता है, अगस्त, 1917 में आप वायदा करते हैं कि जंग ख़त्म होते ही आप हुकूमत में सुधार करेंगे, कि हिन्दुस्तानियों की ज़िन्दगी को बेहतर बनाया जायेगा। कहाँ गये आपके सुधार? कहाँ गये आपके वायदे? आपके बयान पर की स्याही अभी सूख भी नहीं पायी थी कि रौलेट ऐक्ट ले आये हैं। रही-सही आज़ादी भी छीन रहे हैं।''[14]

दूसरा ये कि 'रंग दे बसन्ती चोला' का मुख्य सरोकार जलियाँवाला बाग हत्याकांड से है। साहनी जी ने बहुत ही सावधानीपूर्वक इस घटना की पूर्वकथा की पड़ताल करने की कोशिश की है। इस कथा से यह द्योतित होता है कि कैसे अँग्रेजी महकमा हिन्दू-मुस्लिम एकता से भयभीत था। कैसे उनकी रात की नींद हराम हो गयी थी। कथा में जहाँ-जहाँ हिन्दू-मुस्लिम एकता की बात की गयी है, वहाँ विशेष रूप से अँग्रेजी हुक्मरानों के चेहरे पर हवाइयाँ उड़ने लगती हैं। लेफ्टिनेंट गवर्नर सर-माइकल ओ'ड्वायर डिप्टी कमिश्नर माइल्स इर्विंग से कहता है, ''जो बात मुझे परेशान कर रही है, वह यह कि हिन्दुओं और मुसलमानों के

बीच मेल-मिलाप शुरू हो गया है।"[15] इन्हें मेल-मिलाप नहीं चाहिए। इसलिए, वे इस साझे चूल्हे को तोड़ने की पुरज़ोर वकालत करते हैं। उनके समक्ष यह एक विकट समस्या है। अमृतसर में जुलूस, हड़ताल से भी बढ़कर। अगर ऐसा नहीं होता, तो ड्वायर को यह नहीं कहना पड़ता कि "हम मुसलमानों से क्यों नहीं कह सकते कि तुर्की के जिस खलीफा की तुम लोग मदद करते रहे हो, वह ज़मीन पर पड़ा धूल चाट रहा है? इस शरारत का हमें पुरज़ोर मुकाबला करना होगा।"[16] नाटक में दोनों समुदायों के मध्य जहाँ भी मेल-मिलाप की बात सामने आयी है, वहाँ उनमें दहशत का-सा असर हुआ है। दूसरे अंक के पहले दृश्य में अमृतसर के डिप्टी सुपरिंटेंडेंट ऑफ़ पुलिस एवं लेफ्टिनेंट गवर्नर के मध्य बातचीत चल रही है। ओ'ड्वायर प्लोमर से पूछता है, "यह रामनवमी तो हिन्दुओं का पर्व है न?

यस, युअर एक्सेलेंसी, पर इस बार वे इसे कौमी एकता दिवस के रूप में मना रहे हैं। मुसलमान भी इसमें शामिल हो रहे हैं।"[17]

इतना सुनते ही ओ'ड्वायर अपनी चिन्ता यह कहकर प्रकट करता है कि "इसका मतलब है, वे खुलेआम एक-दूसरे से बगलगीर होंगे, मेलजोल बढ़ायेंगे।"[18]

ज़ाहिर है, इस सांस्कृतिक साझेपन में अँग्रेजी सरकार दरार डालना चाहती है। लेकिन उसका दरार डालने का तरीका बहुत जघन्य है। जब सरकार को लगता है कि उसके मना करने के बाद भी हड़ताल की जा रही हैं, आगे भी की जायेंगे, तो जलियाँवाला बाग में बैठे हज़ारों आदमियों पर कहर बरपा कर देती है। उपस्थित लोगों को गोलियों से भून दिया जाता है। सरकार को अपने विरुद्ध संघर्ष समाप्त करने का यही तरीका मुफीद जान पड़ा। जब-जब सरकार को समुदायों के मध्य एकता स्थापित होने का भान हुआ, तब-तब सरकार ने इसे कुचलने के निमित्त अपने घिनौने खेल को अंजाम दिया। जलियाँवाला हत्याकाण्ड के बाद भी ऐसी कई घटनाएँ हुईं जिनका मकसद था एकता को तोड़ना। भीष्म साहनी ने अपने एक व्याख्यान में कहा है—"मुझे पता चला कि 1922 से 1927 के वर्षों में देश के विभिन्न हिस्सों में बहुत से साम्प्रदायिक दंगे हुए। वे दंगे महात्मा गाँधी जी के नेतृत्व में चलाये गये पहले असहयोग आन्दोलन को तोड़ने के लिए सुनियोजित रूप से करवाये गये थे। हम सब जानते हैं कि जब-जब अंग्रेज विरोधी संघर्ष मज़बूत हुआ, इसे खून से रंग दिया गया। क्या कोई 1946 के कलकत्ता जनसंहार को भूल सकता है या इसके ठीक बाद आज़ादी की पूर्व सन्ध्या पर हुए नौआखली जनसंहार को? यह सिलसिला 1947 की विभीषिका और देश के विभाजन तक चलता रहा।"[19]

अन्तिम बात भीष्म साहनी की उस स्वीकारोक्ति को लेकर, जिसमें उन्होंने अत्यधिक तथ्य के होने की बात कही है। दरअसल, एक बार इन पंक्तियों के लेखक ने एनएसडी बुकशॉप में देवेन्द्र राज अंकुर से साहनी जी के उपर्युक्त कथ्य के बारे में बताया, तो अंकुर जी ने कहा, "उनके कहने से क्या होता है। ...यह एक लेखक की विनम्रता भी तो हो सकती है।" उस वक़्त अंकुर जी से सहमत होना थोड़ा असहज जान पड़ा। लेकिन, 'आज के अतीत' पढ़ते समय जब तथ्य की अधिकता सम्बन्धी बात पर ध्यान गया, तो उसका ध्वन्यर्थ अंकुर जी की बात से साम्य दिखता प्रतीत हुआ। ऐसा लगने के पीछे की मूल वजह यह है कि साहनी जी ने इसके ठीक अगले पैरा में कल्पना और यथार्थ सम्बन्धी जो बातें की हैं, वह विशेष तौर पर उल्लेखनीय हैं। वे एक तरफ़ दस्तावेज़ी नाटक की बात करते हैं, तो दूसरी तरफ़ लेखन में सत्य के उद्‌घाटन को प्राथमिकता देते हैं। लेखन में कल्पना के साथ सच्चाई के दमन की बात करते हैं। जिस लेखन में दोनों का अभाव है, उसे कपोल कल्पना के नाम से अभिहित करते हैं। उन्होंने लिखा है, 'रूमानी लेखन और यथार्थवादी लेखन को अलग-अलग कटघरों में रखना मुझे बहुत असंगत लगता है। कल्पना की भूमिका दोनों में निर्णायक होती है। दोनों विधाओं में जीवन के सत्य का उद्‌घाटन ही सर्वोपरि होता है। ...यथार्थवादी लेखन में लेखक वास्तविकता के धरातल पर चलता है, रूमानी लेखन में लेखक वास्तविकता से बहुत ऊपर उठ जाता है, पर दोनों ही ज़िन्दगी की सच्चाई का दामन थामे रहते हैं। जहाँ इस सच्चाई का दामन छूट जाये वहाँ रचना कपोल-कल्पना बनकर रह जाती है।"[20] ज़ाहिर है, जलियाँवाला घटना के सत्य का उद्‌घाटन, उसके पीछे की मूल वजह की पड़ताल करना साहनी जी का अभीष्ट लक्ष्य है।

दिक्कत वहाँ से शुरू होती है कि आज अधिकांश रंगकर्मियों के पास उतना समय नहीं है कि वे संयम का अनुपालन करें। आज ऐसे रंगकर्मियों की लम्बी कतार है, जो चमक-दमक में विशेष रूप से विश्वास करते हैं। वे नाटक को पीछे छोड़ प्रदर्शन के माध्यम से ही नया नाटक गढ़ने में विश्वास करते हैं। यही कारण है कि भीष्म जी के अन्य नाटकों की तुलना में 'रंग दे बसन्ती चोला' का रंगशिल्प इतना सपाट मालूम पड़ता है कि अव्वल तो कुछ रंगकर्मियों की दृष्टि में इसकी कोई प्रासंगिकता ही नहीं है। दूसरा यह कि नाटक के सांस्कृतिक धरातल से हमारा लगाव, उसके रंग विन्यास से हमारा वास्ता, उसके व्यापक सामाजिक-राजनीतिक परिप्रेक्ष्य में देखने की तमीज से ही नाटक की दिशा का निर्धारण होता है। ऐसे में, हिन्दी पट्टी के रंगकर्मी भला क्यों 'जलियाँवाला बाग' पर अपना वक़्त ज़ाया

करें। इस घटना का सम्बन्ध तो पंजाब से है। पंजाब में इस नाटक को प्रसिद्धि भी ख़ूब मिली। बकौल राजिन्दरनाथ "उनका (भीष्म साहनी का) पंजाबी नाटक 'जलियाँवाला बाग' बहुत ही लोकप्रिय हुआ।"[21]

सन्दर्भ

1. *आलोचना* (सं. परमानन्द श्रीवास्तव), अप्रैल-सितम्बर-2004, पृ. 193
2. वही, पृ. 161
3. वही
4. *आज के अतीत* (भीष्म साहनी), पृ. 238
5. *नाटक के सौ बरस* (हरिश्चन्द्र अग्रवाल), पृ. 29
6. *नटरंग* (सं. अशोक वाजपेयी), अंक-87-88, पृ. 144
7. *रंग प्रसंग* (सं. प्रयाग शुक्ल), जुलाई-सितम्बर-2003, पृ. 192
8. *नया पथ,* अप्रैल-सितम्बर-2015, पृ. 18
9. *बादल सरकार, व्यक्ति और रंगमंच* (अशोक भौमिक), पृ. 49-50
10. *रंग दे बसन्ती चोला* (भीष्म साहनी, सम्पूर्ण नाटक-1), पृ. 437
11. वही, प. 444
12. वही, पृ. 448
13. *रंग दे बसन्ती चोला* (भीष्म साहनी, सम्पूर्ण नाटक-1), पृ. 460
14. वही, पृ. 457
15. वही, पृ. 445
16. वही
17. वही, पृ. 462
18. वही
19. *बनास* (सं. पल्लव), पृ. 44
20. *आज के अतीत* (भीष्म साहनी), पृ. 238
21. *आलोचना* (सं. परमानन्द श्रीवास्तव), अप्रैल-सितम्बर-2004, पृ. 250

भीष्म साहनी के नाटकों के तीन विद्रोही स्वर

रणजीत साहा

स्वभाव से बेहद संकोची और बड़बोलेपन से दूर, भीष्म साहनी ने कभी-कभार ही अपने बारे में कुछ कहा या लिखा था। लेकिन जीवन के अन्तिम चरण में प्रकाशित 'आज के अतीत' (आत्मकथा) से उनके जीवन के संघर्ष, रचना-संकल्प और युगीन सन्दर्भों की प्रामाणिक जानकारी मिलती है। इसमें उन्होंने अपने बाल्यकाल की स्मृतियों से लेकर आरम्भिक शिक्षा-दीक्षा, सामाजिक परिवेश, परिवारिक संस्कार, देश विभाजन एवं विस्थापन, जीविका की तलाश आदि का उल्लेख किया है। साथ ही, जीवन से अर्जित अनुभव और लेखनारम्भ और उसकी पाठकीय स्वीकृति से लेकर जीवन के प्रमुख पड़ावों एवं प्रस्थानों को उन्होंने बड़ी सहजता और प्रामाणिकता से उकेरा है। उनके लेखन से रचनात्मकता के साथ उनकी रचना-प्रक्रिया का भी पाठकों को परिचय मिलता है और वे जान पाते हैं कि एक लेखक यूँ ही यशस्वी नहीं हो जाता—उसे समाज और साहित्य परिसर में अपनी जगह और पहचान बनाने के लिए काफ़ी क़ीमत चुकानी पड़ती है।

भीष्म साहनी के रचनात्मक उत्कर्ष को उनके बड़े भाई बलराज साहनी के रंग-संघर्ष से अलग कर ठीक से समझा नहीं जा सकता। भीष्म जी का जीवन बलराज जी के जीवन से अपेक्षाकृत अधिक व्यवस्थित रहा। लेकिन साहित्य एवं संस्कृति (विशेषकर रंगकर्म) के सन्दर्भ में दोनों भाइयों के योगदान को 'को बड़ छोट कहत अपराधु'—जैसी पंक्ति से ही चरितार्थ करना होगा। यहाँ इस बात को तो स्वीकारना ही होगा कि अगर युवा बलराज अपने पैतृक कारोबार से अलग अपनी स्वतन्त्र जीविका की तलाश में लाहौर जाकर एक पत्रिका कार्यालय में काम न करते तो शायद साहित्य और पत्रकारिता से भीष्म जी का भी नाता नहीं जुड़ता। उनके परिवार के ही एक निकट हितैषी गुरुदयाल मलिक का अनुदेश पाकर बलराज काम की तलाश में शान्तिनिकेतन पहुँचे थे। वहाँ लाहौर से अंग्रेज़ी

साहित्य में एम.ए. पास बलराज को गुरुदेव रवीन्द्रनाथ ने हिन्दी पढ़ाने का दायित्व सौंप दिया, पचास रुपये की मासिक वृत्ति पर। इन विडम्बनाओं और असुविधाओं से गुज़रकर ही बलराज का अनुभव संसार समृद्ध हुआ था। बड़े भाई की इन तमाम गतिविधियों को बहुत निकट से युवा भीष्म देख-समझ रहे थे। यह सब उनके अनुभव का भी हिस्सा बन रहा था। लाहौर विश्वविद्यालय से ही अंग्रेज़ी साहित्य में एम.ए. करने के बाद भीष्म साहनी अम्बाला, अमृतसर और फिर दिल्ली चले आये। बाद में वे यहाँ के दिल्ली कालिज में अंग्रेज़ी के अध्यापन कार्य से जुड़ गये। इस बीच कोई सात साल तक विदेशी भाषा प्रकाशन गृह, मॉस्को में अनुवादक रहे। वहाँ से लौटने के बाद वे ढाई वर्ष तक 'नयी कहानियाँ' पत्रिका के मानसेवी सम्पादक भी रहे। बड़े भाई बलराज के रंगमंच से सक्रिय जुड़ाव और इप्टा से सम्बद्ध होने के कारण भीष्म साहनी ने नाट्य विधा को अपनी सोच और सरोकार से आजीवन जोड़े रखा।

हालाँकि 'आज के अतीत' में बलराज साहनी या ख़ुद अपने संघर्ष को भीष्म जी महिमामण्डित नहीं करते बल्कि इस बारे में लगभग चुप्पी साधे रहते हैं। फ़िल्म उद्योग में बलराज की हैसियत, अभिनय में उनकी पैठ, रंगमंच या फ़िल्मों को उनका योगदान—इस बारे में भी कोई उल्लेख नहीं है। दरअसल प्रदर्शन या उसके आडम्बर से दोनों ही भाई आजीवन मुक्त रहे।

भीष्म जी के मन में न केवल रंगमंच के लिए बल्कि जनसाधारण के लिए समर्पित इप्टा (इंडियन पीपुल्स थिएटर एसोसिएशन) की भूमिका का बड़ा सम्मान रहा। देश-विभाजन, स्वाधीनता एवं विस्थापन की त्रासदी का अनुभवजन्य यथार्थपरक वर्णन करने के बाद भीष्म साहनी—इप्टा के बारे में लिखते हैं, "इप्टा को लोग आज भी बड़ी श्रद्धा से याद करते हैं, इसलिए कि वह देशव्यापी भावनाओं, आकांक्षाओं को वाणी देता था; जनता ही उसके केन्द्र में थी, वह बड़ी स्पष्ट, प्रेरणाप्रद भाषा में उन आकांक्षाओं एवं उद्‌गारों को व्यक्त करता था। कला के स्तर पर वह न केवल लोक कला की परम्पराओं से जुड़ता था, उन्हें अपनाता था, बल्कि उस कला को वर्तमान और भविष्य की अपेक्षाओं के अनुरूप ढालता भी था, वह भविष्योन्मुखी था, नये-नये प्रयोग करता था। जनसाधारण के दिल की बात करता था और उनके दिल तक पहुँचता था। उसकी कलाकृतियों में नये-नये प्रयोग हो रहे थे, उनमें एक विशेष रचनात्मक ओजस्विता पायी जाती थी।"

आन्दोलनधर्मी एवं लोकप्रिय संगठन इप्टा से गहरे जुड़े रहे भीष्म साहनी जीवन के अन्तिम दिनों में ख़ुद से ही सवाल कर रहे होते हैं कि एक बेघर, बेरोजगार आदमी के लिए रंगमंच से इतना गहरा लगाव कहीं बचकानापन तो नहीं था?

फिर लिखते हैं कि उन दिनों की राजनीतिक- सांस्कृतिक हलचलें बचकाना नहीं, गम्भीर थीं; उनमें सोद्देश्यता थी, सार्थकता थी। इसकी पुष्टि उन्होंने अपने पिता की उस प्रतिक्रिया से की है जो उन्होंने रंगमंच पर बलराज साहनी के अभिनय से प्रभावित होकर, उन्हें अपनी बाँहों में भरते हुए की थी कि "अगर तू बम्बई में यह करने आया है, तो मुझे कोई आपत्ति नहीं।" इप्टा द्वारा उपयोग में लायी जाने वाली लोकभाषा और लोकशैलियों ने भी जनता को इस आन्दोलन से जोड़ने में मदद की। इप्टा से जुड़कर भीष्म साहनी को अपनी सर्जनात्मक सार्थकता का बोध हुआ जो उस परिस्थिति विशेष में उन्हें आन्तरिक सम्बल प्रदान करता था। वस्तुतः किसी भी साहित्यिक-सांस्कृतिक आन्दोलन की सार्थकता इस बात में निहित होती है कि वह जनता को एक सूत्र में बाँधने तथा उसके जीवन-संघर्ष में कितनी सकारात्मक भूमिका निभाता है। यह बात दीगर है कि एक समय जनता को जागरूक बनाने तथा उसे नवीन दृष्टि प्रदान करने वाली इप्टा दलगत विचारधारा का वाहक बनकर कालान्तर में अपनी प्रभावी भूमिका खो बैठी। दरअसल जनता किसी भी वैचारिक यान्त्रिकता को देर तक पसन्द नहीं करती, भीष्म साहनी ने इसे सहज ढंग से स्वीकार किया है।

1947 में ही भीष्म जी ने अंग्रेज़ी नाटक 'भूतगाड़ी' का रूपान्तर ही नहीं, बल्कि बतौर अभिनेता और निर्देशक इसे मंच पर प्रस्तुत भी किया। युवावस्था में ही एक कथाकार के नाते प्रसिद्ध हो जाने और अध्यापकीय से जुड़ जाने के कारण भीष्म जी नाट्य लेखन और रंगकर्म की ओर बहुत ध्यान नहीं दे पाते थे लेकिन उनके अवकाश (Space) और अवचेतन (Unconscious) में रंगकर्म और थिएटर से लगातार लगाव बना रहा। यह देखना रोचक होगा कि उनकी कहानियों और उपन्यासों में आख्यान, पात्र चयन, वस्तु-विन्यास और विचार तत्त्व के साथ कितनी मात्रा में नाटकीय तत्त्व या रंग-सूत्र विद्यमान हैं। यही कारण है कि उन्होंने अपनी दो दर्जन से अधिक कहानियों के नाट्य रूपान्तर प्रस्तुत किये, जो विभिन्न निर्देशकों द्वारा समय-समय पर अलग-अलग ढंग-ढंग से मंचित हुए क्योंकि उनमें इतने अधिक रंग-घटक और नाट्य-तन्तु उपस्थित हैं, जिन्हें निर्देशकों ने अपनी प्रतिभा के बल पर, विकसित और विन्यस्त किया है।

भीष्म जी ने सबसे पहले अपना पूर्णकालिक नाटक 'हानूश' 1976 में लिखा था, जो राजिन्दर नाथ के निर्देशन में उनकी 'अभियान' संस्था द्वारा 1977 में 10 से 13 मार्च तक दिल्ली में खेला गया।

यह मध्ययुगीन चेकोस्लोवाकिया के एक कुफ्लसाज़ यानी ताला बनाने वाले अनोखे कारीगर हानूश की जीविका से जुड़ी एक त्रासद गाथा है। राजाज्ञा

पाकर, उसने घर-परिवार की ज़िम्मेदारियों की परवाह किये बिना अपनी जवानी के ख़ूबसूरत सत्रह साल दुनिया की पहली मीनार घड़ी बनाने में खपा दिये। ज़िद के साथ शुरू हुआ यह क़िस्सा उसके जुनून से भी जुड़ गया और इसने उसकी ज़िन्दगी का बेहतरीन हिस्सा लील लिया। हानूश को एक नायाब काम पूरा करने पर जहाँ ख़ुशी मिली, वहाँ राजा द्वारा एक हज़ार सोने की मोहरें और एक राजदरबारी होने का रुतबा भी हासिल हुआ। लेकिन इन सबके बदले उसे उम्र के साथ अपनी आँखें भी गँवानी पड़ीं। हुकूमत ने बड़ी बेरहमी से उसकी आँखें निकलवा लीं ताकि वह ऐसी ही कोई दूसरी मीनार घड़ी कहीं और न बना सके।

शासन और सत्ता की मेहरबानियों के ऐसे कई निर्मम उदाहरण इतिहास में दर्ज हैं। गैलीलियो-जैसा सत्यवादी वैज्ञानिक भी सर्वशक्तिमान पोप के राजकीय कोप का शिकार हुआ था। ताजमहल बनाने वाले कारीगरों और ढाके की मलमल बुनने वाले बुनकरों के हाथ काटकर फेंक दिये गये। कलाकार को इनामो-इकराम से नवाजने वाली हुकूमत का नंगा सच यह होता है कि वह इस हद तक अमानवीय और असंवेदनशील हो सकती है। कि निरंकुशता ही उसकी पहचान बन जाती है। 'यूज़ एंड थ्रो' का यह चालू मुहावरा हानूश में बड़ी कुशलता एवं अत्यन्त मार्मिकता से भीष्म साहनी ने कई प्रसंगों के साथ उजागर किया है। यह नाटक न तो दर्शकों से तालियाँ बजवाने के लिए खेला गया और न उनकी सराहना बटोरने के लिए—बल्कि इन्हीं सवालों से रू-ब-रू कराने के लिए लिखा गया था ताकि निर्मम सत्ता और निरीह जनता के बीच एक और उदाहरण के साथ, उसी त्रासदी को एक नये तेवर और कलेवर में एक नये ढंग से पेश किया जाये।

इस नाटक के बारे में भीष्म साहनी ने यह बताया है कि 1960 में, मॉस्को से प्राग की यात्रा के दौरान निर्मल वर्मा ने 'हानूश' और उससे जुड़ी मध्ययुगीन घड़ी का किस्सा सुना था। इस कथा की त्रासदी उनके अन्तर को छू गयी थी। उन दिनों सोवियत संघ में भी सत्ताविरोधी लेखकों को देशनिकाला की सजा दी जा रही थी, जिसे अपने सोवियत रूस प्रवास के वर्षों में भीष्म जी निकट से देख ही चुके थे। विदेशी पृष्ठभूमि, कथावस्तु एवं पात्र, वस्त्र विन्यास आदि के बावजूद अपनी रंग-प्रस्तुति में यह अत्यन्त सशक्त था—किसी भी सच्चे कलाकार की त्रासदी का प्रामाणिक प्रतिरूप।

भीष्म साहनी आगे बताते हैं—प्राग में घूमते हुए लगता, जैसे मैं यूरोप के किसी मध्ययुगीन खण्ड में पहुँच गया हूँ। प्राचीन गिरजे, पुरानी सड़कें, पुराने बीयरघर आदि प्राग का अपना माहौल है, जो भुलाये नहीं भूलता। मेरे मित्र

निर्मल वर्मा उन दिनों वहीं पर थे और चेक भाषा और संस्कृति की उन्हें ख़ासी जानकारी थी। सड़कों पर घूमते-घामते एक दिन उन्होंने मुझे एक मीनारी घड़ी दिखाई जिसके बारे में तरह-तरह की कहानियाँ प्रचलित थीं कि यह प्राग में बनाई जाने वाली पहली मीनारी घड़ी थी, और इसके बनाने वाले को उस समय के बादशाह ने अजीब तरह से पुरस्कृत किया था। ...आख़िर इसे मैंने नाटक का रूप दिया। ...यह नाटक ऐतिहासिक नाटक नहीं है, न ही इसका अभिप्राय घड़ियों के आविष्कार की कहानी कहना है। कथानक के दो-एक तथ्यों को छोड़कर लगभग सभी कुछ ही काल्पनिक है। नाटक एक मानवीय स्थिति को मध्ययुगीन परिप्रेक्ष्य में दिखाने का प्रयास मात्र है।...

तीन अंकों में विभाजित 'हानूश' के दृश्य विधान की परिकल्पना भारत के किसी भी ग़रीब कलाकार या दस्तकार के जर्जर घर के तरह ही दीख पड़ती है। हानूश के पहले अंक के पहले दृश्य में एक मामूली घड़ीसाज़ के अस्त-व्यस्त और सँकरे कमरे में दुनिया-भर की तमाम ठुँसी चीज़ों और घड़ी के कल-पुर्जों के बीच हानूश के बड़े भाई से उसकी पत्नी कात्या की पहली पंक्ति हानूश (लगभग सभी कलाकारों की) की दुःस्थिति का बयान है, "मैंने आज तक आपके सामने मुँह नहीं खोला, लेकिन अब मैं मजबूर हो गयी हूँ। इस तरह से यह घर नहीं चल सकता।..."

अगली बातचीत में स्थितियाँ और भी दयनीय होती चली गयी हैं—जब कात्या यह शिकायत करती है "जो आदमी अपने परिवार का पेट नहीं पाल सकता, उसकी इज़्ज़त कौन औरत करेगी? घर में खाने को न हो तो मैं अपने बच्ची को कैसे पालूँ? मेरा बेटा सर्दी में ठिठुरकर मर गया। जाड़े के दिनों में सारा वक़्त खाँसता रहता था। घर में इतना ईंधन भी नहीं था कि मैं कमरा गर्म रख सकूँ। हमसायों से लकड़ी की खपच्चियाँ माँग-माँगकर आग जलाती रही।"

दरअसल एक सजग एवं समर्पित कलाकार के अन्तःसंघर्ष से सम्बद्ध यह नाटक उसकी सर्जनात्मक अस्मिता और स्वतन्त्रता को परिभाषित करना चाहता है। लेकिन दूर हो या निकट—सत्ता अन्ततः निर्मम होती है और उसके विरोध की परिणति होती है—मृत्युदण्ड में। सत्ता द्वारा एक हाथ से मिले ईनाम और दूसरे हाथ से मिली सज़ा के आगे एक अन्धा घड़ीसाज़ कर भी क्या सकता है? कलाकार की निरुपायता का 'हानूश' से बढ़िया निदर्शन भला और क्या हो सकता है? ऐसे सामाजिक-सांस्कृतिक गुणज्ञ, जो सर्वथा सुयोग्य होते हैं, कलाविद् होते हैं—उन्हें यह अच्छी तरह समझ लेना चाहिए कि वे अन्ततः अभिशप्त हैं, निरुपाय हैं और ऐसी प्रजा-सन्तानें हैं, जो विकल्पहीन हैं। भीष्म जी अपने नाटक हानूश के

द्वारा एक पाठक और दर्शक के नाते हमें झिंझोड़ते हैं, झकझोरते हैं और प्रश्नाकुल बनाकर कुछ सोचने को मजबूर कर देते हैं।

दरअसल कलाकार की स्वाभाविक सृजनेच्छा कभी-कभी उसकी राह में अवरोध पैदा कर देती है। वह जीवन की सचाई और जगत यानी घर-संसार की बुनियादी ज़रूरतों को भी समझ नहीं पाता। घड़ीसाज़ हानूश भी अपने घर-संसार, अपनी पत्नी, उसकी दैहिक आकांक्षा और पारिवारिक आवश्यकताओं की अनदेखी करता रहता है। परिणाम यह होता है कि पति-पत्नी का मधुर सम्बन्ध परस्पर कटुता में बदल जाता है। उसकी बेटी यान्का और हानूश के शिष्य जैकब की अनकही-सी प्रेमकथा भी इस नाटक में सांकेतिक ढंग से व्यक्त है। लेकिन जैकब का मीनार घड़ी का भेद जान लेना भी कम त्रासद नहीं है और गुरु से गुर सीखने के बाद, वह अपनी महत्त्वाकांक्षा पूरी करने के लिए देश से बाहर चला जाता है, यहाँ तक कि यान्का का प्रेम भी उसके लिए कोई ख़ास मायने नहीं रखता। लेकिन दूसरी ओर हानूश में भी भयानक कटुता भर जाती है। वह अवसादग्रस्त हो जाता है। ऐश्वर्य-भोग की ढेरों सामग्री के बावजूद उसका अकेलापन बढ़ता जाता है और वह आत्महन्ता होने के साथ अपनी सृष्टि (घड़ी) का ध्वंस चाहने लगता है। वह अपने सहायक जैकब की मदद से नयी घड़ी भी बनाना चाहता है—अपने ही प्रतिमान का प्रतिद्वन्द्वी एक बूढ़े लोहार की आत्मीयता इस नाटक में उदात्त मानवीय पक्ष का साक्षात्कार कराती है। वह चाहता है कि हानूश अपनी नायाब घड़ी की खोज जारी रखे। वह दिल खोलकर उसकी मदद भी करता है। उसे इस बात पर नाज़ है कि "जो काम कोई और नहीं कर पाया वह एक मामूली कुफ्लसाज़ ने कर दिखाया। लेकिन धार्मिक और शासकीय शक्तियों के बीच पूँजीपति वर्ग किसी-न-किसी तरह जुगाड़ भिड़ाकर अपनी पैठ बनाने में कैसे सक्षम हो जाता है, इसका निदर्शन भी नाटक में है। रंगमंच पर इसे पेश करते समय श्री राजिन्दर नाथ ने अनेक बहुमूल्य सुझाव दिये—नाटक की भाषा के बारे में और नाटक को और ज़्यादा चुस्त और गीतिशील बनाने के लिए भी। मैंने उनके अधिकांश सुझावों को स्वीकार किया है। नाटक में से कुछेक अनावश्यक प्रसंग निकाल या बदल दिये गये हैं और भाषा को बोलचाल की भाषा के और ज़्यादा नज़दीक लाने की कोशिश की है।" क्योंकि यह घड़ी धीरे-धीरे नगरपालिका की शक्ति का प्रतिमान बन जाती है। सारे प्रतिनिधि अपनी ताक़त जताने के लिए इसका इस्तेमाल करना चाहते हैं। एक घड़ी का अवतरण सारे नगर में भारी परिवर्तन मचा देता है। देश-विदेश के पर्यटकों के आकर्षण का केन्द्र हानूश का यह नगर बन जाता है। चुंगी और महसूल बढ़ जाते हैं और आमदनी भी। अब व्यापारी वर्ग

घड़ी की आड़ में कमाई के जुगाड़ में लग जाता है। ज़मीन-जायदाद की क़ीमतें अब आसमान छूने को हैं। घड़ी व्यापारी और कारोबारी (जिसमें दलाल भी शामिल हैं) वर्ग की शक्ति का प्रतीक और उसके मुनाफ़े का ज़रिया बन गयी है। व्यापार और मुनाफ़े में विस्तार के लिए अब इस वर्ग को राजसत्ता में अपनी भागीदारी चाहिए। भीष्म साहनी-जैसा प्रतिबद्ध लेखक ही ऐसे सूत्र-संकेत दे सकता था।

हानूश की सृजन-प्रक्रिया में भीष्म साहनी जी को लम्बा समय लगा क्योंकि उसके संक्षिप्त कथानक का नाट्य विधा में अन्तरण कठिन उपक्रम था। गिने-चुने तथ्यों के आधार पर मध्यकालीन यूरोप के एक अपरिचित ऐतिहासिक यथार्थ को नाटक में सफलता के साथ प्रस्तुत करने की चुनौती भी थी। तत्कालीन परिस्थितियों के बीच जीवन्त चरित्रों की सृष्टि कलात्मक संयम एवं सामर्थ्य के बिना सम्भव नहीं थी और उनकी प्राग-यात्रा इस अर्थ में उनके काम आयी। भीष्म जी ने इसमें कल्पना का सहारा लेते हुए वर्तमान इतिहास के घटनाक्रम से उसे जोड़ दिया। इस नाटक को देखकर आपातकाल की यादें ताज़ा हो जाती हैं। उन्होंने लिखा है, "इसमें सन्देह नहीं कि निरंकुश सत्ताधारियों के रहते, हर युग में, हर समाज में हानूश-जैसे फ़नकारों-कलाकारों के लिए इमर्ज़ेंसी ही बनी रहती है और वे अपनी निष्ठा और आस्था के लिए यातनाएँ भोगते रहते हैं। यही उनकी नियति है।"

कहने की आवश्यकता नहीं कि निरंकुश सत्ता के लिए सृजनशीलता का कोई महत्त्व नहीं होता, बल्कि ऐसी सत्ताएँ कलाओं को अपने अस्तित्त्व के लिए ख़तरा मानती हैं। उन्हें बिना रीढ़ वाले, यथास्थितिवादी एवं चाटुकार अपने अनुकूल लगते हैं। सच्चा कलाकार जोख़िम उठाता है। वह अपनी कला के माध्यम से किसी भी निरंकुश सत्ता का प्रतिकार करता हुआ उसके सामने सृजन का विकल्प प्रस्तुत करता है। इतनी कठोर सज़ा भुगतने के बाद भी, दो साल से बन्द पड़ी घड़ी को अपनी अन्धी लेकिन अन्तर्दृष्टि सम्पन्न कौशल से ठीक कर देता है। उसके इस आत्मसन्तोष से नाटक का अन्तिम दृश्य अत्यन्त मार्मिक और कलात्मक हो गया है। हालाँकि एक सामान्य व्यक्ति के नाते वह हथौड़ा उठाकर घड़ी को तोड़ देना चाहता है लेकिन उसके स्वाभाविक क्रोध पर उसके आत्म-सजग कलाकार की विजय होती है। ...दरअसल सच्चा कलाकार अन्धा होकर भी अन्धा नहीं होता क्योंकि वह अपने अकूत प्रशंसकों की आकांक्षाओं में जीवित रहता है। हानूश, तभी तो कहता है, "कभी-कभी मुझे लगता है कि जैसे मेरी आँखें लौट आयी हैं, जैसे चारों ओर मेरे हाथ फिर से घड़ी बनाने में लगे हुए हैं और वह घड़ी, जो बजने पर मानो कह रही हो कि हानूश न तो अन्धा हुआ है, न मरा है..."

इसके नाट्य-मर्म को सार्वजनीन स्वीकृति मिलेगी, यही सोचकर राजिन्दर नाथ ने इसे 'अखिल भारतीय नाट्य समारोह' में प्रस्तुत किया था और इसके निर्देशन के लिए उनकी पर्याप्त प्रशंसा हुई थी। इसमें 'अभियान' के आरम्भिक चरण में जुड़े नवोदित कलाकारों, रवि वासवानी (अब स्वर्गीय), सुषमा सेठ, सुभाष गुप्ता, रंजना जोशी, कल्पना साहनी (भीष्म जी की पुत्री), गिरीश माथुर आदि ने भूमिकाएँ की थीं। नाटक में उल्लेखित तमाम दुःस्थितियों को नाटक के अन्तर्पाठों, संवादों एवं संकेतों को मंच पर उतार पाने और पात्रों द्वारा उजागर करने में जितनी सफलता 'अभियान' को फ़रवरी 1977 में मिली थी, उतनी सफलता 'प्रयोग' द्वारा लगभग आठ साल बाद खेले गये नाटक 'हानूश' को नहीं मिली। इसके निर्देशक के. वाणी सुबण्णा इसे मंचानुकूल बना नहीं पाये। अभियान की ख़ामियों से वे कुछ सीख नहीं पाये। 'अभियान' के पात्रों की तुलना में 'प्रयोग' के पात्रों का अभिनय फीका, मंच-भाषा बेजान और न परिधान परिकल्पना भी कमज़ोर थी।

यह देख-सुनकर आश्चर्य होता है कि स्वयं भीष्म साहनी, जो लम्बे समय तक रंगमंच के इतने निकट रहे हैं—उन्होंने इस नाटक की अलग-अलग रंग प्रस्तुतियों के बारे में कभी खुलकर न कुछ कहा और लिखा। वे अपने रचना कर्म को महत्त्व देते हुए माधवी के लेखन में जुट गये।

पितृसत्तात्मक व्यवस्था में स्त्री की अवहेलना और शोषण की कहानी कहने वाले नाटक माधवी की रचना-प्रक्रिया का बीजारोपण त्रिलोचन शास्त्री के साथ बातचीत करते हुए एक रेलयात्रा के दौरान हुआ। त्रिलोचन जी ने महाभारत में अन्तर्भुक्त जो कथा उन्हें सुनायी, उससे प्रभावित होकर भीष्म साहनी ने माधवी नाटक में माधवी के प्रति गहरी मानवीय संवेदना दिखाई है जबकि महाभारत के वृत्तान्त में माधवी के प्रति किंचित मात्र सहानुभूति प्रकट नहीं की गयी है और न ही माधवी द्वारा विश्वामित्र के पास सहवास का प्रस्ताव लेकर जाने की भर्त्सना की गयी है। इसी कथा को भीष्म साहनी ने जब आधुनिक सन्दर्भ में और स्त्री-स्वातन्त्र्य के प्रश्न से जोड़कर बतौर नाटक प्रस्तुत किया तो उसमें माधवी को केन्द्रीय भूमिका प्रदान की गयी। इस तरह यह नाट्य-कृति स्त्री-प्रधान बन गयी। निश्चय ही यह लेखक की उदात्त संवेदना-दृष्टि से सम्भव हो सका। उन्होंने माधवी की इस गहरी ख़ामोशी और पुरुष-प्रदत्त पीड़ा में विकास की अनेक सम्भावनाएँ देखीं। वे यही मानते रहे कि फल की इच्छा मौलिकता को क्षतिग्रस्त करती है। इसलिए उसे अपने रास्ते पर ही चलना चाहिए।

माधवी की कथावस्तु अपनी पौराणिकता के बावजूद स्त्री-पुरुष सम्बन्ध को आधुनिक सन्दर्भ में परिभाषित करती है। यह एक ओर महाभारतकालीन महाराज

ययाति की पुत्री माधवी के मन में चलने वाले ऊहापोह को उजागर करती जबकि दूसरी ओर स्त्री-पुरुष सम्बन्धों की विषमता और विडम्बना इसे अत्यन्त जटिल बना देती है। समाज में परम्परागत तौर पर प्रचलित पुरुषशासित व्यवस्था के अन्तर्गत स्त्री-देह का शोषण या इस्तेमाल कोई नयी बात नहीं रही है। विश्वामित्र का महत्त्वाकांक्षी शिष्य मुनिपुत्र गालव का संकल्प है कि वह आठ सौ अश्वमेधी अश्व जुटा लेगा। हालाँकि इतनी बड़ी संख्या में तब किसी भी सम्राट के पास अश्व नहीं थे। निराश गालव राजा ययाति के पास पहुँचा लेकिन इतनी बड़ी संख्या में घोड़े न दे पाने की स्थिति में असमर्थ ययाति ने अपनी दानवीरता और सदाशयता का प्रदर्शन करते हुए, गालव को अपनी पुत्री माधवी सौंप दी। चूँकि माधवी को चिरकौमार्य और चक्रवर्ती पुत्र पैदा करने का वरदान मिला हुआ था, इसलिए अनिच्छा के बावजूद वह गालव की बेतुकी प्रतिज्ञा को पूरा करने और पिता की आज्ञा का पालन करने निकल पड़ी।

माधवी ने अश्वमेधी घोड़ों के बदले अयोध्या, काशी और भोजनगर के पुत्रहीन राजाओं के अन्तःपुर में रहकर चक्रवर्ती पुत्र को जन्म दिया और अनुबन्ध के अनुरूप गालव के पास लौट आयी लेकिन तब भी दो सौ घोड़ों की कमी रह गयी थी, जो सौभाग्य से विश्वामित्र के पास थे।

इधर आत्महत्या को तत्पर गालव के प्राणरक्षार्थ माधवी दो सौ घोड़ों के बदले स्वयं विश्वामित्र के निकट चली गयी। ऐसी असम्भव गुरुदक्षिणा चुकाकर गालव को भी ऋषि होने का वरदान प्राप्त हुआ और तीन-तीन ऐश्वर्यवान परपुरुषों की स्त्री और उनके पुत्रों की जननी होकर भी माधवी गालव से प्रेम करती रही। लेकिन विडम्बना यह है कि स्वयं गालव का गुरुऋण चुकाने की इस प्रक्रिया में माध्यम बनी माधवी अब बूढ़ी हो चली थी। स्त्रीकामी और स्वार्थी गालव उसे गुरुभोग्या मर्यादा की दुहाई देकर उसे अपनाना नहीं चाहता था। लेकिन वह यह भी चाहता था कि माधवी अगर अनुष्ठानादि द्वारा पुनः कौमार्य प्राप्त कर ले तो वह उसे सहर्ष स्वीकार कर लेगा। जीवन भर उसकी शर्तों को चुकाने वाली अभिशप्त माधवी अब किसी पुरुष या पति की कामलालसा का शिकार नहीं बनना चाहती। अन्ततः वह उसे वहीं छोड़कर कहीं अन्यत्र चली गयी।

भीष्म साहनी लिखित 'माधवी' स्पष्ट तौर पर भारतीय समाज में स्त्री की तथाकथित उपस्थिति और प्रायोजित नियति पर गहरा कटाक्ष कने वाली नाट्य-कृति है। देशकाल में आये इतने परिवर्तनों के बावजूद स्त्रियों के दमन, उत्पीड़न और शोषण में वृद्धि ही हुई है। महाभारत की द्रौपदी के बाद, माधवी का अपेक्षाकृत अल्पज्ञात और अल्पख्यात चरित निश्चय ही हिन्दी पाठकों और दर्शकों

को चौंकाने वाला था। भीष्म जी ने बिना मुखर हुए पुराणेतिहास में वर्णित इस अभिशप्त नारी-चरित्र को, वर्तमान परिवेश से जोड़ा और उसकी पात्रता से जुड़ी अनकही वेदना और तद्‌युगीन विसंगतियों एवं धार्मिक विडम्बनाओं के आलोक में देखने का प्रयास किया। माधवी-जैसी स्त्री पात्राओं की नियति तो बदल नहीं रही है लेकिन भीष्म जी ने अपनी रंग-प्रतिज्ञा से इस असम्भव रचना-संकल्प को पूरा किया। हालाँकि रंगमंच ने उनका और 'माधवी' का बहुत साथ नहीं दिया।

माधवी नाटक का प्रदर्शन भी 'प्रयोग' द्वारा मंज़र थिएटर (प्रगति मैदान, दिल्ली) में किया गया था। एक मिथककथा के आधार पर भीष्म साहनी-जैसे वरिष्ठ रचनाकार लिखित इस नाटक के लिए दर्शकों के मन में एक स्वाभाविक आकर्षण था।

महाभारत में कथित इस गाथा को पल्लवित कर भीष्म जी ने एक नया आयाम प्रदान तो किया लेकिन प्रश्नाकुलता के दबाव और इसे आधुनिकता के सन्दर्भ में विन्यस्त करने की हड़बड़ी में वे माधवी की पात्रता के साथ न्याय नहीं कर पाये। स्थितियों के दोहराव एवं संयोगों के आधिक्य से भी नाटक की संरचना में बिखराव आ गया। अच्छा होता, भीष्म जी इसे उपन्यास के तौर पर लिखते। लेकिन वहाँ एक पुराकथा की पुनःप्रस्तुति के लिए जिस भाषा की अपेक्षा होती, वह सम्भवतः भीष्म जी के पास नहीं थी।

लेकिन जहाँ तक 'प्रयोग' द्वारा इसकी मंचीय प्रस्तुति की बात है, वह माधवी की नाटकीय प्रश्नाकुलता को आंशिक ढंग से ही अभिव्यक्त कर सकी। कमज़ोर कथा-संरचना के बावजूद जिस उत्तेजक जटिलता को भीष्म ने अपने लेखन में विन्यस्त किया था—उसकी पात्रगत विविधता को उक्त प्रस्तुति मंच पर उतार नहीं पायी। यहाँ दानवीर कहलाने वाले पिता, ऋषि बनने वाले प्रेमी और राजपुत्र पानेवाले तीनों राजा और शिष्य का अहंकार तोड़ने वाले गुरु के लिए जिस माधवी का इस्तेमाल किया गया है, उसकी पात्रता निभाने वाली दीपा साही अन्तिम कुछेक दृश्यों में ही प्रभावी नज़र आयी। रामगोपाल बजाज (विश्वामित्र) और काव्य कुमार (कथावाचक) ने अपनी भूमिका के साथ न्याय किया था। कुल मिलाकर, प्रस्तुति सामान्य से आगे नहीं बढ़ सकी। अन्तिम दृश्य में मुखौटे और यवनिका का प्रयोग रोचक बन पड़ा था। अगर इस युक्ति का सहारा पहले भी लिया गया होता तो कथा की प्रवहमानता में निरन्तरता बनी रहती।

'हानूश' के विपरीत 'कबिरा खड़ा बजार' में नाटक के लिए भीष्म साहनी के पास आवश्यकता से अधिक सामग्री उपलब्ध थी किन्तु जिन ऐतिहासिक तथ्यों के आधार पर उन्हें कथानक का विकास करना था वह कबीर के व्यक्तित्त्व

एवं मान्यताओं के अनुरूप हो इसका भी ध्यान रखना था ताकि नाटक में प्रामाणिकता के साथ विश्वसनीयता बनी रहे। वे बताते हैं, कुछ किंवदन्तियों के आधार पर, तो कुछ कल्पना के आधार पर कबीर सम्बन्धी नाटक लिखा गया। संवादों की भाषा में अवधी का पुट देना इसलिए आवश्यक था कि नाटक को उस ज़माने का रंग मिले।

'कबिरा खड़ा बजार' में कबीर के अक्खड़-फक्कड़, प्रखर-मुखर, निर्भीक, सत्यान्वेषी और असाधारण व्यक्तित्त्व के कुछ चुने हुए प्रसंगों से भीष्म जी ने नाटक का ताना-बाना बुना है। कबीर के पारिवारिक बल्कि घरेलू जीवन में पत्नी के साथ तनातनी, सामाजिक सरोकार और धार्मिक सद्भाव सम्बन्धी मान्यताओं और मानवीय धारणाओं के साथ इसमें मानवीय पक्ष उकेरा गया है। कबीर और उनके समानधर्मा विभिन्न सन्तों और मनीषियों के विचार और उनकी वाणियों में निहित सन्देशों का अनुगायन हम सदियों से कर रहे हैं। लेकिन कबीर का व्यक्तित्त्व अपनी ओजस्विता और धर्मान्ध शक्तियों के वर्चस्व के आगे निर्द्वन्द्व और निर्भीक ढंग से आज इतने दिनों बाद भी जिस तरह तनकर खड़ा है—वह अपने सन्देश में विराट से विराटतर होता चला जा रहा है। भीष्म साहनी का इस बारे में कथन है कि, ''मेरी समझ में कबीर का अध्यात्म मूलतः उनकी मनुष्य मात्र के प्रति समदृष्टि, प्रेमभाव, भक्तिभाव और व्यापक धर्मेतर दृष्टि से ही पनपकर निकला है। उनके वाह्याचार विरोधी पद, भक्तिभाव के पद और आध्यात्मिक पद एक ही भूमि से उत्पन्न हुए हैं, एक ही मूल की उपज हैं, इस तरह वे एक दूसरे से अलग न होकर, एक-दूसरे से अभिन्न रूप से जुड़े हुए हैं।''

कबीर-जैसा एक विवादास्पद और अक्खड़ चरित्र, जो एक ओर ऐतिहासिक है तो दूसरी ओर निजंधरी और तीसरी ओर साम्प्रदायिक (कबीर पंथियों की दृष्टि में)। उसका क़द, उसके पद, उसकी भाषा कहीं रहस्यगर्भित है तो कहीं उलटबाँसी-सी अबूझ; कहीं सरल है तो कहीं गेय; उसकी लोकधर्मी छवि और छटा से उसकी कोई एकायामी तस्वीर तैयार नहीं की जा सकती। 'कबिरा खड़ा बजार' में भी इसीलिए काफ़ी कमियाँ रह गयीं। दरअसल आज से छह सौ साल पूर्व जन्मे कबीर से जुड़े अकूत आख्यानों, असंख्य पदों और वैविध्यपूर्ण छवियों के जटाजाल से कबीर को साबूत निकालना कोई आसान काम नहीं...बीसवीं सदी की हिन्दी में, और वह भी रंगमंचीय भाषा में। भीष्म जी ने कबीर के समग्र और लोक स्वीकार्य स्वरूप को ही उभारने की कोशिश की। विभिन्न पात्रों के साथ कबीर का सम्बन्ध (नीमा और नूरा) और स्वयं एक व्यक्ति एवं साधक के नाते देशकाल के साथ उसका आत्मसंघर्ष इस कृति में नाटकीय तनाव को बनाये

रखता है। भीष्म जी के अनुसार, "एक भक्त कवि के नाते, जातपात विरोधी और एकेश्वरवाद का समर्थक, मूर्तिपूजा एवं धार्मिक संकीर्णता की विरोधी आदि पर बल दिया गया...और इसलिए उनके आध्यात्मिक पक्ष को नहीं उभारा गया।"

अप्रैल 1981 में 'प्रयोग' की ओर से 'कबिरा खड़ा बजार' में एम.के. रैना ने त्रिवेणी के मुक्ताकाशी मंच पर अभिनीत किया। कबीर, भीष्म साहनी और रैना की त्रयी का ही जादू था कि बड़ी संख्या में उत्साही दर्शक उपस्थित थे। निर्देशक के सुझाव पर मूल नाट्यालेख में संकलित दस पदों को बढ़ाकर प्रस्तुति के दौरान सत्रह कर दिया गया। दृश्यों में भी फेरबदल किया गया, जो निर्देशक का अधिकार है और शगल भी। लेकिन भीष्म साहनी ने जब कभी भी तथ्यों या लोकस्वीकृत प्रसंगों अथवा ऐतिहासिक सन्दर्भों से गझिन व्यक्तित्त्व या चरित को प्रस्तुत किया है वहाँ वे अंशतः ही सफल रहे हैं। खड़ी बोली के साथ, अवधी, भोजपुरी, उर्दू आदि का और बीच-बीच में पदों की प्रस्तुति के साथ नैरेटर के वक़्तव्य से भी इसका प्रभाव बिखर गया। हालाँकि पंचानन पाठक के कुशल संगीत संचालन और आकर्षक मंच-सज्जा ने दर्शकों की आँखों और कानों को तो ठण्डक पहुँचायी लेकिन कबीर का वह उदात्त एवं विलक्षण व्यक्तित्त्व उभरकर सामने नहीं आया, जो दर्शक चाहते थे। इसका एक कारण शिथिल नाट्यालेख भी था, जिसे कबीर की भूमिका में उतरे मनोज शर्मा का सधा हुआ अभिनय भी सँभाल नहीं पाया। सन्तमना कबीर एक मनुष्य के कलेवर में भी, सन्त कबीर के नाते अपने आध्यात्मिक स्वरूप को भी उजागर कर सके—उसका वह वांछित प्रभामण्डल उस पूरे तामझाम में तिरोहित या ओझल हो गया।

नाटक चाहे जो भी हो, इतिहास नहीं हो सकता। हालाँकि 'कबिरा खड़ा बजार' में ऐसे कई ऐतिहासिक प्रसंग और दृश्य पिरोये गये हैं, इस तथ्य की पुष्टि के लिए कि कबीर उस राजसत्ता के धुर विरोधी थे, जो जनता की आवाज़ को कुचल देना चाहती है। उसे केवल ठकुरसुहाती वाली बोली ही भाती है। अपनी चिरपरिचित अक्खड़ शैली में सामाजिक प्रतिबद्धताओं को तीव्र मुखर करने वाले कबीर का चरित्र भीष्म साहनी ने उनकी जीवनी सम्बन्धी पदों के आलोक में खड़ा किया था। उन्होंने नाटक की कथावस्तु में कबीर के दौर की समस्याओं को अपने समय के आईने में रखने का उपक्रम किया, लेकिन अपेक्षित कसाव के अभाव में वह कहीं-कहीं बिखर गया। भीष्म जी का मानना था इस नाटक की कथावस्तु का चयन दो कालखण्डों की समानता को ध्यान में रखकर किया गया था। इसलिए कहीं-कहीं पर तर्क-वितर्क या फिर वाद-विवाद में आज की गूँज हो तो वह एक सीमा तक स्वाभाविक ही है, हालाँकि ऐसी कोशिश सायास नहीं होनी चाहिए।

मध्यकालीन यूरोप और मध्यकालीन भारतीय इतिहास और समाज के सन्दर्भ में 'हानूश' और 'कबिरा खड़ा बज़ार' में अपेक्षाकृत कम अन्तर के साथ घटना-प्रसंगों, मानवीय प्रश्नों और पात्रों की नियति के बारे में, भीष्म जी ने अपनी रचनात्मक प्रतिरफ़तियों का निर्वाह किया है। आधुनिक सन्दर्भ में, अतीत से जुड़े वे सारे प्रश्न आज एक बार फिर प्रासंगिक हो उठते हैं। सत्ता की निषेधात्मक और निरंकुश शक्ति को 'हानूश' तो चुनौती नहीं दे पाया था, लेकिन कबीर में यह दुस्साहस था कि वह राजशक्ति को चुनौती दे सके। लेकिन आज, हमारे समाज में ऐसा नायक कौन है और कहाँ है, जो सत्ता के मुकाबिल खड़ा हो और जो कबीर की तरह सारी विषमताओं, दुरभिसन्धियों, सामाजिक कुरीतियों और भ्रष्टाचारों से टकराने का हौसला रख सके। कबीर-जैसा फक्कड़, मस्तमौला, फ़क़ीर और निडर व्यक्ति ही 'लिए लुकाठी हाथ' राजा-रजवाड़ों, धर्माधिकारियों और पाखण्डियों को अकेले धता बता सकता था।

गिने-चुने ऐतिहासिक तथ्यों के बावजूद 'हानूश', 'माधवी' और 'कबिरा खड़ा बजार' में को जैसी सफलता मिली वैसी प्रचुर ऐतिहासिक सामग्री के होते हुए भी भीष्म साहनी के परवर्ती नाटकों 'आलमगीर' एवं 'रंग दे बसन्ती चोला' को नहीं मिल सकी। ऐतिहासिक तथ्यों की बहुलता से कथा-सन्तुलन में विचलन तथा कल्पना की रचनात्मक भूमिका के लिए अवकाश की कमी को इसका कारण मानना चाहिए। कल्पना पर इतिहास का अतिरिक्त बोझ पड़ने से ये नाट्य-कृतियाँ नाट्याभिलेख बनकर रह गयीं। भीष्म साहनी ने इस तथ्य को अकुण्ठ भाव से स्वीकार किया है जिसे उनकी लेखकीय ईमानदारी कहा जा सकता है।

भीष्म साहनी की कहानी कला

भीष्म साहनी की कहानियाँ : विविधता, ऐतिहासिक बोध और सर्जनात्मक प्रासंगिकता

नित्यानन्द तिवारी

हिन्दी-साहित्य के इतिहास में कहानी का दबाव कभी इतना नहीं महसूस किया गया कि साहित्य-क्षेत्र में उठने वाले प्रश्नों और समस्याओं का वह महत्त्वपूर्ण माध्यम बने। लेकिन छठे दशक के अन्त में पहली बार यह दबाव महसूस किया गया। लगभग एक साथ 15-20 कहानियाँ लिखीं गयीं जिन्होंने कहानी को महत्त्वपूर्ण साहित्यिक विधा ही नहीं बना दिया बल्कि साहित्यिक बहसों को अपने इर्द-गिर्द या अपने केन्द्र से चलने-चलाने की विवशता-सी पैदा कर दी। यह विवशता कुछ कहानीकारों और कुछ आलोचकों की महत्त्वाकांक्षा और जोड़-तोड़ का परिणाम मात्र न थी। नयी कविता ठोस जीवन-स्थितियों से उलझते हुए भी कुछ दार्शनिक जैसी मानवीय समस्याओं और प्रश्नों को उछालने में अधिक सक्रिय हो उठी थी। नयी कविता की अपेक्षा नयी कहानी का 'आदमी' स्थिति-परिभाषित अधिक था जिसने किस्सागोई की 'बुद्धिमान' योग्यता को अपर्याप्त बना दिया। यही कारण है कि पिछले खेवे की कहानियों से ये कहानियाँ अपने मिजाज और विधान में काफ़ी अलग दिखाई पड़ने लगीं। अपने समानान्तर चलने वाली नयी कविता के मुकाबले नयी कहानी का 'आदमी' इतिहास-सिद्ध अधिक था और नयी कविता का 'आदमी' अपेक्षाकृत अधिक दार्शनिक संकट की प्रतीति। सम्भवतः इस कारण भी दोनों विधाओं के पक्षधरों ने एक तरह का प्रतियोगितापरक और कुछ-कुछ-हमलावरों जैसा रवैया भी अख्तियार कर लिया था।

क्या नयी कहानी और नयी कविता 'आदमी' के बारे में दो तरह की प्रतीतियों और धारणाओं का प्रतिनिधित्व कर रही थीं?

क्या ऐसा लगता है कि सामाजिक-आर्थिक परिस्थितियों और समस्याओं के दबाव से भावना और सम्बन्ध के भीतर जो परिवर्तन होता है नयी कहानी के

आदमी में वह अधिक चरितार्थ होता है? क्या नयी-पुरानी सामाजिक-आर्थिक संरचनाओं के संक्रमण और संकट की अभिव्यक्ति नयी कहानी में अधिक है? और कमोबेश नयी कविता में भी यह संकट है लेकिन क्या वह उसे मानवीय नियति और सार्थकता-निरर्थकता के दार्शनिक जैसे प्रश्नों की ओर अधिक अभिमुख करती है?

यानी नयी कहानी मानवीय अनुभूति और सम्बन्ध-धारणा को कमोबेश ऐतिहासिक स्रोत से प्रमाणित होना अनिवार्य मानती है तो नयी कविता किसी दार्शनिक बिन्दु से! हम सब जानते हैं नयी कविता के कुछ पक्षधरों ने इतिहास की निरर्थकता के बारे में भी बहस चलायी थी। पश्चिमी चिन्तन जगत में 'पावर्टी ऑफ़ फ़िलॉसफ़ी' और 'पावर्टी ऑफ़ हिस्टरी' की बहस चल चुकी थी। इस प्रकार नयी कहानी जीवन के भौतिक सन्दर्भों से निर्मित इतिहास-बोध और दृष्टि से अनुभव की पहचान कराने में अधिक सक्रिय रही। जीवन की किन स्थितियों में कहानी किस तरह से है नयी कहानी में इसकी एक विश्वसनीय व्याकुलता रही। नयी कहानी की इसी सक्रियता और व्याकुलता का परिणाम है कि वह पहली बार हिन्दी साहित्य के इतिहास में निर्णायक स्तर पर अपना दबाव डाल सकी और केन्द्रीय विधा (?) के रूप में उभर सकी।

आगे चलकर इस सक्रियता और व्याकुलता के प्रमाण बाद के कुछ कहानीकारों (ज्ञानरंजन, रवीन्द्र कालिया, काशीनाथ सिंह आदि) में विकसित स्तर पर मिलते रहे लेकिन उसका सामूहिक दबाव धीरे-धीरे कम होता चला गया। कहानी की बहस को आन्दोलन के स्तर पर चलाने की कई कोशिशें की गयीं लेकिन उनका प्रभाव क्षीण होता ही चला गया। कारण सम्भवतः यह हो कि इतिहास प्रक्रिया की समग्रता धीरे-धीरे कथानुभव में से अनुपस्थित होती चली गयी और कहानीकार अराजक स्थिति-पुंजों को मर्जी के मुताबिक कोई भी व्यवस्था देने में अपने को अधिक स्वतन्त्र और अधिकारी मानने लगे। क्या नयी कहानी में कई तरह के लोग, विचारधाराओं में विश्वास करने वाले, न करने वाले, यहाँ तक कि विपरीत दृष्टियों के लोग एक साथ नहीं लिख रहे थे? लेकिन तत्कालीन जीवनानुभूति में इतिहास-सिद्ध भूमिका ही स्थितियों की व्यवस्था का केन्द्रीय आधार थी। यह इतिहास प्रक्रिया की समग्रता थी जो सबके कथानुभव में चरितार्थ होती रही और उसका एक सामूहिक दबाव आन्दोलन का रूप धारण कर सका। लेकिन धीरे-धीरे ढाँचों में लेखकों की रुचि बढ़ती चली गयी, चाहे वे विचारधारा के ढाँचे हों या उसके विरोध के और इतिहास-बोध से बनी अनुभूति और जीवन की अन्तर्वस्तु फिसलती चली गयी। कमोबेश सभी दौर के लेखकों में इसके लक्षण उतर आये।

यह दुखद तथ्य है कि नयी कहानी दौर के महत्त्वपूर्ण कथाकारों में से कुछ ने तो लिखना छोड़ दिया, कुछ दुहराते रहे, और कुछ कहानी के सिद्धान्तकार और सम्पादक बन गये। भीष्म साहनी भी उसी दौर के कथाकार हैं। यद्यपि उनका लिखना भी कम हो गया लेकिन यह बहुत महत्त्वपूर्ण तथ्य है कि उन्होंने शायद ही कहीं दुहराया हो और शायद ही कहीं सैद्धान्तिक और वैचारिक ढाँचा उनके कथानुभव की विश्वसनीयता और सक्रियता के आड़े आया हो।

उनकी कहानियों को एक साथ पढ़ने पर पता चलता है कि उनमें आरम्भ से ही घटनाओं, स्थितियों और दृश्यों की विविधता को बहुत महत्त्व मिला है। यह विविधता इतनी अधिक है कि जीवन के सामने कथाकार की बहुत छोटी बिसात का अहसास होता है। ख़ासकर तब जब ऐसे कथाकार हों जो जीवन के सामने बड़े दिखते या दिखाते हों। विचार, विचारधारा, अन्तरात्मा, मानव नियति सबको मथकर जीवन के सारतत्त्व को निचोड़ चुके या निचोड़ रहे हों। बेचारा जीवन उनकी महानता के सामने निचुड़ा, उजड़ा और सहमा हुआ-सा हो। ऐसे लोगों ने जीवन को बहुत छोटा और सकरा बनाया है। ऐसी स्थिति में भीष्म साहनी की कहानियों पर चर्चा करना खुले सहन में होने जैसा है। उनकी कहानियों में साहित्यकार की महानता की मुद्रा अनुपस्थित है। यह अनुपस्थिति जीवन के विस्तार, विविधता और महानता का अहसास कराती है।

भीष्म जी मार्क्सवादी हैं लेकिन उनकी कहानियों के ढाँचे मार्क्सवादी फार्मूले नहीं बनाते। एकाध उदाहरण तो शायद दिये जा सकें लेकिन यह उनकी प्रवृत्ति नहीं है। वे विचारधारा को उपागम (Approach) के रूप में इस्तेमाल करते हैं, निष्कर्ष और ढाँचे के रूप में नहीं। इसी कारण परिस्थिति के भीतर अन्तर्विरोध की द्वन्द्वात्मक विकास प्रक्रिया उनकी कहानी की अन्तर्वस्तु का निर्माण करती है। मुझे सिर्फ़ एक उदाहरण याद है जिसमें परिस्थिति के अन्तर्विरोध से अधिक विचारधारा के ढाँचे पर भरोसा करके कहानी लिखीं गयी है। यह कहानी है 'भाग्य रेखा' इसी नाम के संग्रह में। सम्भवतः यह उनका पहला कहानी-संग्रह है। एक दमे का रोगी मज़दूर कनॉट प्लेस में बैठे एक ज्योतिषी को हाथ दिखा रहा है। ज्योतिषी अपने धन्धे की भाषा में भाग्य बताता है। मज़दूर यजमान से सच कहने को कहता है। ज्योतिषी बताता है, 'तेरे भाग्य रेखा नहीं है।' लेकिन मज़दूर शगल के लिए हाथ दिखा रहा है : परिस्थिति की मार का आतंक उस पर है ही नहीं। वह सचेत मज़दूर है जो भाग्य पर भरोसा न करके मई दिवस पर आयोजित मजदूरों के जुलूस में अपना भाग्य पहचानता है। जुलूस बढ़ता है। वह ज्योतिषी से कहता है, "देखा साले? ...फिर देख हथेली, साले, तू कैसे कहता

है कि भाग्य-रेखा कमज़ोर है?'' इस कहानी का मज़दूर, व्यक्ति नहीं, पार्टी का सदस्य मात्र है। वह शोषण के शिकार से अधिक क्रान्तिकारी है। ऐसा लगता है वह मज़दूर परिस्थिति के भीतर बना आदमी तो नाममात्र को है, विचारधारा से ही गढ़ा गया है। परिस्थिति, व्यक्ति और विचारधारा के अन्तर्विरोध और द्वन्द्व के बिना ही यह कहानी प्रगतिशील हो गयी है। ऐतिहासिक बोध से बनी विचारधारा जब ऐतिहासिक परिस्थितियों की ही उपेक्षा करती है तो सिर्फ़ साँचे वाले व्यक्ति और साँचे वाली क्रान्ति ही पैदा होती है। इस कहानी का महत्त्व इसलिए बढ़ जाता है कि लेखक ने इसी कहानी के आधार पर संकलन की पहचान करानी चाही है। भीष्म जी की कथा-सर्जना में उनकी विचारधारा का हस्तक्षेप इतने बेतुके ढंग से कहीं नहीं हुआ है। यह अकेली कहानी है जिसमें उनका तथाकथित द्रष्टा साहित्यकार जीवन के सामने ख़ुद को महान और उसे छोटा करके देखता है।

लेकिन यह कहानी भीष्म जी के कहानी साहित्य में अपवाद है। यह विचित्र तथ्य है कि आज के कुछ चर्चित कथाकार और उनकी जनवादी कहानियाँ इस अपवाद की बुरी तरह शिकार हैं।

भीष्म जी के कथाकार का सही रूप इसी संग्रह की पहली कहानी 'जोत' में उभरता है। जानकू के पास पहाड़ी पर खेत का एक छोटा-सा टुकड़ा है जो उसकी और उसके बच्चों की जीविका का एकमात्र आधार है। बारिश में एक चन्द्राकार चीर फैलता हुआ उसके सारे खेत को घेर लेता है। जानकू देवता से प्रार्थना करता है, चीर बन्द करने के लिए लोगों से सहायता माँगता है। लेकिन देवता के कोप और लोगों की उपेक्षा के बीच हरीचन्द की सलाह कि रेंजर उसकी मदद कर सकता है, उसे सहारा देती है। वह रेंजर के पास पहुँचता है। फरियाद करता है। रेंजर मना कर देता है लेकिन शराब के नशे में भी उसे कुछ समझ पड़ता है और वह जानकू की मदद के लिए तैयार हो जाता है। ''जानकू रेंजर की आवाज़ से काँप उठता है। क्या रेंजर को देवता का हुक्म है। जोत ने भक्त की आरती सुनी है।'' लेकिन उसे क्या पता था ''हाकिमों की निगाह भी देवता की निगाह की तरह गोपनीय होती है।'' यह गोपनीयता उसकी असहाय अवस्था के चरम बिन्दु पर क्रूरतम त्रास के ज्वालामुखी की तरह उसे घेर लेती है।

इस कहानी के विवरण और वर्णन उस जलवायु को चित्रित करते हैं जो जानकू के जीवन और वातावरण में व्याप्त है। देवता और लम्बरदार पटवारी और हाकिम उसकी ज़िन्दगी के निर्माता हैं। देवता को चढ़ाने के लिए बकरा उसके पास नहीं है, वह देवता को ख़ुश नहीं कर सकता, लम्बरदार और पटवारी को देने के लिए पैसे नहीं हैं, उन्हें भी ख़ुश नहीं कर सकता। उसकी पत्नी उत्तमी

की देह जो हाकिम को ख़ुश कर रही थी, अब नहीं है। और चीर उसके खेत को घेर चुकी है। "विशालकाय पहाड़ों के दामन में अकेला खड़ा हुआ जानकू बार-बार अपनी ज़मीन को देख रहा था।" देवता, हाकिम, लम्बरदार, पटवारी सांस्कृतिक-सामाजिक वास्तविकता के विशालकाय पहाड़ हैं जिनसे जानकू घिरा हुआ है। जानकू सिर्फ़ जीने-भर का सहारा चाहता है। जानकू का धार्मिक संस्कार और उसकी आर्थिक-सामाजिक स्थिति उसे एक ख़ास बिन्दु पर खड़ा करती है। जहाँ उसे जानकू (एक व्यक्ति) के रूप में पहचाना जा सकता है। वह वर्ग-चेतना, सर्वहारा विचारधारा से परिचित नहीं है। अपने और अपने बच्चों की लालसा और परिस्थितियों की विवशता से चूर लहुलुहान जानकू हाकिम के क्रूर स्वार्थ का शिकार बन जाता है। यह क्रूर अत्याचार, सर्वहारा पर, मानवता पर है, यह अलग बात है वह जानकू, ख़ास जानकू और उसके बच्चों पर वज्रपात है।

अपने आदमियों के साथ जानकू की सहायता करने आया हुआ हाकिम अपनी स्कीम के मुताबिक सड़क और उसके खेत को ढहाने में बड़ी तत्परता करता है। हाकिम का यह गोपनीय आशय जानकू को पहले पता नहीं था। खेत और सड़क के ढहने से पुल बनेगा, हाकिम की जेब भरेगी, यह तथ्य तब मालूम होते हैं जब कुछ भी नहीं किया जा सकता था। खेत को बचाने की उदास लालसा और मरते दम तक किये जाने वाले प्रयत्न जानकू के चरम आवेगों में तने एक व्यक्ति को उकसाते हैं। चरम आवेगों में तने इस व्यक्ति की सृष्टि कौन करता है? क्या इसे घेरने वाली परिस्थितियाँ और उनके गोपनीय आशय नहीं? आवेगों में तने जानकू को परिस्थितियाँ ठेलकर उस बिन्दु पर ले जाती हैं जहाँ पर वह असहाय निपट अकेले व्यक्ति के अतिरिक्त कुछ भी नहीं रह जाता। यह जानकू के जीवन का एक चरम नाटकीय क्षण है जहाँ उसकी विकल्पहीन स्थिति में हाकिम की गोपनीय किन्तु अचूक मार बिल्कुल उस वक़्त पड़ती है जब 'यू टू ब्रूट्स' जैसी एक त्रासद और विस्फोटक पहचान के अलावा कोई सम्भावना शेष नहीं रह जाती है। जानकू का यह 'व्यक्ति' मात्र जैविक या मनोवैज्ञानिक सत्ता नहीं है, वह परिस्थितियों से निर्मित व्यक्ति-सत्ता है। आर्थिक, सामाजिक, धार्मिक परिस्थितियाँ, समाज जिस जानकू को निर्मित करती हैं उस व्यक्ति की मनोवैज्ञानिक और जैविक सन्दर्भों में पहचान अपर्याप्त होगी, ऐतिहासिक सन्दर्भ और चेतना में ही उस व्यक्ति की पहचान उभरती है। यानी वह एक स्थिति-परिभाषित, इतिहास-परिभाषित 'व्यक्ति' है। इसी कारण उसके जीवन में घटित ट्रैजडी के भीतर ऐतिहासिक-सामाजिक अन्तर्वस्तु निहित है और इस प्रकार जब तक कहानी में स्थिति और इतिहास-परिभाषित ख़ास व्यक्ति की सृष्टि नहीं हो जाती, तब

तक सामाजिक-ऐतिहासिक अन्तर्वस्तु की सर्जना सम्भव ही नहीं है। इस बात का महत्त्व इसलिए बढ़ जाता है कि आज की कहानियों में यह ख़ास व्यक्ति उभर नहीं पाता। अधिकांश कहानियों के व्यक्ति स्थिति-निर्मित से अधिक साँचे ढले गते हैं वे चाहे किसी खेमे की कहानियाँ हों।

'नयी कहानी' पर भावुकता और रूमानीपन का चाहे जितना आरोप लगाया जाता हो (वह उसके प्रस्तुतीकरण की एक हद तक कमज़ोरी हो सकती है) लेकिन स्थिति और इतिहास-परिभाषित व्यक्ति के जितने विविध रूपों की पहचान उसने करायी आगे की कहानियों को इसमें बहुत कम सफलता मिली।

स्थिति-परिभाषित व्यक्तियों में विविधता का होना अनिवार्य है। और उनकी व्यवस्था के लिए ऐतिहासिक सन्दर्भ और पद्धति भी उतनी ही अनिवार्य है। किसी विशेष समाज और समुदाय के किसी विशेष व्यक्ति की विशिष्ट स्थिति क्या है और ऐतिहासिक विकासक्रम से उस समाज और समुदाय की क्या स्थिति है, इन दोनों की ठीक-ठीक पहचान के बिना कोई सम्बन्ध व्यवस्था नहीं दी जा सकती है। यानी लेखक स्थितियों की व्यवस्था के लिए स्वतन्त्र नहीं हो सकता। वह जितना स्वतन्त्र होगा उतनी ही अराजकता और जड़ एकरूपता पैदा होगी। वह स्थिति और इतिहास से जितना बँधा या अनुशासित होगा जीवन की विविधता और एकता का साक्षात्कार उतना ही कर सकेगा। कहा जा सकता है कि स्थिति की विविधता और इतिहास की सामान्यता का अनिवार्य द्वन्द्व विविधता और एकता की धारणा को पूर्ण करना है। विविधता और एकता की संकल्पना दार्शनिक और सामाजिक चिन्तन मात्र की संकल्पना नहीं है, उसे सौन्दर्य बोधात्मक संकल्पना के रूप में भी स्वीकार करना पड़ेगा। कहा जा सकता है कि बाद की कहानियों में यह सौन्दर्य-बोध यदा-कदा आकस्मिक रूप में मिल जाता है।

भीष्म जी की कहानियों में विविधता को मैंने रेखांकित किया है। लगभग हर कहानी उदाहरण के रूप में ली जा सकती है। उनकी एक आरम्भिक कहानी का एक बहुत संक्षिप्त विश्लेषण मैंने अभी किया है। उनकी कहानियों के अद्यतन संग्रह 'वाङ्चू' में इसी नाम की कहानी का विश्लेषण करना इसलिए अनिवार्य है कि उसमें जिस 'आदमी' की कथा है वह निरन्तर स्थिति और इतिहास से परिभाषित होने को इनकार करता है—"भावुक काव्यमयी प्रकृति का जीव, जो प्राचीनता के मनमोहक वातावरण में विचरते रहना चाहता था, वह यहाँ तथ्यों की खोज करने नहीं आया था। वह तो बोधिसत्वों की मूर्तियों को देखकर गद्गद होने आया था। महीने-भर से संग्रहालयों के चक्कर काट रहा था, उसने कभी नहीं बताया कि बौद्ध धर्म की किस शिक्षा से उसे सबसे अधिक प्रेरणा मिलती है; न तो वह

किसी तथ्य को पाकर उत्साह से खिल उठता, न उसे कोई संशय परेशान करता। वह भक्त अधिक और जिज्ञासु कम था।'' अपने देश चीन और हिन्दुस्तान दोनों के वर्तमान में उसे कोई रुचि न थी। न वह अपने देश को जानता था और न हिन्दुस्तान को। वह सिर्फ़ बौद्ध ग्रन्थ बाँचता था और उन्हें बाँचने के लिए ही वह इतनी दूर आया था। ऐसी बातों का कि ''सामाजिक शक्तियों को समझे बिना तुम बौद्ध धर्म को भी कैसे समझ पाओगे? ज्ञान का प्रत्येक क्षेत्र एक-दूसरे से जुड़ा है, जीवन से जुड़ा है। कोई चीज जीवन से अलग नहीं है। तुम जीवन से अलग होकर धर्म को भी कैसे समझ सकते हो?'' उसके ऊपर कोई असर नहीं होता था। वह अनुदान की एक छोटी-सी रकम से अपना खर्च चलाता था। जब उसके मन में यह बात डाली गयी कि चीन और हिन्दुस्तान के सम्बन्ध अच्छे हो रहे हैं। वह अपने देश जाकर अपने देश के प्रतिनिधि के रूप में भारत फिर से आये तो उसे अनुदान की सुविधा भी अधिक मिल सकती है। तब कुछ दिनों बाद वह चीन चला गया। वहाँ की परिस्थितियाँ बहुत बदल गयी थीं। यहाँ भी जैसे वह अजनबी की तरह ही था। उसके मन में कोई उछाह नहीं उठता था। एक दिन उसे ग्राम प्रशासन केन्द्र में ले जाया जाता है, तरह-तरह के सवाल पूछे जाते हैं। बौद्ध धर्म के भौतिक आधार के बारे में, हिन्दुस्तान की राजनीति के बारे में। पता चलता है उसकी जानकारी बहुत अधूरी और हास्यास्पद है। वह फिर भारत लौटता है लेकिन जिस रोज वह कलकत्ता पहुँचता है, उसी रोज सीमा पर चीनी और भारतीय सैनिकों की मुठभेड़ का समाचार मिलता है। अबकी बार परिस्थितियाँ उसको एक सन्देहास्पद व्यक्ति बना देती हैं। वह मुश्किल से सारनाथ पहुँचता है लेकिन वहाँ से भी उसे बनारस पूछताछ के लिए थाने में आना पड़ता है। उसकी पाण्डुलिपियाँ दिल्ली के विशेषज्ञों के पास जाँच के लिए भेज दी जाती हैं। उसकी पाण्डुलिपियों में कुछ टिप्पणियाँ और एक निबन्ध मात्र लौट पाता है। उसी दिन से 'वाङ्चू' की आँखों के सामने धूल उड़ने लगी थी। एक दिन उसके मरने की ख़बर आती है। उसकी इच्छा थी कि उसका ट्रंक, पाण्डुलिपियाँ और कुछ किताबें कहानी के 'मैं' के पास पहुँचा दी जायें। वह उन्हें ले आता है, बचाता रहता है ''पर मैं जानता हूँ, किसी दिन ये भी गली में फेंक दिये जायेंगे।''

पूरी कहानी में वाङ्चू को लेखक की सहानुभुति मिली है। उसे एक ईमानदार और बहुत अच्छे आदमी के रूप में चित्रित किया गया है। लेकिन ईमानदारी और अच्छाई स्थिति निरपेक्ष होकर निरर्थक हो जाती है। वह व्यक्ति के अपने लिए, व्यंग्यात्मक त्रासदी और देश तथा समाज के लिए सन्देहास्पद और निर्मूल्य होती है। वाङ्चू एक ख़ास व्यक्ति के रूप में ज़रूर चित्रित किया गया है लेकिन

उसका व्यक्ति स्थितियों और ऐतिहासिक सन्दर्भों से परिभाषित नहीं है। उसके व्यक्ति का निर्माण सिर्फ़ अतीत और धर्म करता है। इसी कारण वह बिल्कुल अलग-थलग पड़ जाता है। वह वर्तमान के साथ किसी संवाद के योग्य नहीं है। मूलभूत मानवीय अच्छाई और ईमानदारी उसमें भरपूर है। लेकिन मनुष्य की वर्तमान ऐतिहासिक स्थिति के साथ उसकी कोई सम्बन्ध-व्यवस्था नहीं हो पाती। लेखक वाङ्चू के प्रति अपनी सारी सहानुभूति के बावजूद उसकी अनैतिहासिक व्यक्ति-सत्ता के सामने मजबूर है। अनैतिहासिक व्यक्ति सत्ता के साथ लेखकीय सहानुभूति की अर्थहीनता की इतनी सशक्त कोई दूसरी कहानी मुझे पढ़ने को नहीं मिली। इस कहानी में केवल एक स्थल पर व्यंग्य का इस्तेमाल किया गया है। यानी इसकी कथा पद्धति में व्यंग्य की भूमिका नहीं है। वाङ्चू जैसा व्यक्ति व्यंग्यात्मक कहानी का बड़ा अच्छा मसाला है। ऐसे मसाले के साथ सहानुभूति का प्रयोग करना बड़ा कठिन काम है। भीष्म जी ने इस कठिन काम को चुना। यह कहानी परत-दर-परत वाङ्चू और उसके प्रति लेखक की सहानुभूति की निरर्थकता का आख्यान है।

अब ज़रा 'जोत' और 'वाङ्चू' दोनों कहानियों की तुलना कर ली जाय।

'जोत' और वाङ्चू' दोनों कहानियों में बड़ी दारुण ट्रैजडी है। लेकिन जोत की ट्रैजडी मानवीय अनुभव और सहानुभूति को संगठित करती है, उनकी सार्थकता के नये सन्दर्भ उभारती है। इस कहानी की विकराल दहशत नयी सामाजिक-ऐतिहासिक अन्तर्वस्तु के उभरने की अनिवार्यता प्रस्तावित करती है। जबकि 'वाङ्चू' की ट्रैजडी मानवीय अनुभूति और सहानुभूति के बिखरने, उनकी सार्थकता के सन्दर्भहीन हो जाने की बाँझ ट्रैजडी है। इसमें व्याप्त करुणा निरर्थक है। इसमें लेखक सार्थकता के सन्दर्भ और मानवीय करुणा दोनों की निरर्थकता का परिपार्श्व ही प्रस्तावित करना चाहता है। 'जोत' की ट्रैजडी स्थिति और इतिहास-परिभाषित व्यक्ति की ट्रैजडी है इसलिए वह मानवीय भी बन जाती है लेकिन वाङ्चू की ट्रैजडी स्थिति-इतिहास-निरपेक्ष है और एक व्यक्ति की ट्रैजडी से आगे उसकी कोई सम्भावना नहीं है। उसका कोई मानवीय धरातल नहीं है। यह लेखक का इतिहास-बोध ही है जो 'वाङ्चू' की ट्रैजडी में मानवीय सम्भावना की अनुपस्थिति को बड़ी करुणा के साथ भाँप लेता है। इन दोनों कहानियों की थोड़ी-सी तुलना इसलिए की गयी है कि अनुभव के मानवीय और ग़ैर-मानवीय रूपों के बारे में कहानीकार की दृष्टि को स्पष्ट किया जा सके।

दोनों कहानियों के विश्लेषण से यह बात स्पष्ट होती है कि 'जोत' के व्यक्ति के जीवन की ट्रैजडी अपने वृहत्तर सन्दर्भ में ऐतिहासिक प्रक्रिया का हिस्सा है

इसलिए मानवीय स्तर पर भी पहचानी जाती है। 'वाङ्चू' कहानी का व्यक्ति किसी तरह से ऐतिहासिक प्रक्रिया का अंग नहीं बन पाता, इसलिए उसकी ट्रैजडी चाहे कितनी भी दुखद हो लेकिन उसके मानवीय होने की सम्भावना नहीं है। भीष्म जी की कहानियों के अनुभव-जगत का यह अन्तर्वर्ती नियामक सूत्र जान पड़ता है। महत्त्वपूर्ण बात यह है कि इस सूत्र से उनकी कहानियों की थीम और अभिव्यक्ति-पद्धति की रूढ़ियाँ नहीं बनी हैं।

नयी कहानी की विशिष्ट और प्रिय थीम है, स्त्री-पुरुष के कसमसाते सम्बन्ध, रिटायर ज़िन्दगी, दफ्तरी ज़िन्दगी, एक व्यापक खोखलापन, रोजमर्रेपन में गर्क ज़िन्दगी की ऊब और उदासी। और उसकी अभिव्यक्ति पद्धति की कुछ विशेषताएँ हैं, बिम्ब, प्रतीक, संगीत और व्यंजक प्रसंगों की जटिल बुनावट आदि। इस थीम और अभिव्यक्ति पद्धति ने व्यापक रूप से जीवन की परिस्थितियों में निहित विशिष्ट और तात्कालिक पहलुओं और चरित्रों में निहित निजी और तात्कालिक संवेदनों में एक तरह की आन्तरिक सार्थकता और मूल्य-सन्दर्भ की खोज की लेकिन यह सार्थकता और मूल्य-सन्दर्भ परिस्थितियों और व्यक्तियों के ख़ास निजी घेरे में होता हुआ भी सिर्फ़ उन्हीं के कारण नहीं पैदा हुआ था। यानी सार्थकता और मूल्य के विशिष्ट और निजी कारण नहीं थे। सामाजिक-आर्थिक स्तर पर व्यक्ति की अपेक्षाकृत आर्थिक स्वतन्त्रता एक ऐतिहासिक बिन्दु पर उसे और उसकी निजता को अधिक सार्थक और मूल्यवान बना रही थी जिसके लिए कई तरह की यातनाएँ झेलते कई तरह के व्यक्तियों के मार्मिक चित्र नयी कहानी में उभरे। लेकिन क्या यह कहा जा सकता है कि ज्यों-ज्यों परिस्थितियों और व्यक्तियों की निजता को ऐतिहासिक प्रक्रिया में उत्पन्न सामाजिक-आर्थिक कारणों से स्वतन्त्र रूप में भी अहमियत मिलती गयी, त्यों-त्यों कहानी में थीम और अभिव्यक्ति पद्धति इन दोनों में ढर्रे और ह्रास के लक्षण उभरते चले गये?

इसी बिन्दु पर भीष्म साहनी अपने समकालीन कहानीकारों से अलग होते हैं। उनकी कहानियों में किसी तरह के ढर्रे नहीं बने हैं। क्या जो कहानीकार तीस वर्षों से भी अधिक समय से लिखता चला आ रहा हो और जिसकी सर्जनात्मक सम्भावनाएँ सक्रिय और प्रासंगिक बनी रही हों, यह एक विरल साहित्यिक घटना है? जैसे आज भी कोई रचनाकार अपनी आरम्भिक रचना-शक्तियों से विच्छिन्न हुए बिना काफ़ी दिनों तक प्रासंगिक लेखन कर सकता है। तेज़ी से बदलती हुई परिस्थितियों में सिर्फ़ बदलने की अपेक्षा रचनात्मक विकास की धारणा का अहसास कर सकता है। किसी समाज के वास्तविक अन्तर्विरोधों का बोध, रचनाकार को जीवन और रचना के प्रति कूटनीतिक पैंतरेबाज़ी की सुविधा और तात्कालिक

सफलता से अलग वास्तविक और दीर्घकालिक संघर्ष में बाँध सकता है। इस सिलसिले में भीष्म साहनी की तुलना अमरकान्त से की जा सकती है—"जो अपने माल को पेश करने के चतुर कौशल" (डॉ. विजय मोहन सिंह) की अपेक्षा अपने माल की असलियत की ज़्यादा चिन्ता करते हैं।

भीष्म जी की कहानियों को पढ़ते हुए लगता है कि उनकी हर कहानी किसी प्रत्यक्ष घटना और दृश्य पर आधारित है। घटनाओं और दृश्यों में निहित विरोधाभास, संकट, व्यंग्य और विडम्बना को कम-से-कम कला रूढ़ियों का प्रयोग करते हुए उनकी सर्जनात्मक सम्भावनाओं को संगठित कर लेना, रचना और जीवन को एक दूसरे की घनिष्ठ सापेक्षता में ग्रहण करने से सम्भव होता है। एक बार बातचीत में रघुवीर सहाय ने अपनी कविता 'रामदास की मृत्यु' को प्रतीक मानने से इनकार किया और कहा कि यह प्रत्यक्ष घटना है और क्या इसकी प्रत्यक्ष घटनात्मकता कम सर्जनात्मक है? यानी ऐसा भी हो सकता है कि किसी समय योग्य कलात्मक उपादान भी रचनात्मक सम्भावनाओं को सीमित करने लगें और तब कला माध्यमों की विश्वसनीयता का आधार प्रत्यक्ष घटनाएँ और दृश्य ही हो सकते हैं। भीष्म जी आरम्भ से लेकर अब तक अपनी कहानियों की सृजनात्मक विश्वसनीयता का आधार जीवन के दृश्यों और घटनाओं को ही मानते प्रतीत होते हैं।

एक उदाहरण लें। पुराने संस्कारों में जकड़े जीवन को खोलने, उन संस्कारों को तोड़ने में सर्जनात्मक मूल्य होता है लेकिन क्या उन निरर्थक संस्कारों का कोई ऐसा पहलू भी हो सकता है जिसमें घटनात्मक मूल्य हों? 'पटरियाँ' संग्रह में एक कहानी है 'ढोलक'। इस कहानी का रामदेव प्रगतिशील विचारों का पढ़ा-लिखा युवक है। उसका विवाह हो रहा है। इस अवसर पर किये जाने वाले बेहूदे संस्कारों को वह किसी तरह झेलता है लेकिन जब घोड़ी चढ़कर लड़की के घर जाने का अवसर आता है तब उसकी सहनशीलता जवाब दे जाती है। हर चन्द कोशिश करने के बावजूद वह घोड़ी पर नहीं चढ़ता। लेकिन दो मेमों की उपस्थिति के कारण परिपार्श्व बदलता है। इस अवसर पर घोड़ी चढ़ना, कलाई पर रंगीन धागा बाँधना, और बगल में तलवार लटकाना भारतीय जीवन की पहचान मानी जाती है। वह घोड़ी पर चढ़ता है और विवाह मण्डप में जाता है। कहानी के टोन में व्यंग्य नहीं है इसलिए रामदेव के पाखण्ड को उघाड़ना कहानीकार का आशय नहीं जान पड़ता। वह पुराने संस्कारों को शायद दो प्रसंगों में रखकर जाँचना ज़्यादा चाहता है। यदि संस्कार एक प्रसंग में पाखण्ड और निरर्थक हैं तो दूसरे प्रसंग में उनमें जातीयता की पहचान कराने वाले सार्थक पहलू भी हो सकते हैं। और

यदि यह प्रतिक्रियात्मक मूल्य हैं तो इस कहानी में उसके साथ प्रगतिशील मूल्यों की टक्कर होती है। कहानी की अन्तर्वस्तु संश्लिष्ट हो जाती है। उसे प्रगतिशील या प्रतिक्रियात्मक साँचों में अलग-अलग तरह से समझना अपर्याप्त साबित होने लगता है। प्रर्गतिशील या प्रतिक्रियात्मक दोनों ही तथ्य एक-दूसरे के विरोधी होते हुए भी ऐतिहासिक तथ्य होते हैं और मानवीय अनुभूति में दोनों की भूमिकाएँ हो सकती हैं। इन दोनों के भरपूर तनाव से खिंचे-नुचे बिना, लहूलुहान हुए बिना यदि प्रगतिशील अनुभव को उगाह लिया जायेगा तो उसकी विश्वसनीयता सन्देहास्पद ही रहेगी। एक दूसरी कहानी 'ज़ख्म' में भी पुरानी पीढ़ी और नयी पीढ़ी के विश्वासों की हादसानुमा टक्कर होती है और सही-गलत के मुकाबले कहानी के 'मैं' के भीतर जो ज़ख्म उभर आता है वह ज्यादा अहमियत रखता है।

भीष्म जी ज़ख्म और गहरी करुणा के ही कहानीकार हैं।

'जोत' से लेकर 'चीफ़ की दावत', 'अमृतसर आ गया है', 'पैरों का निशान', 'तस्वीर', 'रास्ता', 'ओ हरामज़ादे', 'पिकनिक', 'आस' तक में ज़ख्म और करुणा के ही कई पहलू चित्रित हैं। लेकिन दृश्य और घटनात्मक स्तर पर इनमें इतनी भिन्नता और विविधता है कि मूलतः नयी कहानियों के दौर की ज़मीन पर होते हुए भी इनमें बड़ी ताज़गी है। यानी क्या घटनाओं और दृश्यों की विविधता में यथार्थ के कुछ ऐसे प्रसंग होते हैं जो एक तरह की मानसिकता को जीवन की विकासमान अन्तर्वस्तु के पहलुओं से जोड़ते रह सकते हैं? और एक अपेक्षित सीमा तक कलाकार के व्यक्तित्त्व को विकसित होते रहने में मदद दे सकते हैं?

भीष्म जी की कहानियों में जीवन प्रसंगों की विविधता उनकी सर्जनात्मक प्रासंगिकता का कारण है।

'नया मकान', 'मौक़ापरस्त', 'अहम् ब्रह्मास्मि', 'खूँटे' जैसी कहानियाँ मानवीय यथार्थ को धारण करने वाली गहरी मानसिकता से अलग 'ताड़ने वाले' की अपेक्षाकृत तटस्थ, तल्ख और व्यंग्यात्मक मानसिकता की कहानियाँ हैं। 'मौक़ापरस्त' कहानी का रामदयाल स्वातन्त्र्योत्तर जीवन में मूल्यहीनता किन्तु सफलता का प्रतिनिधि चरित्र है। उसकी अत्यन्त सफल मौक़ापरस्ती ने चीजों को देखने-समझने की संवेदना को इतना एकायामी बना दिया है कि वस्तुओं, परिस्थितियों और दृश्यों में निहित उनकी आन्तरिक अर्थ-छवियाँ एकदम लुप्त हो गयी हैं। यहाँ तक कि बकरियों के पीछे भागते और उनका दूध दूहते बच्चों की भोली खिलवाड़ी हरकतों को भी मौक़ापरस्त हथकण्डा मानता है। वह अपनी मोटर में बैठा-बैठा ऊँघते हुए भी पता नहीं कब यह दृश्य देख लेता है। और टिप्पणी देता है, "मौक़े का फायदा उठा गया लौंडा! बड़ा मौक़ाशनास है!"

वह इस समय अपनी पार्टी के एक कार्यकर्ता के अन्तिम संस्कार में जा रहा है। वह कार्यकर्ता की शवयात्रा को बड़ी चतुराई से चुनाव-प्रचार का हथकण्डा बना लेता है। रामदयाल मानवीय अनुभव को इतना पहचानहीन बना देता है कि करुणा और क्रूरता का अन्तर ही नहीं समझ में आता। बिना इस अन्तर के मानव-जीवन से अनुभव अनुपस्थित हो जाता है। वह बिन्दु हाथ ही नहीं आता जहाँ से इस पाखण्डी अवसरवाद पर हमला किया जा सके। 'जोत' में करुणा और क्रूरता के रूप स्पष्ट हैं इसलिए लेखक अपनी सहानुभूति देने की योग्यता खो नहीं पाता। लेकिन 'मौक़ापरस्त' का रामदयाल करुणा और क्रूरता को इस कदर धुँधलाता है और एक ऐसी लीलामयी शक्ति के रूप में उभरता है कि वह वर्तमान जीवन का अपराजेय ब्रह्म हो जाता है। उसके सामने सहानुभूति और सम्पृक्ति की सर्जनात्मक योग्यता अपर्याप्त हो जाती है और सिर्फ़ ताड़ती हुई आँख और व्यंग्यात्मक लहज़े से वास्तविकता का साक्षात्कार कराया जा सकता है। ऐतिहासिक स्तर पर जीवन की वस्तु में आने वाला यह बदलाव भीष्म जी की पहुँच से बाहर नहीं जा पाया है। इस बदलाव के अनुकूल कलात्मक साधनों के उपयोग में उनका कथा-माध्यम पर्याप्त संवेदनशील है।

भीष्म साहनी की कहानियाँ और पंजाबियत

हरियश राय

भीष्म जी एक ऐसे कथाकार के रूप में हमारे सामने मौजूद हैं जिन्होंने प्रगतिवादी आन्दोलन की आधार भूमि में साहित्य में यर्थाथवादी परम्परा को आत्मसात कर साहित्य को सामाजिक बदलाव के एक प्रमुख घटक के रूप में स्वीकार किया। भीष्म साहनी ने मार्क्सवादी चिन्तन को अपनी चेतना में समाये कहानी की संवेदनाओं का विस्तार किया और मानवीय अनुभूतियों की अनेक कहानियाँ लिखीं। भीष्म जी एक ऐसे कथाकार के रूप में भी हमारे बीच मौजूद हैं जिनकी कहानियों में मानवीय करुणा, मानवीय मूल्य व नैतिकता का आग्रह मौजूद है।

भीष्म जी की पहली कहानी 'अबला' उनके कॉलेज की पत्रिका 'रावी' में तथा दूसरी कहानी 'नीली आँखें' अमृतराय के सम्पादकत्व में 'हंस' में प्रकाशित हुई। दस कहानी संग्रहों में उनकी सौ से अधिक कहानियाँ संकलित हैं। 'झरोखे', 'कड़ियाँ', 'तमस', 'बसन्ती', 'मय्यादास की माड़ी', 'कुन्तो', 'नीलू-नीलिमा-नीलोफर' उनके लोकप्रिय उपन्यास हैं। 'हानूश', 'कबिरा खड़ा बजार में', 'माधवी', 'मुआवजे' जैसे नाटक उनके साहित्य को और समृद्ध करते हैं। 'मेरे भाई बलराज', 'अपनी बात', 'मेरे साक्षात्कार' 'वापसी' तथा 'गुलेल का खेल' जीवनपरक रचनाएँ भी उन्होंने लिखीं। 'आज के अतीत' नामक आत्मकथा उनकी जीवन यात्रा के सभी आयामों को समझने में महत्त्वपूर्ण भूमिका निभाती है।

भीष्म साहनी की कहानियों में जीवन के अनेक अनुभव समाहित हैं इस लेख में जिन कहानियों की चर्चा की गयी है उनमें जीवन की व्यापक अनुभूतियों के साथ-साथ पंजाबियों के जीवन व्यवहार के अनेक स्तर पूरी जटिलता के साथ अभिव्यक्त हुए हैं। साथ ही ये कहानियाँ अपने समय और समाज के अन्तर्विरोधों को भी व्यक्त करती हैं। व्यवस्था के मूल स्वरूप में धर्म को लेकर जितने अन्तर्विरोध हैं, भीष्म जी परत-दर-परत इन अन्तर्विरोधों को पंजाबियों की

जीवन-शैली के माध्यम से उजागर करते हैं। इन कहानियों में पंजाबी परिवेश से उत्पन्न ये संस्कार हमें इसीलिए अपने लगते हैं कि पंजाबी परिवेश से सम्बन्धित होने के साथ-साथ मूल रूप में ये अनुभव मानवीय हैं।

भीष्म साहनी की कहानियों का मूल स्रोत वह परिवेश है जो पारिवारिक बिखराव और व्यापक मानवीय सम्बन्धों के विघटन के लिए ज़िम्मेदार है। इस परिवेश को व्यक्त करते हुए वे सामाजिक-आर्थिक व्यवस्था में अनेक सवाल भी खड़े करते हैं। इन कहानियों को पंजाबियों की ओज और ऊर्जा को व्यक्त करने वाली कहानियाँ भी कहा जा सकता है 'ओ हरामज़ादे', 'चीफ की दावत', 'आवाज़ें', 'पाली' जैसी कहानियाँ पंजाबियत को व्यक्त करने वाली उत्कृष्ट कहानियाँ हैं। इन कहानियों से पंजाबियों के जीवन की बारीक परतो पर भीष्म जी की पकड़ का पता चलता है।

जिस समय देश की आज़ादी घोषित हुई उस समय भीष्म जी दिल्ली में थे। वे दिल्ली में आज़ादी के समारोह में शिरकत करने आये थे। उन्हें अन्दाज़ा नहीं था कि वे वापस अपने घर रावलपिण्डी नहीं जा सकेंगे। साहित्य अकादमी द्वारा उन पर तैयार की गयी फ़िल्म में भीष्म जी ने कहा है कि, "जब विभाजन घोषित हुआ तो मेरे पिताजी को यक़ीन नहीं था कि जनता की अदला-बदली होगी। वे कहा करते थे सरकारें बदलती हैं पर जनता वहीं रहती है। मैं तेरह अगस्त को आज़ादी के जश्न में भाग लेने के लिए दिल्ली आ गया मैंने पिताजी को कहा था कि मैं एक हफ्ते में वापस आ जाऊँगा। पर, मुझे नहीं पता था कि मेरे होम टाउन से मेरा यह नाता हमेशा के लिए ख़त्म हो जायेगा। उसके बाद जो घटनाएँ हुईं वे अनपेक्षित थीं।" एकाएक यह अहसास हो कि आप वापस अपने घर को नहीं देख पायेंगे कभी भी तो, व्यक्ति की जो मनःस्थिति होती है वह मनःस्थिति भीष्म जी की अनेक कहानियों में व्यक्त होती है। पंजाब की विशेष संस्कृति, पंजाब की जीवन-शैली, पंजाबियों की व्यवहार पद्धति, उनके सोचने का तरीका, उनकी भाषा और बोली से अपनापन भीष्म जी की कहानियों में किसी-न-किसी रूप में विद्यमान है। यह कहना अतिरंजित नहीं होगा कि भीष्म जी पंजाब के जीवन को अभिव्यक्त करने में ज़्यादा रमते हैं। उन्होंने स्वयं कहा है, "इस उम्र में बचपन की स्मृतियाँ बहुत सजीव होकर मेरे सामने आती हैं। वर्षों तक मैं अपने बचपन को नहीं भूल सका। ये स्मृतियाँ बार-बार मेरे ज़हन में कौंधती हैं। इस उम्र में पहुँचकर मैं वो गाने गुनगुनाने लगता हूँ जो दशकों पहले मैंने सुने थे।" यही भीष्म साहनी की कहानियों की ताक़त है, शक्ति है और यही भीष्म साहनी को कालजयी कथाकार बनाने में सक्षम है। जीवन के व्यापक पक्षों को अपनी

संवेदना में समाये उनके कथा-साहित्य के पात्र पंजाब को नहीं भूलते। इन पात्रों के माध्यम से वे व्यापक जीवन की कथा कहते हैं और उनके पात्र उस समय के प्रतिनिधि बनकर उभरते हैं।

उनका कथा संसार हमें जीवन के अनेक ऐसे पक्षों से परिचित कराता है जहाँ पंजाब रचा-बसा है, जहाँ पंजाब का अतीत है, जहाँ पंजाब की गरिमा है, जहाँ पंजाब की हिम्मत, हौसला, जज्बा है और जहाँ पंजाब का त्याग, बलिदान और साहस है। हालाँकि भीष्म साहनी जी बहुत कम उम्र में ही पंजाब के रावलपिण्डी से दिल्ली आ गये थे लेकिन वे ताज़िन्दगी उस पंजाब को नहीं भूले जहाँ उनका बचपन बीता, जहाँ उन्होंने पढ़ाई-लिखाई की, जहाँ अपने परिवार के साथ दिन गुजारे, जहाँ उनका पुश्तैनी घर था। यह पंजाब उनके दिलोदिमाग में निरन्तर छाया रहा और इसीलिए भीष्म जी की कथाओं, उपन्यासों नाटकों के पात्र पंजाब की धरती से जुड़े हुए मिलते हैं, उन्होंने लिखा है कि, "बचपन के संस्कार, जिस वायुमण्डल में आपका शैशवकाल बीता है, लेखक की दृष्टि निर्धारण में बहुत बड़ी भूमिका निभाते हैं। केवल बचपन के अनुभव हमारे व्यक्तित्त्व का भी निर्माण करते हैं, दृष्टि भी किसी हद तक देते हैं।" वे बार-बार पंजाब में बिताये गये दिनों को याद करते हुए वहाँ के जीवन सन्दर्भों को हमारे सामने लाते हैं। पंजाब उनके साहित्य में अन्तःसलिला की तरह विद्यमान है, निरन्तर प्रवाहित होता है। वे हमें एक ऐसी दुनिया में ले जाते हैं जहाँ पंजाब और पंजाबियत सजीव होकर दिलोदिमाग पर छा जाती है। वे हमें पंजाबियों की ऐसी दुनिया में ले जाते हैं जहाँ आत्मीयता है, पंजाबी रीति-रिवाज हैं। पंजाबी खान-पान है, पंजाबी वेशभूषा है और पंजाबियों का जोश व उमंग है। उनकी एक कहानी है... 'ओ हरामज़ादे' इस कहानी में भीष्म जी ने जिस तरह से लाल के जीवन को उकेरा है, विदेश में रहकर पंजाब के प्रति आत्मीय लगाव के रंग भरे हैं, वह पंजाब से अदम्य लगाव रखने वाले और पंजाबी संस्कृति की समझ रखने वाले भीष्म जी ही कर सकते हैं। विदेश में रह रहे लाल को जब यह पता चलता है कि जिस आदमी को उसकी पत्नी मिलाने लेकर आयी है, वह आदमी जालन्धर का रहने वाला है तो वह इतना खुश होता है कि उसे बाँहों में भर लेता है और उसके मुँह से बहुत ही आत्मीय वाक्य निकल पड़ता है :

"ओ जालम! तू बोलना नहीं एँ जे जलंधर दा रहणवाले?"

विदेश में हमें कोई अपने शहर या प्रान्त या देश का मिल जाये, तो अनायास ही यह अपनापन आ जाता है। लाल पंजाब की स्मृतियों को याद करके उमंग से भर उठता है। वह वाचक को बताता है कि जब वह जालन्धर गया तो उन

गलियों में गया, उन रास्तों में गया, जो बचपन से उसकी स्मृति में कौंध रहे थे। उन दोस्तों को ढूँढ़ा जिनके साथ उसने अपना बचपन गुज़ारा था। वह बताता है कि जब वह अपनी पत्नी हेलेन को पंजाब ले गया तो उसके एक दोस्त ने उसे 'ओ हरामज़ादे' कहकर सम्बोधित किया तो वह बेहद ख़ुश हुआ। वह वाचक को पंजाब का अपना संस्मरण सुनाते हुए बताता है कि, "पत्नी से मेरा परिचय कराने के लिए मुझे बैठक में से रसोईघर की ओर ले गया। वह चूल्हे के पास बैठी कुछ तल रही थी। वह झट से उठ खड़ी हुई। दुपट्टे के कोने से हाथ पोंछते हुए आगे बढ़ आयी। उसका चेहरा लाल हो रहा था और बालों की लट माथे पर झूल आयी थी। ठेठ पंजाबिन, अपनत्व से भरी, मिलनसार, हँसमुख। उसे यों उठते देखकर मेरा सारा शरीर झनझना उठा। मेरी भावज भी चूल्हे से ऐसे ही उठ आया करती थी, दुपट्टे के कोने से हाथ पोंछती हुई, मेरी बड़ी बहनें भी, मेरी माँ भी। पंजाबी महिला का सारा बाँकापन, सारी आत्मीयता उसमें जैसे निखर-निखर आयी थी। किसी पंजाबिन से मिलना हो तो रसोईघर की दहलीज पर ही मिलो।"

वह बताता है कि किस तरह सरसों का साग और मक्के की रोटी खाने के लिए वह पागल हो गया और किस तरह उसके दोस्त की पत्नी ने रसोईघर में बिठाकर उसे पंजाबी खाना खिलाया।

"चूल्हे की आग की लौ में तिलक राज की पत्नी के कान का झूमर चमक चमक जाता था। सोने के काँटे में लाल नगीना पंजाबियों को बहुत फबता है। इस पर हर बार तवे पर रोटी सेंकने पर उसकी चूड़ियाँ खनक उठतीं और वह दोनों हाथों से गरम-गरम रोटी तवे पर से उतारकर हँसते हुए हमारी थाली में डाल देती।"

और फिर कहता है, "हम पंजाबी लोग सरसों के साग के लिए पागल हुए रहते हैं। आज मिला तो मैंने सोचा जी-भर के खाओ। तुम्हें कैसा लगा?"

यह कहानी स्मृतियों में से जीवन के स्रोत तलाश करने की कहानी है। भीष्म जी की कहानियों के पात्र स्मृति को बहुत ज़रूरी हिस्सा मानते हैं। पंजाब और अपनी पैतृक जगह में बिताये गये पल हमेशा उनकी स्मृति में रहते हैं। भीष्म जी का कहना है कि, "जीवन के इस चरण तक पहुँचते-पहुँचते लगने लगा है कि सारा वक़्त यादें ही बटोरता रहा हूँ। यादों की गठरी इतनी बोझिल हो गयी है कि अब न उठाये उठती है और न ही छोड़ी जा सकती है।"

पंजाब और पंजाबी परिवेश के प्रति अन्यतम लगाव 'ओ हरामज़ादे' में कई स्तरों पर सामने आया है और भीष्म जी ने पंजाबियत में डूबकर इस कहानी को

लिखा है। कहानी में एक तरफ़ पंजाब के प्रति अदम्य मोह है तो दूसरी तरफ़ विदेश में रहकर पंजाब की स्मृतियों के सहारे अपने को बचाये रखने की कोशिश है। वे इस कहानी में ज़िन्दगी की सच्चाई कहते हैं एकदम विश्वसनीय रूप से।

भीष्म जी ने अपनी कई कहानियों में आज़ादी के वक़्त बँटवारे के दौरान पंजाब से आये लोगों की दास्ताँ बयाँ की है, उनके संघर्षों को, उनके दुख दर्दों को, उनकी जीवन-शैली को, सब कुछ खोकर फिर से अपना संसार बसाने के उनके जज्बे को, आकार दिया है। विस्थापन की इस पीड़ा में न तो वे अपनी पोशाक छोड़ पाये, न अपनी भाषा और न अपने संस्कार। जैसी जीवन-शैली उनके अपने शहर में थी, वैसी ही जीवन-शैली वे यहाँ आकर आबाद करना चाहते थे। उनकी कहानी 'आवाज़ें' विभाजन पूर्व के पंजाब से आये लोगों का एक जीवन्त दस्तावेज़ है। उसमें ऐसे पात्र हैं जो मुल्तान, शिकारपुर, पोठोहार, गुज़राँवाला, पेशावर, लाहौर, सिन्ध से आये हुए हैं। ये लोग अपनी पंजाबियत को बनाये रखते हैं। दिन-भर तो ये लोग अपने वजूद के लिए भटकते हैं लेकिन शाम को एक-दूसरे से परिचय बढ़ाते, अपने भविष्य के बारे में अटकलें लगाते। उनमें से एक है—मक्खनलाल जो मुसीबतों के दौर में भी ठहाके मारता और कहता, "क्यों जी, पाकिस्तान नहीं बनता तो हम दिल्ली की सैर कहाँ कर पाते? वहीं, क़स्बे में पड़े सड़ते रहते, वाहे गुरु महाराज, तेरियाँ बरकताँ, तूने दिल्ली दिखा दी। अब सारी उम्र तेरी दिल्ली की सैर करेंगे! क्यों जी?" उनमें एक था वकील माणिकलाल जो छाती तानकर चलता और मुँह ऊँचा करके चहलकदमी करता, और सदा अकेला चलता जैसे ताँगे में से खोल दिये जाने पर घोड़ा सड़क के बीचोबीच चहलकदमी करता है। भीष्म जी इस पात्र के माध्यम से एक ऐसा बिम्ब खड़ा करते हैं जिससे उसकी मानसिकता का अन्दाजा लगाया जा सकता है। सड़क के बीचोबीच ताँगे से खुलने के बाद घोड़े की तरह अकेला चलना। गोया वह व्यक्ति अपने अतीत में चल रहा हो और अकेले चलते चलते वह सोचता है कि मैं शरणार्थी नहीं हूँ। यह तो न जाने भाग्य के किस थपेड़े ने यहाँ पहुँचा दिया वरना इस समय मोंटगोमरी में ऑनरेरी मजिस्ट्रेट होता।

भीष्म साहनी की कहानियों के पात्र केवल पात्र नहीं है, एक पूरा चरित्र है उनमें, पूरा पंजाब उन चरित्रों में बसता है 'आवाज़ें' के मक्खनलाल, डब्बूर, कोहली, माणिकलाल, चड्डा ऐसे ही चरित्र हैं, जो अपनी ज़िन्दादिली के साथ जीवन के टेढ़े-मेढ़े रास्तों से गुज़रते हैं। इस कहानी में भीष्म जी ने अनेक पात्रों की कथा के साथ मोहल्ले को जीवन्त बनाया है जिनमें पारिवारिक झगड़े हैं, अकेलापन है, सम्बन्धों का बिखराव है, नये ज़माने की हवा है और इन सबके बीच जीवन

है। यही मक्खिन लाल, लट्ठा चाभी...चार आने, छींट जापानी...चार आने...! की गुहार लगाता हुआ कपड़े बेचा करता और यही मक्खनलाल मोहल्ले की पार्टी में पंजाब के गीतों को अपनी बेसुरी आवाज़ में डूब कर गाता "सूहे वे चीड़ेवालिया, फुलकिकराँ दे, किकराँ लायी बहार, मेले मितराँ दे" (यानी बबूल के पेड़ खिल उठे हैं, बहार आ गयी है, मित्रों के मिलन के दिन आ गये है) और फिर गाते-गाते एक ही पंक्ति के चार शब्द...मेले मितराँ दे...को बार-बार भाव विह्वल आवाज़ में गुनगुनाने लगता जैसे ग्रामोफ़ोन में सूई एक जगह पर आकर अटक गयी हो और भाव विह्वल होकर रो पड़ा, "हाय ओ रब्बाँ, कित्थें लया सुट्टिया है।"

विभाजन के दौरान अपना घरबार छोड़कर आये लोगों के दर्द को भीष्म जी बहुत सहजता और गहराई से इन पात्रों के माध्यम से सामने लाते हैं।

भीष्म जी की कहानियों को पढ़ते समय पंजाब पूरी शिद्दत के साथ सामने आता है। यह पंजाब उनकी अन्तश्चेतना में रचा-बसा है, उनके संस्कारों में समाहित है। हालाँकि भीष्म जी के कथा-साहित्य के परिवेश में पंजाबीपन विद्यमान रहता है लेकिन कथा की संवेदना व्यापकता के साथ पूरे परिवेश को समेटती है। इसीलिए भीष्म जी ने लिखा है, "यों तो हम किसी व्यक्ति की कहानी कहते हैं तो वह मात्र एक व्यक्ति की कहानी नहीं होती, उसमें एक प्रकार की व्यापकता आ जाती है। उसकी मानसिकता, उसकी दृष्टि, उसका संघर्ष आदि उसका न रहकर आज के आदमी का बन जाता है वह पात्र अपने काल का प्रतिनिधि बन जाता है। इसी कारण लोग इन कहानियों को पढ़ते भी हैं क्योंकि इनमें उन्हें अपने काल के सामान्य जीवन का बिम्ब देखने को मिलता है" उनकी कहानी 'पाली' में विभाजन के दौरान एक बच्चा अपने पंजाबी परिवार से बिछड़कर मुसलमान परिवार के पास पहुँच जाता है वहाँ उसका पालन-पोषण मुस्लिम जीवन-शैली से होता है। उसे मुसलमान बनाया जाता है, उससे क़लमा पढ़वाया जाता है उसका नाम पाली से इल्ताफ रख दिया जाता है और उसे 'दीन का बच्चा' बनाकर मुस्लिम परिवार को उसकी परवरिश के लिए सौंप दिया जाता है, लेकिन एक दिन उसका पिता मनोहर लाल उसे सरकारी मुलाजिम के साथ खोजते हुए हिन्दुस्तान से पाकिस्तान पहुँच जाता है। तब फिर जद्दोजहद शुरू होती है कि बच्चे को कैसे वापस हिन्दुस्तान भेजा जाये। मुस्लिम परिवार जिनके पास इल्ताफ रह रहा था उसे उसके पिता को देने के लिए तैयार नहीं है—लेकिन पिता मनोहरलाल की इस याचना पर कि उसके दोनों बच्चे नहीं रहे, इल्ताफ की माँ इस शर्त पर

मनोहरलाल को बच्चा सौंप देती है कि वह हर साल ईद के मौक़े पर उसे पाकिस्तान लायेगा और वह एक महीना उसके पास रहेगा। अब पाली वापस हिन्दुस्तान में पंजाबी परिवेश में आ पहुँचता है। वहाँ फिर उसे हिन्दू बनाने की कवायद शुरू होती है उसका मुण्डन करवाया जाता है, उसका जनेअ संस्कार किया जाता है, उसे धोती-कुर्ता पहनाया जाता है। इस तरह उसे पूरी तरह हिन्दू बना दिया जाता है और उसका नाम इल्ताफ से बदलकर फिर से पाली कर दिया जाता है। मानवीय प्रतिष्ठा पर प्रहार करके उसे फिर से अहसास कराया जाता है कि वह मुसलमान नहीं बल्कि हिन्दू है। लेकिन बच्चे ने मुस्लिम संस्कार अपना लिए हैं जिनके कारण एक दिन सब लोगों की उपस्थिति में नमाज का वक़्त होते ही नमाज पढ़ना शुरू कर देता है जिसे देखकर सब हैरान रह जाते हैं। यह कहानी प्रत्यक्ष रूप में तो विभाजन के दौरान व्यक्ति की पीड़ा की कहानी लगती है पर कहानी के बीच के पात्रों और सन्दर्भों से जो संकेत मिलते हैं, उनका सम्बन्ध तत्कालीन सामाजिक परिवेश से है। विभाजन से उत्पन्न परिवेशजन्य हिन्दुओं और मुसलमानों का भय और उनकी सोच एक संवेदनात्मक धरातल पर मार्मिकता से व्यक्त होते हैं, जिनमें पंजाबी संस्कारों के साथ मुस्लिम संस्कारों की गरिमा है।

भीष्म जी के अन्तर्मन में पंजाब पूरी तरह रचा-बसा है। वह उनसे नहीं छूटता। अपनी प्रत्येक कहानी में वह किसी-न-किसी रूप में पंजाब से जुड़ते हैं और पंजाबी सन्दर्भों को कहानी की संवेदना के स्तर पर व्यक्त करते हैं। इस अभिव्यक्ति में जहाँ व्यापकता है वहीं सामाजिक अन्तर्विरोध भी मुखर रूप से है। पंजाबी परिवेश और पंजाबी भाषा उनकी कहानियों में प्रमुख घटक के तौर पर विद्यमान है। यह परिवेश ही उनकी कहानियों को जीवन्त और प्राणवान बनाता है। 'ढोलक' में एक ऐसे लड़के का ज़िक्र है जिसे अपनी ही शादी में परिवारवालों का गाना-बजाना नागवार गुज़रता है। पंजाबी शादियों में महिलाओं का गाना-बजाना एक उल्लास और ख़ुशनुमा माहौल को जन्म देता है। शादी के अवसर पर परिवार में महिलाओं के गाने-बजाने से रामदेव भीतर-ही-भीतर कुढ़ता रहता है, लेकिन कुढ़ते हुए शादी की सारी रस्में पूरी करता है चौकी पर बैठकर नहाता है, केसरी रंग का झालरदार बाना पहनता है, पैरों में जरी के जूते और चूड़ीदार पाजामा और कलाइयों में टुन-टुन करती घण्टियाँ पहनता है, बगल में तलवार लटकाता है। रामदेव परम्पराओं के अनुसार शादी के लिए तैयार तो होता है लेकिन पंजाबी रस्मों के अनुसार घोड़ी पर नहीं बैठना चाहता, उसे यह व्यर्थ की रस्म लगती है। उसका यह खोखलापन तब मुखर रूप में सामने आता है जब दो बड़ी उम्र की मेमें पंजाब की शादी के प्रति उत्सुकता ज़ाहिर करती

हैं, पंजाब की शादी में होने वाले रीति-रिवाजों को बड़े उत्साह और उमंग के साथ देखती हैं और उनसे 'हाऊ नाइस,' 'हाऊ कलरफुल' जैसी अभिव्यक्तियाँ सुनकर रामदेव घोड़ी पर न बैठने के अपने हठ को छोड़ने में एक पल का भी समय नहीं लगाता और अपने बाने और तलवार को सँभालता हुआ कूदकर घोड़ी पर चढ़ जाता है।

भीष्म साहनी की अनेक कहानियों में पंजाबियत के स्वर देखने को मिलते हैं। पंजाबी परिवेश को आत्मसात करने के कारण उनके पात्र बार-बार पंजाब की ओर लोटते हैं। इन कहानियों में पंजाबियों का दर्द अनेक स्तरों पर प्रकट होता है। उनकी एक कहानी है 'मुझे मेरे घर छोड़ आओ' जिसमें एक बूढ़े सरदार जी प्लेटफार्म के नल से पानी पीने के लिए रेलगाड़ी से उतरते हैं नल के सामने बहुत भीड़ है लोग रेलगाड़ी चलने से पहले जल्द-से-जल्द पानी पी लेना चाहते हैं लेकिन सरदार जी नल तक नहीं पहुँच पाते और गाड़ी चल देती है। सरदार जी गाड़ी पर चढ़ने के लिए दौड़ते हैं लेकिन चढ़ने से पहले ही वे इस तरह गिरते है कि आधा धड़ दरवाजे के अन्दर और आधा दरवाजे के बाहर रह जाता है। गाड़ी में सवार लोग उन्हें खींचकर अन्दर कर लेते हैं। उन्हें चोट लग गयी थी। मुँह से खून बह रहा था लेकिन बूढ़े सरदार जी बार-बार एक ही रट लगाये रहते हैं कि मुझे मेरे घर छोड़ आओ! यह पूछे जाने पर कि तुम्हारा घर कौन-सा है सरदार जी जवाब देते हैं 'मियानी।' यात्री कहते हैं कि घर से बेघर होकर हम मारे-मारे फिर रहे हैं और तुम्हें मियानी याद आ रही है लेकिन सरदार जी बार-बार एक रट लगाये हुए हैं कि मुझे मेरे घर छोड़ आओ पर सब उनकी बात को अनसुनी कर देते हैं। कहानी में भीष्म जी एक ऐसे पात्र को खड़ा करते हैं जो सरदार जी के दुख-दर्द को समझती है और उन्हें तसल्ली देती है। तभी एक बुढ़िया, जो डिब्बे के एक कोने में बैठी थी और देर से यह सारा वार्तालाप सुने जा रही थी, चुपचाप अपनी सीट पर से उतर आयी और बूढ़े के पास डिब्बे के फर्श पर बैठ गयी।

"कुथै तुसां वंजणा, भाया जी?"

बुढ़िया का वाक्य सुनकर सहसा बूढ़ा चुप हो गया। उसने आँखें खोलीं। उसका सिर हिलना बन्द हो गया। वह देर तक बुढ़िया के चेहरे की ओर देखता रहा।

"मियाणी वंजसो? मैं तुहानूँ लै वंजो?....

बूढ़ा मानो किसी तन्द्रा से जगा हो। देर तक बुढ़िया के चेहरे की ओर देखते रहने के बाद वह सहसा फूट-फटकर रोने लगा।

ओ रब्बा डाडिया! मैनू कित्थें लया सुट्टिया ई।"

पंजाब का यह अपनापन भीष्म जी की अनेक कहानियों में देखने को मिलता है जो भीष्म जी की कहानियों की सबसे बड़ी ताक़त है।

भीष्म जी अपनी कहानियों में मानवीय गरिमा के प्रबल पक्षधर हैं। वे ऐसे पात्रों का चयन करते हैं जो मनुष्य की गरिमा को स्थापित और प्रतिष्ठित करते हैं। ये पात्र तमाम विरोधी और हिंसक स्थितियों में भी मनुष्यता और मानवीयता को नहीं छोड़ते। इस मानवीयता के कारण ही उनके पात्र जीवन को बेहतर बनाने के लिए संघर्ष करते हैं। 'निमित्त' का शेर सिंह एक ऐसे पात्र के रूप में हमारे सामने है जो हिंसा के दौरान भी अपनी मानवीयता को, मनुष्य की गरिमा को बनाये रखता है। भीष्म जी 'निमित्त' कहानी में मनुष्य की अन्तश्चेतना में समाये ऐसे अनछुए पहलुओं को सामने लाते हैं। वे हमें ऐसे पात्रों से परिचित कराते है जिनमें कहीं-न-कहीं हम अपना ही प्रतिरूप देखते हैं। भीष्म जी ने जिस तरह शेर सिंह का चरित्र अन्तःसलिला की तरह कहानी में निर्मित किया है वह कहानी के मूल्यों की ओर इशारा करता है। निमित्त की शुरुआत मटरी खाने से होती है। लेकिन पात्रों, संवादों और सन्दर्भों का ताना-बाना इस तरह बुना गया है कि कहानी मनुष्य की गरिमा की कहानी बन जाती है। शेर सिंह को यह ज़िम्मा दिया जाता है कि वह इमामदीन को सुरक्षित कैम्प में पहुँचा दे। रास्ते में उसे अहसास होता है कि शायद बलवाई उसका पीछा करते हुए, इमामदीन को खोजते हुए आये तो वह इमामदीन को गाड़ी में छिपाकर उसके कपड़ों को आग लगा देता है और बलवाइयों को बताता है कि मैंने इमामदीन को मार डाला। भला आपके शिकार को मैं कैसे छोड़ सकता था लेकिन हकीकत में वह इमामदीन को सुरक्षित कैम्प में पहुँचाकर आता है। 'जहूर बख्श' कहानी में मानवीय गरिमा का दूसरा पक्ष है जहाँ जहूर बख्श के घर में आग लगा दी जाती है और वह मनुष्य की गरिमा और संघर्षों को व्यक्त करने वाले हिन्दी साहित्य की अनमोल किताबों का वास्ता देकर उन्हें न जलाने की याचना करता है, "साहिबो, सब ले लो, मेरी किताबें छोड़ दो। मैंने पाई-पाई जोड़कर ये किताबें इकटठी की हैं।"

फिर जाने उसे क्या हुआ, वह पागलों की तरह चिल्लाने लगा था, "यह देखो, निराला, पन्त, महादेवी के काव्य ग्रन्थ हैं वह वृन्दावनलाल वर्मा की ग्रन्थमाला है। यह प्रेमचन्द का उपन्यास है। भगवती बाबू मुझे जानते हैं। मैं नागर जी को भी जानता हूँ।" पर उसकी एक न सुनी गयी और वह पागलों की तरह जलते हुए घर से अपनी किताबों को निकालता है।

ऐसे पात्रों को अपने सरोकारों में शामिल कर भीष्म जी उस मानवीय गरिमा को बचाये रखने की कोशिश करते हैं जिससे मनुष्यता की पहचान होती है।

भीष्म जी ने इस कहानी के बारे में लिखा है कि, "यह कहानी सच्ची है। मैंने श्रीमती सुभद्रा जोशी के मुँह से सुनी है।"

विभाजन के दौरान पंजाब से आये लोगों ने अपनी अस्मिता को बचाये रखा। विकसित राजनीतिक व्यवस्था के दौरान अपनी अस्मिता को बचाये रखने में पंजाब के लोगों ने न तो अपने अतीत को छोड़ा और न ही अपने विवेक से नाता तोड़ा। उन लोगों ने अर्जित की हुई अपनी संस्कृति को बचाये रखा और नये संकल्पों के साथ धैर्यपूर्वक यहाँ पर अपने वजूद को कायम किया। भीष्म जी के कथा-साहित्य में पंजाब की इस अस्मिता का उल्लेख अनेक बार मिलता है। 'चीफ की दावत' में जहाँ एक ओर अपनी स्वार्थ साधना में लीन मध्यवर्ग की अजीब दास्ताँ है वहीं पंजाब का तेज़ है। शामनाथ की बूढ़ी माँ को जब साहब के सामने गाने के लिए कहा जाता है तो वह संकोच में पड़ जाती है कि क्या गाए! शामनाथ के आग्रह करने पर वह बहुत ही संकोच और दीनता के साथ पंजाब का गीत सुनाती है, "हरिया नी माये, हरिया नी भेणे, हरिया ते भागी भरिया है" पंजाब का यह गीत साहब को बहुत पसन्द आता है साब जब शामनाथ से पूछते हैं कि, "पंजाबियों के घरों में क्या-क्या बनता है?"

तो शामनाथ कुछ सोचते हुए जवाब देता है, "कि लड़कियाँ गुड़िया बनाती हैं और औरतें फुलकारियाँ बनाती हैं।" भीष्म जी पंजाब की इस अस्मिता को अपनी कहानियों में जीवित रखते हैं और पंजाबी मानसिकता को बख़ूबी सामने लाते हैं। यह कहानी संवेदनहीन व्यक्ति की सोच को बहुत बारीकी से व्यक्त करने वाली एक यादगार कहानी है। मध्यवर्ग को केन्द्र में रखकर अनेक कहानीकारों द्वारा कई कहानियाँ लिखीं गयीं। भीष्म जी ने केवल शामनाथ की महत्त्वाकांक्षा को ही नहीं व्यक्त किया बल्कि अपने करियर को लेकर अत्यन्त सतर्क और जागरूक उस मध्यवर्गीय व्यक्ति की सोच को उद्घाटित किया है जो इस हद तक निर्मम है कि माँ की आँखों की परवाह किये बिना उससे अपने बॉस के लिए फुलकारी बनाने की याचना करता है। इसमें कोई शक नहीं है जब-जब भीष्म जी ने अपने कथा-साहित्य में पंजाब को चित्रित किया तो बहुत डूबकर, बहुत आत्मीयता और अपनेपन से किया। पंजाब से लिए गये संस्कार ताज़िन्दगी उनके साथ रहे और शायद इसीलिए नामवर सिंह ने कहा है कि, "भीष्म जी जब उस पंजाब के बारे में लिखते हैं जिसे वे पीछे छोड़ आये थे, तब वे उसमें डूबकर लिखते हैं वह पंजाब के बहुत नजदीक जाते हैं।"

भीष्म साहनी पंजाब के प्रति अदम्य मोह को ऐसे व्यक्त करते हैं गोया यह पंजाब उनकी हर साँस में रमा हो। वे अपनी कहानियों में हमेशा ऐसे पात्रों को

खड़ा करते हैं जो सकारात्मक सोच वाले हैं। जिनमें मानवीय संवेदनाओं की झलक बख़ूबी देखी जा सकती है और जो तमाम विरोधी स्थितियों में खड़े होकर भी स्वस्थ मानवीय मूल्यों की स्थापना करते हैं। 'झुटपुट' कहानी का ट्रक ड्राइवर सरदार उस विषाक्त माहौल में दूध की गाड़ी लेकर आता है जब सरदारों की दुकानें लूटी जा रही हैं और कोई हिन्दू यह हिम्मत नहीं करता कि दूध के डिपो से जाकर दूध ले आये। ऐसे माहौल में सरदार ड्राइवर यह सोचकर दूध का ट्रक लेकर आता है कि, "बाबा, बच्चों ने तो दूध पीना है ना! चल मना, देखा जायेगा जो होगा, दूध तो पहुँचा आयें"।

भीष्म जी की कहानियों में पंजाबी के शब्दों, वाक्यों का प्रयोग कहानी को एक अलग पहचान देता है। पंजाबी मानसिकता और पंजाबी परिवेश को उभारने में पंजाबी की अभिव्यक्तियाँ कहानी की संवेदना को मुखर रूप से रेखांकित तो करती ही हैं, कहानी में भी चार चाँद लगाती हैं। पंजाबी अभिव्यक्तियों का उपयोग कर भीष्म जी ने हिन्दी का विस्तार तो किया है लेकिन कहानियों की भाषा का मिज़ाज हिन्दी का ही रखा। उनकी अनेक कहानियों में भाषा का वह स्वरूप देखने को मिलता है जिसमें पंजाबी समाज के सांस्कृतिक बिम्बों और प्रतीकों की व्यापकता है। कहानियों में व्यक्त पंजाबी अभिव्यक्तियों के सहारे हम पंजाबियत के विभिन्न रूपों को समझ पाते हैं।

भीष्म साहनी ने लगभग सौ के आसपास कहानियाँ लिखीं होंगी, इस आलेख में उन चन्द कहानियों की चर्चा की गयी है जिनमें पंजाबियत प्रमुखता से उजागर हुई है यह पंजाबी तो उनके उपन्यास तमस, मय्यादास की माड़ी, झरोखे, बसन्ती और उनके लगभग सभी नाटकों में बख़ूबी देखी जा सकती है। यह पंजाबियत भीष्म जी के रचना संसार के प्रत्येक धरातल पर अनेक रंगों में देखी जा सकती है। उनकी कहानियों में अनुभवों की एक विस्तृत भूमि देखी जा सकती है हर कहानी शिल्प, कथ्य और पात्रों के चुनाव में एक-दूसरे से अलग है। उनकी कहानियों में अलग-अलग अनुभव अलग अलग धरातलों में देखने को मिलते हैं। उनकी कहानियों का समूचा रचनात्मक विकास समकालीन कहानी को समृद्ध करता हुआ कहानी, आलोचना के नये मानदण्डों को अपनाने की वकालत करता है।

सादगी में छिपी जटिलताओं का शिल्प

संजीव कुमार

'मेरे साक्षात्कार' में एक जगह भीष्म साहनी कहते हैं, "जीवन का यथार्थ और साहित्य का यथार्थ एक नहीं होते। जीवन साहित्य के लिए कच्ची सामग्री जुटाता है और लेखक का संवेदन, उसकी कल्पना, उसका रूप-कौशल उसे कला का रूप देते हैं।" यह एक ऐसे लेखक का कथन है जिसकी रचनाओं में प्रकटतः 'रूप-कौशल' के प्रति किसी तरह की सजगता दिखाई नहीं पड़ती। सब कुछ इतना अकृत्रिम जान पड़ता है कि कला, जो इस अकृत्रिमता को साधने में ही कहीं विन्यस्त होती है, सतह पर अनुपस्थित रहती है। कोई आश्चर्य नहीं कि कहानीकार भीष्म साहनी के बारे में सोचते हुए मुझे बरबस 'मोहन जोशी हाजिर हो' और 'तमस' वाले अभिनेता भीष्म साहनी याद आ जाते हैं। दोनों जगह उनका किरदार ऐसा था जिसमें आविष्ट नाटकीयता वाले क्षणों की पर्याप्त गुंजाइश थी, पर भीष्म जी के अभिनय ने उन क्षणों को असाधारण तरीक़े से उभारने में कोई दिलचस्पी नहीं दिखायी। उसे किसी चिह्नित की जाने योग्य नाटकीयता के हवाले नहीं किया। बस, जीवन के सहज प्रवाह का थोड़ा असहज हो जाना ही चिह्नित हो पाया। लगा, हम सामान्य दिनचर्या में आये हुए कुछ व्यतिक्रमों से रू-ब-रू हैं, उन व्यतिक्रमों के प्रति अतिरिक्त रूप से संवेदनशील बनाने वाली अभिनय-कला से नहीं। मानो हम बिना किसी नाटकीयता के प्रत्यक्ष जीवन की सादगी का साक्षात्कार कर रहे हों, उस जीवन की कलात्मक पुनर्रचना का नहीं।

कहानीकार भीष्म साहनी भी ऐसे ही हैं। उनकी कहानियाँ कथा-स्थितियों और पाठक के बीच किसी कहानीकार की मध्यस्थता का अहसास नहीं होने देतीं। बेहद सीधे-सादे तरीके से वे कहानी कहते चले जाते हैं। कहीं कोई चमकता हुआ वाक्य नहीं, कोई ऐसी साहित्यिक हिकमत नहीं जिसे देखकर आप 'वाह' कह उठें, कहीं किसी प्रसंग को थम-ठहरकर अलग से उभारने का जतन नहीं।

आचार्य रामचन्द्र शुक्ल होते तो शायद कहते कि इन्हें जीवन के मार्मिक स्थलों की पहचान नहीं है, इसलिए उन जगहों पर ठहरकर धैर्य से रमते नहीं हैं। पर मार्मिक स्थलों की पहचान का यह सूत्र तुलसीदास पर, या पुरानी/प्रचलित कथा को उपजीव्य बनाने वाले किसी भी रचनाकार पर तो लागू हो सकता है, भीष्म जी पर लागू नहीं हो सकता। तुलसी के पास कथा पहले से थी, विमर्श और वक्रता ही अपनी थी। उन्हें एक पूर्वप्रचलित कथा में धैर्यपूर्ण ट्रीटमेंट की माँग करने वाले मार्मिक स्थलों की पहचान करनी थी। भीष्म जी के पास कथा—यानी घटनाओं का कंकाल और विमर्श, दोनों अपना है। उन्हें किसी पहले की कथा में ख़ास अपनी वक्रता पैदा नहीं करनी है। उनका कौशल उपजीव्य कथा की घटना-शृंखला में मार्मिक स्थलों की पहचान कर उसका सधे हाथों से ट्रीटमेंट करने में नहीं, स्वयं ऐसे स्थलों की कल्पना-उद्‌भावना करने में निहित है—ऐसी कथा-स्थितियों की उद्‌भावना जहाँ पात्र और परिस्थितियों के घात-प्रतिघात से जीवन का कोई मार्मिक पक्ष, कोई दबा हुआ आशय, कोई पहचाना किन्तु अनपहचाना-सा सत्य बेसाख़्ता उभर आये। ...और इस काम में भीष्म साहनी माहिर हैं। शायद इसी महारत के चलते उनमें सीधे-सादे ढंग से कहानी कह जाने का दुर्लभ-सा आत्मविश्वास है।

भीष्म जी की इस विशेषता को नामवर सिंह ने अचूक ढंग से पहचाना था। 'कहानी-नयी कहानी' में कहानी की संरचना को लेकर जगह-जगह अनेक सूत्र देते हुए जिस सूत्र के उदाहरण के रूप में उन्होंने भीष्म साहनी का उल्लेख किया है, उसे याद कीजिए। सजीव बिम्ब, सांकेतिकता, 'आधारभूत विचार का द्रवीभूत होकर सम्पूर्ण कहानी के शरीर में भर उठना', वातावरण-निर्माण, टेक्स्चर—इन सबकी चर्चा करते हुए भीष्म साहनी की कहानियाँ उदाहरण नहीं बनी हैं। वे उदाहरण बनी हैं इस सूत्र का—"कहानी जीवन के टुकड़े में निहित 'अन्तर्विरोध', 'द्वन्द्व', 'सन्क्रान्ति' अथवा 'क्राइसिस' को पकड़ने की कोशिश करती है और ठीक ढंग से पकड़ में आ जाने पर यह खण्डगत अन्तर्विरोध ही बृहद अन्तर्विरोध के किसी-न-किसी पहलू का आभास दे जाता है। ...यह एक विरोधाभास है कि कहानी जैसा एकान्वित शिल्प अन्तर्विरोध पर निर्भर होता है। नये कहानीकारों में भीष्म साहनी में एक ही साथ इन दोनों विशेषताओं का सर्वोत्तम सामंजस्य मिलता है। इस दृष्टि से भीष्म साहनी सबसे सफल कहानीकार हैं।" इसके बाद वे 'चीफ़ की दावत' का सधा हुआ विश्लेषण करते हैं और बताते हैं कि किस तरह कहानी की माँ केवल एक चरित्र नहीं रह जाती, सम्पूर्ण प्राचीन का प्रतीक बन जाती है। और किस प्रकार "एक समर्थ कहानीकार जीवन की छोटी-से-छोटी

घटना में अर्थ के स्तर-स्तर उद्घाटित करता हुआ उसकी व्याप्ति को मानवीय सत्य की सीमा तक पहुँचा देता है।''

यह अकारण नहीं है कि जीवन के टुकड़े में निहित अन्तर्विरोध, द्वन्द्व, क्राइसिस आदि को पकड़ने के उदाहरण के रूप में ही भीष्म जी याद आये, सजीव बिम्ब या वातावरण-निर्माण या 'संगीत का-सा प्रभाव उत्पन्न करने' का सामर्थ्य आदि के उदाहरण के रूप में नहीं। प्रतीक की बात ज़रूर की गयी है ('सम्पूर्ण प्राचीन का प्रतीक'), पर यह सायास नियोजित प्रतीक के अर्थ में नहीं है, जैसा राजेन्द्र यादव या मोहन राकेश के यहाँ मिलता है। मोहन राकेश की 'एक और ज़िन्दगी' में कोर्टरूम के भीतर पंखे से कटकर नीचे गिरे पक्षी का प्रतीक एक सजग साहित्यिक युक्ति है जो तलाक लेते पति-पत्नी के बच्चे की लहूलुहान आत्मा का प्रतीकार्थ व्यक्त करने के लिए प्रयुक्त हुई है। 'चीफ की दावत' की माँ को ऐसी साहित्यिक युक्ति के अर्थ में प्रतीक नहीं कहा गया है। इसीलिए माँ प्रतीक 'है' नहीं, प्रतीक 'बन जाती है'। प्रतीक 'बन जाना', दरअसल, पठन के स्तर पर उपलब्ध की गयी व्यंजना या ध्वनि है, जो इसीलिए सम्भव हुई है कि कहानीकार ने एक अन्तर्विरोध से जुड़ी विडम्बना को सफ़ाई से पकड़ने वाली कथा-स्थिति निर्मित की है। कोई आश्चर्य नहीं कि माँ के प्रतीक बन जाने की बात कहते हुए नामवर सिंह को काव्यशास्त्र में वर्णित व्यंजना की याद आयी, ''काव्यशास्त्र के आचार्यों ने मुख्यार्थ के भीतर से जो अर्थ की व्यंजना कराई है, वह भी इसी का रूप है। जीवन का सत्य इसी तरह खण्ड के भीतर से, किन्तु उसे खण्डित करता हुआ पूर्ण की ओर संकेत करता है; खण्ड की सीमा को तोड़कर पूर्ण में मिलता है, मुख्यार्थ को बाधित करके रसमय अर्थ को व्यंजित करता है... ।''

मुख्यार्थ से आगे जाकर व्यंजित होने वाला अर्थ (मुख्यार्थ को बाधित करके नहीं, मुख्यार्थ-बाध लक्षणा का लक्षण है; इस बात पर नामवर जी के नम्बर कट सकते हैं), खण्ड की सीमा को तोड़कर पूर्ण में मिलता जीवन-सत्य—भीष्म जी की कहानियों की यह विशेषता उन्हें सीधा-सादा नहीं रहने देती, अन्दाज़े-बयाँ में वे जितनी भी सीधी-सादी लगें। इसीलिए कहा है, दिल को देखो, चेहरा न देखो...। 'आज के अतीत' में एक जगह भीष्म जी लिखते हैं, ''शैली नवीनता को निर्धारित नहीं करती, रचना में निहित जीवन-दृष्टि निर्धारित करती है और लेखक उस दृष्टि के अनुरूप ही अपनी शैली अपनाता है। कोई भी लेखक अपने काम की धड़कनों से अछूता नहीं रहता, पर ये धड़कनें किस रूप में उसकी रचनाओं में व्यक्त होती हैं, यह उसके संवेदन और जीवन-दृष्टि पर निर्भर करता है। शैली माध्यम है, लक्ष्य नहीं।'' उनकी कहानियाँ इस सूत्रीकरण का समृद्ध उदाहरण हैं।

उनकी यादगार कहानियाँ—'चीफ़ की दावत', 'वाङ्चू', 'ओ हरामज़ादे', 'अमृतसर आ गया है', 'अहम् ब्रह्मास्मि' आदि इसीलिए यादगार हैं कि अन्दाज़े-बयाँ की सादगी और कहानी विधा की अपनी आकारिक सीमाओं के साथ वे जीवन की बड़ी सच्चाइयों की ओर संकेत कर पाती हैं। यही उनके महत्त्व का आधार है। 'वाङ्चू' का उदाहरण लें। किसी भावुक कर देने वाले संस्मरण की तरह प्रतीत होती यह कहानी आपको अचूक ढंग से यह अहसास कराती है कि व्यक्तिगत स्तर पर अपने दौर से विदाई ले लेना किसी के लिए सम्भव नहीं। आपका दौर आपका पीछा नहीं छोड़ता। वाङ्चू पुरानी पोथियों में ही घुसा रहता है, महाप्राण बुद्ध के प्रति एक भावुक लगाव में सिमटा। उसे न नेहरू से मतलब है, न चाउ एन लाई से। उसके अन्दर मातृभूमि को लेकर कोई नॉस्टैल्जिक भाव नहीं है, भले ही कहानी के प्रथम पुरुष वाचक को यह लगता रहा हो कि एक बार अपनी ज़मीन पर लौटने के बाद दुबारा भारत आना उसके लिए भावनात्मक कारणों से सम्भव नहीं होगा। वाङ्चू के साथ ऐसा कुछ नहीं होता। वह चीन जाता है और दुबारा अतीत की उन्हीं पोथियों में शरण पाने के लिए भारत लौट आता है। लेकिन दोनों जगह वह राज्यतन्त्र की निगाह में सन्दिग्ध है। कोई यह मानने को तैयार नहीं कि वह किसी राज्यतन्त्र के लिए हानिरहित एक अतीतजीवी प्राणी है। उसका दौर उसका पीछा करता रहता है और जब पीछा करना छोड़ता है, तब तक वाङ्चू का सर्वस्व लुट चुका होता है। अपने आसपास जितना अतीत उसने इकट्ठा कर रखा था, पाण्डुलिपियों और नोट्स की शक्ल में, जो उसकी दृष्टि में अत्यन्त मूल्यवान था, छिन्न-भिन्न हो जाता है। वाङ्चू का जीवन सारहीन, बेमानी-सा हो जाता है और कुछ समय बाद उसकी मृत्यु हो जाती है। मानो एक ख़ास तरह के पर्यावरण में ही जी पाने वाले प्राणी से उसका पर्यावरण छीन लिया गया हो।

क्या वांङ-चू की त्रासदी को एक व्यक्ति की बदकिस्मती के रूप में पढ़ा जा सकता है? निस्सन्देह, पढ़ा तो जा ही सकता है, पर यह भी निश्चित है कि एक चरित्र और उसके साथ परिस्थितियों के इस घात-प्रतिघात की योजना भीष्म जी ने इतने सँकरे पठन के लिए नहीं की है। अनैतिहासिक और समय-निरपेक्ष होकर जिया नहीं जा सकता, यह कठोर सचाई वाङ्चू की त्रासदी में व्यंजित होती है और यह व्यंजना व्यक्तियों से आगे वर्गों, समुदायों और राष्ट्रों पर भी लागू होती है। 'खण्ड की सीमा को तोड़कर पूर्ण में मिलता जीवन-सत्य' यही है जिसको साधने में यह सीधी-सादी कहानी कामयाब है। और इसे साधने के लिए भीष्म जी किसी ऐसी हिकमत का प्रयोग नहीं करते जिसे मैं थोड़े मज़ाकिया लहजे में

'सर्फ़ेस टेंशन' कहना पसन्द करता हूँ। वे कोई ऐसा वाक्य नहीं लिखते जो आपको अर्थ की किसी विशेष दिशा की ओर ढुलकाने का जरिया बन जाये। बावजूद इसके अभिधा से आगे व्यंग्यार्थ की ओर आपकी यात्रा अनिवार्य हो जाती है, क्योंकि कहानी अपने वाक्यों से नहीं, वाक़यों से वह ध्वनि पैदा करने में समर्थ है।

इस रूप में गहरी अर्थ-व्यंजनाओं से भरी कथा-स्थितियों की कल्पना करना ही कहानीकार के तौर पर भीष्म साहनी का स्वभाव है। शैली-शिल्प में नयापन या अतिरिक्त आकर्षण पैदा करना उनका स्वभाव नहीं है, इसीलिए जहाँ वे इसकी कोशिश करते भी हैं, वहाँ उन्हें कोई सफलता नहीं मिलती। 'वाङ्चू' में ही देखें तो पहले वाक्य के साथ भीष्म जी ने एक चौंकाऊ किस्म की शुरुआत करने की कोशिश की है—'तभी वाङ्चू आता दिखाई पड़ा।' लेकिन यह 'तभी' बिल्कुल जमता नहीं, क्योंकि वह अपना औचित्य सिद्ध नहीं कर पाता। शैली का चौंकाऊपन कतई प्रतिउत्पादक हो जाता है। इसी तरह 'चीलें' कहानी में वे चील का जो प्रतीक खड़ा करने की कोशिश करते हैं, वह ख़ासा निष्प्रभावी है। दरअसल, कहानियाँ उनके भीतर इस तरह के वातावरणधर्मी प्रयोगों के रूप में जन्म नहीं लेती हैं। नयी कहानी में स्त्री-पुरुष-सम्बन्धों वाले कथ्य और प्रतीकात्मक-सांकेतिक शैली-शिल्प-विधान को जो महत्त्व मिला था, उसने शायद धक्का देकर भीष्म जी को ऐसी कहानी लिखने के लिए प्रेरित किया। वे अपनी प्रकृति से मूड/मनःस्थिति को आधार बनाने वाले कहानीकार हैं नहीं, जैसे कि वे 'चीलें' में दिखना चाहते हैं।

पर इसका यह भी मतलब नहीं कि मनोविज्ञान पर उनकी पकड़ मूड/मनःस्थिति को आधार बनाने वालों के मुकाबले कहीं भी कमतर है। यह कहते हुए मुझे 'चीफ़ की दावत' समेत भीष्म जी की कितनी ही कहानियाँ याद आ रही हैं, पर ज़िक्र सिर्फ़ 'अहम् ब्रह्मास्मि' का करूँगा जिसका पाठ अभी मेरी मेज़ पर नहीं है और जिसे पढ़े हुए भी लगभग तीस साल गुज़र चुके हैं। उसका मुख्य पात्र अंग्रेज़ीयत से बहुत प्रभावित है। उसे अंग्रेज़ों की सभी चीज़ें बड़ी अच्छी लगती हैं। एक बार वह कहानी के 'मैं' से कहता है कि देखो, अहम् ब्रह्मास्मि का जो अंग्रेज़ी अनुवाद है, वह कितना सुन्दर है, 'आई ऐम द डिवाइन फ़्लेम'। और ऐसा कहते हुए उसके चेहरे पर एक अजीब तरह का दिव्य भाव उभर आता है। फिर कहानी में एक प्रसंग आता है जिसमें एक सिनेमाहॉल के यूरिनल से अंग्रेज़ उसे धक्के मारकर हटा देते हैं, क्योंकि वह—काला देसी आदमी—उन्हें इन्तजार करवा रहा है। इस घटना के बाद जब कहानी का प्रथम पुरुष वाचक उसके घर पहुँचता है तो कमरे में न पाकर उसे ढूँढ़ता हुआ छत पर जाता है। वहाँ देखता

है कि वह आँखें मूँदे हुए ध्यानस्थ बैठा है और बुदबुदा रहा है, "आई ऐम द डिवाइन फ़्लेम...आई ऐम द डिवाइन फ़्लेम"। वाचक को लगता है कि वह मन्त्र बुदबुदाता हुआ सतह से दो इंच ऊपर उठ गया है।

यह कथा-सार मैं तीस साल पहले, अपनी किशोरावस्था में पढ़े हुए पाठ के आधार पर बता रहा हूँ। मुमकिन है, इसमें मेरा कुछ अपना भी जुड़ गया हो। पर कहानी की मुख्य विडम्बना निर्भ्रान्त है। और कहने की ज़रूरत नहीं कि वह हीनता-ग्रन्थि की गहरी मनोवैज्ञानिक पकड़ पर टिकी है। मनोवैज्ञानिक पकड़ के इसी अर्थ में 'अमृतसर आ गया है' या 'ओ हरामज़ादे' भी मुख्यतः मनोविज्ञान की कहानियाँ हैं, भले ही कहानीकार घटनाओं की जगह मनःस्थितियों के रचाव में दिलचस्पी लेता न दिखाई दे।

कुल मिलाकर, भीष्म साहनी की अनेक कहानियाँ कहानी विधा की शक्ति का उदाहरण हैं। जिन लोगों को यह लगता था कि इस छोटे आकार की विधा में बड़ी बात को समेटने का माद्दा ही नहीं है, उन्हें खरा उत्तर देने वाली कहानियों में भीष्म जी की कई कहानियाँ शामिल हैं। सबसे बड़ी बात कि यह माद्दा कथा-कथन की सादगी और भरपूर पठनीयता को बनाये रखते हुए हासिल किया गया है। कहानीकार बनने के इच्छुक किसी नये लेखक को अगर यह आत्मविश्वास अर्जित करना हो कि वह भी कहानियाँ लिख सकता/सकती है तो उसे भीष्म जी की कहानियाँ अवश्य पढ़नी चाहिए।

वाङ्चू का कुनबा

संजीव

भीष्म साहनी के कथा-साहित्य का प्रधान स्वर 'विस्थापन की त्रासदी' और 'पहचान का संकट' रहा है। उनकी लम्बी कहानी 'वाङ्चू' में यह 'विस्थापन' और 'पहचान का संकट' वैश्विक हो गया है। एक भोला-भाला चीनी बौद्ध युवक वाङ्चू अपने गुरु प्रोफ़ेसर तानशान के साथ चीन से भारत आता है। तानशान तो वापस चीन लौट जाते हैं पर वाङ्चू कुछ बौद्ध संस्थाओं के अनुदान वग़ैरह के सहारे यहीं रुक जाता है। धीरे-धीरे यहीं का होकर रह जाता है। वह बुद्ध के प्रति सहज भक्तिभाव से रह रहा होता है, न उसे बौद्ध साहित्य का पूरा पता होता है, न बौद्ध साहित्य की प्रगतिशील भूमिका का, न मार्क्स का...। लेखक की बहन नीलम उसे मूर्ख बनाते हुए प्रेम का नाटक करती है, वह उसे भी सच मानता है। इस एक छोटी-सी घटना को छोड़कर श्रीनगर से सारनाथ तक वह भारत में घट रहे तमाम उथल-पुथल, यहाँ तक कि तत्कालीन लोकप्रिय प्रधानमन्त्री जवाहरलाल नेहरू के स्वागत उत्सव तक के प्रति उदासीन रहता है। भारत-चीन की घटनाओं की लहरों में वह आइसबर्ग की तरह अपनी डूबी शख्सियत के साथ तैरता रहता है—अकेला और असम्पृक्त!

लेखक एक बार उसे उकसाता है, ''हमारे देश में न सही, तुम अपने देश के जीवन में रुचि लो, इतना तो जानो-समझो कि वहाँ पर हो क्या रहा है।'' पर वाङ्चू को वे बदल नहीं पाते। चीन में उसका घरद्वार उजड़ चुका था, भारत में बना नहीं। एक भाई चीन में और एक तथाकथित रूहानी प्रेमिका (नलिनी) को छोड़कर उसका इतनी बड़ी और भरी-पूरी दुनिया में कोई नहीं और अब वे भी किनारा कर चुके।

इस बीच एक बार वह चीन जाता है तभी भारत-चीन सीमा विवाद और युद्ध छिड़ जाता है। हिन्दी और चीनी भाई-भाई न रहकर कट्टर दुश्मन बन जाते हैं।

वाङ्चू का माइन्ड सेट ऐसा है कि वह इस (विभीषिका) के मर्म को समझ ही नहीं पाता। उसके लिए तो यह उसके भगवान की भूमि है। वाङ्चू भारत और चीन दोनों के लिए सन्दिग्ध बन जाता है। वह न चीन के कर्मचारियों के राजनैतिक प्रश्नों का उत्तर दे पाता है, न भारत के...। ईश्वर प्रदत्त धरती को बुद्धिवादी ख़ुदगर्ज़ इन्सानों ने देश और राष्ट्र में बाँटा, सीमाएँ तय कर दीं। एक-दूसरे को गुलाम बनाने, दबाने, हड़पने के तर्क गढ़े, रक्त के प्यासे बने। ऐसे लोगों की दुनिया में सीधे-सादे निश्छल वाङ्चू जैसे लोगों की मौत है। वह अपनी जन्मभूमि से दूर अपने भगवान की जन्मभूमि में, अपने वतन से दूर, अपने भगवान के वतन में मरता है—निहायत अजनबी की तरह। दुनिया की सबसे मित्रविहीन, सबसे बे-चेहरा, मगर सबसे विषहीन! देश-देश और जाति-जाति के साम्प्रदायिक जुनूनी हत्यारों के सामने इनकी वक़अत ही क्या!

कहने को वाङ्चू का कोई नहीं था पर गौर से देखिए तो वाङ्चू का पूरा का पूरा कुनबा ही नज़र आयेगा। विश्व के एक अन्य महान कथाकार हंगरी के स्टीफेन स्वाइग (ज्विग) की कहानी 'किताबी कीड़ा' का 'मेंडल' नामक पात्र। द्वितीय विश्वयुद्ध का अन्ध माहौल है। और सबसे बड़ी दरिन्दगी झेली यहूदियों ने, लेखक भी यहूदी। बड़े पैमाने पर विस्थापन, भागमभाग, अफरातफ़री, कत्लेआम, गैस चैम्बर और क्या नहीं! किताबों में डूबा रहने वाला हंगरी का मेंडल! उसे पता ही नहीं कि कब युद्ध शुरू हो गया और युद्ध के शुरू होते ही एक जगह से दूसरी जगह के आने-जाने पर तमाम तरह की पाबन्दियाँ लग गयी हैं—'पहचान पत्र', 'पासपोर्ट', यानी विशेष 'आज्ञा-पत्रों' के बग़ैर आप आ-जा नहीं सकते। बेचारा मेंडल तो अपनी किताबों के उसी कम्फोर्ट जोन का वासी है, उसी आदर्श लोक का। उसे पता नहीं कि अब मानव समाज की जगह राष्ट्रों और राष्ट्रीयताओं का अभ्युदय हो चुका है और कोई स्वच्छन्द बिहारी परवाज जहाँ चाहे, नहीं विहार कर सकता, राष्ट्रीयताओं के पिंजरे में क़ैद हो चुके हैं लोग। अपने सहज मानवतावादी मूल्यों में खोये सीधे-सादे लोग। इन्हें क्या पता, कब निजाम बदल गया, कब रास्तों पर बैरिकेड आ लगे। इस दुनियादार दुनिया के लिए मिसफिट हैं ये अनाड़ी लोग। सनातनकाल से तमाम निश्छल लोगों की यह आदिम और विश्वजनीन समस्या है, कोई भले कहे दुनिया निरन्तर सभ्य और सुसंस्कृत होती जा रही है पर सच यह है कि वह निरन्तर अपनी-अपनी खालों में बन्द असहिष्णु होती जा रही है। मेंडल से भी वाङ्चू जैसे ही सवाल किये जाते हैं और सवालों के 'सटीक' उत्तर न दे पाने के कारण वह सन्दिग्ध हो उठता है।

तमाम तरह की बदअमनी, दरिन्दगी, विरूपण और विस्थापन, प्रतिबन्ध और प्रदूषण के पीछे लौटकर लेखक इन्सान के उस आदिम रूप को पकड़ना और दर्ज करना चाहता है। 'वाङ्चू' और 'मेंडल' की तरह 'टोबा टेकसिंह' में मंटो भी उस मूल तत्त्व को पकड़ना चाहते हैं, वह ज़मीन जो हिन्दुस्तान और पाकिस्तान के हुक्मरानों ने आपस में बाँट ली। प्रकारान्तर से मंटो की 'नया कानून' भी उसी सात्विकता के बिन्दु की तलाश है, जिसका ऐलान करने का वह इक्केवान गुनाह करता है। विष्णु प्रभाकर अपनी छोटी-सी लघुकथा में समझा जाते हैं कि हिन्द, पाक की सीमा में फैलायी जा रही नफ़रत से अनजान परिन्दे और बकरियाँ इस पार से उस पार आसानी से आ-जा रही हैं। बांटने और नफ़रत फैलाने वाले एक मोहक उत्तेजक शब्द देते हैं–'देशप्रेम'। यह देशप्रेम अन्तिम शरण्य है पाजियों का। कहा था महान साहित्यकार रोमाँ रोलाँ ने, भले ही हिटलर ने हर साहित्यकार की तरह उन्हें भी फौजी ड्रेस पहनाकर बन्दूक थमा दी थी–'युद्ध करो देश के लिए।' उनकी आज़ाद और बागी रूह इसे अस्वीकार करती रही। वह मन से, प्राण से, आत्मा से, युद्ध से घृणा करते थे और इन्सान और इन्सान के बीच कोई दीवार, कोई दूरी नहीं मानते थे।

इसी मासूमियत का एक सिरा कुछ आदिवासियों में देखने को मिल जाता है जो जल, जंगल, ज़मीन के मुद्दे पर पूछते हैं, भगवान की ये चीजें, भगवान के ही बनाये हम, बीच में बिचौलिए या दलाल कहाँ से आ गये?

तनिक ठहरकर सोचने पर वाङ्चू का यह कुनबा दूर-दूर तक फैला हुआ दिखने लगता है। डिस्प्लेस्मेंट भी, शिफ्ट भी। महान कथाकारों की इन कहानियों के क्रम में अपनी कहानी 'बुद्ध पथ' को रखने का लोभ और उद्देश्य कथानकों और उनकी अन्तर्वस्तुओं का कहीं जुड़ा होना है। पूर्व की कहानियाँ अन्दर से बाहर की ओर फैलती हैं, जबकि 'बुद्ध पथ' बाहर से अन्दर की ओर।

'बुद्ध पथ' का कथा-सूत्र काफ़ी पहले हाथ लगा था बाबा नागार्जुन के सौजन्य से। स्थान, काल, पात्र से मैं स्वयं भी वाकिफ था। गुज़रात के नृशंस दंगों के बाद पैराडाइम शिफ्ट और बुद्ध पथ की अनन्वेषित राहें स्वतः खुलती गयीं। तब प्रायः बीस वर्षों बाद 'ने-येन' के 'बुद्ध पथ' का सन्धान मैं पा सका।

वाङ्चू की तरह एक युवा बर्मी बौद्ध भिक्षु 'ने-येन' अपने भगवान (बुद्ध) के देश आता है और संयोग से कालांतर में एक बौद्ध मठ का 'स्वामी' बन जाता है, मठ के पास शहर के बीचोबीच प्रायः दो एकड़ की ज़मीन है। नेयेन 'शीलभद्र' बनकर मठ का स्वामी तो बन गया पर मठ के पास मठ जैसी कोई चीज नहीं है, सारी नालियाँ उधर को मुड़ी हुईं, धों-धों करते सूअर, मन्दिर के नाम पर एक

महाजर्जर झोपड़ा। स्वप्नजीवी 'नेयेन' का सपना वहाँ एक 'भव्य मन्दिर' और 'विहार' बनाने का है जबकि बुद्ध के भोग के लिए भी उसके पास पैसे नहीं जुड़ते। बारहों महीने वही दाल-भात और आलू का भर्ता! मठ की ज़मीन हड़पने को चारों ओर से पैसे वाले लोग टूटे आ रहे हैं। शीलभद्र, यद्यपि देखते हैं कि बुद्ध के देश में बुद्ध का स्थान छिन चुका है। मगर वह अपनी शुतुरमुर्गी स्वप्नजीवी चाल में हर समस्या का समाधान वर्षों पुरानी बौद्ध पोथियों 'सूत्त-निपात', 'विनयपिटक', 'अंगुत्तर निकाय' आदि में ढूँढ़ना चाहते हैं। मठ के बाहर दूर कहीं गाँवों में दबंग हिन्दू जातियाँ बौद्धों की ज़मीन हड़पती जा रही हैं, आये दिन अत्याचार करते हैं, वे 'भू-दान तक में बौद्धों को मिली ज़मीनें छिनती जा रही हैं। गाँवों के स्त्री-पुरुष अपना दुखड़ा रोते हुए आचार्य शीलभद्र से हस्तक्षेप करने की प्रार्थना करते हैं पर शीलभद्र उन्हें सिर्फ़ 'बुद्ध पथ' का अनुसरण करने को कहते हैं, 'बुद्ध पथ' उनके लिए अतीत जीविता का भावलोक है, उनके भगवान बुद्ध की राह। उनका मानना है कि मठ की उस ज़मीन पर एक भव्य बौद्ध मन्दिर और विहार बनेगा और उसके बनते ही सारी समस्याओं का समाधान हो जायेगा। भारत का माहौल दिनोदिन साम्प्रदायिक होता जा रहा है। शीलभद्र से भी 'जय श्रीराम' बुलवाकर उन्हें नंगा कर भीड़ द्वारा रखा जाता है कि वे हिन्दू हैं या मुसलमान। बाबरी तोड़ी जा रही है और एक गर्भवती औरत का पेट फाड़कर उसके भ्रूण शिशु को आग के हवाले कर देते हैं हुड़दंगी। शीलभद्र को लगता है, शिशु मरता नहीं, अपने नन्हे-नन्हे कदमों का रक्त पथ पर छाप छोड़ता चला जा रहा है बुद्ध की तरह। ने-येन का कुहासा छटता है। वही तो है बुद्ध पथ, जिसकी तलाश उन्हें ज़िन्दगी-भर रही। वह गर्भ ही तो वह बौद्ध मन्दिर है, जहाँ एक नन्हा बुद्ध सांस ले रहा था। जिन बौद्ध औरतों को वे 'बुद्ध पथ' की झूठी तसल्लियाँ देते रहे, वही औरतें विलाप कर रही हैं, मनुष्यता के दर्द को समझ पा रही हैं और वे...? इन सबसे वे विमुख कैसे रह सकते हैं! बुद्ध की करुणा, बुद्ध पथ का मर्म उन्हें अब समझ में आता है।

इसी क्रम में कुछ कहानियाँ रेणु की हैं, कुछ दूसरे कथाकारों की भी, विस्थापन या शिफ्ट के लुटे-पिटे लोक में खड़ीं। ये सभी कहानियाँ भीष्म जी की 'वाङ्चू' की सहोदरा हैं, सारी ही युद्ध, जबरिया विस्थापन और नफ़रत के प्रतिवाद में खड़ी हुईं। द्वितीय महाविश्वयुद्ध में यूरोप के सारे ही बड़े लेखक, कवि, चिन्तक, बुद्धिजीवी, रोमाँ रोलाँ, रिल्के, स्टीफेन ज्विग, फ्रायड आदि युद्ध का निषेध करते हुए खड़े हैं—और अपने देश के साम्प्रदायिक माहौल में तो युद्ध निरन्तर ही जारी है, कभी प्रकट, कभी शीत युद्ध।

मिज़ाज के स्वर पर 'वाङ्चू', 'किताबी कीड़ा', 'टोबा टेकसिंह' में थोड़ा-थोड़ा शिफ्ट है। 'वाङ्चू' संस्मरणात्मक है, 'किताबी कीड़ा' का मेंडल लेखक जैसे स्वतन्त्र चेत्ताओं की रूहों की कथा है, 'टोबा टेकसिंह' में पहली बार आत्मा की यह चीख लाउड होती है। विष्णु प्रभाकर उन बर्बर शक्तियों की खिल्ली उड़ाते हैं। 'बुद्ध पथ' में 'बुद्ध' से 'बुद्ध के काल' से पहले की अपेक्षा काफ़ी बड़ा 'शिफ्ट' है। और है इसके बाद एक रियलाइजेशन! 'वाङ्चू' के कुनबे में भयानक उथल-पुथल और आलोड़न है जैसे तमाम ऐसे पात्र किसी भयानक जंगल में लाकर छोड़ दिये गये हैं जहाँ से उन्हें अपनी सही राह तलाशनी है, पर उनके बोध की निर्मिति (माइन्डसेट) ही ऐसी है जो इस 'अपसेट' की त्रासदी को समझ ही नहीं पाती।

अन्त में 'वाङ्चू के कुनबे' की ऐसी ही एक नायाब कलिका जो मुझे भाई अनवर जमाल के सौजन्य से प्राप्त हुई थी—

इस दुनिया के सबसे अच्छे इन्सान
और सबसे ताक़तवर इन्सान
को अब तक एक हो जाना चाहिए था
मगर नहीं हुआ
तो फिर क्या करें
पूछा है यह सवाल मुझसे
एक छोटी-सी बच्ची ने
क्या करें—मैं चकरा गया
सच है दुनिया के सबसे भोले सवाल
ऐसे ही कठिन सवाल हुआ करते हैं।

विस्लावा शिम्बोर्स्का (नोबेल पुरस्कार प्राप्त)

स्वातन्त्र्योत्तर भारत के कथा-बिम्ब

वैभव सिंह

भीष्म साहनी की कथाएँ पढ़ना समाज के जटिल अन्तःकरण में प्रवेश करना है। समाज का अन्तःकरण केवल उतना-भर नहीं होता, जितना हमारा ज्ञान और बोध होता है बल्कि उससे कहीं अधिक जटिल हो सकता है। उनकी कथाएँ उस सामाजिक अन्तःकरण का निर्माण करने वाले बहुत से ऐतिहासिक और सामाजिक पक्षों के बारे में हमें विश्वसनीय अन्तर्दृष्टि प्रदान करती हैं। यह भी गौर करने लायक बात है कि भीष्म साहनी की कहानियाँ केवल लेखक के अहं, भावावेग, भय या अधूरेपन की भावुक कथा बनकर नहीं रह जाती हैं। बल्कि उन्हें पढ़कर लगता है कि बहुत सारे लोग, इधर-उधर फैले व बिखरे संसार से आकर, एक स्थान पर एकत्र हो गये हैं और स्वयं ही अपने-अपने हिस्से की पराजय व उम्मीद को जीते हुए अपने ढंग से अपनी कथाएँ कह रहे हैं। ऐसा प्रतीत होता है जैसे लेखक भी किसी कोने में रहस्यमय खामोशी ओढ़कर उन्हें अपनी बात कहते देख रहा है और मन्द-मन्द मुस्करा रहा है। भीष्म जी के सफल कथाकार होने का कारण भी यही है कि वे पात्रों तथा कथानक को गढ़ते हैं और फिर उन पर लेखक के व्यक्तित्त्व को हावी नहीं होने देते हैं। न तो वे लेखक के पूर्वग्रहों का बोझ ढोते प्रतीत होते हैं और न लेखक के सामाजिक जीवन के ज्ञान की सीमा को प्रकट करते हैं। ऐसा भी नहीं लगता कि कथा को लेखक केवल आत्मनिवेदन या आत्मकथा की तरह प्रयोग कर रहा है। अक्सर कच्ची समझ या कम जीवनानुभवों वाले लेखक अपनी हर रचना को आत्मनिवेदन बना देते हैं। उनका समाज के साथ सम्बन्ध कितना कमज़ोर और सीमित है, उनकी कथाएँ चीख-चीखकर इसकी गवाही देती हैं। हर रचना को आत्मनिवेदन बनाने से रचना ही नहीं पाठक की संवेदना भी विकसित होने से वंचित हो जाती है। लोग कथा के स्थान पर आत्मकथा अधिक लिखने लगते हैं जिससे कहानी में भावनात्मक

घुटन पैदा होने लगती है। साँस लेना अत्यन्त दुस्साध्य हो जाता है। पाठक के चित्त पर युग के यथार्थ के बिम्ब उभरने के स्थान पर लेखक की कुण्ठाओं का कीचड़ चिपक जाता है। यह सही है कि कथाएँ लेखक की भावनाओं को व्यक्त करती हैं पर कहानी किसी लेखक के भावजगत का विस्तार भर नहीं होती है। उसमें वस्तुगत सत्य और सामाजिक जीवन का भी प्रवेश ज़रूरी है। सायास कथा में किसी छद्म क़िस्म की वैचारिक बहस या क्रान्ति के लिए जगह बनाने की कोशिश न करना भी भीष्म जी को श्रेष्ठ रचनाकार की श्रेणी में पहुँचा देता है। ज़ाहिर है कि कहानी के बनने और उसके पाठ-निर्माण की प्रक्रिया में 'लेखक की मृत्यु' की इतनी ज़रूरत नहीं होती है जितनी लेखक की तटस्थता की और उस तटस्थता का अनुभव करने की। भीष्म साहनी के यहाँ लेखकीय तटस्थता अपनी सर्वोत्कृष्ट ऊँचाई को स्पर्श करती है। इसीलिए उनकी कहानियों में पात्रों का इतना विशाल संसार हमें दिखने लगता है जिसमें साधारण व्यापारी, बूढ़ी औरतें, स्वतन्त्रता सेनानी, नौजवान, बच्चे, मजदूरनें, अफसर, साइकल व खोमचे वाले आदि सभी अपनी कहानी सुनाते हुए नज़र आते हैं। समाज के ये सारे लोग भीष्म जी की क़लम से जन्म लेते हुए भी अपने किरदार में इतने वास्तविक, स्वतन्त्र और स्वायत्त नज़र आते हैं कि लगता ही नहीं कि कल्पना-प्रसूत पात्र हैं। क़लम इन्हें जन्म देने के बाद किसी नेपथ्य में चली जाती है। भीष्म साहनी समर्थ कलाकार भी हैं और व्यापक जनजीवन के प्रति संवेदनशील भी और इन दोनों गुणों का दुर्लभ संयोग उनके कथा-साहित्य में बहुत शान से सिर उठाकर खड़ा नज़र आता है।

भीष्म साहनी की कहानियाँ हालाँकि स्वातन्त्र्योत्तर भारत में मध्यवर्ग के अधिक निकट हैं पर वे अपने कथा-विषय को केवल मध्यवर्ग तक ही सीमित नहीं रखते हैं जैसाकि नयी कहानी आन्दोलन के दौर के कहानीकारों ने किया था। वे मध्यवर्ग की कथा कहते हैं पर मध्यवर्ग के बाहर जो बदहवास भागती, उलझती, रोती-चिल्लाती दुनिया है, उसकी ओर से आँख नहीं फेर लेते हैं। मध्यवर्ग की कथाओं के माध्यम से वे व्यापक जनजीवन से जुड़ते हैं और अपने पाठकों को भी उसी ढंग से उस व्यापक जनजीवन से जोड़ देने में सफलता प्राप्त कर लेते हैं। उनमें कहानी को लेकर यह फलसफा गढ़ने का शौक भी नहीं दिखता कि अनुभूति की सीमा ही साहित्याभिव्यक्ति की सीमा होती है। यानी अनुभूति के दायरे के बाहर साहित्य की रचना नहीं करनी चाहिए। अनुभूति न हो गयी, बाबा जी की माला या मन्त्र हो गया कि उसके बाहर कुछ है ही नहीं। उनकी बहुचर्चित कहानियाँ हैं—अमृतसर आ गया है, वाङ्चू, चीफ की दावत, झूमर,

त्रास, कुछ और साल, ओ हरामज़ादे तथा यादें इत्यादि। इन्हें पढ़कर लगेगा कि मध्यवर्ग के जितने स्तर हैं, उसके भीतर की जितनी विविधता और व्यापकता है, जितने भिन्न-भिन्न प्रकार के सामाजिक द्वन्द्व हैं, उन सभी को आप अपनी नंगी आँखों से देख रहे हैं। यहाँ पर देखना केवल अलसाया हुए निष्क्रिय विलास नहीं है बल्कि इस देखने के माध्यम से हमारी सुप्त संवेदनाएँ फिर से जागने लगती हैं। हमारी अपनी आँख को जैसे ताजगी से भरी नयी दृष्टि प्राप्त हो चुकी है और हम सामने के दृश्यबन्ध के अनदेखे पहलुओं को भी देख पा रहे हैं।

'अमृतसर आ गया है' साम्प्रदायिकता पर लिखीं गयी सबसे क्लासिक कहानी है। ऐसी कहानी जिसे पढ़कर आपको पता चलेगा कि कैसे हालातो के दबाव में इंसानियत को हारना पड़ता है और एक वहशी प्रतिशोध हर किसी की चेतना को अपनी गिरफ्त में ले लेता है। ट्रेन पर हिन्दी फ़िल्मों में बहुत सारे रोमांटिक गीत लिखे गये हैं। ट्रेन को मनुष्य के निजी जीवन प्रसंगों व दिल की रोमांचकारी भावनाओं को व्यक्त करने की 'साइट' के तौर पर इस्तेमाल किया गया है। पर यहाँ एक ऐसी ट्रेन है जो विभाजन की त्रासदी को अपने हर डिब्बे में ढो रही है। यह पाकिस्तान से भारत आ रही है और ऐसा लगता है जैसे एक अन्धकार से दूसरे अंधकार में प्रवेश कर रही है। बोझिल से अनिश्चित वातावरण में लोग सफर काट रहे हैं। ट्रेन की गति कभी धीमी भी पड़ती है तो लोग एक-दूसरे को शंका की निगाह से घूरने लगते हैं कि पता नहीं बाहर के दंगों का प्रभाव कहीं सहयात्री पर न पड़ने लग जाये। खिड़की के बाहर किसी नगर के जलने और शोलों के उठने का दृश्य देखने वाला हर मुसाफिर आसपास भी मौत को मँडराते महसूस करता है। ट्रेन कहीं रुकती है तो लोग पूछने लगते हैं कि पीछे क्या हुआ, कहाँ दंगा हुआ! लगता है कि हिन्दू और मुस्लिम साम्प्रदायिकता ने हर मनुष्य के अन्दर हत्यारे को पैदा कर दिया है जो घात लगाकर किसी की जान लेना चाहता है। ट्रेन में एक बूढ़ी स्त्री है जो बड़ी विवश दशा में कहती है, "वे रब्बदियो बन्दयो, कुज होश करो।" मनुष्य अब अपनी सारी स्वतन्त्र सामाजिक पहचानें खोकर किसी धर्म या मजहब के निरंकुश प्रतीक में बदल दिया गया है। वह उदारता और दया के उज्ज्वल सद्‌गुणों के स्थान पर क्रूरता-कठोरता की कालिमा से पहचाना जाने लगा है। भगवान और अल्लाह का नाम लेने वाले भीतर से बुरी तरह जहरीले और निर्दयी होने में कोई बुराई नहीं देखते हैं। पराक्रम की नयी परिभाषा गढ़ी जा रही है जिसमें विधर्मी की हत्या करना पराक्रम हो गया है, बाकी सब बुजदिली और नामर्दी। कहानी बड़े सूक्ष्म अन्दाज में साम्प्रदायिक वातावरण का मनोवैज्ञानिक विश्लेषण करती है। एक निर्मित हो चुके साम्प्रदायिक

मानस के बेहद बुरे परिणामों और उसकी हिंसा करने की भूख को उजागर करती है। कैसे धीरे-धीरे एक साधारण-सा शख़्स खूँखार साम्प्रदायिक प्रतिशोध-भाव की चपेट में आता है, इसे व्यक्त करती है। आमतौर पर कथाओं में किसी एक पक्ष की साम्प्रदायिकता ज़्यादा उभरती है पर इस कहानी की विशिष्ट कथा-संरचना में पहले तो पठानों के माध्यम से मुस्लिम साम्प्रदायिकता और फिर एक हिन्दू बाबू के माध्यम से हिन्दुओं के मन में घर बनाकर बैठी हिन्दू साम्प्रदायिकता का चित्र उभरता है। देश के विभाजन ने साम्प्रदायिकता का भी भौगोलिक विभाजन कर दिया है। राष्ट्र निर्माताओं ने बड़ी चालाकी से जनमानस में साम्प्रदायिकता को एक अनिवार्य बुराई और अटल नियति के रूप में पेश करने में कामयाबी हासिल कर ली है। दंगों के बारे में कभी आशीष नन्दी ने कहा था, "अब दंगों के पीछे भी वेबेरियन रैशनेलिटी (Weberian Rationality) काम करने लगी है। बड़े सेक्युलर ढंग से 'डिजाइनर रायट्स' (Designer Riots) होते हैं जिनका धर्म से नहीं बल्कि राजनीतिक नफे-नुकसान से सम्बन्ध होता है। किसी चार्टर्ड अकाउंटेंट की शैली में दंगों की गणितीय योजना बनती है और उसके लाभ-हानि का समूचा ब्योरा तैयार होता है। इस प्रकार चाहे भारत-विभाजन कराने के लिए साम्प्रदायिक हिंसा की योजना तैयार की गयी हो या वर्तमान में होने वाली साम्प्रदायिक हिंसा, सभी के पीछे चार्टर्ड अकाउंटेंट वाली सुचिन्तित सोच और रणनीति छिपी होती है। इस बात को न समझने वाले लोग धर्म के नाम पर नफ़रत पालते हैं और लड़ते-कटते रहते हैं।

भीष्म साहनी की एक और कहानी है 'झूमर'। यह कहानी एक ऐसे पूर्व स्वतन्त्रता सेनानी की है जिसकी युवावस्था अंग्रेजों से संघर्ष करने, क्रान्तिकारी गतिविधि में हिस्सा लेने और लोगों को संगठित करने में व्यतीत होती है। बहुत पहले बंगाल के दुर्भिक्ष पर आयोजित नाटक में वह एक स्त्री को अपने कान के सोने के झूमर दान करते देख प्रेरित हो गया था और रंगकर्म में कूद पड़ा था। यह ऐतिहासिक तथ्य है कि 1943 के बंगाल के अकाल ने लोगों को हिलाकर रख दिया था और नाटक व रंगमच जैसे सांस्कृतिक कर्म पर गहरा प्रभाव डाला था। रंगकर्मियों की नयी टोलियाँ गठित हो गयी थीं जिन्होंने नाटक के प्रदर्शन किये और साथ ही अकाल पीड़ितों के लिए चन्दा एकत्र किया। इसी प्रकार स्वतन्त्रता आन्दोलन के दिनों में जेलयात्रा करने वाले लोग प्रायः मार्क्सवाद के विचार से शिक्षित होकर जेल के बाहर आते थे। इस कहानी में इन दोनों ही सच्चाइयों पर प्रकाश डाला गया है और इस अर्थ में सम्भवतः हिन्दी की अनोखी कथा है। हिन्दी की कोई ऐसी कहानी नहीं याद आती जिसमें दोनों क़िस्म के

ऐतिहासिक यथार्थ कथा-विन्यास में संग-संग उपस्थित हों। कथानायक अर्जुनदास पहले तो बंगाल दुर्भिक्ष पर आयोजित नाटक को देखकर रंगकर्म से जुड़ता है। फिर बम्बई के नौसेना विद्रोह में दो साल की जेल काटने के दौरान मार्क्सवादी बनकर भी जेल से बाहर आता है। पर ऐसा समाज जहाँ लगभग सभी लोग बीमार व्यावहारिकता से ग्रस्त रहते हों, वहाँ आदर्शवाद को दुखान्त का ही सामना करना पड़ता है। प्रौढ़ अवस्था में आकर कथानायक अर्जुनदास अनुभव करने लगता है कि उसने अपने जीवन को आदर्शवाद में गर्क कर दिया और स्वान्तः सुखाय जीवन ही जीता रहा। न उसे कुछ प्राप्त हुआ, न देश को। वह देखता है कि जिन्होंने स्वतन्त्रता की लड़ाई लड़ी वे आज़ादी के बाद अब ठेके और तरह-तरह के लाइसेंस हथियाने में लगे हैं। एक बार स्वतन्त्रता सेनानियों के कार्यक्रम में हिस्सा लेने दिल्ली जाता है तो भी यह देखकर क्षुब्ध हो जाता है कि कुछ समय के लिए किसी जुलूस में शामिल होने वाले या एक दिन के लिए गिरफ्तार होने वाले लोग भी स्वतन्त्रता सेनानी वाले भत्ते को पाने के लिए होड़ कर रहे हैं। इस होड़ को देख वह स्वतन्त्रता सेनानी भत्ता लेने से मना कर देता है। अपने आप से कहता है, "क्या मैं इसलिए जेल गया था कि एक दिन मैं उसके लिए भत्ता माँगूँगा?" पर ज़्यादा दुख उसे इस बात का होता था कि उसके ही बेटा और बेटी उसके आदर्शवाद की खिल्ली उड़ाते थे। कुल मिलाकर वह अपने जीवन से काफ़ी निराश प्रतीत होता है। नयी पीढ़ी के आदर्शवाद को देखकर वह मन मसोसकर रह जाता है और सोचता है कि उन्हें भी अन्त में उसी की तरह हताश होना पड़ेगा। पर कहानी में क्लाइमैक्स भीष्म की कथाशैली की पहचान रहा है। वे कहानी के कथानक को कई बार मन्द गति से बहते पानी की तरह बहने देते हैं पर अन्त में आकर उसे एकदम ही अलग ढंग की गति और मोड़ प्रदान कर देते हैं। कहानी किसी अनपेक्षित नाटकीय अन्त से बचते हुए भी नाटकीयता का आभास दिलाती है। इस कहानी में भी वे अर्जुनदास की सारी निराशा और दुविधा का नया पक्ष प्रस्तुत करते हैं। वे दिखाते हैं कि आदर्शवादियों की निराशा वास्तव में सामाजिक सत्य से उनके कटते जाने का स्वाभाविक परिणाम होती है। वे अपनी कमज़ोरियों को अपने आदर्श पर थोपने लगते हैं और स्वयं अपने जीवन तथा भावनाओं के प्रति अन्याय करने की आत्मपीड़ा में उलझते जाते हैं। अर्जुनदास सोचते रहते हैं कि उन्होंने आदर्शवाद के कारण परिवार के साथ अन्याय किया और पत्नी को भी बड़े सुख नहीं प्रदान किये। पर अन्त में वे देखते हैं कि एक नाटक के कार्यक्रम में उनकी अधेड़ पत्नी भी अपने सोने के झूमर उतारकर दान कर देती है। तब उन्हें यह अहसास होता है कि पत्नी के कारण वे जितना

पश्चात्ताप कर रहे होते हैं, वैसा कोई भाव पत्नी के मन में होता ही नहीं है। वह उनकी उलाहना व आलोचना करते हुए मन-ही-मन उनके आदर्शों को स्वीकार भी कर चुकी होती है। कुल मिलाकर यह कहानी उन चरित्रों पर है जो व्यर्थ ही आत्मधिक्कार के शिकार हो जाते हैं और ऐसा इसलिए होता है क्योंकि उनकी मानसिक भावनाएँ बाहरी स्थितियों से जुड़ने के स्थान पर अन्तर्मुखी हो जाती हैं और अपने ही अतीत के बारे में गलत-सलत धारणाएँ बनाने लगती हैं। वे समाज में पतन को देख-देखकर स्वयं को निराश तो बना लेते हैं पर यह देखने में नाकाम हो जाते हैं कि हर युग में पतन के ख़िलाफ़ शक्तियाँ भी मौजूद होती हैं जो कभी नौजवानों के आदर्शवाद के रूप में सामने आती हैं तो कभी जनान्दोलनों के रूप में सामने आती हैं। उनके मन के कोने में बैठा भ्रम धीरे-धीरे विशाल होता जाता है कि उन्होंने अपने लिए आन्दोलन व आदर्श का रास्ता चुनकर परिजनों के साथ अन्याय किया है और इसके लिए परिजनों के आक्रोश का सामना करना पड़ रहा है। इसके ठीक उलट सच्चाई यह भी होती है समाज ही नहीं बल्कि परिजनों का एक हिस्सा इसी कारण उनका सम्मान करता है और उनके आदर्शों के अनुकूल चलने के लिए स्वयं भी तैयार हो जाता है। हिन्दी में आदर्शवाद से मोहभंग को लेकर लिखीं कहानियों की लम्बी सूची है। पर यह कहानी आदर्शवाद व मूल्यों से मोहभंग के बेतुकेपन और निरर्थकता को प्रकट करती है।

भीष्म साहनी ने अपनी कथाओं में समाज की वृद्ध स्त्रियों, रिटायर्ड लोगों और बुजुर्गों पर ख़ास संवेदनशीलता से लिखा है। उन्होंने इस धारणा को कहानी में तोड़ा है कि साहित्य में केवल विरह, प्रेम या रोमान के सहारे ही सशक्त स्त्री चरित्र को गढ़ा जा सकता है। उन्होंने समाज की दुर्बल वृद्ध स्त्रियों के अकेलेपन तथा उपेक्षा को जिस प्रकार से चित्रित किया, उसका हिन्दी साहित्य में कोई सानी नहीं है। आमतौर पर समाज में यह ख़ुदगर्जी चारों तरफ़ फैली होती है कि जो काम का है, या जो किसी को कुछ प्रदान कर सकता है, केवल उसी को सम्मान से जीने का हक है। पूँजीवाद ने इन्सान को उत्पादन, लाभ, निवेश या योजना के अर्थशास्त्रीय गणित के बाहर समझना न केवल मुश्किल बना दिया है बल्कि उसके रास्ते भी एक-एक कर बन्द करना आरम्भ कर दिया है। इसी के समानान्तर यह विश्वास भी कायम रहता है कि चूँकि वृद्ध लोग जवान लोगों के कार्य में बाधक होते हैं और इसीलिए उन्हें सामाजिक जीवन में अधिक-से-अधिक अदृश्य स्थिति में रखना चाहिए। भीष्म जी की दो कहानियाँ इस विषय का बड़ा ही मार्मिक वर्णन करती हैं। 'चीफ की दावत' और 'यादें'। 'चीफ की दावत' कहानी में शामनाथ की बूढ़ी पंजाबी माँ है जिसे उसका बेटा ही घर में निर्वासित

करना चाहता है। माँ को अपने दफ्तर के चीफ की निगाहों से बचाना चाहता है। उसे घर में किसी कोने में धकेल देना चाहता है ताकि पार्टी की मौजमस्ती, चुहल में बाधा न पड़े। समाज के वृद्ध जनों पर लिखीं गयी हिन्दी की सर्वाधिक मार्मिक कथा की इन पंक्तियों को देखिए जिसमें घर का मालिक अपने चीफ के स्वागत की तैयारी कर रहा है—"आखिर पाँच बजते-बजते तैयारी मुकम्मल होने लगी। कुर्सियाँ, मेज, तिपाइयाँ, नैपकिन, फूल, सब बरामदे में पहुँच गये। ड्रिंक का इन्तजाम बैठक में कर दिया गया। अब घर का फालतू सामान अलमारियों के पीछे और पलंगों के नीचे छिपाया जाने लगा। तभी शामनाथ के सामने सहसा एक अड़चन खड़ी हो गयी, माँ का क्या होगा?" यहाँ कहानी-कला की चमक और परिपक्वता देखिए। कहानी को एक ऐसी लय मिलती है जैसे प्रत्यंचा से निकले तीर को। जिस समय घर का फालतू पुराना सामान छिपाया जा रहा है, उसी समय यह प्रश्न उठना—माँ का क्या होगा? यह प्रश्न शामनाथ अपनी पत्नी से अंग्रेज़ी में पूछते हैं जैसे अंग्रेज़ी में पूछने से वे ज़्यादा शीघ्रता से समस्या का हल प्राप्त कर लेंगे। जैसे अंग्रेज़ी में सोचने और बोलने से उन्हें अपने कुत्सित भाव से राहत मिल जायेगी। माँ जब उसे याद दिलाती है कि उसके जेवर भी उसकी पढ़ाई में बिक गये तो वह चिड़चिड़ा उठता है। हिन्दी में एक स्त्री विमर्श समाज की वृद्ध स्त्रियों को लेकर आरम्भ करना चाहिए और इसके लिए हो सके तो स्वाधीनता, यौन-सम्बन्ध, प्रजनन, जेंडर आधारित उत्पीड़न के विमर्श को थोड़ा और विस्तृत कर उसमें उम्रदराज स्त्रियों के जीवन सम्बन्धी प्रश्नों को सम्मिलित करना चाहिए।

भीष्म जी की एक और कहानी है—वाङ्चू। यह कहानी बौद्ध धर्म के प्रति जिज्ञासा और भक्ति लेकर चीन से भारत आकर यहाँ बसने वाले एक व्यक्ति की है। भीष्म जी ने राष्ट्रीय सीमाओं को अपने जीवनकाल में बनते, टूटते और पुनर्रचित होते देखा था। लोगों के मेहनत से बनाये घर भी उन्हें सुरक्षा प्रदान करने में नाकाम हो जाते हैं और वे अपनी ही ज़मीन पर परदेसी या बाहरी घोषित हो जाते हैं। उन्होंने अनुभव किया था कि राष्ट्र, राष्ट्रवाद, राष्ट्र-सीमा आदि समाज के सामान्य लोगों के लिए भले पूजनीय या आस्था की वस्तु हों लेकिन समाज के सम्पन्न वर्गों और राजनेताओं के हाथों खिलौना बन जाते हैं। राष्ट्र के सांस्कृतिक आधारों को भी राष्ट्र के भौतिक आधारों पर निर्भर रहना पड़ता है। भारत के साम्प्रदायिक विभाजन ने जिस प्रकार करोड़ों लोगों की नागरिकता और निवास को लेकर अमानवीय सन्देह व भयावह समस्याएँ पैदा कर दीं, उसने भीष्म जी की संवेदना में अवश्य ही उथल-पुथल मचा दी होगी।

राष्ट्रीय सीमाओं की पवित्रता किस प्रकार मानवीय आस्था पर हावी हो जाती है, इसी पर उन्होंने बाद में 'वाङ्चू' नामक कहानी भी लिखीं। वाङ्चू बौद्ध विहारों के खण्डहर और संग्रहालयों में भटकता है, बुद्ध की मूर्तियों को देखकर भावुक हो जाता है। लुम्बिनी तक की यात्रा वह सारे रास्ते हाथ जोड़कर नंगे पैर कर चुका है और सारनाथ में पीपल के पेड़ के नीचे घण्टों नतमस्तक बैठता था। दूर से वाङ्चू को आते देख लेखक अनुभव करता है—"क्षण भर में मुझे लगा, जैसे वाङ्चू इतिहास के पन्नों पर से उतरकर आया है। प्राचीन काल से इसी भाँति देश-विदेश से आने वाले चीवरधारी भिक्षु पहाड़ों और घाटियों को लाँघकर भारत में आया करते होंगे। अतीत के ऐसे ही रोमांचकारी धुँधलके में मुझे वाङ्चू भी चलता नज़र आया।" कहानी हमें वहाँ ले जाकर छोड़ती है जहाँ हम देखते हैं कि वाङ्चू भारत में दर-ब-दर भटक रहा है, वह चीन के सन्दिग्ध जासूस की तरह देखा जाने लगा, उसके बौद्ध धर्म की सारी पाण्डुलिपियाँ और काग़ज़ात छीन लिए गये हैं। वह जिस देश में बौद्ध धर्म के प्रति लगाव के कारण खिंचा चला आया था, वहीं की सुरक्षा एजेंसियाँ उसे ख़तरनाक शख़्स के रूप में देखने लगी हैं। इन सारी आतंकित करने वाली निगरानियों के कारण वह सारनाथ में ही अपने प्राण त्याग देता है। मरने से पहले उसकी आँखों में धूल उड़ने लगी थी जैसे वह अपने प्रिय धर्म, प्रिय देश और प्रिय परिवेश को धुँधला पड़ता देख रहा हो। भारत-चीन विवाद की पृष्ठभूमि पर हिन्दी में सम्भवतः कोई अन्य कहानी नहीं लिखीं गयी है। भीष्म जी की कहानी कला की यह अप्रतिम विशेषता भी रही है कि वे धर्म, राष्ट्र तथा वर्ग आदि की विशाल ऐतिहासिक भाव-संरचनाओं की छतरी के नीच रहने वाली मजबूर और बेबस मनुष्यता को अपना कथ्य का विषय बनाते हैं। वे बड़ी बेबाकी से भारतीय मध्यवर्ग की नीचताओं का, पाखण्ड का उपहास उड़ाते हैं और उतनी ही शालीनता से उसके भीतर की दुविधाओं और विस्थापन के अहसास को चित्रित करते हैं। उन्होंने भारतीय जाति व्यवस्था को केन्द्र में रखकर कहानियाँ भले न लिखीं हों लेकिन जाति और वर्ग के संयुक्त उत्पीड़न के कारण जिन लोगों को सर्वाधिक नारकीय जीवन जीना पड़ रहा है, उनके प्रति उनकी कहानियों में अपार सहानुभूति और रागात्मकता प्रकट हुई है। जैसे कि उनकी कहानी 'गंगो का जाया' या फिर 'माता-विमाता'। ये दोनों ही कथाएँ मज़दूर वर्ग की स्त्रियों पर लिखीं गयी हैं और इनमें पहली कहानी 'गंगो का जाया' तो स्पष्टतः चित्रित करती है कि पितृसत्ता और वर्ग, दोनों मिलकर मज़दूर स्त्री के जीवन को अत्यन्त दुखमय तथा निस्सहाय बना देते हैं। वह इतनी

निस्सहाय है कि अपने गर्भ के बच्चे के जन्म लेने और इस अन्यायग्रस्त संसार में आने की कल्पना से भी दुखी होती है।

यह कहना अनुचित न होगा कि भीष्म जी की कहानियाँ पाठकों के साहित्य-विवेक, यथार्थ-बोध और साहित्य-संस्कार, इन तीनों का ही परिमार्जन करती हैं। वे समाज के विराट संकट को व्यक्त करती हुई अपने पीछे इस प्रश्न के साथ हमें बेहद अकेला छोड़ देती हैं कि दुनिया में इतने विराट आन्दोलनों, महापुरुषों, परियोजनाओं और विचारों के बावजूद मनुष्य की बेबसी और पीड़ा कम होने का नाम क्यों नहीं ले रही है! क्यों सबसे वीभत्स और घृणित मनोकामनाओं का जगत मनुष्य के सबसे सात्विक पक्षों को निगल रहा है! इस प्रश्न के साथ हम जिस अकेलेपन से घिर जाते हैं, वहाँ हम अकेले नहीं रहते हैं बल्कि दूसरों से जुड़ी अपनी नियति को पहचानने की बाध्यता को महसूस करते हैं। उस अकेलेपन में हम इस संसार के प्रति अधिक नैतिक और ज़िम्मेदार भी बन जाते हैं।

सचमुच कितना बदहाल हो गया है मेरे बग़ैर घर

(सन्दर्भ भीष्म साहनी की कहानियाँ)

राहुल शर्मा

भीष्म साहनी, समकालीन कहानी का एक लब्धप्रतिष्ठत नाम। एक ऐसा नाम जिसकी कहानियों में जहाँ एक ओर जीवन के विभिन्न अनुभव समाहित हैं तो दूसरी ओर मानवीय सम्बन्धों के विघटन के लिए ज़िम्मेवार परिस्थितियाँ भी। 'घर' जो कि हमारी इस चर्चा का आलोच्य बिन्दु है इस आधार पर जब हम साहनी जी की कहानियों पर दृष्टिपात करते हैं तो पाते हैं कि उनकी कहानियों में भी 'घर' मौजूद है। जिसमें रहने वाले के हृदय में 'सचमुच कितना बदहाल हो गया मेरे बग़ैर घर' की टीस उठती रहती है। वह अपने घर चाहकर भी नहीं जा पाता। उसका घर, उसके लिए 'याद' में तब्दील हो गया है। जिनके हृदय में उनका घर 'उपस्थित' रहकर भी 'अनुपस्थित' हो चुका है। साहनी जी की ऐसी कई कहानियाँ हैं जिनके पात्र अपने घरों की ओर लौटना चाहते हैं। साहनी जी की जिस कहानी पर बात शुरू होने जा रही है उस पर आने के लिए एक फ़िल्म को ही उदाहरणस्वरूप रखूँगा जिसकी कथावस्तु के केन्द्र में समाज में व्याप्त छुआ-छूत और सामाजिक विषमता है परन्तु फ़िल्म के दरम्यान गाँव के इस निचले वर्ग का पंजाब जैसे शहरों की ओर विस्थापन देखने में आता है। जब हम फ़िल्म के दृश्य पर गौर करते हैं तब एक बात स्पष्ट हो जाती है कि मजदूरों के शहरों की ओर पलायन में क्षेत्रीय राजनीति (फ़िल्म के अनुसार) महत्त्वपूर्ण भूमिका निभाती है। यह तो रही फ़िल्म की बात जिसमें क्षेत्रीय राजनीति का शिकार मज़दूर शहर की भीड़ का हिस्सा बन जाता है या यूँ कहा जाये कि शहर की भीड़ में खो जाता है। शहर में रोजगार के उद्देश्य से आये मज़दूर के साथ शहर भी सौतेला व्यवहार करता है और अपनी ज़मीन, अपना घर छोड़कर आने वाला मजदूर शहर में भी रिहाइश के लिए जद्दोजहद करता रहता है अर्थात जिस

समस्या से लड़ने के लिए वह गाँव से शहर आता है वह समस्या ज्यों की त्यों बनी रहती है हाँ, उसमें इजाफा ज़रूर हो जाता है। वह (मजदूर) अपनी ज़मीन, अपने घर, अपने गाँव वापस लौटना चाहता है परन्तु वह चाहकर भी लौट नहीं पाता। भीष्म साहनी जी की कहानी 'गंगो का जाया' के पात्र भी ऐसे ही विस्थापन का शिकार हैं। कहानी के चार प्रमुख पात्र हैं—दिल्ली, गंगो, घीसू और रीसा।

'दिल्ली' कहानी का एक पूँजीवादी चरित्र है जिसे साहनी जी ने केन्द्र में रखा है। वे इस सत्य से भली-भाँति अवगत थे कि सन् साठ के बाद भारत में शहरीकरण काफ़ी तेज़ी से हुआ और इस विकास में बाजार ने महत्त्वपूर्ण भूमिका निभायी। कहानी में जिस दिल्ली का चित्रण कहानीकार ने किया है वह फिर से जैसे बसने लगी थी। 'दिल्ली का फिर से बसना' उसी पूँजीवाद और बाजार की ओर संकेत है जो गाँवों को तेज़ी से अपनी ओर आकर्षित कर रही थी। एक नयी आबादी फैल रही थी जिसमें एक वर्ग फैलती इमारतों में रहने वाला था तो दूसरा वर्ग उन इमारतों को खड़ा करने में लगा हुआ था और इसी दूसरे वर्ग में गंगो, उसका पति घीसू, उनका बेटा रीसा आते हैं जो दिल्ली के इस प्रसार का शिकार बन जाते है। दिल्ली एक ऐसा जाल बुनती है जिसमें उलझकर एक माँ-बाप अपने छह वर्ष के बेटे को बूट पॉलिश जैसे धन्धे पर लगाने के लिए बाध्य होते हैं और दिल्ली उस लड़के से भी उसका घर छीन लेती है, उसे अपने आक्टोपस के पंजों जैसी गलियों में ऐसे लपेटती है कि वह वापस घर नहीं लौट पाता।

कहानी जैसे-जैसे आगे बढ़ती है गंगो और घीसू के अपनी ज़मीन से उखड़ने की ओर भी संकेत करती चलती है। कहानी में एक स्थान पर आया यह कथन—

"तुम गाँव चली जाओ।"

"मैं कहीं नहीं जाऊँगी। तुम्हारा भाई ज़मीन पर पाँव नहीं रखने देगा। दो दफे तो तुमसे लड़ने-मरने की नौबत आ चुकी है।"

गाँव के शहरों की ओर पलायन के कारण को बिल्कुल स्पष्ट कर देता है। अतः गंगो का जाया कहानी 'मजदूरों के स्तर से लुढ़ककर आवारा के स्तर पर आ पहुँचे' लोगों की कहानी है, जो अपने लोगों द्वारा सताये जाने के कारण दिल्ली जैसे शहर का दामन थामते हैं और गुम हो जाते हैं।

'गंगो का जाया' कहानी जहाँ एक ओर दिल्ली जैसे शहर और आये दिन वहाँ पहुँचने वाले 'घरवाले बेघरों' की त्रासदी को दर्शाती है, उनकी परिस्थितियों को उजागर करती है वहीं साहनी जी की 'वाङ्चू' दो देशों के बीच के तत्कालीन राजनीतिक हालात के शिकार हुए एक चीनी युवक की कहानी बयाँ करती है जो अपनी नागरिकता की तलाश करता अन्त में मृत्यु का वरण करता है। हाँ, इसे

नागरिकता की तलाश ही कहूँगा। कहानी में वाङ्चू चीन से भारत बौद्ध धर्म का अध्ययन करने आया एक निर्वासित है। वह सारनाथ में रहता है और भारत में मतवाला बना घूमता रहता है। वह भीष्म साहनी जी का बिल्कुल अनोखा पात्र है वह भारत में रह तो रहा है पर यहाँ की राजनीतिक गतिविधियों में उसकी कोई दिलचस्पी नहीं। यहाँ तक कि कहानी में श्रीनगर में पण्डित नेहरू के आगमन पर किये गये भव्य आयोजन में भी वह रुचि नहीं लेता, अपनी ही धुन में खोया रहता है। कहानी में वाङ्चू के साथ विभिन्न घटनाएँ घटती रहती हैं जैसे, नैरेटर की मौसेरी बहन नीलम से उसका अन्तरंग सम्बन्ध, उसका चीन जाना, वापस लौटना, लौटकर यहाँ (भारत) की राजनीतिक कटुता का शिकार होना और अन्ततः मृत्यु को प्राप्त करना। ये तो रहा कहानी का सिलसिलेवार वर्णन परन्तु जब हम कहानी पर गहराई से विचार करना आरम्भ करते हैं तो यह पाते हैं कि यह कहानी भी सरहदों के दरम्यान बँटे आदमी की कहानी है जैसा कि पहले कहा जा चुका है। फिर एक प्रश्न उठता है कि आखिर वाङ्चू जैसे सीधे-साधे चरित्र की ऐसी दुखद परिणति क्यों हुई? इस प्रश्न का उत्तर जब हम ढूँढ़ने निकलते हैं तब पाते है कि वाङ्चू की यह परिणति उसका 'वर्तमान से कटकर अतीत में' विचरण करना है। वह विश्वपटल पर घट रही घटनाओं से बिल्कुल अनभिज्ञ है तभी तो वह उन्हें समझ नहीं पाता और चीन और भारत के बीच झूलता रहता है। वह कहीं का नहीं कहलाता। वर्तमान उसे लील जाता है। कहानी के बैकग्राउंड में 1929 की चीन की राजनीतिक उथल-पुथल है जिसमें उसका गाँव जला डाला गया था। यही घटना उसके अस्तित्त्व को एक 'शरणार्थी' में तब्दील कर देती है। शरणार्थी अर्थात पैरों तले से ज़मीन का खिसक जाना। यह कहानी इस 'शब्द' के पीछे छिपे दर्द को भली-भाँति उजागर करती है। आज सरहदों के विस्तार में लगे देश युद्ध की जिस नीति को अपना रहे हैं वे वाङ्चू जैसे हज़ारों लोगों को जन्म दे रहे हैं, उन्हें उनकी जड़, ज़मीन से नोंच एक दलदल में फेंक रहे हैं।

साहनी जी की कहानी 'ओ हरामज़ादे' एक ऐसी कहानी है जो एक अलग पृष्ठभूमि की ओर संकेत करती है। दूसरे शब्दों में कहा जाये तो यह कहानी 'देश के बाहर रहने वाले हिन्दुस्तानी की आँखों में अपने किसी देशवासी के मिलने से उत्पन्न होने वाली चमक' की कहानी है। कहानी का आरम्भ यूरोप के एक दूरदराज के इलाके से होता है जहाँ कहानी के नैरेटर को एक 55-60 साल की खिचड़ी बालों वाली महिला, भारतीय देखकर अपने घर ले जाती है और अपने पति 'लाल' से मिलाती है। 'लाल' जोकि इस कहानी का मुख्य पात्र है, की स्थिति ज़मीन से उखड़े उस पेड़ की तरह है जो आँधी में उखड़कर गिर तो जाता है परन्तु अपनी

जड़ों से पूर्णतः मुक्त नहीं हो पाता। पूरी कहानी इसी जद्दोजहद की कहानी है। 'ओ हरामज़ादे' शीर्षक ही कहानी और कहानीकार के उद्देश्य को स्पष्ट कर देता है। मनुष्य चाहे जितना अपने देश से अलग हो जाये पर अपने देश को नहीं भूल पाता। अपने देश की गलियाँ, गालियाँ, मित्र, नाते-रिश्ते उन सबसे वह भागकर भी, भाग नहीं पाता। 'ओ हरामज़ादे' जुमला भी इसी सच्चाई की ओर संकेत करता है। थोड़ा गौर करने पर हम पाते हैं कि जहाँ कहानी एक ओर 'लाल' की मानसिक स्थिति को बयाँ करती है तो वहीं दूसरी ओर उसकी ज़िन्दगी में शहर 'जालन्धर' की उपस्थिति को भी दर्शाती है। शहर जालन्धर उसके अन्दर जीता है तभी तो वह चाहकर भी उसे भूल नहीं पाया। जब कहानी का नायक 'लाल' अपने घर से भागने के पन्द्रह साल बाद वापस अपनी पत्नी हेलेन और डेढ़ वर्ष की बच्ची के साथ हिन्दुस्तान लौटता है और हिन्दुस्तान के विभिन्न शहरों से होता हुआ अपने शहर जालन्धर पहुँचता है, वहाँ बचपन के मित्र तिलकराज से जब उसकी मुलाक़ात होती है तब पराया लगता जालन्धर उसे अपना लगने लगता है। यही है भीष्म साहनी जी की इस कहानी की विशेषता जो वर्तमान समाज के एक बड़े सच को आईना दिखाती है। आज ऐसे करोड़ों 'लाल' हैं जो अपनी ज़मीन से उखड़ एक विस्थापित की ज़िन्दगी जी रहे हैं, जो तिलकराज जैसे करोड़ों मित्रों से मिलने और उनके द्वारा सम्बोधित 'ओ हरामज़ादे' जुमले को सुनना चाहते है।

आज जिस सदी में हम जी रहे हैं उसे देखते हुए इसमें कोई शक नहीं कि उसमें दुनिया तेज़ी से विकसित हुई है और इस तेज़ी से विकसित होती दुनिया में आज भी शहरों में असंख्य गंगो और घीसू, युद्धों के शिकार अनेको वाङ्चू और अपने शहर को याद करने वाले कितने लाल दिख जाते हैं जो उजड़कर भी बसने की कोशिश में लगे हुए हैं। प्रसिद्ध कवि विष्णु नागर जी की काव्य पंक्तियों से अन्त करते हुए–

मेरा घर
मेरे घर के बाहर भी है
मेरा बाहर

मेरे घर के अन्दर भी
घर को घर में
बाहर को बाहर ढूँढ़ते हुए
मैंने पाया

मैं दोनों जगह नहीं हूँ।

अन्तर्पाठ : 'ओ हरामज़ादे' और 'वाङ्चू'

रमाकान्त श्रीवास्तव

कभी-कभार मूल विषय पर आने के लिए कोई काल्पनिक प्रश्न सहायक होता हो तो उसे उठाने में क्या हर्ज़ है। मेरे मन में एक प्रश्न है जिसका उत्तर स्वयं मुझे भी तलाशना है। जब नयी कहानी, समान्तर कहानी, अकहानी, सचेतन कहानी जैसे आन्दोलनों की बहार थी, जिनमें कुछ में आज के राजनीतिक दलों की तरह सुप्रीमो भी हुआ करते थे तब अमरकान्त, शेखर जोशी, मार्कण्डेय, परसाई और भीष्म साहनी जैसे लेखकों ने अपनी रचनाओं से हिन्दी कथा-साहित्य को समृद्ध न किया होता तो बीसवीं सदी के उत्तरार्द्ध में हिन्दी कहानी की धारा किस ओर मुड़ गयी होती? मूल्य केन्द्रीयता और सहज शिल्प के सौन्दर्य को इन रचनाकारों ने कहानी की जीवनी शक्ति बनाकर रखा। कहानी के अल्पजीवी आन्दोलन में शामिल कथाकारों में ऐसे रचनाकार भी शामिल थे जो बुनियादी तौर पर प्रगतिशील दृष्टिकोण को स्वीकार करते थे। किन्तु अल्पजीवी आन्दोलनों से नाम को उछाल मिलता है जो कई लेखकों की कमज़ोरी भी बनता है। उनका अवमूल्यन करना मेरा उद्‌देश्य नहीं है किन्तु यह प्रश्न निरर्थक नहीं है कि कोई भी रचनाकार अपनी किस विरासत को स्वीकार कर उसे नया आयाम देना चाहता है। यदि रचनाकर्म को हम सामाजिक दृष्टि से महत्त्वपूर्ण मानते हैं तो उसकी अन्तर्वस्तु के आशय के महत्त्व से इनकार नहीं किया जा सकता। कहानी कला में शिल्पगत सौन्दर्य की अनिवार्यता को अस्वीकार नहीं किया जा सकता किन्तु कहानी कला अपनी समग्रता में उसका बाह्य आवरण मात्र नहीं है। उस शिल्प कला का एक हिस्सा है। वस्तु-तत्त्व को सामाजिक सत्य और मानवीय संवेदना से जोड़कर उसे सार्थक आशय में रूपायित करना भी कहानी कला है। ज़ाहिर है कि यह आधुनिक काल की रचनाधर्मिता की माँग है। मन्तव्य को प्रकाशित करने के लिए कथाकार शिल्प का वितान रचता है। यदि शिल्प तो बहुत चमकदार हो, मन्व्य धुंधला हो तो ऐसी कहानी को आप क्या कहेंगे?

साहित्य और समय के सम्बन्धों को ऐतिहासिक विकास और सामाजिक यथार्थ की कसौटी पर परखने को रचना की सार्थकता स्वीकार करना आधुनिक समझ का तकाज़ा है। इसे ही हम प्रेमचन्द की परम्परा कह सकते हैं। आज की आक्रामक उपभोक्ता संस्कृति में भी यदि हिन्दी कहानी में मूल्य चेतना जीवित है और उसे प्रतिरोध की शक्ति के रूप में प्रयुक्त करने का जज़्बा शेष है तो इसके लिए उन रचनाकारों के महत्त्व को रेखांकित किया जाना चाहिए जिन्होंने इसकी भूमिका तैयार की और भाववादी स्थापनाओं के बरअक्स समाजवादी मूल्यों को रचना के केन्द्र में रखा। इस सूत्र से कौन इनकार कर सकता है कि जीवन मूल्य ही साहित्य रचना के मूल्य होते हैं। साधारण में असाधारण को देखना-परखना और उसे सहज रूप से प्रस्तुत करना वस्तुतः कठिन कला है।

इस दृष्टि से भीष्म साहनी ने हिन्दी कथा-साहित्य को कई श्रेष्ठ कहानियाँ दी हैं। डॉ. शिवकुमार मिश्र ने लिखा है, "भीष्म साहनी की प्रमुख विशेषता आधुनिक जीवन के सामान्य से लगने वाले प्रसंगों को यथार्थ की सजीव रेखाओं से प्रस्तुत करना है। वे जीवन के विलक्षण और असाधारण प्रसंगों को नहीं चुनते और ना ही कोई अनूठी बात कहकर अपने पाठकों को चौंकाने का प्रयत्न करते हैं कि देखो, युग जीवन के कितने बड़े यथार्थ को मैंने अपनी कहानी में रूपायित कर दिया है। उनकी कहानी की विशेषता यथार्थ की मज़बूत पकड़ और उनकी अत्यन्त सादी अभिव्यक्ति है। परन्तु उनके द्वारा लिखित यथार्थ इतना मार्मिक अवश्य होता है कि पाठक को भी संवेदना के उसी स्तर पर जाकर स्पर्श करता है।" भीष्म साहनी ऐसे लेखक हैं जिनकी रचनाओं में कथ्य का विस्तार है। वे परसाई की तरह परिदृश्य को बड़े कैनवास में उकेरते हैं। अपने समय के सभी महत्त्वपूर्ण प्रश्नों को उनकी कहानियाँ समेटती हैं। उनकी कहानियाँ, उपन्यास और नाटक साम्प्रदायिकता, विस्थापन, मानवीय रिश्तों, राज्य और नागरिक के सम्बन्धों, समय के प्रवाह में बदलते वर्गीय चरित्रों को रूपायित करते हैं। उनकी लेखन कला में केन्द्रीय भूमिका उनके रचे पात्रों की होती है। बिना किसी शोर-शराबे के अपनी बात वे उन्हीं के माध्यम से कहते हैं और पाठक पर भरोसा करते हैं कि निष्कर्ष तक वह स्वयं पहुँच जायेगा।

नागरिक, राज्य, परिवेश और मनुष्य के सम्बन्धों पर रची गयी उनकी दो कहानियों—'ओ हरामज़ादे' और 'वाङ्चू' की अन्तर्वस्तु और लेखकीय संवेदना पर हम चर्चा करेंगे। 'ओ हरामज़ादे' ऐसे पात्र की भावदशा को व्यक्त करने वाली कहानी है जो परिस्थितिवश लेकिन अपनी इच्छा से, विदेशी महिला से शादी करके यूरोप के एक देश में बस गया है किन्तु अपने शहर की यादें उसके मन

को निरन्तर आन्दोलित करती रहती हैं। नास्टेल्जिया से ग्रस्त पात्र की अनोखी कहानी है। 'वांङ चू' कहानी एक ऐसे आदमी के जीवन की विडम्बना को सामने रखती है जो अपने समय की हलचलों से कटा, दिवास्वप्न में डूबा हुआ है और दो देशों के राजनीतिक उतार-चढ़ाव के दुष्चक्र में फँस जाता है। वह समझने में असमर्थ है कि समय उस पर जुल्म क्यों कर रहा है।

इन दोनों कहानियों की कथावस्तु को अति संक्षेप में समेटकर इसका विश्लेषण करें। दोनों ही कहानियों का नैरेटर, कहानी में एक पात्र के रूप में स्वयं लेखक है। 'ओ हरामज़ादे' का कथानायक लाल विदेश में बस गया है। पत्नी और दो पुत्रियों के साथ सहज और सुखी जीवन बिता रहा है। कभी वह जालन्धर का निवासी था। यह उसका स्वयं का चुनाव है कोई विवशता नहीं किन्तु यह परिस्थिति उसके लिए मानसिक विस्थापन है। नैरेटर से उसका परिचय संयोगवश होता है। जब उसे यह मालूम होता है कि लेखक कभी जालन्धर में रह चुका है तो वह अत्यन्त भावुक हो उठता है। उसे वह गले लगा लेता है और सब कुछ भूलकर पुरानी यादों में खो जाता है। इसके विपरीत उसकी विदेशी पत्नी की, वर्षों पहले पति के साथ की गयी भारत यात्रा के संस्मरण वैसे ही ख़ुशनुमा नहीं हैं। जालन्धर के घर-परिवार में उसका ख़ूब स्वागत-सत्कार हुआ था लेकिन वहाँ के तौर-तरीकों और शहर की गन्दगी से वह बुरी तरह ऊब गयी थी। पति के उत्साह और पत्नी की विरक्ति का दुष्परिणाम था उनका मानसिक तनाव। अतः जालन्धर से लौटने के बाद लाल फिर कभी भारत नहीं गया। पति-पत्नी ने समझदारी से काम लेते हुए अपने दाम्पत्य जीवन को बिखरने नहीं दिया किन्तु दोनों के ही दिल में कसक रह जाती है। लाल का मन बार-बार अतीत की ओर लौटता है। उधर लाल की पत्नी लेखक से कहती है, "इसे भारत में शादी करनी चाहिए थी। तब वह ख़ुश रहता। मैं अब भी कहती हूँ कि यह भारत चला जाये और मैं अलग यहाँ पर रहती रहूँगी। हमारी दोनों बेटियाँ अब बड़ी हो गयी हैं। मैं अपना ध्यान कर लूँगी।"

अतीत राग से ग्रस्त पति अपनी मानसिक दशा को इस प्रकार व्यक्त करता है, "पहले कुछ साल तो मैं सब कुछ भूले रहा पर भारत से निकलने के दस-बारह साल बाद भारत की याद रह-रहकर मुझे सताने लगी। मुझ पर एक जुनून-सा तारी होने लगा। मेरे व्यवहार में भी अजीब बचपना-सा आने लगा। कभी-कभी मैं कुर्ता-पजामा पहनकर सड़कों पर घूमने लगता था ताकि लोगों को पता चले कि मैं हिन्दुस्तानी हूँ, भारत का रहने वाला हूँ। कभी जोधपुरी चप्पल पहन लेता, जो मैंने लन्दन से मँगवाई थीं। लोग सचमुच बड़े कुतूहल से मेरी जोधपुरी चप्पल

की ओर देखते, और मुझे बड़ा सुख मिलता। ...मैं सचमुच दिखाना चाहता था कि मैं भीड़ में खोया अजनबी नहीं हूँ, मेरा भी कोई देश है, मैं भी कहीं का रहने वाला हूँ।"

लाल के मन में दबी हुई एक अजीब-सी इच्छा है। जालन्धर में उसके दोस्तों के बीच एक-दूसरे को 'ओ हरामज़ादे' कहकर आवाज़ देने की आदत थी। यह गाली ही उनका सबसे आत्मीय सम्बोधन था। अपने को उसी सम्बोधन से पुकारे जाने की उसकी इच्छा इतनी तीव्र है कि लेखक से विदा होते समय वह कहता है कि उसे अपनी ज़िन्दगी से कोई शिकायत नहीं है किन्तु—"एक बात की चाह मन में अभी तक मरी नहीं है कि सड़क पर चलते हुए कभी अचानक कहीं से आवाज़ आये—'ओ हरामज़ादे'। और मैं लपककर उस आदमी को छाती से लगा लूँ।"

इस अतीत राग से भिन्न दूसरा एक भावुक आकर्षण 'वाङ्चू' कहानी के कथानक में लगभग एक रोग की तरह है। बौद्ध जिज्ञासु वाङ्चू चीनी है किन्तु वह अपने 'सपने के देश' भारत के प्रति इतने गहरे मोह से ग्रस्त है कि भारत की याद को सीने से लगाये जीता है। अन्ततः अपने उसी सपने के देश में वह एक अनजान व्यक्ति की तरह मरता है। बौद्ध धर्म के प्रति समर्पित वाङ्चू कई वर्षों तक सारनाथ में एक जिज्ञासु के रूप में निवास करता है और बौद्ध तीर्थों की यात्रा करता है। भारत-चीन मैत्री के दौर में, लेखक की सलाह पर वह यह सोचकर चीन चला जाता है कि वह दोनों देशों के बीच सम्बन्धों की कड़ी बन सकता है। किन्तु उसकी यह इच्छा पूरी नहीं हो पाती। दरअसल वह समय चीन में 'ऊँची छलांग' वाला भगदड़-से भरा समय था। वाङ्चू जैसे भावुक और आत्मलीन व्यक्ति की वहाँ कोई कद्र नहीं थी अतः वह भारत आने के लिए बेचैन हो उठता है। प्रयास करके वह किसी तरह भारत आ जाता है तब तक सीमा पर भारत-चीन की झड़प शुरू हो जाती है। वीज़ा लेने के लिए उसे चीन में और भारत पहुँचने पर यहाँ उसे कड़ी पूछताछ से गुज़रना पड़ता है। युद्ध के दौरान वह भारत सरकार के अधिकारियों के लिए सन्दिग्ध व्यक्ति बन जाता है। राजनीतिक हलचलों से नितान्त अपरिचित वाङ्चू भारत में चैन से नहीं रह पाता और उन्हीं परिस्थितियों में अपने 'सपने के देश' में उसकी मृत्यु हो जाती है।

दोनों कहानियों में मनुष्य के दो भिन्न रूप उजागर होते हैं किन्तु वे कुछ गम्भीर प्रश्नों की ओर हमारा ध्यान आकृष्ट करती हैं। भिन्न स्वभाव के व्यक्तियों के अपने समाज के साथ अलग-अलग तरह के सम्बन्ध बनते हैं। लाल की भावुकता अपने अतीत के प्रति है किन्तु उस भावुकता के पीछे अपने शहर के जनजीवन और देश के प्रति लगाव है। वाङ्चू की भावुकता में वह सिरे से गायब है। वह

देशकाल से कटा हुआ, अकर्मक श्रद्धा और संवेदना से भरा हुआ, ख़यालों की दुनिया में रहने वाला व्यक्ति है। वह राजनीतिक उतार-चढ़ाव, देशों के आपसी सम्बन्धों और सामाजिक विकास की गतियों से कटा हुआ श्रद्धालु क़िस्म का आदमी है। यह स्वभाव वैभिन्न ही व्यक्तियों के अपने समाज के साथ रिश्ते तय करता है। किसी भी देश और काल में व्यक्ति की समझदारी का पैमाना भी इससे ही तय होता है। 'ओ हरामज़ादे' का कथानायक लाल अपनी ज़िन्दगी को नये परिवेश में ढाल लेता है। यह जीवन के प्रति उसका सन्तुलित नज़रिया है। अपने शहर और परिवेश को निरन्तर याद करना उसका सहज देश प्रेम है। यह उस दौर की कहानी है जब अपने देश के प्रति लगाव नागरिक का स्वाभाविक गुण स्वीकार किया जाता था। अपने समाज के प्रति प्यार व्यक्ति के आन्तरिक आवेग का हिस्सा था। लाल को लगता है कि अपने देश की मिट्टी का स्पर्श करना भी एक सौभाग्य की बात है। भूमण्डलीकृत उपभोक्तावाद के विकसित होने के पूर्व के मनुष्य की यह संवेदना है। मानवीय सम्बन्धों और अपने परिवार के प्रति देश के एक वर्ग को यह भावुकता बचकानी लग सकती है किन्तु संसार के किसी भी देश और काल का आम आदमी इस संवेदना को जीता है। जो अपने करियर और कमाने-धमाने को हर सम्बन्ध से ऊपर रखते हैं तथा सफलता के लिए देशकाल निरपेक्ष प्राणी बन गये हैं उनके लिए जज्बे को समझना सम्भव नहीं है। लेकिन इस दौर में भी ऐसे लोग कम हैं। सामान्य जीवन जीने वाले; अपनी मिट्टी से जुड़े लोग आज भी अपने सम्बन्धों की हरारत का अनुभव करते हैं। यह सम्भव है कि जीवन की भाग-दौड़ में इसका अनुभव उन्हें देर से हो। नैरेटर से लाल कहता है, "तुम अपने देश से ज़्यादा देर बाहर नहीं रहे इसलिए नहीं जानते कि परदेश में दिल की क्या कैफ़ियत होती है।"

लाल के बरअक्स वाङ्चू के मुख्य पात्र जैसे भावुक लोग पहले भी इक्के-दुक्के थे और आज भी कम हैं जो देश-दुनिया की गलियों से अनजान अपने-आप में ही खोये रहते हैं। किन्तु इस तरह का निरर्थक-सा जीवन जीने वाले व्यक्ति का भी समाज में एक कोना होना चाहिए। आखिर समाज होता ही इसलिए है कि हर तरह का व्यक्ति उसमें पनाह ले सके। इस बिन्दु पर सोचने के लिए यह कहानी प्रेरित करती है कि देशों के आपसी सम्बन्धों के बनने-बिगड़ने पर निर्दोष नागरिकों की दुर्दशा क्यों हो? बीसवीं सदी के युद्धों, विस्थापितों और राजनीतिक प्रपंचों के चलते विश्व-चेतना मानव अधिकारों को पाने की चेष्टा करती रही है। इस नज़रिये से भी इस रचना को देखने की ज़रूरत है। वाङ्चू यदि चुस्त-चालाक और व्यावहारिक क़िस्म का आदमी होता तब भी भारत-चीन-युद्ध जैसी हलचल

में वह उसी तरह प्रताड़ित होता। युद्ध के दौरान बौद्ध शोधार्थी वाङ्चू को एक अन्य जूते बनाने वाले चीनी के साथ हवालात में रखा गया। उस जैसा निरीह व्यक्ति भी सन्देह के दायरे में था। नैरेटर कहता है, "सरकार यह ना करती, तो क्या करती? शासन करने वालों को इतनी फुरसत कहाँ कि संकट के समय संवेदना और सद्भावना के साथ दुश्मन के एक-एक नागरिक की स्थिति की जाँच करती फिरे।" वाङ्चू कहानी को इस रूप में भी देखा जाना चाहिए कि वह एक व्यक्ति विशेष की कहानी भर नहीं है। दो देशों के तनाव के दौर में कोई भी फँस सकता है। राजनीतिक परिस्थितियों के चलते एक नागरिक के अधिकार कभी भी, कहीं भी स्थगित हो सकते हैं। वाङ्चू को भारत में जितना सन्देहास्पद समझा गया उतना ही उसके अपने देश में भी। बीसवीं सदी के उत्तरार्द्ध से लेकर आज तक वैश्विक परिस्थितियाँ अमानवीय होती गयी हैं। विश्व परिदृश्य में नागरिक अधिकारों पर लगातार संकट आते रहे हैं। विस्थापितों और शरणार्थियों की संख्या बढ़ती गयी है। बड़ी तादाद में, विभिन्न कारणों से निर्दोष नागरिक 'देशविहीन' हो रहे हैं। इक्कीसवीं सदी, इस मायने में अधिक जटिल और क्रूर हुई है। दुनिया में लाखों की संख्या में ऐसे अभागे हैं जो केवल सन्देहास्पद होने के कारण जेलों में बन्द हैं।

भीष्म साहनी की ये दोनों कहानियाँ सामाजिक विडम्बना में फँसे आदमी की त्रासदी को सामने रखती हैं। जीवन की संश्लिष्टता को सादगी से व्यक्त करने में सफल हैं। भीष्म साहनी जिन जीवन स्थितियों को अपनी रचनाओं में चित्रित करते हैं वे काल के सीमित खण्ड में स्थगित होने वाली समस्याएँ नहीं हैं। घटनाओं और पात्रों के माध्यम से वे अपने समय का अतिक्रमण करने वाली कहानियाँ हैं।

लाल और वाङ्चू आज भी देखे जा सकते हैं।

आपने कहीं गंगो के जाये को देखा है?

मनोज कुमार सिंह

भीष्म साहनी प्रेमचन्द और यशपाल के बाद अपनी भाषा की सादगी और विषय की स्पष्टता के कारण सबसे अधिक समझे और पढ़े जाने वाले हिन्दी कथाकार हैं। वे इस मामले में बहुत स्पष्ट हैं कि वे किनके लिए और क्यों लिख रहे हैं। हर दौर का जीवन जटिल और दुविधाओं से भरा होता है। हर दौर के लोग उस जटिलता और दुविधा से निकलने के लिए साहित्य, कला, राजनीति, दर्शन की परम्पराओं का अवलोकन, अवगाहन और मूल्यांकन करते हैं। भीष्म साहनी इस उद्‌देश्य में प्रेमचन्द और यशपाल की तरह कामयाब कथाकार हैं। उनके कथा-पात्रों की जीवन-स्थितियाँ इतनी वास्तविक हैं कि उनके जीवन की घटनात्मकता, नाटकीयता और त्रासदी हमारे सामने और हमारे भीतर साथ-साथ घटित होती हैं। कोई भी रचना जितनी बार पढ़ी जाती है, वह उतनी बार पाठक द्वारा पुनर्सृजित होती है। यह योग्यता रचना में नहीं है, तो वह कला-रूप में रूपान्तरित नहीं हो सकी है। वे रचनाएँ और सार्थक और बड़ी होती हैं जो पाठक की स्मृति में बीज-रूप में पड़ी रहती हैं और अवसर, प्रसंग और सन्दर्भ के साथ पुनर्जीवित हो उठती हैं। कई रचनाएँ तो इससे भी आगे बढ़कर सकर्मकता, पक्षधरता और प्रतिबद्धता तक पाठक को ले जाने में कामयाब होती हैं। भीष्म साहनी के पास ऐसी अनेक कहानियाँ हैं जो उपरोक्त कथन की पुष्टि करती हैं।

भीष्म जी की एक कहानी है 'गंगो का जाया'। यह उनके कहानी संग्रह 'भाग्य रेखा' (1953 ई.) में संकलित है। कहानी दिल्ली शहर की है और कहानी के पात्र दिहाड़ी मज़दूर हैं। वे एक बिल्डिंग कॉन्ट्रेक्टर के यहाँ काम करते हैं। कहानी कलेवर में छोटी, रचाव में कलात्मक और प्रभाव में मार्मिक है। कहानी का पहला ही वाक्य विडम्बनात्मक है—''गंगो की जब नौकरी छूटी तो बरसात का पहला छींटा पड़ रहा था।'' इस एक वाक्य से कहानी में जो होना है उसका

पता तो चल जाता है लेकिन इस वाक्य का जो विस्तार है, वह भीष्म जी के कथाकार रूप का, उसकी संवेदनात्मक सघनता और कलात्मक धैर्य का परिचय प्रस्तुत करता है।

"पिछले तीन दिन से गहरे नीले बादलों के पुंज आकाश में करवटें ले रहे थे, जिनकी छाया में गरमी से अलसायी हुई पृथ्वी अपने ठण्डे उच्छ्वास छोड़ रही थी, और शहर-भर के बच्चे-बूढ़े बरसात की पहली बारिश का नंगे बदन स्वागत करने के लिए उतावले हो रहे थे। यह दिन नौकरी से निकाले जाने का न था।"

"गंगो की जब नौकरी छूटी तो बरसात का पहला छींटा पड़ रहा था।" और "यह दिन नौकरी से निकाले जाने का न था।" ये दोनों वाक्य मज़दूर जीवन की जिस विडम्बना और तनाव को हमारे सामने उपस्थित करते हैं उस तनाव और विडम्बना का दारुण विस्तार आज और अधिक होता जा रहा है। जब कोई सवाल साहित्य में उठाया जाता है तो इसलिए कि उस तरफ़ लोगों का ध्यान जाये और उसका समाधान हो। यह दुर्भाग्य नहीं तो और क्या है कि कबीर, प्रेमचन्द, निराला, भीष्म साहनी सरीखे कवियों, कथाकारों द्वारा उठाये गये प्रश्न आज भी अनुत्तरित हैं। जबकि इनके द्वारा उठाये गये प्रश्न सनातन और दार्शनिक न होकर भौतिक और व्यवस्था के प्रश्न हैं। ईमानदार समाज-व्यवस्था के पास इन प्रश्नों के जवाब हैं।

प्रस्तुत कहानी की मुख्य पात्र गंगो माँ बनने वाली है। उसका पेट कुपोषण और गर्भ की अवधि पूरा होने के कारण बेतहाशा निकल आया है। फिर भी वह मैदान से गारे की टोकरियाँ उठा-उठाकर सुबह से दूसरी मंजिल पर पहुँचा रही है। जब भी वह टोकरी उठाने को होती है उसको ऐसा लगता है कि वह एक गहरे कुएँ में गिरने वाली है। ठीक उसी वक़्त ठेकेदार पहुँच जाता है और गंगो से कहता है, "खड़ी क्या देख रही है? उठाती क्यों नहीं; जो पेट निकला हुआ था तो आयी क्यों थी? पहले पेट खाली करके आओ, फिर काम मिलेगा।" क्षण-भर में ठेकेदार का रजिस्टर खुल गया और गंगो के नाम पर लकीर फिर गयी। ऐन उसी वक़्त बारिश का छींटा भी पड़ने लगा था।

प्रकृति का ऐसा उपयोग आधुनिक हिन्दी साहित्य में दुर्लभ है। प्रकृति अनुकूल है और परिस्थिति प्रतिकूल। भीष्म जी इस इस बारिश को गंगो की दृष्टि से देखते हैं—"गंगो ने समझ लिया कि जो आसमान में बादल न होते तो काम पर से छुट्टी न मिलती। आकाश में बादल आये नहीं, कि ठेकेदार को काम ख़त्म करने की चिन्ता हुई नहीं। इस हालात में गर्भ वाली मजदूरन को कौन काम पर रखेगा। गंगो चुपचाप, ओढ़नी के पल्ले से अपने गर्भ को ढँकती हुई बाहर निकल आयी।"

एक तरफ़ गंगो की स्थिति है और बारिश है। दूसरी ओर ऐसे अनेक लोग हैं जिनकी निगाह में दिल्ली फिर जवान हो रही है। नया राष्ट्र, नये निर्माण कार्य, लोगों को इस फैलती राजधानी पर गर्व होने लगा था। सन् 1951, 52 ई. की दिल्ली का जो दृश्य भीष्म जी ने खींचा है वह देखने योग्य है—''जहाँ किसी नयी आबादी की योजना पनपने लगती, तो सैकड़ों मज़दूर खिंचे हुए, अपने फूस के छप्पर कन्धों पर उठाये, वहाँ जा पहुँचते और उसी के बगल में अपनी झोंपड़ी की बस्ती खड़ी कर लेते। और जब वह नयी बस्ती बनकर तैयार हो जाती, तो फिर मजदूरों की टोलियाँ अपने फूस के छप्पर उठाये, किसी दूसरी आबादी की नींव रखने चल पड़तीं। मगर ज्यों ही बरसात के बादल आकाश में मण्डराने लगते, तो सब काम ठप्प हो जाता और मज़दूर अपने झोंपड़े में बैठे, आकाश को देखते हुए, चौमासे के दिन काटने लगते। काम इतना न था जितने मज़दूर आ पहुँचते थे। दिल्ली के हर खँडहर की अपनी गाथा है, कहानी है, पर मज़दूर की फूस की झोंपड़ी का खँडहर क्या होगा, और कहानी क्या होगी?''

ठेकेदार के यहाँ से निकाली गयी गंगो, काम से लौटा हुआ उसका पति घीसू, झोंपड़े में सोया हुआ छह वर्ष का रीसा, और पेट में पल रहा इस परिवार का आगामी सदस्य सभी पर एक साथ बेरोजगारी की मार पड़ती है। घीसू गंगो से पूछता है कि ''जो छुट्टी मिल गयी थी तो घर क्यों चली आयी, कहीं दूसरी जगह काम देखती''। गंगो जवाब देती—''देखा है। इस हालात में कौन काम देगा? जहाँ जाओ ठेकेदार पेट देखने लगते हैं।'' गंगो के इस जवाब पर घीसू चुप हो जाता है और मन-ही-मन ख़ुद से संवादरत हो जाता है—''तीन आदमी खाने वाले, और कमाने वाला अब केवल एक, और ऊपर चौमासा और गंगो की हालत। अगर और पन्द्रह-बीस दिन रोज मजदूरी पर निकल जाते, तो क्या मुश्किल था? गर्भवाली औरतें बच्चा होने वाले दिन तक काम पर जुटी रहती हैं।'' इस प्रकार वह रात कटती है। अगले दिन जब घीसू काम पर चला गया तो गंगो फिर काम की तलाश में निकल पड़ती है। अब वह रोज सुबह घर से निकल जाती और दोपहर तक बस्ती के तीन-चार चक्कर काट आती। किसी से काम की पूछती तो या तो वह हँसने लगता, या आसमान पर मँडराते बादल दिखा देता। सड़कों पर सैकड़ों मजदूर घूमते हुए नज़र आने लगे। फिर एक दिन जब घीसू ने घर लौटकर सुना दिया कि सरकारी सड़क का काम भी समाप्त हो चुका है, तो घीसू और गंगो मजदूरों के स्तर से लुढ़ककर आवारा लोगों के स्तर पर आ पहुँचे। घर की हालत और बिगड़ गयी। कभी घर का चूल्हा जलता, कभी नहीं। भरपेट खाना किसी को न मिलता। छोटा बालक रीसा, जो दिन-भर खेलते

न थकता था, अब झोंपड़े के इर्द-गिर्द मँडराता रहता। पति-पत्नी रोज रात को झोंपड़े के बाहर बैठते, झगड़ते, परामर्श करते और बात-बात पर खीझ उठते। फिर एक रात हज़ार सोचने और भटकने के बाद घीसू के उद्विग्न मन ने घर का खर्च कम करने की तरकीब सोची। अधभरे पेट की भूख को चिलम के धुएँ से शान्त करते हुए बोला, "रीसे को किसी काम पर लगा दें।"

अब परिवार का तीसरा सदस्य जिसकी उम्र छह वर्ष है, परिवार की भूख का समाधान करने निकल पड़ता है। गंगो, घीसू के इस प्रस्ताव पर मन-ही-मन सोचती है—"कमाऊ बेटा किसे अच्छा नहीं लगता? मगर रीसा अभी सड़क पर चलता भी था तो बाप का हाथ पकड़कर। वह क्या काम करेगा?" घीसू का तर्क है—"इस जैसे लौंडे बूट पालिश करते हैं, साइकिलों की दुकानों पर काम करते हैं, अख़बार बेचते हैं, क्या नहीं करते? कल इसे मैं गणेशी के सुपुर्द कर दूँगा, इसे बूट पालिश करना सिखा देगा।" अगले दिन रीसा जिसकी कुल उम्र छह वर्ष है, काम पर निकल पड़ता है। पहले दिन काम पर निकले रीसे के बाल-मनोविज्ञान को भीष्म जी ने जिस रूप में चित्रित किया है, वह देखने योग्य है—"रीसा काम पर निकला। छोटा-सा पतला शरीर, चकित, उत्सुक आँखें, बदन पर कुर्ता लटकाये हुए। रास्ते में प्रकृति रीसे के मन को लुभाने के लिए जगह-जगह अपना मायाजाल फैलाये बैठी थी। किसी जगह दो लौंडे झगड़ रहे थे उनका निपटारा करना ज़रूरी था, रीसा घण्टाभर उन्हीं के साथ घूमता रहा; कहीं एक भैंस कीचड़ में फँसी पड़ी थी; कहीं पर एक मदारी अपने खेल दिखा रहा था, रीसा दिन भर घूम-फिरकर, दोपहर के वक़्त, हाथ में एक छड़ी घुमाता हुआ घर लौट आया।" शाम को जब घीसू घर आया तो बिफर पड़ा। अगले दिन घीसू स्वयं उसे गणेशी के सुपुर्द कर आया, और पाँच-सात आने पैसे भी पालिश की डिबिया और ब्रुश के लिए दे आया। गणेशी घीसू के ही गाँव का रहने वाला था। जब घीसू वहाँ से चला गया तो रीसा सोचने लगा, "बापू गुस्सा क्यों हो रहा था जब उसे यहाँ घूमने के लिए ही भेजना चाहता था।" लेकिन आज का दिन पिछले दिन से थोड़ा अलग था। आज रीसा दिन भर गणेशी के साथ, दिल्ली की नामालूम गलियों की खाक छानता रहा। रीसे की माँ गंगो दिन के तीसरे पहर से ही सड़क पर आँखें गाड़े उसकी राह देख रही थी। जब रीसा अपने बोझिल पाँव खींचता हुआ घर पहुँचा तो गंगो की आँख भर आयी। रीसा अपने छह साल के नन्हे से जीवन में इतना कभी नहीं चला था। जितना कि आज के दिन में। लेकिन थकान के बाद भी रीसा उत्साह में था माँ को मिलते ही दिन भर की देखी-दिखाई सुनाने लगा। जब शाम को घीसू काम से लौटा तो रीसा अपना ब्रुश और पालिश की डिबिया

उठाकर भागता हुआ उसके पास पहुँचा, बप्पु, तेरा जूता पालिश कर दूँ? 'मेरा नहीं किसी बाबू का करना जो पैसे भी देगा।" इस वाक्य के साथ इस स्थिति पर कथाकार की टिप्पणी है—"और गंगो और उसका पति अपने कमाऊ बेटे की दिनचर्या सुनते हुए कुछ देर के लिए अपनी चिन्ताएँ भूल गये।"

लेकिन मजदूर जीवन में सुख का सपना देख सकता है, सुख नसीब कहाँ होता है! छह साल का रीसा अगले दिन फिर काम पर निकला। बाप-बेटे गंगो के हाथ की बनी हुई दो रोटियों को एक-एक अपने बगल में दबाये झोंपड़ी से सड़क की ओर निकल पड़े। दोनों सड़क पर इकट्ठे उतरे और फिर अपनी-अपनी दिशा में जाने के लिए अलग हो गये। और सचमुच घीसू और रीसे की वह आख़िरी मुलाक़ात थी। रीसे की नन्ही बाँहों में गंगो के हाथ की बनी वह आख़िरी रोटी थी, जो घर के चिथड़ों में लिपटी हुई थी। रीसा को जिस गणेशी के भरोसे घीसू सड़क पर छोड़ गया था, गणेशी उस दिन काम पर नहीं आया। छह साल का नन्हा रीसा दोपहर तक गणेशी को ढूँढ़ता रहा। अन्त में हारा-थका रीसा सड़क के एक मोड़ पर बैठ गया। पालिश की डिबिया और ब्रुश अपने नन्हे हाथों में लिए अपने पहले ग्राहक के आगमन का इन्तजार करने लगा। गणेशी की तरह उसने मुँह टेढ़ा करके—"पालिश श श श...का शब्द पूरी चिल्लाहट के साथ पुकारा।"

गंगो के जाये को जीवन का पहला ग्राहक मिला। एक शहरी बाबू ने आकर रीसा से पूछा, "पालिश करने के क्या लोगे? तो उसने गणेशी का अनुकरण करते हुए कहा—जो ख़ुशी हो बाबू दे देना।" रीसे ने अपनी डिबिया खोली। गणेशी के वाक्य तो रीसा दुहरा सकता था मगर उसकी तरह हाथ कैसे चलाता? बूट पर पालिश क्या लगी, जितनी उसकी टाँगों, हाथों और मुँह को लगी। एक जूते पर पालिश लगाने में रीसे की आधी डिबिया खर्च हो गयी अभी बूट के तलवे में पालिस लगाने की सोच ही रहा था कि सामने बाबू आन खड़ा हुआ। रीसे के हाथ अनजाने में ठिठक गये। बाबू ने बूटों की हालत देखी, आव न देखा ताव, ज़ोर से रीसे के मुँह पर थप्पड़ दे मारा, जिससे रीसे का मुँह घूम गया। उसकी समझ में न आया कि बात क्या हुई। गणेशी को तो किसी बाबू ने थप्पड़ नहीं मारा था। "हरामज़ादे, काले बूटों पर लाल पालिश!"

भीष्म साहनी ने इस घटना पर जो दृश्य खींचा है वह रीसे के दुख को और सघन बनाता है—"पास खड़े लोगों ने यह अभिनय देखा, कुछ हँसे, कुछ एक ने बाबू को समझाया, दो-एक ने रीसे को गालियाँ दीं, और उसके बाद बाबू गालियाँ देता हुआ, बूट पहनकर चला गया। रीसा, हैरान-परेशान कभी एक का मुँह देखता कभी दूसरे की तरफ़, फिर वहाँ से उठकर, धीरे-धीरे गली के दूसरे

छोर पर जाकर खड़ा हो गया। हर राह जाते बाबू से उसे डर लगता। गणेशी की तरह पालिश श...चिल्लाने की उसकी हिम्मत न हुई।''

इस घटना के बाद रीसा को माँ की बहुत याद आयी, और वह अपनी समझ से घर की ओर लौट चला। घण्टों चलने के बाद भी रीसा घर की ओर जाने वाली गली को नहीं पहचान सका। शाम होने को आयी लेकिन रीसा को घर की गली न मिल सकी। उधर, झांपड़े में अन्दर लेटे-लेटे कई घण्टे की विफल खोज के बाद, घीसू गंगो को आश्वासन दे रहा था–'मुझे कौन काम सिखाने आया था? सभी गलियों में ही सीखते हैं। मरेगा नहीं, घीसू का बेटा है, कभी-न-कभी तुझे मिलने आ जायेगा।''

ग़रीबी इन्सान को कितना बेबस, स्वार्थी और अमानवीय बना देती है, इसका उदाहरण है घीसू के मन में चल रही यह बात–''घीसू का उद्विग्न मन जहाँ बेटे के यूँ चले जाने पर व्याकुल था, वहाँ इस दारुण सत्य को भी न भूल सकता था कि अब झोंपड़े में दो आदमी होंगे और इस बरसात कटने तक, और गंगो की गोद में नया जीव आ जाने तक, झोंपड़ा शायद सलामत खड़ा रह सकेगा।''

पिता के मन में चलने वाली पीड़ा और राहत के समानान्तर 'गंगो के पेट में उसके दूसरे बच्चे ने करवट ली।' भीष्म जी की यह कहानी शायद हिन्दी की सबसे मार्मिक कहानियों में एक है। गंगो पेट में करवट ले रहे बच्चे को मन ही मन सम्बोधित करती हुई कहती है, ''तू क्यों जन्म लेने के लिए इतना बेचैन हो रहा है? गंगो का हाथ कभी पेट के चपल बच्चे को सहलाता, कभी आँखों से आँसू पोंछने लगता।''

एक बेटा गंगो ने उसी शाम खोया है, भला किस उम्मीद से वह आने वाली सन्तान का स्वागत करती! निराशा, मातम, पीड़ा, पश्चात्ताप और भूख में डूबी हुई इस गंगो की झोंपड़ी के ठीक सामने–''आकाश पर बरसात के बादलों से खेलती हुई चाँद की किरणों के बीच नये मकानों की बस्ती झिलमिला रही थी। दिल्ली फिर बस रही थी, और उसका प्रसार दिल्ली के बढ़ते गौरव को चार चाँद लगा रहा था।''

सौ वरियाँ दा जीवणा

पल्लव

आत्मकथा की कसौटी क्या है? आत्मकथा कोई क्यों पढ़े? क्या उस सम्बन्धित व्यक्ति के जीवन में ऐसा कुछ है जो पाठक को अपने लिए जानना आवश्यक लगता है इसलिए वह आत्मकथा पढ़े? आत्मकथा के मूल्यांकन में ये सभी सवाल खड़े होते हैं। और इनका कोई सर्वसम्मत जवाब नहीं खोजा जा सकता। जवाब कोई है तो वह यह कि श्रेष्ठ आत्मकथा व्यक्ति का 'मैं' नहीं होती। भीष्म साहनी की आत्मकथा 'आज के अतीत' इसका प्रमाण है। हिन्दी भाषा में लिखीं गयी कुछ श्रेष्ठ आत्मकथाओं में अग्रगण्य। मनुष्य अपने जीवन में अनेक उतार-चढ़ाव और परिवर्तन देखता है। जीवन के प्रति उसकी दृष्टि कैसी है और वह दृष्टि क्या मनुष्य के जीवन के उन्नयन में कोई सहयोग देने में समर्थ है? यह एक ऐसी कसौटी है जिस पर आत्मकथा-साहित्य का मूल्यांकन किया जा सकता है। जीवन में सफलता-असफलता इसकी कसौटी नहीं हो सकती। क्योंकि असफल रहे मनुष्य को भी अपनी आत्मकथा लिखने का हक है और वह लिखता भी है। भीष्म साहनी का जीवन इस दृष्टि से किसी भी पाठक के लिए रोचक हो सकता है। विभाजन की मार, इप्टा और सिनेमा के बड़े कलाकार बलराज साहनी के छोटे भाई होना, सोवियत संघ के अच्छे दिनों में वहाँ का लम्बा प्रवास, श्रेष्ठ कथाकार और सम्पादक के रूप में अपना जीवन, प्रगतिशील लेखक संघ के महासचिव के रूप में लम्बी सक्रियता इत्यादि कारणों से किसी भी पाठक की रुचि भीष्म साहनी के जीवन में होना स्वाभाविक है। इस आत्मकथा की पहली बड़ी ख़ूबी यह है कि यह भीष्म साहनी के जीवन के बहाने स्वातन्त्र्योत्तर भारत के सांस्कृतिक परिदृश्य का प्रभावी अंकन करती है और इस अंकन में कोई पूर्वाग्रह नहीं है। लेखक अपनी बात विनम्रता से कहकर मूल्य निर्णय की त्वरा नहीं दिखाते अपितु अक्सर मूल्य निर्णय पाठक पर ही छोड़ देते हैं। दूसरी बात यह है कि दुनियावी सफलताओं

की परिभाषाओं में भी साहनी का जीवन आकर्षक है। दिल्ली विश्वविद्यालय में अध्यापन, सांस्कृतिक क्षेत्र में शीर्ष नेतृत्व की भूमिका और अनेक महत्त्वपूर्ण सम्मान। तब भी वे जैसे इन सबका प्रदर्शन करने से बचते हैं। जहाँ आवश्यक हुआ तथ्यात्मक बातें कह दीं और कोई आवश्यक टिप्पणी लगी तो वह भी। फिर जैसे झोली फटकार दी और आगे बढ़ गये। इतनी निस्संगता दुर्लभ है। यह निस्संगता भरपूर ऊष्मा से भरे जीवन के केन्द्र से निकल आयी है इसलिए इसका अधिक महत्त्व होना चाहिए।

भीष्म जी अपनी आत्मकथा की शुरुआत उलझन से करते हैं—'कहाँ से शुरू करूँ?' यह उलझन आगे नहीं है। अपने परिवार के प्रसंगों में रमते हुए वे पाठक को रावलपिण्डी से लाहौर, फिर अम्बाला से मुम्बई और अन्ततः दिल्ली से सोवियत संघ तक ले जाते हैं। इस सबके मध्य नितान्त आत्मीय चित्रों का रेला है जिससे गुज़रना एक उपन्यास-सी मिठास पाना है।

आश्चर्य यह कि इतने सुदीर्घ और विविधताओं से भरे कार्यक्षेत्रों में रहने पर भी कोई कड़वाहट नहीं। कोई खलपात्र इस किताब में नहीं है। अगर कोई चिन्ता है तो सामूहिकता के लोप हो जाने की है, साम्प्रदायिक कलुष की चिन्ता है और मनुष्य के जीवन की बेहतरी की चिन्ता है। विभाजन के पूर्व के तनाव भरे दिनों में साम्प्रदायिकता के फैलने का उल्लेख यहाँ मिलता है—"सामान्य जीवन बाहर से ज्यों का त्यों चल रहा था पर अन्दर ही अन्दर से दूरियाँ बढ़ने लगी थीं। जगह-जगह छोटे साम्प्रदायिक विस्फोट होने लगे थे। हमसायों के व्यवहार में भी अब औपचारिकता का स्वर बढ़ने लगा था।" भीष्म जी रावलपिण्डी में रहते हुए भारतीयों की सामासिक संस्कृति को ख़ूब जानते थे। धीरे धीरे उसका तिरोहित होना उन्हें खल रहा था। उनका कथन है, "हमारे देश की संस्कृति, मेल-मिलाप की ही संस्कृति रही है। गाँवों, क़स्बों में तो विशेष रूप से। दीपावली के अवसर पर—मिलन एक अनिवार्य शर्त होती है। सभी त्योहारों का आधार ही मेल-मिलाप है, शादी-गमी पर उपस्थित होने की अनिवार्यता पर ज़रूरत से ज़्यादा बल दिया जाता है। फिर भी इसके सम्बन्धों से जो अपनेपन की गर्माहट, स्निग्धता मिलती है, उसका कोई मूल्य नहीं।"

अपनी रचना प्रक्रिया के कुछ सूत्रों को भीष्म जी आत्मकथा में पाठकों से साझा करते हैं, "मैं विश्वास के साथ तो नहीं कह सकता पर मुझे लगता है कि बाद में जो पात्र मेरे उपन्यासों, कहानियों में आये, उनमें अक्सर दो गुण थे, वे ग़रीब भी थे और निर्भीक भी। जैसे तमस का जरनैल। उनके चरित्र-चित्रण के पीछे मेरी अपनी मानसिकता ही रही होगी, बहुत साल बाद जब मैं कांग्रेस में

काम करने लगा जो वहाँ भी ऐसे ही लोगों के सम्पर्क में आया जो अपने तईं महत्त्वाकांक्षी नहीं थे, अपने लिए कुछ नहीं माँगते थे, न पद, न पैसा, पर जो स्वतन्त्रता संग्राम में जान की बाज़ी लगाकर उतरे हुए थे।'' कहना न होगा कि यह बात ख़ुद भीष्म जी पर भी लागू होती है। महत्त्वाकांक्षा उनमें नहीं थी यह कहना तो उचित न होगा लेकिन वे इसी स्वतन्त्रता आन्दोलन से निकले गाँधी के सैनिक थे जिन्हें पद या पैसा लुभाता नहीं था।

इस आत्मकथा में तनाव के अनेक प्रसंग आये हैं और ये पारिवारिक तथा सामाजिक दोनों हैं। एक मार्मिक प्रसंग है बड़े भाई बलराज साहनी के घर छोड़कर जाने का। अचरज यह है कि वे घर छोड़ते हुए नहीं जानते थे कि उन्हें कहाँ जाना है, क्या करना है। बस यह तय था कि पिता का पुश्तैनी व्यापार नहीं करना। भीष्म जी इसे कुछ इस तरह समझते हैं, ''यह असन्तोष उस कालखण्ड की देन था। बलराज जी दिल में उठने वाली बलवती अभिव्यक्ति के लिए आतुर थे। साथ ही साथ किसी बड़े ध्येय के साथ जुड़ने की छटपटाहट थी। वह व्यक्तिगत जीवन के तंग घेरे में नहीं बने रहना चाहते थे। यह असन्तोष किसी बड़े क्षेत्र में...अभिव्यक्ति के लिए छटपटा रहा था।'' लेकिन वे यहाँ अपने पिता की व्याकुलता छिपाते नहीं और लिखते हैं, ''कभी पिताजी अपने सफेद बालों का वास्ता डालते, कभी अपनी कमाई के बहीखाते खोलकर दिखाते, पर बलराज पर कोई असर नहीं हो रहा था। पिताजी बड़े व्याकुल थे। एक बार तो उन्होंने अपने सिर पर से पगड़ी तक उतारकर उसके सामने रख दी। हर बार मैं उनका वार्तालाप सुनता तो मेरा दिल बैठ जाता।'' ऐसे मौक़ों पर अक्सर स्त्रियाँ अधिक परिपक्वता दिखाती हैं। यहाँ भी भीष्म जी की माँ ने समझाइश की, ''जब पंछी पंख निकालते हैं तो क्या घोंसले में बने रहते हैं? वे तो फुर्र से उड़ जाते हैं इसे ख़ुशी-ख़ुशी विदा करो।'' और फिर पिता ने पिन्नियाँ बनवायीं। एक हज़ार का चेक दिया और बेटे को विदा किया। उनकी माँ कहा करती थीं, 'सौ वरियाँ दा जीवणा ते ओड़क मरना'। अर्थात मर तो हम क्षण-भर में जाते हैं पर जीते सौ वर्ष तक हैं। भीष्म जी की आत्मकथा ऐसे सौ वर्षों के जीवन की साधना ही है।

ऐसे ही भारत विभाजन का प्रसंग है। रावलपिण्डी में उनके मोहल्ले से एक-एक कर सभी हिन्दू परिवार जा चुके थे। बलराज जी पहले ही बम्बई में थे तो भीष्म जी भी आज़ादी का जलसा देखने दिल्ली आ गये थे। हालात ऐसे कि अब उनका लौटना सम्भव न था। पिताजी रावलपिण्डी में अकेले रह गये थे और घर छोड़कर आने को तैयार न होते थे। उनका सहज विश्वास था–''इन्हें कोई कैसे समझाये! अमलदारियाँ तो बदलती रहती हैं। आज एक अमलदारी है तो कल

दूसरी होगी। पर क्या अमलदारी बदल जाने पर रियाया अपना घरबार छोड़कर चली जाती है? कभी यों भी हुआ है?" भीष्म जी आगे यह भी लिखते हैं, "और पिताजी का यह विश्वास बहुत दिनों तक बना रहा।" परिवार के विरुद्ध संघर्ष कर अपने व्यक्तित्त्व को निखारने जैसा आत्मकथाओं का सरलीकरण भीष्म जी नहीं करते। पिता के व्यापार को सँभालने में उन्हें अनेक खट्टे-मीठे अनुभव मिलते हैं और पिता से उनकी असहमतियाँ भी हैं लेकिन जैसे वे इन सबके साथ जीवन का सन्धान करना चाहते हैं। टकराकर नहीं। कानपुर रेलवे स्टेशन पर एक अंग्रेज से हुई मुठभेड़ भी उन्हें बेचैन करती रही और एक मामले में कोर्ट में गवाही देने के प्रसंग अतिरंजना से रहित सादगी से बने उनके व्यक्तित्त्व की झाँकी देते हैं। चाहे इसमें उनकी कमज़ोरी ही क्यों न दिखाई दे? सोवियत संघ में अनुवाद का काम करते हुए जब पाँच-छह साल निकल गये तब शीला जी ही थीं जो भीष्म जी को दो टूक कहती हैं, "यहाँ तुम क्या कर रहे हो? छह साल यहाँ रहते हो गये, तुमने केवल एक कहानी लिखीं, वह भी मरियल-सी। तुम्हें यहाँ क्या मिल रहा है? प्रकाशन गृह वाले साहनीजी-साहनीजी कहकर तुम्हारी तारीफ कर देते हैं और तुम फूले नहीं समाते। उधर तुम्हारे माँ-बाप बैठे हमारी राह देख रहे हैं।"

भीष्म जी घोषित रूप से वामपन्थी विचारधारा को मानते थे। आत्मकथा में उन्होंने लिखा है, "कम्युनिस्ट विचारधारा से प्रभावित व्यक्ति की दृष्टि निश्चय ही सामाजिक स्तर पर अधिक स्पष्ट और सटीक होती है। वह साम्प्रदायिक नहीं होता, जातिभेद में विश्वास नहीं करता, न रंगभेद में। हमारे समाज में, इस दृष्टि में सबसे विश्वसनीय लोग वाम विचारधारा को मानने वाले लोग रहे हैं और आज भी हैं। उनमें चिन्तन का धरातल ही जनहित होता है इसमें उनकी गहरी निष्ठा होती है।" देखा जाये तो आदर्श के रूप में भले भीष्म जी यह कह रहे हों तथापि वे अपने लेखन और जीवन में गाँधी जी की सादगी और नेहरू जी के समाजवाद से कहीं अधिक प्रभावित लगते हैं। आत्मकथा में अपने प्रिय संस्कृत मन्त्रों का उल्लेख भी बताता है कि कैसी भी कट्टरता जैसे उन्हें छू भी नहीं गयी थी और कुछ भी छिपाना उनके जाने पाप जैसा था। आर्यसमाज के संस्कारों ने उन्हें नैतिकता और अनुशासन सिखाया। वहीं परिश्रम के प्रति उनके मन में गहरा आदर भाव था जो अनेक बार उनके लिए परेशानी पैदा करने वाला भी रहा। 'साहित्यकार' जैसी लघु पत्रिका निकालने और मोटर मैकेनिक के साथ काम करने वाले प्रसंग यही बताते हैं।

इस सुदीर्घ सामाजिक यात्रा में भीष्म जी के सम्पर्क और परिचय के दायरे में जाने कितने बड़े लोग आये होंगे। वे ऐसी किसी सूची के निर्माण से बचते

हैं। आत्मकथा के अन्त में वे अपने अनुभव के दायरे में आये दो-तीन लोगों की सादगी और सौजन्यता को याद करते हैं जिनका उनके व्यक्तित्त्व पर भी असर है। ये महात्मा गाँधी, जवाहरलाल नेहरू और लाल बहादुर शास्त्री थे। जिन दिनों बलराज साहनी सेवाग्राम में थे भीष्म वहाँ गये। उन्होंने गाँधी जी से प्रातः भ्रमण पर हुई संक्षिप्त भेंट का विवरण लिखा है, "आखिर हम कदम बढ़ाते कुछ ही देर में उनसे जा मिले। गाँधी जी ने मुड़कर देखा। भाई ने आगे बढ़कर मेरा परिचय कराया—'मेरा भाई है कल ही रात पहुँचा है।' "

"अच्छा इसे भी घेर लिया", गाँधी जी ने हँसकर कहा।

यहाँ बीच में भीष्म जी का ऊहापोह है। गाँधी जी से क्या कहें? क्या बात करें? तभी उन्हें याद आता है कि एक बार गाँधी जी रावलपिण्डी आये थे।

"आप बहुत साल पहले हमारे शहर रावलपिण्डी आये थे।" मैंने कहा।

गाँधी जी रुक गये, उन्होंने मेरी ओर देखा, उनकी आँखों में चमक-सी आयी और मुस्कराकर बोले, "याद है मैं कोहाट से रावलपिण्डी गया था...मिस्टर जॉन कैसे हैं?"

नेहरू जी से भेंट के प्रसंग आत्मकथा में एकाधिक हैं। एक प्रसंग में नेहरू जी द्वारा अनातोले फ्रांस की कहानी सुनाने का वर्णन है। वहीं एक प्रसंग में भीष्म जी सुबह-सुबह अख़बार पढ़ रहे हैं और जान चुके हैं कि सीढ़ियों पर नेहरू जी आ गये हैं। नेहरू जी भी अख़बार पढ़ना चाहते थे। भीष्म जी को 'बचकाना' हरकत सूझी कि अख़बार नेहरूजी माँगेंगे तभी दूँगा ताकि इस बहाने छोटा-सा वार्तालाप हो जायेगा। "नेहरू आये, मेरे हाथ में अख़बार देखकर चुपचाप एक ओर खड़े रहे। वह शायद इस इन्तजार में खड़े रहे कि मैं स्वयं अख़बार उनके हाथ में दे दूँगा। मैं अख़बार की नज़रसानी क्या करता, मेरी तो टाँगें लरजने लगी थीं, डर रहा था कि नेहरू जी बिगड़ न उठें। फिर भी अख़बार को थामे रहा। कुछ देर बाद नेहरू जी धीरे से बोले, 'आपने देख लिया हो तो क्या मैं एक नज़र देख सकता हूँ?' सुनते ही मैं पानी-पानी हो गया और अख़बार उनके हाथ में दे दिया।"

आत्मकथा में एक स्थान पर भीष्म जी प्रेमचन्द से न मिल पाने का संस्मरण लिखते हैं जो सम्भवतः प्रेमचन्द से उनकी मुलाक़ात हो जाने पर भी उतना मार्मिक नहीं बन सकता था। इसकी मार्मिकता भीष्म जी की ईमानदारी से उपजी है। वे लिखते हैं, "एक दिन चन्द्रगुप्त जी ने बताया कि मुंशी प्रेमचन्द कुछ दिन के लिए लाहौर आ रहे हैं और हमारे ही निवास स्थान पर रहेंगे। यह बहुत बड़ी सूचना थी पर मुझ पर उसका ज़्यादा असर नहीं हुआ। प्रेमचन्द की विशिष्टता से

तो मैं अनभिज्ञ नहीं था, पर जाड़ों की छुट्टियों में मैं घर जाने के लिए एक-एक दिन गिन रहा था। इसमें भी सन्देह नहीं कि उन दिनों मेरे मस्तिष्क पर अंग्रेज़ी साहित्य हावी था और मैंने उस अवसर के महत्त्व को गौण समझा। चन्द्रगुप्तजी ने बहुत समझाया कि ऐसा अवसर बहुत कम मिल पाता है, तुम मेरे साथ रहोगे तो हम दोनों मिलकर उनकी देखभाल भी कर सकेंगे। पर मैं नहीं माना और यह कहकर कि भविष्य में भी ऐसा अवसर मिल सकता है, मैं रावलपिण्डी के लिए रवाना हो गया।''

प्रेमचन्द आये, उसी घर में पाँच दिन तक ठहरे, और जब मैं छुट्टियों के बाद लाहौर लौटा तो वह जा चुके थे। तब भी मुझे कोई विशेष खेद नहीं हुआ।

लेकिन अभी बात ख़त्म नहीं हुई है। भीष्म जी सम्भवतः अब तक प्रेमचन्द का महत्त्व न जान सके थे और जब जाने तब जो हुआ वह अंश ही संस्मरण को मार्मिक बनाता है। उन्होंने आगे लिखा–''खेद तब हुआ जब कुछ ही महीने बाद पता चला कि प्रेमचन्द संसार में नहीं रहे और भी गहरा दुख तब हुआ जब एक लम्बे रेल-सफर में 'गोदान' पढ़ता रहा और पुस्तक समाप्त हो जाने पर अभिभूत-सा बैठा रह गया। तब इस बात का और भी शिद्दत से अहसास हुआ कि मैं कितना अभागा हूँ जो उस सुनहरे अवसर को खो बैठा।''

भीष्म जी प्रसंगवश आत्मकथा में अपना मूल्यांकन करने की भी कोशिश करते हैं। यह इतना निर्मम है कि किसी खोल या आवरण की तलाश नहीं करता। वे लिखते हैं, 'कभी-कभी सोचता हूँ कि ज़िन्दगी में मैंने अपनी इच्छाओं से विवश होकर कोई भी दो टूक फैसला नहीं किया। मैं स्थितियों के अनुरूप अपने को ढालता रहा हूँ। अन्दर से उठने वाले आवेग और आग्रह तो थे, पर मैं उन्हें दबाता भी रहता था। मैंने किसी आवेग को जुनून का रूप लेने नहीं दिया। मैं कभी भी यह कहने की स्थिति में नहीं था कि ज़िन्दगी में यही एक मेरा रास्ता है, इसी पर चलूँगा।'' ऐसा सच्चा आत्मस्वीकार दुर्लभ है। भीष्म जी के कथन की गाँधीवादी सादगी इसे मूल्यवान बनाती है। इस आत्मकथा का महत्त्व इस सादगी में भरा है। निर्लिप्त और अकुण्ठ स्वर। आडम्बरहीनता भीष्म जी के स्वभाव का अंग है और उनकी आत्मकथा की शक्ति इस आडम्बरहीनता में है। यह हिन्दी भाषा की अनुपम कृति इसलिए बन सकी है कि यहाँ लेखक भारतीय जीवन की सादगी, मानवीय गरिमा और उदात्तता का निर्वाह इस अकृत्रिमता से करता है कि विश्वास करना मुश्किल हो जाता है। सादगी का यह मूलमन्त्र उनके लेखन में जीवन से ही आया है और वे इसे ग्रहण करने की बात भी इस सच्चाई से लिखते हैं कि साहित्य की सामाजिकता का मन्त्र घटित होता दीखता है–''यदि साहित्य सृजन

जीवन की सच्चाई की खोज है तो जीवन के अनुभव इस खोज में सहायक ही होते होंगे। इस तरह जीवन के अनुभवों को गौण तो नहीं माना जा सकता। इन अनुभवों से दृष्टि भी मिलती है, सूझ भी बढ़ती है, लेखक के संवेदन को भी प्रभावित कर पाते होंगे। मैं इस तरह की युक्तियाँ देकर अपना ढाढस बँधाता रहता था।'' कला के जादू के बरअक्स जीवन की जय में उनका विश्वास इतना गहरा था कि वे यह तक कहने में संकोच नहीं करते—''मेरी समझ में साहित्यिक कृति में विश्वसनीयता का होना नितान्त आवश्यक है—शायद एक अच्छी कृति की यही सबसे अच्छी कसौटी है कि वह विश्वसनीय हो, ज़िन्दगी पर खरी उतरे। ...साहित्य ज़िन्दगी की कोख में से निकलकर आये तभी विश्वसनीय हो पाता है।''

इसी तरह एक जगह उन्होंने लिखा है, ''मेरा सारा बचपन और बहुत हद तक लड़कपन भी अपने लिए हीरो बनाने में बीता है। इससे मेरे स्वतन्त्र चिन्तन, स्वतन्त्र दृष्टि का विकास, सभी को नुकसान पहुँचा।'' यह वाक्य भीष्म जी पर स्वाधीनता आन्दोलन के मूल्यों और संस्कारों से आया है। अन्यथा क्या कारण है जिस दौर में उनके समक्ष गाँधी, नेहरू, भगतसिंह और शास्त्री जैसे नेता हों तब भी वे नायकत्व की अवधारणा पर सवाल खड़ा कर रहे हैं। कार्यकर्ता का-सा भाव उनके व्यक्तित्त्व से अभिन्न है। वे प्रगतिशील लेखक संघ और इप्टा से जुड़े रहे बल्कि उनके शीर्ष पदों पर भी पहुँचे तथापि यह बात उनके जाने एक तथ्य से अधिक महत्त्व नहीं रखती। वस्तुतः भीष्म जी की आत्मकथा 'आज के अतीत' हिन्दी भाषा में लिखीं गयी बहुत थोड़ी श्रेष्ठ आत्मकथाओं में है जहाँ लेखक स्थितियों और घटनाओं का विवरण देता है और मूल्य निर्णय का अधिकार पाठकों को दे देता है। यह किताब बताती है कि कोई व्यक्ति कितना निस्संग और निरभिमानी हो सकता है और कहना न होगा कि यह वाकई हमारे बड़बोले समय में अनुकरणीय है। आत्मकथा में भीष्म जी का एक रूप शीला साहनी के पति का भी है। व्यक्तित्त्व को गढ़ने के लिए छटपटाती और संघर्ष करती शीला जी के वे हमकदम हैं। उनके फैसलों का सम्मान करते हुए और बहुधा स्वीकार करते हुए।

ययाति कॉम्पलैक्स की महात्रासद गाथा

हर्षबाला शर्मा

"जीवन बड़ा पेचीदा होता है और जीवन एक जगह थमता भी नहीं है, स्थाई नहीं होता है। सारा वक़्त बदलता रहता है, बदलता रहता है। और जो शक्तियाँ उसे बदलती हैं वो भी एक जैसी नहीं रहती हैं। आज अगर नकारात्मक पहलू ज़ोर पर हैं तो बहुत मुमकिन है कल .ज्यादा सकारात्मक पहलू आगे आ जाये, तो इसलिए मायूस होने की तो बात नहीं है।"

भीष्म साहनी मार्क्सवादी विचारधारा के रचनाकार हैं और अपनी रचनाओं में शोषित वर्ग को स्थान देते हैं, यह कहना-भर भीष्म जी की रचनाओं और उनके व्यक्तित्त्व की रेखाओं की परतों को उजागर करने में पूर्णतया समर्थ नहीं हो सकता। भीष्म जी एक बड़े रचनाकार हैं और एक बड़े रचनाकार की पहचान है कि उसके व्यक्तित्त्व और कृतित्त्व की रेखाएँ समान दिशाओं में चलती हैं। भीष्म जी की यही ख़ासियत है कि उनके व्यक्तित्त्व और रचनाकर्म की रेखाएँ सदा उस समाज के साथ चलती हैं—"जो भूखा दूखा है, नंगा है, अनजान है, कला—नहीं जानता, कैसी होती है क्या है, वह नहीं मानता कविता कुछ भी दे सकती है।" भीष्म जी के 'तमस' से लेकर 'हानूश' तक के पाठक और दर्शक इस बात को मानेंगे कि उनकी रचनाएँ हमें सजग पाठक बनने के लिए विवश करती हैं, पकड़ कर झिंझोड़ देती हैं, प्रश्न करती हैं और मुक्ति के रास्ते नहीं देतीं बल्कि हर बार स्वयं प्रश्न बनकर पाठक को सम्भावित उत्तर की तलाश के लिए प्रेरित करती हैं। भीष्म जी की रचनाओं के आयाम बृहद हैं। विभाजन की ट्रेजिडी से होते हुए असहज प्रश्नों को रचते हुए माधवी तक की यह यात्रा अत्यन्त रचनात्मक रही है। माधवी को पढ़ते और देखते हुए अनेक ऐसे ही असहज करने वाले प्रश्न हमारे समक्ष आ खड़े होते हैं जिनसे गुज़रे बिना मुक्ति नहीं।

भीष्म जी की नाट्य यात्रा से पूर्व उपन्यास और कहानी की एक लम्बी यात्रा है जिसके स्वर में स्वतन्त्रता की इच्छा, देश के लिए बलिदान हो जाने की चाहत से लेकर आज़ादी के बाद के दर्दनाक और भयानक किस्से हैं। आज़ादी से पहले के सपने और बाद की ज़िन्दगी के भयावह अन्तर को नंगी आँखों से देखने वाले इस रचनाकार ने पूरे साहस से उस तड़प को अपनी रचनाओं का विषय बनाया है। वे लिखते भी हैं, "देश की आज़ादी एक बहुत बड़ी उपलब्धि थी, पर देश का बँटवारा उस आज़ादी पर ही एक ऐसा घाव था जो जल्दी भरने वाला नहीं था और जिसमें से आज भी खून रिस रहा है।"

नाटक के क्षेत्र में भी उनके आरम्भिक नाटक जहाँ व्यवस्था और जनसाधारण के बीच के द्वन्द्व को सीधे तौर पर रेखांकित करते हैं वहीं माधवी नाटक मिथक के संयोग से आकार पाता है।

माधवी की कथा का सूत्र महाभारत में छिपा है। ययाति की कथा सूत्र के झीने से स्रोत के रूप में माधवी उपस्थित है। गिरीश कर्नाड के 'ययाति' से लेकर नन्दकिशोर आचार्य के 'देहान्तर' से होकर जो यात्रा चलती है उस यात्रा के दो अन्तःसूत्र हैं—पुरु और माधवी। पुरु जिसका यौवन लेकर ययाति ने अपना जीवन जिया और माधवी जिसे गालव को दान में दे दिया गया जिसके माध्यम से ब्राह्मण युवक अपने गुरु को दक्षिणा देकर गुरुभार से मुक्त हो सका और पिता ययाति दानी होने के भाव को संसार के समक्ष स्थापित करने में सफल हुए! जिसके पुत्रों से उनके सत्कर्मों का हिस्सा लेकर ययाति ने स्वर्ग में स्थान प्राप्त किया! जीवन-भर सन्तानों के शोषण से अपनी मुक्ति की राह निर्मित करने वाले ययाति को स्वर्ग से लेकर रचनाकर्म में स्थान मिला और रह गयी माधवी, जो चार चक्रवर्ती राजाओं की माँ होते हुए भी न माँ होने का गौरव पा सकी न ही स्त्री होने का सुख...पीड़ा और भावना के जिस द्वन्द्व को महाभारत ने भी अनदेखा कर दिया, भीष्म जी उसे अनदेखा न कर सके और इस मिथक को साकार कर दिया माधवी की महागाथा से...

देवदत्त पटनायक 'जयाः एन इलस्ट्रेटेड रिटेलिंग ऑफ़ महाभारत' में इस घटना का विस्तार से ज़िक्र करते है जहाँ ययाति ने एक ओर गालव को अपनी पुत्री सौंप दी जिसे राजाओं को दान में देकर वह अपने गुरु की दक्षिणा जुटा सकता है वहीं दूसरी ओर जब ययाति को स्वर्ग से निकाल दिया जाता है तो वह पुनः पुण्य प्राप्ति के लिए माधवी से मिलता है। माधवी अपने पिता को क्षमा कर देती है और अपने पिता के लिए पुण्य प्राप्त करने हेतु अपने चक्रवर्ती पुत्रों के समीप जाती है। पुत्र आरम्भ में इनकार कर देते हैं परन्तु माधवी जब उन्हें

क्रोध के विरुद्ध क्षमा की शक्ति से अवगत कराती है तो सभी पुत्र ययाति को अपने पुण्यों का चौथाई अंश देने के लिए तैयार हो जाते हैं। ययाति पुनः स्वर्ग में स्थान प्राप्त कर लेते हैं। परन्तु यहाँ दो वक्तव्य महत्त्वपूर्ण हैं जिनके आधार पर माधवी नाटक की परतों को खोला जा सकता है–

"The wisdom of Madhavi was forgotten as the year passed. And neither the Pandavas nor the Kauravas learnt the value of forgiveness, something that ultimately cost the Kuru clan dearly."

"In the Indian world view, dominated by Yayati Complex, it is the older generation which always dominates the society, explaining the stranglehold of the tradition over modernity in Indian Society."

यहाँ नाटक का कथा सूत्र साकार होता है। कौरव और पाण्डव ही नहीं शायद हम भी क्रोध के विरुद्ध क्षमा की क्षमता को समझने में सक्षम नहीं हो सके। इसीलिए माधवी से लेकर गाँधी तक के जीवन से प्रेरणा नहीं पा सके। गालव भी माधवी के अन्तःकरण को समझने में नाकामयाब होता है और उसे मिलती है–माधवी की क्षमा! क्षमा यहाँ माधवी की कमज़ोरी नहीं शक्ति बन जाती है।

मनोवैज्ञानिक प्रायः दो प्रकार के कॉम्प्लेक्सेस की चर्चा करते हैं–इडिपस और इलैक्ट्रा। परन्तु भारतीय सन्दर्भों में प्रायः परिवार के मुखिया द्वारा ही निर्णय लिया जाता है कि व्यक्ति अपने जीवन को क्या दिशा देगा और उसका भविष्य (किसी सीमा तक) क्या होगा। ययाति ने अपने सुख के लिए अपनी सन्तान के जीवन की दिशाएँ बदल दीं। इसे मनोवैज्ञानिकों ने ययाति कॉम्प्लेक्स का नाम दिया है। अपनी नाक ऊँची रखने के लिए सन्तान का बलिदान! यह सूत्र हमें स्पेस देता है–कथा के स्वभाव की गति को पहचानने के लिए!

यहाँ इस पर भी ध्यान दिया जाना चाहिए कि महाभारत में माधवी कथा के पूरे प्रवाह में शान्त है। पूरी घटना के क्रम में माधवी है पर वह कहीं भी वोकल नहीं है शान्त रहकर घटनाक्रम का हिस्सा बनती है।

भीष्म जी यहाँ इस नाटक में माधवी को आवाज़ प्रदान करते हैं। शान्त और सौम्य माधवी जिह्वा प्राप्त करती है, अपने द्वन्द्व से गुज़रती माधवी अपनी पीड़ा और इच्छा दोनों को व्यक्त करती है। कभी आग्रहपूर्वक तो कभी संकेतों से, और अन्ततः अपना निर्णय भी लेती है। भले ही यह निर्णय उदास मन की अभिव्यक्ति है पर निर्णय लेने का अर्थ है–अपनी क्षमताओं पर विश्वास और पूरे नाटक में पहली बार माधवी निर्णय लेने का साहस जुटाती है–भले ही अधूरे मन से।

नाटक के आरम्भ में कथावाचक का वाक्य है–"जो मनुष्य कर्तव्यपरायण है, वही सच्चा साधक है। अपने माता-पिता के प्रति कर्तव्य, अपने गुरु के प्रति

कर्तव्य, अपने धर्म के प्रति कर्तव्य, इसी को सच्ची साधना कहते हैं।'' कितना व्यंग्यात्मक है यह वाक्य जो कितनी ही जिन्दगियों के विकासक्रम को अवरुद्ध कर देता है क्योंकि हम अपनी सन्तान को प्रश्न करने की इजाजत और संस्कार नहीं देते। वह भारतीय समाज जहाँ हर कथा के भीतर अनेक प्रश्न छिपे हैं, उस समाज में जिज्ञासा को दुस्साहस मान लिया जाता है? पिता ययाति माधवी को दान में दे देता है परन्तु माधवी प्रश्न भी नहीं कर सकती? यह कौन-सा समाज हम तैयार करना चाहते है जहाँ सही-गलत में अन्तर न किया जा सके? जहाँ उम्र और योग्यता को समान मान लिया जाये? अथवा जहाँ प्रश्न करने का अर्थ अपमान मान लिया जाये?

माधवी तो मात्र यह कहकर विवश और निरुपाय हो जाती है—''यह सब कैसे हो गया, पिताजी, आप...'' पर आश्रमवासी-इस सत्य को कहने का साहस जुटाता है—''कर्तव्य नहीं महाराज, आपने यश की लालसा में ऐसा किया है। ताकि लोग कहें कि आश्रम में रहते हुए भी ययाति दानवीर है, अपनी एकमात्र सन्तान को भी दान में दे सकता है!''

माधवी की इस यात्रा में चार-चार पुरुषों द्वारा उसका उपभोग किया जाता है—उत्तराधिकारी और वह भी चक्रवर्ती उत्तराधिकारी की प्राप्ति के लिए। युवा से लेकर वृद्ध राजा भी उसके लिए लालायित है क्योंकि उसकी देह सुगन्धित भले ही न हो पर उसकी कोख क्षमतावान है। देह और आत्मा के सारे आत्मिक सम्बन्ध यहाँ टूट जाते हैं और देह मात्र कोख बनकर रह जाती है। मात्र कोख क्योंकि जन्म देने के बाद भी सन्तान माधवी की नहीं, कभी किसी राजा हर्यश्च की है तो कभी किसी राजा दिवोदास की! यहाँ तक कि जिस गुरु के ऋण से मुक्ति के लिए गालव ने माधवी का उपयोग किया, उस गुरु विश्वामित्र ने भी माधवी का उपभोग करने में संकोच का अनुभव नहीं किया। वह प्रश्न अवश्य करते हैं कि जब तुम गालव से प्रेम करती हो तो मेरे साथ कैसे रह सकती हो परन्तु माधवी के उत्तर से अभिभूत होकर उसे आश्रम में प्रवेश करने की अनुमति सहर्ष देते हैं! कैसी है ये गुत्थी जिसमें बँधा समाज स्त्री को हर दोष की वजह भी मान लेता है और दोषी भी! पर अपनी सत्ता और शक्ति के दुरुपयोगी पुरुष समाज की आँख में आँख मिलाने का साहस भी नहीं जुटा पाता! गालव भी यही कहकर माधवी को अपनाने से इनकार कर देता है कि तुम मेरे गुरु के आश्रम में रह चुकी हो! उपभोग की ये लम्बी दास्ताँ मनोवैज्ञानिक ग्रन्थियों के निर्माण की गाथा बनती है जिसे आज के समाज की विभीषिकाओं की पृष्ठभूमि के रूप में भी डिकोड करना चाहिए।

भीष्म जी द्वारा लिखीं एक कहानी है—'माता-विमाता'। एक जिसने जन्म दिया और दूसरी जिसने सात महीने दूध पिलाया। दोनों में से सन्तान किसे मिले? यहाँ प्रश्न यही है वर्षों पुराना प्रश्न जो कभी ब्रेख्त के अजदक के सामने आया था पर अन्त अत्यन्त मार्मिक रूप से यहाँ बदल जाता है। लड़ने-झगड़ने के पश्चात एक उसे दूध पिला रही है और दूसरी आँचल से उस पर से मक्खियाँ उड़ा रही है। न पहली उसे छोड़ पाती है न दूसरी उससे अलग हो सकती है। पर माधवी का किसी सन्तान पर अधिकार नहीं है। वह तो पिता और गालव के आज्ञानुमा प्रेम में बँधी कार्य किये जा रही है और अन्ततः गालव के प्रेम की उत्तराधिकारिणी बन पाने के स्वप्नात्मक यथार्थ को जी रही है। पर जिस यथार्थ की परिणिति स्वप्न हो और स्वप्न की परिणति भ्रम, वह पूरा कैसे हो सकता है। अन्ततः माधवी स्वयं अपने ही हाथों से अपना स्वप्न तोड़ती है। बन जाये गालव भले ही अब ऋषि गालव और करे दुनिया उसकी जय-जयकार, पर माधवी अब कठपुतली और क्रीतदासी नहीं रहेगी। इस निर्णय से भले ही प्रत्यक्ष रूप से गालव को मुक्ति मिली हो पर यह निर्णय माधवी की स्वतन्त्र 'इमेज' रचता है।

इन्द्रप्रस्थ कालिज के हिन्दी विभाग ने एक बार 'माधवी' नाटक करने का निर्णय लिया और निर्णय लेते ही आरम्भ हुई खोज उन विद्यार्थियों की जो उन चरित्रों से साम्य बिठा सकें। रिहर्सल के दौरान यह बार-बार अनुभव किया गया कि माधवी के संवाद सबसे लम्बे हैं। अभी सबको अपने किरदारों के संवाद याद नहीं हो पा रहे हैं तो ऐसे में माधवी का अभिनय करने वाली विद्यार्थी के लिए ज़्यादा समस्या हो सकती थी। पर सुखद आश्चर्य यह था कि एकमात्र उसी छात्रा को अपने संवाद आरम्भ से ही पूर्णतया याद हो गये। अब मंच पर अभ्यास आरम्भ हुआ। जहाँ माधवी अपनी बात को पूरी दृढ़ता और मनोभाव के साथ रखती थी वहाँ उस समय गालव बनी छात्रा की स्थिति अस्पष्ट-सी हो जाती थी। बार-बार समझाने पर भी वह छात्रा पूरी तरह गालव को आत्मसात नहीं कर पा रही थी। पूछने पर छटपटाता-सा उत्तर आया, "क्या करूँ मैम! सारे डायलॉग तो माधवी ही बोलती है, मेरे पास तो कुछ कहने के लिए है ही नहीं!" उसके इस वाक्य ने मुझे इस नाटक की असीमित शक्ति को समझने का अवसर दिया। माधवी जो पूरे वैदिक साहित्य में मूक है, वह यहाँ बोलती है। आवाज़ उसकी ताक़त बनती है और अस्वीकार उसकी क्षमता! नाटक की परतें यहाँ से खुलने लगती हैं। शायद यही कारण था कि भीष्म जी नाटक की ओर आये—उपन्यास और कहानी की फेहरिस्त के बावजूद! भीष्म जी नाटक लिखने को लेकर लम्बे समय तक सोचते रहे और सुखद आश्चर्य की तरह सत्रह वर्ष के पश्चात जब

उन्होंने पहला नाटक लिखा तो वह नाटक भी 'हानूश' के सत्रह वर्ष के संघर्ष को रेखांकित करता है। माधवी के भीतर की छटपटाहट को वे आकार देते हैं, आवाज़ देते हैं और नाट्य प्रयोग की क्षमता को बताते हैं।

इस नाटक के अन्त को लेकर हमारे सामने दुविधा बनी हुई थी कि किस प्रकार माधवी के भीतर यह रूपान्तरण दिखाया जाये जिससे गालव मंच पर जब उसे स्वीकार करने से इनकार करे तो दर्शक भी उन दोनों की अनुभूति को समझ सकें। ऐसे में एक अन्य छात्रा का चयन किया गया। पहली माधवी प्रकाश के कम होने के साथ पीछे हटती है और प्रकाशवृत्त गहरा होने के साथ दूसरी माधवी सामने आती है। इस माधवी पर एक प्रकाश वृत्त है और दूसरा प्रकाश वृत्त गालव पर! गालव का प्रकाश वृत्त धुँधलाता है और माधवी मंच के बीचोबीच अपना रूप बदलने से इनकार कर देती है। यहाँ आते-आते गालव बनी छात्रा ने भी अपनी क्षमताओं का विस्तार किया। शायद क्योंकि अब उसके सामने एक नयी माधवी थी। उसी तरह के अक्षय स्रोत से भरी पर फिर भी कुछ अलग! गालव को साधुवाद देती माधवी शान्त है, ऊर्जस्वित है और दर्शक अभिभूत! माधवी की क्षमाशीलता यहाँ मूर्त हो जाती है और हम लोग भी देखते रह जाते हैं कि कैसे मंच बदल देता है—छात्रों को पात्रों में और यहाँ भीष्म जी के माधवी नाटक की असीमित शक्ति का रहस्य भी खुलता है। यह नाटक ययाति कॉम्प्लेक्स के विरोध में खड़ा होता है और नयी क्षमताओं पर विश्वास को स्थापित करता है और महात्रासदी की नायिका को स्वर देता है। भीष्म जी का नये समाज की क्षमताओं पर विश्वास ही उन्हें बड़ा रचनाकार बनाता है। और मैं उनकी इस क्षमता को नमन करती हूँ। उनके ही वाक्य से अपनी बात समाप्त करती हूँ—"जनसाधारण की सहभागिता को बनाये रखना अत्यन्त आवश्यक था। इस तरह लाखों-लाख लोगों के ऊर्जा, उत्साह, भावनात्मक लगाव को अभिव्यक्ति मिलती, देश का निर्माण एक साझे अभियान का रूप ले लेता और मैं समझता हूँ कि बहुत से लोगों को मनमानी करने की छूट भी नहीं मिलती। उन पर अंकुश लगा रहता।"

महाभारत गवाह है ऐसे शोषणों का जिनका लम्बा इतिहास है और मूक स्वीकृति—वरदानों की अटल परम्परा में शोषण की गाथाएँ छिपी हुई हैं। भीष्म जी उनमें से एक हमारे सामने लाकर हमें सोचने के लिए बाध्य करते हैं, यह इस नाटक की सबसे बड़ी उपलब्धि है।

रेल की खिड़कियाँ और जलते हुए नगर

दिलीप शाक्य

भीष्म साहनी के लेखन में साम्प्रदायिकता के मनोविज्ञान को समझने की गहरी सूझ-बूझ मिलती है। जैसे एक सफल चिकित्सक या वैद्य रोगी की दशा का अध्ययन कर रोग के वास्तविक लक्षणों को सामने लाता है उसी तरह भीष्म साहनी का नैरेटर साम्प्रदायिकता के मनोविज्ञान को स्पष्ट करता चला जाता है। क्योंकि भीष्म जी ने भारत और पाकिस्तान के विभाजन के त्रासद को अपनी आँखों से देखा था इसलिए जहाँ-जहाँ उन्होंने साम्प्रदायिकता के बारे में लिखा है वहाँ-वहाँ उस यथार्थ की प्रामाणिक आवाज़ें एक गहरे मार्मिक दुख के साथ उभरती गयी हैं।

यह अतिशयोक्ति न होगी अगर मैं कहूँ कि इन प्रामाणिक आवाज़ों का पहला सामना मुझे भीष्म साहनी के लेखन के जरिये ही हुआ था। क्योंकि हमारे क़स्बे में मुसलमानों की तादाद बहुत नहीं थी, इसलिए साम्प्रदायिक तनाव, हिंसा आदि के माहौल से मैं और मेरे स्कूली दोस्त बहुत वाकिफ नहीं थे। हमारे लिए मुसलमानों और हिन्दुओं के त्योहार एक जैसे ही थे। क़स्बे में जब ताजिए निकलते थे तो बच्चों का उनके नीचे से निकलना बहुत शुभ माना जाता था। परिजन हमें विशेष रूप से इस अवसर में शामिल करते थे। उन दिनों की रेवड़ियों और रंगीन चावल के जर्दे का स्वाद आज भी ज़बान पर है। नगाड़ों की आवाज़ों के बीच मुगलिया शैली की तलवारों के करतब तब हमें बहुत रोमांचित करते थे। मुहल्ले में एक त्यागियों की हवेली थी। हवेली में किसी सैयद बाबा की मजार थी। माँ हमें वहाँ हर मंगलवार को रेवड़ियाँ और अगरबत्ती चढ़ाने के लिए भेजा करती थी। हम उसे किसी हिन्दू देवता का मन्दिर समझते थे। बहुत बाद में जाना कि वह किसी सूफी की मज़ार थी।

हमारे क़स्बे से तक़रीबन दो किलोमीटर की दूरी पर पीपल के पेड़ के नीचे एक हरे रंग की मस्ज़िद थी। वहाँ हर साल कव्वाली का आयोजन होता था।

रात में टंगस्टन बल्बों की रौशनी में हारमोनियम और तबले की जुगलबन्दी के साथ कव्वालों की शेरो-शायरी में जैसा रस उन दिनों मिला था वह बाद में मौसिकी के बड़े-बड़े उस्तादों के यहाँ भी न मिला। जब अयोध्या और बाबरी मस्ज़िद के दौर में दंगों की ख़बरें आती थीं तो बचपन के दिनों की उस हरे रंग की मस्ज़िद के बारे में यह सोचकर ही सहम जाता था कि बचपन के एक सुन्दर स्मृति-चिह्न के अलावा उस मस्जिद का मेरे लिए कोई और अर्थ भी हो सकता था। मेरी स्मृति का अर्थ तो नहीं बदला लेकिन ऐसे कई लोगों को जानता रहा हूँ जिनके लिए उन स्मृतियों के अर्थ अचानक बदल गये थे।

इन प्यारी स्मृतियों को एक झटका-सा लगा जब पहली बार दूरदर्शन पर 'तमस' का प्रसारण देखा। गोविन्द निहलानी के निर्देशन और वी. के. मूर्ति के छायांकन से समृद्ध इस टेलीफ़िल्म में आ रहे किरदारों को देखकर कुछ जीते-जागते व्यक्तियों और एक-दूसरे के धर्मों के बारे में उनकी वैमनस्यपूर्ण प्रतिक्रियाओं की सामाजिकता को पहली बार समझा। तब न तमस शब्द का अर्थ मालूम था न यह कि भीष्म साहनी कोई लेखक हैं। हिन्दू और मुसलमानों के बीच का फ़र्क़ तो मालूम था लेकिन उनके बीच हिंसा, पाकिस्तान का मतलब, विभाजन की त्रासदी आदि के बारे में तमस के प्रसारण से नयी सूचनाएँ मिल रही थीं। इन सूचनाओं से मन में बहुत सारे सवाल पैदा हो रहे थे। इन्हीं सवालों में एक सवाल था भारत विभाजन और पाकिस्तान? 'तमस' के प्रसारण से सबसे पहली बार मैंने इस सवाल का जवाब पाया और उसकी रौशनी में अपने क़स्बे के मुसलमानों और हिन्दुओं को देखा। बचपन की उन साझा स्मृतियों को देखा और इस बात पर हमेशा गर्व हुआ कि हमारे क़स्बे में किसी हिन्दुस्तान और पाकिस्तान का विभाजन नहीं था।

हिन्दुस्तान में हमारे क़स्बे जैसे सैकड़ों क़स्बे हैं जहाँ इस विभाजन की बू-बास नहीं है। लेकिन यह बू-बास कब पैदा हो जाये इस बारे में कभी भी मुतमइन नहीं हुआ जा सकता। दो समुदायों के बीच के भय और अन्देशे किस तरह एक ख़तरनाक आकार लेने लगते हैं इसके क़ितने ही उदाहरण आज़ादी के बाद से सामने आते रहे हैं। आज के दौर में राजनीतिक और धार्मिक आचरण जिस्र तरह बदल रहे हैं उनसे इन समुदायों के बीच नये डर और नयी आशंकाएँ जब तब सुनाई देने लगती हैं। मीडिया और राजनीति ने मुजफ्फरनगर के हालिया दंगों को इन आशंकाओं के एक ख़तरनाक प्रतीक में बदल दिया है। भीष्म साहनी की कहानी 'अमृतसर आ गया है' मुझे ऐसे ही प्रतीक में बदलती हुई मालूम देती है।

कहानी में दो नौजवान हैं एक नैरेटर स्वयं और दूसरा एक दुबला बाबू। नैरेटर स्वयं लेखक ही है जिसने दिल्ली में होने वाले स्वाधीनता समारोह में शामिल होने के लिए रावलपिण्डी से रेल पकड़ी थी। इस स्वाधीनता समारोह को नेहरू ने अपने ऐतिहासिक भाषण में 'ट्रिस्ट विद द डेस्टिनी' कहा था और इससे मिली आज़ादी को यशपाल ने 'झूठा-सच'। कहानी में लेखक इसी झूठे-सच के जश्न में शामिल होने जा रहा है। कहानी के नौजवान को लेखक मानने का एक कारण यह भी है कि यह बांत भीष्म साहनी ने 'अपनी बात' पुस्तक में स्वयं आत्मकथ्य में स्वीकार की है, ''जब दिल्ली में स्वाधीनता समारोह होने जा रहा था तब मैं रावलपिण्डी छोड़कर दिल्ली आया था सिर्फ़ यह देख पाने के लिए कि लाल किले पर झंडा फहरायेंगे पण्डित नेहरू और हिन्दुस्तान की आज़ादी का जश्न होगा। मैं तो जश्न के इरादे से आया था। इस इरादे से कि हफ्ते-भर बाद लौट जाऊँगा। लेकिन जब दिल्ली पहुँचा तो पता चला कि गाड़ियाँ बन्द हो गयी हैं, फिर मेरा लौटना नामुमकिन हो गया।''

कहानी का प्लॉट लेखक द्वारा रावलपिण्डी से दिल्ली तक की गयी इसी रेलयात्रा का विवरण है। इस यात्रा में जहाँ अमृतसर आता है वहीं कहानी पत्नी को खींचते और अपनी गठरी सँभालते हुए रेल के डिब्बे में घुसने की आख़िरी कोशिश करते मुसलमान यात्री की छड़ द्वारा हत्या कर चुकने के बाद दुबले बाबू की वीभत्स मुस्कान के साथ एक हिंसक और वीभत्स दृश्य में ख़त्म हो जाती है जबकि कहानी एक ख़ुशनुमा दृश्य से आरम्भ हुई थी—''गाड़ी के डिब्बे में बहुत मुसाफिर नहीं थे। मेरे सामने वाली सीट पर बैठे सरदार जी देर से मुझे लाम के किस्से सुनाते रहे थे। वह लाम के दिनों में बर्मा की लड़ाई में भाग ले चुके थे और बात-बात पर खी-खी करके हँसते और गोरे फौजियों की खिल्ली उड़ाते रहे थे। डिब्बे में तीन पठान व्यापारी भी थे, उनमें से एक हरे रंग की पोशाक पहने ऊपर वाली बर्थ पर लेटा हुआ था। वह आदमी बड़ा हँसमुख था और बड़ी देर से मेरे साथ वाली सीट पर बैठे एक दुबले-से बाबू के साथ उसका मज़ाक़ चल रहा था। वह दुबला बाबू पेशावर का रहने वाला जान पड़ता था क्योंकि किसी-किसी वक़्त वे आपस में पश्तो में बातें करने लगते थे। मेरे सामने दायीं ओर कोने में, एक बुढ़िया मुँह-सिर ढाँपे बैठी थी और देर से माला जप रही थी। यही कुछ लोग रहे होंगे। सम्भव है दो-एक और मुसाफिर भी रहे हों, पर वे स्पष्टतः मुझे याद नहीं। गाड़ी धीमी रफ्तार से चली जा रही थी और गाड़ी में बैठे मुसाफिर बतिया रहे थे और बाहर गेहूँ के खेतों में हल्की-हल्की लहरियाँ उठ रही थीं और मैं मन-ही-मन बड़ा ख़ुश था क्योंकि मैं दिल्ली में होने वाला स्वतन्त्रता दिवस समारोह देखने जा रहा था।''

कहानी का आरम्भ और अन्त भारतीय स्वाधीनता पर एक तीखी टिप्पणी की तरह लगता है मानो कहा जा रहा हो कि हमने स्वराज के स्वप्न के साथ अंग्रेजों से संघर्ष किया और विभाजन के दुःस्वप्न के साथ उसे पाया। यह रेल एक ऐसे भारतीय लोकतान्त्रिक समाज का रूपक है जो अपनी अहिंसक और एकीकृत विरासत को छोड़कर हिंसक और विभाजित भविष्य की ओर जा चुका था। कहानी में जिस हिंसा और विभाजन को उभारा गया है वह आज हमारे समाज को एक क्रूर और असंवेदनशील स्थिति में ले जाने को तैयार खड़ा दीखता है। इस स्थिति को समझने के लिए कहानी में वर्णित साम्प्रदायिक हिंसा के जन्म लेने को गहराई से समझने की ज़रूरत है ताकि हम दुबले बाबू द्वारा रेल में सवार होने की कोशिश करते उस मुसलमान आदमी को सहृयता से देखें और अपने हाथ में थामी हुई दुबले बाबू की छड़ को हमेशा-हमेशा के लिए फेंक दें।

इसी आत्मकथ्य में आगे लेखक ने यह भी कहा है कि दुबले बाबू का ट्रेन में चढ़ने की कोशिश करते एक बूढ़े मुसलमान पर छड़ से वार करना जोड़ा गया विवरण था। ऐसा वास्तव में नहीं हुआ था लेकिन बाकी सारे विवरण वास्तविक हैं। लेकिन यह बेहद अहम है क्योंकि यह विवरण लेखक की दृष्टि का पता देता है। उसके धर्मनिरपेक्ष, प्रगतिशील और मानवीय सरोकारों को सामने लाता है जिन्हें हम भीष्म साहनी की आगे की रचनाओं में और विस्तार से देखते हैं। यह लेखक की मानवीय दृष्टि ही थी कि ऊपर मैंने जिस बू-बास का ज़िक्र किया है लेखक ने कहानी की रेलयात्रा में दुबले बाबू के भीतर उस बू-बास को तलाश कर लिया था। अगर बाबू से बात-बेबात उलझने वाले पठान मुसाफिर अमृतसर आने पर दूसरे डिब्बे में नहीं चले गये होते तो यह बू-बास एक साम्प्रदायिक दंगे में भी बदल सकती थी।

अमृतसर आने तक हर स्टेशन पे दंगों के बारे में ज़ारी कानाफूसी और खामोश चर्चा के साथ खिड़कियों से पीछे छूटते जा रहे जलते हुए नगरों के दृश्यों की झलक मिलती है जिनके विस्तृत ब्योरे आगे हम 'तमस' उपन्यास में देखते हैं। लेखक ने खिड़कियों के बाहर के इन दृश्यों को अद्‌भुत कल्पनाशीलता के साथ लिखा है। कुछ वाक्य देखें—"खिड़की के बाहर आकाश में चाँद निकल आया और चाँदनी में बाहर की दुनिया और भी अनिश्चित, और भी अधिक रहस्यमयी हो उठी। किसी-किसी वक़्त दूर किसी ओर आग के शोले उठते नज़र आते, कोई नगर जल रहा था। गाड़ी किसी वक़्त चिंघाड़ती हुई आगे बढ़ने लगती, फिर किसी वक़्त उसकी रफ्तार धीमी पड़ जाती और मीलों तक धीमी रफ्तार से ही चलती रहती। सहसा दुबला बाबू खिड़की में से बाहर देखकर ऊँची

आवाज़ में बोला : हरबंसपुरा निकल गया है। उसकी आवाज़ में उत्तेजना थी। वह जैसे चीखकर बोला।''

पीछे छूट गये मुस्लिम बहुल इलाकों के बाद हिन्दू बहुल हरबंसपुरा का आना और दुबले बाबू का उत्तेजना में चीखना साम्प्रदायिक हिंसा का सबसे मनहूस व्याकरण है। बरसों की हमारी साझी भाषा को इस व्याकरण ने किस कदर तार-तार किया है यह इस कहानी से ही नहीं 'तमस' और 'कबिरा खड़ा बजार' में जैसी लेखक की अन्य रचनाओं से भी मालूम होता है। अमृतसर आने पर कहानी ख़त्म हो गयी लेकिन कहानी का एक दृश्य पलटकर आया और मेरे विचारक्रम में बुरी तरह अटक गया–''तभी गाड़ी अमृतसर के प्लेटफॉर्म पर रुकी। प्लेटफॉर्म लोगों से खचाखच भरा था। प्लेटफॉर्म पर खड़े लोग झाँक-झाँककर डिब्बों के अन्दर देखने लगे।'' बार-बार लोग एक ही सवाल पूछ रहे थे–''पीछे क्या हुआ है? कहाँ पर दंगा हुआ है?... इसी दौरान तीन-चार पठान हमारे डिब्बे के बाहर प्रकट हो गये और खिड़की में से झाँक-झाँककर अन्दर देखने लगे। मैंने घूमकर देखा, बाबू डिब्बे में नहीं था। न जाने वह कब डिब्बे में से निकल गया था। मेरा माथा ठनका। गुस्से में वह पागल हुआ जा रहा था। न जाने क्या कर बैठे! पर इस बीच डिब्बे के तीनों पठान, अपनी-अपनी गठरी उठाकर बाहर निकल गये और अपने पठान साथियों के साथ गाड़ी के अगले डिब्बे की ओर बढ़ गये। जो विभाजन पहले प्रत्येक डिब्बे के भीतर होता रहा था, अब सारी गाड़ी के स्तर पर होने लगा था।''

कहानी का यह दृश्य और इस दृश्य का आख़िरी वाक्य आज़ादी के बाद से न जाने कितनी बार हिन्दुस्तान के ऐसे क़स्बों और शहरों में भेस बदलकर पहुँचते रहे हैं जहाँ इनके पहुँचने के बारे में उस समय किसी ने सोचा तक नहीं था। इस वाक्य के बाद भारतीय लोकतन्त्र में वह दृश्य उपस्थित होता है जो इस कहानी में नहीं है मगर हो सकता था। भीष्म जी ने लिखा है कि विभाजन सारी गाड़ी के स्तर पर होने लगा था। एक पाठक के तौर पर गुज़रात के दंगे और साबरमती एक्सप्रेस की आग को याद करूँ और कहानी की गाड़ी को लोकतन्त्र मान लूँ तो इस कहानी के प्लॉट में एक नया मोड़ आता है जिसमें हिन्दुओं के डिब्बे मुसलमानों के डिब्बों में आग लगा रहे हैं और मुसलमानों के डिब्बे हिन्दुओं के डिब्बों में। कहानी का यह सम्भावित रूपक और विशाल और भयावह दिखाई देने लगेगा अगर इन दिनों देश के कुछ इलाकों में टहल रही दंगों की अफवाहों और आशंकाओं पर यक़ीन करें।

आज का अतीत

'आज के अतीत' : एक आत्मीय आत्मकथा

कर्मेन्दु शिशिर

भीष्म साहनी अपने जीवन में जैसे सरल और सहज थे, उनका लेखन भी ठीक वैसा ही था। लेखन और जीवन की ऐसी अभेदता सुनने में जितनी सामान्य और सहज लगती है, निर्वाह में वह वस्तुतः वैसी होती नहीं है। किसी रचनाकार के लिए एक तरह से यह पूरे जीवन की ऐसी कठिन साधना होती है, जिसके लिए उसे भारी क़ीमत चुकानी पड़ती है। सामने के सहज, सुगम रास्ते को छोड़कर, बीहड़ राह का चयन करना पड़ता है। ये कोई ऐसी साधना नहीं है जिसे प्राथमिकता और सचेतनता से हासिल किया जा सके बल्कि इसे जीवन के सहज प्रवाह में व्यक्तित्त्व का स्वाभाविक अभिन्न हिस्सा बनना होता है। सच्चाई, संवेदना और संघर्ष की अटूट निरन्तरता के बिना ऐसा करना सम्भव नहीं होता क्योंकि हर छद्म, हर कुण्ठा उसे अन्ततः क्षीण ही करती है। इसीलिए एक लेखक के जीवन और लेखन के अपने मूल्य होते हैं, अपनी नैतिकता होती है, जिससे सहमति, असहमति के द्वन्द्व में उसे क़ीमत चुकानी होती है। लेकिन हर हाल में वह जीवन जीता तो अपनी ही लय में है। यह अकारण नहीं है कि भीष्म जी की आत्मकथा 'आज के अतीत' को पढ़ते हुए हम ऐसी ही विरल सच्चाई और सहज संवेदन के अहसास से भर जाते हैं। न कोई कुण्ठा, न गर्व बिल्कुल साफ़-शफ्फाक! दरअसल बिना ऐसा हुए रचना में वह सहजता का सौन्दर्य पैदा ही नहीं हो सकता, जो भीष्म जी में जगह-जगह दिखाई देता है। ऐसे कम रचनाकार होते हैं जिनके जीवन में कोई आवरण नहीं, न दुराव, न छिपाव। पूरी आत्मकथा में जिये गये जीवन को जस-का-तस परोस देने वाली ऐसी सादगी आपको बार-बार विस्मित करती है और उसे ज़्यादा आत्मीय भी बनाती है।

बेशक भीष्म जी के व्यक्तित्त्व में अतिशय भद्रता और संकोच है, यह ईमानदारी भी कि वे बिना किसी हिचक के अपनी कमज़ोरियों, असफलताओं

अथवा सीमाओं को भी उसी सहजता से व्यक्त कर देते हैं। आत्मप्रदर्शन वाली बात तो उनके जीवन में रही ही नहीं, इसलिए गौरव या सफलता के उत्कर्ष वाले अवसरों पर भी उनकी वही सहजता बनी रहती है। कहते हैं, सहजता से बड़ी कोई कला नहीं होती और यही कला उनकी मुख्य पहचान बन गयी। गौर करने वाली बात यह है कि यह सहजता कहीं भी उनकी लेखकीय साहसिकता के आड़े नहीं आयी। चाहे सोवियत रूस की अन्दरूनी शासन प्रणाली के विघटन, रूसी और भारतीय कम्युनिस्ट पार्टी और पदाधिकारियों की आलोचना का प्रसंग हो, इप्टा अथवा प्रगतिशील लेखक संघ के मामले में अनुचित हस्तक्षेप अथवा उनकी सोच की गड़बड़ी या सीमाओं की बात हो। भीष्म जी उसी सहजता, उसी भद्रता के साथ अपनी बात, अपने विचार रखने में तनिक नहीं हिचकते। ठीक उसी तरह जवाहरलाल नेहरू अथवा महात्मा गाँधी, उनके समर्पित कार्यकर्ताओं और आन्दोलनों को लेकर अपनी खुली प्रशंसा में भी कोई कोताही नहीं करते।

सबसे अधिक दिलचस्प प्रसंगों में एक जब वे पूरी तल्लीनता से अख़बार पढ़ रहे होते हैं यह जानते हुए कि पास खड़े नेहरूजी बोलें, टोकें, माँगें, तभी वे देंगे। आखिर नेहरू जी को ऐसा करना पड़ा तभी उन्हें अख़बार सौंपा। नेहरू जी से स्थानीय आयोजक की शिकायत के मौक़े पर भी भीष्म की भद्रता, सहजता और साहसिकता आकृष्ट करती है। कहीं-कहीं तो उनकी सहजता सन्तत्त्व का स्पर्श करती हुई लगती है, ख़ासतौर से यासिर अराफात की मुलाक़ात के प्रसंग में, ऐसे उत्तेजक प्रसंगों में भी उनकी वही सहजता, न कोई आवेग, न ही किसी उल्लास की थरथराहट। वे उसी सहजता से लिख जाते हैं। आप गौर कीजिए, जब वे यासिर अराफात के अतिथि थे और भोजन से पहले गुसलखाने से निकले तो सामने यासिर अराफात तौलिया लिए खड़े थे। भीष्म जी ने क्या सोचा, उनके अन्दर क्या चल रहा था—कुछ नहीं। लेकिन पाठक के सामने अराफात के असाधारण व्यक्तित्त्व की दुर्लभ ऊँचाई एक पल में दीप्त हो जाती है। प्रशान्त सहजता का ऐसा दुर्लभ रूप कम ही रचनाकारों में देखने को मिलता है।

भीष्म जी का जीवन विपुल घटनाओं से भरा था। बचपन पेशावर में, युवापन रावलपिण्डी और लाहौर में। देश का विभाजन अपनी आखों के सामने देखा। नृशंस हत्याएँ, हृदयविदारक दृश्य और शरणार्थियों के मर्माहत कर देने वाले अनुभव। जालन्धर, अमृतसर, अम्बाला, बम्बई में संघर्ष, राजनीतिक-सांस्कृतिक सक्रियता और अनिश्चित जीवन वाली भटकन, दिल्ली में ठौर पाने के लिए बनारस में शोध के लिए प्रवास, दिल्ली और फिर सोवियत रूस में लम्बा प्रवास। पारिवारिक व्यवसाय, प्राध्यापकी, नाट्य-कर्म, इप्टा, प्र.ले.सं., सम्पादन, कहानी-उपन्यास, लेख,

अनुवाद और नाटक। इतना वैविध्य, इतना विस्तार और अनुभव का जखीरा। ज़ाहिर है इसमें कई जगहें हैं, कई विधाएँ हैं और कई घटनाएँ—इन सबसे जुड़े विपुल लोग। उनकी राजनीतिक और सांस्कृतिक सक्रियता भी है, पुलिस की निगरानी भी, भले एक दिन का सही लेकिन उपवास भी, उधार भी। घनघोर अनिश्चय, अभाव और संघर्ष। लेकिन पूरी आत्मकथा बिना किसी आवेग, उत्तेजना के समरूप सहजता से ही लिखीं गयी है। ऐसे भी उनकी आत्मकथा सिर्फ़ उनके अकेले की ही आपबीती नहीं रह जाती—उसमें संक्रमित होता समय है, समाज है। ऐसा लगता है जैसे भीष्म जी अपनी आत्मबीती बतिया रहे हों। जगहों, घटनाओं और लोगों की स्पर्श उपस्थिति इतनी जीवन्त शक्ल में सृजित हुई है कि गोया आप ख़ुद उनके साथ साक्षी-सहभागी हों।

पेशावर और रावलपिण्डी में गुज़रे बचपन में परिवार की उपस्थिति में कठोर नैतिक अनुशासन वाले पिता और धर्मभीरू माँ है जो सत्संगों और प्रवचनों में भाग लेती हैं, जिनका मुहल्ले में बड़ा मान है। बचपन में घुम्मकड़ी की ऐसी लत कि पिता ने गले में परिचय की तख़्ती डाल दी थी, जो भी देखता, ताँगेवाला हो अथवा कोई जानने वाला, लाकर घर छोड़ जाता। मेले में फूलदार जापानी कोट और क्रिस्टी टोपी पहनकर भीष्म जी जलते विदेशी कपड़ों की होली अगली कतार में देख रहे होते हैं। तभी एक परिचित कांग्रेस कार्यकर्ता दीवानचन्द इस वादे के साथ कि वे गाँधी जैसी उजली टोपी देंगे, उसका कोट और टोपी लेकर उस दहन में डाल देते हैं। मगर अधीर प्रतीक्षा के बाद वे कभी नहीं आते। भीष्म जी ने लिखा है, ''सच कहूँ तो एक खरोंच-सी दिल पर छोड़ गया। यह ज़िन्दगी में दिल पर पड़ने वाली पहली खरोंच थी''। इन स्मृतियों में आर्यसमाजी गुरुकुल, यज्ञोपवीत संस्कार, स्वामी वेदानन्द जी का कड़ा अनुशासन और आने-जाने को टूटटू की सवारी भी है। सहपाठी गिरधारी की सौतेली माँ की पिता द्वारा सार्वजनिक पिटाई, दीवाल पर चढ़कर बच्चों का इस तमाशे को देखना और माँ का गिरधारी को डाँटना। शाहदौला की चुहिया, फ़ैज अली की दबंगई अथवा भीष्म के दोस्त अमीचन्द की सौतेली माँ के उकसावे पर ऐसी धुलाई कि घर से भागा तो फिर नहीं लौटा। ये और ऐसे सारे प्रसंग उस समय के समाज को बड़ी सहजता से प्रस्तुत करते चलते हैं। लेखक अपनी ओर से कोई टिप्पणी नहीं करता।

बच्चों को गुरुकुल से अलग आधुनिक शिक्षा के लिए अथवा व्यापारिक कारणों से परिवार का रावलपिण्डी आना भीष्म जी को ज़्यादा जँचा। यह शहर उन्हें पसन्द था और यहाँ घुम्मकड़ी के नये इलाके थे। यह वक़्त था स्वाधीनता के साथ साम्प्रदायिकता के पनपने, आपसी हितों में कड़वाहट के पसरने, आर्य

समाजियों और सनातनियों की आपसी तनातनी जो स्कूलों में बच्चों तक प्रवेश कर गयी थी। ये बातें भीष्म जी ने जीवन की छोटी-छोटी घटनाओं के सहज वर्णन में व्यक्त की हैं। इस बीच वे अपने बड़े भाई बलराज जी को लेकर जिन प्रसंगों का स्वाभाविक उल्लेख करते हैं, उनकी गम्भीरता, चुहल, आज़ादख़याली और सहज आत्मीयता, वह उनको जानने में बहुत मदद करते हैं। प्रसंगवश और संक्षिप्त ही सही लेकिन पूरी पुस्तक में बलराज जी का भी एक तरह से पूरा व्यक्तित्त्व उभर जाता है। उनके पिता के व्यवसाय में व्यवस्थित तरीके से ऑफिस खोलकर हाथ बँटाना, अन्दर की बेचैनी, लाहौर में पत्रकारिता और अचानक शान्तिनिकेतन का प्रवास और एक दिन बी.बी.सी. लन्दन में। अचानक उनकी वापसी, वामपन्थी विचारों की बहस, उनकी सोच, उनका तेवर, बम्बई में इप्टा के साथ सक्रियता, भाई की रचनाओं की बेबाक आलोचना और सतत पारिवारिक निकटता। रूस यात्रा में, अफगानिस्तान में, अथवा अन्तिम समय हवाई टिकट लेते समय काउंटर वाले की ठिठकन—यह सब कुछ भीष्म जी ने जिस सादगी और सहजता से लिखा है—उसमें पैठी आत्मीयता आपको जगह-जगह संवेदित करती है।

किसी के लिए स्मृतियों को समग्रता में और सिलसिलेवार व्यक्त करना मुश्किल होता है इसलिए चयनित स्मृतियाँ ही सामने आती हैं और हम उस समय और समाज के बारे में जान पाते हैं। लाहौर स्मृति में एक दिलचस्प वाकये का बयान भीष्म जी ने किया है कि बँटवारे के वर्षों बाद गवर्नमेंट कालिज लाहौर की शतवार्षिकी के समय वहाँ की कालिज पत्रिका 'रावी' के छात्र सम्पादक ने उनसे रचना की माँग की। लगभग साठ साल पहले 'रावी' में छपी अपनी कहानी भीष्म जी को याद आयी जिसकी कोई प्रति उन्हें उपलब्ध नहीं थी। लिखते हैं, "छात्र सम्पादक यासेर हाशमी थे। जब यह दुश्वारी उनके सामने आयी तो उनकी बहन मीरा ने नागरी लिपि सीखने का फैसला कर लिया और महीने भर की कड़ी मेहनत के बाद जब उसे इतना अक्षर बोध हो गया कि शीर्षक आदि पढ़ सके तो लगभग 60 साल पुरानी फाइलों में से कहानी ढूँढ़ी जाने लगी। उन्होंने ढूँढ़ निकाली और मुझे रवाना कर दी। आप इसके भीतर भरी आत्मीयता और कृतज्ञता का रोमांच महसूस कर सकते हैं और यह समझ सकते हैं कि बँटवारे के भयानक दंश झेलने वाले भीष्म जी के भीतर किसी समुदाय के प्रति कटुता क्यों नहीं पनपी। मनुष्यता के ऐसे यक़ीनी अनुभवों के अनेक मार्मिक प्रसंग जगह-जगह मिलते हैं। जैसे इल्ताफ हुसैन का प्रसंग। बेधड़क कमरे में घुस जाने वाला दोस्त। भीष्म जी कांग्रेस में, वह मुस्लिम लीग में। बेधड़क कमरे में घुस जाने वाले दोस्त की दूरियाँ बढ़ीं, लोगों में अलगाव बढ़ा। वर्षों बाद अचानक

पाक से कोई दिल्ली आया और इल्ताफ का खत और तोहफा। बेटे की शादी का आमन्त्रण। बीज़ा का पेच। फिर बिटिया कल्पना का पाकिस्तान जाना और मिलना। बिटिया कल्पना को तस्वीर लेने से इसलिए मना किया कि आँखों में ऐसी तस्वीर महफूज रह सके। इल्ताफ का आख़िरी खत—"मरने से पहले दिल के दो अरमान पूरे करना चाहता हूँ। एक मक्का शरीफ की जियारत करना चाहता हूँ, दूसरा तुमसे मिलना चाहता हूँ।" उसके दोनों अरमान अधूरे रह गये क्योंकि इसके पहले ही वह दुनिया से चला गया। आत्मकथा के शीर्षक पर गौर कीजिए—'आज के अतीत'। अतीत की ऐसी ढेरों टीसें अन्दर मौजूद रहीं। लाहौर की स्मृतियों में शिक्षक भी हैं, सहपाठी भी। हॉकी का शौक। नाटकों में भागीदारी।

हर युग के कुछ अपने नसीब होते हैं। महाकवि रवीन्द्रनाथ टैगोर शान्ति निकेतन के लिए धन-संग्रह की यात्रा में नाट्य-मण्डली के साथ लाहौर आये थे। उन्होंने कविता पाठ भी किया और अभिनय भी। भीष्म जी इसके साक्षी बने। उसी दौर में विश्व में घूम-घूमकर प्रदर्शन करने वाली महान नर्तक उदयशंकर की मण्डली मशहूर थी। लाहौर के प्लाजा हॉल में भीष्म जी मौजूद थे। उन्होंने अल्मोड़ा केन्द्र की प्रस्तुति में सुमित्रानन्दन पन्त का भी अभिनय देखा था। आप हैरान होंगे, ऐसे विरल पलों को भी भीष्म जी ने बिना कोई रोमांच के उसी सहजता से लिखा है। अपने निजी प्रसंगों में, यहाँ तक कि पत्नी शीला के साथ दाम्पत्य के पलों में भी, यही सहजता बनी रहती है। शीला जी अपने पिता के साथ भीष्म जी का नाटक देखने गयी थीं। अभिनय से प्रभावित पिता ने शीला जी से पूछा होगा और अन्ततः विवाह हुआ होगा। भीष्म जी ने लिखा है, "शीला मुझे ऐसा कुछ बताया करती थी। मैंने तो कहा था मुझे नाटक पसन्द आया। न जाने उन्होंने कैसे समझ लिया कि मुझे तुम पसन्द आये हो।" ऐसे आत्मीय प्रसंग भी उसी सहज प्रवाह में आते हैं।

उनके साहित्यिक लेखन की शुरुआत बेशक लाहौर कालिज से ही हो गयी थी लेकिन नाटकों के अनुवाद के साथ महादेवी, शरत्चन्द सहित विभिन्न लेखकों को पढ़ने की लत ने उन्हें लेखन की ओर प्रेरित किया। व्यवसाय के लिए कानपुर आने-जाने के क्रम में अपनी फुफेरी बहन—लेखिका सत्यवती मलिक—के यहाँ टिकना और जैनेन्द्र कुमार, अज्ञेय, विष्णु प्रभाकर या बनारसीदास चतुर्वेदी की चर्चा ने उन्हें समकालीन हिन्दी से परिचित करा दिया। वे कुछ लेख भी लिखने लगे थे जो 'विशाल भारत' में छपे, एक 'सरस्वती' में भी। दूसरे विश्वयुद्ध और बंगाल दुर्भिक्ष के उस दौर में एक यादगार स्मृति बंगाल के सहायतार्थ विनॉय राय और हरीकेन की नाट्य मण्डली की भी है। रावलपिण्डी में अभिनीत यह रोंगटे

खड़े करने वाला नाटक था। जब बूढ़े व्यक्ति की भूमिका में विनॉय राय, हरीकेन लैम्प हाथ में उठाये यह कहते हुए दाखिल हुए 'बंगाल की कहानी सुनोगे?' उस क्षण से ही दर्शक नाटक के साथ बँध गये थे। नाटक में इतना दर्द था, और अभिनय इतना प्रभावशाली कि जब नाटक के बाद अभिनेता-अभिनेत्रियाँ झोली फैलाये, मंच से उतरे और दुर्भिक्ष पीड़ितों के लिए सहायता माँगने आये तो मेरे सामने की सीट पर बैठी एक युवती ने कानों में से अपनी सोने की बालियाँ उतारकर झोली में डाल दीं।'' ऐसे मार्मिक और विरल प्रसंग बार-बार आते हैं।

बलराज साहनी जब शान्तिनिकेतन छोड़कर सेवाग्राम जाते हैं तो गाँधी आश्रम से छपने वाली पत्रिका 'नयी तालीम' में उप-सम्पादक हो जाते हैं। भीष्म जी वहीं कांग्रेस सदस्य बने थे। एक बार वहाँ जाने के क्रम में इलाहाबाद में एक ग्रामीण ने इनके हाथों में अख़बार देख 16 दिन से अनशन पर बैठे गाँधीजी की खैरियत पूछी। मास्टर अर्जुनदास और बोधराज जैसे समर्पित कार्यकर्ता भी उनकी स्मृति में महफूज रह जाते हैं। भीष्म जी लिखते हैं, ''मेरे लिए ये लोग नये थे, किसी अलग धातु के बने थे। वलवलों के सहारे जीने वाले, जो अपने लिए कुछ नहीं माँगते थे, स्वतन्त्रता आन्दोलन की धड़कनों पर ही इनका दिल धड़कता था। इसी क्रम में यात्रा के दौरान सहयात्री दो सरदारों की बातचीत के आधार पर लगे राजद्रोह का प्रसंग भी महत्त्वपूर्ण है जिसमें तरह-तरह से दबाव देने के बावजूद वे उनके ख़िलाफ़ गवाही नहीं देते और वे दोनों बमुश्किल बच पाते हैं। दोनों की भावुक कृतज्ञता के बीच भीष्म का यह कथन ध्यान आकृष्ट करता है कि, ''जब अंग्रेज़ी बुद्धिजीवी और कुछ भारतीय बुद्धिजीवी भी ब्रिटिश राज का गुणगान करते हैं तो वे भूल जाते हैं कि न्यायप्रियता की दुहाई देने वाली व्यवस्था वास्तव में कितनी क्रूर और नृशंस हो सकती है।'' बिल्कुल जातीय सोच-विचार वाले थे भीष्म जी। सच्चे और सहज लेकिन आस्था में सख्त!

बलराज जी बी.बी.सी. लन्दन में वामपन्थी विचारों के साथ लौटे थे। तब भीष्म जी से उनकी ख़ूब बहसें होती जिसके केन्द्र में होता—हिन्दू-मुस्लिम साम्प्रदायिकता का प्रश्न। भीष्म जी ने बड़ी साफ़ई से वामपन्थी चूक का हवाला दिया है कि हिन्दू-मुस्लिम को अलग-अलग कौम का मानना पार्टी की बड़ी चूक थी। दूसरी बात यह कि विभाजन विरोधी होते हुए भी वामपन्थी जातियों के सवाल को समझने और उठाने में गलती कर गये। मुस्लिम लीग की संकीर्णता, कट्टरता और साम्प्रदायिक जड़ता का वे भरपूर विरोध नहीं कर सके। लीग को मुसलमानों की पार्टी मानकर उन्होंने अनचाहे विभाजन का दोष अपने माथे ले लिया। इसी दौर में भीष्म जी वामपन्थ के निकट आये थे और ख़ूब सक्रिय भी

हुए थे। कारखानों, मजदूरों की बस्तियों में जाकर काम करते लेकिन उन्हें साफ़ लग रहा था कि हालात बेकाबू होते जा रहे हैं। वैमनस्य का जहर लगातार पसर रहा था। रावलपिण्डी में भारी तनाव था। देखते-देखते इक्का-दुक्का हत्याएँ भी होने लगीं। हिन्दू-सिख अकेले पड़ने लगे और हिन्दू-सिख सिपाहियों को निहत्था किया जाने लगा। उस दौर के दहशत, दंगे, हत्या, बेबसी और बेचारगी के दृश्यों, प्रसंगों और घटनाओं को भीष्म जी ने बहुत विस्तार तो नहीं दिया मगर जितना लिखा है वह बेहद मार्मिक और हृदयविदारक है। चाहे वह बागड़ी औरतों का आर्त्त हो अथवा युवा नीम पागल सरदार का कुएँ की बजबजाती लाशों के बीच से अपनी पत्नी की कलाई से गोखड़ू निकालने की ज़िद। लोग रावलपिण्डी छोड़कर भाग रहे थे। पिता घर में नौकर के साथ अकेले टिके हुए थे। भीष्म जी आज़ादी का जश्न देखने दिल्ली और बलराज जी बम्बई। बाद में बड़ी मुश्किल से पिताजी रिश्तेदार पुलिस अधिकारी की बदौलत निकल पाये। परिवार पहले ही कश्मीर चला आया था। घर का नौकर 40 आदमियों के काफिले में पूँछ कर अपने घर लौट रहा था लेकिन सभी के सभी मारे गये। भीष्म जी ने विभाजन के प्रसंग में थोड़ी कंजूसी बरती है और विस्तार की पूरी गुंजाइश के बावजूद इसे संक्षेप में ही निबटाया है। दिल्ली में विस्थापन, शरणार्थियों की दुर्दशा और उससे जुड़े प्रसंग बेहद मार्मिक हैं मगर यहाँ भी विस्तार से वे सायास बचे हैं।

आज़ादी के बाद भीष्म जी का संघर्ष बम्बई, अम्बाला, जालन्धर, अमृतसर शहरों के बीच गुज़रा। इसमें कॉलेज यूनियन की सक्रियता, वामपन्थी संस्कृतिकर्मी के रूप में इप्टा के द्वारा नाटकों के प्रदर्शन की सक्रियता और सरकार अथवा नेहरू नेतृत्व के विरोध और पक्ष का वामपन्थी द्वन्द्व। इसमें दो बातें ध्यान आकृष्ट करने वाली हैं। एक तो उसे नाजुक दौर में भी शरणार्थियों और आहत भारतीयों के बीच शैलेन्द्र के देशभक्ति गीतों के साथ असाम्प्रदायिक चेतना का विकास और नया उत्साह भरने की कोशिश। लेकिन थोड़ी परेशानी में डालने वाली बात है वामपन्थ के एक बड़े धड़े को नेहरू जी के समर्थन में खड़े होने के बावजूद पुलिस की निगरानी और हस्तक्षेप। सवाल उठता है कि तब लोकतान्त्रिक आदर्श मानी जाने वाली नेहरू नेतृत्व की सरकार इतनी असहिष्णु और संस्कृति विरोधी थी? जो हो, भीष्म जी की इप्टा, कालिज शिक्षकों के आन्दोलन और प्र.ले.सं. की सक्रियता उनके व्यक्तित्त्व का विस्तार करती है और उनके सामाजिक सरोकारों को लेकर विनम्र बनाती है। लेकिन अपनी इस सक्रियता में भी वे हस्तक्षेप और सोच को लेकर असन्तुष्ट थे और जैसी कि उनकी साफ़गोई थी इसे छुपाया भी नहीं। लिखते हैं, "चाहिए तो यह था कि वामपन्थी विचारधारा से प्रभावित लोगों का

एक खुला मंच सारा वक़्त बना रहता जिस पर सारा वक़्त खुलकर विचार-विमर्श चलता रहता इससे बहुत से मुद्दे स्पष्ट होते, लोगों का उत्साह बढ़ता पर ऐसा नहीं हुआ और आज तक नहीं हुआ।'' यह शिकायत कोई मामूली नहीं थी। बतौर एक लेखक वामपन्थ में लौहदीवाल को उन्होंने सोवियत रूस के प्रवास में भी महसूस किया और उसी बेबाकी से लिखा और ख़ुद अपने काम के दौरान देश में भी महसूस किया। खुलापन, पारदर्शिता, आज़ाद बहस—पूरा का पूरा आन्तरिक लोकतन्त्र यह सब उनके अनुसार वामपन्थ के लिए आत्मघाती सिद्ध हुआ। बावजूद इसके वे अन्त तक प्र.ले.सं. में सक्रिय रहे और देखा कि पार्टी बाद में ऐसी सक्रियताओं को लेकर किस तरह उदासीन हो गयी थी। लेखकों के बीच कोई अखिल भारतीय संवाद का जरिया न बन सका।

अन्त में जब वे बुजुर्ग हो चुके थे और देख रहे थे कि कैसे उनका बेटा एक वैज्ञानिक की प्रसिद्धि पा रहा है, बिटिया लगातार आगे बढ़ रही है। परीक्षित साहनी जो उनकी शादी में उनके साथ घोड़े पर पीछे बैठा था आज 'गुल गुलशन गुलफाम' में एक बुजुर्ग कश्मीरी की शानदार भूमिका निभा रहा है, प्रसिद्ध अभिनेता बना है। उनकी बहनें, भानजियाँ—पूरा का पूरा भरा-पूरा परिवार नयी-नयी कोपलों के साथ बहुत विस्तार पा गया है। बेटी अब माँ बन गयी है, वे ख़ुद दादा बन गये हैं। 'तुझमें सौ नग़में हैं, ऐ तार-ए-रूबाब-ए-हस्ती।' जीवन ऐसे ही अपनी निरन्तरता में बढ़ता जाता है। वे गीता से शेक्सपियर तक सुभाषितों से इकबाल तक को उद्धृत करते हुए जीवन की अबूझता को और क़रीब से समझते-समझाते हैं। अन्त में धर्म और अन्धविश्वास में लिपटे जीवन को उससे मुक्त होकर सोचने और जीने की तमन्ना विश्वास और अपेक्षा का स्वर मुखर है और मुखर है—जीवन से भरपूर उल्लास और ललक।

तमाम ख़ूबसूरत अभिव्यक्ति और आत्मीय प्रवाह के बावजूद आखिर में यह ज़रूर लगता है कि भीष्म जी ने आत्मकथा लिखने में थोड़ी हड़बड़ी, जल्दबाज़ी तो नहीं की। किंचित विस्तार की आकांक्षा पाठकीय स्तर पर महसूस होती है और वे टीसें, खरोंचें जो उनके दिल पर रह गयी थीं, पाठकों के दिल पर यथावत उतर आती हैं। उनकी सच्चाई, सरलता, संवेदना और साफ़गोई पढ़ने वालों को अत्यन्त क़रीब लाकर आत्मीय बना लेती है।

अतीत का आज

अरुण कमल

आखिर किसी की आत्मकथा हम क्यों पढ़ते हैं? दुनिया में जितने लोग हैं उतनी आत्मकथाएँ होंगी। हर व्यक्ति की एक कहानी है। और कई बार बहुत दिलचस्प। रोमांचक। लेकिन हम उस व्यक्ति के बारे में ज़्यादा से ज़्यादा जानना चाहते हैं जिसे हम पहले से किसी न किसी तरह से जानते होते हैं। उसके काम से। उसे पढ़कर। और ऐसे व्यक्ति की आत्मकथा केवल उसी की कहानी नहीं होती बल्कि उसके पूरे संसार की कहानी होती है। उसका व्यक्तित्त्व जितना बड़ा होगा उसकी कहानी का दायरा और महत्त्व भी उतना ही बड़ा होगा। उस व्यक्ति की कथा उसके पूरे समय की कथा बन जाती है। यह आत्मकथा उन आत्मकथाओं से अलग होती है जो केवल एक ज़िन्दगी की कथा होती हैं तथा जो कहानी-उपन्यास तक पहुँचने के पहले की भ्रूण-अवस्था होती हैं।

भीष्म साहनी की आत्मकथा 'आज के अतीत' को दुबारा पढ़ते हुए फिर से लगा कि भीष्म जी की रचनाओं को समझने के लिए, उनकी अन्दरूनी जटिलताओं तक पहुँच पाने के लिए इस किताब को पढ़ना-गुनना ज़रूरी है। यह उनके रचना-घर का अन्न-भण्डार है। यह भी लगा कि ऊपर से समतल लगने वाला जीवन अन्दर ही अन्दर किसी भूकम्प-क्षेत्र में बसा है, किसी ज्वालामुखी के मुहाने पर। यह भी लगा कि बीसवीं शताब्दी को समझने के लिए, देश की आज़ादी, विभाजन, कम्युनिस्ट आन्दोलन, विश्व समाजवादी व्यवस्था, सांस्कृतिक आन्दोलन और कई बार तो मानव सम्बन्धों अथवा साहित्य जगत की भीतरी उठापटक को समझने के लिए भी इसे पढ़ना ज़रूरी है। जैसा कि वाल्ट ह्विटमैन ने कहा था, कामरेडो, दिस इज़ नो बुक; हू टचेज़ दिस टचेज़ ए मैन (कामरेडो, यह कोई किताब नहीं है; जो इसे छूता है वह एक आदमी को छूता है)।

श्री अजेय कुमार ने लिखने का आग्रह करते हुए यह भी कहा था कि आपको इसलिए भी लिखना चाहिए कि भीष्म जी प्रगतिशील लेखक संघ में थे। लेकिन भीष्म जी के लिए यह कोई निर्धारक बात नहीं है। किसी भी वाजिब लेखक के लिए यह कभी भी निर्धारक बात नहीं होती। भीष्म जी और उन सरीखे लेखक एक वृहत्तर राजनीतिक-सामाजिक आन्दोलन के अंग होते हैं। और धीरे-धीरे सम्पूर्ण भाषा-धरोहर के अंग बन जाते हैं। और उनके व्यक्तित्त्व के निर्माण में सबसे महत्त्वपूर्ण भूमिका उनके बचपन की होती है। युवा होने तक के जीवन की। किसी भी रचनाकार को जानना हो तो उसके बचपन को जानना चाहिए। ये वे दिन हैं जब एक रचनाकार की पूरी कार्यक्रमी (प्रोग्रामिंग) हो चुकी होती है। इस पुस्तक में भी सर्वाधिक आकर्षक और मार्मिक खण्ड बचपन का ही है। रावलपिण्डी से लेकर लाहौर तक। कश्मीर तक। एक सम्भ्रान्त आर्यसमाजी परिवार वैदिक परम्पराओं में जाग्रत किन्तु एक समरस समावेशी समाज का नागरिक। जहाँ उठने के साथ पिता प्रार्थना करते—

शुक्र! शुक्र मेरे मालिक
शुक्र तेरी दरगाह! शुक्र!

और रात में माँ तोता-तोती की कहानी कहती—

तोता, मैं होड़ रही, मैं हटक रही
तू चोग चुगण न जा
चोगाँवाले डाढ़ड़े ते लैंदे फाहीं पा

घर और पड़ोस का भरा-पूरा जीवन। गुरुकुल से लेकर प्रचलित विद्यालयों में पढ़ाई। भाई बलराज। बहनें जो हमेशा हँसती रहतीं। और एक बहन की मौत। श्रीनगर से फुफेरी बहनों का आना-जाना। विदेशी कपड़ों की होली। और पहली बार कथाकार सुदर्शन को देखने का अवसर—'एक जाने-माने लेखक को देखने का मेरा पहला अवसर।' आर्यसमाज के जलसे। काली कमली वाले बाबा से भेंट। और बचपन के दोस्त। अक्सर ग़रीब। बीमार। और असमय मृत। "मैं किसी विश्वास के साथ यह तो नहीं कह सकता पर मुझे लगता है कि बाद में जो पात्र मेरे उपन्यासों-कहानियों में आये, उनमें अक्सर दो गुण थे—वे ग़रीब भी थे और निर्भीक भी।" फुफेरी बहनों ने प्रेमचन्द की रचनाओं से परिचय कराया। और तभी मालूम हुआ कि पिता जी भी एक नॉवेल लिख चुके हैं। 'तुम्हारी दादी भी कवित्त कहती थीं...'।

और भीष्म जी ने अपने प्यारे शहर रावलपिण्डी को अमर कर दिया है। हिन्दी में अपने शहर को इतने प्यार से कम देखा गया है। इसका रिवाज पश्चिम में

तो है पर इधर कुछ कम है। भीष्म जी का अपना शहर तो रावलपिण्डी है। ऐंठ, पुलक और रूमानियत से भरा—'जीवटवाला, ख़ुशतबह, हँसमुख'। कुत्तों की लड़ाई, दंगल, हवाखोरी, ग्रामोफ़ोन, चाय के इश्तहार, कैंची मार्का सिगरेट के मेले, प्रभात फेरियाँ, सिनेमाघर, दंगों के अन्देशे—ये सब हैं रावलपिण्डी के दिलफरेब वतन में।

और फिर लाहौर जो शुरू में बोसीदा लगा पर धीरे-धीरे नस-नस में उतर गया। लाहौर की एक गोष्ठी में उनके भाई बलराज साहनी ने एक कविता, स्वरचित, पढ़ी थी जो मैं यहाँ देना चाहता हूँ क्योंकि इसमें कुछ अनूठा है—

मेरे घर में कोठा है
कोठे पर परकोठा है,
परकोठे में एक सन्दूक है
सन्दूक में एक बैग है,
बैग में एक बटुआ है,
बटुए में एक खोटा पैसा है,
वह पैसा मैं भुनाऊँगा,
तुम्हें मिठाई खिलाऊँगा।

इसी लाहौर में भीष्म जी के बहनोई चन्द्रगुप्त विद्यालंकार के घर प्रेमचन्द आकर ठहरे। यहीं भीष्म जी ने रवीन्द्रनाथ को देखा ब्रेडलॉ हॉल में कविता-पाठ करते और फिर चित्रांगदा में अभिनय करते। यहीं प्लाजा हॉल में उदयशंकर का नृत्य देखा। लाहौर शहर भीष्म जी की रगों में बस गया।

भीष्म जी ने अपने व्यापार-कर्म का भी विस्तार से ज़िक्र किया है। फिर विभाजन जिसकी त्रासदी 'तमस' में व्यक्त होती है। विभाजन के बाद नये सिरे से काम की खोज। कालिज में नौकरी का मिलना-छूटना। शिक्षक-संघ का आन्दोलन। इप्टा में काम करते हुकूमत का जोखिम। फिर प्रगतिशील लेखक संघ और एफ्रो-एशियाई लेखक संघ के अनुभव। इन सबको ध्यान से पढ़ना ज़रूरी है। इसलिए भी कि आज इन पर बात करने और इन्हें अपनाने की ज़रूरत है। कोई लेखक क्या सिर्फ़ कविता-कहानी लिखकर अपना काम ख़त्म समझे या और कुछ करे? भीष्म जी ने जन-आन्दोलनों में हिस्सा लिया और इस कारण कई बार नौकरियाँ खोयीं। तब के कम्युनिस्ट ऐसे ही काम करते थे। वे सक्रिय कार्यकर्ता होते थे। एक्टिविस्ट। सत्ता-विरोधी। आज यह कम या ख़त्म क्यों हो गया? दूसरी बात यह कि भीष्म जी के अनुसार प्रगतिशील लेखक संघ का सर्वोत्तम काम और काल तब रहा जब उसमें पार्टी का हस्तक्षेप और दिलचस्पी कम-से-कम रही। इस पर भी सोचना चाहिए। यदि कोई लेखक पूँजीवाद का विरोधी तथा

मेहनतकश वर्ग के पक्ष में है तब सारी सत्ताधारी पार्टियाँ उसके लिए क्या एक समान नहीं होंगी? तब लेखकों के जाति-आधारित संगठन न थे, पर आज हैं। क्या यहाँ भी 'क्रीमी लेयर' लेखकों का एक अलग टोल होगा? सब पर स्थिरता से विचार ज़रूरी है।

भीष्म जी ने हिन्दी कथा-संसार में तब होने वाली गुटीय लड़ाइयों, द्वेष आदि पर भी संयत स्वर में लिखा है। शायद कुछ भी छिपाया नहीं। हर काल में ऐसी क्षुद्रताएँ रही हैं। फिर भी जो सच्चा लेखक है वही टिकता है। भीष्म जी ने कभी ऐसी बातों को दिल पे नहीं लिया। मुझे पक्का तो नहीं पता, लेकिन इतना ज़रूर लगता है कि समय के साथ-साथ जैसे प्रेमचन्द का मान बढ़ता गया वैसे ही भीष्म जी का भी। ग़रीबों, संघर्षशील लोगों के बारे में भीष्म जी ने जिस प्रेम और आदर से तथा जिस धैर्य और रुद्ध कण्ठ से लिखा है वही उनकी अमरता है। इस आत्मकथा में लगातार उनकी कथा के कारखाने, आँगन, पिछवाड़े और दरबों का पता चलता है। लगता है वस्त्र के पूर्व हम धवल कपास-फूल को देख रहे हैं।

साथ-साथ भीष्म जी ने अपने लेखक बनने पर भी बिना किसी विकार के लगातार बात की है। एक बात जो मैं यहाँ ज़रूर रखना चाहता हूँ वो है हिन्दी भाषा को लेकर उनका आत्म-संशय। कई बार वह कहते हैं कि हिन्दी के साथ वह असहज महसूस करते हैं क्योंकि यह उनकी अपनी भाषा नहीं है, उनकी अपनी भाषा तो पंजाबी है। इस आत्मकथा में भी पंजाबी के इतने-इतने शब्द और मुहावरे हैं। और इसी आन्तरिक तनाव के चलते भीष्म जी की भाषा सबसे अलग है। हिन्दी के सबसे अधिक परिवर्तनकारी लेखक-कवि वही हुए जो इतर भाषा-संस्कारों से आये थे। यह बात अंग्रेज़ी के साथ-साथ दुनिया की अन्य भाषाओं के लिए भी सच है। यानी अपने से 'इतर' की ज़रूरत केवल समाज-रचना के लिए ही नहीं, साहित्य-रचना के लिए भी है। भीष्म जी का पूरा जीवन, कर्म और लेखन उसी इतर और उसी अवर की महिमा का गान है। हर प्रकार की क्षुद्रता, संकीर्णता, साम्प्रदायिकता और मानव-हनन की भर्त्सना।

किताब के लगभग अन्त में उन्होंने अपने कुछ प्रिय उद्धरण—श्लोक, पंक्तियाँ, कविताएँ, गद्यांश—दिये हैं और कहा है कि हर व्यक्ति के पास उसका एक अपना ऐसा ही कोष होता है—तात्! पश्य देवस्य काव्यम न ममार न जीर्णति। काश कोई संग्राहक या प्रकाशक ऐसे कोषों को एकत्र करके एक अमरकोष बना दे और प्रकाश में ला दे। भीष्म जी के इस निजी कोष को देखकर लगता है कि उनकी रुचियाँ कितनी बृहद् और विस्तृत थीं। शायद हर बड़ा लेखक ऐसा ही

होता है। आज मुझे लगता है कि न तो प्रेमचन्द सरल लेखक हैं न भीष्म साहनी। उनकी रचना की कोई एक ताली नहीं है, कोई एक कील या 'लिंचपिन' नहीं। हर रचना के अनेक मुँह हैं।

'आज के अतीत' को मैंने इस बार तिबारा पढ़ा और कहीं भी पन्ने लाँघने का मौक़ा नहीं मिला। यह किताब मेरे पिताजी ने ख़रीदी थी। उनका हस्ताक्षर है—कुलदीप भारद्वाज, 24.7.03 और शायद ही कोई अंश है जिस पर उनकी क़लम के चिन्ह नहीं हैं। पूरी किताब रँगी हुई है। मेरे लिए कोई जगह खाली नहीं। हर व्यक्ति को यह आत्मकथा ज़रूर पढ़नी चाहिए। इसलिए भी कि हम बड़े लेखक या लेखक भले न हो पायें लेकिन एक बड़े लेखक का जीवन तो जी ही सकते हैं, जैसा कि रामविलास शर्मा जी ने कर्मेन्दु शिशिर को एक बार कहा था। हालाँकि भीष्म जी सिर्फ़ यही कहते हैं अपने बारे में (चेस्टर्टन के शब्दों में)—

It is something to have done as we have done
It is something to have wept as we have wept
It is something to have watched the stars
When all men slept.

जब सब सो रहे हों तब जग कर तारे देखना भी कम नहीं।

भीष्म जी की आत्मकथा : 'आज के अतीत'

द्वारिका प्रसाद चारुमित्र

बर्ट्रेंड रसेल ने अपनी आत्मकथा में लिखा है, "Three things that governed my life are the search for knowledge, love and unbearble pity for the suffuring of mankind."

यह बात जितनी रसेल के बारे में सच है उतनी ही भीष्म साहनी के बारे में भी अथवा किसी भी महान मानवतावादी व्यक्तित्त्व के बारे में जो सृजन और सत्यान्वेषण के प्रति समर्पित होता है। लेकिन ध्यान रहे कि हर शख्स का व्यक्तित्त्व अलग और विलक्षण होता है जो उसके देश-काल की परिस्थितियों और उसके जीवन-संघर्षों से निर्मित निर्धारित होता है।

भीष्म जी की आत्मकथा का शीर्षक है 'आज के अतीत'। विचित्र शीर्षक है यह। यानी यहाँ भी भीष्म जी अपने व्यक्तित्त्व को पीछे रख रहे हैं। यह उनकी सादगी और विनम्रता है। भाव यह कि यह उनकी आत्मकथा नहीं अपितु उनके द्वारा जिये गये समय की, अतीत की कथा है। वैसे भी व्यक्ति अपने-आप में कुछ नहीं है—न-कुछ है। यह समय है जो व्यक्तित्त्व को बनाता-बिगाड़ता है। हाइडेगर ने कहा था समय या काल अस्तित्त्व की भित्ति है, आधार है। ठीक कहा था।

आत्मकथा की शुरुआत इन शब्दों से होती है—"जब मैं छोटा-सा अबोध बालक था गली-गली, सड़क-सड़क आवारा घूमता फिरता था; एक गली से दूसरी गली, निरुद्देश्य, यहाँ तक कि शाम के साये उतरने लगते, और मैं कहाँ-से-कहाँ पहुँचता। फिर कभी भाई तो कभी घर का नौकर तुलसी मुझे ढूँढ़ता हुआ पहुँच जाता...हर दिन यही हाल था। मैं घूमता हुआ घर से दूर निकल जाता और घर के लोग कभी एक तो कभी दूसरे मोहल्ले में मुझे ढूँढ़ते फिरते। आखिर पिताजी ने पीतल का गोल-सा 'बिल्ला' मेरे गले में लटका दिया जिस पर इस आशय के शब्द खुदे थे कि यह लड़का बाबू हरवंशलाल साहनी, छाछी मोहल्ला का बेटा है, जहाँ कहीं किसी को भटकता मिले, इसे घर पहुँचा दे।" भीष्म जी बताते हैं कि

घुमक्कड़ी की यह लत जीवन-भर बनी रही। उन्होंने बचपन के एक और रोचक प्रसंग का ज़िक्र किया है—"उम्र में कुछ ही बड़ा होऊँगा कि जब चलते ताँगों पर उछलकर चढ़ने की लत मुझ पर सवार हो गयी। हमारा मोहल्ला गाड़ीवानों का मोहल्ला था। अक्सर गाड़ीवान मुझे पहचानते थे जब भी कोई ताँगा घर के सामने से आ रहा होता, मैं उसके पीछे उछलकर पायदान पर खड़ा हो जाता। इसमें मैंने महारत हासिल कर ली थी, चलते ताँगे पर चढ़ने की भी और चलते ताँगे से कूदकर उतरने की भी। बस, फिर क्या था पायदान पर खड़े-खड़े एक हाथ से डडहरा पकड़े रहो, फिर सड़क-सड़क एक सड़क से दूसरी सड़क, मानो आँखों के सामने गुलज़ार खुल जाता। रौनक ही रौनक दुकानें ही दुकानें, लगता मैं किसी मेले में हिंडोले पर सवार हूँ।...इस घुमक्कड़ी में बड़ा रस था, भले ही यह ताँगे के पायदान पर से हो या गली-गली घूमते हुए।"

भीष्म साहनी का जन्म खाते-पीते, सम्पन्न, धार्मिक और आर्यसमाजी परिवार में हुआ था। पिता जी व्यापारी थे। पुरुषार्थ और सादापन उनके जीवन का मूलमन्त्र था। माँ भी धार्मिक हिन्दू परिवार की थीं। घर में वेद भी थे और वेदांग भी। कहना न होगा कि भीष्म जी के बचपन पर भी बड़े अच्छे संस्कार पड़े। बचपन की स्मृतियों को भीष्म जी ने बड़े धैर्य और मार्मिकता के साथ चित्रित किया है। इनमें कई प्रसंग तो बड़े ही दिलचस्प हैं, ख़ासकर कश्मीर की फुफेरी बहनों का प्रसंग—

"हम दोनों भाई छज्जे पर खड़े बतिया रहे हैं, जब नीचे, हमारे घर के सामने एक बस आकर रुकती है। सहसा भाई चहक उठता है, 'बहनें आयी हैं। कश्मीर से हमारी फुफेरी बहनें आयी हैं, और वह उसी क्षण सीढ़ियों की ओर भागता है।'

मैं भी भागता हुआ नीचे पहुँचता हूँ। मोटे-मोटे कोट पहने हुए बालों पर धूल और चेहरे लाल-लाल। सात बहनें और एक बड़ा भाई और उनके पिताजी जो अभी से हमारे पिताजी के साथ खड़े हँस-बतिया रहे हैं। मुझे लगता है हमारी बहनें किसी परीलोक से उतरने वाली परियाँ हैं और यह परीलोक कश्मीर के पहाड़ों में कहीं बसा है। सभी पर कश्मीर की आभा छिटकी है। ...जब ये लोग कश्मीर की बातें करते हैं—गिरती बर्फ़ की, 'काँगड़ी' की, 'समावार' की, 'बुखारी' की, बाकरख़ानी की जो मेरे लिए बड़े अनूठे शब्द हैं तो मुझे लगता है ये लोग किसी 'नीलम देश' (दूसरी दुनिया) से आये हैं।"

"अबकी बार इतनी ज़्यादा बर्फ पड़ी है कि झील का पानी जम गया है। उस पर शिकारे चलने बन्द हो गये हैं। जानता है शिकारा क्या होता है? 'और मुझे अवाक् देखकर जोड़ देती हैं, तू कुछ भी नहीं जानता, मत्तू..."

साहित्यिक अभिरुचि जगाने में भीष्म जी ने इन बहनों की भूमिका को स्वीकार किया है। बड़ी बहन शान्ता कहानियाँ लिखती हैं। तीसरी बहन पुरुषार्थवती कविता करती है। शान्ता बड़ी पढ़ाकू है। 'प्रेमाश्रम' जैसी मोटी किताब सुबह से शाम तक बैठी पढ़ती रहती है। "हम लोग अपने घर में ईश्वर-स्तुति के भजन गाते थे, सन्ध्योपासना से जुड़े मन्त्र, नीतिप्रधान दोहे, चौपाइयाँ आदि, पर ये लोग साहित्यिक कृतियों की अधिक बातें करते हैं। अब सोचता हूँ तो दूर बचपन में ही घर में ऐसा माहौल बनने लगा था। माँ के मुँह से सुनी हुई कहानियाँ, विषाद-भरे गीत, आर्यसमाज के जलसों में सुनी दृष्टान्त कथाएँ, जलसों पर से ही...होने वाले कहानी संग्रह आदि। हमारी रुचियाँ यदि साहित्योन्मुख हुईं तो इसका श्रेय हमारे घर के वातावरण को है, और इसमें इन फुफेरी बहनों की बड़ी देन रही। किसी झटके से हम लोग साहित्य की ओर उन्मुख नहीं हुए।"

इस सन्दर्भ में भीष्म जी ने अपने पिता द्वारा एक नॉवेल लिखने की बात कही है। और बलराज की साहित्यिक अभिरुचि तो शीघ्र ही कविता में व्यक्त होने लगी थी–

"गुलदस्ता से तूने ठुकरा के मुझे फेंका,
जो घास पे उगता हूँ, क्या फूल नहीं हूँ।

उन्होंने पन्द्रह वर्ष की अवस्था में यह शेर कहा था। और जब भगतसिंह को फांसी दी गयी, तो बलराज ने पूरी की पूरी कविता अंग्रेज़ी में भगतसिंह की पुण्यस्मृति में कह डाली थी।"

इस आत्मकथा में माँ-पिताजी के बारे में कई रोचक स्मृतियाँ हैं–ख़ासकर माँ के बारे में–उनके कालबोध के बारे में। "दूर बचपन में जब कभी माँ किसी घटना की चर्चा कर रही होतीं तो समय का बोध वह अपने ढंग से करातीं। महीना, साल, तिथि का माँ के लिए कोई महत्त्व नहीं था–जब मेरा बलराज स्कूल जाने लगा था तब हमने गाय ख़रीदी थी।"

"माँ से अगर पूछो कि आप लोग कब पेशावर छोड़कर रावलपिण्डी आकर रहने लगे थे तो उनका सीधा-सा जवाब होता–'जिस साल तेरे पिताजी के गुर्दे में पथरी का दर्द उठा था, उस साल हमारी गली में बलवाई आये थे और मैंने फैसला कर लिया था कि अब हम लोग यहाँ नहीं रहेंगे?' माँ का कालबोध व्यक्तियों के साथ जुड़कर ही स्पष्ट होता था। वह संवत और वर्ष के चक्कर में नहीं पड़ती थीं।"

यह अनुभवजन्य मानवीय कालबोध है, जो भारतीय लोकजीवन की विशेषता है ख़ासकर स्त्री समाज की। ख़ैर, जो भी हो, उक्त उद्धरण और इस आत्मकथा

से ज्ञात होता है कि भीष्म जी के परिवार को—दो बार विस्थापित होना पड़ा था—बहुत पहले पेशावर से रावलपिण्डी और विभाजन के साथ रावलपिण्डी से दिल्ली। भीष्म जी का परिवार उनके जन्म से पहले पेशावर में रहा था और वहाँ की अराजकता से घबराकर रावलपिण्डी आया था।

माँ सुनाया करती थीं कि क्या मालूम वे पेशावर में ही बने रहते, पर यहाँ पर 'धाड़े' पड़ने लगे थे? 'धाड़े' से माँ का मतलब था कि कभी-कभी रात के वक़्त अचानक ही लूटपाट करने वाले पठानों का गिरोह ढोल बजाता किसी मुहल्ले में पहुँच जाता। लूटपाट मच जाती। उनकी गोली का निशाना अचूक होता। एक ऐसा ही धाड़ा उनकी गली में पहुँच गया। ...तभी मैंने मन-ही-मन गाँठ बाँध ली थी कि अब हम लोग पेशावर में नहीं रहेंगे। तभी हमारा दाना-पानी पेशावर से उठ गया था। और हम लोग रावलपिण्डी आ गये थे।''

आज़ादी के तत्काल बाद भीष्म जी के परिवार को दुबारा विस्थापन की समस्या से जूझना पड़ा। उन दिनों पिताजी अकेले रावलपिण्डी में रह रहे थे। नवम्बर तक वहीं जमे रहे। ''इसे कोई कैसे समझाये। अमलदारियाँ तो बदलती रहती हैं आज एक अमलदारी है तो कल दूसरी होगी। पर क्या अमलदारी बदल जाने पर रिआया अपना घरबार छोड़कर चली जाती है? कभी यों भी हुआ है?'' इसका कारण यह भी हो सकता है कि पिताजी ने बहुत-सी कमाई ज़मीन जायदाद में लगा दी थी। उस समय परिवार के सदस्य बिखरे हुए थे। भीष्म जी दिल्ली में आज़ादी का जश्न देख रहे थे, बलराज बम्बई में, माताजी, पत्नी, बेटी-कल्पना, बेटा परीक्षित और भानजा-भानजियाँ सब श्रीनगर में। पिताजी जब निकले तो ममेरे भाई की मदद से और संयोग यह कि मोटर ने पहले ही मोड़ काटा था कि हमारे घर का ताला तोड़ डाला गया। बरसों बाद जब बलराज ने पाकिस्तान की यात्रा की और अपना पुश्तैनी घर देखने गये तो उस समय उस घर में एक मुस्लिम परिवार रह रहा था।

इस आत्मकथा में भीष्म जी के संघर्षपूर्ण जीवन के अनेक चित्र आते हैं। उन्होंने बताया है कि किस तरह एम.ए. की पढ़ाई के बाद उन्हें पिताजी का कारोबार सँभालना पड़ा। क्योंकि बड़े भाई बलराज ने तीन साल तक उसे सँभालने के बाद घर छोड़कर शान्तिनिकेतन की राह पकड़ ली थी। आज़ादी से पहले भीष्म जी चार काम एक साथ कर रहे थे। ''व्यापार भी कर रहा था, कॉलेज में पढ़ा भी रहा था, नाटक भी यदा-कदा खेल रहा था और थोड़ा-थोड़ा लिखने भी लगा था। और कुछ देर बाद कांग्रेस में भी सक्रिय रूप से काम करने लगा था।'' ज़ाहिर है इन सारी भूमिकाओं को भीष्म जी बड़े लगन, धैर्य, तत्परता और उत्साह से निभा रहे थे।

और आज़ादी के बाद दिल्ली का यह दृश्यबन्ध—उन दिनों दिल्ली की सड़कों पर घूमना बड़ा अनूठा अनुभव था। दिल्ली शहर शरणार्थियों से अटा पड़ा था? तरह-तरह के चुटकुले सुनने को मिलते—

''आज़ादी आयी। घर-घराट से आज़ाद। रोजी-रोटी से आज़ाद। ठौर-ठिकाने से आज़ाद।

सड़क पर चलते हुए इस बात का भी मान होता कि देश के इतिहास ने करवट बदली है, दृश्य बदल गया है, पर अजीब धूप-छाँह का भी भास होता था। बाहर से आने वाले लोग दुखी थे, पर अक्सर वे अपना रोना नहीं रोते थे। जो सब पर बीती है, हम पर भी बीती है। देश के आज़ाद होने से उनके मन को सान्त्वना भी ज़रूर मिली थी।''

आज़ादी के बाद भीष्म जी का सम्बन्ध गाँधीवाद और कांग्रेस से टूट गया और वह कम्युनिस्ट पार्टी से जुड़ गये। यह उनकी सरगर्मियों के अनुरूप था। ''इप्टा', कॉलेज के अध्यापकों की यूनियन तथा प्रगतिशील लेखक संघ, यही तीन इदारे थे जिनमें एक के बाद एक मैं सक्रिय रहा। इप्टा के साथ 1946 से 1950 तक, अध्यापकों की यूनियन के साथ 1948 से 1950 तक और प्रगतिशील लेखक संघ के साथ 1976 से 1986 तक। प्रगतिशील लेखक संघ का दौर सबसे लम्बा रहा और इस दौरान पार्टी का निर्देशन भी सबसे कम रहा।'' इस आत्मकथा में इप्टा और प्रगतिशील लेखक संघ के बारे में भी बहुत सारी जानकारियाँ मिलती हैं जो शोधार्थियों के लिए बड़े काम की हैं।

मॉस्को प्रवास 1957-1983 के दौरान भीष्म जी ने लगभग दो दर्जन रूसी पुस्तकों का अनुवाद किया, इस दौरान उन्होंने सोवियत समाज की कमज़ोरियों को बड़े क़रीब से देखा जो आगे चलकर इस व्यवस्था के पतन का कारण बनीं। साथ ही उसकी उपलब्धियाँ भी बताई हैं।

सन् 70 के आसपास भीष्म साहनी एफ्रो-एशियाई लेखक संघ के कार्यकलाप से जुड़े। उस समय तक बहुत से एफ्रो-एशियाई देश आज़ाद हो चुके थे। सभी की आकांक्षाएँ लगभग एक जैसी थीं। औपनिवेशिक दासता से मुक्ति, अपनी अस्मिता का बोध, शान्तिपूर्ण सहअस्तित्त्व की भावना, गुटनिरपेक्षता आदि। इस लेखक संगठन में काम करते हुए भीष्म जी ने अनेक एफ्रो-एशियाई देशों की यात्रा की, अनेक विश्वप्रसिद्ध लेखकों के सम्पर्क में आये जैसे फ़ैज अहमद फ़ैज, फ़िलिस्तीनी कवि महमूद दरवेश, दक्षिण अफ्रीका के एलेक्स ला गूमा, अंगोला के अगस्तीनो नेतो आदि। एफ्रो-एशियाई देशों की यात्रा के बारे में अपने अनुभवों को साझा करते हुए भीष्म जी ने लिखा है—''हाँ, बहुत कुछ ऐसा भी देखा जो

हृदयविदारक था, जो दिल पर गहरी खरोंचे छोड़ गया है। और बहुत कुछ ऐसा भी जो प्रेरणाप्रद और अविस्मरणीय था।''

''वियतनाम की यात्रा तो तीर्थयात्रा के समान थी।...वियतनाम की जंग समाप्त हो चुकी थी पर विध्वंस के चिह्न शरीर पर लगे ज़ख़्मों की तरह जगह-जगह नज़र आ रहे थे। युद्ध सम्बन्धी संग्रहालय के बाद वे अमरीकी विमान रखे थे जिन्हें वियतनामी सैनिकों ने मार गिराया था। एक छोटे से देश की जनता ने संसार के सबसे ताक़तवर देश से लोहा लिया था।

फिर यह साधारण-सी कुटिया देखी—''देश के महान नेता, हो ची मिन्ह की 'पर्णकुटी'—बड़े-से-बड़े प्रासाद से भी बढ़कर प्रभामण्डित। अब भी उनकी छड़ी, छाता, टोपी, लबादा कुटिया के एक कोने में टँगे हैं लगता है कुछ ही देर के लिए बाहर निकले हैं। अभी लौट रहे होंगे।''

कम्पूचिया के यात्रा अनुभव बड़े ही हृदयविदारक और मर्मस्पर्शी हैं। लेखक ने उन्हें एक कुशल शब्दशिल्पी की तरह लिखा है, ''यह अस्थिपंजरों का संग्रहालय है, कम्पूचिया निवासियों के ही अस्थिपंजरों का। काँच की दीवारें यह सोचकर बनाई गयी हैं कि दर्शक इसके अन्दर जाने का साहस नहीं जुटा पायेगे और बाहर से ही उन्हें देख लेंगे।''

दुभाषिया लड़की बता रही है—''मेरे पिता डॉक्टर थे। एक दिन प्रातः पुलिस अधिकारी आये और उन्हें पकड़कर ले गये। मेरे पिता कहते रहे, तुम चिन्ता मत करो, मैं जल्दी लौट आऊँगा मैंने सरकार के ख़िलाफ़ कुछ नहीं किया...पर वह लौटकर नहीं आये। पॉल पॉट की नज़र में सभी मध्यवर्ग के लोग बुद्धिजीवी आदि क्रान्तिविरोधी थे, उनका विश्वास नहीं किया जा सकता था। ...दुभाषिया लड़की का नाम सुन्दरी है। उसके पिता को घर से गये दस वर्ष बीत चुके हैं। और वह संग्रहालय की ओर आँख उठाकर देखती हुई कहती है; 'क्या मालूम मेरे पिता भी यहीं पर हों, और वह फफक पड़ती है।'

पॉल पॉट शासन के सामूहिक नरसंहार ने सारी दुनिया में कम्युनिस्ट शासन को बदनाम किया। एक मानवतावादी साहित्यकार होने के नाते भी भीष्म जी के लिए उसका विरोध स्वाभाविक था। हिटलर के नरसंहार और जापान में अमरीकी परमाणु बम गिराये जाने का भी वैसा ही विरोध करते हैं, जैसा कि पॉल पॉट का।

भीष्म जी ने कम्पूचिया में भारतीय संस्कृति के प्रभाव की ओर भी इशारा किया है। एक संग्रहालय में वह महात्मा बुद्ध की सोने की बनी खड़ी मूर्ति देखते हैं, वही शान्त सौम्य आकृति, असीम वेदना को सहती हुई भी शान्त, हमारे सामने खड़ी है, मानो हमसे पूछ रही है—देखो आप अपनी सभ्यता के अवशेष? क्या मुझे भी अवशेष समझकर ही देखने आये हो?

मूक! असंगत! सोने की न बनी होती तो आज
किसी कूड़े के ढेर पर पड़ी होती...

निवास की आख़िरी शाम एक नाट्यग्रह में सांस्कृतिक कार्यक्रम का आयोजन होता है। कार्यक्रम का शीर्षक है 'अप्सरा' भीष्म जी चौंक उठते हैं। नर्तकी की मुद्रा भी भारतीय सांस्कृतिक नृत्य की और कार्यक्रम का शीर्षक भी 'अप्सरा' तो यह देश अभी भी भारतीय संस्कृति के प्रभाव को सँजोए हुए है। एक मन्दिर की दीवार पर रामायण के विभिन्न प्रसंगों के चित्र भी उन्होंने देखे।

भीष्म जी ने एक बड़े ही मार्मिक प्रसंग का उल्लेख किया है, एक महिला जो वेशभूषा में 'अप्सरा' कार्यक्रम की नर्तकी जैसी लग रही थी, शिष्टमण्डल के भारतीय सदस्यों को ढूँढ़ती हुई हमारे सामने आ खड़ी हुई। वह हमारे साथ नाचना चाहती है। "मैं मानव स्वभाव के इस विलक्षण गुण से अभिभूत-सा हो रहा था कि एक महिला, शताब्दियों से खोये अपने देश के किसी अनजान निवासी के साथ घड़ी-भर के लिए नाच पाने के लिए उत्सुक है। न जाने कब उसके पुरखे भारत छोड़कर यहाँ आकर बस गये होंगे। पर कोई बारीक-सा तन्तु है जो उनके दिल को अभी भी भारत से बाँधे हुए है। और नाचते हुए अत्यन्त भावुक हो उठती है, मानो दिल का कोई अरमान पूरा हो रहा हो। इन्सानों के दिलों को बाँधने वाले तन्तु कितने अबूझ पर कितने अटूट होते हैं।" (पृ. 254)

भीष्म जी की इस पंक्तियों को पढ़ते हुए मुझे निराला की कविता याद आ रही है–

जग का एक देखा तार
कण्ठ अगणित देह सप्तक
मधुर स्वर झंकार!

सोवियत व्यवस्था का विघटन क्यों हुआ, इस प्रश्न पर भी भीष्म जी ने गम्भीर विमर्श किया है। रूसी प्रवास के दौरान उन्होंने इस व्यवस्था को बड़े क़रीब से देखा था। उन्होंने कई कारण बताये हैं–साझी सम्पत्ति के प्रति जनता में अलगाव की भावना, अर्थव्यवस्था और राजनीति का केन्द्रीकरण, व्यवस्था ने जनहित के लिए बहुत कुछ किया, लेकिन व्यक्ति की पहलकदमी और भौतिक चिन्तन को बढ़ावा नहीं दिया, समाजवादी व्यवस्था की नींव पड़ने के बाद सारा वक़्त साम्राज्यवादी दुश्मनों से घिरा रहना आदि।

"आज सोवियत संघ की वकालत कोई नहीं करता। लेकिन इससे न तो यह साबित होता है कि पूँजीवादी व्यवस्था आदर्श व्यवस्था है, और न ही यह कि अब दुनिया पूँजीवादी व्यवस्था को अन्तिम सत्य मानकर कबूल कर लेगी। सोवियत संघ में समाजवादी व्यवस्था के भंग होने से पूँजीवाद की श्रेष्ठता सिद्ध नहीं हो जाती।

व्यवस्थाओं के अन्दर उठने वाली विसंगतियाँ और अन्तर्विरोध, चुनौतियाँ बनकर फिर से इन्सान को उनका हल ढूँढ़ने के लिए विवश करेंगी। इन्सान फिर से न्यायसंगत व्यवस्था के सपने देखने लगेगा, फिर से अपने काल की विसंगतियों से जूझने लगेगा। वह सोवियत संघ के विफल प्रसास से भी बहुत कुछ सीखेगा।'' (पृ. 262)

इस आत्मकथा की एक बहुत बड़ी उपलब्धि यह भी है कि इसमें भीष्म जी ने अपनी कई कालजयी कृतियों की रचनात्मक प्रेरणा और रचना-प्रक्रिया पर भी प्रकाश डाला है। 'तमस' लिखने की प्रेरणा भिवण्डी के हिन्दू-मुस्लिम दंगे से हुई। बलराज साहनी बम्बई में रहते थे। एक बार पहुँचा तो दो दिन पहले ही भिवण्डी में दंगा हुआ था, और बलराज जी कुछ लोगों के साथ बम्बई का दौरा करने जा रहे थे। मैं भी उनके साथ हो लिया।

भिवण्डी में दाखिल हुए तो मुझे लगा मैं उस नगर का दृश्य कहीं देख चुका हूँ। चारों ओर चुप्पी, बरामदों, छतों पर खड़े इक्का-दुक्का लोग, खाली सड़कें, मानो समय की गति रुक गयी हो,...पर गलियाँ लाँघते हुए, अपने कदमों की आवाज़ अपनी पदचाप सुनते हुए लगने लगा जैसे यह आवाज़ पहले कहीं सुन चुका हूँ। चारों ओर छायी चुप्पी को भी ''सुन चुका हूँ...पर मैंने इस चुप्पी और वीरानी का अनुभव नहीं किया था। मैंने पेड़ों पर बैठे गिद्ध और चीलों को भी देखा था। आधे आकाश में फैली आग की लपटों की लौ को भी देखा था, गलियों-सड़कों पर भागते कदमों और रोंगटे खड़े कर देने वाली चिल्लाहटों को भी सुना था, और जगह-जगह से उठने वाले धर्मान्ध लोगों के नारे भी सुने थे, चीत्कार सुनी थी।'' इस तरह भिवण्डी के दंगे ने विस्मृति में बैठे रावलपिण्डी के दंगों की याद ताज़ा कर दी। कांग्रेस का दफ़्तर याद आया। शरणार्थी शिविर आँखों के सामने आ गया जहाँ भीष्म जी आँकड़े इक्ट्ठे करने का काम करते थे। बहुत-सी आवाज़ें कानों में गूँजने लगी थीं और लेखक उत्तरोत्तर भावविह्वल होता जा रहा था—''यह सच है। किसी उपन्यास की रचना लेखक की कलम नहीं करती, उसका मस्तिष्क नहीं करता, उसका याद विह्वल हृदय करता है। ...मेरी क़लम चल निकली कभी एक दृश्य आँखों के सामने उभरता कभी दूसरा, उन्हें तरतीब देने का विचार ही उस समय नहीं उठ रहा था। थोहा खालसा की यात्रा आँखों के सामने घूम गयी। मैं उस कुएँ के पास खड़ा हूँ जिसमें दसियों सिख स्त्रियाँ अपनी इज़्ज़त बचा पाने के लिए कूद मरी थीं। मेरी बगल में खड़ा सरदार जो अपने दुख और क्लेश के कारण नीम पागल हुआ जा रहा है, फूली हुई लाशों की ओर इशारा करते हुए कह रहा है—'वह है जी, मेरी घरवाली, वीरजी, वह देखते हो न? उसकी कलाई पर गोखडू है। वह गोखडू निकाल दो वीरजी। वह तो चली गयी, उसके किस काम का। वह मैंने बनवाकर उसे पहनाया था वीरजी। वह मेरी चीज है' ।...''

'तमस' की रचना-प्रक्रिया की चर्चा भीष्म जी ने किंचित विस्तार के साथ की है–

''इस प्रकार की स्मृतियों के आधार पर लिखे जाने वाले उपन्यास का कोई बँधा-बँधाया कथानक नहीं होता। यादें ही कलम चलाती हैं। संयम, धैर्य, क़लम नहीं चलाते। अन्दर की छटपटाहट चलाती है। कथानक के क्रमिक विकास की ओर ध्यान नहीं जाता।'' और भी ''लिखते हुए ज्यों-ज्यों रचना आगे बढ़ती है, वह अपना स्वतन्त्र अस्तित्त्व ग्रहण करने लगती है। ...धीरे-धीरे उपन्यास में, वास्तविक जीवन से उठाये गये पात्र, काल्पनिक पात्रों के सहगामी होने लगते हैं सुअर मारने वाला नत्थू काल्पनिक है। इस तरह यथार्थ और कल्पना घुलने-मिलने लगते हैं। एक पात्र का काल्पनिक होना और दूसरे का वास्तविक होना। इससे कोई फ़र्क़ नहीं पड़ता। दोनों का विश्वसनीय होना ज़रूरी है।''

'माधवी' नाटक के लिखे जाने की प्रेरणा त्रिलोचन शास्त्री से मिली। हुआ यह कि एक बार भीष्म जी मध्य प्रदेश से प्रगतिशील लेखक संघ के सम्मेलन से लौट रहे थे। ट्रेन के डिब्बे में बगल में बैठे त्रिलोचन शास्त्री माधवी की कथा सुनाने लगे। कहानी सचमुच बड़ी मार्मिक थी और नाटक की सभी माँगें पूरी करती थी। भीष्म जी इस कहानी से इतने प्रभावित हुए कि रेल-सफ़र के दौरान ही, एक कोने में बैठकर उसकी रूपरेखा आँक ली। दिल्ली लौटने पर उन्होंने महाभारत में वर्णित गालव माधवी की कथा पढ़ी। कथा में माधवी के प्रति सहानुभूति का एक शब्द भी नहीं था। भीष्म जी ने महाभारत में वर्णित कथा के प्रसंग ही रखे हैं, परन्तु नाटक के केन्द्र में माधवी आ गयी यह उसी की कहानी है, पितृसत्तात्मक व्यवस्था में स्त्री की अवहेलना और शोषण की कहानी।

अपनी कालजयी रचना 'मय्यादास की माड़ी' की रचना-प्रक्रिया के बारे में भी भीष्म जी ने कुछ प्रकाश डाला है। इस उपन्यास पर कुछ आलोचकों ने मार्खेज़ के उपन्यास 'वन हंड्रेड ईअर्स ऑफ़ सॉलिट्यूड' और उनके जादुई यथार्थवाद का भी प्रभाव देखा है।

आत्मकथा के अन्तिम हिस्से में भीष्म जी ने अपने लिए एक निजी-धर्मकोश के निर्माण की बात कही है जिसमें मनपसन्द के छन्दों, मन्त्रों, दोहे-चौपाइयों का संग्रह है। कोई श्लोक, कोई छन्द, कोई शेर प्रेरणाप्रद लगा तो इसमें जुड़ता गया। उनका कहना है कि इस संग्रह में गायत्री मन्त्र का स्थान सबसे ऊपर है। इसलिए नहीं कि यह मन्त्र महिमामण्डित है, इसलिए कि इसकी परिकल्पना अद्भुत है। विराट के परिप्रेक्ष्य में रचे गये इस मन्त्र में केवल एक चीज़ की माँग की गयी है, 'हमें रोशनी दो जिस दैवी आलोक का हम ध्यान करते हैं, वह हमारी बुद्धियों को उद्भासित करे। यह मेरी नज़र में, विलक्षण माँग है। इस मन्त्र के रचयिता ने

बुद्धि के प्रकाश को मानव जाति के लिए सबसे अधिक मूल्यवान मानते हुए ही इसकी अभ्यर्थना की होगी? और इससे अधिक मूल्यवान है भी क्या?''

इस सन्दर्भ में भीष्म जी ने संस्कृत के मन्त्रों-श्लोकों के साथ हिन्दी-उर्दू और अंग्रेज़ी की कुछ कविताएँ भी उद्धृत की हैं जो मनुष्य में उदात्त भावनाएँ जगाती हैं और उसे ऊँचा उठने की प्रेरणा देती हैं। इससे अलग संस्थागत धर्म है जहाँ विधि-निषेध, कर्मकाण्ड, धर्माचार और अंधविश्वासों का बोलबाला है। वह सत्ताकामी होता है? भीष्म जी ने इसका विरोध करते हुए लिखा है, ''इस संस्थागत धर्म से मुझे डर लगता है? ...संस्थागत धर्म इन्सान को इन्सान से अलग करते हैं, उनमें भेदभाव पैदा करते हैं और राजनीति से जुड़ते हुए भेदभाव को वैमनस्य के स्तर तक बढ़ावा देते हैं। संस्थागत धर्म में ज्यों-ज्यों अनुयायियों की संख्या बढ़ती है, उसी अनुपात में सत्तालोलुप होने लगता है। विरोध करने वालों के विरुद्ध उसमें लामबन्दी होने लगती है, सत्तालोलुप धार्मिक संगठन और सत्तालोलुप राजनीति में गठजोड़ होने लगता है। इस तरह संस्थागत धर्म की भूमिका अपने चरम रूप में मानवता विरोधी होने लगती है, यह अकारण नहीं है कि ऐसे धार्मिक संगठन उन तानाशाहों के गुण गाते हैं जिन्होंने भारी संख्या में नरसंहार किये।

फिर यह धर्म कहाँ रह गया? धर्म तो मनुष्य को बेहतर इन्सान बनने, उसके मानवीय गुणों का विकास करने, उसे सभ्य और सुसंस्कृत बनने की प्रेरणा देता है, दृष्टि की विशालता देता है, इन्सानों को जोड़ने की, उसे दूसरों के ख़ून का प्यासा बनाने की प्रेरणा कहाँ देता है?'' (पृ. 292)

ज़ाहिर है भीष्म जी का धर्म मनुष्य धर्म है। यह एक कलाकार का विवेकपरक मानववाद है जो वैज्ञानिक चेतना और समाजवादी मूल्यों से प्रेरित है। उसमें उत्पीड़ित मनुष्यता के प्रति अपार करुणा का भाव है। आज की दुनिया जिस संगठित, संस्थागत धर्म की कट्टरता से आक्रान्त है, यह गम्भीर चिन्ता का विषय है। इसे देखते हुए ही बर्ट्रेंड रसेल ने कभी 'मैं इसाई क्यों नहीं हूँ' (Why I am not a Christian) पुस्तक लिखीं थी। बर्ट्रेंड रसेल विवेकवादी, सेकुलर विचारक और दार्शनिक थे। भीष्म जी एक सर्जक, कलाकार, लेखक, नाट्यकर्मी और अभिनेता भी रहे—एक महान संस्कृतिकर्मी। सम्भवतः इसीलिए वह मानवता की पीड़ा और सफरिंग को अधिक संवेदनशीलता और गहराई के साथ व्यक्त कर सके।

'आज के अतीत' को पढ़ने का अर्थ एक महान संस्कृति-पुरुष के जीवन और रचनात्मक संघर्ष को जानना-समझना ही नहीं अपितु आज के इतिहास के भयानक उथल-पुथल के दौर से गुज़रना भी है। यह आपबीती ही नहीं जगबीती की कथा भी है।

एक मुलाक़ात भीष्म साहनी के साथ

शाश्वत रतन

इलाहाबाद के एक स्थानीय अख़बार के रजिस्ट्रेशन के लिए मैं दिल्ली जा रहा था। आगे, उसका सम्पादन भी मुझे ही करना था।

बातचीत के दौरान अनायास ही अमरकान्त जी के सामने उसका ज़िक्र कर दिया और यह भी बता दिया कि दिल्ली में अपने मित्र के घर पटेल नगर भी जाऊँगा। अमरकांत जी अपना नया प्रकाशित कहानी संग्रह (नाम नहीं याद आ रहा) मुझे देकर बोले कि वहीं पटेल नगर में भीष्म साहनी जी रहते हैं। वह पुस्तक मैं उन्हें दे दूँ।

अमरकान्त जी ने आगे कहा, ''तुम साहनी जी से मिलना भी चाहते थे, मिल लेना। वह तुम्हें जानते भी हैं।''

पुस्तक लेकर मैं बहुत ख़ुश हुआ कि इसी बहाने, बिना किसी भूमिका के मैं भीष्म जी से मिल लूँगा। पहले उनसे पत्रचार होता रहता था। प्रगतिशील लेखक संघ इलाहाबाद इकाई का पुनर्गठन कुछ समय पहले ही हुआ था। शैलेन्द्र चौहान उसके अध्यक्ष थे और मुझे सचिव चुना गया था। उसी सिलसिले में पत्राचार होता रहता था। उससे पहले उनकी कहानी वाङ्चू पर एक छोटी-सी टिप्पणी भी किसी पत्रिका में लिखीं थी। उसकी कटिंग भी मैंने भीष्म जी को भेजी थी। उसके जबाब में लौटती डाक से उनका धन्यवाद पत्र भी आया था। कहानी पसन्द करने के लिए।

भीष्म जी के पहले पोस्टकार्ड को महीनों मैं अपनी कमीज की जेब में रखकर घर से निकलता और शहर के मित्रों को दिखाकर बताता कि भीष्म साहनी जी का पत्र है।

दिल्ली जाने के लिए घर से निकलते समय इस बात का पूरा ध्यान रखा कि अमरकान्त जी की दी हुई किताब को घर पर न भूल जाऊँ। मैं भूलता भी बहुत हूँ।

इलाहाबाद से जब-जब दिल्ली जाता हर बार छोटे शहर और बड़े शहर के अन्तर में उलझकर रह जाता। गुज़रे हुए रास्ते भी अनजान लगते। बहुत मुश्किल से भारतीय समाचार-पत्रों के रजिस्ट्रार के कार्यालय पहुँच पाया। वह तो एक परिचित व्यक्ति से मुलाक़ात हो जाने के कारण काम थोड़ा आसान हो गया। दिल्ली की भागमभाग में मैं अपने को कभी सहज नहीं पाता।

मैं सोच रहा था कि जल्दी ही काम ख़त्म करके किसी तरह भीष्म साहनी जी के घर ईस्ट पटेल नगर पहुँचूँ किन्तु कार्यालय में ही शाम हो गयी। यह तो अच्छा था कि मेरी वापसी दूसरे दिन आधी रात में थी। नहीं तो साहनी जी से मिलने पटेल नगर जाना मुश्किल हो जाता।

अँधेरा घिरते-घिरते मैं नयी दिल्ली स्टेशन के पास की एक धर्मशाला में पहुँच गया संयोग से वहाँ जगह मिल गयी। वहाँ एक तख़्त और एक अलमारी मिल गयी। इसमें मैं अपना सामान आदि रख सकता था। आसपास ढेर सारी दुकानें, अधिकांश खाने-पीने की ही दुकानें थी। पास में ही एक दुकान में थाली सिस्टम का बोर्ड लगा था मैं दुकान में चला गया। खाना खाकर धर्मशाला की बिना दरी चादर की तख़्त का आनन्द लिया। घर से निकलते समय एक चादर साथ रख लिया था जिससे मच्छरों से बचने का सहारा मिल गया था।

दूसरे दिन दोपहर के बाद ही पटेल नगर साहनी जी के घर पहुँच पाया। घर का दरवाजा एक सौम्य सुन्दर उम्रदराज महिला ने खोला। मैंने सोचा यह महिला साहनी जी की पत्नी ही होनी चाहिए। काफ़ी पहले किसी पत्रिका में भीष्म साहनी जी के साथ उनकी फ़ोटो भी देखी थी। इलाहाबाद में मेरा घर पंजाबी कॉलोनी के पास था। अधिकांश महिलाओं को वहाँ मैंने सलवार-कुर्ता पहने ही देखा था। किन्तु श्रीमती साहनी साड़ी पहने खड़ी थीं। दमकता हुआ सौम्य चेहरा।

एक अपरिचित को देखकर पूछा, "हाँ बोलिए।"

मैंने कहा, "भीष्म जी से मिलना है।"

उन्होंने तुरन्त कहा, "नहीं, आप नहीं मिल सकते, यह समय तो उनके लिखने का है।"

मैं थोड़ा असहज-सा होकर बोला, "अमरकान्त जी ने भेजा है, इलाहाबाद से आया हूँ।" बात आगे बढ़ाते हुए बोला कि साहनी जी मुझे जानते हैं और फिर दोहरा दिया कि मैं इलाहाबाद से आया हूँ।

भीष्म साहनी जी की पत्नी बोलीं, "अच्छा इलाहाबाद से आये हैं तो बैठिए मैं उनसे पूछकर आती हूँ।"

थोड़ी देर में भीष्म जी को आते देखा। मेरे नमस्ते का जबाब देकर वो सामने

बैठ गये। मैंने अमरकान्त जी की किताब उन्हें दे दी। किताब हाथ में लेकर वे हँसकर बोले, "मैं यही सोच रहा था तुम्हें मुझसे मिलने के लिए, अमरकान्त जी का नाम लेने की ज़रूरत क्यों पड़ गयी, मैं तुम्हें जानता हूँ, इलाहाबाद प्रगतिशील लेखक संघ के सचिव महोदय।"

मैं थोड़ा झेंप-सा गया।

फिर तुरन्त बोले, "आज रुकना है न।"

मैंने उन्हें बताया कि मुझे आज ही वापस जाना है, ट्रेन रात बारह बजे के आसपास है।

ठीक है, तुम तब तक चाय पी लो और खाना नहीं खाया हो तो खाना खा लो। अभी डेढ़ दो घण्टे और लिखूँगा उसके बाद तुमसे बातें करता हूँ, और वह उठकर चले गये।

भीष्म साहनी जी के जाने के बाद साहनी जी की पत्नी मेरे लिए चाय लायीं। चाय पीते-पीते वो पूछने लगीं क्या करते हो परिवार में कौन-कौन है। मेरे यह बताने पर कि पिताजी की मृत्यु हो चुकी है। उस समय मैं ग्यारह साल का था। वे थोड़ा गम्भीर हो गयी। माँ के बारे में बात की। मैंने उत्साह के साथ बताया कि मैं भी कविता-कहानी लिखता हूँ। वे हँसकर बोलीं, यह बताने की ज़रूरत नहीं है। मैं पहले ही समझ गयी थी कि अमरकान्त जी ने भेजा है तो तुम भी लेखक होंगे। मैं भी हँसने लगा। हमारे पास काफ़ी समय था। वे बोलीं, साहनी जी को देने के लिए कुछ लाये हो तो सुनाओ, बाद में उन्हें दे देना।

मैंने अपनी गलती महसूस की मैं अपनी कोई रचना नहीं लाया था। मेरे मना करने पर बोली कोई बात नहीं, तुम पहले नये लेखक हो जो अपनी रचना लेकर नहीं आया।

श्रीमती साहनी जी फिर मेरे परिवार के बारे में बातें करने लगीं। माँ का ज़िक्र आने पर बोलीं, उनका ध्यान रखना, ऐसी संघर्षशील महिला के बेटे हो। तुम भाग्यशाली हो बात करते समय ऐसा लग रहा था जैसे वे मेरी पुरानी रिश्तेदार हों या माँ की पुरानी सहेली। एक बड़े लेखक की पत्नी का विशिष्ट स्वरूप मेरे मन पर अंकित हो रहा था। मैं अपने को उनके स्नेह में सराबोर महसूस कर रहा था।

वह दो घण्टे मैंने चाय पीने, वहाँ फैली पत्रिकाओं को देखने और भीष्म साहनी जी की पत्नी से बातचीत में बिताये।

दो घण्टे बीतते-बीतते भीष्म जी अपने कमरे से निकले।

उन्होंने चाय पी, मैंने भी उनके साथ दूसरी चाय पी, उसके बाद घण्टों इलाहाबाद के बारे में बातें करते रहे।

इलाहाबाद के बारे में बात करते हुए बीच में ही उन्होंने अमरकान्त जी को धन्यवाद देने को कहा। फिर एक-एक करके सभी के बारे में पूछने लगे। मैंने उन्हें बताया कि श्री अमरकांत जी, श्री शेखर जोशी जी और श्री अजित पुष्कल जी के यहाँ ही ज़्यादा आना-जाना है। प्रगतिशील लेखक संघ के पुनर्गठन के बाद परिचित लगभग सभी लेखकों से हो गया हूँ। उन्होंने हँसकर कहा सभी को सदस्य बनाओ। मैंने कुछ दिनों पहले अपनी कुछ कविताएँ उनको भेजी थीं। उसका ज़िक्र करते हुए बोले, लिखने के साथ-साथ ख़ूब पढ़ो। मैं चुपचाप उनको सुनता रहा।

एक घण्टा कैसे बीत गया मुझे पता ही नहीं चला।

उस एक घण्टे के बाद ऐसा लगा जैसे मेरी भीष्म जी के साथ वर्षों की जान-पहचान है। वे मुझसे चालीस वर्ष बड़े नहीं बल्कि मेरे बराबर के मेरे दोस्त हैं।

लगभग छह बजे के आसपास वे, उनकी पत्नी और मैं साथ-साथ मण्डी हाउस के लिए निकले। वहाँ उनके नाटक 'माधवी' का रिहर्सल चल रहा था। उनके साथ नाटक का रिहर्सल देखने की बात पहले ही तय हो चुकी थी। मेरी ट्रेन आधी रात को थी। इस कारण मेरे पास भी पर्याप्त समय था।

वहाँ पहुँचकर उन्होंने नाटक की पूरी टीम से मेरा परिचय इलाहाबाद के युवा लेखक के रूप में कराया। औरों का तो मुझे याद नहीं पर नाटक में मुख्य भूमिका निभाने वाले प्रसिद्ध अभिनेता विनोद नागपाल जी हम लोगों के पास काफ़ी देर तक बैठे रहे शायद वह ही नाटक के निर्देशक भी थे। अभिनेता नागपाल जी काफ़ी वाचाल थे। वे हर पल का उपयोग कर लेना चाहते थे। वह स्वयं ही बोलने लगे इलाहाबाद में अभी भी बहुत लेखक रहते हैं। वहाँ नाटक भी होता है। हर वर्ष अखिल भारतीय नाट्य कुम्भ भी होता है।

नागपाल जी ने पूछा, "भीष्म जी, यह महाभारत शुरू कहाँ से होता है।"

माधवी की कथा महाभारत से ही ली गयी थी।

तब तक मैं वाचाल हो चुका था।

भीष्म जी कुछ बोलें उससे पहले ही मैं बोल गया।

भीष्म जी हल्के से मुस्कराते हुए बोले, "हाँ ऐसा ही कुछ है।"

मैं तुरन्त ही कुछ बोलना चाह रहा था कि नागपाल जी का बुलावा आ गया।

काफ़ी समय बीत चुका था, मेरे वापस जाने का समय भी हो रहा था।

मैंने चलने की आज्ञा माँगी। भीष्म जी ने कहा कि थोड़ी देर रुको अभी ट्रेन जाने में काफ़ी समय बाकी है। उसी समय नाटक मण्डली का कोई व्यक्ति उधर से गुज़रा, भीष्म जी ने उसे बुलाकर कहा कि वहाँ की कैंटीन से मुझे खाना खिला दे।

मैं असहज महसूस कर रहा था।

किन्तु उनके स्नेह को देखकर मैं मना नहीं कर पाया। इस प्रकार उस महान कथाकार से मेरी पहली मुलाक़ात पूरी हुई। भीष्म जी से पत्राचार होता रहता था। उनसे मुलाक़ात के बाद उनके स्वभाव ने मुझे उनके साथ काफ़ी सहज बना दिया था।

प्रगतिशील लेखक संघ के 1986 में पचास वर्ष होने पर लखनऊ में बहुत बड़ा कार्यक्रम हुआ था। उस कार्यक्रम में भीष्म साहनी जी से मुलाक़ात में मैंने अपने लिखे जा रहे उपन्यास का ज़िक्र किया और उनसे उस पर उनकी राय पाने के लिए उन्हें कहा। वे हँसकर बोले, ''इस समय तो कुछ नहीं कह सकता बाद में पूछकर भेजना।'' मैंने कहा कि पूरा उपन्यास नहीं, केवल एक चैप्टर राजेन्द्र कुमार जी ने छापा है। उसे मैंने आपके पास भेजा है। उन्होंने गम्भीर होकर कहा, 'एक चैप्टर है, तो कोई बात नहीं मैं पढ़ूँगा' और आश्चर्यजनक रूप एक सप्ताह बाद ही एक पोस्टकार्ड आया। उसमें भीष्म साहनी जी ने लिखा था, ''मैंने पढ़ा पूरा लिखो।''

आगे उनके पास से कोई पत्र आता तो उसमें एक पंक्ति ज़रूर होती, तुम्हारा उपन्यास कितना आगे बढ़ा।

नये लेखकों के लिए उनका यह स्नेह अद्‌भुत था।

❑❑